U1007248

江蘇高校優勢學科建設工程(PAPD)資助項目

古文獻研究集刊

GU WEN XIAN YAN JIU JI KAN

(第六輯)

趙生群 方向東 主編

鳳凰出版社

圖書在版編目（CIP）數據

古文獻研究集刊. 第六輯 / 趙生群, 方向東主編. --
南京 : 鳳凰出版社, 2012.8
ISBN 978-7-5506-1473-4

Ⅰ. ①古… Ⅱ. ①趙… ②方… Ⅲ. ①古文獻學一研
究一中國一叢刊 Ⅳ. ①G256.1-55

中國版本圖書館CIP數據核字(2012)第182527號

書　　名	古文獻研究集刊(第六輯)
主　　編	趙生群　方向東
責任編輯	王華寶
出版發行	鳳凰出版傳媒集團 鳳凰出版傳媒股份有限公司 鳳凰出版社(原江蘇古籍出版社) 發行部電話025-83223462
集團地址	南京市湖南路1號A樓,郵編:210009
集團網址	http://www.ppm.cn
出版社地址	南京市中央路165號,郵編:210009
經　　銷	鳳凰出版傳媒股份有限公司
照　　排	南京凱建圖文製作有限公司
印　　刷	南京大衆新科技印刷有限公司 南京浦口大橋北路京新村546號,郵編:210031
開　　本	880×1230毫米　1/32
印　　張	16.875
字　　數	454千字
版　　次	2012年8月第1版　2012年8月第1次印刷
標準書號	ISBN 978-7-5506-1473-4
定　　價	60.00圓

(本書凡印裝錯誤可向承印廠調換,電話:025-58849828)

序　言

儒學是中國文化的重要組成部分。長江、黄河一瀉千里，浸潤大地，滋養萬物。儒學綿延數千年，猶如大江大河滚滚滔滔，奔流不息，沾溉着中國的思想、文化、學術。

觀察社會，關注現實，重視民生，是儒家學説的基本特徵。儒家研究社會的出發點和基本方法、思考的主要問題，都帶有鮮明的現實性，切實具體，平易可行。儒家對人的道德品格、對社會政治狀況都有較高的憧憬和追求，具有引領社會向上提昇的力量。

世間萬事萬物，都有變有不變。自其變者而觀之，則所謂一個人不能兩次踏進同一條河流；自其不變者而觀之，則日月經天，江河行地，古猶今也。儒家學説建立在對社會、人生系統而深入的研究之上，他提出的許多觀念和範疇，得以穿越時空，歷久而彌新。

儒學發展的歷史，是一部與時俱進、隨着社會的發展變化而不斷變化演進的歷史。孔子之儒，孟子、荀子之儒，兩漢經學，宋明理學，都帶有鮮明的時代特點。儒學是一個開放的系統，他在發展的進程中，既有繼承，也有損益，在不同的時代都有所側重，有所變化，從而不斷得到更新和充實，具有生生不息的内在動力。儒學深刻地影響了中國的歷史進程，在很大程度上塑造了中華民族的精神。儒學不僅屬於過去，屬於今天，更屬於未來。

儒家經典是儒學最重要、最基本的内容。儒家經典的研讀，經學歷史的研究以及相關問題的探討，都有着重要的文化、學術價值。

臺灣地區資深學者林慶彰研究員長期以來熱心推動經學研

究,曾多次囑咐南京師範大學舉辦相關會議。在林先生的督促和幫助下,南京師範大學古文獻專業與臺灣"中研院"文哲所於2010年11月16日至18日聯合舉辦了"2010年中國經學國際學術研討會",來自日本、美國等多個國家和中國大陸、臺灣、香港三地的百餘位學者參加了此次會議。與會者提交論文近百篇,總字數超過百萬。會議代表中,既有蜚聲學界的專家學者,也有從事經學研究的後起之秀。因論文字數太多,本次結集時對論文作了少量删選,部分論文已經發表,應作者要求作了删除。

本次會議,得到全國高等院校古籍整理研究工作委員會的資助,南京師範大學文學院也給予了大力支持,在此表示衷心的感謝!

趙生群

2012年3月3日

目　　録

《左傳》疑義新證(成公上)

趙生群

摘要:本文結合《左傳》杜預注、孔穎達疏、竹添光鴻《左傳會箋》、楊伯峻《春秋左傳注》等相關論著,対《左傳》訓詁、名物、典章、史實等提出了一些商榷意見。數年前,應陝西人民出版社之約,爲《左傳》作一新注,因參考各家之説,商榷疑義,以求折中。歷時數年,撰成《左傳疑義新證》一書,約 40 萬言。其中大部分已在《中國典籍與文化》、《中國經學》、《古籍研究》、《古籍整理研究學刊》、《南京師大學報》、《南京師範大學文學院學報》、《大連圖書館百年紀念學術論文集》、《傳統中國研究集刊》、《古文獻研究集刊》先後發表。此文所列,爲尚未發表之部分條目。

關鍵詞:《左傳》 疑義 訓詁

我此乃止

成公二年:"石成子曰:'師敗矣。子不少須,衆懼盡。子喪師徒,何以復命?'皆不對。又曰:'子,國卿也。隕子,辱矣。子以衆退,我此。'乃止,且告車來甚衆。"

杜預曰:"我於此止禦齊師。"[①]王引之曰:"乃,是也。成二年《左傳》石稷謂孫良夫曰'子以衆退,我此乃止',言我於此是止也。"[②]楊伯峻曰:"我止於此以禦齊師。我此乃止,我乃止此之

① 《春秋左傳正義》卷二十五,中華書局 1985 年影印本《十三經注疏》第 1893 頁。

② 《經傳釋詞》卷六,江蘇古籍出版社 1985 年版,第 56 頁。

變句。"①

按:《説文》:"此,止也。"段玉裁《注》:"《釋詁》曰:'已,此也。'正互相發明。於物爲止之處,於文爲止之詞。"章太炎曰:"下云'且告車來甚衆',爲敘事之辭,則'乃止'亦當爲敘事,當讀'我此'斷。《説文》云:'此,止也。'……'我此',言我止以禦敵也。'乃止',語訖而遂止於其地也。成子止,則孫子以衆退,可知矣。"②章《讀》釋"此"爲"止",是也。此承上文"子不少須,衆懼盡"而言,"須"、"此"(止)同義,皆訓"禦"。石成子諫孫良夫抵禦齊師,以掩護軍隊撤退,衆皆不對,故復云"子以衆退,我此(止)",勸孫子退,而己禦敵。"此"若作"此處"、"此地"解,則爲贅辭。

成公十六年《傳》:"唐苟謂石首曰:'子在君側,敗者壹大。我不如子,子以君免,我請止。'乃死。"哀公十一年《傳》:"林不狃之伍曰:'走乎?'不狃曰:'誰不如?'曰:'然則止乎?'不狃曰:'惡賢?'徐步而死。"杜《注》:"言止戰惡足爲賢。"此二例皆與成公二年文相類,成公十六年之文,尤與二年《傳》相近。

《爾雅·釋詁下》:"閡、竢、替、戾、厎、止、徯,待也。"郭璞《注》:"替、戾、厎者,皆止也。止亦相待。"宣公十二年《傳》:"駒伯曰:'待諸乎?'隨季曰:'楚師方壯,若萃於我,吾師必盡,不如收而去之。'"昭公七年《傳》:"晉師必至,吾無以待之。"《國語·魯語下》:"帥大讎以憚小國,其誰云待之?"韋昭《注》:"待,猶禦也。"《楚語下》:"子常爲政,而無禮不顧甚於成、靈,其獨何力以待之?"韋《注》:"待,禦也。"

"須"、"止"與"待"義相通,亦可訓"禦"。

襄公十八年《傳》:"齊侯駕,將走郵棠。大子與郭榮扣馬曰:'師速而疾,略也。將退矣,君何懼焉。……君必待之!'將犯之,大子抽劍斷鞅,乃止。""待之",謂禦晉師。

---

① 《春秋左傳注》,中華書局1990年版,第787頁。
② 《春秋左傳讀》,學海出版社1984年版,第423—424頁。

將救之

成公二年:“韓獻子將斬人,郤獻子馳,將救之。至,則既斬之矣。郤子使速以徇,告其僕曰:‘吾以分謗也。’”

竹添光鴻曰:“郤子匿救來本情,却使其僕徇,以見己亦與其議,而分謗也。……馳以救之者,市恩軍士也;既斬而速徇者,懷私軍佐也。”①

按:將,欲也。救,止也。將救之,謂欲止韓獻子使不斬,非謂救被斬之人。《國語・晉語五》曰:“靡笄之役,韓獻子將斬人,郤獻子駕,將救之,至,則既斬之矣。郤獻子請以徇。其僕曰:‘子不將救之乎?’獻子曰:‘敢不分謗乎!’”“請以徇”,亦謂請於韓獻子。林堯叟曰:“郤獻子驅馳而往,將救止之。”②是也。《韓非子・難一》謂“救之”爲“救罪人”,蓋非《左傳》本意。

余姑翦滅此而朝食

成公二年:“癸酉,師陳于鞌。邴夏御齊侯,逢醜父爲右。晉解張御郤克,鄭丘緩爲右。齊侯曰:‘余姑翦滅此而朝食!’”

林堯叟曰:“言我且剪滅此輩而後早食。”③章太炎曰:“史公以‘會食’讀‘朝食’,則朝不讀‘朝夕’之朝,而讀‘朝宗’之朝。”④楊伯峻曰:“章炳麟《讀》據《齊世家》作‘會食’,因讀爲‘朝會’之‘朝’,恐與《傳》意不合。”⑤

按:章説是也。“朝”有“會合”之意。

《周禮・春官・大宗伯》:“以賓禮親邦國,春見曰朝,夏見曰

---

① 《左傳會箋》第十二,天工出版社1998年版,第809—810頁。
② 《左傳句讀直解》卷二六,《續修四庫全書》第118册,第547頁。
③ 《左傳句讀直解》卷二六,第548頁。
④ 《春秋左傳讀》,第426頁。
⑤ 《春秋左傳注》,第791頁。

宗,秋見曰覲,冬見曰遇。"《禮記·王制》:"以朝、覲、宗、遇、會、同于王。"鄭玄《注》引鄭司農曰:"春曰朝,夏曰宗,秋曰覲,冬曰遇,時見曰會,殷見曰同。"

朝、覲、宗、遇、會、同諸名,義得相通。《周禮·秋官·大行人》:"春朝諸侯而圖天下之事,秋覲以比邦國之功,夏宗以陳天下之謨,冬遇以協諸侯之慮,時會以發四方之禁,殷同以施天下之政。""朝"、"覲"、"宗"、"遇"、"會"、"同"皆同義。《禮記·王制》:"耆老皆朝于庠。"鄭玄《注》:"朝,猶會也。"《史記·夏本紀》:"荆及衡陽維荊州:江、漢朝宗于海。"謂江、漢會合而入於海。《五帝本紀》曰:"雷夏既澤,雍、沮會同。""朝宗"與"會同"義亦相同。

《史記·淮陰侯列傳》:"(韓信)令其裨將傳飧,曰:'今日破趙會食!'"《集解》:"如淳曰:'小飯曰飧。言破趙後乃當共飽食也。'"

驂絓於木

成公二年:"將及華泉,驂絓於木而止。"

杜預曰:"驂馬絓也。"[①]竹添光鴻曰:"石經、宋本'絓'上有'驂'字,非也。若有驂字,本文明白,杜不必注矣。"[②]

按:若無"驂"字,文意不明。桓公三年《傳》:"逐翼侯于汾隰,驂絓而止,夜獲之,及欒共叔。"杜預曰:"驂,騑馬。"杜《注》以"騑馬"釋"驂",與成公二年以"驂馬"釋"驂"大同小異。

執縶馬前

成公二年:"韓厥執縶馬前,再拜稽首,奉觴加璧以進。"

《説文》:"馽,絆馬足也。從馬〇其足。《春秋傳》曰:'韓厥執馽前。'……縶,馽或從糸,執聲。"段玉裁《注》:"語見成公二年《左

---

① 《十三經注疏》卷二十五,第 1894 頁。

② 《左傳會箋》第十二,第 814 頁。

傳》。今《左》作‘執縶馬前’，蓋古本正作‘執䩞前’，改易誤衍耳。”①

按:“馬”字於義無取，蓋以形近而誤衍。“執縶”乃是對敵國君主禮敬之舉，表示己爲臣僕，願爲之執役。僖公二十四年《傳》曰“臣負羈紲從君巡於天下”，又曰“行者爲羈絏之僕”，襄公二十六年《傳》曰“臣不佞，不能負羈紲以從扞牧圉”，定公八年《傳》曰“群臣之子，敢不皆負羈絏以從”?“執縶”與“負羈絏”義近。

“執縶前”即執縶而前，謂趨走至齊侯之前。

襄公二十五年《傳》:“(陳侯)使其衆男女別而累，以待於朝。子展執縶而見，再拜稽首，承飲而進獻。”“執縶”、“再拜稽首”、“奉觴”或“承飲”皆爲俘獲他國君主時表示禮敬之舉動。

《宋本册府元龜》卷七三八《陪臣部·知禮》亦作“執縶馬前”，蓋訛誤由來已久。

無所逃隱

成公二年:“寡君使群臣爲魯、衛請，曰:‘無令輿師陷入君地。’下臣不幸，屬當戎行，無所逃隱，且懼奔辟，而忝兩君。”

林堯叟曰:“無所逃遁而隱避。”②楊伯峻曰:“謂己身當軍職，不能逃避服役。”③

按:逃，藏也。“逃隱”乃同義連文。“無所逃隱”謂無所隱藏。《爾雅·釋詁上》:“瘞、幽、隱、匿、蔽、竄，微也。”郭璞《注》:“微，謂逃藏也。”

《荀子·解蔽》:“羣臣去忠而事私，百姓怨非而不用，賢良退處而隱逃。”“隱逃”與“逃隱”同義，亦謂藏匿。

“無所逃隱，且懼奔辟”，皆承上“屬當戎行”而言，謂己身處戰

① 《説文解字注》十篇上，上海古籍出版社1981年版，第468頁。
② 《左傳句讀直解》卷二六，第548頁。
③ 《春秋左傳注》，第794頁。

場,隱身無所,又不得奔逃而使二君蒙羞。

《漢語大字典》、《漢語大詞典》諸書"逃"字條下"隱匿"、"竄匿"義書證偏後,釋相關複詞多誤,多因不明逃有"隱藏"之義。

自今無有代其君任患者

成公二年:"韓厥獻丑父,郤獻子將戮之。呼曰:'自今無有代其君任患者,有一於此,將爲戮乎!'"

林堯叟曰:"自今之止未有人臣代其君當任患難者。"①楊伯峻曰:"'自今'二字於文不順,自疑借爲卒,卒,終也。謂訖今無有代君任患者。"②

按:"自今"一詞,書傳習見,意爲"從今"、"從今以後"。

《尚書·盤庚上》:"自今至于後日,各恭爾事。"《詩·魯頌·有駜》:"自今以始,歲其有。"《國語·周語上》:"自今至於初吉,陽氣俱蒸,土膏其動。"《晉語八》:"自今之謂。"《吴語》:"自今日以後,内政無出,外政無入。"

《左傳》"自今"連文者,除成公二年外,尚有四例。襄公八年《傳》:"自今鄭國不四、五年,弗得寧矣。"襄公二十五年《傳》:"自今以往,兵其少弭矣。"(侯馬盟書中亦有稱"自今以往"者)襄公三十一年《傳》:"自今請雖吾家,聽子而行。"昭公三年《傳》:"然自今子其無事矣。"另外,僖公二十八年《傳》曰:"自今日以往,既盟之後,行者無保其力,居者無懼其罪。"

文獻亦有用"自今以後"、"自今已後"、"自今以來"、"自今後"者,皆與"自今"同義。

《國語·晉語四》:"(叔詹)乃就烹,據鼎耳而疾號曰:'自今以往,知忠以事君者,與詹同!'乃命弗殺,厚爲之禮而歸之。"可證《傳》之"自今"不當另求别解。唯傳文采用倒裝句式,而文有省略,

① 《左傳句讀直解》卷二六,第548頁。

② 《春秋左傳注》,第794頁。

故讀之頗覺"不順"。若順言之,則當曰:有一(代其君任患者)於此,將爲戮乎?若殺之,則自今無有代其君任患者矣!章太炎曰:"《齊世家》作:'丑父曰:"代君死而見僇,後人臣無忠其君者矣。"'以'後'釋'自今',以'忠其君'釋'代其君任患',與《傳》倒者,取易了。"①

橈　敗

成公二年:"畏君之震,師徒橈敗。"

杜預曰:"橈,曲也。"②竹添光鴻曰:"《漢書·高帝紀》:'與酈食其謀撓楚權。'服虔云:'撓,弱也。撓,乃教反。'"③

楊伯峻曰:"橈音撓。橈敗爲一詞,即失敗。"④

按:楊説得之。《文選》卷五十七顏延年《陽給事誄》:"投命徇節,在危無撓。"李善《注》:"《左氏傳》曰:'師徒撓敗。'杜預曰:'撓,敗也。'"《宋本册府元龜》卷七四四《陪臣部·有詞》引杜《注》已作"撓,曲也",蓋其誤久矣。

"橈"、"撓"同義,皆訓"敗"。《説文·彡部》:"弱,橈也。"段玉裁《注》:"橈者,曲木也。引伸爲凡曲之偁。直者多強,曲者多弱。《易》曰'棟橈,本末弱也'。弱與橈疊韵。"

"橈"有"弱"義,引申之,則有"敗"義。襄公二十六年《傳》:"頡遇王子,弱焉。"吴靜安曰:"《説文》:'弱,撓也。'杜《注》:弱,敗也,義亦同。"

《北史·韋孝寬傳論》:"雖弘農、沙苑,齊卒先奔,而河橋、北芒,周師撓敗。""撓敗"與"先奔"相對,意即戰敗。

《新唐書·陸贄傳》:"萬一橈敗,適所以啓戎心,挫國威也。"《舊唐書》"橈敗"作"撓敗"。

---

① 《春秋左傳讀》,第 429 頁。
② 《十三經注疏》卷二十五,第 1895 頁。
③ 《左傳會箋》第十二,第 821 頁。
④ 《春秋左傳注》第 799 頁。

《吕氏春秋·仲冬季·忠廉》:"有勢則必不自私矣,處官則必不爲污矣,將衆則必不撓北矣。""撓北"即敗北。

《墨子·非攻下》:"死命爲上,多殺次之,身傷者爲下,又況失列北橈乎哉,死罪無赦。"孫詒讓《閒詁》:"畢本'橈'作'撓'。""北橈"與"撓北"同義。

"橈敗"二字同義,故"橈敗"、"敗撓"、"撓北"、"北撓"詞序可以顛倒。

《北史·隋煬帝傳》:"(高熲)不遵成規,坐貽撓退。""撓退"即敗退。

收　合

成公二年:"請收合餘燼,背城借一。"

按:《爾雅·釋詁》:"收……,聚也。"收合,謂聚合。

哀公元年《傳》:"(少康)能布其德,而兆其謀,以收夏衆,撫其官職。"襄公四年《傳》:"靡自有鬲氏,收二國之燼,以滅浞而立少康。"

若　苟

成公二年:"群臣帥賦輿以爲魯、衛請,若苟有以藉口而復於寡君,君之惠也。敢不唯命是聽?"

楊伯峻曰:"若苟,同義詞連用,俱表假設。昭四年《傳》'君若苟無四方之虞',與此同。"①

按:楊説得之。"若苟"爲同義複詞。《晏子春秋·内篇問上·景公問莒魯孰先亡》:"若苟勿辭也,從而撫之,不亦幾乎!"《墨子·尚賢中》:"若苟賢者不至乎王公大人之側,則此不肖者在左右也。……若苟賞不當賢而罰不當暴,則是爲賢者不勸而爲暴者不

---

① 《春秋左傳注》,第799頁。

沮矣。"《尚同中》:"若苟上下不同義,上之所賞,則衆之所非。……若苟上下不同義,上之所罰,則衆之所譽。"《尚同下》:"若苟明於民之善非也,則得善人而賞之,得暴人而罰之也。……若苟不明於民之善非,則是不得善人而賞之,不得暴人而罰之。"又曰:"若苟百姓爲人,是一人一義,十人十義,百人百義,千人千義,逮至人之衆不可勝計也,則其所謂義者,亦不可勝計。"《周禮·冬官·鮑人》:"若苟一方緩,一方急,則及其用之也,必自其急者先裂;若苟自急者先裂,則是以博爲帴也。"《漢書·楚元王傳》:"若苟以説愚夫淫侈之人,又何爲哉!"皆其例也。

三命之服　一命之服

成公二年:"公會晉師於上鄍,賜三帥先路三命之服,司馬、司空、輿帥、候正、亞旅皆受一命之服。"

杜預曰:"三帥,郤克、士燮、欒書。已嘗受王先路之賜,今改而易新,并此車所建所服之物。"①

按:服者,御也,用也。凡器物儀仗可服用者通稱爲服。《周禮·春官·都宗人》:"正都禮與其服。"鄭玄《注》:"服謂衣服及宫室車旗。"

《左傳》言"三命之服"、"再命之服"、"一命之服","服"皆指器物儀仗。如:襄公十九年:"公享晉六卿于蒲圃,賜之三命之服。軍尉、司馬、司空、輿尉、候奄,皆受一命之服。"襄公二十六年:"(鄭伯)享子展,賜之先路三命之服,……賜子產次路再命之服。"

哀公五年《傳》:"鄭駟秦富而侈,嬖大夫也,而常陳卿之車服於其庭。""車服"謂車乘及相關器物。

① 《十三經注疏》卷二十五,第1896頁。

無爲吾望爾也乎

成公二年:"晉師歸,范文子後入。武子曰:'無爲吾望爾也乎?'"

林堯叟曰:"言文子後入,獨不爲我望汝之切乎?"[①]竹添光鴻曰:"爲,猶謂也。言爾後入,獨不謂我望爾之切乎?"[②]

按:無,不也。爲,使也。"無爲吾望爾也乎",即豈不使吾望爾乎。《國語·晉語五》曰:"燮乎,女亦知吾望爾也乎?"文義相近。

襄公十三年《傳》:"是以不德,而亡師于鄢,以辱社稷,爲大夫憂,其弘多矣。"昭公二十年《傳》:"今君疾病,爲諸侯憂,是祝、史之罪也。"此二例,"爲"皆"使"義。

《易·井·九三》:"井渫不食,爲我心惻。"王弼《注》:"爲,猶使也。"《國語·魯語上》:"其爲後世昭前之令聞也,使長監於世。"韋昭《注》:"爲,猶使也。"《晉語八》:"爲後世之見之也。"韋《注》:"爲,使也。"

君之訓也　克之制也　燮之詔也

成公二年:"郤伯見,公曰:'子之力也夫!'對曰:'君之訓也,二三子之力也,臣何力之有焉!'范叔見,勞之如郤伯。對曰:'庚所命也,克之制也,燮何力之有焉!'欒伯見,公亦如之。對曰:'燮之詔也,士用命也,書何力之有焉!'"

杜預曰:"詔,告也。"[③]林堯叟曰:"言君之教訓也。……郤克制命之功。"[④]

按:訓、制、詔,命也。曰訓,曰制,曰詔,《傳》變其文耳。《禮

---

① 《左傳句讀直解》卷二六,第551頁。
② 《左傳會箋》第十二,第826頁。
③ 《十三經注疏》卷二十五,第1897頁。
④ 《左傳句讀直解》卷二六,第551頁。

記・曲禮下》:"國君死社稷,大夫死衆,士死制。"鄭玄《注》:"制,謂君教令所使爲之。"《史記・秦始皇本紀》:"命爲制,令爲詔。"《集解》:"蔡邕曰:'制書,帝者制度之命也,其文曰制。'"蔡邕《獨斷》:"漢天子正號曰皇帝,……其言曰制詔。"襄公九年《傳》:"君子勞心,小人勞力,先王之制也。"《國語・魯語下》作"先王之訓也","訓"與"制"同義。《廣韻・笑韻》:"詔,上命。"

《國語・晉語五》:"(郤獻子)對曰:'克也以君命命三軍之士,三軍之士用命,克也何力之有焉?'……(范文子)對曰:'燮也受命於中軍,以命上軍之士,上軍之士用命,燮也何力之有焉?'……(欒武子)對曰:'書也受命於上軍,以命下軍之士,下軍之士用命,書也何力之有焉?'"

不宴　誰居

成公二年:"楚師及宋,公衡逃歸。臧宣叔曰:'衡父不忍數年之不宴,以棄魯國,國將若之何?誰居?後之人必有任是夫!國棄矣。"

杜預曰:"晏,樂也。居,辭也。言後人必有當此患。"[①]林堯叟曰:"居,辭也。猶言誰歟?"[②]朱彬曰:"謂宴安也。"[③]

按:《説文》:"宴,安也。"楊《注》是也。居,亦當訓安。"誰居",猶言"誰得安居"?言楚將來伐,魯國不得安寧也。

昭公四年《傳》:"王心不違,民其居乎?"謂民不得安居也。《詩・大雅・生民》:"上帝不寧,不康禋祀,居然生子。"居然生子,安然生子也。《呂氏春秋・上農》:"輕遷徙,則國家有患,皆有遠志,無有居心。"高誘《注》:"居,安也。"

---

① 《十三經注疏》卷二十五,第 1897 頁。

② 《左傳句讀直解》卷二六,第 551 頁。

③ 《經傳考證七・春秋左氏傳》,鳳凰出版社 2005 影印本《清經解》捌,第 10596 頁。

淫從其欲

成公二年:“夫齊,甥舅之國也,而大師之後也,寧不亦淫從其欲以怒叔父,抑豈不可諫誨?”

林堯叟曰:“言齊豈不亦以淫亂從肆其嗜欲以取怒於晉國?”①陸德明《釋文》:“從,子用反,本亦作縱。”②

按:淫,放也,縱也。淫從其欲,謂放縱嗜欲,不知節制。

昭公六年《傳》:“制爲禄位以勸其從,嚴斷刑罰以威其淫。”杜預《注》:“淫,放也。”昭公十三年《傳》:“叔鮒求貨於衛,淫芻蕘者。”謂縱芻蕘者。

昭公二十年《傳》:“暴戾淫從,肆行非度。”亦以“淫從”連文。

重爲之禮

成公三年:“重爲之禮而歸之。”

按:《説文》:“重,厚也。”成公十年:“厚爲之禮而歸之。”昭公五年:“厚爲韓子禮。”又曰:“亦厚其禮。”此數例,文法、文義皆與“重爲之禮”相同。

視流而行速

成公六年:“鄭伯其死乎!自棄也已。視流而行速,不安其位,宜不能久。”

杜預曰:“視流,不端諦。”③洪頤煊《讀書叢録》曰:“八年《傳》:‘從善如流。’杜《注》:‘如流,喻速。’十五年《傳》:‘視速而言疾。’襄

① 《左傳句讀直解》卷二六,第552頁。
② 《十三經注疏》卷二十五,第1898頁。
③ 《十三經注疏》卷二十六,第1902頁。

三十年《傳》:‘視躁而足高。’‘視流’與‘視速’、‘視躁’同義。”①

按:流,遊也。“視流”,謂目光遊移不定。

《禮記·曲禮下》:“天子視不上於袷,不下於帶。國君綏視。大夫衡視。士視五步。凡視,上於面則敖,下於帶則憂,傾則姦。”

昭公十一年《傳》:“單子會韓宣子于戚,視下,言徐。叔向曰:‘單子其將死乎!……會朝之言,必聞于表著之位,所以昭事序也。視不過結襘之中,所以道容貌也。……今單子爲王官伯,而命事於會,視不登帶,言不過步,貌不道容,而言不昭矣。不道不共,不昭不從,無守氣矣。”

古代言、視、動作,皆有法度。鄭伯視流行速,不合法度,故知其不能久。

武　宫

成公六年《傳》:“二月,季文子以鞌之功立武宫,非禮也。聽於人以救其難,不可以立武。立武由己,非由人也。”

杜預曰:“魯人自鞌之功至今無患,故築武軍,又作先君武公宫,以告成事,欲以示後世。”②惠士奇曰:“《傳》明言‘立武’,立武者,謂章武功,與魯武公何涉?”③

按:惠説是也。《韓非子·外儲説左上》:“故墨子爲木鳶,謳癸築武宫。”又曰:“宋王與齊仇也,築武宫。(王先謙《集解》:“張榜曰:蓋王偃時築以備齊。”)謳癸倡,行者止觀,築者不倦。王聞,召而賜之。對曰:‘臣師射稽之謳,又賢於癸。’王召射稽,使之謳。行者不止,築者知倦。王曰:‘行者不止,築者知倦,其謳不勝如癸美,何也?’對曰:‘王試度其功:癸四板,射稽八板;擿其堅,癸五寸,射稽二寸。’”

① 《經義叢鈔》二十二,鳳凰出版社2005年影印本《清經解》捌,第10859頁。

② 《十三經注疏》卷二十六,第1902頁。

③ 《春秋説》三,鳳凰出版社2005年影印本《清經解》貳,第1752頁。

觀《韓非子》之文,“武宫”蓋与“武軍”相類似。季文子欲顯揚搴之功而立武宫,宋王立軍壘而曰武宫,推言之,則凡可以立武揚威者,皆得以武爲名。

墊　隘

成公六年:“郇、瑕氏土薄水淺,其惡易覯。易覯則民愁,民愁則墊隘,於是乎有沉溺重腿之疾。不如新田,土厚水深,居之不疾,有汾、澮以流其惡,且民從教,十世之利也。”

杜預曰:“墊隘,羸困也。”[①]王念孫曰:“墊,與竊同。墊訓爲下。故居下地而病困者,謂之墊隘。”[②]楊伯峻曰:“《左傳》凡三用‘墊隘’一詞,均可解爲羸弱。其他爲襄九年‘辛苦墊隘’與二十五年‘久將墊隘’。杜《注》於三處解釋不同,不确。”[③]

按:“墊隘”爲同義連文,訓“窮”,爲“困苦”、“困頓”之意。《左傳》凡三言“墊隘”,其義皆同。

襄公二十五年《傳》:“久將墊隘,隘乃禽也。不如速戰!”《傳》文或言“墊隘”,或言“隘”,其義無别。

《荀子·禮論》:“其立哭泣哀戚也,不至於隘懾傷生。”楊倞《注》:“隘,窮也。懾,猶戚也。”

《後漢書·明帝紀》:“人無宿儲,下生愁墊。”“愁墊”即愁困。

《説文·雨部》引《左傳》“墊隘”作“墊阨”。“阨”亦窮困之義。

經典“隘”、“阨”二字常混,而義相通。如:

昭公元年《傳》“所遇又阨”,《釋文》曰:“阨,本又作隘。”定公四年《傳》“還塞大隧、直轅、冥阨”,《釋文》:“阨,……本或作隘,音同。”僖公二十二年《傳》:“古之爲軍也,不以阻隘也。”《史記·宋微子世家》:“君子不困人於阨,不鼓不成列。”《禮記·禮器》:“君子以

① 《十三經注疏》卷二十六,第 1902 頁。
② 《廣雅疏證》卷一下,江蘇古籍出版社 1984 年版,第 36 頁。
③ 《春秋左傳注》,第 828 頁。

爲隘矣。"《釋文》："阨，本又作隘。"

《荀子·議兵》："秦人其生民也陿阸，其使民也酷烈。"《孟子·公孫丑上》："遺佚而不怨，阨窮而不閔。"朱熹《注》："阨，困也。"《新序·雜事四》："此言常思困隘之時，必不驕矣。""陿阸"、"阨窮"、"困隘"皆爲同義連文。

解　體

成公八年："信以行義，義以成命，小國所望而懷也。信不可知，義無所立，四方諸侯，其誰不解體？"

孔穎達曰："謂事晉之心皆疏慢也。"①楊伯峻曰："解體，渙散，瓦解。"②

按："解體"一詞，書傳習見，疑爲"離心"之義。

《墨子·尚賢下》："是以使百姓皆攸心解體。"《後漢書·楊彪傳》："今横殺無辜，則海内觀聽，誰不解體？"又《李雲傳》："高祖聞之，得無見非？西北列將，得無解體？"《三國志·魏書·齊王芳傳》裴松之《注》引習鑿齒曰："若乃諱敗推過，歸咎萬物，常執其功而隱其喪，上下離心，賢愚解體，是楚再敗而晉再克也，謬之甚矣！"

杞叔姬卒

成公九年："九年春，杞桓公來逆叔姬之喪，請之也。杞叔姬卒，爲杞故也。逆叔姬，爲我也。"

杜預曰："還爲杞婦，故卒稱杞。"③竹添光鴻曰："歸自杞而終葬于杞，故卒稱杞，猶杞夫人也。"④楊伯峻曰："叔姬之死，由于爲

---

① 《十三經注疏》卷二十六，第 1904 頁。
② 《春秋左傳注》，第 837 頁。
③ 《十三經注疏》卷二十六，第 1905 頁。
④ 《左傳會箋》第十二，第 865 頁。

杞所棄絕。”[①]

按：杜《注》、《會箋》説是也。文公十二年《經》：“二月庚子，子叔姬卒。”《傳》曰：“杞桓公來朝，始朝公也。且請絕叔姬而無絕昏，公許之。”又曰：“二月，叔姬卒，不言‘杞’，絕也。”叔姬本爲杞桓公夫人，爲桓公所絕，故《春秋》稱“子叔姬卒”而不冠以“杞”字。成公五年《經》：“杞叔姬來歸。”杜預《注》：“出也。”成公八年《經》：“杞叔姬卒。”二叔姬皆爲杞侯所出，《經》於文公十二年書“子叔姬卒”，於此年書“杞叔姬卒”，其事相同，而書法迥異，故《傳》特爲解釋叔姬稱“杞”之故。

先父　先職

成公九年：“晉侯觀于軍府，見鍾儀。問之曰：‘南冠而縶者，誰也？’有司對曰：‘鄭人所獻楚囚也。’……問其族，對曰：‘泠人也。’公曰：‘能樂乎？’對曰：‘先父之職官也，敢有二事？’”

楊伯峻曰：“樂乃先父所掌管之職務，自己豈敢從事其他？”[②]

按：“先父”，《四部叢刊》本作“先人”，於義爲長。下文曰：“言稱先職，不背本也。”“先職”即“先人之職官”，不必專指父職。竹添光鴻謂：“今爲鄖公，而稱先父之職官也。”[③]亦據“先父”之文爲釋。

代　匱

成公九年：“《詩》曰：‘雖有絲麻，無弃菅蒯。雖有姬、姜，無弃蕉萃。凡百君子，莫不代匱。’言備之不可以已也。”

林堯叟曰：“言(在位之人)亦有匱乏之時，須得人承代。”[④]沈

---

① 《春秋左傳注》第 842 頁。

② 《春秋左傳注》，第 844 頁。

③ 《左傳會箋》第十二，第 869 頁。

④ 《左傳句讀直解》卷二八，第 560 頁。

欽韓曰:"言衆材當乏人之時無不可器使。"①楊伯峻曰:"匱,缺少。代匱,或缺此,或缺彼。"②

按:代,備也。傳文言"備"、"備豫"、"代",皆同義。

《周語下》:"然則無夭昏札瘥之憂,而無飢寒乏匱之患,故上下能相固,以待不虞。"

爲將改立君者

成公九年:"我出師以圍許,爲將改立君者,而紓晉使,晉必歸君。"

楊伯峻曰:"'僞',各本俱作'爲',金澤文庫本作'僞',與《釋文》所引或本相合,今從之。"③

按:古書"爲"、"僞"通用,其例極多。《傳》作"爲",蓋古字,不必校改。

《晏子春秋·内篇問上·景公問善爲國家者何如》:"不爲行以揚聲。"俞樾曰:"古'爲'、'僞'字通用。成九年《左傳》'爲將改立君者'、定十二年《傳》'子爲不知',《釋文》並云'爲,本作僞',是也。"④

焉逃之

成公十年:"(晉景)公疾病,求醫于秦。秦伯使醫緩爲之。未至,公夢疾爲二豎子,曰:'彼良醫也,懼傷我,焉逃之?'其一曰:'居肓之上,膏之下,若我何?'醫至,曰:'疾不可爲也。在肓之上,膏之下,攻之不可,達之不及,藥不至焉,不可爲也。'"

① 《春秋左氏傳補注》六,《清經解續編》拾壹,第2967頁。
② 《春秋左傳注》,第846頁。
③ 《春秋左傳注》,第846頁。
④ 《諸子平議》卷七《晏子春秋》,第130頁。

林堯叟曰:"安所逃避之?"[①]《經典釋文》:"懼傷我,絕句。焉,徐於虔反,一讀如字,屬上句。逃之,絕句。"[②]武億《經讀考異》同。楊伯峻曰:"亦可讀爲:'懼傷我焉,逃之!'但不如'焉'字屬下讀。"[③]

按:逃,隐也,匿也,非"逃跑"之義。"焉逃之"即藏身於何處,下文"居肓之上,膏之下"爲對答之辭,前後相應。《焦氏易林》卷一《需之第五》:"晉平有疾,迎醫秦國。病乃大秘,分爲二豎。逃匿肓上,伏於膏下,和不能愈。"《申鑒·雜言上》:"夫膏肓近心而處阸,鍼之不達,藥之不中,攻之不可,二豎藏焉。"焦延壽解"逃"爲"逃匿"、"伏",荀悦以"藏"釋"逃",甚確。

《爾雅·釋詁上》:"瘞、幽、隱、匿、蔽、竄,微也。"郭璞《注》:"微,謂逃藏也。《左傳》曰'其徒微之'是也。"

《黄帝四經·道法》:"刑名已立,聲號已建,則無所逃跡匿正矣。""逃"、"匿"錯出,其義一也。

《荀子·解蔽》:"賢良退處而隱逃。""隱逃"同義連文。

《尹文子·大道下》:"凡此八術,無隱于人而常存于世,非自顯于堯、湯之時,非自逃于桀、紂之朝。"

《楚辭·大招》:"冥淩浹行,魂無逃只。"王逸《注》:"逃,竄也。""竄"亦"隱匿"之意。

《韓非子·外儲説左下》載衛君欲執孔子,子皋從出門,"刖危引之而逃之門下室中",吏追不得。子皋問刖危曰:"子何故乃肯逃我?"兩"逃"字皆隱藏之意。

《新書·官人》:"大臣奏事,則俳優侏儒逃隱,聲樂技藝之人不竝立。""逃隱"亦爲同義連文。

《淮南子·原道訓》:"夫鏡水之與形接也,不設智故,而方圓曲直弗能逃也。"又,《説林訓》:"水静則平,平則清,清則見物之形,弗

---

① 《左傳句讀直解》卷二八,第 560 頁。
② 《十三經注疏》第 1906 頁。
③ 《春秋左傳注》第 849 頁。

能匿也。"高誘《注》:"匿,猶逃也。"

《列子·楊朱》:"穆之後庭比房數十,皆擇稚齒婑媠者以盈之。方其耽於色也,屏親昵,絕交遊,逃於後庭,以晝足夜,三月一出,意猶未慊。""逃"亦"藏匿"之意。

已不能庇其伉儷

成公十一年:"婦人怒曰:'已不能庇其伉儷而亡之,又不能字人之孤而殺之,將何以終?'"

楊伯峻曰:"己,自己,指孝叔,與下文人字相對。"①

按:楊說未允。原文字作"已"。《釋文》曰:"已,音以,又音紀。"

已,既也。王引之曰:"已,既也。常語也。"②《詩經·衛風·氓》:"亦已焉哉。"陳奐《傳疏》:"已,既也。"

"已"與"又"相對,構成遞進複句,《傳》謂既不能庇其伉儷,又不能字人之孤。僖公七年《傳》:"既不能强,又不能弱,所以斃也。"哀公十四年《傳》:"既不能事君,又得罪于民,將若之何?"句式相類。

勿敢爭

成公十一年:"晉郤至與周爭鄇田。……晉侯使郤至勿敢爭。"

林堯叟曰:"晉厲公使郤至勿敢與周爭。"③

按:"勿敢爭",猶言"弗許爭"。《尚書·金縢》:"公命我勿敢言。"勿敢言,猶不許言也。《尚書·費誓》言"無敢不弔"、"無敢不善"、"無敢傷牿"、"勿敢越逐"、"無敢寇攘"、"無敢不逮"、"無敢不

① 《春秋左傳注》,第853頁。

② 《經傳釋詞》卷一,第9頁。

③ 《左傳句讀直解》卷二九,《續修四庫全書》第118册,第561頁。

供"、"無敢不多","無敢"、"勿敢"皆"不許"之意。

《戰國策·秦策三》:"父之於子也,令有必行者,必不行者。曰:'去貴妻,賣愛妾。'此令必行者也。因曰:'毋敢思也。'此令必不行者也。""毋敢"亦"弗許"也。《尹文子·大道下》謂"汝無敢恨,汝無敢思",謂"弗許恨,弗許思"也。

(作者單位:南京師範大學文學院)

讀左劄記二則

趙伯雄

摘要:這兩篇小文,是作者讀《左傳》時隨手所作之劄記。一篇討論"天王狩于河陽"一段傳文該如何斷句,本文從文法及文義兩方面判斷,仲尼之語僅限於"以臣召君,不可以訓"八個字。另一篇討論傳文所引"民之所欲,天必從之"中的"民"字,以爲此"民"並非指民眾,乃是指一般意義的"人"。

關鍵詞:《左傳》 劄記 天王 狩 河陽 民之所欲

"天王狩于河陽"的斷句

《春秋》僖公二十八年有一條經文"天王狩于河陽",《左傳》解釋說:

> 冬,會于溫,討不服也。……是會也,晉侯召王,以諸侯見,且使王狩。仲尼曰以臣召君不可以訓故書曰天王狩于河陽言非其地也且明德也

按"仲尼曰"以下,我暫不加標點,因爲這一段的標點,正是我們要討論的問題。

鄭良樹先生在《中國經學》第一輯中發表了一篇文章,談到了《左傳》這段話的標點問題,他認爲《左傳》此段是在解釋《春秋》的書法,不過由於斷句的不同以及主語的省略,其解釋無法令人清楚

明曉。鄭先生認爲,自"仲尼"以下,至少有下列四種讀法:[①]

A1 仲尼曰:"以臣召君,不可以訓。"故(仲尼)書曰:"天王狩于河陽。"言非其地也,且明德也。

A2 仲尼曰:"以臣召君,不可以訓。"故書曰:"天王狩于河陽。"言非其地也,且明德也。

B1 仲尼曰:"以臣召君,不可以訓。故書曰:天王狩于河陽。言非其地也,且明德也。"

B2 仲尼曰:"以臣召君,不可以訓。故(我)書曰:天王狩于河陽。言非其地也,且明德也。"

今按表面看起來,A1與A2、B1與B2標點並無不同,好像這段話只有兩種讀法,但鄭良樹先生在這裏是討論《春秋》是否孔子所作這個問題的,所以他特别關注到了句子中主語的省略,若A1"書曰"的主語真的略掉了"仲尼",自與A2的意思迥殊。B1與B2的情形也是如此。因此,説這段話可以有四種讀法,是不無道理的。

對《左傳》的這段話,讀法不同,就會有不同的理解。照A1、B2的讀法,則孔子當爲《春秋》的作者;若照A2、B1的讀法,《春秋》的作者就未必是孔子。而照A1、A2的讀法,則孔子所説的話僅限於"以臣召君,不可以訓"八個字;照B1、B2的讀法,"以臣召君"至"且明德也"均爲孔子的話。

儘管今日對這段話的讀法有四種可能性,但在左氏當日,意思應該是唯一的,也就是説,四種讀法中只有一種是正確的。那麽究竟是哪一種讀法正確呢?我們就來試着解決這一問題。

《左傳》主要是以史實解經的,但也有若干解經語,"君子曰"、"五十凡"、"禮也"、"非禮也"之類都是解經語。還有一些解釋所謂"書法"的話,如"書"、"不書"、"書曰"等等,也屬於解經語,意在講

---

① 鄭良樹:《孔子作春秋説的形成》,《中國經學》第一輯,廣西師範大學出版社,2005年11月。

解經爲什麽要"書"、爲什麽"不書"、爲什麽要這樣"書"。像前引僖公二十八年這一段話,"故書曰天王狩于河陽"云云,是解釋經爲什麽要寫下"天王狩于河陽"這一筆,顯然也是屬於解經語的。根據我的研究,這些解經語是《左傳》的作者(我們姑且稱之爲左氏)在雜取各國的各類史料編撰《左傳》時,自己加進去的,應當與《左傳》的傳文出於同一人之手。[①] 我們不妨先看一看此類解經語的文法結構。

《左傳》全書中以"書曰……"這種形式出現的解經語大約有60餘處,例如:

> 故書曰"翬帥師",疾之也。(隱四)
> 書曰"仲孫",亦嘉之也。(閔元)
> 書曰"殺其君之子",未葬也。(僖九)
> 書曰"子",杞,夷也。(僖二十三)
> 書曰"宋人弑其君杵臼",君無道也。(文十六)

此類解經語,後半句都是左氏解釋經之所以要這樣"書"的原因,其中有的是揣摩《春秋》作者的好惡褒貶,有的則是解説《春秋》的"例"。有些解經語,在解釋所以這樣"書"的原因之前加一個"言"字,可以看做是左氏行文的一種習慣:

> 書曰"宋殺其大夫山",言背其族也。(成十五)
> 書曰"叔孫豹、鄫大子巫如晉",言比諸魯大夫也。(襄五)
> 書曰"遂滅偪陽",言自會也。(襄十)
> 書曰"盜",言無大夫也。(襄十)
> 書曰"蔡殺其大夫公子燮",言不與民同欲也。(襄二十)
> 書曰"晉人殺欒盈",不言大夫,言自外也。(襄二十三)

① 趙伯雄:《左傳無經之傳考》,《文史》1999年第4輯。

按這裏的"言"字,用現代漢語來翻譯,可以譯作"這是説":"宋殺其大夫山",這是説大夫山背叛了他的族;"叔孫豹、鄫大子巫如晉",這是説把鄫大子視爲魯國的大夫,如此等等。這顯然是左氏在講解《春秋》所以這樣遣詞造句的原因。

在此類解經語中,有時左氏所解不止一個意思,則用"且"字加以連接,如:

(1) 故書曰"晉人執虞公",罪虞,且言易也。(僖五)

按此傳記載的是晉侯"假道于虞以伐虢"的故事,虞君不聽宫之奇"唇亡齒寒"之諫,執意要爲晉人伐虢提供方便,結果晉人在滅虢之後也順道伐滅了虞國。左氏言"罪虞",是説《春秋》經文書"晉人執虞公"乃是歸罪於虞,同時左氏認爲《春秋》所以要這樣書,還有一層意思,就是表明晉人取虞實在是輕而易舉。與此句法相類的解經語還有:

(2) 書曰"至自會",猶有諸侯之事焉,且諱之也。(僖十七)

(3) 書曰"宋人殺其大夫",不稱名,衆也;且言非其罪也。(文七)

(4) 書曰"齊人歸公孫敖之喪",爲孟氏,且國故也。(文十五)

(5) 書曰"崔氏",非其罪也;且告以族,不以名。(宣十)

按自例(1)至例(5),均爲左氏解經之語,毫無疑問;"且"字以下,爲所解經文的另一層意思,也至爲明顯。明白了左氏的此種句法,我們再回過頭來看僖公二十八年的那段話,"故書曰'天王狩于河陽',言非其地也,且明德也",其句子結構與上引 5 例完全相同,故此語應當也是出於左氏的,左氏認爲《春秋》所以這樣"書",是爲了表明此次天王之狩"非其地"(地點選擇不恰當),而這樣書的另外一層意思則是爲了“明德”（“明德”之義詳後）。這樣看來，僖公二十八年那段話“故書曰”云云不應該是孔子的話，而應是左氏的話，其標點應該如 A1 及 A2 才是。

以上是從文章的句法所做的分析。我們還可以從文義上做一些探討，同樣可以得出這樣的結論。根據《左傳》，此事的原委是這樣的：這一年的夏天，晉文公率諸侯之師與楚人大戰於城濮，楚軍大敗，於是晉國的霸主地位得以確立。到了冬天，晉文公又大會諸侯于温，就在這次盟會上，“晉侯召王，以諸侯見，且使王狩”。所謂“以諸侯見”，是説晉侯率領諸侯朝見天子，表明晉侯此時還是很尊重周王的，他還在試圖借重于天子的權威鞏固自己的霸權，但周王並未主動蒞會，於是晉侯只好“召王”。《史記・晉世家》云：“冬，晉侯會諸侯於温，欲率之朝周，力未能，恐其有畔者，乃使人言周襄王狩于河陽。壬申，遂率諸侯朝王於踐土。”這裏的“言”，當有“進言”之意，蓋使人進言於周襄王，使周襄王至河陽狩獵，從而達成其“朝王”的目的。對於這段歷史，孔子有自己看法，他觀察的角度主要是君臣上下的等級關係，《晉世家》記此事曰：“孔子讀史記至文公，曰：‘諸侯無召王。王狩河陽者，《春秋》諱之也。’”可見在司馬遷看來，孔子的着眼點也只在“以臣召君”上，並不關注王狩的地點。我們再來看《左傳》的原文。左氏記載了孔子“以臣召君，不可以訓”的言論，但同時在講解經文之所以這樣“書”的理由時，强調“言非其地也”，就是説“王狩于河陽”的“河陽”不是王狩的合適的地點。至於“且明德也”，據杜預的解釋，“隱其召君之闕，欲以明晉之功德”。從《左傳》全書對“明德”的使用來看，杜預的解釋大體不誤。《左傳》成公二年引申公巫臣之語曰：“明德，務崇之之謂也。”知僖公二十八年之“且明德也”，左氏確以爲經書“天王狩于河陽”是“崇”晉侯之“德”。那麽晉侯之功德表現在哪里呢？孔穎達疏云：“晉侯所以召王，志在尊崇天子。……功德，謂尊事天子是也。”杜預、孔穎達的解釋，都是深得左氏之旨的。看來，孔子從尊王的立場出發，强調的是不可“以臣召君”，左氏除了對孔子的這種批評表示認同之外（認爲經書“狩于河陽”是隱去了晉侯召君的事實的），還自作聰明地從書法的角度對經文做了解釋:“言非其地也,且明德也”,認爲經書“狩于河陽”是批評狩非其地,同時又稱讚晉侯的尊王。左氏的解釋是否符合《春秋》作者的原意另當别論,這一貶一褒確乎是左氏的解經語則無疑。因此《左傳》的那段話中,只有“以臣召君,不可以訓”八個字是孔子所説的話,其餘“故書曰:天王狩于河陽。言非其地也,且明德也”云云應是左氏的解經語。故A1、A2 的標點是正確的。如果如 B1、B2 的標點,“以臣召君,不可以訓。故書曰:天王狩于河陽。言非其地也,且明德也”都出自孔子之口(今所常用的楊伯峻《春秋左傳注》就是這樣標點的),那麽孔子説話,未免過於没有條理,因爲“言非其地也,且明德也”毫無批評晉侯不尊周王之意,與前面的“以臣召君,不可以訓”無論如何也無法相協調,可見“故書曰”云云不會是孔子之語。至於“書曰”的主語,文中確實省略了,但很明顯説的是《春秋》的作者,至於這作者是不是“仲尼”,那恐怕還要從其他的角度加以考察。

關於“民之所欲,天必從之”

《左傳》襄公三十一年記載魯襄公之死云:

> 公作楚宫。穆叔曰:“《太誓》云:‘民之所欲,天必從之。’君欲楚也夫,故作其宫。若不復適楚,必死是宫也。”六月辛巳,公薨于楚宫。

按魯襄公於二十八年冬天與宋公、陳侯、鄭伯等人“如楚”,此行本是因爲晉、楚在“宋之盟”時有約定,凡從屬於晉、楚的小國要對晉、楚兩大國“交相見”,即既要朝晉,也要朝楚,所以魯襄公是去朝見楚康王的。但在途中就得知楚康王去世的消息,魯襄公在他的謀臣的建議下,還是到了楚國,並參加了楚康王的葬禮,而這一住就是半年多。次年五月,襄公返國。大概是喜歡楚地的生活,或者是欣賞楚國的建築,於是魯襄公有“作楚宫”之舉。此宫落成之後,襄公就搬了進去。大夫穆叔就此做出預測，他説根據《太誓》上的説法，“民”所希望得到的，天就一定會儘量滿足他。如今魯君這樣喜歡楚國，如果他不再到楚國去，那麽他一定會死在楚宫。後來到了“六月辛巳”，魯君果然死於“楚宫”。

這條材料中所引《太誓》那句話，往往被人引來作爲古代重民思想的證據。但我們細審傳文，就會發現穆叔在引用這句話的時候，這裏所謂“民”，其實並不是指一般民衆或者平民，而當另有所指。穆叔的預言後來應驗了，“天”果然滿足了魯君“欲楚”的願望，讓他死在了楚宫，顯然，“民之所欲”的民，在這裏是與魯君相對應的，所以這裏的民，不可能是指民衆或者下層的人民，而應是指一般意義上的“人”。

“民”的這種用法，在文獻中多有其例。《孟子·萬章》引《泰誓》曰：“天視自我民視，天聽自我民聽。”這裏説的實際上是天人關係，這個“民”自然是説“人”。同理，《尚書·皋陶謨》：“天聰明自我民聰明，天明畏自我民明畏”，《堯典》：“浩浩滔天，下民其咨，有能俾乂”，《高宗肜日》：“惟天監下民，典厥義”等等，也都是此類用法。《詩經·生民》：“厥初生民，時維姜嫄”，《綿》：“民之初生，自土沮漆”，這裏的民也不應該僅限於下層民衆，而是指整個族群的“人”的。

童書業先生在《春秋左傳研究》中説：“民字在古代亦有多種意義。其一，即人也。……其二，包括士在内，所謂‘四民’之民……其三，即被統治者……”按童先生説民字有多種意義，是完全正確的，但他没有進一步分析這幾種意義在《左傳》中的具體分佈情況。《左傳》中使用“民”字之處甚多，大約有三四百見，絕大多數都是指稱平民及被統治的下層民衆，有些一望而知，有些聯繫前後文也能判斷其意義，例如“虐用其民”(隱四)、“撫柔此民”(隱八)、“民不堪命”(桓二)、“有恤民之心”(莊十一)、“德以治民”(僖三十三)、“晉侯始入而教其民”(僖二十七)、“民不罷勞”(宣十二)、“使重其罪，民將叛之，無民，孰戰”(成十五)、“養民如子”(襄十四)、“唯有德者能以寬服民”、“民望而畏之”(昭二十)、“無民而能逞其志者，未之有也”(昭二十五)等等。這些“民”字的使用有一個共同點,就是都是相對于統治者、君主來説的。

用“民”來指稱一般意義的“人”,這樣的例子在《左傳》中甚爲罕見。成公十三年,周王的大夫劉康公説:“吾聞之,民受天地之中以生,所謂命也。是以有動作禮義威儀之則,以定命也。”劉康公此語,是針對他的同僚成肅公説的,他在批評“成子惰,棄其命”,所以這裏的“民”,就不單是指下層的民衆了,應當是包所有的人而言的,可以説“民”之義就是“人”。僖公十九年,宋襄公將“鄫子”(鄫國之君,大約是對盟主宋國表現得不夠服從,所以被執)殺掉,作爲人牲祭神。宋國的司馬子魚大不以爲然,他説:“古者六畜不相爲用,小事不用大牲,而況敢用人乎?祭祀以爲人也。民,神之主也。用人,其誰饗之?”子魚據此判斷,宋襄公追求的霸業是不可能成功的。按子魚在這裏強調,“民”是“神之主”,如果用人爲牲,哪個神能夠饗用?顯然,這個作爲“神之主”的“民”,應當就是指“人”了。不過《左傳》在另一個地方提到“民爲神之主”,民似乎又指民衆了。桓公六年,隨國的大夫季梁在談到小國如何能夠抵禦大國的侵伐時説:“臣聞小之能敵大也,小道而大淫。所謂道,忠於民而信於神也。上思利民,忠也;祝史正辭,信也。”至於這“忠於民”與“信於神”的先後,他説:“夫民,神之主也,是以聖王先成民而後致力於神。”從季梁的表述來看,他這裏所説的民,顯然是指與國君相對而言的平民、民衆,這跟上面看到的子魚之説是有一些不同的。可能“民爲神之主”是春秋時期的一句較爲流行的老話,人們説這個話,在不同的場合,恐怕所指也不一樣。強調民衆之重要性的時候可以引用,如季梁;討論人神關係的時候也可以引用,如劉康公。“民”字最初可能同時兼有“人”與“平民、民衆”兩義,只是到了春秋時代,前一義漸晦而後一義大顯,故我們所看到的《左傳》中的“民”,絕大多數都是指平民、民衆,只有極個別地方是用來指稱“人”的。

“民之所欲,天必從之”一語,據穆叔説是引自《太誓》,這應該屬於較早時期的文獻了。孤立地看這句話,把“民”字理解爲民衆、人民,亦未嘗不可,但是放在《左傳》的具體語境中,就可知此語的原義,當是指"人之所欲,天必從之"了。"民"字的"人"與"民眾"這兩義,如果一定要分出先後,恐怕指"人"要更早一些,由一般意義的"人"過渡到君主治下的"民眾",其實也很自然,對於統治者來說,重要的無非就是兩樣東西:土地與人眾,西周金文《大盂鼎》所謂"受民受疆土",其中的"民"固然可以説是指被統治的民眾,但實際上説是除君主之外的所有的人,亦未嘗不可。由此不難想到,對《尚書》中出現的大量的"民"字,也要做認真細緻的分析,因爲《尚書》艱澀難讀,很多地方僅從上下文,很難判斷"民"字的意義,如果我們一遇到"民",就以爲是説民眾如何如何,恐怕就會對古人的政治思想,產生很多誤解。至於有前輩學者説西周的"民"是奴隸,指"民"字的初形爲"盲其一目"云云,恐怕離歷史事實更遠,不足深辨了。

(作者單位:南開大學歷史學院)

"五情"之相關問題

單周堯

摘要:本論文討論三則與"五情"相關之問題。錢鍾書先生改稱"五情"爲"五例",學者從之者甚夥。然"例"爲體例,《春秋序》言《左傳》"爲例之情有五",蓋謂《左傳》發例所據孔子情意有五,易"五情"爲"五例",猶言"爲例之例有五",其不辭也甚矣!陳恩林將"一事再見卒名省文"與"一事再見前目後凡"混爲一談。所謂"五情"者,"微而顯"云云,蓋出自成公十四年,是君子所讚譽《春秋》者,錢先生則認爲"《春秋》實不足語於此",蓋君子所持者爲經學觀點,而錢先生所持者則爲史學觀點。錢先生以純史學觀點評論《春秋》,似失君子盛推《春秋》之旨。2010 年出版之羅軍鳳《清代春秋左傳學研究》,則認爲錢先生所論至確,本文引述《左傳》,證明羅説實誣,《春秋》之經學特質,由是昭然若揭!

關鍵詞:《春秋序》 五情 錢鍾書 五例 一事再見卒名省文 一事再見前目後凡

余於《春秋》"五情",嘗撰《讀杜預〈春秋經傳集解序〉五情説小識》①、《錢鍾書〈管錐篇〉杜預〈春秋序〉札記管窺》②、《讀杜預〈春秋經傳集解序〉五情説補識》③、《論〈春秋〉"五情"——兼論"五情"與詩學之關係》④、《竹添光鴻〈左傳會箋〉論五情説管窺》⑤五文,然猶

---

① 發表於《燕京學報》新 2 期(1996)頁 91—104。

② 收録於拙著《左傳學論集》(臺北:文史哲出版社,2000 年)頁 96—110。

③ 此文未刊,筆者嘗據之於"中央研究院"中國文哲研究所作演講。

④ 發表於《2008 年中國古典文學國際學術研討會論文集》(馬來西亞:新紀元學院中國語言文學系,2009 年 8 月)頁 134—184。

⑤ 此文嘗於香港浸會大學中國語言文學系與臺灣"中央研究院"中國文哲研究所合辦之"中日韓經學國際學術研討會"(2010 年 5 月 27—28 日)中宣讀。

有可説者,兹論述如下:

1. "五情"與"五例"

"五情"一詞,出於杜預(222—284)《春秋經傳集解序》(簡稱《春秋序》),杜氏云:

> 其(指《左傳》——引者)發"凡"以言例,皆經國之常制、周公之垂法、史書之舊章,仲尼從而脩之,以成一經之通體。其微顯闡幽,裁成義類者,皆據舊例而發義,指行事以正褒貶,諸稱"書"、"不書"、"先書"、"故書"、"不言"、"不稱"、"書曰"之類,皆所以起新舊,發大義,謂之變例。然亦有史所不書,即以爲義者,此蓋《春秋》新意,故《傳》不言"凡",曲而暢之也。其《經》無義例,因行事而言,則《傳》直言其歸趣而已,非例也。故發《傳》之體有三,而爲例之情有五:一曰微而顯,文見於此,而起義在彼,稱族尊君命、舍族尊夫人、梁亡、城緣陵之類是也;二曰志而晦,約言示制,推以知例,參會不地、與謀曰及之類是也;三曰婉而成章,曲從義訓,以示大順,諸所諱辟、璧假許田之類是也;四曰盡而不汙,直書其事,具文見意,丹楹刻桷、天王求車、齊侯獻捷之類是也;五曰懲惡而勸善,求名而亡,欲蓋而章,書齊豹盜、三叛人名之類是也。推此五體,以尋《經》、《傳》,觸類而長之,附于二百四十二年行事,王道之正、人倫之紀備矣。①

孔穎達(574—648)疏曰:

> 上云情有五,此言五體者,言其意謂之情,指其狀謂之體,

① 《十三經注疏》本《春秋左傳注疏》卷1頁12—18,臺北藝文印書館景印清嘉慶二十年(1815)南昌府學重刊本,1973年5月。

> 體、情一也,故互見之。“一曰微而顯”者,是夫子脩改舊文以成新意,所修《春秋》以新意爲主,故爲五例之首。“二曰志而晦”者,是周公舊凡、經國常制。“三曰婉而成章”者,夫子因舊史大順,義存君親,揚善掩惡,夫子因而不改。“四曰盡而不汙”者,夫子亦因舊史有正直之士,直言極諫,不掩君惡,欲成其美,夫子因而用之。此婉而成章、盡而不汙,雖因舊史,夫子即以爲義。總而言之。亦是新意之限,故《傳》或言“書曰”,或言“不書”。“五曰懲惡而勸善”者,與上“微而顯”不異。但勸戒緩者,在“微而顯”之條;貶責切者,在“懲惡勸善”之例。故“微而顯”居五例之首,“懲惡勸善”在五例之末。[①]

杜預《春秋序》言“發《傳》之體有三,而爲例之情有五”。體者,體例也,言發《傳》之體例有三,即“正例”(又稱“舊例”、“凡例”)、“變例”(又稱“新例”)、“非例”是也。至若“情”,《春秋序》孔《疏》云:“言其意謂之情。”[②]“五情”者,殆孔子修《春秋》情意之所託也。杜預《春秋序》“爲例之情有五”下云:“一曰微而顯,文見於此,而起義在彼……二曰志而晦,約言示制,推以知例……三曰婉而成章,曲從義訓,以示大順……四曰盡而不汙,直書其事,具文見意……五曰懲惡而勸善,求名而亡,欲蓋而章……”余嘗言:“‘微而顯’等五者可分三層看,‘微而顯,志而晦’,主要謂字面之效果;‘婉而成章、盡而不汙’,主要謂書寫之態度;‘懲惡而勸善’,主要謂記載之作用。”[③]惟若謂五者皆與“情”、“意”相關,亦無不可,故杜《序》謂《左傳》“爲例之情有五”。

杜預《春秋序》於闡釋“五情”後曰:“推此五體,以尋《經》、《傳》,觸類而長之,附于二百四十二年行事,王道之正、人倫之紀備

---

① 《春秋左傳注疏》卷1頁18。

② 同上。

③ 參拙文《論〈春秋〉“五情”——兼論“五情”與詩學之關係》,《2008年中國古典文學國際學術研討會論文集》,頁176。

矣。"[①]孔《疏》曰:"上云情有五,此言五體者,言其意謂之情,指其狀謂之體,體、情一也,故互見之。'一曰微而顯'者,是夫子脩改舊文以成新意,所修《春秋》以新意爲主,故爲五例之首。……故'微而顯'居五例之首,'懲惡勸善'在五例之末。"杜預以"五體"與"五情"互見,孔穎達疏解"五體",遂有"五例"之稱,錢鍾書先生(1910—1998)做而效之,改稱"五情"爲"五例"[②],影響所及,學者從之者甚夥,如 1993 年出版之敏澤《中國文學理論批評史》[③]、1994 年出版之張高評《左傳之文韜》[④]、1999 年發表之陳恩林《評杜預〈春秋左傳序〉的"三體五例"問題》[⑤]、2005 年 6 月出版之張高評《春秋書法與左傳學史》[⑥],2005 年 11 月出版之周振甫《周振甫講古代文論》[⑦],皆改稱《春秋》"五情"爲"五例"。惟"例"者,體例也。趙友林《〈春秋〉三傳書法義例研究》釋"例"云:

> 甚麼是"例"呢?最早對"例"作出規定的大概是北宋時期的程頤。他說:"《春秋》大率所書事同則辭同,後人因謂之例。"程頤的這種界定,應是代表了當時人的一種普遍認識,而這種認識在某種程度上影響了後人對"例"的理解。元俞皋在程頤理解的基礎上,對"例"又作了重新界定。他說:"愚今遵程子說,以事同義同辭同者,定而爲例十六條。凡書經之事義如此而其辭例如此者,是所謂例也。"這裏,俞皋又在程頤之說的基礎上,增加了"義"這一規定,即事同辭同且義同者,即爲

---

① 《春秋左傳注疏》卷 1 頁 18。

② 見《管錐編》,北京:中華書局,1979 年 8 月,頁 161—162。

③ 見敏澤《中國文學理論批評史》,長春:吉林教育出版社,1993 年,上册頁 108。

④ 見張高評《左傳之文韜》,高雄:麗文文化事業股份有限公司,1994 年 10 月,頁 165。

⑤ 見《史學集刊》1999 年第 3 期頁 64—69。

⑥ 見張高評《春秋書法與左傳學史》,上海:上海古籍出版社,2005 年 6 月,頁 14、136、138。

⑦ 見《周振甫講古代文論》,南京:江蘇教育出版社,2005 年,頁 38—79。

"例"。後來,清代的鍾文烝幹脆説:"例者,義而已矣。"對此,趙伯雄先生總結説:"'例'其實就是一些記事的規則,同一類的事,用相同的手法記下來,這就構成了例。""而《春秋》的'義'往往就存在於對這些書法與例的遵循與違背之中。"①

《春秋序》言"例"者,皆爲義例、體例,如言"其例之所重"②,謂其體例之所重也;又曰:"其發凡以言例"③,蓋謂其體例以"凡"字發始者;又曰:"皆據舊例而發義"④,謂皆據舊有之體例而闡發《經》義也;又曰:"謂之變例"⑤,言謂之已改變之體例也;又曰:"其《經》無義例"⑥,殆謂《經》無闡明義理之體例;又曰:"非例也"⑦,謂非褒貶之體例也;又曰:"爲例之情有五"⑧,言爲《經》創發體例之情意有五;又曰:"推以知例"⑨,謂推尋其事,以知其體例也;又曰:"《傳》之義例"⑩,言《傳》中闡發義理之體例也;又曰:"又别集諸例及地名、譜第、曆數"⑪,謂又别集衆體例及地名、譜第、曆數也。是"例"爲體例,有别於"情","爲例之情有五",蓋謂孔子修《春秋》之情意有五,易"五情"爲"五例",猶言"爲例之例有五",其不辭也甚矣!

2. "一事再見卒名省文"與"一事再見前目後凡"

杜預所舉"微而顯"之首例爲"稱族尊君命,舍族尊夫人"。案

① 《〈春秋〉三傳書法義例研究》,北京:人民出版社,2010年8月,頁20—21。

② 《春秋左傳注疏》卷1頁11。

③ 同上,頁12。

④ 同上,頁13。

⑤ 同上,頁14。

⑥ 同上,頁15。

⑦ 同上。

⑧ 同上,卷1頁16。

⑨ 同上。

⑩ 同上,卷1頁20。

⑪ 同上,頁21。

成公十四年《春秋》曰:"秋,叔孫僑如如齊逆女"[①],又曰:"九月,僑如以夫人婦姜氏至自齊。"[②]《左傳》曰:"秋,宣伯如齊逆女,稱族,尊君命也。"[③]又曰:"九月,僑如以夫人婦姜氏至自齊,舍族,尊夫人也。"[④]杜《注》曰:"舍族,謂不稱叔孫。"[⑤]《集解序》孔《疏》曰:

> 叔孫,是其族也。褒賞稱其族,貶責去其氏。銜君命出使,稱其族,所以爲榮;與夫人俱還,去其氏,所以爲辱。出稱叔孫,舉其榮名,所以尊君命也;入舍叔孫,替其尊稱,所以尊夫人也。族自卿家之族,稱舍别有所尊,是文見於此,而起義在彼。[⑥]

陳恩林《評杜預〈春秋左傳序〉的"三體五例"問題》曰:

> 在杜預眼中,《左傳》所謂"稱族"、"舍族",意義非同尋常,是"文見於此而起義在彼",也就是"微而顯"之例證。其實,《左氏》的解釋是錯誤的。這不過是《春秋》記事"先目後凡"原則的體現而已。如《春秋》僖公五年載:"夏,公及齊侯、宋公、陳侯、衛侯、鄭伯、許男、曹伯會王世子于首戴。"又載:"秋八月,諸侯盟于首戴。"《公羊》釋曰:"諸侯何以不序?一事而再見者,前目而後凡也。"是其證。對於《左氏》的解釋,何休在《左氏膏肓》中就有批駁:"案襄二十七年,豹及諸侯之大夫盟,復何所尊而亦舍族?《春秋》之例,一事而再見者亦以省文耳。《左氏》爲短。"宋劉敞也説:"《左氏》曰遂不稱族,尊夫人也。非也。此所謂一事而再見,卒名耳。"清代經古文學家郝懿行

① 《春秋左傳注疏》,卷 27 頁 17。
② 同上,頁 18。
③ 同上,頁 19。
④ 同上。
⑤ 同上。
⑥ 同上,卷 1 頁 16。

也不爲杜預辯護,説:"一事而再見者,卒名之。僑如不氏,前已見也。"由此可見,杜預的"微而顯"云云,是不可信的。[①]

陳氏似將"一事再見卒名省文"與"一事再見前目後凡"混爲一談。案《左傳》"稱族,尊君命"、"舍族,尊夫人"之説,先儒有以爲非者,如鄭玄(127—200)《箴膏肓》引何休(129—182)曰:

> 《左氏》以叔孫僑如舍族爲尊夫人,按襄二十七年豹及諸侯之大夫盟,復何所尊而亦舍族?《春秋》之例,一事再見者,亦以省文耳。[②]

案:襄公二十七年《春秋》曰:"夏,叔孫豹會晉趙武、楚屈建、蔡公孫歸生、衛石惡、陳孔奐、鄭良霄、許人、曹人于宋。……秋,七月,辛巳,豹及諸侯之大夫盟于宋。"[③]何休謂《左氏》以叔孫僑如舍族爲尊夫人,叔孫豹及諸侯之大夫盟,則無所尊,何以亦復舍族?故以爲此乃一事再見省文之例。

案:襄公二十五年《左傳》曰:"季武子使謂叔孫以公命曰:'視邾、滕。'既而齊人請邾,宋人請滕,皆不與盟。叔孫曰:'邾、滕,人之私也;我,列國也,何故視之?宋、衛,吾匹也。'乃盟。故不書其族,言違命也。"[④]視邾、滕者,以魯國比於邾、滕也。蓋邾、滕皆小國,其賦輕,季孫恐既屬晉又屬楚,貢獻於兩國,非國力所勝,故使謂叔孫豹以魯襄公之命曰:"以魯國比於小國邾、滕。"既而齊以邾爲其屬國,宋以滕爲其屬國。屬國皆不參與盟會。叔孫曰:"邾、滕皆他國之私屬,我則爲獨立國,何故自比於邾、滕?宋、衛,則可與我魯國相等。"乃盟。《左傳》以爲《春秋》但書"豹"而不書其族者,蓋當時魯國君弱臣彊,政令出於季氏,臣之小者,季氏以己意命之,

---

① 見《史學集刊》1999年第3期頁68。
② 鄭玄:《箴膏肓》(文淵閣《四庫全書》,第145册),頁4。
③ 《春秋左傳注疏》卷38頁1—2。
④ 同上,頁9—10。

皆不敢不從也。叔孫豹秉心彊直,季氏所憚,恐不從己意,故假以公命命之。叔孫知非公命,故不肯從之。其實叔孫違命,止違季孫意耳。然若叔孫豹恭敬從命,則國内義士,仰以取法,知公之所命,悉不可違。尊君卑臣,在此一舉。惟叔孫乃較計是非,不肯同於小國。以其忘大順之道,違君之命,故《春秋》貶之,不書其族,但書"豹"。[①] 是《春秋》載"豹及諸侯之大夫盟",雖無所尊,卻有所貶。據《左傳》説,則非何休所謂一事再見省文之例。

宣公元年《春秋》曰:"公子遂如齊逆女。三月,遂以夫人婦姜至自齊。"[②]《左傳》曰:"春,王正月,公子遂如齊逆女,尊君命也。三月,遂以夫人婦姜至自齊,尊夫人也。"[③]此與"叔孫僑如如齊逆女"、"僑如以夫人婦姜氏至自齊"同例,孔《疏》:"公子亦是寵號,其事與族相似"[④],是也。《公羊傳》及何休亦以此爲省文,《公羊傳》曰:"遂以夫人婦姜至自齊,遂何以不稱公子?一事而再見者,卒名也。"[⑤]何休《注》云:"卒,竟也;竟但舉名者,省文。"是"叔孫僑如如齊逆女"、"僑如以夫人婦姜氏至自齊"及"公子遂如齊逆女"、"遂以夫人婦姜至自齊",皆"一事再見卒名省文"之例。

至若"一事再見前目後凡"之例,則見於僖公五年《公羊傳》:"公及齊侯、宋公、陳侯、衛侯、鄭伯、許男、曹伯會王世子于首戴……八月,諸侯盟于首戴。諸侯何以不序?一事而再見者,前目而後凡也。"[⑥]目者,細目也,言逐一序列諸侯也。凡者,凡稱、總稱也,謂但統稱"諸侯"也。此與"一事再見卒名省文"實異,不可不辨。

---

① 參楊伯峻《春秋左傳注》(修訂本),北京:中華書局,1990 年,頁 1132 及《春秋左傳注疏》卷 38 頁 2 及頁 10 孔《疏》。

② 《春秋左傳注疏》卷 21 頁 1。

③ 同上,頁 3。

④ 同上。

⑤ 《十三經注疏》本《春秋公羊傳注疏》卷 15 頁 1,臺北藝文印書館景印清嘉慶 20 年(1815)南昌府學重刊本,1973 年 5 月。

⑥ 《春秋公羊傳注疏》卷 10 頁 18。

3. "五情"之性質——史學抑經學

錢鍾書先生《管錐編》論"五情"曰：

竊謂五者乃古人作史時心嚮神往之楷模，殫精竭力，以求或合者也，雖以之品目《春秋》，而《春秋》實不足語於此。[①]

案：所謂"五情"者，"微而顯"云云，蓋出自成公十四年九月《左傳》：

……故君子曰："《春秋》之稱，微而顯，志而晦，婉而成章，盡而不汙，懲惡而勸善，非聖人誰能脩之！"[②]

是君子所讚譽《春秋》者，錢先生則認爲"《春秋》實不足語於此"，蓋君子所持者爲經學觀點，而錢先生所持者則爲史學觀點，君子之"微而顯，志而晦，婉而成章，盡而不汙，懲惡而勸善"，殆非徒爲錢先生所謂"古人作史時心嚮神往之楷模"也。若衡之以史學，則僖公十九年《春秋經》"梁亡"一語，何止爲"斷爛朝報"[③]，實有誤導讀者之弊[④]。杜預《春秋序》所以稱之者，乃因其"文見於此，而起義在彼"，能"發大義"，"指行事以正褒貶"[⑤]。又如桓公元年《經》曰："三月，公會鄭伯於垂，鄭伯以璧假許田。"[⑥]《左傳》曰："三月，鄭伯以璧假許田，爲周公、祊故也。"[⑦]鄭加璧以祊田易魯之許田，兩國

---

① 《管錐編》頁 161。
② 《春秋左傳注疏》卷 27 頁 19。
③ 錢氏《管錐編》頁 161 即引此語譏《春秋》載事不如《左傳》。
④ 參拙著《左傳學論集》頁 76—77。
⑤ 皆《春秋序》語，見《春秋左傳注疏》卷 1 頁 12—17。
⑥ 《春秋左傳注疏》卷 5 頁 1。
⑦ 同上，頁 2。

私易天子所賜之地,而《春秋》謂鄭"以璧假許田",何如實之有!?[①] 又如隱公三年《經》:"三月庚戌,天王崩。"[②]《左傳》曰:"三月壬戌,平王崩,赴以庚戌,故書之。"[③]爲懲臣子之過,天子駕崩日期,尚且不如實記載[④]。錢先生以純史學觀點評論《春秋》,似失《左傳》與杜預《春秋序》之旨。皮錫瑞(1850—1908)《經學通論》云:"經史分别甚明,讀經者不得以史法繩《春秋》,修史者亦不當以《春秋》書法爲史法。"[⑤]是也。《春秋序》總結"微而顯"等五情曰:"推此五體,以尋《經》、《傳》,觸類而長之,附于二百四十二年行事,王道之正、人倫之紀備矣。"[⑥]所持者即爲經學觀點。君子盛推《春秋》,謂"非聖人誰能脩之"! 所持者亦爲經學觀點也。[⑦]

2010年出版之羅軍鳳《清代春秋左傳學研究》,則認爲錢先生所論至確,羅氏曰:

> 但《春秋》書法只是杜預的發明,錢鍾書認爲它只是"古人作史時心嚮神往之楷模,殫精竭力,以求或合者也",此論至確。錢鍾書跳出經學之外,以現代學者的眼光觀照《左傳》,得出《左傳》是史書而無《春秋》"筆法"的論斷,可惜没有深入證明。[⑧]

案:君子盛推《春秋》,謂"非聖人誰能脩之"! 所論者爲《春秋》,似與《左傳》無關。錢鍾書先生謂"五情"乃"古人作史時心嚮神往之楷模,殫精竭力,以求或合者也,雖以之品目《春秋》,而《春秋》實不

---

① 參《左傳學論集》頁81—82。

② 《春秋左傳注疏》卷3頁2。

③ 同上,頁4。

④ 參《左傳學論集》頁109—110。

⑤ 皮錫瑞《經學通論》(臺北:河洛圖書出版社,1974年12月)卷4頁77。

⑥ 《春秋左傳注疏》卷3頁18。

⑦ 參《左傳學論集》頁96—110。

⑧ 《清代春秋左傳學研究》,北京:人民出版社,2010年5月,頁405。

足語於此”,所論者亦爲《春秋》,與“觀照《左傳》”無涉。《管錐編·左傳正義·杜預序》條,實無“《左傳》是史書而無《春秋》‘筆法’的論斷”。

羅氏又云:

> 要論證“微而顯,志而晦,婉而成章,盡而不汙,懲惡而勸善”等不是經師標榜的“春秋筆法”,可以從杜預這段話的出處——《左傳》的“君子曰”本身加以分析證明。《左傳》文字中被誤認爲“春秋筆法”之處有如下兩例:
>
> 1. “九月,僑如以夫人婦姜氏至自齊。”舍族,尊夫人也。故君子曰:“《春秋》之稱,微而顯,志而晦,婉而成章,盡而不汙,懲惡而勸善,非聖人,誰能修之?”(成公十四年)。
>
> 2. 冬,邾黑肱以濫來奔,賤而書名,重地故也。君子曰:“名之不可不慎也如是。夫有所有名而不如其已。以地叛,雖賤,必書地,以名其人,終爲不義,弗可滅已。是故君子動則思禮,行則思義;不爲利回,不爲義疚。或求名而不得,或欲蓋而名章,懲不義也。……故曰,《春秋》之稱微而顯,婉而辨。上之人能使昭明,善人勸焉,淫人懼焉,是以君子貴之。”(昭公三十一年)
>
> 唐孔穎達《春秋左傳正義》承“疏不破注”舊例,沿襲杜注,把“非聖人誰能修之”句中的“聖人”理所當然地理解爲孔子:“聖人指謂孔子,美孔子所修成此五事。”至於“孔子作《春秋》”的説法,由孟子首倡,《史記》、《漢書》並無異辭,從此成爲一種根深蒂固的説法,然而《左傳》所言“非聖人其誰能修之”是否就是其後孟子所説的“孔子作《春秋》”,没有人多去思考。東漢何休把“聖人修《春秋》”理解爲“孔子修《春秋》”,但他有個驚人的發現:他看到《左傳》中的“聖人”並不專指孔子,還有一個叫臧武仲的人也稱聖人。何休《箴膏肓》:“説《左氏》者,曰《春秋》之志,非聖人孰能修之,言夫子聖人,乃能修之。御叔謂臧武仲爲聖人,是非獨孔子。”爲了解釋臧武仲被稱聖人,何

休説臧武仲“述聖人之道,魯人稱之曰聖”。在他的用意裏,《左傳》中一個聖人指孔子,修《春秋》;另一個聖人指臧武仲,述聖人之業。何休的解釋煞費苦心,在他的解釋中,《左傳》所指“聖人”不單指孔子,部分地消解了孔子的神聖性。實際上,《左傳》中孔子從未被稱爲“聖人”,而被稱爲“聖人之後”,倒是臧武仲在《左傳》的記載中被稱爲“聖人”,而且在先秦多部典籍中,臧武仲均被時人目爲“聖人”,而春秋時人視臧武仲爲“聖人”與儒家視孔子爲“聖人”有本質的不同。《論語·憲問》:“若臧武仲之知”,《孔子家語》顔回:“武仲世稱聖人。”可見臧武仲“聖人”之名不虛。《左傳·襄公二十三年》仲尼曰:“有臧武仲之知”,杜預注:“謂能辟齊禍”,《襄公二十二年》載臧武仲出使晉國,不巧遇上下雨,就到御叔那兒去,御叔説:“焉用聖人?我將飲酒,而已雨行,何以聖爲?”譏諷臧武仲名爲“聖人”,卻不能未卜先知。在春秋時人的觀念裏,大概聖人都要有趨避福禍、未卜先知的智慧,《莊子·胠篋》:“夫妄意室中之藏,聖也”,稱未睹而能見的特異功能爲“聖”,與未卜先知同義。這樣的聖人與經學家理解的道德之極致的聖人當然不可同日而語。

終《左傳》一書,“聖人”未凝結成專有名詞的固定結構,終《春秋》之世,孔子並未以“聖人”著稱。據顧頡剛考證,《詩經》、《論語》等先秦諸子書中的聖人並非指孔子,孔子亦只自稱“君子”,未曾以聖人自居,直到孟子的時代,儒家才將“聖人”之名專指孔子。《左傳》中的聖人既非指“孔子”,經學家於《左傳》中發明的“《春秋》筆法”及孔子的“微言大義”都不復存在。這就產生了一個難題,《左傳》曰“非聖人,誰能修之”到底如何解釋?

考察“非聖人,誰能修之”的用語環境,是説《春秋》之義微、晦、汙、婉,不易發覺,唯聖人能曉人所未曉,知人所未知,察人所失察,只有聖人才能於微、晦、汙、婉等細微隱晦處求得“善惡”的痕迹,修習得《春秋》的真意。這樣的聖人符合時人

(如御叔)對未雨先知的聖人之智的期望。在左丘明之前,《春秋》記事都非常簡略,從現存《春秋》及《竹書紀年》可知其概。但這樣簡略的《春秋》,卻是史官教育中的重要組成部分。要在簡略的語句中"明辨是非","善惡勸懲",顯然是非常困難的,也是見仁見智的事。所以説《春秋》無達辭,無通義。左丘明對照魯史《春秋》編年紀事,看到了古春秋學簡略述事中的微、晦、汙、婉,在把握了事情的詳細經過之後愈發感覺到《春秋》的深隱曲折,於是感嘆"非聖人其誰能修之?"——不是聰明人誰理解得了它"勸善懲惡"的用意呢?可見,經生們理解的"《春秋》大義"不過是左丘明在習染春秋學傳統的環境裏對古春秋學的感慨。①

案:羅氏所論,甚爲可議。成公十四年《春秋》曰:"秋,叔孫僑如如齊逆女",又曰:"九月,僑如以夫人婦姜氏至自齊。"《左傳》曰:"秋,宣伯如齊逆女,稱族,尊君命也。"又曰:"九月,僑如以夫人婦姜氏至自齊,舍族,尊夫人也。"此下即云:"故君子曰:'《春秋》之稱,微而顯,志而晦,婉而成章,盡而不汙,懲惡而勸善,非聖人誰能脩之!'"是《左傳》引君子以讚譽《春秋》,謂"非聖人誰能脩之",非謂《春秋》隱晦難曉,非聖人誰能修習之也。昭公三十一年《春秋》曰:"冬,黑肱以濫來奔。"《左傳》曰:"冬,邾黑肱以濫來奔,賤而書名,重地故也。"其下即云:"君子曰:'名之不可不慎也如是:夫有所有名,而不如其已。以地叛,雖賤,必書地以名,其人終爲不義,弗可滅已。是故君子動則思禮,行則思義,不爲利回,不爲義疚。或求名而不得,或欲蓋而名章,懲不義也。齊豹爲衛司寇、守嗣大夫,作而不義,其書爲盜。邾庶其、莒牟夷、邾黑肱以土地出,求食而已,不求其名,賤而必書。此二物者,所以懲肆而去貪也。若艱難其身,以險危大人,而有名章徹,攻難之士,將奔走之。若竊邑叛君,以徼大利而無名,貪冒之民,將寘力焉。是以《春秋》書齊豹曰

① 《清代春秋左傳學研究》頁405—407。

“盜”、三叛人名，以懲不義，數惡無禮，其善志也。故曰：《春秋》之稱，微而顯，婉而辨。上之人能使昭明，善人勸焉，淫人懼焉，是以君子貴之。’”此言《春秋》“善志”，隨即云：“故曰：《春秋》之稱，微而顯，婉而辨。上之人能使昭明，善人勸焉，淫人懼焉，是以君子貴之。”“《春秋》之稱，微而顯，婉而辨”云云，乃讚譽《春秋》善志，至爲明顯，羅氏謂其意爲《春秋》隱晦難曉，非聖人誰能修習之，不亦誣乎！

“非聖人誰能脩之”，所言爲修《春秋》，而非修習《春秋》，此事既已辨明，則羅氏所言臧武仲稱聖人一事，可以不辯，蓋羅氏之意，乃欲證明“非聖人誰能修之”之“修”，乃“修習”之意。

至於“非聖人誰能脩之”之“聖人”，是否必爲孔子，似難實證。惟歷代學者，多以《春秋》爲孔子所修，甚少異説。其持異議者，亦僅疑《春秋》非孔子所修，而無法於孔子之外，另舉出修《春秋》者之名。沈玉成(1932—1995)與劉寧合著之《春秋左傳學史稿》，及趙生群《〈春秋〉經傳研究》，則認爲維持孔子修《春秋》此一傳統説法，較爲合理①。

上引昭公三十一年《左傳》謂“書齊豹‘盜’”、“三叛人名”二事，皆“所以懲肆而去貪”，其下又云：“是以《春秋》書齊豹曰‘盜’、三叛人名，以懲不義，數惡無禮，其善志也。故曰：《春秋》之稱，微而顯，婉而辨。上之人能使昭明，善人勸焉，淫人懼焉，是以君子貴之。”《春秋》之經學特質，可謂昭然若揭矣！

（作者單位：香港大學中文學院）

① 參沈玉成、劉寧《春秋左傳學史稿》，南京：江蘇古籍出版社，1992 年，頁 25—38；趙生群《〈春秋〉經傳研究》，上海：上海古籍出版社，2000 年，頁 1—26。

杜預“張本”説述論

張素卿

摘要:杜預注釋《左傳》,兼顧訓詁、義例及其敘事解經的特點,整體的解釋面向,誠可謂“宏綱巨目,終越諸家”。《左傳》敘述事件本末,間或“先經以始事”,杜氏乃藉由“張本”之説,提示傳文之間的呼應關係。這有助於理解“無經之傳”,並可引導讀者掌握事件與事件之間的關聯,以及長時期的發展脈絡,突破編年敘事的限制,無疑對後世將《左傳》之敘事改編爲“紀事本末”體,具有啟發之功。

關鍵詞:《左傳》 杜預 張本 敘事

一、引言

晉杜預(字元凱,222—284),素有“左氏忠臣”之譽,他的《春秋經傳集解》(習稱杜《注》),是現存最早的《春秋左氏傳》注本,訓詁簡明扼要,義例解釋具系統性,又頗能掌握敘事以解經的特點。杜《注》能綜合三大面向來彰顯《左傳》解釋《春秋》的價值,這正是後人難以超越之處。

《春秋》和《左傳》都屬編年體,前者爲編年記事,後者又發展爲編年敘事。傳之敘事,大多數各依年月與經文相對應,部分未明顯對應經文者,即所謂“無經之傳”。學者不察,往往由此提出質疑,其實,《左傳》固以長於敘事著稱,而《公羊傳》、《穀梁傳》雖以依經起問爲基本形式,有時也憑藉敘事來詮解經義[1];不僅如此,《公》、《穀》二傳也有"無經之傳",或關係全經大義,或別具微旨,可見經無其事而傳詳加載述,未必不具解經作用[2]。

《左傳》是否爲解釋《春秋》之傳,除辨析義例與"君子曰"等解經語,尤應積極闡述其敘事的解經作用,因爲後者乃特點所在,而且佔全書絕大篇幅。因此,我在《敘事與解釋——〈左傳〉經解研究》一書中,著意論述"敘事"的解釋功能。當時,尋繹何謂"敘事",頗得力於杜預"原始要終"的説法。近年來,研究主力轉向清代《左傳》學,完成《清代漢學與〈左傳〉學——從"古義"到"新疏"的脈絡》一書,注意在"漢學"典範主導之下,杜預儼然是衆矢之的,成爲清儒立意挑戰的對象。清儒誠然有其建樹,可藉以回顧漢魏迄唐的注疏之學,作爲參照,然而,吾人也應該洞悉"漢學"藩籬,不受其局限。

杜預堪稱是《左傳》注疏之學的一位核心人物,有不少見解值得闡發。延續敘事解經的研究方向,這篇論文將針對杜《注》的"張本"説,略作討論。爲突破《左傳》敘事依經編年的限制,甚至説明"無經之傳"與後續傳文的關聯,杜《注》以"張本"指示其間的脈絡。這有助於掌握事件的後續發展,對於後世改編《左傳》,變"編年"爲"紀事本末",有一定的啟發。而且,藉由"張本"之説,可以理解"無經之傳"並非毫無來由地出現,往往有所呼應,以共同解經。

二、杜《注》解釋經傳的整體面向

依孟子,孔子作《春秋》,而有"文"、有"事"、有"義"。這部經典固然首重"義",而經義載諸行事,又不能不憑藉文字來記録。《左傳》解釋《春秋》,或訓詁經之"文",或就經文所記之"事"述其本末,

① [清]陳澧《東塾讀書記》,鍾旭元、魏達純點校,上海,上海古籍出版社2008年7月出版,《陳澧集》第2册第195、205頁。

② 説詳拙著《敘事與解釋——〈左傳〉經解研究》,臺北,書林出版公司1998年4月出版,第180—184頁。

或説明書法,詮解其中寄託之"義",兼含上述三個解釋層面[①]。對此,杜預顯然有充分掌握,故鑽研書法義例,並博採各家訓詁之長,而且没有忽略敘事的解經功能。

自漢至唐,《春秋》三傳之學,從各守專門,進而比較異同長短,這段期間,無論三傳之間,或《左傳》學内部各家注解的競爭,書法義例是爭論的焦點。杜預繼兩漢諸儒而起,自信其《左傳》學異於前人的特點,在於不附會二傳之義例。他説:

> 古今言《左氏春秋》者多矣,今其遺文可見者十數家,大體轉相祖述,進不成爲錯綜經文以盡其變,退不守丘明之傳。於丘明之傳有所不通,皆没而不説,而更膚引《公羊》、《穀梁》,適足自亂。預今所以爲異,專脩丘明之傳以釋經。經之條貫,必出於傳;傳之義例,摠歸諸凡,推變例以正襃貶。簡二傳而去異端,蓋丘明之志也。[②]

杜氏標榜"專脩丘明之傳以釋經",認爲"經之條貫,必出於傳",而"傳之義例,摠歸諸凡",五十凡例而外,則"推變例以正襃貶"。依杜氏的區分,《左傳》義例主要分爲正例與變例,變例爲孔子新意,五十凡爲正例,本於周公;或亦"直言其歸趣而已",則非關義例[③]。杜氏區分正例、變例和非例,建構《左傳》本身的義例體系,如此,則不必借助於《公》、《穀》二傳,可以"專脩丘明之傳以釋經",而綜括經文書法的變化。唯其注重義例,杜氏另撰《春秋釋例》一書,與《注》相輔而行,他説:

> 又别集諸例,及地名、譜第、曆數,相與爲部,凡四十部十

① 同上注,第35—50頁。

② [晉]杜預《春秋經傳集解序》,《左傳注疏》卷一,臺北,藝文印書館1982年8月影嘉慶20年南昌府學刊《十三經注疏》本,第15頁。文中引述《春秋》、《左傳》及杜《注》、孔《疏》均依此本。

③ 《左傳注疏》卷一,第11—13頁。

五卷。皆顯其異同，從而釋之，名曰“釋例”，將令學者觀其所聚異同之説，《釋例》詳之也。[①]

將《左傳》義例及地名、譜第、曆數等釐析爲四十部，依類别會集相關傳例加以討論，並比較漢儒異同之説，所謂“顯其異同，從而釋之”。若説義例是杜預《左傳》學的重心，應不爲過。相應於此，唐人修《春秋正義》，傳依左氏，注則專取杜預，主要也正是着眼於義例之學。依孔穎達（字沖遠，574—648）所言：

前漢傳《左氏》者，有張蒼、賈誼、尹咸、劉歆，後漢有鄭衆、賈逵、服虔、許惠卿之等，各爲訓詁，然雜取《公羊》、《穀梁》以釋《左氏》，此乃以冠雙屨，將絲綜麻，方鑿圓枘，其可入乎？晉世杜元凱又爲《左氏集解》，專取丘明之傳以釋孔氏之經，所謂子應乎母，以膠投漆，雖欲勿合，其可離乎？今校先儒優劣，杜爲甲矣。[②]

唐代官學獨尊杜《注》，認爲杜氏凌駕諸儒之上的長處，在於“專取丘明之傳以釋孔氏之經”，相對於兩漢“雜取《公羊》、《穀梁》以釋《左氏》”的情況，這更有助於彰顯《左傳》本身的解釋體系。所謂雜取《公》、《穀》，主要指漢儒比附二傳之義例，就此論其優劣，則唐人肯定杜《注》，顯然首重其義例之學的成就。

啖助（724—770）、趙匡（生卒年不詳）繼起，三傳之外獨標新意的學風寖假而興，肇端於中唐，北宋時更蔚爲主流，緜延至元、明以迄清初[③]。此一階段，三傳尚且束之高閣，杜預建構的《左傳》義例之學自然也被擱置一旁，然而，其訓詁之功還頗受識者推崇。如宋儒鄭樵（1104—1162）認爲：

---

① 《左傳注疏》卷一，第16頁。

② [唐]孔穎達《春秋正義序》，《左傳注疏》卷一，第3頁。

③ 《敘事與解釋——〈左傳〉經解研究》，第74—77頁。

杜預解《左氏》,顔師古解《漢書》,所以得忠臣之名者,以其盡之矣。《左氏》未經杜氏之前,凡幾家,一經杜氏之後,後人不能措一辭。……杜氏所通者,星曆、地理……①

肯定杜預箋釋之能,而尤其推許他訓解星曆、地理,明晰扼要,足以盡通其義。無論注重義例,或着眼於訓詁,杜《注》在《左傳》學上的成就無疑深獲肯定,有"忠臣"之譽。不容諱言,歷代也曾出現一些規過補正之作,依《四庫全書總目》考察:

杜預注《左氏》,號爲精密,雖隋劉炫已有所規,元趙汸,明邵寶、傅遜、陸粲,國朝顧炎武、惠棟又遞有補正,而宏綱巨目,終越諸家。②

即使糾謬之作更迭而出,四庫館臣仍盛讚杜氏"宏綱巨目,終越諸家",這代表當時官學的基本立場。

清代的民間私學則發展出不同的趨勢。惠棟(字定宇,1697—1758)以後,"漢學"典範下的《左傳》學,主張以漢糾杜,如馬宗璉、洪亮吉、沈欽韓、李貽德、劉文淇等,接連撰書匡謬,集矢杜《注》,大力攻駁,他們在訓詁方面,尤其曆法、地理和禮制等領域,博考深究,别有建樹,確乎有突破前人的成就③,唯義例並非關注焦點,往往存而不論,對於敘事的解經功能,也未多加闡發。另外,還有一些評點之作,如魏禧《左傳經世鈔》、王源《左傳評》、馮李驊《左繡》、方苞《左傳義法舉要》、李文淵《左傳評》等,諸家以評點之法閱讀《左傳》,對書中的單篇敘事,精品細繹,卻未必關切解經的深層義

① 鄭樵《通志·藝文略·春秋家·傳注類·小序》,臺北,世界書局1984年10月出版,第566—567頁。

② 紀昀等纂修《四庫全書總目》卷二十八,臺北,臺灣商務印書館1983年10月影武英殿刊本,第1册第580頁。

③ 詳參拙著《清代漢學與〈左傳〉學——從"古義"到"新疏"的脈絡》,臺北:里仁書局2007年3月出版。

涵。整體而言,清儒不滿杜《注》,卻並未真正超越杜預。畢竟訓詁之注可以適用於任何一部經典,而書法義例與敘事解經則爲《左傳》的專門之學,杜《注》能三者兼顧,故能長期保有優勢地位,"宏綱巨目,終越諸家"之譽,洵非虚語。

就書法義例而言,不僅清代《左傳》學者"不言例",溯自啖、趙以降,杜預的義例學久已不復盛唐時的權威。然而,清末民初的章炳麟(1869—1936),早年熟習"漢學",訓解《左傳》多依兩漢經師,晚歲越其藩籬,轉而關注義例,且認爲"釋例必依杜氏",肯定杜氏釋例的成績在漢儒之上①。然則研治《左傳》義例之學,杜預仍是不可忽略的專門名家。

《春秋》三傳之中,《左傳》尤長於敘事。杜預有見於此,論及經、傳關係時,他説:

> 傳或先經以始事,或後經以終義,或依經以辯理,或錯經以合異,隨義而發。……身爲國史,躬覽載籍,必廣記而備言之。其文緩,其旨遠,將令學者原始要終,尋其枝葉,究其所窮。②

強調左氏博覽史料,於是"廣記而備言之",對應《春秋》所記之事,而詳述其本末,俾使讀者得以"原始要終",掌握事件的原委脈絡,進而理解褒貶取義的緣故。除"依經"、"錯經"之外,涉及久遠的大事件,《左傳》間或"先經以始事"、"後經以終義"。先經、後經之傳,乍看似與《春秋》無關,其實正反映《左傳》敘事解經之特點。《四庫全書總目》發揮杜氏之説,指出:

> 《春秋》一書,經則比事屬詞,義多互發;傳文則或先經以

---

① 説詳拙著《詮釋與辨疑——章太炎〈春秋左氏疑義答問〉略論》,《經學研究集刊》第六期,高雄:高雄師範大學經學研究所 2009 年 5 月出版,第 23—40 頁。

② 《左傳注疏》卷一,頁 11。

始事,或後經以終義,或依經以辨理,或錯經以合異,絲牽繩貫,脈絡潛通。①

唯其經、傳相應,《春秋》記事彼此互發,《左傳》遂也或先經、或後經、或依經、或錯經,靈活闡述其事與義,傳文之間於是"絲牽繩貫,脈絡潛通"。如此加强事件本末的照應,最終還是爲了解經,而且對於後代學者改編《左傳》,變"編年"爲"紀事本末",也無疑具有啟發先導之作用。東晉時,荀崧(262—328)主張三傳並重,曾上疏請求增設《公羊》、《穀梁》二學之博士,論及《左傳》時,他説:

孔子既没,微言將絶,於是丘明退撰所聞,而爲之傳。其書善禮,多膏腴美辭,張本繼末,以發明經意。信多奇偉,學者好之。②

關於《左傳》的特色及優點,一則曰"善禮",二則曰"多膏腴美辭",三則曰"張本繼末,以發明經意"。依荀氏之見,傳之"張本繼末",正所以"發明經意",明確點出《左傳》敘事或先經張本、或後經繼末以終其事,旨趣仍在解經。

限於篇幅,下文僅就《左傳》先經張本者加以討論,意旨既明,則後經繼末的意義也就不難類推而得。

三、以"張本"指示傳文之間的脈絡

《左傳》屬於編年敘事體,依年月載述事件,偶或簡要提挈梗概,大多敘其本末以明原委。由於重大事件往往還有其後續發展,編年體無可避免地造成閲讀上的隔閡。杜《注》"張本"説,主要就是爲了指示事件之間的關聯,針對《左傳》敘事"先經以始事"的現

① 紀昀等纂修《四庫全書總目》卷四十九,第2册第94頁。
② 《晉書》,吴則虞點校,北京,中華書局1987年1月,第1978頁。

象,説明傳文之間的脈絡。

隱五年《左傳》曰:"曲沃莊伯以鄭人、邢人伐翼,王使尹氏、武氏助之,翼侯奔隨。"同年又曰:"曲沃叛王。秋,王命虢公伐曲沃,而立哀侯於翼。"杜氏在"翼侯奔隨"下注云:

> 傳具其事,爲後晉事張本。①

《左傳》全書,敘述晉國事蹟甚詳,而首見於隱五年,所以杜氏指出這是爲其後所述晉事"張本"。對此,日本竹添光鴻(1842—1917)注曰:

> 注"張本"字始出。《晉書·荀崧傳》云:丘明退撰所聞爲之傳,張本繼末,以發明經意。②

他在杜《注》第一次出現"張本"時,援引荀崧"張本繼末,以發明經意"之語,確實能彰顯"張本"説的旨趣。"張本"原本是杜《注》反映傳文脈絡的注語,而荀崧則進一步藉以稱道《左傳》本身的特色,竹添氏未作分辨,也未作闡述。《春秋》記晉事始見於僖二年,在此之前,《左傳》敘述不少晉事,都屬"無經之傳"。從曲沃莊伯、武公與翼相攻,至周僖王封曲沃武公爲晉侯,後來主盟中原的晉侯即傳自武公一系。除交代晉獻公之前晉侯的世系由來,呂祖謙(1137—1181)推考本末,認爲文侯之弟成師(桓叔)始封于曲沃,而其子莊伯、其孫武公"視文侯之子孫不啻寇讎,必鋤其根而奪其國",已然種下獻公殺桓、莊之族,以及"親奚齊而讎申生"的禍根③。然則,"曲沃莊伯以鄭人、邢人伐翼"張其本,寖假而獻公殺桓、莊之族與

---

① 《左傳注疏》卷三,第 60—61 頁。

② [日]竹添光鴻《左氏會箋》卷一,臺北,新文豐出版社 1987 年 1 月出版,第 62 頁。

③ 呂祖謙《東萊左氏博議》卷八,臺北,廣文書局 1973 年影光緒四年錢塘瞿氏校刊本,第 5 上—6 下頁。

群公子,甚至殺世子申生、盡逐群公子,《左傳》隱五年敘述晉亂,可謂遙應僖五年《春秋》書"晉侯殺其世子申生",傳先經而張其本,明示晉禍之端緒,其來有自。依吕祖謙的推闡,這些"無經之傳"的旨趣還是用以"發明經意"。

又如隱十一年《左傳》曰:"王取鄔、劉、蔿、邘之田于鄭,而與鄭人蘇忿生之田——温、原、絺、樊、隰郕、欑茅、向、盟、州、陘、隤、懷。君子是以知桓王之失鄭也。恕而行之,德之則也,禮之經也。己弗能有,而以與人。人之不至,不亦宜乎?"杜《注》云:

> 蘇氏叛王,十二邑王所不能有。爲桓五年"從王伐鄭"張本。①

桓五年《春秋》書:"秋,蔡人、衛人、陳人從王伐鄭。"與此對應,《左傳》依經詳述周桓王率諸侯伐鄭之事,指陳其導火線爲"王奪鄭伯政,鄭伯不朝",桓王伐鄭,而鄭莊公也不甘示弱,公然抵抗王師,雙方戰于繻葛,結果"王卒大敗,祝聃射王中肩",莊公乃連夜"使祭足勞王,且問左右"②。鄭莊公原爲天子卿士,周平王、桓王頗有意分政於虢公,但由隱三年《傳》載"周鄭交質"等事觀之,雙方一度虚與委蛇,仍努力避免正面衝突,至"王奪鄭伯政"而"鄭伯不朝",乃正式決裂。依杜氏之説,隱十一年桓王以温等十二邑交换鄭國四邑,已爲桓五年繻葛一役的戰火埋下火苗,一觸即發。當時,桓王其實已不能掌控温等十二邑,卻故意用以交换鄭田,左氏藉由"君子曰"指出:"己弗能有,而以與人。人之不至,不亦宜乎?"所謂"人之不至",已預示"鄭伯不朝"的結果,何況桓王還奪其政!"鄭伯不朝"則又提供桓王討伐的理由,戰火於是引爆。鄭莊公的作爲固有其可議之處,然而,桓王以天子之尊親征,又有蔡人、衛人、陳人從之伐鄭,卻落得大敗終場,威信掃地,究竟孰令致之?春秋時代二

---

① 《左傳注疏》卷四,第 81—82 頁。

② 《左傳注疏》卷六,第 105—106 頁。

百四十二年間,唯一一次周天子主動出師征伐,如此結局,桓王實難以卸責。杜《注》依"君子曰"闡發傳意,藉由"張本"結合這兩年的傳文,適可彰顯《左傳》刺譏周天子之意。如此解釋,《左傳》並未違背《春秋》"貶天子"之大義。然則隱十一年《傳》雖屬"無經之傳",可以連結桓五年《傳》,共同理解《春秋》書諸侯"從王伐鄭"之褒貶取義。

關於"無經之傳",劉師培(1884—1919)有如下的觀察,他説:

> 經以約詞爲宗,傳主弼經而作。傳詳經簡,所以抒行事而闡譏褒;傳有經無,所以明刊削而昭簡擇。經文之例,遠略近詳,是以王室之爭、晉邦之亂,僖、文以上,有傳無經。……即所論爲經所弗筆,亦與經誼相因依,非徒博言廣記已也。①

意謂《春秋》爲記事之體,僅舉大事而記其要,而且"遠略近詳",《左傳》僖公篇以前敘事涉及周王室與晉國之亂者,遂多"有傳無經",劉氏認爲,這類傳文,"即所論爲經所弗筆,亦與經誼相因依"。上文的討論,可以印證劉氏之説。杜預顯然有見於此,注記某傳爲其後某事"張本",既藉以指示傳文之間的脈絡,同時點明此"無經之傳"解經的旨趣。唯其"張本"之説,往往是深入尋繹《傳》文以闡述其意,荀崧甚至逕將"張本繼末,以發明經意"直指爲《左傳》解經的特色和優點。

《左傳》敘事以依經編年爲基本原則,另一方面,各傳之間或亦脈絡潛通,相互呼應,杜《注》提示"張本",頗能依循傳文以表顯其意。如點明隱十一年傳是爲五年後諸侯"從王伐鄭"張本,就是依據"君子曰"之意。又如王子頹之亂,鄭厲公和王室,納周惠王,莊二十一年《左傳》載:"鄭伯之享王也,王以后之鞶鑑予之。虢公請

① 劉師培《春秋左氏傳古例詮微》,《劉申叔先生遺書》,1936年寧武南氏校印本,第3頁。

器,王予之爵。鄭伯由是始惡于王。"杜《注》曰:

> 爲僖二十四年鄭執王使張本。①

時隔三十九年之後,周襄王派遣白服、游孫伯如鄭,爲滑請命,而鄭文公不聽王命而執王使。莊二十一年《傳》著一"始"字,而僖二十四年《傳》説明鄭文公執王使的原因,强調"鄭伯怨惠王之入而不與厲公爵也"②,兩相呼應。杜氏點明前者爲後者"張本",切合傳意。又如僖二年《左傳》云:

> 齊寺人貂始漏師于多魚。

杜《注》曰:

> 傳言貂於此始擅貴寵,漏洩桓公軍事,爲齊亂張本。③

僖十七年《左傳》敘述齊亂,曰:"十月乙亥,齊桓公卒。易牙入,與寺人貂因内寵以殺群吏,而立公子無虧,孝公奔宋。十二月乙亥赴,辛巳夜殯。"④春秋時代的首霸齊桓公,死後竟六十七天乃殯。《左傳》在此年依經敘述齊亂本末,還相隔十五年,在僖二年以"齊寺人貂始漏師于多魚",預下一"始"字,爲齊亂張本,意謂禍端已萌於此。清儒姜炳璋(1709—1786)申述説:"懸空著此一語,直從根本上發明,寺人漏師,桓不加罪,尸蟲出户外,其禍機已伏此。"⑤同一年,《左傳》另述及晉事,晉獻公伐虢滅其下陽,虢公不知警惕,又

① 《左傳注疏》卷九,第 162 頁。
② 《左傳注疏》卷十五,第 255 頁。
③ 《左傳注疏》卷十二,第 200 頁。
④ 《左傳注疏》卷十四,第 237—238 頁。
⑤ [清]姜炳璋《讀左補義》,臺北,文海出版社 1968 年影清同文堂藏板,第 422 頁。

敗戎于桑田，晉卜偃因而預言：“虢必亡矣。亡下陽不懼，而又有功，是天奪之鑒，而益其疾也。必易晉而不撫其民矣。不可以五稔。”呼應卜偃的預言，杜《注》曰：

爲下五年晉滅虢張本。①

僖五年晉獻公果然“假道於虞以伐虢”，滅虢之後，“遂襲虞，滅之”。僖五年《傳》既敘述其本末，又説明《春秋》書法之義：“書曰‘晉人執虞公’，罪虞，且言易也。”②對應經文，故側重解釋“罪虞”之義，由宫之奇的諫言，述及“脣亡齒寒”的道理；僖二年《傳》先經張本，則指示事件發展的脈絡，並藉卜偃的預言道出虢國滅亡的原因。虢公“亡下陽不懼”，興兵攻伐竟又有功，必然“易晉而不撫其民”，不知戒懼而又輕敵，自然疏於防備，不能修政以安民。兩傳互參，分别呈現虢、虞兩國滅亡的原因，可以相輔相成。

上述爲後傳“張本”者，多屬“無經之傳”，但仔細考察杜《注》，“張本”之説並非專爲此設。如僖二年杜氏接連指出三處之傳，除“齊寺人貂始漏師于多魚”，與卜偃預言“虢必亡矣”，還有“冬，楚人伐鄭，鬭章囚鄭聃伯”之傳。後者，對應《春秋》之“楚人侵鄭”。杜氏對照經、傳，《注》曰：

經書“侵”，傳言“伐”，本以伐興，權行侵掠。爲後年楚伐鄭伯、鄭伯欲成張本。③

僖三年《春秋》又書：“楚人伐鄭。”對應此經，《左傳》云：“楚人伐鄭，鄭伯欲成。孔叔不可，曰：‘齊方勤我，棄德不祥。’”④僖二年、三年以“張本”連結的兩則傳文，都不是“無經之傳”。又如文十年《春秋》

---

① 《左傳注疏》卷十二，第 200 頁。
② 《左傳注疏》卷十二，第 207—209 頁。
③ 《左傳注疏》卷十二，第 200 頁。
④ 《左傳注疏》卷十二，第 200 頁。

書:"楚子、蔡侯次于厥貉。"《左傳》詳敘其事,謂楚穆王等"次于厥貉"的目的乃"將以伐宋",宋自知無力抵抗,"乃逆楚子,勞且聽命,遂道以田孟諸。"當時,申舟(即文之無畏)擔任左司馬一職,"命夙駕載燧,宋公違命,無畏抶其僕以徇。"雖然以笞擊御者替代違命的宋昭公,申舟此舉無異公然侮辱宋國之君。杜《注》曰:

爲宣十四年宋人殺子舟張本。①

宣十四年,對應《春秋》書"楚子圍宋",《左傳》敘述楚莊王"使申舟聘于齊",並命他"無假道于宋",同時使公子馮聘于晉,也不假道于鄭,前者如同莊王蓄勢伐宋的誘餌,因爲"申舟以孟諸之役惡宋",而今又不假道以挑釁,申舟有强烈預感,宋人必定藉此機會殺了自己。申舟奉命行事,他的死早在預料之中,而"楚子聞之,投袂而起,屨及於窒皇,劍及於寢門之外,車及於蒲胥之市。秋九月,楚子圍宋"②。文十年與宣十四年《傳》,都分别依經敘事,其中,又以申舟結怨於宋一事爲後來宋人殺申舟而楚莊圍宋"張本",相隔二十三年的兩篇傳文,就這樣脈絡潛通。《左傳》既摹寫出楚莊伐宋,劍及屨及的態度,兩傳合觀,更加彰顯他不惜犧牲老臣,藉故挑起戰端的一片機心,刻畫這位霸主的形象,可謂入木三分。

綜上所論,可以略窺《左傳》敘事如何提供讀者褒貶判斷的憑藉,這樣解經,正是它的特色和優點。荀崧指出"張本繼末,以發明經意"爲《左傳》之長,而杜《注》爲反映傳文之間的脈絡,遂注明"張本"以表出之,這是切合傳意的詮釋。

四、兩類先經始事之傳

《左傳》敘事以解經,爲完整交代事件之始末,常得追述往事。

① 《左傳注疏》卷十九上,第 322—323 頁。
② 《左傳注疏》卷二十四上,第 405 頁。

如眾所熟知的《鄭伯克段于鄢》,全篇敘事對應隱元年《春秋》"鄭伯克段于鄢"之經,原其始而要其終,以"初"字開篇,追述鄭莊公克段的起因,溯自四十年前武公娶武姜,兩人皆武姜之子,卻愛、惡分明,這導致兩兄弟的衝突一步步發展至伐京、伐鄢,《傳》曰"五月辛丑,大叔出奔共",至此才對應經文,明確標示時間[①]。誠如俞樾(1821—1906)所言:"事必有其緣起,不能一例冠以年月",而後人編次《左傳》乃"每年必以某年建首,而某年之前所有文字必截附上年之末,於是文義之不通者多矣。此編次之失也"[②]。同樣是依經敘事而追述往事,若傳文在一年之首,由於後人拘泥於"每年必以某年建首"的編次原則,遂裁截傳文,分散於前、後兩年,今本《左傳》就有不少這樣的例子。如對應隱四年經文:"戊申,衛州吁弒其君完。"《左傳》敘述其本末,自"衛莊公娶于齊東宮得臣之妹曰莊姜"至"桓公立,乃老",今本見於隱三年末,而依文意,其實應與次年"四年春,衛州吁弒桓公而立"之傳相連。"桓公立,乃老"之下,杜《注》曰:

> 四年經書"州吁弒其君",故傳先經以始事。[③]

杜預"分經之年,與傳之年相附"[④],隱四年經文將上述兩段傳文分隔開來,但玩味文意,他仍指出衛莊公娶莊姜至桓公立而石碏告老一段,其實是針對隱四年"衛州吁弒其君完"之經,敘述其緣起和背景,故曰"傳先經以始事"。而且,魯隱公三年相當於衛桓公十五年,至於"衛莊公娶于齊東宮得臣之妹曰莊姜"至"桓公立,乃老",

---

① 關於《鄭伯克段于鄢》全篇的分析討論,另詳參拙著:《敘事與解釋——〈左傳〉經解研究》,第 168—174 頁。

② 俞樾《左傳古本分年考》,《曲園雜纂》卷十四,《春在堂全書》,臺北,中國文獻出版社 1968 年,第 3 册第 1453 頁。俞氏之後,楊樹達、楊向奎也有所考論,楊伯峻《春秋左傳注》並在各年逐一説明,不贅述。

③ 《左傳注疏》卷十九上,第 53—54 及 56 頁。

④ 《左傳注疏》卷一上,第 16 頁。

追述的盡屬十數年前的往事,甚至在春秋以前,其事既非發生於隱三年,没有任何理由獨立列在此年,它根本就該與次年傳文相連,用以解釋"衛州吁弑其君完"之經。孔《疏》詮解此注,謂:

先經者,若隱公不書即位,先發仲子歸于我;衛州吁弑其君完,先發莊公娶于齊。如此之類是"先經以始事"也。①

《左傳》書首"惠公元妃孟子"至"仲子歸于我,生桓公,而惠公薨,是以隱公立而奉之"一段,計五十八字,也應該與隱元年"元年春王周正月,不書即位,攝也"相連,完全没有孤懸於隱元年經文之前的道理。書首五十八字之傳,杜《注》曰:

爲經元年春不書即位傳。②

其實,此例與州吁之亂類似,都屬第一類"先經以始事"之傳,乃出於後人"編次之失"。若經傳相附果真始於杜預,這疏失他責無旁貸。

針對上引隱元年杜《注》,孔《疏》申述説:

傳於元年之前預發此語者,爲經不書"公即位"傳,是謂"先經以始事"也。凡稱"傳"者,皆是爲經,唯文五年霍伯、臼季等卒,《注》云"爲六年蒐於夷傳"者,以"蒐於夷"與此文次相接故不得言"張本"也。或言"張本",或言"起本",或言"起",檢其上下,事同文異,疑杜隨便而言也。③

經傳明顯對應時,杜氏固不必費辭説明某傳解某經;"爲……傳"的

① 《左傳注疏》卷一,第 11 頁。
② 《左傳注疏》卷二,第 28—29 及 34 頁。
③ 《左傳注疏》卷二,第 30 頁。

形式,主爲前後兩年緊接的傳文而發,直指前一年末的傳文乃爲次年之經解釋其義。依孔《疏》,這用於隔年而"次相接"之傳;反之,則言某傳爲某事"張本",至於或言"起本"、"起",則只是各隨行文之便而已。三者"事同文異",而以"張本"使用較頻繁,因此,本論文以"張本"概括之。孔《疏》並舉例指陳,文五年晉諸卿皆卒,與文六年蒐于夷,兩傳"次相接",因此不得言"張本"。既然強調某種情形之下,只能作此、不得作彼,則"爲……傳"或"爲……張本"應有清楚的分野。

依孔《疏》,先經始事之傳,約略可區分爲兩大類。第一類,傳文原本合併相連,後人以傳附經,致使相連的傳文被經文隔斷,分散在前、後兩年,對此,杜氏多以"爲……傳"的形式作注。第二類,傳文原本不相連,相隔或一年,或數年,或達數十年不等,杜氏多以"爲……張本"的形式作注。上節所論,屬於第二類,本論文探討杜《注》之"張本"説以此爲主要對象。

然而,深入考察,杜《注》對上述兩種注語形式未必嚴格區分,偶有混淆。如隱六年《傳》載:"鄭伯如周,始朝桓王也。王不禮焉。周桓公言于王曰:'我周之東遷,晉、鄭焉依。善鄭以勸來者,猶懼不蔇,況不禮焉!鄭不來矣。'"杜《注》曰:

> 爲桓五年諸侯"從王伐鄭"傳。[①]

桓五年在十年之後,自然不能"次相接",卻也用"爲……傳"。而且,此傳與隱十一年周桓王以十二邑交換鄭邑之傳(參上文引),同樣呼應桓五年諸侯"從王伐鄭"之經,爲之先導,預言"鄭伯不朝"的事勢發展,而杜《注》此稱"傳",彼言"張本",並不一致。相對的,僖廿三年《左傳》敘述晉公子重耳流亡十九年的歷程,自"晉公子重耳之及於難也"至"重耳敢不拜",杜《注》曰:

---

① 《左傳注疏》卷四,第 71 頁。

爲明年"秦伯納之"張本。①

無論事件或文字之脈絡,此傳均應緊接僖廿四年"春王正月,秦伯納之。不書,不告入也"一段傳文。這情形與隱元年《傳》類似,追述"惠公元妃孟子"至"是以隱公立而奉之"諸事,正用以發明隱公元年"不書即位,攝也"之義;追述"晉公子重耳之及於難也"以及流亡至秦的種種經歷,下貫僖廿四年"秦伯納之",而呼應"不書,不告入也"之義例。那麽,原本連貫的傳文不僅依經,而且敘事與義例相輔互發。杜《注》雖指出其間的脈絡,卻一間未達。何況隱元年謂"爲……傳",僖廿三年稱"爲……張本",兩種注語形式似乎没有明顯的差别。又如襄十年《左傳》記載:"三月癸丑,齊高厚相大子光以先會諸侯于鍾離,不敬。士莊伯曰:'高子相大子以會諸侯,將社稷是衛,而皆不敬,棄社稷也。其將不免乎!'"杜《注》曰:

爲十九年齊殺高厚、二十五年弑其君光傳。②

如孔《疏》所陳,"張本"或作"起本"、"起",其實一也,服虔注襄十年《傳》,即使用"起本"來指示傳文之間的關聯,曰:

傳舉此者,爲十九年"齊殺其大夫高厚"、二十五年"崔杼弑其君光"起本也。③

參照服、杜兩家之注,可知"張本"之説並非杜預首創,服虔已有這樣的觀念,已使用"起本"詮解傳文。齊太子光與高厚"皆不敬",士莊伯因而預言二人"其將不免乎",服、杜都指出這是呼應襄十九年"齊殺其大夫高厚"、襄廿五年"齊崔杼弑其君光"兩則經文。服氏

① 《左傳注疏》卷十五,第 250—253 頁。

② 《左傳注疏》卷三十一,第 537—538 頁。

③ 見《太平御覽》引,引文據李貽德《春秋左傳賈服注輯述》卷十一,臺北:鼎文書局 1973 年出版,第 115 頁。

言“爲……起本”，杜氏則稱“爲……傳”，文異而意義相當，也顯示兩類注語形式，其實並無不同。

那麽，孔《疏》認爲“爲……傳”與“爲……張本”兩類注語形式的分野，在於傳文是否次接相連，並未切合杜《注》。杜預或許非就傳文是否接續來區分，所謂“凡稱傳者，皆是爲經”，當他注重於某傳解釋其後某經時便説“爲……傳”，若欲指示某傳與另一段傳文的關係時則别稱“張本”；换言之，前者着眼於傳與經的關係，後者則着眼於傳與傳的關係。值得注意的是，“爲……傳”的注語形式中，有一部分涉及“每年必以某年建首”的編次疏失，如此截斷敘事的脈絡，有違傳意，顯示杜預對《左傳》敘事解經的特點，仍有其侷限。

五、結語

《左傳》解釋《春秋》，或訓詁經之“文”，或就經文所記之“事”述其本末，或説明書法，詮解其中寄託之“義”，兼含上述三個解釋層面。杜預詮解《左傳》，遂綜合訓詁、敘事和義例三大面向來彰顯其價值，這應該是杜《注》在《左傳》學史上長期佔有重要地位，尚無人足以取代的一大關鍵。

《左傳》敘事或“先經以始事”，有時還突破編年體的限制，扼要提示某一事件長時期的發展趨勢，杜《注》特以“張本”之説指引傳文之間的脈絡。“張本”説並非杜預首創，服虔已使用“起本”來指示傳文之間的脈絡。杜《注》承之，多言“張本”，間或作“起本”或“起”，其實則一，本論文以“張本”概括之，並且略去杜氏混用“爲……傳”與“爲……張本”兩類注語形式的情形，擱置不論，而先專注於探討杜氏如何指示事件相關的兩段傳文，點明某傳爲後傳所述之事開啟端緒，藉以表彰杜《注》之長。

杜預“張本”之説主要着眼於事件的本末，用以説明傳文之間的關聯。這觸及《左傳》敘事述其本末的特色，大多能適切反映傳意，將其脈絡潛通的現象彰顯出來，從而引導讀者掌握事件的發展。藉由"張本"的指引,有助於理解"無經之傳"終究還是用以解經,可以發揮尋繹經義的功能。

(作者單位:臺灣大學中國文學系)

李瑾佚著《春秋指掌》考説

黄覺弘

摘要:李瑾《春秋指掌》早佚不傳。考杜諤《春秋會義》、程端學《春秋本義》、汪克寬《春秋胡傳附録纂疏》所引佚文,凡得四十一條,能在今傳《春秋左傳正義》考知對應來源者有三十七條,這三十七條佚文文辭與所據原文基本相同。《春秋指掌》可視爲《春秋左傳正義》的唐代節抄本。這個節抄本對研究現傳《春秋左傳正義》有着重要的參考和文獻價值。《春秋指掌》佚文頗有衍脱訛誤,但亦有足可校正今傳《春秋左傳正義》者。更值得重視的是,有四條佚文在今傳《春秋左傳正義》無對應來源。這四條也應節抄自《春秋左傳正義》,而所據原文今傳本皆闕脱。

關鍵詞:李瑾　《春秋指掌》《春秋會義》《春秋左傳正義》

一、李瑾《春秋指掌》佚文及篇卷

《崇文總目》卷一著録《春秋指掌》十五卷,云:

> 唐試左武衛兵曹李瑾撰。瑾集諸家之説爲《序義》、《凡例》各一篇,抄孔穎達《正義》爲五篇,採摭餘條爲《碎玉》一篇,集先儒異同、辯正得失爲三篇,取劉炫《規過》,申證其義爲三篇。大抵專依杜氏之學以爲説云。①

---

① [宋]王堯臣等編次、[清]錢東垣等輯釋《崇文總目》,商務印書館國學基本叢書本,第26頁。

《玉海》卷四十亦著録唐李瑾《春秋指掌》十五卷。[①] 李瑾生平事蹟不詳。《新唐書·藝文志一》著録李瑾《春秋指掌》十五卷,置於樊宗師《春秋集傳》十五卷、元和十三年國子監修定的《春秋加減》一卷之後,[②]可推知李瑾乃中晚唐人。《文苑英華》卷一一五載録《石韞玉賦》,署名唐李瑾,當即此人。《宋史·藝文志一》著録:"李瑾《春秋指掌圖》十五卷。"[③]衍"圖"字。程端學《春秋本義》(以下簡稱程氏《本義》)卷首《春秋傳名氏》云:"李氏瑾子玉《指掌》、《碎玉》。"[④]可知李瑾字子玉,又可見《碎玉》曾單行,這與《通志》所載相合,《通志》卷六三云:"《春秋指掌》十五卷李瑾","《春秋碎玉》一卷唐李瑾。"[⑤]《文獻通考》卷一八二著録《春秋指掌》十五卷,並引《崇文總目》(已見上引)與李燾之説,其云:

> 巽巖李氏曰:其第一卷新編目録多取杜氏《釋例》及陸氏《纂例》,瑾所自著無幾。而《序義》以下十四卷,但分門抄録孔穎達《左氏正義》,皆非瑾所自著也。學者第觀《正義》及二《例》,則此書可無。且瑾之意,特欲以備科試應猝之用耳,初不爲經設也。其名宜曰《左氏傳指掌》,不當專系《春秋》。本朝王堯臣《崇文總目》及李俶《圖書志》皆以《先儒異同》、《規過》、《序》、《例》等篇爲瑾筆削,蓋誤矣。寫本或訛舛,復用《正義》删修之,乃可讀。惟篇首數序,瑾所自著者,既無參考,亦不敢以意改定,姑仍其誤云。[⑥]

---

① [宋]王應麟《玉海》,南京、上海:江蘇古籍出版社、上海書店 1987 年版,第 758 頁。

② [宋]歐陽修、宋祁《新唐書》,北京:中華書局 1986 年版,第 1438 頁。

③ [元]脱脱等《宋史》,北京:中華書局 1977 年版,第 5057 頁。

④ [元]程端學《春秋本義》,臺灣商務印書館景印文淵閣四庫全書本,第 6 頁。

⑤ [宋]鄭樵《通志》,北京:中華書局 1987 年版,第 759 頁。

⑥ [元]馬端臨《文獻通考》,北京:中華書局 1986 年版,第 1568 頁。

由於李瑾《春秋指掌》早佚不傳，後世對此書的認知主要就是依據《崇文總目》和《文獻通考》所引李燾之言，而對於此書内容的具體情況，向不見學者論及。考此書曾爲宋元《春秋》著述所徵引。《玉海》卷四十云：

嘉祐中杜諤撰《春秋會義》二十六卷，自左氏至啖趙及皇朝諸儒三十餘家，集其論議系經下(原注：《釋例》、《繁露》、《規過》、《膏肓》、《先儒同異篇》、《指掌碎玉》、《折衷》、《掌議》、《纂例》、《辨疑》、《微旨》、《摘微》、《通例》、《胡氏論》、《箋義》、《總論》、《尊王發微》、《本旨》、《辨要》、《旨要》、《集議》、《索隱》、《新義》、《經社》三十餘家成一書，其後仍斷以己意)。①

文中所言《先儒同異篇》、《指掌碎玉》皆出李瑾《春秋指掌》。孫葆田《春秋會義校刊略例》説：

原書引《指掌》，或稱《指掌義》，或稱《指掌釋》，或稱《指掌碎玉》，或稱《指掌異同篇》，實本一書。②

從上文所引《崇文總目》及李燾之言，可證孫葆田的推論是正確的。考杜諤《春秋會義》引李瑾《春秋指掌》凡三十條，皆系《春秋指掌》佚文。考程氏《本義》中引"李氏曰"凡五條，而桓公四年，"春正月，公狩于郎"條下，程氏《本義》卷四引李氏曰"田狩之地，須有常者"至"故書地以譏之"一節，③文辭全同於《春秋會義》卷四所引"《指掌義》曰"，④由此可知程氏《本義》所引"李氏曰"者亦出自《春秋指掌》。又汪克寬《春秋胡傳附録纂疏》(以下簡稱汪氏《纂疏》)亦引

① ［宋］王應麟《玉海》，第 759 頁。
② ［宋］杜諤《春秋會義》，光緒壬辰古不夜城孫氏山淵閣校勘本，第 2 頁。
③ ［元］程端學《春秋本義》，第 86 頁。
④ ［宋］杜諤《春秋會義》，光緒壬辰古不夜城孫氏山淵閣校勘本，卷 4，第 22—23 頁。

李瑾説數條,兹綜加輯考,凡得四十一條,製成《李瑾〈春秋指掌〉佚文簡目表》(表一)如下:

項目	《春秋會義》	其他	合計	備注
指掌碎玉	隱 5—7;桓 7—1;桓 9—1;莊 1—3;僖 3—6;宣 8—8;宣 15—9;成 5—4;成 7—1;成 17—6;	定 3—1;	11	桓 7—1,汪氏《纂疏》卷五亦有節引。定 3—1,見程氏《本義》卷二十七,又《春秋會義》卷二十五有綜述,稱"指掌碎玉",而不引原文,故入於此。
指掌異同篇	桓 2—1(1);僖 1—10;宣 1—3;宣 11—7;襄 16—2;昭 9—3;昭 31—6;哀 12—1;	昭 25—3;昭 31—2;	10	昭 25—3、昭 31—2 二條見汪氏《纂疏》卷二十六。
指掌義	桓 4—1;桓 6—3;桓 10—4;莊 19—3;	僖 14—3;僖 19—7;昭 22—7;昭 26—7;定 8—15;	9	桓 4—1 又見程氏《本義》卷四。桓 10—4 又見汪氏《纂疏》卷五。僖 14—3、僖 19—7、昭 22—7、昭 26—7、定 8—15 分見汪氏《纂疏》卷十二、卷十二、卷二十六、卷二十六、卷二十七。
指掌釋	桓 3—1;桓 8—6;成 14—5;定 8—7;定 9—5;		5	桓 3—1,汪氏《纂疏》卷四亦有述義,稱"本李氏《指掌》"。
指掌正義	桓 2—1(2);僖 8—1;		2	
指掌	僖 5—9;	文 5—3;成 9—1;成 17—10;	4	僖 5—9 見《春秋會義》卷十一,不言篇名,從其文稱《釋例》曰與僖 8—1 條文例略同來看,蓋出自《指掌正義》。文 5—3、成 9—1、成 17—10 分見程氏《本義》卷十四、卷十八、卷十九所引"李氏曰",不言篇名,姑録于此。
合計	30	11	41	閔公無佚文條目。

説明：楊伯峻《春秋左傳注》[1]於每條經文皆有序號標記，頗便查檢，兼之流傳廣泛，故今據此書標録李瑾《春秋指掌》佚文條目。凡表中所録經文條目，李瑾皆存佚説。如隱5—7，表示隱公五年第七條經文，李瑾存有佚説，見於《春秋會義》所引《指掌碎玉》，依此類推。論者可據此表覆按查覽。後文亦仿此。

《春秋指掌》的篇名與卷次，《崇文總目》與李燾之言都有説明，今再結合《春秋指掌》佚文，試還原《春秋指掌》十五卷篇名與卷次如下：

（一）篇首敷序。據李燾之言，《春秋指掌》最前還有"篇首敷序"，序中定當説到了李瑾著書之意，所以李燾才説"且瑾之意，特欲以備科試應猝之用耳"。

（二）《新編目録》一卷。按《崇文總目》所敘篇（卷）合計凡十四篇（卷），而全書爲十五卷，尚缺一篇（卷）。李燾説："其第一卷新編目録多取杜氏《釋例》及陸氏《纂例》，瑾所自著無幾。而《序義》以下十四卷，但分門抄録孔穎達《左氏正義》，皆非瑾所自著也。"按此，《序義》之前有"第一卷《新編目録》"，加上其他十四篇（卷），正合全書十五篇（卷）之數。

（三）《序義》一卷。

（四）《凡例》一卷。《崇文總目》云："瑾集諸家之説，爲《序義》、《凡例》各一篇。"

（五）《指掌義》五卷。此即《崇文總目》所言"抄孔穎達《正義》爲五篇"者。考《春秋會義》所引"《指掌義》曰"四條，皆抄自《正義》。又《春秋會義》引"《指掌正義》曰"兩條，文字亦與《正義》基本相同，疑"《指掌正義》曰"本當引作"《指掌義》曰"而衍"正"字。汪氏《纂疏》卷首《引用姓氏》云："李氏瑾《春秋指掌義》"，[2]可見《指掌義》五卷曾單行。

---

① 楊伯峻《春秋左傳注》，北京：中華書局1990年版。

② ［元］汪克寬《春秋胡傳附録纂疏》，臺灣商務印書館景印文淵閣四庫全書本，第10頁。

(六)《碎玉》一卷。《崇文總目》云:"採摭餘條爲《碎玉》一篇。"據程氏《本義》卷首《春秋傳名氏》及《通志》卷六三之著録,可知《碎玉》曾單行。

(七)《先儒異同篇》三卷。《崇文總目》云:"集先儒異同、辯正得失爲三篇。"

(八)《指掌釋》三卷。《崇文總目》云:"取劉炫《規過》,申證其義爲三篇。"李燾説《崇文總目》及李俶《圖書志》皆以"《先儒異同》、《規過》、《序》、《例》等篇爲瑾筆削"。《崇文總目》並無稱《規過》篇名,就《春秋會義》所引《春秋指掌》佚文,亦無《規過》之名,李燾所言《規過》當在杜諤所引《指掌釋》中。《玉海》卷四十引此作:"取劉炫《規過》,申訂其義爲三篇。"[①]從佚文來看,《春秋指掌》多依杜預之説,時有駁正劉炫《規過》者,作"申訂"較"申證"更爲切合實際。如定 8—7 條:定公八年,公會晉師於瓦。《指掌釋》曰:"劉以此與宣元年並取于師會而規杜過,非也。"[②]再如定 9—5 條:定公九年秋,齊侯、衛侯次於五氏。《指掌釋》曰:"劉妄爲規過,非也。"[③]皆駁正劉炫《規過》。又如桓 3—1 條:桓公三年,春正月。《指掌釋》曰:"經不書王,若是闕文,不應公之内十四年並闕也。"[④]雖無駁正劉炫《規過》之文,但其所據《正義》原文在此之後也駁正了劉炫《規過》:"劉君不尋此旨,橫生異同,以規杜過,恐非其義也。"[⑤]《春秋會義》征援諸家之説多有删節,可推測此條《指掌釋》其實也曾駁正劉炫《規過》,不過杜諤没有引及至此。

---

① [宋]王應麟《玉海》,第 758 頁。

② [宋]杜諤《春秋會義》,卷 25,第 18 頁。

③ [宋]杜諤《春秋會義》,卷 25,第 22 頁。

④ [宋]杜諤《春秋會義》,卷 4,第 16 頁。

⑤ [清]阮元校刻《春秋左傳正義》,《十三經注疏》本,北京:中華書局 1980 年版,第 1746 頁。

二、《春秋指掌》佚文與今傳《春秋左傳正義》

筆者又一一考索這四十一條佚文所據《春秋左傳正義》之來源，製成《〈春秋指掌〉佚文與〈春秋左傳正義〉對應來源表》(表二)如下：

項目	《春秋指掌》佚文	《春秋左傳正義》對應來源
隱公	隱 5—7；	隱傳 5—1；
桓公	桓 2—1(1)；桓 2—1(2)；桓 3—1；桓 4—1；桓 6—3；桓 7—1；桓 8—6；桓 9—1；桓 10—4；	桓 3—1；桓 2—1 及桓傳 2—1；桓 3—1；桓 4—1 及桓傳 4—1；桓 6—3；桓 7—1；桓 8—6；桓 9—1；桓 10—4；
莊公	莊 1—3；莊 19—3；	莊 1—3；莊 19—3；
僖公	僖 1—10；僖 3—6；僖 5—9；僖 8—1；僖 14—3；僖 19—7；	僖 1—10；僖 3—6；僖 5—9；僖 8—1；僖 14—3；僖 19—7；
文公	文 5—3；	成 8—7；
宣公	宣 1—3；宣 8—8；宣 11—7；宣 15—9；	宣 1—3；宣 8—8；宣 11—7；宣 15—9 及宣傳 15—9；
成公	成 5—4；成 7—1；成 9—1；成 14—5；成 17—6；成 17—10；	成 5—4；成 7—1；無；成 14—2；成 17—6；成 17—10；
襄公	襄 16—2；	襄 16—2；
昭公	昭 9—3；昭 22—7；昭 25—3；昭 26—7；昭 31—2；昭 31—6；	昭 9—3；無；昭 25—3；無；昭傳 30—1；昭 31—6；
定公	定 3—1；定 8—7；定 8—15；定 9—5；	定 3—1；定傳 8—6；無；定 9—5；
哀公	哀 12—1；	哀傳 11—7；
備注	《春秋指掌》四十一條佚文，有三十七條在今傳《春秋左傳正義》中能考定其對應來源，而成 9—1、昭 22—7、昭 26—7、定 8—15 四條則不見於今傳《春秋左傳正義》。	

説明:楊伯峻《春秋左傳注》於每條傳文亦有序號標記,玆用以標録《春秋指掌》佚文來源條目。如隱傳 5—1,表示《左傳》隱公五年第一條傳文。本表將《春秋指掌》佚文條目與其所據之《春秋左傳正義》來源一一對應,論者可據此表覆按查覽。如《春秋指掌》佚文之隱 5—7 對應《春秋左傳正義》之隱傳 5—1,表示隱 5—7 條佚文文辭來源於隱傳 5—1 條下之《春秋左傳正義》。

《春秋指掌》四十一條佚文能在今傳《春秋左傳正義》考定對應來源有三十七條,這三十七條全屬李燾所説"但分門抄録孔穎達《左氏正義》,皆非瑾所自著也",佚文文辭與所據原文基本相同。隨舉一例,如隱 5—7 條:隱公五年,冬十有二月辛巳,公子彄卒。《春秋會義》引《指掌碎玉》曰:

> 僖伯名彄,字子臧,魯孝公之子也。諸侯之子稱公子,公子之子稱公孫,公孫之子不得祖諸侯。①

而考《左傳》隱公五年"春,公將如棠觀魚者,臧僖伯諫曰"云云之下,《正義》曰:

> 僖伯名彄,字子臧。《世本》云"孝公之子",即此冬書"公子彄卒"是也。謚法:"小心畏忌曰僖。"是僖爲謚也。諸侯之子稱公子,公子之子稱公孫。公孫之子不得祖諸侯,乃以王父之字爲氏。②

可見李瑾所引文辭全出《正義》,只不過因係節録,文辭多有删略,字詞偶有更改而已。能在《春秋左傳正義》考定對應來源的三十七條佚文中,基本上都屬於這種情況,只有成 17—6 一條,《春秋會

① [宋]杜諤《春秋會義》,卷 2,第 24 頁。
② [清]阮元校刻《春秋左傳正義》,《十三經注疏》本,第 1726 頁。

義》所引"《指掌碎玉》曰"[1]乃係簡括大義，改易較多，文辭與所據原文差别稍大。這充分證實李燾"皆非瑾所自著也"之言不虚。雖然《春秋指掌》没有多少李瑾自己的解説，不過存其綱要，撮其要點，"以備科試應猝之用耳"，但即便節録，也經過李瑾自己的一番裁斷，加之簡要明瞭，較之《春秋左傳正義》之詳贍繁複自有其便於利用之處，故杜諤、汪克寬等人亦多有徵引。

李瑾乃中晚唐人，其《春秋指掌》"但分門抄録孔穎達《左氏正義》，皆非瑾所自著也"，因此在某種程度上，李瑾《春秋指掌》可視爲《春秋左傳正義》的唐代節抄本。這個節抄本無疑對研究現傳《春秋左傳正義》有着重要的參考和文獻價值。

李燾曾説《春秋指掌》"寫本或訛舛，復用《正義》删修之，乃可讀"。細校《春秋指掌》佚文，其中確實多有衍脱訛誤。衍脱者，如成 5—4 條：成公五年，梁山崩。《指掌碎玉》曰："害物爲災則書，此山崩所害，故爲異也。"[2]"山崩"後脱"無"字。哀 12—1 條：哀公十二年春，用田賦。《指掌異同篇》云："又計其田之所[3]收及家資，更出一馬三牛。"[4]句中"及家資"三字衍。訛誤者，如桓 7—1 條：桓公七年，春二月己亥，焚咸丘。《指掌碎玉》有云："《周禮》：獵，則作羅縛。細密之網。"[5]"獵"當作"蠟"，"縛"當作"襦"，且"細密"之前又脱"襦"字。宣 8—8 條：宣公八年，冬十月己丑，葬我小君敬嬴。雨，不克葬。庚寅，日中而克葬。《指掌碎玉》有云："定十五年葬定姒，云乃克葬。"[6]"定姒"乃"定公"之誤。宣 15—9 條：宣公十五年冬，蝝生。《指掌碎玉》有云："遇寒而生。""死"乃"生"之誤。又云：

---

① [宋]杜諤《春秋會義》，卷 18，第 22 頁。

② [宋]杜諤《春秋會義》，卷 17，第 15 頁。

③ 按，光緒壬辰古不夜城孫氏山淵閣校勘本無"所"字，此據宣統元年方功惠所輯碧琳琅館叢書本補。

④ [宋]杜諤《春秋會義》，卷 26，第 23 頁。

⑤ [宋]杜諤《春秋會義》，卷 5，第 11 頁。

⑥ [宋]杜諤《春秋會義》，卷 15，第 19 頁。

"若使蝝復具生。""具"乃"早"之誤。① 成17—10條:成公十七年,十有一月,公至自伐鄭。壬申,公孫嬰齊卒於貍脤。程氏《本義》卷十九引李氏曰:"下有十二月丁巳朔,則知此壬申在十月十六也。"②"十六"乃"十五"之誤。

但《春秋指掌》佚文亦有足可校正今傳《春秋左傳正義》者。如僖5—9條:僖公五年,冬,晉人執虞公。《春秋會義》引《指掌》曰:

> 經書晉人執虞公,則從無道於其民之例。虞公未有不道之狀,但貪璧、馬之寶,拒絕忠諫之臣。君者,所以安存社稷,保祐下民。志在貪寶,無恤民之意,則爲不道於民,是故稱人以執也。③

今《十三經注疏》本《春秋左傳正義》則曰:

> 書晉人執虞公,則從無道於民之例。虞公於傳未有不道之狀,但虞公貪璧、馬之寶,拒絕忠諫。諫者,所以安存社稷,保祐下民。志在貪寶,無恤民之意,即爲不道於民,是故稱人以執之也。④

按,今傳本之"諫者"當從李瑾所引作"君者"。《尚書·泰誓上》云:"天佑下民,作之君,作之師。惟其克相上帝,寵綏四方。"⑤説明"安存社稷,保佑下民"者乃君王之職責所在,非"諫者"所能當。"諫者"之職在於輔佐君王。《周禮·地官司徒》保氏注云:"諫

① [宋]杜諤《春秋會義》,卷16,第14頁。
② [元]程端學《春秋本義》,第342頁。
③ [宋]杜諤《春秋會義》,卷11,第27頁。
④ [清]阮元校刻《春秋左傳正義》,《十三經注疏》本,第1794頁。
⑤ [清]阮元校刻《尚書正義》,《十三經注疏》本,北京:中華書局1980年版,第180頁。

者,以禮義正之。"[①]《管子·形勢解》云:"諫者,所以安主也。"[②]且後文接着即言"志在貪寶"云云,顯然承繼前文而爲轉折。前文言"虞公於傳未有不道之狀"云云,皆言虞公事蹟,若此突入"諫者",則文氣斷絶,捍格不通,頗與上下文義不協。《春秋指掌》佚文作"君者",如是方文暢義達。又今傳本"拒絶忠諫"之下亦當如《春秋指掌》佚文有"之臣"二字,此與前文"貪璧、馬之寶"相對成句。今傳本蓋脱此二字後,又涉上文"忠諫"而誤"君者"爲"諫者"。

又如哀12—1條:哀公十二年春,用田賦。《春秋會義》引《指掌異同篇》云:

> 賈逵以爲欲令一井之間出一丘之税,井别出馬一匹,牛三頭。釋曰若其如此,則一丘之内有一十六井,其出馬牛乃多於常一十六倍也。杜以爲舊制丘賦之法,田之所收及[③]家中資財,並供一馬三牛。今欲别其田及家資各爲一賦,計一丘民之家資令出一馬三牛,又計其田之所收[④]及家資,更出一馬三牛,是所出倍于常也。舊田與家資同賦,今欲别賦其田,故言欲以田賦也。[⑤]

此乃節抄哀公十一年《正義》,字詞基本相同。唯"舊田與家資同賦"句,《十三經注疏》本《春秋左傳正義》作"舊田與家資官賦"。阮元《校勘記》云:"宋本、監、毛本'官'作'司',是也。今改正。"[⑥]新

① [清]阮元校刻《周禮注疏》,《十三經注疏》本,北京:中華書局1980年版,第731頁。

② [唐]房玄齡注《管子》,上海:上海古籍出版社1989年版,第182頁。

③ 按,光緒壬辰古不夜城孫氏山淵閣校勘本"及"訛作"乃",此據宣統元年方功惠所輯碧琳琅館叢書本改。

④ 按,光緒壬辰古不夜城孫氏山淵閣校勘本無"所"字,此據宣統元年方功惠所輯碧琳琅館叢書本補。又"及家資"三字衍。

⑤ [宋]杜諤《春秋會義》,卷26,第23頁。

⑥ [清]阮元校刻《春秋左傳正義》,《十三經注疏》本,第2169頁。

出《十三經注疏》標點本《春秋左傳正義》亦據阮校改作“司”。[①] 細究上下文義,當以《春秋指掌》佚文作“同”爲是。此“同賦”乃相對“别賦”而言。“同賦”者,合田與家資共賦。“别賦”者,析田與家資分賦。兩文對舉,其義顯豁。《四部叢刊續編》所收景印海鹽張氏涉園藏日本覆印景鈔正宗寺本《春秋正義》正作“舊田與家資同賦”,[②]與《春秋指掌》佚文相同,尤爲確證。“官”者、“司”者,於義均有不愜,皆係形近而訛。

更值得重視的是,有四條《春秋指掌》佚文在今傳《春秋左傳正義》無對應來源,兹條録如下:

(一) 成 9—1 條:成公九年,春王正月,杞伯來逆叔姬之喪以歸。程氏《本義》卷十八引李氏曰:“禮:婦人未廟見,則歸葬於女之黨,以未成婦,于其祖者不可以祔其姑也。叔姬既絕矣,生不奉其祭祀,死豈可成婦於祖宗乎?是則魯不應使之也,杞不應逆之也,杞、魯之不正均也。”[③]

(二) 昭 22—7 條:昭公二十二年,劉子、單子以王猛居於皇。汪氏《纂疏》卷二十六引李氏瑾曰:“景王立子而不能定,寵不正而不能辨,賤宗社之本,啟禍亂之原,莫此爲大。然則王室之亂,非子朝之亂,景王自亂之也。”[④]

(三) 昭 26—7 條:昭公二十六年,冬十月,天王入于成周。汪氏《纂疏》卷二十六引李氏瑾曰:“晉人納王之善無一言及之,何也?罪晉不臣而哀周之衰也。晉爲同姓大國,爵爲侯伯,主盟于時,不能即逐子朝之党而安定之。二十三年一圍郊而亟還,坐視成敗。踰五年然後興師納王。原情而論,不忠不臣之甚者也。若以納王

① 李學勤主編《春秋左傳正義》,《十三經注疏》標點本,北京:北京大學出版社 1999 年版,第 1662 頁。

② [唐]孔穎達等《春秋正義》,四部叢刊續編本,上海:上海書店 1985 年版,卷 35,第 19 頁。

③ [元]程端學《春秋本義》,第 324 頁。

④ [元]汪克寬《春秋胡傳附録纂疏》,第 658 頁。

之功而善之,則擁兵觀釁不忠不臣者勝矣。"①

(四) 定 8—15 條:定公八年,從祀先公。盜竊寶玉、大弓。汪氏《纂疏》卷二十七引李氏瑾曰:"此二事也。間無他文,同辭而書之。"②

這四條《春秋指掌》佚文皆不見於今傳《春秋左傳正義》,這與其他三十七條佚文全係節抄《春秋左傳正義》原文頗不相類。《春秋指掌》本"但分門抄録孔穎達《左氏正義》,皆非瑾所自著也",因此可以推斷這四條應該都節抄自《春秋左傳正義》,而所據原文今傳本皆闕脱。

(作者單位:江漢大學人文學院)

① [元]汪克寬《春秋胡傳附録纂疏》,第 673 頁。
② [元]汪克寬《春秋胡傳附録纂疏》,第 702 頁。

劉逢祿《春秋》學著述考辨

吴仰湘

摘要：關於劉逢祿的《春秋》學書目，歷來説法各異，歧異的原因表面上是各家簡單采信劉承寬等所作《先府君行述》，根源在於劉氏已刊《春秋》學著述的版本變化，和後人對劉氏《春秋》學著述未成稿、殘缺稿的不同處理。本文通過對劉氏《春秋》學著述不同刊本的比較，揭示出某些重要變化，并據以確定其已刊《春秋》學著述的數量。再通過搜檢劉氏各種著述，對其未刊《春秋》學書目作了增補，對《胡母生春秋條例》、《春秋通義》、《解詁箋釋》、《答難》和《申何難鄭》等作了探究，提出一些不同的意見，可以豐富對劉氏《春秋》學思想的認識。

關鍵詞：劉逢祿　《春秋》學　書目

一、關於劉逢祿《春秋》學著述的各種意見

劉逢祿（1776—1829）爲清代《春秋》學史的重要人物，被推譽爲常州公羊學的奠基人，但關於劉氏《春秋》學著作之目，歷來有不同的説法，其中較有代表性的是以下幾種：

第一，劉氏棄世不久，其子承寬等作《先府君行述》（以下簡稱《行述》），其中説："主山東時，爲《釋例》三十篇；又析其凝滯、強其守衛，爲《箋》一卷、《答難》二卷；又推原左氏、穀梁氏之得失，爲《申何難鄭》四卷；又斷諸史刑禮之不中者，爲《議禮決獄》四卷；又推其意爲《論語述何》、《中庸崇禮論》、《夏時經傳箋》、《漢紀述例》各一卷；其雜涉漫衍者，尚有《緯略》一卷、《春秋賞罰格》二卷。凡爲《春

秋》之書十有一種，宫保阮公、申耆李公各爲梓行於廣東、揚州。”[①]雖對各書的刊行、存佚等説得比較籠統，《申何難鄭》、《議禮決獄》卷數也與劉氏《春秋公羊經何氏釋例敘》所説有異，“凡爲《春秋》之書十有一種”卻成爲最權威的説法。

第二，李兆洛在《禮部劉君傳》中説：“君乃研精《公羊》，探源董生，發揮何氏，成《釋例》三十篇；以微言大義刺譏褒諱挹損之文辭洞然，推極屬辭比事之道，又成《箋説》、《答難》、《決獄》等，凡十一書。”[②]李兆洛曾搜輯、刊刻劉氏著述，如《春秋公羊經何氏釋例》十卷，特别是《春秋公羊釋例後録》六卷，集中展現出劉氏晚年改定的《春秋》學著述，但他自以對劉氏公羊之學“未得其深”，未爲作序[③]，致使後人無以知悉其中詳情。

第三，戴望於同治年間“取其家行述，參諸遺書，私爲之狀”，撰《故禮部儀制司主事劉先生行狀》[④]，在《行述》所舉諸書外，專門表彰《春秋論》上下篇和《左氏春秋考證》二卷，在論《左氏春秋考證》時，又引録《劉禮部集》所載《申左氏膏肓序》，所以合計應是 14 種。後來的《清史稿》、《清史列傳》、《清代七百名人傳》等均據戴望所擬行狀爲劉氏立傳，所以戴望之説流傳甚廣。

第四，平步青在《武進劉禮部著述》中，既采《行述》之説，另謂劉氏“又有《左氏春秋考證》二卷、《春秋公羊議禮》十四篇，是爲《春秋》之書凡十有三種”，又説劉氏有七種《春秋》學著述刻入《學海堂經解》，其中《發墨守評》一卷、《穀粱廢疾申何》二卷、《箴膏肓評》一卷、《左氏春秋考證》二卷《後證》一卷均在《行述》所舉諸書之外，但

---

① 劉承寬等《先府君行述》，《劉禮部集》，道光十年思誤齋刊本，附録第 5 頁。

② 李兆洛《禮部劉君傳》，《養一齋文集》卷 16，第 2 頁。

③ 蔣彤編《李申耆先生年譜》卷 2，第 21 頁。另，李兆洛《禮部劉君傳》也説：“弱冠即與君相知，愛君孜孜從事《公羊》家言。予淺陋，極知其學之正，而不能從問業。”《養一齋文集》卷 16，第 3 頁。

④ 戴望《故禮部儀制司主事劉先生行狀》，《謫麐堂遺集·文》卷一。

他并未計入①。

第五,孫海波在《書劉禮部遺書後》中,詳考劉氏著述的刊板與存佚,對《行述》所説一一檢核,指出劉氏《春秋》學著述中刊行者8種、未刻者5種,另將《五經考異》歸入未成之作,但指明其中《春秋》卷已成,則合計應有14種。孫海波還指出養一齋刊《春秋公羊釋例後録》中六種著述與經解本的淵源,與《答難》、《申何難鄭》的關繫②。孫海波對劉氏《春秋》學著述版本源流的考察,成爲後來研究的基礎,影響甚大,迄今鮮有過之者。

第六,張廣慶根據《行述》、孫海波所説,列出14種,即增加《春秋考異》,歸之爲已刻而未見者③。

第七,申屠爐明在《行述》所舉11種之外,增《春秋論》、《春秋公羊議禮》,計爲13種④。

第八,蔡長林在申屠爐明所説之外,增《春秋考異》、《讀公羊通義條記》,爲15種。同時又指出,若依養一齋刊本計算,當有18種⑤。

以上各家所指劉氏《春秋》學著述有同有異,較爲糾紛。兹據各家所説,表列如下:

① 平步青《霞外攟屑》卷六,第81—82頁。平步青謂劉逢禄將《春秋十七諸侯終始表》一卷、《春秋秦楚吴進黜表》一卷"後改名《穀梁廢疾申何》,凡二卷",又説學海堂所刊有《左氏春秋考證》二卷《後證》一卷,均誤。

② 孫海波《書劉禮部遺書後》,《中國近三百年學術思想論集》,香港存粹社編印1978年,第336—339頁。

③ 張廣慶《劉逢禄及其公羊學研究》,臺灣師范大學國文所博士論文,1997年,第23—35頁。

④ 申屠爐明《論劉逢禄春秋公羊學的特色》,《南京大學學報》2009年2期。

⑤ 蔡長林《劉逢禄〈春秋〉學初探——從〈春秋論〉談起》,姜廣輝主編《經學今詮四編》,遼寧教育出版社2004年,第482頁。

表一　有關劉逢祿《春秋》學著述的不同意見

序號	著述名稱	劉承寬	戴望	平步青	孫海波	張廣慶	申屠爐明	蔡長林	
1	春秋公羊經何氏釋例	√	√	√	√	√	√	√	√
2	春秋公羊何氏解詁箋（申墨守）	√	√	√	√	√	√	√	申墨守
3	發墨守評（廣墨守）			言及	√	√			廣墨守
4	穀梁廢疾申何（申廢疾、廣廢疾）			言及	√	√			申廢疾
5									廣廢疾
6	左氏春秋考證、後證（廣膏肓）	言及	√	√	√	√			廣膏肓
7	箴膏肓評（申膏肓）	言及	√	言及					申膏肓
8	論語述何	√	√	√	√	√	√	√	√
9	春秋公羊議禮			√	√	√	√	√	√
10	春秋論		√				√	√	√
11	夏時經傳箋	√	√	√	√	√	√	√	√
12	春秋考異	言及	言及		言及	√		√	√
13	讀公羊通義條記				言及	言及		√	√
14	禮議決獄	√	√	√	√	√	√	√	√
15	中庸崇禮論	√	√	√	√	√	√	√	√
16	漢紀述例	√	√	√	√	√	√	√	√
17	緯略	√	√	√	√	√	√	√	√
18	春秋賞罰格	√	√	√	√	√	√	√	√
19	答難	√	√	√	言及	言及	√	√	言及
20	申何難鄭	√	√	√	言及	言及	√	√	言及
合　計		11	14	13	13	14	13	15	18

説明：言及，指述説中提到該書之名或引述該書之語，但未將該書計入著述總數。

從上表可以看到,關於劉氏《春秋》學著述的數量,從《行述》最早提出 11 種以來,迄今已有 13 種、14 種、15 種乃至 18 種等説法,分歧似乎較大,但細看書目,上表中 1、2、8、11、14、15、16、17、18 等 9 種爲各家共認,存在分歧的是 3、4、5、6、7、9、10、12、13、19、20 等 11 種,除 19、20 兩種外,其餘 9 種均曾刊行,爲何各家在統計時出現歧異呢? 推測起來,應該有以下幾個原因:

其一,簡單采信《行述》"凡爲《春秋》之書十有一種"之説。劉承寬等在親喪之際倉促作《行述》,未及仔細清理劉氏遺稿,其時劉氏各種《春秋》學著述也未全部刊行,《行述》自然有所遺漏,像養一齋刊《公羊釋例後録》6 種、《劉禮部集》所收《春秋公羊議禮》等均未提及。不過,細閲《行述》,其中所言劉氏《春秋》學著述并不止於 11 種。如《行述》寫道:"又嘗謂《漢志》有《公羊外傳》五十餘篇,今佚不存,《左氏》正可補其闕;惟當復其舊名曰《左氏春秋》,而盡刊去劉歆所私改之經文與所增竄之書法凡例,庶幾以《春秋》還之《春秋》,以《左氏》還之《左氏》,離之雙美,俾攻《左》者不得摘爲口實。人知府君爲《公羊》之功臣,不知其尤爲《左氏》之忠臣也。"這里實際上提到劉氏兩種《春秋》學著述:"《漢志》有《公羊外傳》"一句,是采録《左氏春秋考證》卷二中的一則考證;"惟當復其舊名"至"離之雙美",則是摘録《箴膏肓評敘》文。《行述》還説:"又嘗欲爲《五經考異》,仿陸德明《經典釋文》之例,以存異文古訓,先成《易》一卷、《春秋》一卷。"明言《春秋考異》已成稿。綜計《行述》所言,實有 14 種。但後人鮮能細查及此,多是通過翻檢劉氏各書才發現新的著述名目,如查閲《劉禮部集》後,新增《春秋論》、《春秋公羊議禮》、《春秋考異》等書;由養一齋刊《公羊廣墨守》中的魏源附記,知劉氏有《讀公羊通義條記》。其實,這些都不能算是新發現,因爲劉承寬、戴望、平步青、孫海波早已提及。

其二,劉氏《春秋》學著述前後有較大變化,學海堂、養一齋等刊本又異,易致淆亂。其中最顯著者,是孫海波、張廣慶等受學海堂刊本影響,將《左氏春秋考證》一卷《後證》一卷與《箴膏肓評》一卷視作一書。

其三,對劉氏未成稿、殘缺稿的處理有異,如《答難》、《申何難鄭》兩書,劉氏早期擬定計劃而最終未完成,但後人無不對此津津樂道;又如《發墨守評》、《讀公羊通義條記》,連同《答難》殘稿一起,已被魏源編入《公羊廣墨守》,是否再單獨計算,各人處理不同。

二、對劉逢祿已刊《春秋》學著述的考察

過去因爲各種原因,人們未能搜獲各種版本的劉氏《春秋》學著述,没法對其書目作出準確的清理。兹據查閱所見,先將劉氏已刊《春秋》學著述列成一表,再加討論。

表二　劉逢祿已刊《春秋》學著作版本

	太清樓本	學海堂本	養一齋本	思誤齋本
1	春秋公羊經何休釋例十卷	春秋公羊經何休釋例十卷	春秋公羊經何休釋例十卷	春秋公羊釋例二十三篇
2	春秋公羊何休解詁箋一卷	公羊春秋何休解詁箋一卷	春秋公羊釋例後録卷一公羊申墨守(原名解詁箋)	春秋公羊解詁箋序
3	發墨守評一卷	發墨守評一卷	春秋公羊釋例後録卷二公羊廣墨守	
4		穀梁廢疾申何二卷	春秋公羊釋例後録卷五穀梁申廢疾	申穀梁廢疾序
5			春秋公羊釋例後録卷六穀梁廣廢疾	
6	左氏春秋考證二卷	左氏春秋考證一卷、後證一卷	春秋公羊釋例後録卷四左氏廣膏肓(原名左氏春秋考證)	
7		箴膏肓評一卷	春秋公羊釋例後録卷三左氏申膏肓	申左氏膏肓序

續表

	太清樓本	學海堂本	養一齋本	思誤齋本
8		論語述何二卷		論語述何篇上下
9				春秋論上下
10				春秋公羊議禮14篇
11				夏時等列説
12				春秋賞罰格題辭并答問
合計	4種14卷	7種19卷	7種16卷	9種

筆者所見太清樓本爲光緒二十三年(1897)重鋟本,分裝四册:第一至三册爲《春秋公羊經何氏釋例》十卷,第四册依次爲《公羊春秋何氏解詁箋》一卷、《發墨守評》一卷、《左氏春秋考證》二卷。學海堂本則爲咸豐庚申(1860)補刊本,分裝五册:第一至三册爲《春秋公羊經何氏釋例》十卷,第四册依次爲《公羊春秋何氏解詁箋》一卷、《發墨守評》一卷、《穀梁廢疾申何》二卷,第五册依次爲《左氏春秋考證》二卷、《箴膏肓評》一卷、《論語述何》二卷。就目前所知,太清樓本既是最早的刻本,也是學海堂本的母本,二者正文版式與版心所題書名完全一樣。太清樓本《春秋公羊經何氏釋例》卷七末頁有"嘉應生員葉軨校",卷十末頁有"工部都水司郎中臨川李秉綬刊",學海堂本卷七、卷十末頁全同(僅去"生員"二字)。太清樓本《公羊春秋何氏解詁箋》末頁有"刑部山西司郎中臨川李秉文刊",末行有"嘉應生員張嘉洪校",學海堂本也全同(僅去"生員"二字)。這一細節充分證明二者同出一源。對此二書,張之洞編《書目答問》僅列學海堂本,范希曾則在補正時指出"劉書皆有太清樓本原

刻本"[①]。至於太清樓所刻較學海堂本少《穀梁廢疾申何》、《箴膏肓評》、《論語述何》三種,今已難知其故。

孫海波曾指出,養一齋刊《春秋公羊釋例後録》六卷分别是學海堂刊《公羊春秋何氏解詁箋》、《發墨守評》、《穀梁廢疾申何》、《左氏春秋考證》、《箴膏肓評》等書的改定本。筆者因此再將養一齋本與學海堂本各書對校,確證養一齋本爲改定本。首先,各書在形式上統一作了修改,最爲突出的有兩點:其一,學海堂本各條札記對經、傳或注文均是摘録少數詞句,還常常省略"傳"、"注"字樣;養一齋本則一一補足上下文,標明"傳"、"注",形成比較完整的語境。其二,在學海堂本中,《春秋》十二公作爲篇次均標於各篇之末,各條札記也未標明年月;養一齋本則將依十二公命名的篇次全部移置篇首,并爲各條札記標明年時月日。其次,各書在内容上有增删,在詞句上有潤飾,在語氣上有變改,還校正了少數舛譌。大體而言,從《穀梁廢疾申何》到《穀梁申廢疾》、《穀梁廣廢疾》,從《箴膏肓評》到《左氏申膏肓》,變動很少,而從《公羊春秋何氏解詁箋》到《公羊申墨守》,從《左氏春秋考證》到《左氏廣膏肓》,則變改之處甚多。尤其是《左氏廣膏肓》,與《左氏春秋考證》相比已經面貌大異。可惜迄今爲止,研究者探討劉氏對《左傳》的攻毀時,無不以《左氏春秋考證》爲據,没人注意到《左氏廣膏肓》的重要性。

因學海堂本將《左氏春秋考證》一卷、《後證》一卷、《箴膏肓評》一卷刻在一起,特别是在《箴膏肓評》卷後有一篇《左氏春秋考證一卷後證一卷箴膏肓評一卷敘》,後人大多以此爲據,將此三卷之作視爲一種著作。三書分别計卷,但共用一敘,加上敘文中言及對《左氏》真僞的考辨,似與《左氏春秋考證》直接相關,這一格局確實讓人難以理解。然而,細讀此敘,再根據養一齋本《左氏廣膏肓》卷首所載《左氏春秋考證原敘》,是可以察知劉氏的真實態度的。學海堂本《敘》開篇説:"《隋經籍志》有何氏《春秋左氏膏肓》十卷,又有服虔《膏肓釋痾》十卷。今鄭氏所箴尚存百分之一二,而服氏之

① 范希曾《書目答問補正》卷一《經部·春秋》。

書亡,無由盡見何劭公申李育之意,甚可惜也。"篇末説:"今援群書所引何、鄭之論三十餘篇評之,更推其未及者證之,以質後之君子。"首尾均是針對漢代《左氏膏肓》之爭立言,末句更點明此敘的重心在於交代《箴膏肓評》的撰寫背景與意圖。學海堂本《左氏春秋考證》開卷寫道:"《左氏春秋》,猶《晏子春秋》、《呂氏春秋》也。直稱《春秋》,太史公所據舊名也;冒曰《春秋左氏傳》,則東漢以後之以訛傳訛者矣。此亦可證《尚書序》爲東晉人僞作。"這幾句看似提要,實際上也是一篇短敘。《左氏春秋考證原敘》篇首説:"《左氏春秋》之名,猶《晏子春秋》、《呂氏春秋》也。太史公《十二諸侯年表》所據舊名如此,故西漢太常博士皆以《左氏》爲不傳《春秋》。其改稱《春秋左氏傳》,蓋始於劉歆《七略》而東漢人以訛傳訛。《尚書》僞孔《序》託於安國,而有稱《春秋左氏傳》之言,此作僞明徵也。"兩相對檢,可知劉氏正是對原來的短敘加以擴充,寫出一篇新的長敘。《左氏春秋考證原敘》接着揭露劉歆增竄《左氏春秋》,實爲丘明之罪人、聖經之蟊賊,至篇末説:"予深懣焉,嘗表其本真,發其蠹慝,以爲《左氏》功臣。故推本《國語》、《公》、《穀》、《史記》、《漢書》,述爲《廣膏肓》一卷,專闢劉歆之僞,以補任城《膏肓》所未備。"劉氏所謂"嘗表其本真,發其蠹慝,以爲《左氏》功臣",實即述説《箴膏肓評敘》中間一段文意,將《箴膏肓評敘》與《左氏春秋考證原敘》的先後關係交代得一清二楚。由"推本《國語》、《公》、《穀》、《史記》、《漢書》,述爲《廣膏肓》一卷",可知劉氏經過改寫後,已將《左氏春秋考證》一卷、《後證》一卷合成一體,書名、卷數均與原書有異。《箴膏肓評》的主旨是申何休、難鄭玄,即申明何休《左氏》膏肓之説,對鄭玄的箴駁加以反詰,《左氏春秋考證》則全力論證劉歆對《左氏》的附益竄亂,彌補何休"未能深著其原"的缺憾,二者主旨不同,本非一書。劉氏進而説明《左氏廣膏肓》意在"專闢劉歆之僞,以補任城《膏肓》所未備",更凸顯出兩書的不同主旨。此外,太清樓刊《左氏春秋考證》二卷,并不附刻《箴膏肓評》,也可證明它們并非同一種著作。因此,可以肯定劉氏是將《箴膏肓評》與《左氏春秋考證》分作兩書的,所以很快就將兩書改成《左氏申膏肓》與《左氏廣膏肓》。

將學海堂本、養一齋本和思誤齋本各書相加,剔除重複者,可以確定劉氏《春秋》學著述已刊行者有 12 種。若將已被魏源合於《公羊廣墨守》的《讀公羊通義條記》、已刊而未見傳本的《春秋考異》一并計入,則共有 14 種。

三、對劉逢祿未刊《春秋》學著述的探究

劉氏未刊或僅存書目的《春秋》學著述,可以分成兩類:一是出自《行述》且後人均無異議者,有《中庸崇禮論》、《漢紀述例》、《緯略》3 種;二是劉氏本人言及,但後人要麼異説紛紜者,有《答難》、《申何難鄭》2 種;要麼未甚措意或從未論及者,有《胡母生春秋條例》、《春秋禮》、《春秋通義》、《解詁箋釋》、《禮議決獄》、《公羊答難》、《春秋比事》等 7 種。前一類著述無法討論,這裏只對後一類著述作些探究。

劉氏言及其未刊《春秋》學著述的文字有五處,引述如下:

其一,嘉慶元年(1796)《穀梁廢疾申何敘》:"余采擇美善,作《春秋通義》及《解詁箋釋》。"

其二,嘉慶十年(1805)六月《東魯講舍三十初度雜述八首》"書擬温城失貫珠"句下自注:"余少喜讀《蕃露》,既冠,纂輯《胡母子都春秋條例》、《春秋禮》、《申何難鄭》諸書,一輟於應試,再輟於遭故,尚未畢業。"①《閏六月三十重度時〈春秋釋例〉成題四章示諸生》"一月重尋翰墨緣,温城絕業得珠聯"句下自注:"南宋《館閣書目》謂:'蕃露,冕之所垂,有聯貫之象。《春秋》比事屬辭,立名或取諸此。'時纂輯《春秋條例》方竟。"又"駐景方知絕幾編"句下自注:"撰此書凡三易稿。"②

其三,嘉慶十年六月《春秋公羊經何氏釋例敘》:"祿束髮受經,

① 劉逢祿《劉禮部集》卷 11,第 18 頁。
② 劉逢祿《劉禮部集》卷 11,第 20 頁。

善董生、何氏之書若合符節。……故尋其條貫,正其統紀,爲《釋例》三十篇;又析其凝滯,強其守衛,爲《箋》一卷、《答難》二卷;又博徵諸史刑禮之不中者,爲《禮議決獄》二卷;又推原左氏、穀梁氏之失,爲《申何難鄭》五卷。"

其四,嘉慶十七年(1812)《左氏春秋考證》卷二評賈逵:"賈逵阿世,以讖論學,本不足辨。今於《公羊答難》及《春秋比事》詳之。"①

其五,道光四年(1824)《尚書今古文集解敘》:"予自束髮治《春秋》,所擬《議禮決獄》、《答難》諸書,至今未能卒業。"②

其六,道光九年(1829)《詩古微序》:"予向治《春秋》今文之學,有志發揮成一家言,作輟因循,久未卒業。"③

據以上文字,劉氏提及的《春秋》學書目共 16 種,依次是:

嘉慶元年(也是劉氏既冠之年):1.《春秋通義》;2.《解詁箋釋》;3.《胡母生春秋條例》;4.《春秋釋例》;5.《春秋條例》;6.《春秋禮》;7.《申何難鄭》。

嘉慶十年:8.《釋例》三十篇;9.《箋》一卷;10.《答難》二卷;11.《禮議決獄》二卷;12.《申何難鄭》五卷。

嘉慶十七年:13.《公羊答難》;14.《春秋比事》。

道光四年:15.《議禮決獄》;16.《答難》。

在這些書目中,第 4 種《春秋釋例》、第 8 種《釋例》即《春秋公羊經何氏釋例》,第 9 種《箋》即《公羊春秋何氏解詁箋》,第 3、5 種同爲一書,第 7、12 種同爲一書,第 10、13、16 種同爲一書,第 11、15 種同爲一書,所以需要討論的只有 8 種,即《春秋通義》、《解詁箋釋》、《胡母生春秋條例》、《答難》、《申何難鄭》、《春秋禮》、《禮議決獄》、《春秋比事》。以下爲行文方便計,將某幾種放在一起討論。

(一) 關於《胡母子都春秋條例》、《春秋通義》、《解詁箋釋》

對於劉氏既冠以來纂輯的《胡母子都春秋條例》,張廣慶以爲

① 劉逢祿《左氏春秋考證》卷二,學海堂庚申補刊本,第 10 頁。
② 劉逢祿《劉禮部集》卷 9,第 3 頁。
③ 劉逢祿《劉禮部集》卷 9,第 6 頁。

即是《春秋公羊經何氏釋例》，他推論説："先生蓋以爲胡母子都本'雖以《公羊》經傳傳授董氏，猶自别作《條例》'。而何休《春秋公羊解詁》之作，'則略依胡母生《條例》，多得其正'。何氏義例既遠紹胡母子都，則纂輯《公羊解詁》義例，胡母氏《春秋條例》可得而見焉。其自云撰寫此書曾三易稿，則不僅體例、内容之商量，其於書題恐亦作正名之思，故示諸生詩題易爲《春秋釋例》。"[①]《春秋通義》、《解詁箋釋》兩書則一直無人注意，最近始由蔡長林論及。他認爲《穀梁廢疾申何敘》作於嘉慶元年，"則此二書乃逢禄年輕時所作，或當爲日後其'申何難鄭'諸作之二而易其書名者"，因此未將二書列入劉氏《春秋》學著述[②]。這些説法似可商榷。

劉氏在《穀梁廢疾申何敘》中寫道：

> 竊嘗以爲：《春秋》微言大義，《魯論》諸子皆得聞之，而子游、子思、孟子著其綱；其不可顯言者，屬子夏口授之公羊氏五傳始著竹帛者也。然向微温城董生、齊胡母生及任城何劭公三君子同道相繼，則《禮運》、《中庸》、《孟子》所述聖人之志、王者之跡，或幾乎息矣。穀梁子不傳建五始、通三統、張三世、異内外諸大旨，蓋其始即夫子所云中人以下不可語上者，而其日月之例、災變之説、進退予奪之法，多有出入，固無足怪。玩經文、存典禮，足爲公羊氏拾遺補闕，十不得二三焉。其辭同而不推其類焉者，又何足算也。兼之經本錯迕，俗師附益，起應失指，條例乖舛，信如何氏所名廢疾有不可強起者。余采擇美善，作《春秋通義》及《解詁箋釋》，因申何氏廢疾之説，難鄭君之所起，覃思五日，綴成二卷。

劉氏述及子夏、公羊師弟一脈相傳，董、胡、何同道相繼，使後人得

① 張廣慶《劉逢禄及其公羊學研究》，第 24 頁。另參《武進劉逢禄年譜》，臺灣學生書局 1997 年，第 53 頁。

② 蔡長林《劉逢禄〈春秋〉學初探——從〈春秋論〉談起》，第 506 頁。

窺聖人之志,復睹王者之跡。這篇敘文表面上是爲《穀梁廢疾申何》而作,但細加體味,"余采擇美善,作《春秋通義》及《解詁箋釋》,因申何氏廢疾之説,難鄭君之所起,覃思五日,綴成二卷"述及兩事:其一,從《穀梁傳》中"采擇美善",即擇取其中"玩經文,存典禮,足爲公羊氏拾遺補闕"的傳文、説解,撰寫《春秋通義》、《解詁箋釋》,通論《春秋》微言大義,光大公羊學統;其二,在撰寫《春秋通義》、《解詁箋釋》的過程中,"因申何氏廢疾之説,難鄭君之所起,覃思五日,綴成二卷",言明《穀梁廢疾申何》二卷原是撰寫《春秋通義》、《解詁箋釋》時一時興會所至的副産品。因此,不能反將作爲主體的《春秋通義》與《解詁箋釋》輕易忽略。同時,劉氏將董生、胡母生與何氏傳承《公羊》之學的功績相提并論,這與他説"既冠,纂輯《胡母子都春秋條例》、《春秋禮》、《申何難鄭》諸書"正好一一相應。

但隨着認識的深化,劉氏越來越多地强調董子、何氏,而對胡母生評價不高。嘉慶十年《春秋公羊經何氏釋例敘》就説:

> 傳《春秋》者言人人殊,惟公羊氏五傳當漢景帝時,乃與弟子胡母子都等記於竹帛。是時大儒董生下帷三年,講明而達其用,而學大興。……漢之吏治、經術彬彬乎近古者,董氏治《春秋》倡之也。胡母生雖著《條例》,而弟子遂者絶少,故其名不及董生,而其書之顯亦不及《繁露》。迄於東漢之季,鄭眾、賈逵之徒曲學阿世,扇中壘之毒焰,鼓圖讖之妖氛,幾使羲轡重昏,昆侖絶紐,賴有任城何劭公氏修學卓識,審決白黑而定,尋胡、董之緒,補嚴、顏之闕,斷陳元、范升之訟,鍼明、赤之疾,研精覃思十有七年,密若禽、墨之守禦,義勝桓、文之節制,五經之師,罕能及之。……祿束髮受經,善董生、何氏之書若合符節。……撥亂返正,莫近於《春秋》;董、何之言,受命如響。然則求觀聖人之志、七十子之所傳,舍是奚適焉?

可見,胡母生雖傳述《公羊》,但其學不倡,董、何二人成爲"求觀聖人之志、七十子之所傳”的關鍵。到嘉慶十四年(1809)作《公羊春秋何氏解詁箋敘》,劉氏更説:“《春秋》始元終麟,天道浹,人事備,以之網羅眾經,若數一二、辨白黑也。故董生下帷講誦三年,何君閉户十有七年,自來治經,孰有如二君之專則久哉!余自童子時嗜癖二君之書,若出天性,以爲一話一言,非精微眇通倫類,未易窺其蕴奥。何君生古文盛行之日,廓開眾説,整齊傳義,傳經之功,時罕其匹。”這里已經不提胡母生,僅論董、何,尤其是彰顯何休“廓開眾説,整齊傳義,傳經之功,時罕其匹”。事實上,劉氏在嘉慶十年六月、閏六月兩詩中,也是大講温城及其《繁露》,其意正在“一瓣心香奉董何”。所謂“書擬温城失貫珠”,是因早年擬作之三書未成,尚未建立起漢代公羊學從董子、胡母生至何氏的完整學術體系。劉氏在“一月重尋翰墨緣,温城絕業得珠聯”下自注“時纂輯《春秋條例》方竟”,則此詩句是説經過一個月的努力,《春秋條例》纂輯工作告成,正是因爲《春秋公羊經何氏釋例》和《胡母子都春秋條例》均已完成,漢代公羊學體系得以建成。“窺園未免慚前哲,駐景方知絕幾編”及其自注“撰此書凡三易稿”,是以董子自況,專言《春秋釋例》。過去研究者解讀劉氏詩句及其自注時,將“時纂輯《春秋條例》方竟”與“撰此書凡三易稿”混爲一談,以爲劉氏所説“此書”指《春秋條例》,因此推斷劉氏所成僅是一書,初名《春秋條例》,後來正式定稿而改名《春秋釋例》。其實,劉氏一則説纂輯《胡母子都春秋條例》至閏六月“方竟”,一則説《春秋釋例》“凡三易稿”而告成,明是分開來講兩書。從劉氏對董、何的強調中,也可以窺測他後來何以“專明墨守之學”,從而舍棄《春秋通義》,撰成《春秋釋例》。他坦承《春秋釋例》“凡三易稿”,《春秋通義》很有可能就是其中一稿甚至是最初之稿。

至於《解詁箋釋》,實即後來的《公羊春秋何氏解詁箋》。劉氏既在《穀梁廢疾申何敘》中稱《解詁箋釋》,同時又在《穀梁廢疾申何》卷一使用《箋》之名稱:

其一,隱公篇第二條“仲子者何惠公之母孝公之妾也”下,劉氏申何曰:“隱爲桓立,故以桓母之喪赴於王,《春秋》因之,以成公意爾(自注:義與《箋》異,《箋》爲正)",所指與《箋》相異者,可見於《公羊春秋何氏解詁箋》隱公元年"天王使宰咺來歸惠公、仲子之賵"條。

其二,隱公篇第三條"大夫日卒正也不日卒惡也"下,劉氏難曰:"《春秋》之義,遠則殺其恩,惡則略其恩。何氏之例,詳而不亂,如無駭之不日,有'疾始滅'之文;叔孫得臣之不日,有'與聞乎故'之文(自注:文十八年'公子遂、叔孫得臣如齊'不舉重是也,見《箋》)。《春秋》不以疑辭眩人,而愛有差等,故張三世之義,《公羊》獨得之。公子牙之爲莊公弟,固也,然經無起文也(自注:見《箋》莊公篇)。"前一條自注所指之《箋》,可見於《公羊春秋何氏解詁箋》文公十八年"公子遂、叔孫得臣如齊"條,後一條自注所指之《箋》,可見於《公羊春秋何氏解詁箋》莊公三十二年"公子牙卒"條。

其三,莊公篇第 6 條"三十有二年秋七月癸巳公子牙卒"下,劉氏申曰:"牙之爲母弟,經無起文(自注:見《箋》)。《穀梁》不傳張三世諸例,所謂《春秋》之失亂矣。"自注所指也見《公羊春秋何氏解詁箋》莊公三十二年"公子牙卒"條。

根據以上四處劉氏自注,可知早在嘉慶元年,《公羊春秋何氏解詁箋》的前半部分已有成稿,劉氏嘉慶十年《春秋公羊經何氏釋例敘》説"爲《箋》一卷",完全是據實而言。《解詁箋》至嘉慶十四年才最後定稿,足見劉氏對此書用功之深。也正因爲劉氏勤奮鑽研十餘年,《解詁箋》翹然獨鳴一時,備受後學推許。例如周中孚對學海堂刊劉逢禄《春秋》學各書均不甚以爲然,唯獨稱譽《解詁箋》"折衷諸家,以歸於是,或詳或略,皆極精密"①。

(二) 關於《答難》、《申何難鄭》

《答難》、《申何難鄭》兩書歷來備受關注,也最有分歧。平步青

---

① 周中孚《鄭堂讀書記》卷十一,黄曙輝、印曉峰校,上海書店出版社 2009 年,第 197 頁。楊鍾羲爲《解詁箋》作提要時,除照録周中孚之語,還説:"李兆洛撰傳,稱其洞明經術,究極義理,宏而通,不泥守章句,此書近之。"見中國科學院圖書館整理《續修四庫全書總目提要(經部)》,中華書局 1993 年,第 7—9 頁。

提出:"禮部《春秋》之學,初爲《箴膏肓評》一卷、《發墨守評》一卷,後改名《春秋答難》,凡二卷。"①此説實屬臆測。劉氏提出作《答難》在嘉慶十年,而《發墨守評》成稿在嘉慶十四年、《箴膏肓評》撰成更在嘉慶十七年,先後倒置,謬誤顯然②。孫海波根據養一齋本《公羊廣墨守》中魏源識語,指出《公羊廣墨守》包含有《答難》原稿和《發墨守評》,"即行狀《答難》二卷也",又將學海堂本《左氏春秋考證》二卷、《後證》一卷、《箴膏肓評》一卷列爲一條,并與養一齋本《左氏申膏肓》、《左氏廣膏肓》對驗後説:"行狀云又推原左氏、穀梁氏之得失爲《申何難鄭》四卷者,是也。"③他將《左氏春秋考證》二卷《後證》一卷與《箴膏肓評》一卷視作一書,總爲四卷,與《行述》所説《申何難鄭》四卷相符,但《左氏春秋考證》實爲一卷(一般稱《左氏春秋考證》二卷,是合《後證》一卷而言)。劉祺在《西營劉氏清芬録》第一集《文稿内編》中著録《春秋公羊釋例後録》時説:"其《公羊申墨守》、《廣墨守》各一卷,原名《公羊春秋何氏解詁箋》,即禮部總序《箋》一卷、《答難》二卷是也。其《申膏肓》、《廣膏肓》、《申廢疾》、《廣廢疾》各一卷,即總序《申何難鄭》四卷是也。"④謂《申何難鄭》爲四卷,實是采《行述》之説,并非劉氏原敘本意。張廣慶既采用劉祺之説,又將《發墨守評》一卷指爲《答難》二卷,將《左氏春秋考證》一卷、《後證》一卷、《箴膏肓評》一卷和《穀梁廢疾申何》二卷指爲《申何難鄭》五卷,兩説并存⑤。蔡長林根據學海堂本與養一齋本的不同,分别指實《答難》、《申何難鄭》:"承寬所記之《答難》二卷,經解本作《箴膏肓評》一卷、《發墨守評》一卷,養一齋本則作《左氏申膏肓》一卷、《公羊廣墨守》一卷⑥;至於承寬所記之《申何難鄭》

① 平步青《霞外攟屑》卷六,第 82 頁。

② 孫海波早已指出平步青"未見刻本,姑據行狀爲説"的錯誤,但近年仍有研究者采信平步青之説。

③ 孫海波《書劉禮部遺書後》,第 337 頁、第 338 頁。

④ 轉引自張廣慶《武進劉逢禄年譜》,第 110 頁。

⑤ 張廣慶《武進劉逢禄年譜》,第 110 頁。

⑥ "公羊廣墨守"五字,原作"左氏廣膏肓",應是筆誤,故徑予改正。

四卷,經解本作《穀梁廢疾申何》二卷、《左氏春秋考證》二卷。其中,《左氏春秋考證》二卷,養一齋本作《左氏廣膏肓》……又《穀梁廢疾申何》二卷,養一齋本則作《穀梁申廢疾》一卷、《穀梁廣廢疾》一卷。"①據學海堂本計算,確與《行述》所謂《申何難鄭》四卷相合,但據養一齋本計算,僅有三卷,又與《行述》的四卷之説不符。

筆者以爲,《答難》雖未成書,但據其殘稿,該書面貌依稀可見,後人本無必要再爲之大費周章。因《答難》殘稿最後一條確是改定《發墨守評》而成,所以將《發墨守評》或《廣墨守》指爲《答難》并無大錯,但將以申何休、難鄭玄爲主旨的《箴膏肓評》(《申膏肓》)也歸於《答難》名下,卻是毫無根據的。前人對《申何難鄭》的討論更是可笑。劉氏在《春秋公羊經何氏釋例敘》中説"爲《申何難鄭》五卷",《行述》卻改作四卷②,後人習焉不察,訛以傳訛,并據以替《申何難鄭》尋配各書,湊足四卷之數,但結果或成三卷,或成五卷,左支右絀,彼此抵觸。劉氏又明言"推原左氏、穀梁氏之失"而作《申何難鄭》,其本意是要摘發《左》、《穀》傳文與説義的缺失,特别是對何、鄭有關《左氏》膏肓、《穀梁》廢疾的爭論作異代回應,後人卻將以排《左傳》、闢劉歆爲中心,與何、鄭之爭絕不相關的《左氏春秋考證》(《廣膏肓》)歸於《申何難鄭》之下,真是匪夷所思。事實上,劉承寬、李兆洛、戴望等人均承劉氏本意,將《答難》、《申何難鄭》各自視爲一書,并未將劉氏他種著述指配到《答難》、《申何難鄭》名下。至平步青憑臆推測《答難》,歧途一開,後來者紛紛將劉氏已刊某些《春秋》學著述指配給《答難》、《申何難鄭》,全屬徒勞無益。

不過對於《申何難鄭》,仍有值得後人注意之處。《申何難鄭》是劉氏既冠以來開始編撰的著述之一。嘉慶元年,他覃思五日就寫出《穀梁廢疾申何》二卷,輕易完成以《穀梁》廢疾爲主題的申何難鄭工作。嘉慶十年,劉氏撰成《公羊春秋經何氏釋例》後,賦詩

---

① 蔡長林《劉逢祿〈春秋〉學初探——從〈春秋論〉談起》,第483—484頁。

② 《劉禮部集》轉録《春秋公羊釋例序》時,稱《申何難鄭》爲二卷,不知是否刻板之誤。

説:"弱冠精研志不磨,每從家法辨沿訛。引鍼難起丘明疾,入室先操武庫戈。"[①]表明嚴立公羊家法、通過入室反戈來申何難鄭的堅定志向。與此同時,他進而更加具體地擬定《申何難鄭》五卷的計劃。與當時擬出的《箋》一卷、《答難》二卷、《禮議決獄》二卷相比,五卷本的《申何難鄭》規模最大。由此可見,《申何難鄭》一書應該是劉氏最爲矚意、最有可能完成的著作。然而,檢查劉氏嘉慶十年的計劃,只有《箋》一卷於嘉慶十四年完成,《申何難鄭》與《答難》、《禮議決獄》均未成書,而且在此三種未成之作中,後人只看到劉氏對《答難》、《禮議決獄》的念念不忘,没能見到他對《申何難鄭》的關注。劉氏在道光四年説:"予自束發治《春秋》,所擬《議禮決獄》、《答難》諸書,至今未能卒業。"特意舉出《議禮決獄》、《答難》,唯獨不提《申何難鄭》之名。這種奇怪、反常的情形,實在值得探究。筆者以爲,劉氏在嘉慶十四年突然將《穀梁廢疾申何》分成《穀梁申廢疾》、《穀梁廣廢疾》,接着又在嘉慶十七年將剛剛撰出的《箴膏肓評》、《左氏春秋考證》改成《左氏申膏肓》、《左氏廣膏肓》[②],這兩次修改書稿特别是重新整齊劃一地命定書名,應該不是他一時心血來潮,而是出於通盤考慮後變改原計劃。這是因爲,隨着劉氏思想的演變,特别是他幼年以來滋生的對《左傳》的懷疑與時俱增,最後以劉歆的附益、竄亂爲突破口,提出《左傳》原名《左氏春秋》,與《春秋》聖經全然無關,從而彌補了"何君於《左氏》未能深著其原"的重大缺憾,給予《左傳》最爲致命的打擊,企圖釜底抽薪,解決何、鄭有關《左氏》膏肓的爭論。這是劉氏繼《春秋公羊經何氏釋例》"專明墨守之學"後最大的學術發明,但卻難以納入"申何難鄭"的舊框架之下。劉氏在嘉慶十年後再也不提《申何難鄭》,很有可能是他主動棄置不用《申何難鄭》之名。這兩次修改中還有一個共同的細

① 劉逢禄《劉禮部集》卷11,第20頁。

② 《左氏春秋考證一卷後證一卷箴膏肓評一卷敘》、《左氏春秋考證原敘》、《申左氏膏肓敘》均署"嘉慶十七年十一月日",據此推測劉逢禄將《箴膏肓評》、《左氏春秋考證》改成《左氏申膏肓》、《左氏廣膏肓》在時間上應該相隔不久。

節:《穀梁廢疾申何》卷一的"難曰",《穀梁申廢疾》一律改作"申曰",卷二的"申曰",《穀梁廣廢疾》一律改作"難曰";《箴膏肓評》的"評曰",《左氏申膏肓》全部改作"申曰",《左氏春秋考證》的"證曰",《左氏廣膏肓》改作"難曰"。這一技術性的細節變動,折射出劉氏繼續受着"申何難鄭"思維的影響。後人多將此四書歸入《申何難鄭》名下,也應與此有關。但劉氏後來又將《公羊春秋何氏解詁箋》改成《公羊申墨守》,將《答難》改成《公羊廣墨守》[①],徹底改變了嘉慶十年的計劃。劉氏此次在《公羊申墨守》中保留"箋曰",并没有像前兩次那樣改作"申曰",大概是完全走出了"申何難鄭"的思維模式。養一齋將《公羊春秋經何氏釋例》和《春秋公羊釋例後録》一并刊行,完整地顯示出劉氏晚年改定後的《春秋》學思想。有鑒於此,今後開展劉氏《春秋》學的研究,似不宜再將其置於"申何難鄭"的框架之下,更不好用"申何難鄭"概括其《春秋》學思想的特點。

(作者單位:湖南大學嶽麓書院)

---

① 劉逢禄在道光四年《尚書今古文集解敘》中仍惦念《答難》諸書"至今未能卒業",可以推知他至少應在道光四年之後才將《答難》改名《公羊廣墨守》。

蓬左文庫春秋公羊疏鈔本考釋*

馮曉庭

摘要:“駿河御讓本”淵源自德川家康創設的“駿河文庫”,所藏基本上都是當時最爲珍貴的書册典籍與最爲優良的出版品,是德川幕府初期日本境内典籍圖書的精粹所在。尾張藩“駿河御讓本”現今庋藏於日本名古屋“蓬左文庫”,保存最爲完整,善本甚多,經部書籍鈔本如《毛詩正義》、《周易正義》、《春秋公羊疏》,都是極爲珍貴的經學文獻,尤其是《春秋公羊疏》,是唯今舉世獨存的“單疏本《公羊疏》”,最堪寶貴。“單疏本《公羊疏》”鈔録於室町幕府時期,第十一卷末、第十二卷首俱有“金澤文庫摹印”,顯示本書淵源於金澤文庫舊藏,全書字體清晰明善,價值宏顯。本文擬先行陳述“蓬左文庫”、“駿河御讓本”相關資訊,隨後針對“‘蓬左文庫’《春秋公羊疏》鈔本”進行完整論述,一則以提供學界探研“蓬左文庫”藏書酌參,一則以釐清該鈔本淵源、體制、功效、價值。

關鍵詞:公羊疏　經書傳本　域外漢籍　駿河御讓本　名古屋蓬左文庫

壹・蓬左文庫①

“蓬左文庫(Hosa Library)”位於名古屋市東區德川町 1001

---

* 本文爲臺灣“國家科學委員會‘專題計畫’日本蓬左文庫藏春秋公羊疏鈔本研究(NSC98-2410-H-415-034-)”初步成果之一。

① 本文有關“蓬左文庫”與“駿河御讓本”的敘述,綜理取材自:

1. [日] 名古屋市蓬左文庫編:《蓬左文庫　歴史と藏書》(日本名古屋市:名古屋市蓬左文庫,2004 年 11 月)。

2. [日] 名古屋市蓬左文庫編:《名古屋市蓬左文庫漢籍分類目録》(日本名古屋市:名古屋市教育委員會,1975 年 3 月)。

3. [日] 名古屋市蓬左文庫編:《名古屋市蓬左文庫國書分類目録》(日本名古屋市:名古屋市教育委員會,1976 年 3 月)。

番地(1001 Tokugawa-cho, Higashi-ku, Nagoya),是日本境内庋藏重要"古漢籍"的"文庫"之一。舊時的"名古屋城"别稱甚多,如"蓬左城"、"鶴ヶ城"、"龜尾城"、"柳ヶ城"、"楊柳城"等,而諸多别名當中,則以"蓬左城"之名最爲通用,至少在"江户時代(Edo Period)",學宦士庶大多喜好以"蓬左"稱呼"名古屋"。

"蓬左"之名,其來甚遠,坐落於今日名古屋市熱田區的"熱田神宫(Atsuta-Jingu)",即是如斯稱號肇生的根源。當地古代居民以爲,中國神話傳説所載海上仙人居止的"蓬萊仙山",正是"熱田神宫"所在,因此,"熱田神宫"又被稱爲"蓬萊の宫(蓬萊仙宫, Hourai no Miya)"、"蓬が島(蓬萊島, Yomogi ga Shima)"。"名古屋"初興之地,適洽位於"熱田神宫"左側,亦即"蓬萊の宫"左面,於是遂有"蓬左"之稱,久而久之,"蓬左城"便成爲"名古屋城"的代稱,"蓬左"即"名古屋"、"名古屋"即"蓬左",而所謂"蓬左文庫",也就是"名古屋文庫"。

"蓬左文庫"定名於明治末期(—1911—)至大正初期(—1912—),前身爲"尾張藩(Owarihan,今愛知縣〔Aichi〕)"首代藩主德川義直(Tokugawa Yoshinao, 1600—1650)於十七世紀前期創設的"御文庫(O-Bunko)",四百年來,歷經數次沿革,終成今日規模:

(接上頁)

4. [日] 名古屋市蓬左文庫編:《名古屋市蓬左文庫古文書古繪圖目録》(日本名古屋市:名古屋市教育委員會,1976年12月)。

5. [日] 名古屋市蓬左文庫編:《(蓬左文庫)善本解題圖録》(日本名古屋市:名古屋市蓬左文庫,1980年3月)。

6. [日]杉浦豐治(Sugiura Toyoji, 1916 — 1986)撰:《蓬左文庫典籍叢録 駿河御讓本》(日本名古屋市:金城學院大學人文科學研究會,1975年9月)。

7. [日]杉浦豐治撰:《公羊疏論考 攷文篇》(日本愛知縣:愛知縣立安城高等學校内學友會,1961年11月)。

8. 日本名古屋市蓬左文庫網頁:http://housa.city.nagoya.jp/。

一、御文庫初創

1616年,隱居於駿府(Sunpu,今静岡縣〔Shizuoka〕)的德川家康(Tokugawa Ieyasu,1543—1616)辭世,原設於駿府的"駿河文庫(Suruga Bunko)"藏書援其遺囑一分爲四,一部分由林羅山(Hayashi Razan,1583—1657)運送至"江户城(Edo-jou)"中"紅葉山文庫(Momijiyama Bunko,前身爲'富士見亭文庫〔Fujimitei-Bunko〕'"保存,其餘則由所謂德川"御三家(Go-Sanke)"——尾張、紀伊(德川賴宣,Tokugawa Yorinori,1602—1671)、水户(德川賴房,Tokugawa Yorifusa,1603—1661)依五、五、三比例承繼,這些本屬"駿河文庫"的典籍,後來被稱爲"駿河御讓本(Suruga-Oyuzuri-Bon)"。

1617年,部數三百七十七(三百七十三)、册數二千八百三十九(二千八百三十七)的書簡運抵名古屋,德川義直據爲根柢,成立"御文庫",此後並廣搜各方典籍、充實庋藏,"蓬左文庫"的雛形於焉建構。

二、御文庫續營

1658年,尾張藩第二代藩主德川光友(Tokugawa Mitsutomo,1625—1700)仿照幕府體制,設立"書物奉行(Syomotsu-Bugyou)"一職;據常理言,文庫藏書既然需要設立專職管理人員,那麼收藏數量的鉅大以及相關工作的繁重,則應該是毫無疑義的。由此可知,"御文庫"在經過四十載經營之後,應該已經頗具規模。

此後,在歷代藩主的持續關注之下,"御文庫"迭有發展,在德川幕府(Tokugawa-Bakufu)末期(—1860—),尾張藩"御文庫"所藏幾達五萬"點"①,可以説是江户時期最具規模的"大名文庫"之一。

"御文庫"不僅收藏量鉅,珍品善本也所在多有,其中包括了12世紀以降出自中國、朝鮮、日本等地的古舊典籍,17至19世紀

① 所謂"點",是日本圖書館計算庋藏品的單位詞;對書籍而言,"一册"就是"一點";對繪圖而言,"一幅"或者"一幀"就是"一點"。

的日本古繪圖,18、19 世紀的"蘭書(Ransyo,西洋書籍)"等實貴文獻;特别是淵源自中國與朝鮮的諸項古舊典籍當中,就有多部在本國業已亡佚失傳的重要史料。

三、蓬左文庫定名與揭幕

明治維新初期(1872),由於"廢藩置縣"的施行,諸侯藩主勢力漸形削減,日本社會劇烈動盪,在若干年月當中,尾張藩"御文庫"舊收藏迭遭販售,二十餘年之間,"御文庫"舊藏書已流出達三分之一,而原有的"駿河御讓本",數量也由三百七十七(三百七十三)減縮至二百六十(二百四十四)。

1900 年,尾張德川家於名古屋建成"大曾根(Oozone)邸",此後直至 1912 年,"御文庫"所藏殘餘與尾張德川家其他收藏便分别庋藏於名古屋"大曾根邸"以及東京(Tokyo)的尾張藩宅邸。1912 年,第十九世藩主德川義親(Tokugawa Yoshichika,1886—1976)爲江户時代以來尾張藩德川家的傳世收藏命名"蓬左","蓬左文庫"之名至此正式成立。隔年,首部《蓬左文庫目録》發行。

1931 年,財團法人"德川黎明會(Tokugawa-Reimeikai)"創立,專責"德川美術館"與"蓬左文庫"的營運工作。1933 年,東京豐島(Toshima)區目白(Mejiro)町的"蓬左文庫"新築竣工。1934 年,"蓬左文庫"相關收藏由名古屋運抵東京。1935 年,位於名古屋大曾根的"德川美術館"以及東京目白的"蓬左文庫"揭幕開放,此時文庫展出的收藏品有二,一是明治維新以來尾張藩藩士的收藏,一是後續添加的大量書籍與文獻。

四、蓬左文庫現代發展

揭幕於 1935 年的東京"蓬左文庫",營運未滿十載,便因爲戰爭的緣故不得不閉館。1944 至 1946 年,爲了避免戰火波及,"蓬左文庫"中的貴重文獻曾一度被遷移至長野縣(Nagano)的伊那(Ina)市。

1950 年,名古屋市自"德川黎明會"購入"蓬左文庫",自此"蓬左文庫"相關庋藏又回歸於名古屋,受"名古屋教育委員會——社會教育課"管轄。

1951年起,“蓬左文庫”正式定名爲“名古屋市蓬左文庫”,藏書對外開放,並且由“名古屋教育委員會”進行新式科學化管理,在持續蒐羅補苴庋藏的經營理念之下,又陸續增加了文獻三萬多點,至今已有重要庋藏約十一萬點,可以説是日本與名古屋地區的重要公共文化財。

貳、駿河御讓本

一、駿河御讓本淵源

如前所述,“駿河御讓本”淵源自德川家康創設的“駿河文庫”,而所謂“駿河文庫”,則取材自設置於“江户城”内的“富士見亭文庫(後遷移至紅葉山,更名爲“紅葉山文庫”)”。德川家康初到“駿府”,即選取“富士見亭文庫”藏書約一萬種隨行,隨後成立“駿河文庫”。

“富士見亭文庫”所藏諸書,主要來源有二,一是“鎌倉幕府(Kamakura-Bakufu,1192—1333)“執權大臣”北条氏(Houjyou)”所創“金澤文庫(Kanazawa-Bunko)”的舊藏書,一是來自朝鮮的金屬活字印刷以及木雕板刻書籍,庫内所藏,基本上都是當時最爲珍貴的書册典籍與最爲優良的出版品。當然,“駿河文庫”所選取的,則又是其中的菁華樞要。整體來説,“駿河御讓本”所包涵的,就是德川幕府初期日本境内典籍圖書的精粹所在。

二、駿河御讓本現狀

德川家康“駿河文庫”藏書——“駿河御讓本”被一分爲四之後,遭遇各自不同;送往“紅葉山文庫”的書籍,最終被納入由宫内廳管轄的“内閣文庫(Naikaku-Bunko,現屬‘國立公文書館〔National Archives of Japan〕’”,然而所賸無多;送往“紀伊藩”的書籍,在“南葵文庫(Nanki-Bunko,即紀伊德川家文庫)”解體之後,已經散佚無蹤;送往“水户藩”的書籍,雖然現今仍確實存在於“彰考館文庫(Syoukoukan-Bunko)”,卻與其他書册混雜,難以分辨屬性;唯有尾張藩“駿河御讓本”,四百載來,一如德川義直所言——

“絕不出於門户”,管制甚嚴,是以縱然有所遺佚,而主體存俱,依舊足堪展現“駿河御讓本”的特色與梗概。

如前所述,尾張藩“駿河御讓本”現存二百六十(二百四十四)部、二千(一千九百四十三)册,現今全數庋藏於名古屋市蓬左文庫,讀者只要經過簡單申請手續,均可閲讀原件,並得製作微卷複印。

三、駿河御讓本内容

尾張藩得自“駿河文庫”的諸般書籍,至今有幸仍可考得,日本學者杉浦豐治在《蓬左文庫典籍叢録　駿河御讓本》一書中,便依據元和三年(Genna,1617)正月七日横田三郎兵衛(Yokota Saburobee)、石原十左衛門(Ishihara Juuzaemon)二人撰寫的“《請取目録》”爲基礎,附益以尾張藩“御文庫”歷來藏書目録,撰成《駿河御讓本補注》(頁163—284)一文,文中除詳列書名,亦詳案各目録所載注記相關資訊,的確能夠清晰呈現尾張藩“駿河御讓本”的完整面貌。

綜合《請取目録》與《駿河御讓本補注》等文獻,可以得知德川家康遺贈尾張藩的書册共計三百七十七(三百七十三)部、二千八百三十七(二千八百三十九)册,由駿府運來之後,裝成四十四櫃,其中相關櫃號、部數、册數的對應關係以及所收書名,參覈以下二表,便可略明一二。①

尾張藩“駿河御讓本部册數統計表”

櫃　號	請取部數	現存部數	請取册數	現存册數
1—13	13(一箱一部)	9	869	702
《請取書目》:右自一番至十三番,部數合十三部、八百六十九册。(頁171)				

① 根據《請取目録》與《駿河御讓本補注》所述,尾張藩“駿河御讓本”原有部數爲373、册數爲2837,現存部數爲244、册數爲1943;杉浦豐治所謂“原有部數爲377、册數爲2839,現存部數爲260、册數約爲2000”之説,不知所據爲何?本文於此節姑存異同,其中差池疑義,待親睹原本諸書之日再行疏解。

續表

櫃　號	請取部數	現存部數	請取册數	現存册數
14	23	14	36	26
15	14	11	56	29
16	6	2	52	29
17	22	17	65	53
18	26	19	76	54(53?)
19	12	10	49	46
20	18	9	50	20
21	18	10(9?)	50	33(32?)
22	11	9	67	63
23	8	5	52	38
24	9	9	38	38
25	10	5	62	24
26	7 《請取書目》未録書名等項,僅記部數册數。	0	58	0
27	24	15	75	54
28	8	6	63	60
29	17	15	26	23
《請取書目》:右自十四番廿九番マテ,合二百三十三部、八百七十六册。				
30	3	3	53	54(?)
31	8	5	96	61
32	9	7	93	58
33	6	4	60	41

續表

櫃　號	請取部數	現存部數	請取册數	現存册數
34	11	8	69	59
35	22	6	84	24(25?)
36	7	5	55	24
37	7	5	75	28
38	7	7	32	32(36?)
39	4	杉浦豐治失記。	67	杉浦豐治失記。
40	5	杉浦豐治失記。	97	杉浦豐治失記。
41	5	杉浦豐治失記。	49	杉浦豐治失記。
《請取書目》:右自三十番至四十一番,部數合九十四部、八百卅册。(頁 277)				
42	《請取書目》失記。			
43	《請取書目》失記。			
44	12	5	77	24
上之字長櫃	11	1	80	22
另長櫃	《請取書目》:不足本雜本共。大藏一覽。(頁 280)			
《請取書目》:右,部數合三百六十三部、册數合貳千八百廿六册。(頁 280)				
十部駿府雜本(頁 280)	10	9	11	11(?)
合　計	373	244	2837	1943

尾張藩“駿河御讓本櫃號書名表”

櫃　號	書 冊 名 稱
1	通鑑綱目
2	晉書
3	東萊先生十七史詳節
4	事文類聚
5	治平要覽
6	大明會典
7	東文選
8	性理大全
9	左傳
10	朱子大全
11	杜氏通典
12	北史
13	群書治要
14	西山墨談、仁川世稿、三國遺事、求仁録、漢書傳抄、晦齋(先生集)、聖訓演、除花潭集、魯齋全集、呂氏鄉約、心經附注、玉壺冰、入學圖説、策文、四雨亭集、廣皇輿考、讀書(録)要語、梅花擊缶(集) ※書名部數“十八”與《請取目録》所載“廿三部”有誤差(頁177)
15	左傳釋附、禮記大全、毛詩正義、毛詩集注(詩經集傳)、毛詩大全(詩傳大全)、國語(鈔評)、孟子集注、周易正義序八論(周易正義〔殘〕一卷)、周易考變(周易啟蒙·考變占)、周易啟蒙(易學啟蒙通釋)、周易筮義、周易繫辭、卜筮元龜、説卦
16	春秋直解、儀禮注疏、論語或問、春秋正義(春秋公羊傳正義)、中庸或問、大學或問

續表

櫃　號	書 册 名 稱
17	讀杜愚得、陳思王集、于公奏議、貞觀政要、韓文正宗、菊磵集、師律提綱、梅先生集(宛陵梅先生詩選)、濯纓集、東文啟(東文選啟抄)、草書韻會、奉先雜儀、養心堂(養心堂〔詩〕集)、獨谷先生(集)、效顰集、歐蘇手簡、範圍總括、聽訟提綱、詩學蹊徑、廿九子品彙釋評、詩家一指、渕明集
18	樊川集、樊川集、圃隱集、陶隱集、中州集、唐韻(唐詩正音)、古賦(三場文選古賦)、簡齋(集)、益齋亂稿、玉屑、詩學大成、東文粹、皷吹續編、大觀集、醫閭(先生)集、酉陽雜俎、虞伯生(翰林珠玉)、韓文聯句、靖節集、廉洛風雅、文章精義、宛陵詩(宛陵梅先生詩選)、香山三体(法)、詠史詩 ※書名部數"廿四"與《請取目録》所載"廿六部"有誤差。(頁 199)
19	五禮儀、魏鄭公諫録、西河集、性理大全、對類大全、琴賦〔譜〕、孫武子(内含二部:新刊校正京本孫武子兵法本義、孫武子十三篇講意)、不求人(文林聚寶萬卷星羅)、家禮(大全)、李衛公(問對直解)、續觀感録
20	天原發微、虚應(堂)集、謏聞瑣録、七書、論語(集注)、真逸遺稿、二程封事、止止堂(集)、蒲閑〔補間〕集、古論集〔選〕、旅亭分韻 ※書名部數"十一"與《請取目録》所載"十八部"有誤差。(頁 204)
21	小學日記、吕氏春秋、老莊注釋(評林)、荀子、太玄經、列女傳、居家必用、小學全書〔句讀〕、淮南鴻烈解、鶴林玉露、楚辭旁注、(古今)韻會、莊子、經國大典、韓詩外傳、選文掇英、列子、剪燈新話
22	御製文集、桂洲奏議、韓文(昌黎文集)、柳文、古文軌範、文章軌範、古文真寶、三峯集、私淑(齋)集、白真人文集、新板事類(事類賦)
23	梅月堂(集)、訓世評話、浮休子(談論)、科注法華、武經總要、大李衍義(大學衍義補) ※書名部數"六"與《請取目録》所載"八部"有誤差。(頁 220)

續表

櫃 號	書 册 名 稱
24	續東文選、睡軒集、直解大明律、進脩楷範、陶靖節集、吏槎集、昌黎(碑志)、湖陰集、内訓
25	二程全書、大學衍義、性理群書、讀書録、近思録、延平答問、二程先生(粹言)、(伊洛)洲源録、學蔀通辨、劉隨州(詩集)、
26	※《請取目録》失載、或原篇幅佚失。
27	古文真寶抄、古文真寶抄、絕句抄、絕句抄、絕句注本、毛詩抄、蒙求抄、長恨歌抄、江湖集抄、臨濟録抄、臨濟録抄、論語抄、碧岩抄、四教儀抄、六物集、含英咀華、拔書(桃洞隨筆)、韻鏡(私書)、署韵 ※書名部數"十九"與《請取目録》所載"廿四部"有誤差。(頁 235)
28	大藏一覽、經(佛經)、無量壽經(抄)、法華抄、科注法華、一切經目録 ※書名部數"六"與《請取目録》所載"八部"有誤差。(頁 238)
29	佛祖歷代、佛祖歷代、大方圓覺經、賢首諸乘法數、十三佛機緣〔録〕、心經注、禪源(諸詮)、小豔詩、大川和尚語(録)、運庵(和尚語)録、毒海(集)、燕石集、台宗四教、四教明月、阿彌陀經抄 ※書名部數"十五"與《請取目録》所載"十七部"有誤差。(頁 244)
30	文章辨體、文章正宗、崇古文訣、
31	源流至論、昌黎(文)集、紫陽文集、紫陽文集、吴草廬文集、南宣集、象山全集、蘇文(三蘇文集)
32	空同集、牧隱文集、杜子美文類(杜詩)、杜子美千家(千家注杜詩)、杜子美千家(千家注杜詩)、韻府(韻府群玉)、東坡年譜、詩選、全唐風雅
33	太白集、太白集、王荊公集、簡齋集、李翰林集、詩選(演義)

續表

櫃　號	書册名稱
34	毛詩古注(毛詩鄭箋)、毛詩大全(詩傳大全)、尚書大全(書傳大全)、尚書古注(尚書孔傳)、尚書集注(書經集傳)、山谷(詩集)、山谷(詩集)、尚書大文(書傳大文)、尚書大文(書傳大文)、春秋大文(春秋經)、春秋大文(春秋經)
35	春秋(集傳)大全、周易大全、禮記大文、周禮(纂圖互注)、公羊穀梁(公羊傳穀梁傳)、小學(集成)、論語(集注)大全、孟子大全、孟子古注、孟子大文、中庸大全、中庸大全、中庸或問(大全)、大孝大全、大孝或問(大全)、論語衍義、孔子家語、論孝繩積(釋)、尚書集注(書經集傳)、易大文(周易本義)、毛詩集注(詩經集傳)、春秋胡傳
36	通鑑節要、通鑑續編、少微通鑑(通鑑節要)、宋鑑、宋鑑、宋鑑節要、通鑑輯积
37	前漢書評林、兩漢傳誌、全漢志傳、十八史畧、十九史畧、三國志傳、三國志傳、
38	列國志(傳)、大明律、大明一統賦、史斷抄、三史文類、方輿勝覽、學樂軌範
39	素問經、本草綱目、本草集要、聖惠方
40	證類本草、證類本草、醫學綱目、醫林集要、奇效良方
41	和劑方、和劑方、和劑方、千金翼方、醫學入門
42	※《請取目録》失載、或原篇幅佚失。
43	※《請取目録》失載、或原篇幅佚失。
44	碧巖集(碧巖録)、帝鑒圖説、蒙求、海篇心鏡、三韵通考
上之字長櫃	齊民要術
另長櫃	不足本雜本、大藏一覽
十部駿府雜本	易啟蒙、蒲室(集)、唐書宰相表、大學補注(大學章句補遺)、詩韻大成、藏乘法數、盂蘭盆經、古史通畧、畧通鑑 ※書名部數“九”與《請取目録》所載“十部”有誤差。(頁284)

四、駿河御讓本珍藏

"駿河文庫"所收諸書既經德川家康特意揀拔,其珍貴性與代表性自然是不言可喻。從珍貴性的角度來説,"駿河御讓本"淵源於"富士見亭文庫",所萃集的不是"金澤文庫"貴重舊藏,就是優質朝鮮銅活字印本,可以説是當時日本地區最爲珍善的收藏;從代表性的角度來説,啟肇於德川家康之手的"駿河文庫",幾乎就是這位江户幕府首代將軍的私人文庫,所選當屬貴重珍藏,自是無庸置疑,而所收諸書能夠相當程度地展現德川家康的學問好尚以及實際需要,亦頗能肯定。

姑不論古來傳統重要典籍,僅就尾張藩"駿河御讓本"内有朝鮮活字本《治平要覽》([朝鮮]鄭麟趾【1436—1478】等撰)、《大明會典》([明]李東陽【1447—1516】等撰)、《經國大典》([朝鮮]崔恆【1409—1474】等撰),朝鮮寫本《聽訟提綱》([朝鮮]不著撰人)等書;並收入《新刊校正京本孫武子兵法本義》([明]鄭靈【—1438—】注解、傅震【—1543—】校正)、《孫武子十三篇講意》([明]楊魁【—1556—】撰)等兵法書籍,《素問經》、《本草綱目》、《聖惠方》、《醫學綱目》、《奇效良方》、《和劑方》等大部頭醫藥專書一事,便可體悉"駿河文庫"之於晚年的德川家康,猶如《周禮》之於王莽、《本草》之於藥劑醫家。

尾張藩"駿河御讓本"既是德川家康藏書精粹,那麽一如前文所述,珍藏善本必定所在多有,根據《駿河御讓本補注》所載,當中較爲顯著者可分類如下:

(一) 鈔本

1. 齊民要術(頁 279)

【原載】日本文永中鈔卷子本,宋諱闕筆,紙背有鎌倉期文書,……金澤文庫舊藏。

【説明】本書"宋諱闕筆",所源自是宋代諸本。文永(1264—1275)約處鎌倉幕府中前期,相當於南宋理宗(趙昀,1205—1264)、度宗(趙禥,1240—1274)期間,則全書鈔成於南宋中晚期,頗可確定。本書原藏金澤文庫,則"駿河御讓本"所收實有出於北条氏珍藏者,於兹可鑑。

2. 春秋正義(春秋公羊傳正義)(頁 183)

【原載】日本室町期傳鈔單疏本,卷第十一末、第十二卷首並有金澤文庫摹印。

【説明】室町幕府(Muromachi— Bakufu,1336—1573)相當於朱明時期,卷第十一末、第十二卷首的"金澤文庫摹印",顯示本書淵源於金澤文庫舊藏。中國地區"《公羊疏》單疏本"至少在清代便已全數亡失,學者均未得見,唯今僅殘存"南海潘氏藏卷一至卷七宋本"[①],本書不僅首尾完整,字體亦清晰明善,價值最爲宏顯。

(二) 刻本

1. 陶隱集(頁 192—193)

【原載】高麗·李崇仁撰,朝鮮·卞季良編。明永樂中朝鮮刊無界十一行本。

【説明】李崇仁(1347—1392)活躍於元末明初,而本書刊刻於明成祖(朱棣,1360—1424)永樂(1403—1424)年間,與今見《陶隱集》權近(1352—1409)《序》(永樂四年,1406)時間頗爲相近,或許洽是同板,年代久遠,甚爲貴重。

2. 獨谷先生集(188—189)

【原載】朝鮮·成石璘撰。明景泰七年朝鮮平壤府刊九行本。

【説明】成石璘(1338—1423)活躍於明代初期,著作刊行於世,而今日坊間所見《獨谷先生集》,係明英宗(朱祁鎮,1427—1464)天順四年(1460)"覆刻本",本書刊印於明代宗(朱祁鈺,1428—1457)景泰七年(1456),雖然無法確定是否初版原刻,然而綜合相關序跋,可知此本乃"覆刻本"底本,頗足珍貴。

---

① 臺北市:鼎文書局影印"上海涵芬樓景印南海潘氏藏宋本",1972 年 8 月。

（三）朝鮮活字本

1. 通鑑綱目（頁 167）

【原載】宋・朱熹撰，朝鮮・李季甸等訓義。明正統三年朝鮮古活字印版十行本。

【説明】李季甸（1404—1459）活躍於明成祖至英宗（朱祁鎮，1427—1464）時期，本書梓行於明英宗正統三年（1438），據此推估，德川家康所選應爲首刊初版，年代古遠，堪稱珍稀。

2. 經國大典（頁 212—213）

【原載】朝鮮・崔恆等奉命撰。明成化中朝鮮古活字印版黑口十行本。

【説明】崔恆活躍於明成祖至憲宗（朱見深，1447—1487）成化十年（1474），本書梓印於成化年間（1487），或爲初版首刊，實足寶貴。

上述六項，不過略舉一二，其餘諸書，珍貴鈔本、刊本，所在多有，足供研究資取頗眾。筆者從事經學研究數年，積習已成，對於經部典籍自然關注較深，而近年所學，又多以《春秋》爲主，是以於"《春秋正義》（《春秋公羊傳正義》）"（即單疏本《公羊疏》，以下簡稱"蓬左《公羊疏》"）一書，最具興味。爲日後深入探討《公羊疏》時代屬性、作者、學術特點等深層問題奠基計，以下便先就明確該書體制、申述該書效用價值、釐清該書文獻淵源等題鋪陳敘述。

叁、蓬左《公羊疏》的體制

一、書卷分頁

據《請取書目》所記起，蓬左《公羊疏》自德川家康庋藏之初，便以"六册"形式存在，今日檢覈其書，仍分六册，可知古來六册之制，未曾改易。六册之中，各收五卷，分卷以及頁數分屬詳情如下表所示：

册　次	卷　次	卷 次 分 頁	相關説明
1	1—5	卷 1:24 卷 2:21 卷 3:20 卷 4:17 卷 5:14 小計:96	1. 卷 4 有空白面二:頁 10 上、頁 13 下。
2	6—10	卷 6:17 卷 7:15 卷 8:14 卷 9:17 卷 10:18 小計:81	1. 卷 10 末有“題記”一則。
3	11—15	卷 11:13 卷 12:14 卷 13:14 卷 14:13 卷 15:16 小計:70	1. 卷 11 末有鈔手題“金澤文庫”四字。
4	16—20	卷 16:17 卷 17:14 卷 18:13 卷 19:15 卷 20:15 小計:74	1. 卷 17 自第 11 頁以下誤入卷 18 頁 10—13 四頁。 2. 卷 18 自第 9 頁以下脱漏頁 10—13 四頁,誤入於卷 17 自第 11 頁以下。
5	21—25	卷 21:15 卷 22:13 卷 23:13 卷 24:13 卷 25:13 小計:67	

續表

册次	卷次	卷次分頁	相關説明
6	26—30	卷 26:10 卷 27:8 卷 28:14 卷 29:17 卷 30:18 小計:67	
合計	30	455	

二、行款格式

蓬左《公羊疏》書頁長三十公分、寬二十一點五公分，書首有景德二年《中書門下進公羊正義牒》，書末有奉敕從事校讎工作官員名録。全書無界欄、格線，亦不標頁次。每半頁十二行，每行字數因鈔手不同而各自有别，其大較如下表所示：

册次	各行字數
册 1	1. 18—23 字，以 20—22 字爲主(全册一致)。
册 1	2. 24 字(全册一致)。
册 3	3. 24 字(全册一致)。
册 4	1. 24 字 (卷 16 頁 1—10)。 2. 26 字 (卷 16 頁 11—卷 18 頁 9)。 3. 23—26 字，以 25 字爲主(卷 18 頁 10—18 卷末)。 4. 22—26 字，以 25 字爲主(卷 19—卷 20)。
册 5	1. 22—24 字 (卷 21)。 2. 26 字 (卷 24—卷 26 頁 4)。 3. 25—26 字，(卷 24 頁 5—卷 25 末)。
册 6	1. 26—28 字(卷 26 頁 1)。 2. 22—26 字(卷 26 頁 2—卷 26 末)。 3. 23—26 字，以 25 字爲主(卷 27—卷 30)。

蓬左《公羊疏》三十卷,每卷首行均以"春秋公羊疏卷第○"諸字題首,其下則以"○公●(○爲魯公廟號、●爲文獻次序)"形式表現該卷所載範疇爲魯公誰何;次行則以"起○(年、月、年月)盡○(年、年月)"該卷所載涵蓋年月;爲清晰呈現各卷所陳,兹表列其全貌如下:

卷次	首　行	次　行	卷次	首　行	次　行
1	春秋公羊疏卷第一 隱公一	起序盡元年正月	16	春秋公羊疏卷第十六 宣公二	起九年盡十八年
2	春秋公羊疏卷第二 隱公二	起三月盡二年	17	春秋公羊疏卷第十七 成公一	起元年盡九年
3	春秋公羊疏卷第三 隱公三	起三年盡十一年	18	春秋公羊疏卷第十八 成公二	起十年盡十八年
4	春秋公羊疏卷第四 桓公一	起元年盡六年	19	春秋公羊疏卷第十九 襄公一	起元年盡十年
5	春秋公羊疏卷第五 桓公二	起七年盡十八年	20	春秋公羊疏卷第二十 襄公二	起十一年盡二十年
6	春秋公羊疏卷第六 莊公一	起元年盡六年	21	春秋公羊疏卷第二十一 襄公三	起二十一年盡三十一年
7	春秋公羊疏卷第七 莊公二	起七年盡十三年	22	春秋公羊疏卷第二十二 昭公一	起元年盡八年
8	春秋公羊疏卷第八 莊公三	起十四年盡二十六年	23	春秋公羊疏卷第二十三 昭公二	起九年盡十五年
9	春秋公羊疏卷第九 莊公四	起二十七年盡閔公二年	24	春秋公羊疏卷第二十四 昭公三	起十六年盡二十四年
10	春秋公羊疏卷第十 僖公一	起元年盡十年	25	春秋公羊疏卷第二十五 昭公四	起二十五年盡三十三年
11	春秋公羊疏卷第十一 僖公二	起十一年盡二十四年	26	春秋公羊疏卷第二十六 定公一	起元年盡三年
12	春秋公羊疏卷第十二 僖公三	起二十五年盡三十三年	27	春秋公羊疏卷第二十七 定公二	起四年盡九年

續表

卷次	首　行	次　行	卷次	首　行	次　行
13	春秋公羊疏卷第十三 文公一	起元年盡九年	28	春秋公羊疏卷第二十八 定公三	起十年盡十五年
14	春秋公羊疏卷第十四 文公二	起十年盡十八年	29	春秋公羊疏卷第二十九 哀公一	起元年盡十年
15	春秋公羊疏卷第十五 宣公一	起元年盡八年	30	春秋公羊疏卷第三十 哀公二	起十一年盡十四年

考諸坊間常見《公羊疏》諸本，如“南海潘氏藏宋本”、“明世宗(朱厚熜，1507—1566)嘉靖(1522—1566)中福建刊本”、“清仁宗嘉慶二十年(1815)江西南昌府學刊《十三經注疏》本”，可知蓬左《公羊疏》卷首形制與“南海潘氏藏宋本”一致，而與明、清刊本截然不同，由此可見蓬左《公羊疏》至少確實保存了宋人板刻體制，價值非凡。

(一) 蓬左《公羊疏》卷首影照

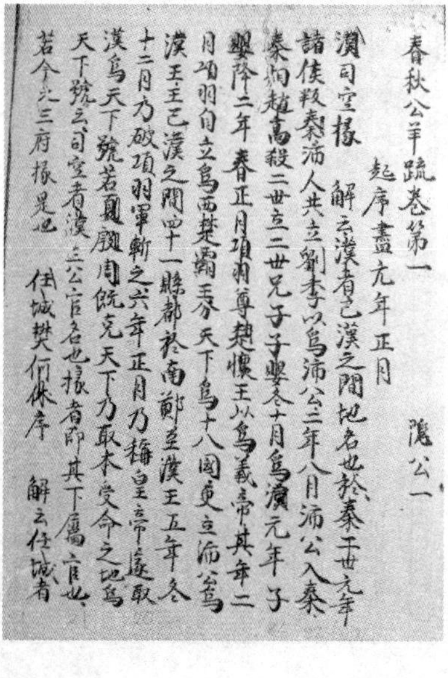
春秋公羊疏卷第一　隱公一
起序盡元年正月
漢司空掾　解云漢者巴漢之間地名也於秦二世元年
諸侯叛秦沛人共立劉季以為沛公三年八月沛公入秦
秦相趙高殺二世立二世兄子子嬰冬十月為漢元年子
嬰降二年春正月項羽尊楚懷王以為義帝其年二
月項羽自立為西楚霸王分天下為十八國更立沛公為
漢王王巴漢之間四十一縣都於南鄭是漢王五年冬
十二月乃破項羽軍斬之六年正月乃稱皇帝遂取
漢為天下號若夏殷周既克天下乃取本受命之地為
天下號云司空者漢三公官名也掾者即其下屬官也
若今之三府掾是也　任城樊何休序　解云任城者

（二）南海潘氏藏宋本《公羊疏》殘本卷首影照

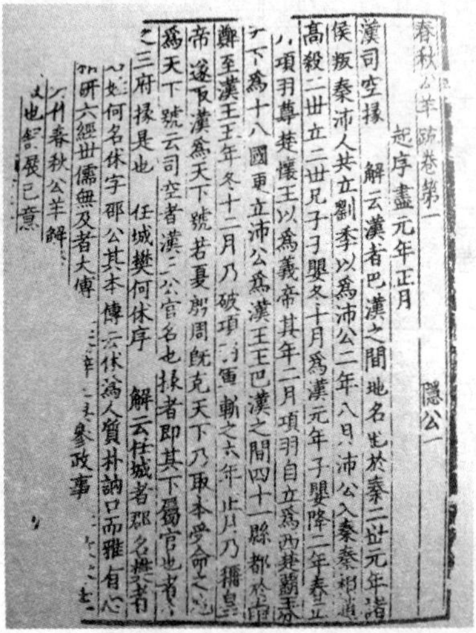
春秋公羊疏卷第一　隱公一
起序盡元年正月
漢司空掾　解云漢者巴漢之間地名也於秦二世元年諸
侯叛秦沛人共立劉季以爲沛公二年八月沛公入秦秦相趙
高殺二世立二世兄子子嬰冬十月爲漢元年子嬰降二年春立
項羽尊楚懷王以爲義帝其年二月項羽自立爲西楚霸王分
天下爲十八國更立沛公爲漢王王巴漢之間四十一縣都於南
鄭至漢王五年冬十二月乃破項羽于垓下斬之六年正月乃稱皇
帝遂以漢爲天下號若夏殷周既克天下乃取本受命之地
爲天下號云司空者漢三公官名也掾者即其下屬官也者
之三府掾是也　任城樊何休序　解云任城者郡名樊者
鄉名何名休字邵公其本傳云休爲人質朴訥口而雅有心
精研六經世儒無及者大傅……參政事
注訓春秋公羊解
也謂展已意

（三）明世宗嘉靖中福建刊本《公羊疏》卷首影照

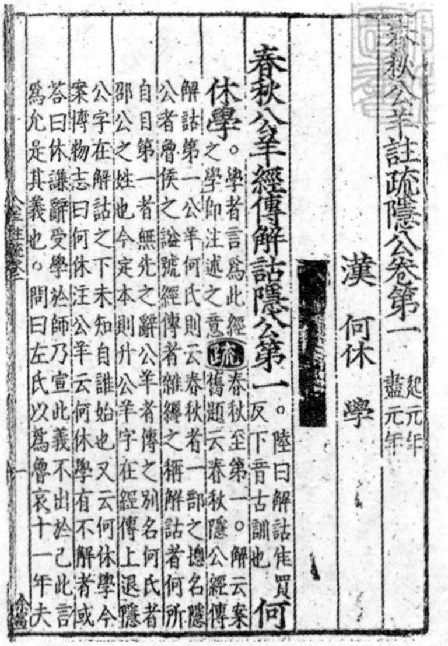
春秋公羊註疏隱公卷第一　起元年盡元年
漢　何休　學
春秋公羊經傳解詁隱公第一。陸曰解詁佳買反下音古訓也　何
休學。學者言爲此經之學即注述之意　疏　春秋至第一。解云案舊題云春秋隱公經傳
解詁第一公羊何氏則云春秋者一部之總名隱
公者魯侯之謚號經傳者雜縟之稱解詁者何所
自目第一者無先之辭公羊者傳之別名何氏者
邵公之姓也今定本則升公羊字在經傳上退隱
公字在解詁之下未知自誰始也又云何休學今
案博物志曰何休注公羊云何休學有不解者或
荅曰休謙辭受學於師乃宣此義不出於己此言
爲允是其義也。問曰左氏以爲魯哀十一年夫

（四）清仁宗嘉慶二十年江西南昌府學刊《十三經注疏》本《公羊疏》卷首影照

監本附音春秋公羊注疏隱公卷第一 起元年盡元年
春秋公羊經傳解詁隱公第一 ○陸曰解詁佳買反下音古訓也○
疏 春秋至第一 ○解云案舊題云春秋隱公經傳解詁第一公羊何氏則云春秋者一部之總名隱公者魯侯之諡號經傳者雜縟之稱解詁者何所自曰第一者無先之辭公羊者傳之別名何氏者部公之姓也今定本則升公羊字在經傳上退隱公字在解詁之下未知自誰始也又云何休學今案博物志曰何休注公羊云何休學有不解者或荅曰休沐謙辭受學於師乃宣此義不出於已此言爲允是其義也○問曰左氏以爲魯哀十一年夫子自衛反魯十二年告老遂作春秋至十四年經成不審公羊之義孔子早晚作春秋乎○荅曰公羊以爲哀公十四年獲麟之後得端門之命乃作春秋至九月而止筆春秋說具有其文○問曰若公羊之義以獲麟之後乃作春秋何故大史公遺李陵之禍圉于縲緝乃唱然而嘆曰是余罪也夫昔西伯拘羑里演易孔子厄陳蔡作春秋屈原放逐著離騷左丘明失明厥有國語孫子腁腳而論兵法此人皆意有所鬱結不得通其道也故自黃帝始作其文也來家語孔子厄於陳蔡之時當哀公六年何

三、字體區別

今日所見蓬左《公羊疏》，鈔寫字體間有歧異，據筆者初步判斷，絕非出自一人之手，以下便就其分別狀況列表陳述：

鈔手別	所鈔册卷	備注
鈔手甲	1. 册1：卷1—卷5。 2. 册4：卷16頁11—卷20。 3. 册5：卷22—卷24頁4。 4. 册6：卷26頁2—卷30。	主要鈔寫人。
鈔手乙	1. 册2：卷5—卷10。 2. 册3：卷11—卷15。	次要鈔寫人。
鈔手丙	1. 册4：卷16頁1—10。	可能爲修補闕頁。
鈔手丁	1. 册5：卷21。	可能爲修補闕頁。
鈔手戊	1. 册5：卷24頁5—卷25。	可能爲修補闕頁。
鈔手己	1. 册6：卷26頁1。	可能爲修補闕頁。

（一）鈔手甲書體影照

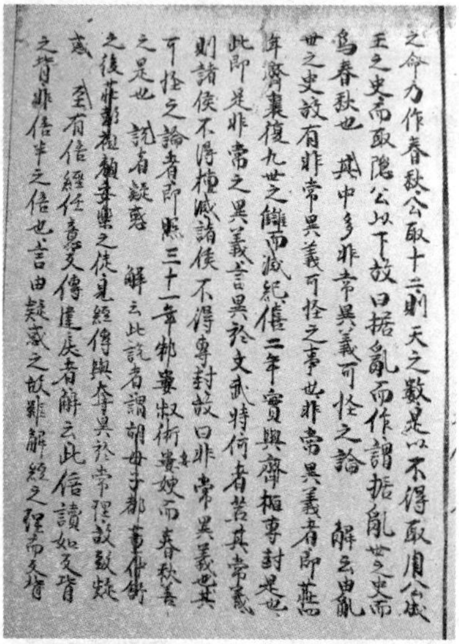
之命乃作春秋公取十二則天之數是以不得取周公成
王之史而取隱公以下故曰据亂而作謂据亂世之史而
爲春秋也　其中多非常異義可怪之論　解云由亂
世之史故有非常異義可怪之事也非常異義者即莊
許齊襄復九世之讎而滅紀僖二年實與齊桓專封是也
此即是非常之異義言異於文武特何者若其常義
則諸侯不得擅滅諸侯不得專封故曰非常異義也其
可怪之論者即昭三十一年邾婁叔術妻嫂而春秋善
之是也　說者疑惑　解云此說者謂胡毋子都董仲舒
之後莊彭祖顏安樂之徒見經傳與奪異於常理故致疑
惑　至有倍經任意反傳違戾者　解云此倍讀如反背
之背非倍半之倍也言由疑惑之故雖解經之理而反背

（二）鈔手乙書體影照

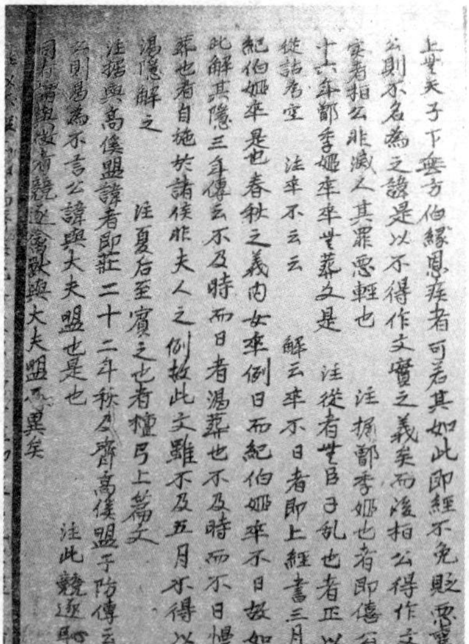
上坐天子下無方伯緣恩疾者可若其如此即經不免貶惡襄
公則不名爲之諱是以不得作文實之義矣而後指公得作文
實者指公非滅人其罪惡輕也　注据鄫季姬也者即僖公
十六年鄫季姬卒卒從葬文是　注從者從臣子辭也者正以
從詁者空　注卒不云云　解云卒不日者即上經書三月
紀伯姬卒是也春秋之義內女卒例日而紀伯姬卒不日故如
此解其隱三年傳云不及時而日者渴葬也不及時而不日慢
葬也者自施於諸侯非夫人之例故此文雖不及五月不得以
渴隱解之　注夏后至實之也者檀弓上篇文
注据與高傒盟諱者即莊二十二年秋及齊高傒盟于防傳云
公則曷爲不言公諱與大夫盟也是也　注此競逐恩
同[illegible]競逐[illegible]與大夫盟[illegible]異矣

（三）鈔手丙書體影照

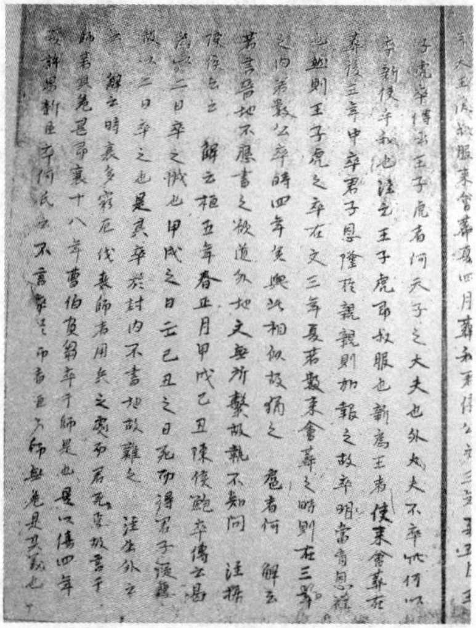
子虎卒傳云王子虎者何天子之大夫也外大夫不卒此何以
卒新使乎我也注云王子虎即叔服也新為王者使來會葬在
葬後三年中卒君子恩隆於親親則加報之故卒明當有恩禮
也然則王子虎之卒在文三年夏若數來會葬之時則在三年
之内若數公卒時四年矣與此相似故捐之　虎者何　解云
若言吾地不應書之欲道外地文無所繫故執不知問　注據
陳侯鮑卒　解云桓五年春正月甲戌己丑陳侯鮑卒傳云曷
為以二日卒之悈也甲戌之日亡己丑之日死而得君子疑焉
故以二日卒之也是其卒於封内不書地故難之　注在外者
亦　解云時衰多戰伐衰師者用兵之處而君死故書于
師若與晁吕宰十八年曹伯負芻卒于師是也是以傳四年
發許男新臣卒何氏云不言卒于師者正以師無危是其義也

（四）鈔手丁書體影照

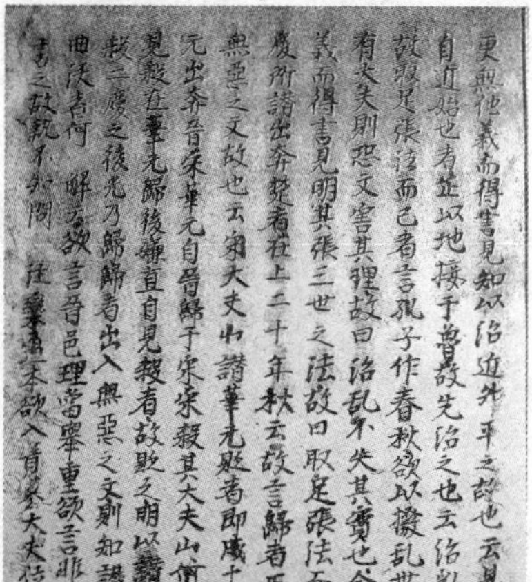
更無他義而得書見知以治近升平之故也云見於邾婁
自近始也者並以地接于魯故先治之也云治亂不失其實
故取足張法而已者言孔子作春秋欲以撥亂世多舉小國悉
有大夫則恐文害其理故曰治亂不失其實也今鼻我更無他
義而得書見明其張三世之法故曰取足張法而已注前為二
慶所諸出奔楚者在上二十年秋云故言歸者正以歸者出入
無惡之文故也云弟大夫也諸華元恥者即成十五年秋宋華
元出奔晉宋華元自晉歸于宋宋殺其大夫山何氏云不氏者
見殺在華元歸後嫌直自見殺者故貶之明以諸華元故今此
殺二慶之後光乃歸歸者出入無惡之文則知諸光明矣
曲沃者何　解云欲言晉邑理當舉重欲言非晉邑繫晉
言之故執不知問　注欒盈本欲入曲沃大夫位云云　解云

（五）鈔手戊書體影照

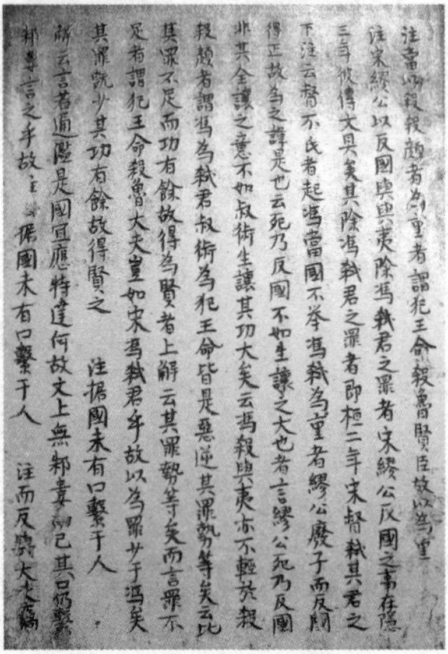

注當以殺顏者爲重者謂犯王命殺魯賢臣故以爲重
注宋繆公以反國與與夷除馮弑君之罪者宋繆公反國之事在隱
三年彼傳文具矣其除馮弑君之罪者即桓二年宋督弑其君之
下注云督不氏者起馮當國不舉馮弑爲重者繆公廢子而反國
得正故爲之諱是也云死乃反國不如生讓之大也者言繆公死乃反國
非其全讓之意不如叔術生讓其功大矣云馮殺與夷亦不輕於殺
殺顏者謂馮爲弑君叔術爲犯王命皆是惡逆其罪勢等矣云比
其罪不足而功有餘故得爲賢者上解云其罪勢等矣而言罪不
足者謂犯王命殺魯大夫豈如宋馮弑君乎故以爲罪少于馮矣
其罪既少其功有餘故得賢之　注据國未有口繫于人
解云言者通踰是國宜應特達何故文上無邾婁而已其口仍繫
邾婁言之乎故云云　据國未有口繫于人　注而反爲大夫爲

（六）鈔手己書體影照

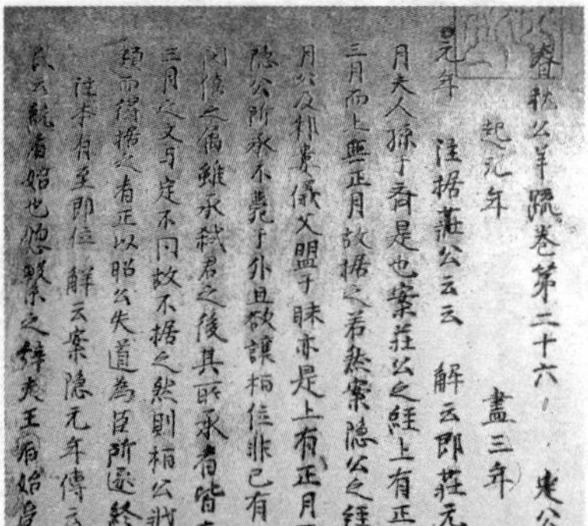

春秋公羊疏卷第二十六　盡三年　莊公一
起元年
元年　注据莊公云云　解云即莊元年經云元年春王正月三
月夫人孫于齊是也案莊公之經上有正月下有三月今定公亦下有
三月而上無正月故据之弟然案隱公之經亦云元年春王正月下云三
月公及邾婁儀父盟于眛亦是上有正月下有三月而不据之者正以
隱公所承不見于外且欲讓桓位非已有与定公不類寧得据之其
闵僖之篇雖承弑君之後其所承者皆在位見弑元年之下復無
三月之文与定不同故不据之然則桓公弑于齊昭公卒于外亦是不
頗而得据之者正以昭公失道爲臣所逐終死于外恥与桓同故據之耳
注未有至即位　解云案隱元年傳云何言乎王正月大一統也何
以大一統者始也總繫之辭夫王者始受命改制布政施教於天下

就篇幅而言,鈔手甲的手跡最多,鈔手乙居次,其餘篇幅均甚稀少,綜考其中梗概,可以獲致以下推論:

其一,蓬左《公羊疏》原本可能由一人鈔録成書,即鈔手甲,其後流傳日久,書頁涣漫,頗有缺失,是以補入二、三兩册,即鈔手乙所寫者。其餘若干差異字體,大致是苴補微小缺失所致,如鈔手丙、丁、戊、己。

其二,蓬左《公羊疏》或許原本便由數人鈔寫而成,是以有"一、四、五、六"四册均可見鈔手甲書體,而"二、三"兩册僅見鈔手乙書體狀況。

其三,設若蓬左《公羊疏》初始爲一人手筆,那麽其人若非鈔手甲,便即鈔手乙。鈔手乙所鈔十一卷卷末,書有"金澤文庫"四字,四字爲鈔手特意書寫,注明庋藏處所,抑或臨摹舊本鈐印,如今已難考核。倘使爲鈔手特意書寫,則蓬左《公羊疏》六册之中,自當以二、三兩册爲重心;即使僅是臨摹舊本,而蓬左《公羊疏》淵源甚早,也能於斯得證。

四、闕筆避諱

蓬左《公羊疏》最大的特色之一,便是字體闕筆避宋諱,據筆者初步檢覈,蓬左《公羊疏》當中避諱闕筆字計十字,與趙宋帝王對應關係如下表所述:

原字	敬	竟	殷	匡	胤	恒	貞	徵	桓	完
對應宋帝	宋翼祖趙敬	宋翼祖趙敬	宋宣祖趙弘殷	宋太祖趙匡胤	宋太祖趙匡胤	宋真宗趙恒	宋仁宗趙禎	宋仁宗趙禎	宋欽宗趙桓	宋欽宗趙桓

蓬左《公羊疏》既避宋帝王諱,可見鈔録淵原,應是宋代刊本。又其中"溛"(本字)、"芇"(嫌名)等字,皆爲避宋欽宗(趙桓,1100—1161)諱闕筆字,可知鈔録所據宋本,最早當刊成於宋欽宗之際,亦即北宋之末,是以即便是覆刊於南宋,而所據古遠,價值依然不斐。再者,諸鈔手於闕筆之字盡皆照録,可見鈔録態度相當謹慎,絕不輕易改動,由此或許可以推知,主要鈔手於鈔録過程當中,除若干

微小細節未暇顧及之外,對於原書面貌形制,均竭力存留。筆者以爲,倘若真象確實如此,則蓬左《公羊疏》所呈諸般樣貌,與北宋官方校勘梓行的"各經正義"益發貼近,據以追求《公羊疏》原貌、探究《公羊疏》著成時代、論斷《公羊疏》學術屬性,論述將更具説服力與可信度。

(一) 避諱闕筆影照——敬

(二) 避諱闕筆影照——殷

(三) 避諱闕筆影照——胤

(四) 避諱闕筆影照——桓

五、鈐印校點

(一)"金澤文庫"標記

"金澤文庫"標記存於第二册卷十一卷末,如前所述,該標記至少可以證明蓬左《公羊疏》淵源甚古,亦或保存久遠。

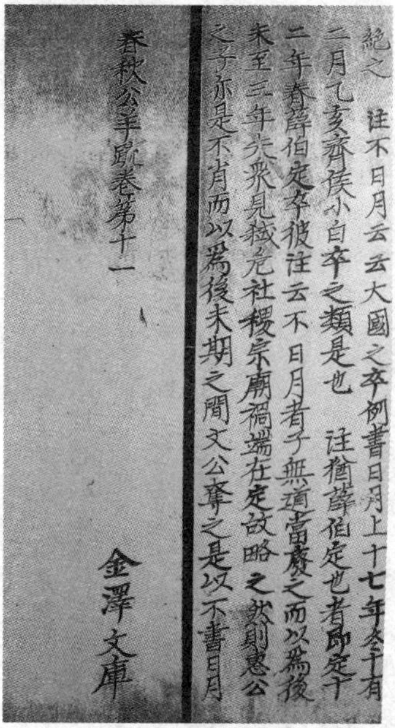
絕之　注不日月云云大國之卒例書日月上十七年冬十有
二月乙亥齊侯小白卒之類是也　注猶薛伯定也者即定十
二年春薛伯定卒彼注云不日月者子無道當廢之而以爲後
未至三年失衆見弑危社稷宗廟禍端在定故略之然則惠公
之子亦是不肖而以爲後未期之間文公奪之是以不書日月

春秋公羊疏卷第十一

金澤文庫

（二）“御本”鈐印

“御本”方印爲德川義直專用，小篆陽文（御本），意謂”御文庫”收藏本，蓬左《公羊疏》册一、二、三、四、五、六每册首頁右上端均鈐”御本”之印，可見各册無論鈔手爲誰、字體若何，於運抵尾張藩之前，均已編排妥適，彙合爲一，又可見蓬左《公羊疏》自入尾張德川家以來，歷四百年毫無毀損，完整可信。

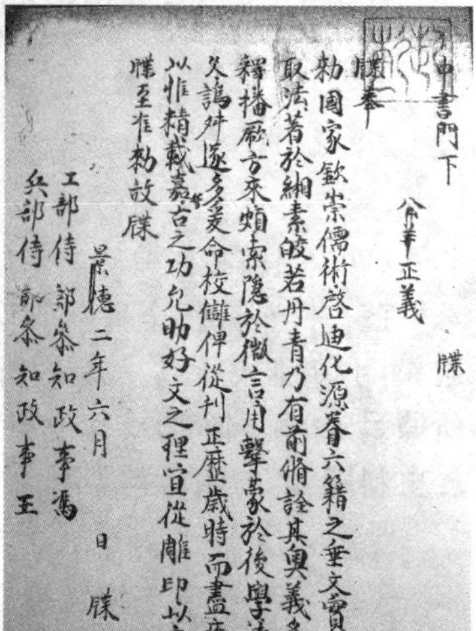
中書門下　牒
公羊正義　牒
牒奉
勅國家欽崇儒術啓迪化源著六籍之垂文實百王之
取法著於緗素皎若丹青乃有前脩詮其奥義爲之疏
釋播厥方來頗索隱於微言用擊蒙於後學流傳既
久譌舛遂多爰命校讎俾從刊正歷歲時而盡瘁簡編集
以惟精載嘉古之功允助好文之理宜從雕印以廣頒行
牒至准勅故牒
景德二年六月　日　牒
工部侍郎參知政事馮
兵部侍郎參知政事王

（三）朱筆句讀

蓬左《公羊疏》全書六册均有朱筆句讀及標誌記號，可見鈔寫編裝之後，確實曾有持書研讀者，然而相關訊息闕如，“朱筆句讀”標於何時何人，業已無從確知。

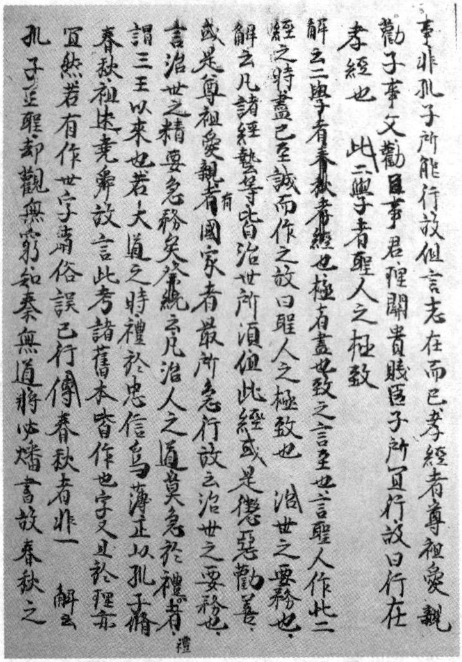
事非孔子所能行故但言志在而已孝經者尊祖愛親
勸子事父勸臣事君理關貴賤臣子所宜行故曰行在
孝經也　此二學者聖人之極致
解云二學者春秋孝經也極者盡也致之言至也言聖人作此二
經之時盡己至誠而作之故曰聖人之極致也　治世之要務也
解云凡諸經藝等皆治世所須但此經或是懲惡勸善
或是尊祖愛親有國家者最所急行故云治世之要務也
言治世之精要急務矣案舊云凡治人之道莫急於禮者
謂三王以來也若大道之時禮於忠信爲薄正以孔子脩
春秋祖述堯舜故言此考諸舊本皆作也字又且於理亦
宜然若有作世字者俗誤已行傳春秋者非一　解云
孔子至聖却觀無窮知秦無道將必燔書故春秋之

（四）墨筆校讎

蓬左《公羊疏》全書六册均見墨筆校讎訂正痕跡，字體與正文迥異，不知誰人所爲。諸筆校讎文字頗能訂正鈔録之失，而校書者所據爲宋刊底本，抑或其他單疏善本，甚或後起經注疏合刊本，由於史料闕如，無由考得。

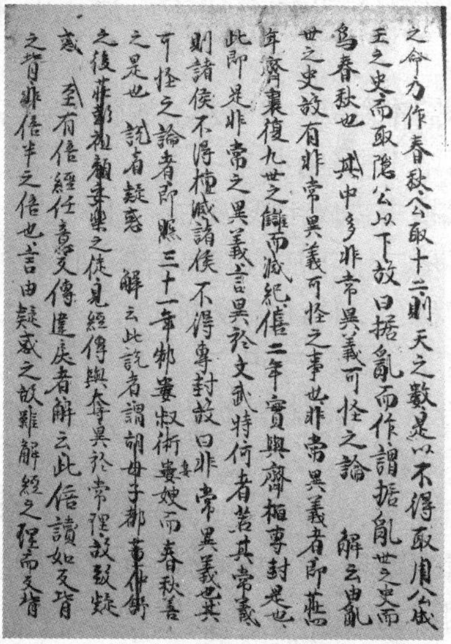
之命力作春秋公取十二則天之數是以不得取周公成王之史而取隱公以下故曰據亂而作謂據亂世之史而爲春秋也　其中多非常異義可怪之論　解云由亂世之史故有非常異義可怪之事也非常異義者即莊四年齊襄復九世之讎而滅紀僖二年實與齊桓專封是也此即是非常之異義言異於文武時何者若其常義則諸侯不得擅滅諸侯不得專封故曰非常異義也其可怪之論者即昭三十一年邾婁叔術妻嫂而春秋善之是也　說者疑惑　解云此說者謂胡毋子都董仲舒之後莊彭祖顏安樂之徒見經傳與奪異於常理故致疑惑　至有倍經任意反傳違戾者　解云此倍讀如反背之背非倍半之倍也言由疑惑之故雖解經之理而反背

（五）卷末題記

蓬左《公羊疏》卷十末有"題記"一則，不知出於何人之手。初步比對，本"題記"與諸鈔手筆跡字體不同，可能是後世閱讀者所書，由於書體極草，漢字部分尚可辨識，而日文假名部分則一時難以分析，雖多方請益，仍無從完全釐清，是以於此姑且不作強行疏解，留帶來日再議。

肆、蓬左《公羊疏》的功能與價值

蓬左《公羊疏》淵源古老、鈔録詳確，文獻學價值自是不言可喻，又其首尾完整、毫無缺漏，據爲底本，或許亦足可擔負校訂現存諸本錯誤的重任。筆者自取得蓬左《公羊疏》影照之後，即據之與下述文獻對校：

A. 宋刊單疏本《春秋公羊疏》殘本（臺北

市:鼎文書局影印上海涵芬樓景印南海潘氏藏宋刊本,1972 年 8 月)。

B. 元刊明修監本附音《春秋公羊注疏》二十八卷。

C. 明世宗嘉靖中福建刊本。

D. 明思宗崇禎中古虞毛氏汲古閣刊本。

E. 清仁宗嘉慶二十年江西南昌府學刊《十三經注疏》本。

F. 阮元:《春秋公羊傳注疏挍勘記》。

G. 沈廷芳:《十三經注疏正字》。

H. 杉浦豐治:《公羊疏校記》。

I. 其他相關文獻。

幾經比對,則蓬左《公羊疏》與元明之後諸多刻本在内容形制與文字的歧異,清楚顯現,其中不乏足以解除疑惑、顯明古制的部分,以下姑舉數例以爲證明:

(一) 文字差池

1. 何休《序》:吾志在《春秋》,行在《孝經》。

十三經注疏本《疏》文:所以《春秋》言志在,《孝經》言行在。《春秋》者,賞善罰惡之書。(序,頁 1 下)

蓬左《公羊疏》文:所以《春秋》言志在,《孝經》言行在者。《春秋》者,賞善罰惡之書。(序,頁 2)

阮元《挍勘記》:"所以《春秋》言志在,《孝經》言行在。"下當脱"者"字。(序,頁 2 上)

※蓬左《公羊疏》存"者"字,可正諸本之誤。

2. 僖公二十五年經:冬十有二月,癸亥,公會衛子、莒慶盟于洮。

何休注:公與未踰年君、大夫盟,不别得意,雖在外,猶不致也。

十三經注疏本《疏》文:解云:……今洮是内地,位不合致。(卷 12,頁 5 下)

蓬左《公羊疏》文:……今洮是内也,但不合致。(卷 12,頁 4)

阮元《挍勘記》:"位不合致",按"位"當作"但"。(卷 12,頁 1

下）

<u>※蓬左《公羊疏》作“但”字，可正諸本之誤。</u>

（二）形式差異

1. 莊公二十二年經：陳人殺其公子禦寇。

十三經注疏本《疏》文：〔疏〕《注》書者殺君之子重也。解云：正以不言大夫而得書殺，則知由其是君之子故也。（卷 8，頁 6 上）

蓬左《公羊疏》文：《注》書者殺君之子重也者。正以不言大夫而得書殺，則知由其是君之子故也。（卷 8，頁 13）

※蓬左《公羊疏》存南北朝義疏舊式，可見淵源甚古。

2. 僖公三年經：A. 六月，雨。

B. 秋，齊侯、宋公、江人、黄人會于陽穀。

《公羊傳》：A. 其言六月雨何？上雨而不甚也。

B. 此大會也，曷爲末言爾？

何休注：A. ……明天人相與報應之際，不可不察其意。

B. 末者淺耳，但言會，不言盟，据貫澤言盟。

十三經注疏本《疏》文：

A. 〔疏〕《注》明天至其意。解云：謂人行德，天報之福；人行惡，天報之禍；兩令相及，故言之際矣。此大會也。（卷 10，頁 11 下）

B. 〔疏〕曷爲末言爾。解云：上二年有齊侯……

蓬左《公羊疏》文：

A. 《注》明天云云。解云：謂人行德，天報之福；人行惡，天報之禍；兩令相及，故言之際矣。此大會也。

B. 此大會也，曷爲末言爾者。上二年有齊侯……（卷 10，頁 14）

※A. 蓬左《公羊疏》存南北朝義疏舊式，可見淵源甚古。

B. 十三經注疏本《疏》文於説釋“六月，雨”一事之末有“此大會也”，顯然與下“秋，齊侯、宋公、江人、黄人會于陽穀”一事相涉，字應屬下，而誤歸於此。比對蓬左《公羊疏》，則可知“此大會也”四字爲《疏》文爲詮釋《公羊傳》文“此大會也，曷爲末言爾”的先頭標識,原本不誤,後世修定轉刻,錯誤遂生。

由上陳數例可知,蓬左《公羊疏》不僅淵源甚古,若干形制仍可見唐代甚或南北朝義疏遺跡,其中文字也因去古未遠、鈔寫嚴實,而能存正保確,足以擔負校正後世諸本錯誤的重任。兩者相益,更見蓬左《公羊疏》的價值。

"附記":本文所據"蓬左《公羊疏》"全般覆印資料以及"題記"相關疏解事宜,全賴日本東京市:早稻田大學永富青地教授、日本國文學研究資料館陳捷教授賢伉儷,臺北市:臺灣師範大學國際漢學研究所藤井倫明教授、國文學系金培懿教授賢伉儷多方奔走賜助,謹此敬致謝忱。

(作者單位:臺灣嘉義市嘉義大學中國文學系)

試論《公羊春秋經傳通義》的解經方法

周國林　陳冬冬

摘要：《公羊春秋經傳通義》是清代學者孔廣森的代表作。該書在解經方法上，主要有"立足何注，會通三傳，旁徵百家"，"校勘文字，善於訓詁"以及"通曉禮學，考辨制度"三個特點。該書雖然援引《左傳》、《穀梁傳》，旁徵百家，但是總體上並不違背何休《解詁》，符合"公羊家法"。善於校勘訓詁、解説禮制，具有較高的文獻學價值，也並不與思想價值存在矛盾。

關鍵詞：孔廣森　《公羊春秋經傳通義》　解經方法

孔廣森（1752—1786），山東曲阜人，字眾仲，又字撝約，號顨軒。孔子七十代孫，衍聖公傳鐸之孫。乾隆三十六年進士，官至翰林檢討。孔氏少年時曾受業于皖派經學大師戴震，是乾嘉學派的代表學者，精通"公羊學"、"大戴禮學"、測算學、音韻學。《公羊春秋經傳通義》（以下或簡稱《通義》）就是孔氏"公羊學"的代表著作。

梁啟超在《清代學術概論》中指出："清學自以經學爲中堅，其最用功于經學者，則諸經殆皆有新疏也。"而"其在《公羊傳》，有孔廣森之《公羊通義》，陳立之《公羊義疏》"①。孔氏《通義》作爲清代第一部《春秋公羊傳》的新疏，雖然名爲"通義"，實際上採用了"義疏"或"正義"的注疏形式，逐條解釋經傳。對《通義》的解經方法進行探討，不僅有利於發掘該書自身的價值，也有利於對清代"公羊學"史做出新的評價。現將該書解經方法歸納如下：

---

① 梁啟超《清代學術概論》，北京，中國人民大學出版社，2004 年 9 月出版，第 175 頁。

一、立足何注,會通三傳,旁徵百家

清代乾嘉學者又被稱爲"漢學家",或多或少都認爲晉宋學風空談義理,缺乏根底,不甚可靠;而漢代學者治經有師承家法,接近經書的本義,往往要求從漢人注疏中尋找答案,恢復經書的本來面目。孔廣森正是從這種要求出發,認爲"方今《左氏》舊學湮于征南,《穀梁》本義汨于武子",而只有《公羊傳》的何休《解詁》,才最完整地保留了漢儒學説。從何休《解詁》之中,"漢儒授受之旨,藉可考見其餘"[①]。人們通過何休《解詁》,可以較好地瞭解《公羊傳》的本義,並上探《春秋》經的微言大義。《通義》在疏解《公羊傳》經傳時,往往首先援引何休《解詁》。例如,隱公元年正月傳文"公將平國而反之桓"下,孔廣森就直接引用何説:"《解詁》曰:平,治也……反還之。"[②]間或有將《解詁》置於孔氏自己的解説之後,或有夾于諸家經説之間的。例如,隱公七年傳文:"中丘者何? 内之邑也。'城中丘'何以書? 以重書也。"孔廣森在傳下,先自行解説"重用民力,故得時不得時必書",又引用《鹽鐵論》"《春秋》動衆則書,重民也",最後再附以何説,"《解詁》曰:城邑例時"[③]。據筆者統計,孔廣森在全書中直接搬用何注的有 920 次,以何注爲中心,補充他説的有 377 次。

以戴震爲代表的皖派學者治經,"常博引漢人之説,而不墨守之"[④]。具體到對待《春秋公羊傳》的態度上,皖派學者盧文弨就認爲何休《解詁》雖然"延溯源流,不可不讀",但也批評何注"何氏之識遠不逮江都,故其説多苛碎不經之談","何氏文筆未善,故其言

① [清]孔廣森《春秋公羊經傳通義敘》,《公羊春秋經傳通義》卷末,清嘉慶十七年(1812)年顨軒孔氏所著書本。

② [清]孔廣森《公羊春秋經傳通義》卷一,清嘉慶十七年(1812)年顨軒孔氏所著書本。

③ 《公羊春秋經傳通義》卷一。

④ 《清代學術概論》,第 170 頁。

多有晦澀難曉者”[①],主張參考董仲舒等西漢經學家及徐彦疏來補充何注。孔廣森繼承了其師的學風,雖然重視何休《解詁》,大量引用闡發,但也認識到何注的問題:“時有承訛率臆,未能醇會傳意”,“(三傳)猶有相通者,而三家之師必故各異之,使其愈久而愈歧,何氏屢蹈斯失”[②]。所以在《通義》中,孔氏雖然“輒因原注,存其精粹”,主要依據何休《解詁》,但也“删其支離,破其拘窒,增其隱漏”,即遇到何注不明時,援引其他漢代今文學者的學説。如他在僖公十五年傳文“何以書?記異也”之下,就引用了董仲舒的説法“陪臣不當有廟,晦明雷擊其廟,明當絕去僭差之類也”[③],來解釋傳文。據臺灣學者統計,《通義》引用其他今文家説有董仲舒 39 次、顏安樂 1 次、劉向 3 次,今文著作有《春秋繁露》10 次、《白虎通》8 次、《洪範五行傳》8 次、《漢書·五行志》10 次、《京氏易傳》2 次、《左氏膏肓》2 次及《穀梁廢疾》5 次[④]。

戴震還曾提到“何邵公、杜元凱諸人徒據傳爲本,名爲治《春秋》,實治一傳,非治經也”[⑤]。認爲何氏有時拘守《公羊》家説,有可能影響對《春秋》經義的理解。孔氏也繼承了這一做法,注意到《公羊傳》、《公羊》家説與《春秋》本經的區别,在何氏的説解有可能歪曲對《春秋》經文的理解時,也援引《左傳》和《穀梁傳》及其注疏來解釋經文。如莊公二十八年傳文:“曷爲以臧孫辰之私行?君子之爲國也,必有三年之委,一年不熟,告糴饑也。”其下就引用了《穀梁傳》:“國無九年之蓄曰不足,無六年之蓄曰急,無三年之蓄曰國

① 盧文弨《書公羊注疏後》,《抱經堂文集》卷八,清乾隆六十年(1795)抱經堂叢書本。

② 《春秋公羊經傳通義敘》,《公羊春秋經傳通義》卷末。

③ 《公羊春秋經傳通義》卷四。

④ 成玲《孔廣森〈公羊通義〉取義之道》,《“第三屆中國文哲之當代詮釋學術研討會”會前論文集》,臺北,(臺灣)臺北大學中國語文學系,2007 年 10 月出版,第 75—92 頁。

⑤ 戴震《春秋究遺序》,《戴東原集》卷十,上海,商務印書館,1936 年 10 月出版,第二册第 38 頁。

非其國也”①,來解釋一年不熟告糴爲何屬於非正常現象。據臺灣學者統計,在《通義》中,孔廣森引用《左傳》85次,引用《穀梁傳》81次;對於注釋《左傳》、《穀梁傳》者,引用了杜預94次、服虔1次、范寧11次以及楊士勳1次②。

孔廣森在《通義》中凡遇到其他古籍或學説能幫助解説《公羊傳》的,也多有引用。據臺灣學者統計,孔書引用《春秋》三傳以外的古籍有:《易經》6次、《尚書》3次、《詩經》14次、《孝經》1次、《禮》(《周禮》、《儀禮》、《禮記》、《大戴禮記》、《逸禮·王度記》)約90次、《史記》6次、《漢書》3次、《國語》4次、《孟子》3次、《管子》2次、《荀子》6次、《墨子》2次、《韓非子》2次、《吕氏春秋》3次、《莊子》2次、《鶡冠子》1次、《竹書紀年》1次、《司馬法》1次、《五經異義》9次、《潛夫論》1次、《鹽鐵論》2次,引用漢代非今文學者的學説有賈逵3次、劉歆3次、鄭眾14次、鄭玄2次、李固1次及衛宏2次,漢以後學者有王肅2次、崔彦直3次、啖助2次、趙匡3次、胡安國10次、劉敞16次、孫複1次、孫覺3次、趙汸19次、家鉉翁3次、汪克寬2次、許翰1次、黄仲炎1次、蕭楚2次、高閌3次、蘇轍2次、吕大圭1次、黄道周5次、惠士奇10次、惠棟1次及顧炎武10次。引用古書數量繁多,内容豐富,完全繼承了戴學“有一字不准六書,一字解不通貫全經,即無稽者不信,不信必反復參證而後即安,以故胸中所得,皆破出傳注重圍”的特點③,顯示了孔氏博通的學風。

二、校勘文字,善於訓詁

清代學者在小學、校勘等方面取得了超邁前代的突出成就。孔廣森的皖學師友中,戴震、段玉裁、王念孫等人都以小學、校勘名家。孔廣森也繼承了皖派精于小學、校勘的特點,在小學、校勘方

① 《公羊春秋經傳通義》卷三。
② 《孔廣森〈公羊通義〉取義之道》。
③ 《清代學術概論》,第163頁。

面都有專著傳世。如《詩聲類》是音韻學方面的名著,《經學卮言》是類似于王念孫《經義述聞》兼及訓詁、校勘的讀書劄記。在《通義》中,孔廣森精於校勘、訓詁的長處也有充分表現。

孔廣森《通義》對《春秋公羊傳》的校勘全面利用了各種校勘方法。他尤其擅長利用史實考證和小學知識進行理校。例如,莊公十六年經文:"冬,十有二月,會齊侯、宋公、陳侯、衛侯、鄭伯、許男、曹伯、滑伯、滕子,同盟于幽。"公羊經文"會"字前本有"公"字。孔廣森根據十九年何休注言"先是鄄、幽之會,公此不至",以及徐彥疏言"經皆不言公會,故知魯侯不至矣",從這兩條注疏中的史料發現了問題,再參照左氏和穀梁兩家經文均無"公"字,斷定"公"爲衍文①。這是一個通過史實考訂理校文字的例子。又如,哀公四年經文:"六月辛丑蒲社災。"左氏經文作"亳社",孔廣森據"薄"與"亳"音訓並同,認爲當作"薄社"。他又廣引賈逵説、《禮記·郊特牲》、馬融説,發現古籍中或作"薄社",或作"薄姑",没有寫作"蒲"的,斷定此處作"蒲"字,係"脱下寸耳"②,屬於形近致誤。這是一個利用小學知識進行理校的例子。

孔廣森在《通義》中亦重對校。他在進行對校時,除了根據北監本等傳世文獻之外,尤其注重利用熹平石經和開成石經等碑刻文獻。例如,成公十六年九月傳文"成公將會晉厲公",《公羊傳》板本原作"將會厲公"。孔廣森主要依據開成石經,並參考了襄公三年徐彥疏引文,將此句定爲"將會晉厲公"③。

孔氏《通義》中對本校、他校也有應用。例如,莊公十五年經文"秋宋人、齊人邾婁人伐倪"。"倪"本作"兒",孔廣森根據莊公五年的經文作"倪"而改定,是一個應用本校的例子④。又如,桓公六年八月傳文"簡車徒也",孔廣森參考《文選》中《東都賦》、《魏都賦》及謝脁《登孫權故城詩》李善注作"簡車馬也"進行參校,是一個使用

① 《公羊春秋經傳通義》卷三。
② 《公羊春秋經傳通義》卷一一。
③ 《公羊春秋經傳通義》卷七。
④ 《公羊春秋經傳通義》卷三。

他校的例子①。

在《通義》的校勘中,孔廣森注重辨别不同版本的經文異字,並通過小學知識來分辨正誤。例如隱公二年經"無駭率師入極"。"率"字《公羊傳》今本多寫作"帥"。孔廣森據《説文解字》,認爲"'帥'本作'巾帨'之'帨'",没有率領的意思,"當作'率'爲正"②。糾正了流俗改易的"帥"字,有利於返本存真,保存《公羊傳》原書的用字特點及古文字資料。孔廣森在校勘時還注意注出異文,並不强求定其是非。例如,隱公四年十二月傳文"然則孰立之?石碏立之",熹平石經作"踖"。孔氏在此處缺乏確定的去取依據,就没有一味依據碑刻文獻來改定傳世文獻,而是保存異文,以供讀者參考③。這一做法看似保守,實則謹慎,有利於保存古籍原貌,啟發後人思考。

孔廣森在《通義》中利用其扎實的小學功底,對《公羊傳》中難以理解的古語、古字進行訓詁。例如,僖公十六年經文:"是月,六鷁退飛,過宋都。"何休《解詁》只解釋爲:"是月,邊也,魯人語也。在正月之幾盡,故曰劣及是月也。"意思顯得比較含糊。孔廣森將這裏的"是"訓爲"隄","隄"本有"邊"的意思,又參考《鶡冠子》、《初學記》中相關用法的例子,認爲這裏的"是"通"隄","其義爲盡此月",而一般經傳中"是月"讀如本字,取其本義④。不但講清了此處的字義,而且區分了"是月"在古籍中的二種用法,具有發凡起例的作用。

孔廣森在《通義》中尤其善於利用其古音韻學知識進行聲訓。例如,隱公五年傳文:"公曷爲遠而觀魚?登來之也。"其中的"登來"一詞,何休只説是"'登'讀言'得來','得來'之者,齊人語也",解釋得並不十分清楚。孔廣森利用音韻學知識,認爲齊魯間没有入聲,呼"得"爲"登來"之合聲。又指出"登來"即"登戾","'來'古

① 《公羊春秋經傳通義》卷二。
② 《公羊春秋經傳通義》卷一。
③ 《公羊春秋經傳通義》卷一。
④ 《公羊春秋經傳通義》卷四。

音‘狸’,又轉爲‘戾’”,並舉出《周易》、《九章》中的“得”字讀作“登戾”才押韻作爲印證,就解釋清楚了“登來”何以有“得”的意思①。這是一個典型的因聲求義的例子。

三、通曉禮學,考辨制度

“典章制度一學,在清代亦爲絕學,其動機起於治‘三禮’,後逐氾濫益廣。”②孔廣森出身的曲阜孔氏家族一直有有通曉禮學的家學傳統,其父孔繼汾就曾著有《孔氏家儀》等著作。廣森的師友輩中,戴震、任大椿等也都善於禮儀制度之學。孔廣森受家庭、師友學風的影響,在《公羊春秋經傳通義》中對春秋時期的禮儀制度進行了十分詳盡的解説。

例如,隱公五年傳文:“初者何,始也。六羽者何?舞也。初獻六羽,何以書?譏。何譏爾?譏始僭諸公也。”何休《解詁》對此傳的解釋是:“僭,齊也,下倣上之辭。加初者,以爲常也。不言六佾者,言佾則干舞在其中,明婦人無武事,獨奏文樂。羽者,鴻羽也,所以象文德之風化疾也。”雖然解釋了“六羽”與“六佾”的區别,但我們仍不明白爲何“初獻六羽”,就是“始僭諸公”。孔廣森在接下來“謹案”之下,先是引用了《五經異義》和《詩經》毛傳中的“鴻羽,取其勁輕,一舞千里”及“萬以翟羽”等例子,接下來親自解釋道:“翟羽文,鴻羽質,蓋鴻舞者殷制,翟舞者周制。周禮舞大濩以享先妣。魯有六代之樂,或意以仲子之宫比先妣廟,而舞殷舞,與《春秋》有變文從質之意,意因以示法。”最後,又引用《易經》:“鴻漸于陸,其羽可用爲儀”,進一步解釋“六羽”與“鴻羽”③。孔廣森的説解,不僅引用材料豐富,讓我們對“六羽”制度有了更充分的瞭解,而且點明了用“六羽”這一制度背後的政治意味,即使仲子享受到

① 《公羊春秋經傳通義》卷一。
② 《清代學術概論》,第 177 頁。
③ 《公羊春秋經傳通義》卷一。

了先妣的待遇。當時魯隱公尚在位,卻讓桓公的生母享受到了先妣的待遇,不合禮制,埋下了後來隱公被弑的伏筆,這也正是《公羊傳》要譏刺之處。

其餘,如孔氏在桓公四年傳文"田狩也:春曰苗,秋曰蒐,冬曰狩"之下,對田狩制度的解釋,文公二年傳文"爲僖公作主也"之下,對立主制度的解釋,也都極爲詳盡,對研究先秦時期的禮制有相當的參考價值。

有學者認爲孔廣森在《通義》中不滿於何休《春秋公羊解詁》,引用了《左傳》、《穀梁傳》等其他材料,抹殺了今古文界限,違背了"公羊學"的優良傳統。① 筆者對此並不贊同。據筆者統計,孔廣森在《通義》中對經傳進行的疏解共有約 2499 處。這其中單獨引用何休《解詁》的有 920 處,引用他説(含《左傳》、《穀梁傳》、漢今文家及其他學者)解釋發揮何休《解詁》的有 391 處,完全符合"公羊家法",合計占 52.5%。以《公羊傳》本書經傳互解的約有 100 處,單獨引用其他今文家學説或著作的有 48 處,單獨引用徐彦疏的有 13 處,雖未引用《解詁》,也可算是合乎"公羊家法",合計占約 6.4%。《通義》中孔廣森直接解説經傳的約有 644 處,單獨引用《左傳》、《穀梁傳》學説的有 241 處,引用其他非今文學説或著作(如鄭玄、顧炎武、《爾雅》等)有約 111 處,直接駁斥《左傳》、《穀梁傳》的有 11 處,引用非今文學説或著作駁斥《左傳》、《穀梁傳》的有 2 處,雖未引用何休《解詁》或其他今文家學説,但也没有明顯反對今文家説,合計占約 40.4%。只有引用非今文家學説著作駁斥《解詁》的 6 處,直接駁斥《解詁》的 3 處,以及引用《左傳》、《穀梁傳》駁斥《解詁》的 9 處明顯違背了何休與"公羊家法",合計僅占 0.7%。《通義》大量引用《左傳》、《穀梁》及其他學者的學説,主要是皖派學者貫通諸説以求是的學風所致,與常州學派一味依照今文家説,甚至以何休《解詁》作爲唯一準繩不同,總體上仍然是依照

① 參見陳其泰《清代公羊學》,北京,東方出版社,1997 年 4 月出版,第 88 頁。

或引申發揮《解詁》的,並不算違背何休或"公羊家法"。

有學者認爲孔廣森用古文家注重名物訓詁的方法治"公羊學",缺乏思想性,拋棄了"公羊學"一套微言大義的精華①。筆者認爲這種説法比較片面。梁啟超總結清代學者最主要的貢獻包括:"吾輩向覺難讀難解之古書,自此可以讀可以解","有久墜之哲學,或前人向不注意之學,自此皆卓然而成一專門學科。"②就"公羊學"而言,"六朝時何休之學猶盛行於河北,厥後《左氏》大行,《公羊》幾成絶學矣"③。《通義》在清代首先廣引諸家學説,並考證禮儀制度、文字訓詁,對《春秋公羊傳》的經傳進行逐條疏解,使得久已不爲人注意的《公羊傳》基本可以逐句通讀,爲研究《公羊傳》的思想提供一個可靠的文本,本來在文獻學上就具有不可替代的價值。孔廣森之後的陳立著有《公羊義疏》,洋洋灑灑 76 卷,被譽爲"公羊學裏頭登峰造極的著作"④。陳著雖然不完全同意孔説,但對《通義》的引用達到十之八九,幾乎逐條加以考辨⑤,就是孔書文獻學價值最好的説明。況且孔書在文獻學方面具有價值,也未必一定與思想史價值矛盾,筆者將另文探討《通義》的思想價值,此不贅述。

(作者單位:華中師範大學歷史文獻研究所)

---

① 參見楊向奎《清代的今文經學》,《繹史齋學術文集》,上海,上海人民出版社,1983 年 5 月出版,第 335 頁;及《清代公羊學》,第 88 頁。

② 《清代學術概論》,第 176 頁。

③ 阮元《春秋公羊通義序》,《公羊春秋經傳通義》卷首。

④ 梁啟超《中國近三百年學術史》,北京,東方出版社,1996 年 3 月出版,第 222 頁。

⑤ 參見黄世豪《陳立公羊義疏研究》,(臺灣)中國文化大學中國文學研究所 2003 年碩士論文。

《穀梁傳》劉兆注發微
——以日藏《玉篇》殘卷引書爲討論中心

蘇芃

摘要：日藏《玉篇》殘卷中引用《穀梁傳》27處，其中15處附有劉兆注，這些材料所據底本是南朝梁代的，本文試對這些材料進行蒐輯考辨，探討其文獻價值，並從《玉篇》殘卷引《穀梁傳》全用劉兆注，而不用范寧等舊注的現象出發，窺測《穀梁傳》劉兆注在南朝梁代之影響，進而反思可斷代紀年的古寫本文獻在經學史研究中的利用問題。

關鍵詞：日藏《玉篇》殘卷　《穀梁傳》　劉兆注　經學史

南朝顧野王所撰《玉篇》是我國繼《説文解字》、《字林》後又一部重要的字書，也是我國語言文字學史上第一部以楷書爲主體的字典。到了唐代高宗上元之末，孫强對《玉篇》進行了增字減注，至北宋真宗大中祥符年間，陳彭年、吴鋭、丘雍等又奉詔重修，再作增補，名爲《大廣益會玉篇》，流傳至今。19世紀末20世紀初，黎庶昌、楊守敬、羅振玉先後在日本發現了一系列《玉篇》寫本殘卷，釋義完備，引證豐富，且保留了大量顧野王的案語，應當是孫强增字删注前的《玉篇》原本，因而現在通常把這部分日藏《玉篇》寫本殘卷稱之爲原本《玉篇》。

這些《玉篇》殘卷的抄寫年代現在學界還很難作出統一論斷，但是它們所據底本的年代可以確定是南朝梁代的。① 因而，對於

① 根據筆者研究，《玉篇》殘卷現存7卷，其中書證材料涉及"順"改"從"、"綱"改"維"、"剛"改"堅"的嚴格改字現象，而且"卷第廿七"之下的糸部完整無缺，收字頭392個，其間"統"、"綱"二字未收，而北宋《大廣益會玉篇》糸部卷末分别補進了這兩個字頭，我們據此推斷産生這一系列現象的根源是因爲避梁諱（"順"字避蕭衍之父蕭順之，"統"避蕭統，"綱"、"剛"避蕭綱）而致，由此判斷日藏《玉篇》殘卷的底本時代可以上溯到南朝梁代。參見拙文《原本〈玉篇〉避諱字"統"、"綱"發微》，《辭書研究》2011年第1期。

傳世典籍的校理與研究,《玉篇》殘卷中的書證引文顯得彌足珍貴。[①]《玉篇》殘卷中大量徵引經典舊注,如《尚書》用孔安國注,《周易》用王弼注,《毛詩》、三禮皆用鄭玄注,《左傳》用杜預注,《公羊傳》用何休注等等,然而值得引起注意的是《穀梁傳》共被徵引27處,見於26個字頭之下,其中有15處都用了西晉劉兆的舊注,而通常認爲魏晉南北朝時期影響巨大的《穀梁傳》范寧注卻隻字未引。

一、《玉篇》殘卷徵引《穀梁傳》及劉兆注輯正

《穀梁傳》劉兆注清人有過輯佚,"王謨、馬國翰皆據《釋文》、《文選》李善注等採摭,皆訓解二傳之義者。馬輯得十節,王輯得六節未出馬外。王仁俊補馬氏之缺,析爲《公羊》、《穀梁》二輯,從《原本玉篇》採得《公羊》注三節、《穀梁》注十四節"[②]。經查核,王仁俊劉兆注輯本是用《古逸叢書》本覆刻《玉篇》殘卷爲底本[③],《古逸叢書》的《玉篇》殘卷由於是覆刻本,所以多有失真之處[④],而且王氏未對這些劉兆注材料作考辨,因此有所遺漏。

我們重新將《玉篇》殘卷引《穀梁傳》及劉兆舊注的材料輯録如下,並以今本《穀梁傳》及注疏材料校核,以《玉篇》字頭爲排列順序:

1. 平:《穀梁傳》:"平者,成也。"(《續修四庫全書》第228册,上海古籍出版社,2002年,第306頁,下同)

按:《穀梁傳》宣公四年、十五年、昭公七年:"平者,成也。"(阮

① 參見拙文《試論〈原本玉篇殘卷〉引書材料的文獻學價值——以引〈左氏傳〉爲例》,《圖書館雜誌》2006年第12期。

② 孫啓治、陳建華《古佚書輯本目録》,中華書局,1997年版,第65頁。

③ 王仁俊《玉函山房續編自叙》,《玉函山房輯佚書續編三種》,上海古籍出版社,1989年版,第1頁。

④ 詳參拙文《原本〈玉篇〉殘卷國内影印本述評》,《中國典籍與文化》2008年第4期。

元校刻《十三经注疏》，中華書局，1980 年，第 2412 頁、第 2414 頁、第 2434 頁，下引《十三經注疏》皆同此）

2. 告：《穀梁傳》："告，請也。"（第 313 頁）

按：《穀梁傳》莊公二十八年："告，請也。"（第 2388 頁）

3. 歉：《穀梁傳》："一聲不升謂之歉。"劉兆曰："歉，不足也。"（第 335 頁）

按：《穀梁傳》襄公二十四年："一穀不升謂之嗛。"范寧注："嗛，不足貌。"（第 2430 頁）"聲"是"穀"字之訛，"穀"俗寫作"[illegible]"，從殸從禾，與"聲"形近。"嗛"，通"歉"，《廣雅·釋天》引《穀梁傳》亦作"歉"。

4. 次：《穀梁傳》："次者，止也。"（第 338 頁）

按：《穀梁傳》莊公三年、莊公八年、莊公十年、僖公四年、僖公十五年、昭公二十五年："次，止也。"（第 2381 頁、2382 頁、第 2383 頁、第 2392 頁、第 2397 頁、第 2440 頁）

5. 歑：《穀梁傳》："四穀不升謂之歑。"劉兆曰："歑，虛也。"（第 339 頁）

按：《穀梁傳》襄公二十四年："四穀不升謂之康。"范寧注："康，虛。"（第 2430 頁）"四穀不升謂之歑"，《廣雅》亦有此語作"歑"。《説文》："歑，飢虛也。"

6. 饑：《穀梁傳》："二穀不升謂之饑"，"五穀不升爲大饑"也。（第 358 頁）

按：《穀梁傳》襄公二十四年："大饑。五穀不升爲大饑。一穀不升謂之嗛，二穀不升謂之饑，三穀不升謂之饉，四穀不升謂之康，五穀不升謂之大侵。"（第 2430 頁）

7. 饉：《穀梁傳》："三穀不升謂之饉。"（第 358 頁）

按：《穀梁傳》襄公二十四年："大饑。五穀不升爲大饑。一穀不升謂之嗛，二穀不升謂之饑，三穀不升謂之饉，四穀不升謂之康，五穀不升謂之大侵。"（第 2430 頁）

8. 飦：《穀梁傳》："憔哭飦粥。"（第 363 頁）

按：《穀梁傳》昭公十九年："止曰：'我與夫弒者，不立乎其位。'

以與其弟虺。哭泣,歠飦粥,嗌不容粒。”(第 2439 頁)

《玉篇》引文當有脱訛,又,疑“惟”通“虺”,“惟”上古音屬余母微部,“虺”上古音屬曉母微部,二字讀音接近。從“隹”聲的“蜼”字即可通“虺”,《周禮·春官·司尊彝》“祼用虎彝蜼彝”鄭玄注:“鄭司農云:‘蜼或讀爲蛇虺之虺。’”

9. 盜:《穀梁傳》:“《春秋》有三盜:微煞大夫謂之盜。……取謂之盜。非所取謂之盜。辟中國之正道……盜也。”(第 371 頁)

按:《玉篇》寫卷此處引文之中有殘泐,省略號之處皆爲殘缺,且語句與今本《穀梁傳》稍有差異。

《穀梁傳》哀公四年:“《春秋》有三盜:微殺大夫,謂之盜;非所取而取之,謂之盜;辟中國之正道以襲利,謂之盜。”(第 2449 頁)

10. 用:《穀梁傳》:“邾人執鄫子,用之”,“用之何? 叩其鼻以衈社也。”(第 389 頁)

按:《穀梁傳》僖公十九年:“己酉,邾人執繒子,用之。”“用之者,叩其鼻以衈社也。”(第 2399 頁)“用之何”,今本作“用之者”。

11. 甫:《穀梁傳》:“甫者,傅也。男子之美稱也。”(第 389 頁)

按:《穀梁傳》隱公元年:“父猶傅也,男子之美稱也。”(第 2365 頁)《説文》:“甫,男子美稱也。”父、甫,並通。

12. 輸:《穀梁傳》:“輸者,墮也。”(第 403 頁)

按:《穀梁傳》隱公六年:“輸者,墮也。”(第 2370 頁)

13. 軋:《穀梁傳》:“取邾田,自漷水。軋辭也。”劉兆曰:“軋,委曲隨漷水,爲侵邾田多也。”(第 404 頁)

按:《穀梁傳》襄公十九年:“取邾田,自漷水。軋辭也。”范寧注:“軋,委曲隨漷水,言取邾田之多。”(第 2429 頁)

14. 轚:《穀梁傳》:“流旁容握,轚者不得入。”劉兆曰:“流旁容握,謂車兩轊頭,各去門鼻容握。握,四寸也。轚,絓也。絓中門棖則不得入也。”(第 407 頁)

按:《穀梁傳》昭公八年:“流旁握,御轚者,不得入。”范寧注:“流旁握,謂車兩轊頭,各去門邊空握。握,四寸也。轚挂則不得入門。”(第 2435 頁)

"空握"之"空"當是"容"訛。阮元校勘記:"各去門邊空握。閩、監本、毛本同,余本'空'作'容'。"(第2437頁)繁體字整理本《十三經注疏·春秋穀梁傳注疏》校勘記:"按,依文意,作'容'字爲宜,據改。"[①]據《玉篇》殘卷引劉兆注,"空"當爲"容"。

又,阮元校勘記:"轚挂則不得入門。閩、監本、毛本同。案:《釋文》出'挂也',云'户卦反,又音卦,礙也',與今本不同。疑陸氏所據本'轚挂'下有'也挂'二字。"(第2437頁)繁體字整理本《十三經注疏·春秋穀梁傳注疏》:按:《穀梁經傳補注》"轚"下有"挂也"二字。[②] 據《玉篇》殘卷引劉兆注,疑陸氏所據文本"轚"下有"也"字存古。

15. 崩:《穀梁傳》:"高曰崩。"(第474頁)

按:《穀梁傳》隱公三年:"高曰崩。"(第2367頁)

16. 庈:《左氏傳》:"傳庈山澤之險。"杜預曰:"庈,候也。"又曰:"冠盜充而庈煞。"劉兆曰:"庈,指也。"(第493頁)

按:《穀梁傳》僖公五年:"目晉侯,斥殺,惡晉侯也。"范寧注:"斥,指斥。"(第2393頁)

"庈",今本皆作"斥"。依照《玉篇》殘卷體例,"又曰"當指前《左氏傳》,《左傳》襄公三十一年傳:"寇盜充斥。""冠"字當是"寇"字形訛,然此處文字疑有脱誤,"又曰"後原或作:"寇盜充庈。《穀梁傳》:'目晉侯,庈煞。'劉兆曰:'庈,指也。'""煞"通"殺"。

清人王仁俊《穀梁傳》劉兆注輯本遺漏此條。[③]

17. 庀:《穀梁傳》:"上始庀牲。"劉兆曰:"庀,蔺核也。"(第497頁)

按:《穀梁傳》哀公元年:"六月上甲,始庀牲,然後左右之。"范寧注:"庀,具也。"孔穎達疏:"庀,具,猶簡擇。"(第2448頁)

---

① 整理本《春秋穀梁傳注疏》(十三經注疏),北京大學出版社,2000年,第325頁。

② 整理本《春秋穀梁傳注疏》(十三經注疏),第325頁。

③ 王仁俊《玉函山房輯佚書續編三種》,上海古籍出版社,1989年,第54—55頁。

18. 厲:《穀梁傳》:“始厲樂矣。”劉兆曰:“厲,咸略。”……《尔雅》:“厲,作也。”郭璞曰:“《穀梁傳》‘始厲樂矣’是也。”(第504頁)

按:《穀梁傳》隱公五年:“始厲樂矣。”范寧注:“言時諸侯僭侈,皆用八佾,魯於是能自減厲,而始用六。”(第2369頁)

19. 陽:《穀梁傳》:“山南曰陽,水北曰陽。”劉兆曰:“以見日爲陽也。”(第534頁)

按:《穀梁傳》僖公二十八年:“水北爲陽,山南爲陽。”范寧注:“日之所昭曰陽。”(第2402頁)

20. 隆:《穀梁傳》:“墮猶損取也。”(第562頁)

按:《穀梁傳》定公十二年:“叔孫州仇帥師墮郈,墮猶取也。”范寧注:“墮猶取也。墮非訓取,言今但毀其城,則郈永屬己,若更取邑於他然。”(第373頁)《左傳》昭公二十八年“毋墮乃力”杜預注:“墮,損也。”

21. 緬:《穀梁傳》:“改葬之礼,緦,舉下,緬也。”劉兆曰:“緬謂輕而薄也。”(第578頁)

按:《穀梁傳》莊公三年:“五月……改葬之禮,緦,舉下,緬也。”陸德明《音義》:“緬,遠也。”(第2380頁)

22. 紿:《穀梁》:“惡公子之紿。”劉兆曰:“紿,相負欺也。”(第586頁)

按:《穀梁傳·僖公元年》:“惡公子之紿。”范寧注:“紿,欺紿也。”(第2391頁)《慧琳音義》卷九十九“欺紿”注引劉兆注《穀梁傳》云“紿謂相欺負也”。①《史記·高祖本紀》“乃紿爲謁曰”司馬貞《索隱》引劉氏云“紿,欺負也”,疑此處劉氏應即劉兆,日藏《玉篇》引文“負欺”或是“欺負”之倒。

23. 綦:《穀梁傳》:“兩足不能相過,齊謂之踂,衞謂之縶。”劉兆曰:“天性然者也。綦,連絣也。踂,聚合不解放也。縶,如見絆也。”(第606頁)

---

① 徐時儀《一切經音義三種校本合刊》,上海古籍出版社,2008年,第2184頁。

按:《穀梁傳》昭公二十年:“兩足不能相過,齊謂之綦,楚謂之踂,衛謂之輒。”(第 2439 頁)《玉篇》引《穀梁傳》脱四字“綦楚謂之”。陸德明《音義》:“劉兆云:‘綦,連併也。’踂,女輒反,劉兆云:‘聚合不解也。’輒本亦作縶,劉兆云:‘如見絆縶也。’”①疑陸德明引文“如見絆縶也”標點當作“如見絆,縶也”。

24. 纍:《穀梁傳》:“及慶=寅=累也。”(筆者按:=是原卷的重文符號)劉兆曰:“累黨属也。”又曰:“箕鄭累也。”劉兆曰:“累,連及也。”(第 623 頁)

按:《穀梁傳》襄公二十三年:“及慶寅,慶寅累也。”(第 2430 頁)

文公九年:“晉人殺其大夫士穀,及箕鄭父。稱人以殺,誅有罪也。鄭父,累也。”(第 2408 頁)《玉篇》引文有簡省。

25. 績:《穀梁傳》:“績,功也。功,事也。”(第 637 頁)

按:《穀梁傳》宣公十二年:“績,功也。功,事也。”(第 2414 頁)

26. 縶:《穀梁傳》:“兩足不相過,衛謂之縶。”劉兆曰:“天性然者也。縶,如見絆也。”(第 651 頁)

按:參第 23 條。

27. 緜:《穀梁傳》:“綿地千里。”劉兆曰:“綿猶經歷也。”(第 662 頁)

按:《穀梁傳》文公十四年:“長轂五百乘,綿地千里。”范寧注:“綿猶彌漫。”(第 2409 頁)左思《蜀都賦》“於東則左綿巴中”吕向注:“綿,歷也。”顔延之《陶徵士誄》“而綿世浸遠”劉良注:“綿,歷也。”

二、《玉篇》殘卷引劉兆注《穀梁傳》的研究價值

如前文所述,日藏《玉篇》殘卷的底本時代可以斷定是南朝梁的,因此無論對於校勘古書,還是經學史研究而言,以上 27 處《穀梁傳》及 15 處劉兆注都具有潛在的學術價值。我們擬從以下三個

① 整理本《春秋穀梁傳注疏》(十三經注疏),第 342 頁。

方面試作探討。

第一,校勘古書的價值。

從上文可以看出,《玉篇》殘卷引《穀梁傳》及劉兆注雖然僅二十餘條,但對於傳世本《穀梁傳》及其舊注的校勘研究具有一定的參考價值,實際上這些材料的校勘價值不限於此,又如:

1. 陸德明《經典釋文》卷第六《毛詩音義》:"軎音計。劉兆注《穀梁》云'繼也',本又作'擊',音同,或古歷反。"

陳奐《詩毛氏傳疏》:"《釋文》本作:軎音計。劉兆注《穀梁》云絓也。"[①]黄焯《經典釋文彙校》引陳奐説,但未作判斷。[②]

《説文》:"軎,車轄相擊也。""軎"字有掛礙、撞擊之義,與"繼"義毫無關涉,"繼"當是"絓"字形訛,陳奐不誤。

"繼"字在中古時期俗寫作"継"[③],與"絓"形近。敦煌 S. 388《正名要録》"繼"字寫作"継",與"絓"字近似。

《玉篇》殘卷"軎"字書證引《穀梁傳》劉兆曰:"軎,絓也。絓中門根則不得入也。"(參見上文第 14 條材料)

陸德明《經典釋文》卷二十二《春秋穀梁音義·昭公八年》:"軎,古帝反,挂也,劉兆云'絓也'。"[④]此處所釋《穀梁傳》正文"流旁握,御軎者不得入",與《玉篇》殘卷書證出自一處。

《玉篇》殘卷和陸德明《經典釋文·春秋穀梁音義》所引劉兆舊注正是《毛詩音義》引文的來源,可見《毛詩音義》作"繼"必是"絓"字形訛,而且是傳抄之誤,非陸德明之誤。

2.《慧琳音義》卷八十八"緬至"注:劉兆注《公羊》"緬,輕而薄也"。[⑤]

---

① 陳奐《詩毛氏傳疏》,《續修四庫全書》第 70 册,上海古籍出版社,2002 年版,第 221 頁。

② 黄焯《經典釋文彙校》,中華書局,2006 年版,第 177 頁。

③ "継,今俗繼字也",參見顧野王原本《玉篇》殘卷糸部,《續修四庫全書》第 228 册,第 647 頁。

④ 黄焯《經典釋文彙校》,第 675 頁。

⑤ 徐時儀《一切經音義三種校本合刊》,第 2039 頁。

日藏《玉篇》"緬"字書證引《穀梁傳》劉兆曰:"緬謂輕而薄也。"(参前第21條)

考《公羊傳》全書無"緬"字,可知《慧琳音義》"公羊"當爲"穀梁"之誤。之所以會産生這處訛誤,可能是因爲劉兆也爲《公羊傳》作過注,並且慧琳作《音義》時也有徵引,這裏出現了訛混。

第二,可資補充、考辨前人輯佚成果。

上文通過對劉兆注的輯正,我們利用《玉篇》殘卷引劉兆注的材料,對前人的輯佚成果作了補充。(參見第16條)此外,利用這些《穀梁傳》劉兆注的材料還可以考辨其他文獻的輯佚工作。

唐代劉伯莊著有《史記音義》二十卷,見於《舊唐書・經籍志》、《新唐書・藝文志》、《直齋書録解題》等記載,今已亡佚。司馬貞《史記索隱》大量徵引該書,朱東潤先生曾根據《史記索隱》對劉伯莊的《史記音義》作過輯佚①,後應三玉先生又作補輯②。

朱先生的輯本中有這樣一條:

> 乃紿爲謁曰賀萬錢《高祖本紀索隱》:"劉氏云,紿,欺負也。"③

朱先生以此處"劉氏"爲劉伯莊。日藏《玉篇》"紿"字書證引《穀梁傳》劉兆注:"紿,相負欺也。"(參前第22條)《慧琳音義》卷九十九"欺紿"注引劉兆注《穀梁傳》云"紿謂相欺負也"。疑《高祖本紀》司馬貞《索隱》所言"劉氏"當是劉兆,而非劉伯莊,此條《索隱》材料恐非劉伯莊《史記音義》佚文。

第三,重新認識《穀梁傳》劉兆注在經學史上的影響。

我們先來蒐集一下史籍對劉兆的記載。

---

① 朱東潤《劉伯莊〈史記音義〉輯佚》,《史記考索》,華東師範大學出版社,1996年版,第211頁—235頁。

② 應三玉《〈史記〉注家佚著考索》,《〈史記〉三家注研究》,鳳凰出版社,2008年版,第39頁—44頁。

③ 朱東潤《史記考索》,第214頁。

《晉書·儒林列傳》:

劉兆字延世,濟南東平人,漢廣川惠王之後也。兆博學洽聞,温篤善誘,從受業者數千人。武帝時五辟公府,三徵博士,皆不就。安貧樂道,潛心著述,不出門庭數十年。以《春秋》一經而三家殊塗,諸儒是非之議紛然,互爲讐敵,乃思三家之異,合而通之。《周禮》有調人之官,作《春秋調人》七萬餘言,皆論其首尾,使大義無乖,時有不合者,舉其長短以通之。又爲《春秋左氏》解,名曰《全綜》,《公羊》、《穀梁》解詁皆納經傳中,朱書以别之。又撰《周易訓注》,以正動二體互通其文。凡所讚述百餘萬言。

嘗有人著韡騎驢至兆門外,曰:"吾欲見劉延世。"兆儒德道素,青州無稱其字者,門人大怒。兆曰:"聽前。"既進,踞牀問兆曰:"聞君大學,比何所作?"兆答如上事,末云:"多有所疑。"客問之。兆説疑畢,客曰:"此易解耳。"因爲辯釋疑者是非耳。兆别更立意,客一難,兆不能對。客去,已出門,兆欲留之,使人重呼還。客曰:"親親在此營葬,宜赴之,後當更來也。"既去,兆令人視葬家,不見此客,竟不知姓名。兆年六十六卒。有五子:卓、炤、燿、育、臍。①

《三國志·魏書·五脩傳》裴松之注:"《漢晉春秋》曰'褒與濟南劉兆字延世,俱以不仕顯名。'"②

《隋書·經籍志》:《春秋公羊、穀梁傳》十二卷晉博士劉兆撰。③

《舊唐書·經籍志》:《春秋公羊穀梁左氏集解》十一卷劉兆撰。④

《新唐書·藝文志》:劉兆《三家集解》十一卷。⑤

① 房玄齡等《晉書》,中華書局,1974年版,第2349—2350頁。
② 陳壽《三國志》,中華書局,1964年版,第349頁。
③ 魏徵等《隋書》,中華書局,1982年版,第931頁。
④ 劉昫等《舊唐書》,中華書局,1975年版,1979頁。
⑤ 歐陽修、宋祁《新唐書》,中華書局,1975年版,第1440頁。

另外,劉兆注《公羊傳》、《穀梁傳》零星散見於陸德明《毛詩音義》、《春秋公羊傳音義》、《春秋穀梁傳音義》,《文選》李善注以及玄應、慧琳《一切經音義》和希麟《續一切經音義》。

從以上這些文獻記載看,西晉時期的劉兆確實注過《穀梁傳》,到了唐代還爲學者所關注,但後世影響甚微,以致于《舊唐書·經籍志》列其于楊士勛《春秋穀梁傳疏》之後,唐五代以降的典籍中對它的徵引微乎其微。

過去的經學史敘述,尤其是《春秋》學史研究中,《穀梁傳》劉兆注的影響幾乎不被提及。

《隋書·經籍志》:"晉時,杜預又爲《經傳集解》。《穀梁》范寧注、《公羊》何休注、《左氏》服虔、杜預注,俱立國學。然《公羊》、《穀梁》,但試讀文,而不能通其義。後學三傳通講,而《左氏》唯傳服義。至隋,杜氏盛行,服義及《公羊》、《穀梁》浸微,今殆無師説。"①

《南齊書·陸澄傳》記載了陸澄與王儉關於宋、齊時期經學家法的討論,其中關於《穀梁傳》,晉太元時舊有麋信注,宋元嘉時顔延年增以范寧注,至齊永明時又去范存麋②。

可見自魏晉至南朝,《穀梁傳》麋信注和范寧注尤爲顯崇。但是在日藏《玉篇》殘卷的引書裏,徵引《穀梁傳》唯獨採用劉兆注,而不用别家注,這反映出顧野王對《穀梁傳》劉兆注的認同。就前文對《玉篇》引劉兆注與相關范寧注的比較看,這些劉兆注和范寧注的内容大同小異,似乎並無特别優長。

通過觀察《玉篇》殘卷其他引書,我們發現《尚書》主要用孔安國注③,《周易》用王弼注,《毛詩》、三禮皆用鄭玄注,《左傳》用杜預

---

① 魏徵等《隋書》,第933頁。

② 蕭子顯《南齊書》,中華書局,1974年版,第684頁。

③ 日藏《玉篇》殘卷引《尚書》古注除了孔安國注,還有3處范寧注,分别在"飫"、"工"、"岱"3字之下,《隋書·經籍志》有"《古文尚書舜典》一卷,晉豫章太守范寧注",而《玉篇》所引3處范寧注對應的《尚書》正文皆出自《舜典》,這3處材料可能即是《古文尚書舜典》范寧注。《玉篇》殘卷裏引范注《尚書》,説明顧野王在編輯《玉篇》時對范寧的著作是有所關注的。

注,《公羊傳》主要用何休注[①],《史記》用裴駰《集解》[②]等等,這些都是公認的南朝時期影響顯著的經典舊注,說明顧野王編纂《玉篇》時對於經典舊注取捨的標準,應是參照了當時舊注的影響大小。

因此,從《玉篇》殘卷的引書現象,可以窺測《穀梁傳》劉兆注在南朝梁代的影響力有可能勝過范寧等舊注,而且《公羊傳》的劉兆注本在當時也具有一定的影響。《玉篇》編纂時所使用的極有可能就是《隋書·經籍志》記載的十二卷本劉兆撰《春秋公羊穀梁傳》。對於《春秋》學史的追溯,尤其是南朝經學史,劉兆所注《穀梁傳》以及《公羊傳》不應被遺忘和忽略。

三、幾點疑問

第一,劉兆和劉瑤的問題。

范寧《春秋穀梁傳注疏序》:"升平之末,歲次大梁,先君北蕃迴軫頓駕于吴,乃帥門生故吏、我兄弟子姪,研講六籍,次及三傳。《左氏》則有服、杜之注,《公羊》則有何、嚴之訓。釋《穀梁傳》者雖近十家,皆膚淺末學,不經師匠。"楊士勛疏:"'近十家'者,魏晉已來注《穀梁》者,有尹更始、唐固、麋信、孔演、江熙、程闡、徐仙民、徐乾、劉瑤、胡訥之等,故曰'近十家'也。"(第2361頁)阮元校勘記:"劉瑤,隋、唐《志》並作劉珧。"(第2364頁)

柳興恩《穀梁大義述》卷十六:"述曰:《穀梁傳疏》云:魏晉以來注者有劉瑤,疑即劉兆。"[③]

阮元校勘記稱"'劉瑤'隋、唐《志》並作'劉珧'",查《隋書·經籍志》、《舊唐書·經籍志》、《新唐書·藝文志》,有"劉兆"而無"劉

① 日藏《玉篇》殘卷引《公羊傳》46處,其中有14處用了何休注,5處用了劉兆注。

② 另見拙文《原本〈玉篇〉引〈史記〉及相關古注材料考論》,《文史哲》待刊。

③ 柳興恩《穀梁大義述》,《清經解 清經解續編》第拾貳册,鳳凰出版社,2005年版,第4931頁。

珧”,疑阮元所見隋、唐《志》“劉兆”作“劉珧”,遂以“劉瑤”或爲“劉兆”。柳興恩亦懷疑劉瑤即劉兆。

然而,尹更始是西漢時人,唐固是三國吴人,麋信是三國魏人,孔演(即孔衍)行年在兩晉之際,《晉書·儒林列傳》孔衍在劉兆之後,江熙、徐乾據史書記載都是東晉時人,可見楊士勛這一系列《穀梁》注家是按時間排序,而劉瑤列於孔衍、江熙、徐乾之後,劉瑤和西晉時的劉兆恐非一人。

但是,還存在一種可能性,假如在孔衍、江熙、徐乾之後,東晉還有一位穀梁學家名叫劉兆,那阮元和柳興恩的懷疑就可以成立了,這於是又引出了下一個問題。

第二,劉兆的身份问題。

現存史料中對劉兆身份的記載有所矛盾。《晉書·儒林列傳》記載劉兆(延世)“武帝時五辟公府,三徵博士,皆不就”,而《隋書·經籍志》記載“《春秋公羊穀梁傳》十二卷晉博士劉兆撰”。隋《志》的記載“晉博士劉兆”究竟是對劉兆身份的追認,還是因爲“晉博士劉兆”並非西晉劉延世,這點值得存疑。① 但就現存的文獻記載看,西晉劉延世之外,另有一個穀梁學家劉兆的可能性不大,“晉博士”極有可能是一種追認。

第三,劉兆在南朝梁代備受重視的原因。

劉兆注《穀梁傳》在蕭梁時期爲何備受重視,而後世爲何又被冷落,這其間一定存有歷史淵源,在 1400 多年後的今天文獻無徵,我們已經不得而知,衹能將問題付諸闕疑了。

四、餘論:古寫本文獻對經學史研究的價值

以往對經學史的建構往往都以常見的傳世文獻爲根基,經學史的敘述幾乎都局限于傳世文獻的歸納與梳理。近百餘年來,大

① 《三國志》裴注引《漢晉春秋》“袞與濟南劉兆字延世”,這裏强調劉兆的籍貫和字,有可能是爲了區分同名的其他人。

量中古時期寫本(域外古寫本文獻、敦煌文獻等)的發現,尤其是其中可以斷代紀年的材料,並没有引起經學史家的極大關注。① 然而,古寫本文獻是經學史研究的第一手資料,具有原始性和共時性,而對這部分材料的發掘與研究至今仍顯得很不充分,這一點值得引起重視。

(作者單位:南京師範大學文學院)

① 李學勤先生説:"不管是關於古代,還是關於近現代的學術史,現在都有了好多新的材料,新的論點,新的角度和方法,過去流行的若干'定論',正在被動摇,被突破,於是重寫學術史就提上了日程。"(李學勤:《重寫學術史》,河北教育出版社,2002年版,第200頁。)在當代經學史的研究中引起學者較多關注的似乎只是出土簡帛文獻,對於近百餘年來新發現的域外古寫本文獻、敦煌文獻卻鮮有問津,近年許建平先生出版了《敦煌經籍敘録》,又與張涌泉等先生整理出版了《敦煌經部文獻合集》,向大家具體呈現了敦煌經籍的基本面貌,但是,僅就經學史研究而言,這些古寫本文獻中還有大量的材料可以蒐輯和利用。

春秋盟誓“歃血”考

吴　柱

摘要：關於古代盟誓禮儀中“歃血”的方式問題，學界一直存在分歧。一是傳統的“飲血説”，一是源自日本的“塗唇説”。近三十年來，“塗唇説”在國内逐漸被學者接受並占據主導地位，“飲血説”則漸漸式微了。本文綜合考察了兩種説法的根據和淵源，通過對歷史材料的提煉，認爲“飲血”更符合事實，“塗唇”的方式在歃血禮的歷史發展中可能存在過，但無論在時空範圍還是社會影響上從未取得過優勢地位。考察還發現，日本學者提出“塗唇説”所依據的《説文》一條“佚文”是不可信的，本文試圖證明其誤並推測其致誤的原因，且在此基礎上對“塗唇説”的其他論據進行逐一的辯駁。

關鍵詞：歃血　飲血　塗唇　《説文》　佚文

歃血是古代盟誓禮儀的標志性環節。先秦盟禮亡佚已久，東漢鄭玄注《禮》之時對盟誓制度已不能明了。後世學者論及盟禮，往往只能通過文獻的零星記載，結合當時的所見所聞來推見其大概。然而文獻不足徵；盟誓禮儀在同時期内有地域、場合之别，在歷史發展中又不斷變化，往往失古之真；再者學者之見又仁智各殊，所以對盟誓的研究在相當長的時期内進展緩慢。

至上世紀六十年代起，隨着侯馬盟書、温縣盟書等珍貴地下文獻的出土，掀起了一股先秦盟誓制度研究的熱潮。大量研究成果湧現使得學術界對先秦盟誓制度的認識更加清晰。不少學者對盟禮的儀程進行了探索歸納，今天仍有學者在其基礎上不斷細化和完善。然而目前的研究現狀並非圓滿，有不少環節依然缺乏繼續深入的材料，舊問題存疑待定的同時，也有新問題出現。研究在深入的過程中，須要對某些偏差做些修正的工作。

本文主要針對學界在對歃血的方式的研究上存在的分歧進行討論。試圖對兩種對立的説法,即"以口飲血説"與"以手醮血塗脣説"的論點、論據進行全面分析,並最終確定哪一種是符合事實的説法。

關於歃血,早期的説法是統一且明確的,即以口飲血。吕静在《春秋時期盟誓研究》中以爲"孔穎達在《左傳》隱公五年(筆者按:當爲"七年")陳五父'歃如忘'條疏中指出歃血爲含血,飲血之説開始出現",[①]這是不對的。《説文》云:"歃,歠也。《春秋傳》曰'歃而忘。'"[②]這當是最早的學者關於"飲血説"的記載。其後《國語·晉語八》:"楚人固請先歃。"韋昭注:"歃,飲血也。"[③]韋昭三國時人,緊隨許慎之後,亦在唐之前。

然最先對歃血進行系統論述的究屬孔《疏》。除上文所舉隱公五年的例子外,《左傳》隱元年"公及邾儀父盟於蔑"孔《疏》云:"既告,乃尊卑以次歃,戎右傳敦血以授當歃者,令含其血。……其殺牛,必取血及耳,以手執玉敦之血進之於口。知者,定八年'涉佗捘衛侯之手,及捥',又襄九年傳云'與大國盟,口血未乾'是也。"[④]孔《疏》之後,歷代學者對此無有異議,然而分歧之始,蓋自日本漢學家。

竹添光鴻《左氏會箋》最先對傳統説法進行反駁。《左傳》隱七年傳"十二月,陳五父如鄭涖盟,壬申,及鄭伯盟,歃如忘"。《會箋》云:

> 歃非歠血之謂也。《説文》:'一曰盟者以血塗口旁曰歃。'

① 吕静:《春秋時期盟誓研究》,上海古籍出版社,2007 年版,第 180 頁注釋。

② [漢]許慎撰,[清]段玉裁注:《説文解字注》卷八下,上海古籍出版社,1981 年版,第 413 頁。

③ 左丘明著,鮑思點校:《國語》,齊魯書社,2005 年版,第 228 頁。

④ [唐]孔穎達等:《春秋左傳正義》卷二,上海古籍出版社影印阮刻《十三經注疏》本,1997 年版,第 1714 頁。

此説是也。《淮南·齊俗訓》:'越人劙臂,中國歃血,一也。'定四年楚王割子期之心,莊三十二年孟任之割臂,豈皆取其血啜之乎? 特見血以示信耳。故知殺牲取血,亦但塗之耳,塗血易乾,故襄九年鄭子蟜曰'口血未乾而背之',《越語》勾踐曰'前盟口血未乾',喻其甚近也。若爲歠之,'乾'字全無意義。歃者以指染敦中之血,故定九年(筆者按:當作"八年")'將歃,涉佗捘衛侯之手',而血至捥也。①

竹添光鴻的説法在日本學界有一定影響,繼竹添氏之後,日本佐藤廣治進而提出"盟誓中用手指醮血塗在口唇邊的做法來源於'釁禮',目的是'將口神聖化',期待盟誓中承諾的約定有'不可虛言'之意"。②

"塗脣説"傳入中國之初並未能動搖傳統説法,至楊伯峻先生作《春秋左傳注》仍未采用竹添氏之説。然而近些年來,此説對中國學界的影響似乎頗大。學者論及歃血時,往往兩説並存,不少學者則已完全認可"塗脣説",摒棄了傳統的"飲血説"。

勾承益在《從"歃血爲盟"看華夏崇拜》一文中論及歃血時指出:"與盟者以手醮血塗於脣上,謂之'含血'。"③這是在試圖調和兩種説法,將含血與塗脣融爲一爐。實際卻不能解決問題,只是承認了"塗脣説"而已。

李模在《先秦盟誓的種類及儀程》一文中則堅信"塗脣説",在論及歃血時説:"按安排好的順序依次將所宰牲之血塗在自己嘴脣上以示永不反悔。"④

又徐傑令《春秋會盟禮考》也認爲"盟主及與盟者依次把牲血

① [日]竹添光鴻:《左氏會箋》上册,隱公第一。臺灣新文豐出版社影印日本富山房《漢文大系》本,1978年版,第75頁。

② 吕靜:《春秋時期盟誓研究》,第181頁。

③ 《成都大學學報(社科版)》,1992年,第三期。

④ 《學習與探索》,2000年,第四期。

塗於口上,以示矢志不渝,稱爲歃血。"①

呂靜女士《春秋時期盟誓研究》一書第五章中對歃血有專門的論述,作者將"飲血"、"塗脣"兩説並提,以爲"從口血未乾推測歃血,也許用手指醮血塗於口脣邊的説法更接近於事實"。"古代盟誓儀式曾經實行過飲血之俗,不過春秋盟誓儀式,大都采用了用手指醮血塗於嘴脣的方法。"②

總的來看,"塗脣説"作爲一種較新的觀點,開始占據上風,傳統"飲血説"則漸漸式微了。然而如何看待這個分歧?究竟哪一種更接近事實呢?本文認爲傳統的"飲血説"是可靠的。下面我們分别對兩説進行考察。

現存先秦古籍中對歃血的方式絕少提及,然而也有僅存者。《左傳》襄二十五年記齊崔杼弑君而脅國人盟之事,"晏子仰天歎曰:'嬰所不唯忠於君、利社稷者是與,有如上帝。'乃歃。"③《晏子春秋·内篇雜上》詳記此事:

> 崔杼既弑莊公而立景公,杼與慶封相之,劫諸將軍、大夫及顯士、庶人於大宫之坎上,令無得不盟者。爲壇三仞,埳其下,以甲千列環其内外。盟者皆脱劍而入,維晏子不肯,崔杼許之。有敢不盟者,戟鉤其頸,劍承其心,令自盟曰:"不與崔、慶而與公室者受其不祥。言不疾,指不至血者死。"所殺七人。次及晏子,晏子奉杯血,仰天歎曰:"嗚呼,崔子爲無道而弑其君,不與公室而與崔、慶者受此不祥。"俛而飲血。④

① 《求是學刊》,2004 年 3 月,第 31 卷,第 2 期。

② 呂靜:《春秋時期盟誓研究》,第 181 頁。

③ [晉]杜預注,[唐]孔穎達等疏:《春秋左傳正義》卷三六,《十三經注疏》,第 1984 頁。

④ 吴則虞:《晏子春秋集釋》,中華書局,1962 年版,第 298 頁。

《韓詩外傳》、《新序》等皆載此事,文略有不同。[①]《後漢書·桓譚馮衍列傳》李賢《注》引此文作"遂仰而飲血"。[②]《呂氏春秋·知分》記此事,亦作"晏子俛而飲血"。[③]

此是春秋時事,可知春秋時期盟誓歃血爲飲血。雖在先秦文獻中明言飲血的實例甚少,但此一條,彌足珍貴。相反,"塗脣"之説並無任何明文可徵。問題是,既言"飲血",又言"指不至血者死",飲血以口,固然與指無關,似乎文意不通,且與"用手指醮血塗脣"之説有瓜葛。需要指出的是,此"指"字不是手指的"指",而是匕匙的"匙",後文將要論及。

《論語·爲政》:"殷因於夏禮,所損益,可知也;周因於殷禮,所損益,可知也;其或繼周者,雖百世可知也。"[④]周禮關於歃血的方式,文獻不足徵,然而兩漢魏晉南北朝以降,禮儀枝節雖變,其大體猶存。我們不妨從後世文獻記載中追尋先秦歃血禮的蹤影,所謂損益可以考知,那麼本根也將袒露無遺了。

《史記·呂后本紀》:"罷朝,王陵讓陳平、絳侯曰:'始與高帝啑血盟,諸君不在邪?'"[⑤]《漢書·王陵傳》"啑"作"喋",顔師古《注》云:"喋,小歃也。"[⑥]

《漢書·匈奴傳下》:"刑白馬,單于以徑路刀、金留犂撓酒,以老上單于所破月氏王頭爲飲器者共飲血盟。"[⑦]此飲白馬血爲盟,即是歃血之禮,不同之處僅在於盛血之器。周禮以敦盤之類盛血,

---

① [漢]韓嬰撰,許維遹校釋:《韓詩外傳集釋》卷二,中華書局,1980年版,第45—47頁。[漢]劉向等編撰:《新序·義勇第八》,《諸子百家叢書·新序、説苑》,上海古籍出版社,1990年版,第47頁。

② [南朝宋]范曄撰,[唐]李賢注:《後漢書》卷二十八上,中華書局,1962年版,第971、972頁。

③ 許維遹:《呂氏春秋集釋》,中華書局,2009年版,第699頁。

④ [三國魏]何晏集解,[宋]邢昺疏,《論語注疏》卷二,《十三經注疏》,第2463頁。

⑤ [漢]司馬遷:《史記》卷九,中華書局,1959年版,第400頁。

⑥ [漢]班固:《漢書》卷四十,中華書局,1962年版,第2047頁。

⑦ 《漢書》卷九十四下,第3801頁。

此是用人頭骨。

《後漢書·隗囂傳》:“囂從其言,遂立廟邑東,祀高祖、太宗、世宗。囂等皆稱臣執事,史奉璧而告。祝畢,有司穿坎於庭,牽馬操刀,奉盤錯鍉,遂割牲而盟。曰:‘凡我同盟三十一將,十有六姓,允承天道,興輔劉宗。如懷姦慮,明神殛之。高祖、文皇、武皇,俾墜厥命,厥宗受兵,族類滅亡。’有司奉血鍉進,護軍舉手揖諸將軍曰:‘鍉不濡血,歃不入口,是欺神明也,厥罰如盟。’既而薶血加書,一如古禮。”①

這段材料十分重要,一是因爲此次盟禮中出現了“鍉”,李賢認爲“鍉”即是“匙”,相當於上文《漢書·匈奴傳》中的“留犂”。應劭云:“留犂,飯匕也。撓,攪也。以匕攪血歃之。”所以此次歃血也是用匙舀血而歃。那麽用匙之禮的源頭大概在哪裏?先秦盟誓中是否有用匙舀血的禮俗?前文所引《晏子春秋》,有“言不疾,指不至血者死”一句,這個“指”字,即是“鍉”,即是“匙”。《説文》“匙”字段《注》云:“匙亦作鍉。”②《方言》:“匕謂之匙。”錢繹《箋疏》云:“椻、提、鍉並與匙同。”③按古音“指”隸脂部,“匙、提、鍉”屬支部,支、脂合韻,故疑此“指”字與“提、鍉、匙”音近而通。觀《晏子》“指不至血”,與《漢書》“鍉不濡血”文意正合,可知“指”的作用與“鍉、匙”相同。所以自春秋以來,盟誓飲血之禮有兩種方式並存,一是歃者手持盛血之器,直接用口啜飲,孔《疏》即持此説;二是盛血器皿中還有相當於湯匙、飯匕之類的取血之器,與盟者執匙舀血以歃。這個看法是前人不曾提及的。

其二是文中明確提出“鍉不濡血,歃不入口,是欺神明”,這又透露兩個信息,一是匙必濡血,歃血必入口,才是正式而莊重的儀節,而且是“一如古禮”的。另外,這句話言外之意也就是説,在當時的盟誓歃血中,出現了歃血不入口的現象。這種現象是不合古

---

① 《後漢書》卷十三,第514頁。

② 《説文解字注》卷八上,第385頁。

③ [漢]揚雄撰,[清]錢繹箋,李發舜、黄建中點校:《方言箋疏》卷十三,中華書局,1991年版,第506頁。

禮的,怠慢神明的,應當批判的,所以在歃血之前,護軍須要向諸位將軍申戒。

所謂的歃血不入口,無非是當時人們對歃血禮的一種流於形式的怠慢,即歃血之時,假作飲血之狀,實際並未飲血入口,只是濡濕了嘴唇而已。説到這裏,我們已經看到了竹添光鴻"塗脣説"的一點影子,此處暫不細論。

又《梁書·陳伯之傳》:"於廳事前爲壇,殺牲以盟,伯之先飲,長史已下次第歃血。"[①]此處將"飲"、"歃"等同,可見歃血即是飲血。

以上我們從正面對"飲血説"做了論證,接下來,我們來分析"塗脣説"的源頭——《左氏會箋》。

《會箋》"塗脣説"的源頭又在於《説文》的那條佚文。稱之爲"佚文",是因爲當前國内所見《説文》的版本都没有這句話——"一曰盟者以血塗口旁曰歃。"而且古代典籍徵引《説文》也從未見此句。那麽,竹添氏所據《説文》的版本是否可靠,應當提出質疑。質疑的同時須明白,這句話究竟出自哪裏呢?

今考文獻中最早提出"以血塗口旁曰歃"的是南宋毛晃父子所撰《增補互注禮部韻略》,簡稱《增韻》。之後元《韻會》、明《洪武正韻》、清《康熙字典》都是沿用《增韻》的説法。學者論著中開始引用這句話也是在南宋之後,至元代開始盛行此説,而且源頭都在《增韻》,絶無引自《説文》的痕跡。可見學者所見的《説文》本無此句,若有的話,就不必舍《説文》而求諸《增韻》了。《增韻》出現之前,無論字典、韻書還是學者論著,都不見提及《説文》有此一條。這個説法究竟是出於毛晃父子,還是他們另有依傍已經不可考知了,然而可以大膽推測,《説文》的這條"佚文"是不可靠的。

又考日本國所藏《説文》版本中,只有唐寫本《説文解字》(殘本)一卷爲我國所無。而此殘本僅六頁,存木部一百八十六字。其餘諸本,如静嘉堂文庫藏北宋刊南宋補刊元遞修本《説文解字》則

---

① [唐]姚思廉:《梁書》卷二十,中華書局,1973年版,第313頁。

已收入四部叢刊;杏雨書屋藏《説文》殘本六卷與靜嘉堂宋本爲同一刊本;大谷大學藏《説文》殘本六卷,爲明人趙均影寫宋大字本,且有段玉裁識語;再有明毛氏汲古閣本,明萬曆刻《説文解字》十二卷,元刊本《説文解字篆韻譜》五卷,明刻《説文解字五音韻譜》十二卷等等……,皆爲國内所有,俱無此"佚文"。日本早稻田大學藏《官版説文真本》,也無此語。①

那麽爲何會出現這條"佚文"?我們通過考察《增韻》所提出的這一觀點在後世的傳承情況,終於發現了端倪。古代字書、韻書的編纂,自然要對前代的成果有所承襲,然後加以補充修繕。所以《玉篇》多襲《説文》,慧琳《音義》又襲《玉篇》,如此種種,不一而足。毛晃父子的《增韻》固然有襲於前代,而後世的字書、韻書又多襲《增韻》之説。

今按《增韻·卷五》:"歃,色洽切。歠也。盟者以血塗口旁曰歃。"②

至元代黄公紹、熊忠所編《古今韻會舉要》則曰:"歃,色洽切。音與殺同。《説文》:'歠也。從欠臿聲。'引《春秋左傳》'歃而忘'。《增韻》:'盟者以血塗口旁曰歃血'。"③

至明代張自烈《正字通》則曰:"歃,《説文》'歠也'。或曰:'盟者以血塗口旁曰歃血。'"④

至清《康熙字典》則作:"歃,《説文》:'歠也。'一曰歃血也,盟者以血塗口旁曰歃血。"⑤我們不難發現,竹添光鴻的説法正是轉引

① 參見嚴紹璗編著《日藏漢籍善本書録》,中華書局,2007年版,第257—264頁。

② 《四庫全書》第237册,上海古籍出版社影印文淵閣本,1987年版,第585頁。有删節。

③ 黄公紹、熊忠《古今韻會舉要》卷三十·入声,中華書局,2000年版,第489頁,此處有删節。

④ 張自烈、廖文英《正字通·辰集下·欠部》,中國工人出版社,1996年版,第550頁。有删節。

⑤ 張玉書等編撰,王引之等校訂:《康熙字典·辰集·欠部》,上海古籍出版社1996年影印本,第551頁。有删節。

自《康熙字典》。

《康熙字典》編纂時多取《正字通》之文,顯然這裏《康熙字典》的釋義正是抄自《正字通》,《正字通》引《説文》後作"或曰","或"即指《增韻》。《康熙字典》改"或曰"爲"一曰",其實意義不變。但是,許慎的《説文》在羅列異説時往往用"一曰",《康熙字典》在引用《説文》之後不加説明便直接用"一曰",讀者若非對《説文》十分熟悉,極易誤以爲"一曰"之後也是《説文》的内容。

同樣的例子在《康熙字典》中比比皆是。如"段,《説文》:椎物也。一曰分段也。"①又"毁,缺也。一曰壞也。"②其實此處的"一曰"都不是《説文》的内容,而是指《説文》之外的另外一種説法。但是《康熙字典》的這種體例容易使人産生誤會。而竹添光鴻正是一時疏忽,在參考《康熙字典》"歃"字條的時候,誤將"一曰"之後的文字看成《説文》之文,於是便産生了所謂"《説文》:'一曰盟者以血塗口旁曰歃。'"的説法。正是這個小小的失誤,竟然以訛傳訛,在學界産生重大影響,幾乎淹没一個真相,這是值得警惕的。

且不論是否毛氏父子最先提出這個觀點,這個觀點爲何會出現呢?我們認爲,它的出現是因爲當時的確有這種現象存在於盟誓歃血禮儀中。禮俗在歷史發展中是不斷變化的,它的變化往往包括自身的訛變以及外部文化的交融浸染。若從内部角度分析,可能是以口歠血的方式逐漸流於形式的結果。先秦歃血結盟的神聖色彩逐漸淡褪,一變爲漢代的"歃不入口",再變爲"以血塗唇"而已。至漢末之時,"歃不入口"的現象應該已經比較普遍,所以隗囂等人歃血之前需特别申告與盟者。至兩宋之時,或許某些場合已經將古禮簡化成了"塗唇",學者將其所見的狀況載入典籍,也是一種客觀的態度。

從外部角度來看,這種歃血方式可能是少數民族結盟的習俗。兩宋時期北方少數民族與中原的戰爭和文化的碰撞、交融,影響是

① 《康熙字典·辰集·殳部》,第568頁,此處有删節。
② 《康熙字典·辰集·殳部》,第570頁,此處有删節。

巨大的,以致在盟誓習俗上也逐漸吸收、同化。那麽,"以血塗口旁"本身就不是真正意義上的歃血,只是其作用相當於中國的歃血,所以漸漸也就稱之爲歃血了。《淮南·齊俗訓》稱:"胡人彈骨,越人契臂,中國歃血,所由各異,其於信,一也。"[①]彈骨、契臂與歃血本質是一樣的,形式稍異而已,那麽,"塗脣説"的興起,恐怕也就是這個道理。

以上討論了日本《説文》的"疑似佚文",接下來我們看看竹添光鴻所提出的其他論據。

盟誓取血往往用牲,而且越是高規格盟誓,所用的犧牲也越高貴。天子諸侯多用牛馬,諸侯已下則羊豕犬雞。因爲牛馬在古代社會生活的耕、戰、載、乘各方面舉足輕重,關係着政治、軍事、經濟的命脈,而歃血越是用高貴的犧牲,越能顯示出與盟者對盟誓和神明的虔誠。比牛馬血更高貴的只能是人血了,所以取人血爲盟,則是表達誠心的一種極端的方式,是先秦盟誓的變體。《左傳》定公四年楚王割子期之心與隨人盟,[②]莊公三十二年孟任割臂與魯莊盟,[③]《史記·孫子吴起列傳》載吴起與其母齧臂而盟,[④]《後漢書·單超傳》載"帝齧超臂出血爲盟",[⑤]均屬此類。

"割心爲盟"後世仍有遺響,《南史·張彪傳》:"趙伯超兄子稜,爲侯景山陰令,去職從彪。後懷異心,僞就彪計,請酒爲盟,引刀子披心出血自歃。彪信之,亦取刀刺血報之。"[⑥]所以"割心爲盟"當是滴血酒中,然後取酒而歃,不必歠血。明清以來民間盟誓活動也多是割臂或刺指出血,滴入酒中,與盟者同飲,謂之"喝血酒"。

孟任割臂和吴起齧臂大概跟《淮南子》"越人契臂"相似,是否飲血不能肯定,或者如竹添氏所説,只是見血示信而已。但這只是

① 何寧:《淮南子集釋》,中華書局,1998年版,第779—780頁。
② 《春秋左傳正義》卷五四,《十三經注疏》第2137頁。
③ 《春秋左傳正義》,卷一〇,《十三經注疏》第1783頁。
④ 《史記》卷六十五,第2165頁。
⑤ 《後漢書》卷七十八,第2520頁。
⑥ [唐]李延壽:《南史》卷六十四,中華書局,1975年版,第1565頁。

一種變體,或者説是正體之外的一種異體,絕不能以此來否定歃血是飲血這一事實,更不能由此得出歃血是塗唇的結論。

前面我們分析過,歃血無外乎兩種方式:一是用手持盤敦,直接用口吸飲敦中的血液;一是用類似於湯匙的禮器,從敦中舀血而歃。兩者之中,至少先秦時期是前者居多。然而不論使用哪種方式,歃血之後,都無法避免血液粘在口唇上,這便是《左傳》以及《國語》中"口血未乾"一説的來源。這個解釋,與原文的表達效果是一致的。竹添氏遂認爲只有解釋爲塗唇,"乾"字才有意義,這是武斷的。

《左傳》定公八年晉大夫與衛侯盟,"將歃,涉佗捘衛侯之手,及捥"。[①] 就是説衛侯正准備歃血,涉佗在旁推了他的手,使得血液流到了手腕上。"捘"訓推擠。我們不難想象這樣的場景:衛侯當時從戎右手中接過血敦,以手捧持,涉佗假裝無意,突然推擠其手,敦中的血液搖蕩,流溢出來,到了衛侯手腕。所以衛侯勃然大怒,是合情合理的。竹添光鴻認爲歃血是用手指醮敦中的血塗於口旁,所以才會血流及腕。這個説法經不起推敲。試思若是用手指醮血之時,涉佗捘其手,要想血流到手腕,除非整個手掌浸到敦中並且血液漫到手腕的高度。那麽涉佗就不是推擠其手,而是按壓其手了。以一國大夫而如此欺人之君,是難以想象的,且與文意不符,所以這個説法不可信從。

論述到此,可以作個小結了。對於學術界近年來在"歃血"問題上的疑問和分歧,我們應當重新做個審視和判斷。總之,先秦盟誓禮儀中歃血的方式應當以傳統的"飲血説"爲準。雖然在發展的過程中有許多變化,也有許多不同形式的異體存在,比如割心、割臂、齧臂、契臂甚至塗唇等,但"飲血"始終是主流,其遺風一直流傳到現在。

古代先民有一種血液信仰觀,對血液的尊崇和敬畏在祭祀及盟誓禮儀中得到突出的體現。古人對血液的信仰,帶着神秘的宗

---

① 《春秋左傳正義》卷五五,《十三經注疏》第 2142 頁。

教色彩,究其原因,大概是出於對血液和神明的雙重崇拜。其一,古人認識到血液是生命的源泉,生命意識的增強使人們產生對血液的敬畏。取血以祭或是歃血而盟都象征着“以生命的名義”,更顯示出禮儀的莊重肅穆和參與者的虔敬之心。其二,無論祭祀還是盟誓,其最深層、最根本的目的是得到神明的臨顧和認可。所以選擇象征生命的血液,希望血氣上騰,得到神明的歆享。在人們的意識中,只要神明歆享過的物品,神靈便附著其上,使其具有神秘的權威和力量,從而給人們帶來祥瑞。隨着人類社會的發展,人們的主體意識逐漸增強,便開始主動利用這種神的力量,使其介入社會政治、軍事、經濟生活之中,在維持社會秩序、打破舊秩序和構建新秩序等方面發揮作用。

盟誓中殺牲取血,告誓神明,便是以神的名義對此次盟誓進行認證,使其具有至高無上的權威和力量。歃血之後,盟誓便正式生效,與盟者從此將接受人與神的共同監督,若有違背,神將降禍。這實際是借助血與神明的力量來約束與盟者,從而保證盟誓的質量。

(作者單位:華中師範大學歷史文獻学研究所)

《孝經》孔傳與王肅注考證

陳鴻森

摘要：《孝經孔傳》作者，歷來異説紛挐，《隋志》記載當時學者咸以其書出劉炫所僞；道光間，丁晏撰《孝經徵文》，則謂《孔傳》與王肅注多同，因論其書與《尚書孔傳》、《論語孔注》同出王肅一手僞造；近年胡平生、李學勤等則據《家語後序》已言及《孝經孔傳》，因謂王肅之同於孔，蓋王注本之《孔傳》，則以其書爲西漢孔安國著矣。三説互異，然則《孔傳》與王注成書孰爲先後？二者關係云何？學界對此似尚未有定論。今覈前述各説，諸家於王肅注其實俱乏深研，故所論多憑臆見。本文重輯群書所引王肅佚注，與《孔傳》比勘同異，並對前述《孔傳》作者諸説逐加檢討，論證其非。再則分析《孔傳》其書晚出，其注多參酌鄭氏、王肅兩家之義，依違其間。抑其解經多闡發義理，推衍敷説，類乎後世講疏家之體，非復漢魏傳注依文訓解之樸質矣，其成書視《論語孔注》、《尚書孔傳》爲後，其年代約在東晉之初。

關鍵詞：《孝經》　《孝經》孔傳　孔安國　王肅　劉炫　六朝經學

一、問題之提出

唐以前《孝經》舊注，中有《孔傳》、王肅《注》兩種，《經典釋文·敘録》、《隋書·經籍志》並著於録[①]。王肅《孝經注》，《三國志》本傳不載，惟劉炫《孝經述議·序》評述漢魏以來諸家舊解云：

---

① ［唐］陸德明《經典釋文》卷一，上海，上海古籍出版社影印北京圖書館藏南宋刻宋元遞修本，1985 年出版，第 29 頁；《隋書》，北京，中華書局點校本，1973 年出版，第 933 頁。按王書《隋志》著録作“王氏解”，今爲行文之便，暫從兩《唐志》稱王肅《注》。

肇自許洛，訖于魏、齊，各騁胸臆，競操刀斧。瑣言雜議，殆且百家；專門命氏，猶將十室。王肅、韋昭，差爲佼佼；劉邵、虞翻，抑又其次。①

蓋劉炫於漢晉舊注，獨稱王肅、韋昭兩家爲善；玄宗《御注》更參用王氏義訓十三事②，則王肅撰有《孝經注》，應無疑義③。至《孝經孔傳》，其書歷來頗有疑詞，《隋志》云：

梁代，安國及鄭氏二家並立國學。而安國之本亡於梁亂；陳及周、齊，唯傳鄭氏。至隋，秘書監王劭於京師訪得《孔傳》，送至河間劉炫。炫因序其得喪，述其議疏，講于人間，漸聞朝廷，後遂著令與鄭氏並立。儒者諠諠，皆云炫自作之，非孔舊本。④

---

① [隋]劉炫《孝經述議》五卷，《隋書》本傳及《經籍志》並載之。按其書藤原佐世《日本國見在書目録》著録（《古逸叢書》本，第7頁），知唐時東傳日本矣。是書中土久亡，日本則一線僅存。1942年，日本東北大學武内義雄教授，時任國寶調查委員，於訪查舟橋清賢家所藏故籍時，發現《述議》古寫殘卷，存卷一、卷四兩卷。其餘所闕三卷，日本林秀一教授復就其國舊籍所録《述議》遺文，蒐輯整次，成《孝經述議復原に關する研究》一書（東京，文求堂書店1953年出版），《孝經述議》舊貌，居然可見。此處引文，見林書第64頁。

② 詳見下節。按玄宗《孝經序》亦言："近觀《孝經》舊注，踳駁尤甚。至於跡相祖述，殆且百家；業擅專門，猶將十室。……韋昭、王肅，先儒之領袖，虞翻、劉邵，抑又次焉。"（《孝經注疏》，阮氏南昌府學刊本，《序疏》第4—5頁）其文與劉炫序近同，蓋玄宗此序實由儒臣抄綴成文爲之，此處即化用劉炫之語，見拙稿《唐玄宗孝經序"舉六家之異同"釋疑——唐宋官修注疏之一側面》，《歷史語言研究所集刊》第74本第1分，2003年出版，第35—64頁。

③ 按王朗本傳云："朗著《易》、《春秋》、《孝經》、《周官》傳，奏議論記，咸傳於世。"（《三國志·魏書》，北京，中華書局點校本，1982年出版，第414頁）是肅父朗亦著有《孝經傳》，王肅蓋本其家學也。《文苑英華》卷七六六載劉知幾《孝經老子注易傳議》，稱"王肅《孝經傳》首，有司馬宣王之奏，云奉詔令諸儒注述《孝經》以肅説爲長"。（北京，中華書局1966年出版，第9頁）馬宗霍《中國經學史》據此，謂其書蓋魏時已列學官。（臺北，臺灣商務印書館1968年出版，第63頁）

④ 《隋書》，第935頁。

據此,則《孝經孔傳》隋代學者已疑其書出劉炫僞造,此一説也。清代學者丁晏著《孝經徵文》,則論其書與《尚書孔傳》、《論語孔注》同出王肅一手所僞[①],二説也。《續修四庫提要》載倫明《孝經徵文提要》則言:

> 〔是書〕徧徵衆説以攻《孔傳》,並以王肅之説多同《孔傳》,硬斷爲王肅僞撰。夫肅《注》之同於安國,足爲肅見安國《傳》之證;若自撰一書,又本其解以僞撰一書,不嫌雷同,無是理也。[②]

倫明以王肅《注》多同《孔傳》,蓋王肅本之《孔傳》耳;胡平生撰《日本〈古文孝經〉孔傳的真僞問題》一文亦持此説[③]。如其説,則《孔傳》成書當在王肅之前。近年李學勤倡言"走出疑古時代",一反前人成説,謂《尚書孔傳》、《論語孔注》、《孝經孔傳》諸書非僞,以此爲漢魏孔氏古文家學,此三説也。

綜上所述,則《孝經孔傳》與王肅《注》二者關係云何?其成書孰爲先後?學界對此似尚未有定論。蓋王肅《注》久亡,馬國翰雖有輯本,然寥寥數條,未足以抉疑祛惑,學者各尊所聞,莫衷一是。本文擬就群書所引王肅佚注裒輯之,以補馬國翰輯本之闕略;次則比勘孔、王異同,就前述諸家説逐加檢討,辨證其非;末則推估《孝經孔傳》成書年代約在東晉時,此説然否,尚有待並世大雅論定之。

---

① [清]丁晏《孝經徵文》,見〔清〕王先謙《續經解》卷八四七,清光緒十四年(1888)南菁書院刊本。

② 《續修四庫全書總目提要·經部》,北京,中華書局 1993 年出版,第 829 頁。

③ 胡平生《日本〈古文孝經〉孔傳的真僞問題》,《文史》第 23 輯,1984 年出版,第 287—299 頁。

二、《孝經》王肅注鉤沉

王肅《孝經注》,《唐書·經籍志》、《新唐書·藝文志》並著於録[①];入宋,則《崇文總目》、《郡齋讀書志》、《直齋書録解題》、《宋史·藝文志》等俱不載。蓋自玄宗《御注》頒行天下後,諸家舊注並廢,復經五代喪亂,宋時其書遂告蕩佚[②]。馬國翰曾就《釋文》、《史記集解》、《孝經正義》等書所引,輯得若干事,爲《孝經王氏解》一卷,收入馬氏《玉函山房輯佚書》。今覈馬氏所輯,不無誤處;而敦煌本《孝經義記》殘卷[③]、日本所傳劉炫《孝經述議》殘本並引及肅注,則馬氏所不及見者。今重爲校録,以存王《注》梗概;馬國翰所采有未盡是者,酌加辨正焉。

〔第一章〕

仲尼居。

王肅云:居,閑居也。(《釋文》卷二十三)

---

① 《舊唐書》,北京,中華書局點校本,1975 年出版,第 1980 頁;《新唐書》,1975 年出版,第 1442 頁。

② 今本《孝經正義》引肅注十數事,惟此《疏》實唐代元行沖撰,邢昺但奉詔校定其書耳,拙作《唐玄宗孝經序"舉六家之異同"釋疑——唐宋官修注疏之一側面》有考;不得因《正義》引有肅注,遂謂其書宋代猶存也。

③ 敦煌文書伯三二七四號殘卷,爲《孝經》釋義之書,前三章殘損,卷末記"天寶元年十一月八日於郡學寫了",蓋唐時學生鈔本。林秀一嘗校録其文,題《孝經鄭注義疏》;陳鐵凡輯印《敦煌本孝經類纂》,有此殘卷景本,題《孝經鄭氏解義疏》。今按其書體例,各章摘取《孝經》或鄭注若干文句衍釋之,與六朝義疏章疏句解之體不同,林、陳二氏稱爲義疏,殆非其實。今改稱"義記",庶或近之。《義記》成書年代,林秀一曾核其書所引諸儒之説,除王肅、謝安、謝萬、王獻之外,其於齊梁近人,則敬稱曰劉先生(劉瓛,見《南齊書》卷三十九本傳)、曰賀步兵(賀瑒,見《梁書》卷四十八本傳)、曰袁司空(袁昂,見《梁書》卷三十一本傳)。林氏因推測其成書年代,當距袁昂拜司空(大通元年至中大通五年,527—533)後不久。説詳林秀一《敦煌遺書孝經鄭注義疏の研究》(《岡山大學法文學部學術紀要》第七號,1956 年出版)。按此蓋梁～隋間南方學者所譔,著者則莫可詳考矣。

子曰:先王有至德要道。

王肅云:孝爲德之至,又爲道之要。(《孝經述議》卷二①;又《釋文》卷二十三)

按玄宗此注云:"孝者,德之至,道之要也",《正義》謂此"依王肅義"②,是也。

〔第二章〕

子曰:愛親者不敢惡於人,敬親者不敢慢於人。

王肅云:天子居四海之上,爲教訓之主,爲教易行,故寄易行者宣之。(《注疏》卷一)

按《正義》引此作"王肅、韋昭云云",蓋兩家其義近同也。

〔第三章〕

富貴不離其身,然後能保其社稷,而和其民人。

注:言富貴常在其身,則長爲社稷之主,而人自和平也。

按《正義》但言:"云'言富貴常在其身'者,此依王《注》"③,不及下"則長爲社稷之主"二句。惟據《天子章》"一人有慶,兆民賴之",玄宗注:"一人,天子也;慶,善也;十億曰兆。"《正義》但言:"云'一人,天子也'者,依《孔傳》也。"④今檢《孔傳》,則《御注》"慶,善也;十億曰兆"二句,亦《孔傳》文,《正義》言未詳晰耳。此注馬國翰輯本並下二句亦采之,理或然也,今從之。

① 《孝經述議復原に關する研究》,第 216 頁。
② 《孝經注疏》卷一,第 2 頁。
③ 《孝經注疏》卷二,第 2 頁。
④ 《孝經注疏》卷一,第 6 頁。

〔第四章〕

非先王之法言不敢道，非先王之德行不敢行。

王肅以法言爲詩書禮樂，法行爲孝友忠信。（《述議》卷三）①

是故非法不言，非道不行。

注：言必守法，行必遵道。（《注疏》卷二）

按玄宗《注》如此，《正義》云："此依王義。"②

〔第五章〕

資於事父以事母而愛同。

王肅以爲資取之資。（敦煌本《孝經義記》殘卷）

按《義記》云："劉先生以爲資用之資③，王肅以爲資取之資。夫資取、資用俱歸其一也。"蓋劉瓛訓"資"爲資用，王肅則作"資取"解，二注略異而義可互通。

故母取其愛，而君取其敬，兼之者父也。

注：言事父兼愛與敬也。

按玄宗《注》如此，《正義》云："此依王《注》也。"④

王肅云：母亦有敬，君亦有愛，不如父之篤耳。（《述議》卷

① 《孝經述議復原に關する研究》，第 241 頁。

② 《孝經注疏》卷二，第 3 頁。

③ 按《義記》所稱"劉先生"，即南齊劉瓛，參拙作《隋志所載劉先生〈尚書義〉作者考》，《歷史語言研究所集刊》第 69 本第 4 分，1998 年出版，第 827—839 頁。

④ 《孝經注疏》卷二，第 6 頁。

三)①

〔第六章〕

孝無終始,而患不及者,未之有也。

王肅云:無終始而患不及其身者,未有此也。(敦煌本《孝經義記》殘卷)

馬國翰輯本此出"《蒼頡篇》謂患爲禍"一條,以爲王肅《注》語。按《正義》云:"《蒼頡篇》謂'患'爲禍,孔、鄭、韋、王之學引之以釋此經。"②此馬氏所本。惟檢《孔傳》此注云:"必有終始,然後乃善;其不能終始者,必及患禍矣。"鄭《注》則曰:"無終始,能行孝,故患難不及其身也。"二注但以"患禍"、"患難"解"患"字,並未明引《蒼頡篇》爲訓,王、韋二家理亦宜然,《正義》語未明晰耳。蓋疏家以孔、鄭、韋、王並以此文"患"字爲禍患義,以"患不及"爲禍難不及於身,與謝萬、劉瓛、玄宗《注》等解"患"爲憂者異義③。馬氏逕引疏家"《蒼頡篇》謂患爲禍"七字爲王肅《注》文,非也。

〔第七章〕

夫孝,天之經也,地之義也,民之行也。

① 《孝經述議復原に關する研究》,第246頁。

② 《孝經注疏》卷三,第2頁。

③ 《義記》殘卷引"謝萬云:行孝之事無終始,恆患不及,戰戰兢兢,日夜不怠懈矣。未之有者,歎少之辭也。"按此以行孝之事無有窮盡,常恐不及,故日夜不懈以行之,若此者,鮮有其人。《義記》另引"劉先生云:禮不下庶人。今行孝罔極,雖貴爲天子,賤爲庶人,其奉於父母恐後。"而《正義》引劉瓛云:"禮不下庶人。若言我賤,而患行孝不及〔己〕者,未之有也。"(《注疏》卷三,第2頁)比觀二文,《正義》"若言我賤"諸語,當接於"其奉於父母恐後"下,《義記》、《正義》各節引其文耳。其意蓋謂:若言我庶人身份卑賤,即憂己力未能行孝,無是理也。玄宗《注》云:"始自天子,終於庶人,尊卑雖殊,孝道同致,而患不能及者,未之有也,言無此理,故曰未有。"三家之義略異,然並以"患"爲憂,如《論語》"不患人之不己知"之"患",與孔、鄭、韋、王解爲"禍患"者異也。

王肅云：天地爲父母，萬物爲之子，五行更相生，終始相奉成，孝子之道也。(《述議》卷三)①

則天之明，因地之利。

王肅云：象天〔有〕常明之道，地有生長養人之利，萬民所以尊敬奉養其親者也。(《述議》卷三)②

是故先之以博愛，而民莫遺其親。

注：君愛其親，則人(民)化之，無有遺其親者。

按玄宗《注》如此，《正義》云："此依王《注》也。"③

〔第八章〕

不敢遺小國之臣，而況於公侯伯子男乎。

注：小國之臣，至卑者耳，王尚接之以禮，況於五等諸侯，是廣敬也。

按玄宗《注》如此，《正義》云："此依王《注》義也。"④

禍亂不作。

王肅云：喪亡曰禍，不治曰亂。(《述議》卷三)⑤

〔第九章〕

昔者周公郊祀后稷以配天，宗祀文王於明堂，以配上帝。

王肅云：配天，於南郊祀之。(《史記·封禪書·集解》)⑥

① 《孝經述議復原に關する研究》，第256頁。
② 《孝經述議復原に關する研究》，第259頁。
③ 《孝經注疏》卷三，第5頁。
④ 《孝經注疏》卷四，第1頁。
⑤ 《孝經述議復原に關する研究》，第270頁。
⑥ 《史記》，北京，中華書局點校本，1982年出版，第1358頁。

按《封禪書》:"周公既相成王,郊祀后稷以配天,宗祀文王於明堂,以配上帝。"裴駰《集解》引王肅云云,不言其文爲《孝經注》語。惟《封禪書》之文實本《孝經》,馬國翰采之以爲《孝經注》語,是也。

王肅以爲郊丘所祭,指祭上天;而天有金木水火土,以五方祭之,謂之五帝。(《述議》卷四)①

按馬國翰輯本此處輯録王肅《注》"上帝,天也"一條,云采自胡三省《通鑑音注》卷三十六。檢《通鑑》漢平帝元始四年春正月,"郊祀高祖以配天,宗祀孝文以配上帝",胡注:"師古云云,王肅曰:上帝,天也。馬融曰:上帝,泰一之神,在紫微宮,天之最尊者。杜佑云云。"②不言其出王肅《孝經注》。實則胡三省此注采自《尚書釋文》,《堯典》"肆類于上帝",《釋文》:"王云:上帝,天也。馬云:上帝,太一神在紫微宫,天之最尊者。"③與胡注所引者正同,可證。蓋王肅《孝經注》,宋代已無傳本;今本《孝經正義》實唐元行沖舊《疏》,故元氏尚及引之。而《釋文·序録》言"馬融亦作《古文孝經傳》,而世不傳"④,其書《隋志》以下俱不載,胡三省元人,何從引及?然則此"上帝,天也"之文,乃王肅《尚書注》語,馬氏不考,誤采之耳。⑤

父子之道天性也,君臣之義也。

王肅云:父子相對,又有君臣之義。(《述議》卷四)⑥

君親臨之,厚莫重焉。

王肅云:以君之尊臨正己,以親之愛臨加己。(《述議》卷四)⑦

---

① 《孝經述議復原に關する研究》,第 119 頁。

② 《資治通鑑》卷三十六,臺北,藝文印書館 1955 年出版,第 5 頁。

③ 《經典釋文》卷三,第 4 頁。

④ 《經典釋文》卷一,第 29 頁。

⑤ 按《續修四庫總目提要》孝經類,倫明云:肅注"不知佚於何時,而胡三省《通鑑音注》引及之,是南宋時尚存矣。"(第 815 頁)此以譌傳譌,其説尤非。

⑥ 《孝經述議復原に關する研究》,第 128 頁。

⑦ 《孝經述議復原に關する研究》,第 129 頁。

言思可道,行思可樂。

王肅云:思使其言可名道,思使其行可愛樂也。(《述議》卷四)[①]

〔第十章〕

居則致其敬。

注:平居必盡其敬。

按玄宗《注》如此,《正義》云:"此依王《注》也。"[②]

〔第十一章〕

五刑之屬三千,而罪莫大於不孝。

王肅云:三千之刑,不孝之罪最甚大。(《述議》卷四)[③]

〔第十三章〕

教以孝,所以敬天下之爲人父者也;教以悌,所以敬天下之爲人兄者也。

注:舉孝悌以爲教,則天下之爲人子弟者,無不敬其父兄也。

按《正義》但言:"云'舉孝悌以爲教'者,此依王《注》也。"[④]馬國翰輯本並下二句亦采録,今從之。

教以臣,所以敬天下之爲人君者也。

注:舉臣道以爲教,則天下之爲人臣者無不敬其君也。

---

① 《孝經述議復原に關する研究》,第 137 頁。

② 《孝經注疏》卷六,第 1 頁。

③ 《孝經述議復原に關する研究》,第 156 頁。

④ 《孝經注疏》卷七,第 1 頁。

按玄宗《注》如此,《正義》云:"此依王《注》也。"[①]

〔第十五章〕

諸侯有爭臣五人。

王肅云:三卿、内史、外史。(敦煌本《義記》殘卷,又《述議》卷五[②],又《注疏》卷七)

按《家語·三恕篇》"千乘之國有爭臣五人",肅注:"諸侯有卿及内外股肱之臣凡五人。"[③]

大夫有爭臣三人。

王肅云:大夫有室老、家相、邑宰。(敦煌本《義記》殘卷)

按《正義》云:"大夫三人者,《孔傳》指家相、室老[④]、側室,以充三人之數;王肅無側室而謂邑宰。"[⑤]《述議》亦云:"王肅無側室,而數邑宰。"[⑥]並與《義記》殘卷合。

〔第十六章〕

昔者明王事父孝,故事天明;事母孝,故事地察。

注:王者父事天,母事地。

---

① 《孝經注疏》卷七,第 1 頁。

② 《孝經述議復原に關する研究》,第 284 頁。

③ 《孔子家語》卷二,光緒二十四年(1898)貴池劉氏影印汲古閣舊藏南宋蜀刻本,第 14 頁。

④ "室老",太宰本作"宗老",按劉炫《述議》云:"宗老,當宗所尊之老也。"(《孝經述議復原に關する研究》,第 285 頁)是炫本亦作"宗老";《注疏》本作"室"字,與敦煌本《義記》合。

⑤ 《孝經注疏》卷七,第 4 頁。

⑥ 《孝經述議復原に關する研究》,第 285 頁。

按玄宗《注》如此,《正義》云:"此依王《注》義也。"[1]

長幼順,故上下治。

王肅云:天子至尊,然猶先兄後己,順於長幼之宜。(《述議》卷五)[2]

修身慎行,恐辱先也。

注:天子雖無上於天下,猶脩持其身,謹慎其行,恐辱先祖而毁盛業也。

按玄宗《注》如此,《正義》云:"此依王《注》也。"[3]

〔第十七章〕

將順其美。

注:將,行也。君有美善,則順而行之。

按玄宗《注》如此,《正義》云:"此依王《注》也。"[4]

匡救其惡。

注:匡,正也;救,止也。君有過惡,則正而止之。

按玄宗《注》如此,《正義》云:"此依王《注》也。"[5]

---

① 《孝經注疏》卷八,第 1 頁。
② 《孝經述議復原に關する研究》,第 274 頁。
③ 《孝經注疏》卷八,第 2 頁。
④ 《孝經注疏》卷八,第 4 頁。
⑤ 《孝經注疏》卷八,第 4 頁。

〔第十八章〕

爲之棺槨。

王肅云:舉尸於棺而殯之,舉棺於椁而葬之。(《述議》卷五)[①]

以上凡三十二事,此王肅《孝經注》遺文佚説之可考者。

馬國翰輯本《序》云:"子雍好攻鄭學,此解不見有駁難之語,蓋唐明皇帝作《注》時悉汰去之。"馬氏因《正義》所引王注,未見有攻詰鄭康成之語,故疑其文蓋元行沖輩譔《御注》時所芟棄。《續修四庫提要》倫明撰《王肅孝經注提要》[②]、簡博賢《今存三國兩晉經學遺籍考》[③]並承用斯説。

今檢《述議》稱引王肅《注》十餘事,及《孝經義記》殘卷所引,俱不見王肅有駁難鄭氏之語。如馬氏所云,豈亦劉炫爲《述議》時所"悉汰去之"? 考《唐會要》卷七十七載開元七年四月七日劉知幾上議,辨《孝經鄭注》非康成之書,舉十二驗爲説。其十一事云:"王肅注書,發揚鄭短,凡有小失,皆在訂證。若《孝經》此注亦出鄭氏,被肅攻擊最應煩多,而肅無言。"[④]觀此,知王肅《孝經注》非以駁難鄭注爲事也。馬氏失考,故爲此臆説。

三、《孝經孔傳》非出劉炫僞造説

前引《隋書·經籍志》言:《孔傳》亡於梁代,隋秘書監王劭於京師訪得之,"送至河間劉炫。炫因序其得喪,述其議疏,講于人間,漸聞朝廷;後遂著令與鄭氏並立。儒者諠諠,皆云炫自作之,非孔

① 《孝經述議復原に關する研究》,第 297 頁。

② 《續修四庫全書總目提要·經部》,第 816 頁。

③ 簡博賢《今存三國兩晉經學遺籍考》,臺北,三民書局 1986 年出版,第 183 頁。

④ [宋]王溥《唐會要》,《叢書集成初編》本,上海,商務印書館 1936 年出版,第 1407 頁;又見《文苑英華》卷七六六、《經義考》卷二二二。

舊本，而秘府又先無其書。"按此，則當時學者之疑其書出於劉炫依託者，一則隋内府並無《孔傳》舊本，以證其書確爲齊梁以來相傳之舊；再則涉及當時《孝經》鄭氏、《孔傳》立學之爭，劉炫復有假造《連山易》、《魯史記》前科①，故當時學者頗疑其書出劉炫所造。其事原委今尚可考知：

按《晉書》卷七十五《荀崧傳》載元帝大興初，"時方修學校，簡省博士，置《周易》王氏，……《論語》、《孝經》鄭氏，博士各一人，凡九人"。②則《孝經鄭注》東晉已立學官。又《南齊書》卷三十九《陸澄傳》云："時國學置鄭、王《易》，杜、服《春秋》，何氏《公羊》、麋氏《穀梁》、鄭玄《孝經》。"陸澄致書尚書令王儉，謂《孝經鄭注》非康成之書，不宜立學。王儉不從，答書云："鄭注虛實，前代不嫌，意謂可安，仍舊立置。"③是南齊所立《孝經》亦鄭氏注。又《隋志》言："梁代，安國及鄭氏二家並立國學。而安國之本亡於梁亂，陳及周、齊，唯傳鄭氏。"則《孔傳》之立學官始於梁代，旋因侯景之亂，其書佚亡。陳時陸德明著《經典釋文》，《序録》云："《古文孝經》世既不行，今隨俗用鄭《注》十八章本。"是陳代《孔傳》已不行於世。而北朝所行，俱是鄭《注》④。然則《孔傳》隋以前僅梁代曾短暫立學耳。

劉炫《孝經述議·序》言：隋開皇十四年，著作郎王邵得《孔傳》，"遠遺垂示，似火自上，如石投水，散帙披文，驚心動魄。遂與焯考正訛謬，敷訓門徒。鑿垣墉以開户牖，排榛藪以通軌躅。大河之北，頗已流行"。⑤蓋《孔傳》經二劉之表彰，其書頗行於河北，"漸聞朝廷，後遂著令與鄭氏並立"。則隋代《孔傳》復立學官，然遭鄭氏學者之抗

① 《隋書·劉炫傳》載："時牛弘奏請購求天下遺逸之書，炫遂僞造書百餘卷，題爲《連山易》、《魯史記》等，録上送官，取賞而去。後有人訟之，經赦免死，坐除名，歸于家，以教授爲務。"（第1720頁）

② 《晉書》，北京，中華書局點校本，1974年出版，第1976頁。

③ 《南齊書》，北京，中華書局點校本，1972年出版，第683—685頁。

④ 《北史·儒林傳·序》稱康成《易》、《書》、《詩》、《禮》、《論語》、《孝經》，大行於河北。（北京，中華書局點校本，1974年出版，第2708頁）

⑤ 《孝經述議復原に關する研究》，第64頁。

拒,因共謂其書出劉炫所造。

惟《孝經孔傳》隋代雖立於學,然傳行未廣。《唐會要》卷七十七載:開元七年三月六日,詔曰:"《孝經》者,德教所先,自頃已來,獨宗鄭氏;孔氏遺旨,今則無聞。……其令儒官詳定所長,令明經者習讀。"四月七日,左庶子劉知幾上議,奏請行孔廢鄭,並列十二證以論《孝經鄭氏注》非鄭玄之書。國子祭酒司馬貞上議,則是鄭而非孔,謂"近儒欲崇古學,妄作此傳,假稱孔氏,輒穿鑿改更,又僞作閨門一章。劉炫詭隨,妄稱其善",因奏請"《鄭注》與《孔傳》依舊俱行"。五月五日,詔:"《鄭注》仍舊行用,《孔傳》傳習者稀,宜存繼絕之典,頗加獎飾。"[①]是孔、鄭立學之爭,復見於玄宗朝。開元十年,玄宗參酌孔、鄭、王肅、韋昭諸家舊解,别爲之注,頒行天下及國子學;天寶二年五月,復重注。於是孔、鄭諸家漸微,至宋,二家俱亡。

《孝經孔傳》宋以後中土久亡,然日本則傳行不絕。享保十七年(1732),太宰純根據其國所傳慶長本、享保本等舊刻,並以其他古寫本參校,重刊行世[②]。乾隆時,汪鵬(翼滄)市貿往來日本長崎,得其本,攜歸中國,鮑廷博據以刻入《知不足齋叢書》第一集,其書亡而復行中土。清代學者或疑其書出日人僞造[③],然以劉炫《述議》及《釋文》、《正義》所引《孔傳》證之,太宰本所據爲隋唐以來相傳故籍,非日人僞爲之,學界已有定論[④],兹不復具。

---

① 《唐會要》,第1405—1410頁。《文苑英華》卷七六六亦載劉知幾《孝經老子注易傳議》及司馬貞奏議(第11頁)。

② 按"慶長本",慶長七年(1602)刊,有清原秀賢跋;"享保本",爲享保六年(1721)清原尚賢家刻本,二者皆明經博士清原家刊本。有關太宰純校刻《孔傳》始末,參林秀一《太宰純の孝經孔傳の校刊とその影響》,《岡山大學法文學部學術紀要》第二號,1953年出版。

③ 丁晏《日本〈古文孝經〉孔傳辨僞》,嘗舉五證,論"世所傳《古文孝經》,必非安國之傳"。(《續經解》卷八四七,第15—17頁)鄭珍《辨日本國〈古文孝經〉孔氏傳之僞》亦疑其書出日人所僞,見鄭氏《巢經巢經説》(《續經解》卷九四三,第4頁)。

④ 參林秀一《孝經孔傳の成立に就いて》,《孝經學論集》,東京,明治書院1976年出版,第235—248頁。

太宰純所刻《孔傳》，雖可確信爲隋唐相傳舊本，然其書是否果出西漢孔安國作？此別爲一事。今據《孔傳》内容繹之，此書出後人依託，其非西漢孔安國譔，當無疑義（辨詳下）。然其書是否如《隋志》所言，出劉氏僞造？由於劉炫《孝經述議》久亡，其事迄莫能明；而今則因《述議》殘本之發現，其説然否已可論定。

林秀一根據《述議》疏釋《傳》文，屢屢駁斥孔説"非經旨"，其例多達二十餘見，使《孔傳》出劉炫所僞，則劉氏售其欺猶恐不及，焉肯駁議其非，以自敗其事？另如《三才章》"是以其教不肅而成"，《孔傳》："登山而呼，音達五十里，因高之響也。造父執御，千里不疲，因馬之勢也。聖人因天地以設法"云云，《述議》曰："'登山而呼，音達五十里'，蓋有成文，不知所出。"①使此傳果出劉炫依託，斷無不知其文出典之理②。此外，劉炫《述議序》文字駢儷典雅，而孔氏《古文孝經序》其文卑弱；《述議》論旨嚴整，《孔傳》則冗蔓淺陋，二者非出一手，較然易知③。

除林秀一所辨者外，尚別有可徵者焉。按孔氏《古文孝經序》云："曾參躬行匹夫之孝，而未達天子、諸侯以下揚名顯親之事，因侍坐而諮問焉，故夫子告其誼。於是曾子喟然知孝之爲大也，遂集而録之，名曰《孝經》，與五經並行於世。"是孔《序》以《孝經》爲曾子集録孔子之語；《述議》則斥言"孔之此説，竊所未安"，其下累累數百言，亟辨其非，"炫以爲《孝經》者，孔子身手所作，筆削所定，不因曾子請問而隨宜答對也"④。蓋劉炫以此經爲仲尼自作，故《開宗明義章》"仲尼閒居，曾子侍坐"，《孔傳》云："侍坐，承事左右，問道訓也。"《述議》非之曰："孔意以爲《孝經》是曾子發意諮問，此經曾子所録，則此八字曾爲之（按指"仲尼閒居，曾子侍坐"二句）。若曾

---

① 《孝經述議復原に關する研究》，第 261 頁。

② 除林氏所舉之例外，余按孔《序》言："胡笳吟動，馬蹀而悲；黄老之彈，嬰兒起舞。"《述議》云："笳吟馬蹀，老彈兒舞，或舊有此文書，已不知所出。"（《孝經述議復原に關する研究》，第 94 頁），此亦其比。

③ 《孝經述議復原に關する研究》，第 47—48 頁。

④ 《孝經述議復原に關する研究》，第 76—78 頁。

子自言,祇可言聞諸夫子,無容指斥師字,自言己姓。孔之此意,不可通矣。炫以爲此經夫子自作,據己而道他人,故自稱其字。"以下歷引諸家説而駁之,謂"此等不知《孝經》是仲尼自制,故致斯謬耳"①。劉炫以《孝經》爲仲尼自作,其説固未必是②,然即此可見劉炫與《孔傳》對《孝經》誰作此一經之大關節處,二家截然異旨。使《孔傳》果劉炫僞造,欲藉之以與《鄭注》抗衡,則劉炫推闡其説猶恐不及,焉有開篇即加駁抑之理?

復按《紀孝行章》"五者備矣,然後能事親",太宰本《孔傳》云:"五者,奉生之道三,事死之道二。"日本現存古鈔本俱作"奉生之道二,事死之道三"③,《述議》卷四云:

> 奉生之道二,居也、養也;事死之道三,疾也、喪也、祭也。王邵以爲疾屬生,不屬死,當云"奉生之道三";劉焯以爲人神大分,氣絶爲限,以疾爲死未有是處,古之人安有猶生而死其親哉!謂改之爲允。炫案《士喪禮》、《喪大記》將述死事,皆以疾爲首,《孔傳》分此五者合上二下三,疾雖非死,與喪共傳,蓋以將死疾篤,故同之死焉。既以爲疑,且存其舊也。④

據此,可知王邵、劉焯並以此傳宜作"奉生之道三,事死之道二";劉炫則謂當仍其舊,作生二死三。按劉炫《述議序》謂王邵獲《孔傳》舊本,遠寄河間,二劉遂共商定。邢昺《孝經序·疏》亦言:王邵得

---

① 《孝經述議復原に關する研究》,第212—214頁。

② 按《孝經》開篇言"仲尼(閒)居,曾子侍(坐)",仲尼稱字,而曾參反稱子,不免突兀;且書中稱"子曰"云云者十有五,此豈仲尼自製之體?抑《孝經》文字淺近非古,劉炫以爲仲尼自作,其説殆未足憑。檢敦煌本鄭氏《孝經·序》,言孔子"教於洙泗之間,弟子四方至者三千餘人,受業身通達者七十二人,惟有弟子曾參有至孝之性,故因閒居之中,爲説孝之大理,弟子録之,名曰《孝經》。"(伯三四一六號殘卷)鄭以《孝經》爲孔門弟子所録,視炫説差爲近理。

③ 據林秀一説,見《孝經述議復原に關する研究》,第42頁。

④ 《孝經述議復原に關する研究》,第148頁。

《孔傳》,"以送劉炫,炫敘其得喪,述其義,疏議之;劉焯亦作《疏》"[①]。則此"劉焯以爲人神大分,氣絶爲限"云云之説,或即劉焯《義疏》之文。《隋書》劉焯本傳云:"劉炫聰明博學,名亞於焯,故時人稱二劉焉。天下名儒後進,質疑受業,不遠千里而至者,不可勝數。論者以爲數百年已來,博學通儒,無能出其右者。"[②]則劉焯固當代儒宗,使《孔傳》果出劉炫依託,劉焯焉肯爲其僞傳作疏?據此諸端,則《隋志》以來舊説以《孔傳》爲出劉炫僞造,其説誣矣。

四、丁晏《孝經孔傳》出王肅僞造説駁議

以《孔傳》爲王肅所僞,此説清人丁晏首發之。丁氏《日本〈古文孝經〉孔傳辨僞》,舉五事爲驗,鑿鑿言之。後來學者於其説或信或疑,皮錫瑞《經學歷史》、趙吉惠等《中國儒學史》、章權才《魏晉南北朝隋唐經學史》等,並從丁晏此説[③]。疑之者,如倫明云:"夫肅注之同於安國,是爲肅見安國《傳》之證;若自撰一書,又本其解以僞撰一書,不嫌雷同,無是理也。"[④]此以肅注多同《孔傳》,蓋王肅本之耳,斯不足爲王肅僞造《孔傳》之確據也;胡平生亦持此説[⑤]。二氏雖不以丁説爲然,惟如所言,則將以《孔傳》爲西漢孔安國之書

---

① 《孝經注疏》卷首《序疏》,第 4 頁。

② 《隋書》,第 1719 頁。

③ 皮錫瑞《經學歷史》五《經學中衰時代》云:"肅欲攻鄭,正宜分别家法,各還其舊,而辨鄭之非。……乃肅不惟不知分别,……又僞造孔安國《尚書傳》、《論語》、《孝經》注、《孔子家語》、《孔叢子》共五書,以互相證明。"(北京,中華書局周予同注本,2004 年出版,第 155 頁)是皮氏從丁晏之説,以《孝經孔傳》爲王肅所僞也。趙吉惠之説,見《中國儒學史》(鄭州,中州古籍出版社 1991 年出版,第 362 頁);章氏之説,見《魏晉南北朝隋唐經學史》(廣州,廣東人民出版社 1996 年出版,第 76 頁)。

④ 《續修四庫總目提要·經部》,第 829 頁。

⑤ 胡平生《日本〈古文孝經〉孔傳的真僞問題》,《文史》第 23 輯,第 298 頁。

矣。林秀一亦不以丁説爲然,惟以《孔傳》多同肅注,蓋其書爲王肅後學所爲[①]。諸説紛挐,未有定論。以余考之,《孔傳》與王肅《注》雖有同者,然二家異説者尤數數見。諸家於王肅《注》其實皆鮮深究,故論王肅與《孔傳》關係,俱不得其實。以下擬先就丁氏所舉五證,具引其説,逐一辨之。

> 丁晏云:"《釋文》'仲尼居',引'王肅云:閒居也',古文正作'仲尼閒居'。此王肅暗據古文,證成其僞,以難鄭氏'凥講堂'之義;不知鄭本作'凥',與《説文》稱《古文孝經》合。肅既顯悖真古文,而又陰附僞古文,此王肅依託之一證也。"

按孔本經文作"仲尼閒居",傳云"閒居者,靜而思道也",《釋文》出"居"字,引"王肅云:閒居也"。蓋王本經文作"仲尼居",故肅注以"閒居"解之,謂孔子居平與弟子隨所遇合而問對也。《孔傳》經本則作"閒居",傳因強化其義爲"靜而思道",蓋《孔傳》以爲"《孝經》是曾子發意諮問"(劉炫語,引具上文),仲尼思以至道啟發之,垂訓將來,故雖閒居所思,莫非道方。然則肅注與《孔傳》經本、訓解各異,明白易知。乃丁晏據此而謂"此王肅暗據古文,證成其僞,以難鄭氏'凥講堂'之義",不免深文周内,故入人罪矣。鄭本亦無"閒"字,故解"居"字爲"居講堂"[②],與王肅退處閒居之義亦别[③]。使《孔傳》果王肅所造,肅將詭成其是,則孔本經文宜作"仲尼凥",以與《説文》所引《孝經》古文合,不當其本獨作

---

① 《孝經孔傳の成立に就いて》,《孝經學論集》,第 247 頁。

② 按《釋文》出"居"字,云:"如字,《説文》作凥,音同。鄭玄云:凥,凥講堂也。"舊據此以爲鄭本作"凥";臧庸《孝經鄭氏解輯》云:"凥,當作居,此因《釋文》上云《説文》作凥,因並改此也。"(《知不足齋叢書》本,第 1 頁)其説是也,檢敦煌殘卷伯二五四五、伯三四一六、伯三六九八號諸《孝經》鄭氏注殘卷並作"居"字,不作"凥",足爲臧説之驗矣。

③ 按《禮記》有《仲尼燕居篇》,《正義》引鄭玄《禮記目録》云:"退朝而處曰燕居。"(《禮記注疏》卷五十,阮氏南昌府學刻本,第 15 頁)又《孔子閒居篇》,《正義》引鄭《目録》云:"退燕避人曰閒居。"(同上,卷五十一,第 1 頁)

“閒居”,以啟人疑竇;抑孔本既作“閒居”矣,則王本當與之同,以示孔本“閒”字淵源有自。不然,豈王肅智能僞造《孔傳》,反慮不及此乎?

丁晏云:“經云‘仲尼居’,日本《孔傳》云‘仲尼之兄伯尼’。考《史記·孔子世家》不言孔子兄名字;《商頌·正義》引《世本》云:‘防叔生伯夏,伯夏生叔梁紇,叔梁紇生仲尼。’亦無孔子兄名字;即漢儒注《論語》孔子兄之子,亦未聞有‘伯尼’之號。且《史記》言禱於尼丘而生孔子,故字曰尼;而謂先生之伯兄,若預知有後日之禱而字之曰尼,更萬萬無是理。獨《家語·本姓解》稱叔梁紇妾生孟皮,一字伯尼,明是王肅杜撰,因‘仲尼’之稱臆造‘伯’字,而僞《孔傳》竟與之合。此王肅依託之二證也。”

按劉炫《述議》卷二云:“《家語》稱叔梁紇娶于魯施氏。……〔徵在〕私禱尼丘之山以祈焉,生孔子。《史記·世家》亦云‘生而圩頂’,蓋以禱丘得男,而首又似丘,既假山名爲名,又以山名爲字,故名丘而字仲尼也。……仲尼之兄字伯尼者,亦《家語》文也。今王肅所注《家語》,或作‘伯后’。《家語》出自呂氏,入漢朝,安國先得其真,‘伯尼’當是其實。孔子首似尼丘,故以仲尼爲字;其兄之首不必似山,而亦以‘尼’爲字者,蓋以弟字爲尼,故亦俯同之焉。後世此事亦多矣,如陳氏之元方、季方,司馬之伯達、仲達,皆其類也。”[①]蓋前儒固有疑孔子兄字伯尼者,故或改《家語》文作“伯后”;劉炫則以“伯尼”之説爲是,謂此乃“俯同”仲尼爲字,未免強辭。然丁晏以《家語》“一字伯尼”之文爲出王肅杜撰,此則可商。

---

① 《孝經述議復原に關する研究》,第210—211頁。

魏時鄭、王異學角立,馬昭守鄭氏之學,斥言"《家語》,肅所增加"[①];前賢或以《家語》若干内容與史實未合,輒據馬昭之言,以其書爲王肅所僞,《四庫提要》、孫志祖《家語疏證》、范家相《家語證僞》並持斯義,學者相沿爲説,幾爲定論[②]。一九七三年,河北定縣八角廊漢墓出土《儒家者言》等殘簡[③]。《儒家者言》存二十七章[④],李學勤謂其文與安徽阜陽雙古堆所出西漢前期簡牘性質相近,内容均以記述孔子及弟子言行爲主,二者當即《家語》之原型,故李氏逕稱之爲"竹簡家語"[⑤]。按此李氏嗜異駭俗之言耳[⑥],

① 按王肅《聖證論》引《尸子》及《家語》文,以難鄭玄《樂記·注》以舜南風之樂"其辭未聞"之非,時馬昭守鄭學,謂"《家語》,王肅所增加,非鄭所見;又《尸子》雜説,不可取證正經"。(《禮記注疏》卷三十八,第1頁)元行沖《釋疑》云:"子雍規玄數十百件,守鄭學者時有中郎馬昭,上書以爲肅繆。"(《舊唐書》,第3180頁)此即其一也。

② 略見張心澂《僞書通考》,上海,商務印書館1957年出版,第723—731頁。其中,朱熹謂"《家語》只是王肅編古録雜記,其書雖多疵,然非肅所作"。又黄震《日抄》云:"《家語》莫考纂述何人。……各篇中似尚有可疑處,蓋傳聞異辭,述所傳聞又異辭,其間記載之不同,亦無足怪。又有竟疑是書爲漢人僞託,此又不然。"是朱熹、黄震並不以《家語》爲王肅所僞造;而沈欽韓《漢書疏證》則謂:"肅惟取婚姻喪祭郊禘廟祧與鄭不同者,羼入《家語》,以矯誣聖人;其他固已有之,未可謂肅所造也。"是亦以其書原自有本,肅特微有增加,用以自異於鄭耳。(並見張書所輯)

③ 詳定縣漢墓竹簡整理組《定縣40號漢墓出土竹簡簡介》(《文物》1981年第8期,第11—13頁)。該刊同期《發掘簡報》推斷40號墓爲中山懷王劉修墓葬(西漢宣帝五鳳三年卒)。

④ 《儒家者言釋文》,《文物》1981年第8期,第13—19頁。

⑤ 李學勤《竹簡家語與漢魏孔氏家學》,《李學勤集》,哈爾濱,黑龍江教育出版社1989年出版,第372—379頁。

⑥ 今就定縣出土《儒家者言》觀之,雖其十章事見於《家語》,然此十章之内容,同時亦見於《説苑》、《韓詩外傳》等書,固非《家語》所獨有。抑如何直剛《儒家者言略説》所指出者,"簡中發現與《孔子家語》十章相同的内容,但分章不相同,文字差别也比所有其他各書(森按:指《説苑》、《韓詩外傳》諸書)都大"。(《文物》1981年第8期,第22頁)更不論其餘 (轉下頁)

蓋《家語》所記，原多與《荀子》、《韓詩外傳》、《説苑》、《新序》、《大戴禮》等書相出入①，《儒家者言》、阜陽雙古堆漢簡所載孔門佚説頗多互見於《家語》，則《家語》之文非出王肅杜撰，此差可爲增一據證②。而前儒絕不言王肅注群經及作《聖證論》，中有"孔子兄字伯尼"之説。《孝經孔傳》晚出（説詳下），成書在《家語》之後，其言"仲尼之兄伯尼"，自本《家語》爲説。蓋《家語》仲尼之兄伯尼，其説之是非，此爲一事；王肅嘗爲《家語》作注，然《家語》是否即王肅僞託，此又一事；而《孝經孔傳》本《家語》爲説，此又别爲一事。三者不得混而一談，抑亦甚明。不得因《孔傳》襲用《家語》之文，遂據之以爲王肅僞造《孔傳》之罪證也。

丁晏云："經云'郊祀后稷以配天，宗祀文王於明堂，以配上帝'。邢《疏》引《孔傳》云'圜丘祀天'③，日本國《孔傳》云：'上帝，亦天也。文王於明堂，后稷於圜丘也。'《通典》一百六《神位》引《孝經》此文，云：'先儒以爲天是感精之帝，即太微之五帝。'

（接上頁）

十七章之内容與《家語》絕不相涉。阜陽雙古堆漢簡四十七個篇題，見於《説苑》者三十三則，《家語》二十二則（見胡平生《阜陽雙古堆漢簡與〈孔子家語〉》，《國學研究》第7卷，2000年出版，第517—519頁）。然則李學勤以此爲"《家語》之原型"，其説已自可疑；乃李氏逕稱之爲"竹簡《家語》"，尤覺專輒。蓋《儒家者言》、阜陽雙古堆漢簡其内容尤多見於《説苑》，視《家語》爲愈，豈亦可稱之爲"竹簡本《説苑》"乎？

① 清人陳士珂輯《孔子家語疏證》，於《家語》之記事互見於群書者，悉録之附於各章之後，可參。

② 胡平生《阜陽雙古堆漢簡與〈孔子家語〉》以"《家語》的編集者就是孔安國"（《國學研究》第7卷，第526頁），此亦憑臆爲説耳，所論頗嫌意必。

③ 《聖治章》"昔者周公郊祀后稷以配天"，玄宗注："后稷，周之始祖也。郊，謂圜丘祀天也。周公攝政，因行郊天之祭，乃尊始祖以配之也。"《正義》："云'郊，謂圜丘祀天也'者，此《孔傳》文。"（《注疏》卷五，第2頁）然按《孔傳》此注實作："凡禘、郊、祖、宗，皆祭祀之别名也。天子祭天，周公攝政，制之祀典也。於祭天之時，后稷佑坐而配食之也。"並無"郊謂圜丘祀天也"之説，疑此乃王肅注，《正義》誤作《孔傳》耳。

此鄭君感生帝之説,與《孔傳》異。惟《通典》卷五十三《郊天下》,引王肅等郊即圜丘、圜丘即郊;《通鑑音注》三十六引王肅注:'上帝,天也。'《尚書釋文》亦引王肅云:'上帝,天也。'皆與僞《孔傳》合①,與漢儒言六天者不同。此王肅依託之三證也。"

按丁氏所指郊丘、感生諸端,乃鄭、王二家異説之甚者。《通典》卷四十二《禮二》云:"郊丘之説,互有不同,歷代諸儒各執所見,雖則爭論紛起,大凡不出二塗:宗王子雍者,以爲天體唯一,安得有六? 圓丘之與郊祀,實名異而體同;所云帝者,兆五人帝於四郊,豈得稱之天帝? 一歲凡二祭也。宗鄭康成者,則以天有六名,歲凡九祭"云云②,所言即此。

由於祭天之祀,經傳傳述者各異。《周禮》、《禮記》撰者非一人,其成書年代復自有别;即《禮記》諸篇往往前後互異。故同一祭天之祀,其祭名二書各異其辭③;而二書所見"天"、"皇天"、"昊天"及"帝"、"上帝"、"五帝"諸詞,時或並用,而同一用語,未必悉爲相同概念;更況二書所記禮之事實與儒者理想化之想象,亦復雜揉難辨。學者生二千年後,欲較論其事之是非,誠有難言者。至鄭、王二家孰爲短長,魏晉以來,學者各遵所聞,不一其説④,本文不擬對

① 按《通鑑音注》及《釋文》所引王肅"上帝,天也"之語,乃王肅《尚書注》,非《孝經注》,辨已詳上節王注佚文條下。

② [唐]杜佑《通典》,北京,中華書局點校本,1988 年出版,第 1167 頁。

③ 《周禮》無"郊"、"禘"之名,而言"祀"(典瑞言"四圭有邸,以祀天,旅上帝",司服云:"祀昊天上帝",大宰、掌次、大司徒等並言"祀五帝");或曰"類"(大祝言"類上帝",肆師言"類造上帝");或曰"兆"(小宗伯言"兆五帝于四郊");亦言"禋祀"(大司寇云:"若禋祀五帝,則戒之日涖誓百官",小司寇言"凡禋祀五帝,實鑊水")。而《禮記》郊、禘之語數見於《郊特牲》、《喪服小記》、《大傳》、《祭法》諸篇。

④ 參池田末利《文獻所見の祀天儀禮序説(上):禘祭の經説史的考察》,又《文獻所見の祀天儀禮序説(下):郊祭の經説史的考察》,並收於氏著《中國古代宗教史研究:制度と思想》,東京,東海大學出版會 1981 年出版,第 475—510 頁;又第 511—536 頁。

此詳加討論。惟據《禮記・郊特牲》正義云：

> 先儒説郊，其義有二。案《聖證論》以天體無二，郊即圜丘，圜丘即郊；鄭氏以爲天有六天，丘、郊各異，今具載鄭義。……《周禮》司服云："王祀昊天上帝，則大裘而冕；祀五帝亦如之。"五帝若非天，何爲同服大裘？又《小宗伯》云"兆五帝於四郊"；《禮器》云"饗帝于郊，而風雨寒暑時"。帝若非天，焉能令風雨寒暑時？又《春秋緯》"紫微宫爲大帝"，又云"北極耀魄寶"；又云："大微宫有五帝坐星，青帝曰靈威仰，赤帝曰赤熛怒，白帝曰白招拒，黑帝曰汁光紀，黄帝曰含樞紐。"是五帝與大帝六也。又五帝亦稱上帝……。而賈逵、馬融、王肅之等，以五帝非天，唯用《家語》之文，謂大皞、炎帝、黄帝五人帝之屬，其義非也。①

《疏》不破注，孔疏所述"五帝與大帝六也"者，即經説史上所謂"六天"之説。蓋鄭玄以"皇天"爲北辰耀魄寶，冬至祭之於圜丘；另以"上帝"爲太微五帝，因"王者之先祖皆感大微五帝之精以生"，王者禘其祖所自出，周爲木德，靈威仰木帝，故郊祭以后稷配蒼龍精，以正歲之正月祭之②，是鄭别郊與圜丘爲二③。如上引孔《疏》所指

---

① 《禮記注疏》卷二十五，第 1—2 頁。

② 按《禮記・月令》季夏"以共皇天上帝"，鄭注："皇天，北辰耀魄寶，冬至所祭於圜丘也；上帝，大微五帝。"（《注疏》卷十六，第 9 頁）又《禮記・大傳》"王者禘其祖之所自出，以其祖配之"，鄭注："凡大祭曰禘。……大祭其先祖所由生，謂郊祀天也。王者之先祖，皆感大微五帝之精以生，蒼則威靈仰、赤則赤熛怒、黄則含樞紐、白則白招拒，黑則汁光紀，皆用正歲之正月郊祭之，蓋特尊焉。《孝經》曰'郊祀后稷以配天'，配威靈仰也；'宗祀文王於明堂，以配上帝'，汎配五帝也。"（《注疏》卷三十四，第 1 頁）

③ 詳參間嶋潤一《鄭玄の祭天思想に就いて——〈周禮〉國家に於ける圜丘祀天と郊天》，刊於《中國文化・大塚漢文學會會報》第 45 號，1987 年出版。

出者,鄭玄感生、六天之説,乃本《春秋緯》①。其言“賈逵、馬融、王肅之等,以五帝非天”云云,知賈、馬並以五帝爲太皞、炎帝、黄帝、少皞、顓頊等五人帝,王肅蓋本其説耳②。然則丁晏言肅義“與僞《孔傳》合,與漢儒言六天者不同”,一似五帝爲五人帝之説乃王肅之創解。不知此固漢儒舊義;而感生、六天之説,則鄭玄牽合漢代今文家天人交感及《春秋緯》以推衍之③,非經説古義,故王肅著論駁之。《孝經·聖治章》疏云:

> 鄭玄以《祭法》有“周人禘嚳”之文,遂變郊爲祀感生之帝,謂東方青帝靈威仰,周爲木德,威仰木帝,以后稷配蒼龍精也。……魏太常王肅獨著論以駁之,曰:“……若依鄭説,以帝嚳配祭圜丘,是天之最尊也。周之尊帝嚳不若后稷,今配青帝,乃非最尊,實乖‘嚴父’之義也。……天一而已,故以所在祭,在郊則謂爲圜丘,言於郊爲壇以象圜天,圜丘即郊也,郊即圜丘也。”其時中郎馬昭抗章固執,當時敕博士張融質之。融稱:“漢世英儒,自董仲舒、劉向、馬融之倫,皆斥周人之祀昊天於郊,以后稷配;無如玄説配蒼帝也。然則《周禮》圜丘,則《孝經》之郊,聖人因尊事天,因卑事地,安能復得祀帝嚳於圜丘、配后稷於蒼帝之禮乎?且在《周頌》‘思文后稷,克配彼天’,又‘《昊天有成命》,郊祀天地也’,則郊非蒼帝,通儒同辭,肅説爲長。”④

---

① 按《周禮·大宗伯·疏》云:“《春秋緯運斗樞》云‘大微宫有五帝座星’,即《春秋緯文耀鉤》云:‘春起青受制,其名靈威仰;夏起赤受制,其名赤熛怒;秋起白受制,其名白招拒;冬起黑受制,其名汁光紀;季夏六月火受制,其名含樞紐。’又《元命包》云:‘大微爲天庭,五帝以合時。’”此即《禮記正義》泛稱之《春秋緯》也。

② 《三國志》卷十三王肅本傳言:“肅善賈、馬之學,而不好鄭氏,采會同異,爲《尚書》、《詩》、《論語》、《三禮》、《左氏》解。”(第 419 頁)

③ 參吴二焕《六天説の背景》,刊於京都大學《中國思想史研究》第 5 號,1982 年出版。

④ 《孝經注疏》卷五,第 3 頁。

據張融所言，漢世英儒“無如玄説配蒼帝也”，然則丁晏謂王肅説“與漢儒言六天者不同”云云，頓失所據矣。又《孝經疏》此文言“其時中郎馬昭抗章固執”者，馬昭爲鄭玄後學，元行沖《釋疑》述其事云：“子雍（肅）規玄數十百件，守鄭學者，時有中郎馬昭，上書以爲肅繆。詔王學之輩，占答以聞；又遣博士張融案經論詰。融登召集，分别推處，理之是非。”又言：“王肅改鄭六十八條，張融覈之，將定臧否。融稱玄注泉（淵）深廣博，兩漢四百餘年未有偉於玄者。然二郊之祭、殊天之祀，此玄誤也；其如皇天祖所自出之帝，亦玄慮之失也。”[①]按張融稱鄭玄淵深廣博，兩漢四百年群儒無有過之者，推崇甚至，則融非朋於王學者，特鄭分郊與圜丘爲二，及六天之祀、祭感生之帝諸端，張融則以此爲“玄誤也”、“玄慮之失”。據此，則當時公論固以肅説爲長。而《孔傳》晚出，在張融之後（説詳下），其承用賈、馬、王肅之説，自不足異。不得因《孔傳》承用當世通説，遂謂《孔傳》即王肅依託也。

> 丁晏云：“經云‘孝無終始，而患不及者’，《孔傳》謂‘必及患禍’，邢《疏》云：‘《蒼頡篇》謂患爲禍，孔、王引之以釋此經’；又經云‘不敢遺小國之臣’，《孔傳》：‘小國之臣，臣之卑者也。’邢《疏》引王肅注：‘小國之臣，至卑者耳’；經云：‘昔者明王事父孝，故事天明；事母孝，故事地察。’《孔傳》：‘王者父事天，母事地。’邢《疏》引王肅注：‘王者父事天，母事地’；經云‘將順其美’，《孔傳》：‘將，行也。’邢《疏》引王肅注：‘將，行也。’《隋書・經籍志》有王肅《孝經解》一卷，久佚不傳。今略見於邢叔明所引，已與《孔傳》宛同。此王肅依託之四證也。”

丁氏此舉四事，以見肅注與《孔傳》義多近同，以此爲王肅僞造《孔傳》之一證；學者未覈其實，往往襲用斯説。今按《庶人章》“孝

---

① 《舊唐書》卷一百二《元行沖傳》，第3180—3181頁。

無終始,而患不及者,未之有也”,《正義》云:“《蒼頡篇》謂‘患’爲禍,孔、鄭、韋、王之學引之以釋此經。”①則非特孔、王乃爾,鄭玄、韋昭亦以“患”字爲禍患義。檢敦煌本《孝經義記》殘卷引王肅此注云:“無終始而患不及其身者,未有此也。”而《孔傳》言:“必有終始,然後乃善。其不能終始者,必及患禍矣。”二義雖近,文實不同,《正義》語欠明晰耳,説已具上節王注佚文條下。至丁氏所舉《孝治章》“小國之臣”、《感應章》“昔者明王事父”、《事君章》“將順其美”三事,玄宗注悉本肅義,《正義》俱云“此依王注”,蓋其義確當可從故爾。《孔傳》晚出,其參用肅注,亦猶玄宗之本肅注也。豈可據此遂謂玄宗注亦王肅僞作乎?

抑丁晏但見肅注與《孔傳》之同,獨不見二家之異。上舉“仲尼(閒)居”,二家之義迥别,此或丁氏蔽於所見,可以不論。然如《諫爭章》“諸侯有爭臣五人”,《正義》明云:“諸侯五者,《孔傳》指天子所命之孤,及三卿與上大夫;王肅指三卿、内史、外史,以充五人之數。”又“大夫有爭臣三人”,《正義》云:“大夫三者,《孔傳》指家相、室老、側室,以充三人之數;王肅無側室,而謂邑宰。”②《孔傳》與肅注異説,極其明白。丁晏於此二家違異處,絕口不提,豈非偏據乎?實則王、孔異義,所在多有(詳下文)。王肅何不憚煩,於己注之外,更僞造一書,以自相抵牾,豈有是理乎?

> 丁晏云:“經云‘天子有爭臣七人’,《孔傳》:‘七人,謂三公及前疑、後丞、左輔、右弼也。’《家語·三恕篇》‘昔者明王萬乘之國有爭臣七人’,王肅注:‘天子有三公四輔。四輔,前曰疑,後曰丞,左曰輔,右曰弼。’與《孔傳》符合。此王肅依託之五證也。由是觀之,其爲王肅之妄作,豈不昭昭然哉!”

---

① 《孝經注疏》卷三,第2頁。

② 並《孝經注疏》卷七,第4頁。

按鄭氏此注亦言:“七人,謂三公、左輔、右弼、前疑、後丞。”① 與王肅、《孔傳》正同。考爭臣七人,其官群籍無明文。《尚書·皋陶謨》:“予違,汝弼。汝無面從,退有後言。欽四鄰。”②《尚書大傳》云:“古者天子必有四鄰,前曰疑,後曰丞,左曰輔,右曰弼。天子有問無以對,責之疑;可志而不志,責之丞;可正而不正,責之輔;可揚而不揚,責之弼。其爵視卿,其祿視次國之君也。”③鄭玄《尚書注》本之,亦以左輔、右弼等爲四鄰④。又《禮記·文王世子》引“記曰:虞夏商周有師保,有疑丞。設四輔及三公,不必備,唯其人。”⑤鄭氏《孝經注》殆據此“設四輔及三公”之文,以當“爭臣七人”;肅注當亦爾。《孔傳》於“爭臣五人”、“爭臣三人”,並與王肅立異;而此“七人”,因有《禮記》之成文在,故莫之能易也。《孔傳》與鄭、王義同,蓋通説如此,必以此爲王肅僞造《孔傳》之據證,豈非深文周内?

如上文所辨者,丁晏所舉之五證,率皆影響之談,要不足爲王肅僞造《孔傳》之確據也。至丁氏著《尚書餘論》、《論語孔注證僞》及此《孝經孔傳辨僞》,以《尚書孔傳》、《論語孔注》及《孝經孔傳》三書並出王肅一手僞造,其説尤難成立,辨詳下。

五、王肅、孔傳異義考

歷來學者討論王、孔異同時,大多着眼於二家之同,而未細審《孔傳》其實有意與王肅立異之事實,請進而言之。

前引《諫爭章》“大夫有爭臣三人”,《正義》云:“大夫三者,《孔傳》指家相、室老、側室,以充三人之數;王肅無側室,而謂邑宰。”按

---

① 陳鐵凡《孝經鄭注校證》,臺北,編譯館 1987 年出版,第 194 頁。

② 《尚書注疏》卷五,阮氏南昌府學刻本,第 5 頁。按《注疏》本此文屬《益稷》,僞孔本分《皋陶謨》“帝曰來禹汝亦昌言”以下爲《益稷》耳。

③ 《禮記注疏》卷二十,第 14 頁。

④ 《尚書注疏》卷五,第 9 頁引。阮刻本“丞”字誤“承”,今校改。

⑤ 《禮記注疏》卷二十,第 14 頁。

所謂諸侯諍臣五人、大夫三人者,其官載籍無明文,故《正義》謂王、孔二家所解,"斯並以意解說,恐非經義"①。余考《左傳》襄公十四年,師曠曰:"天子有公,諸侯有卿,卿置側室(杜注:"側室,支子之官。"),大夫有貳宗,士有朋友,庶人、工商、皂隸、牧圉皆有親暱,以相輔佐也。善則賞之,過則匡之,患則救之,失則革之。"②《孔傳》蓋據此"卿置側室"之文,故改肅注"邑宰"爲"側室"也。即此一例,可以旁覘《孔傳》有意與王肅立異之用心。

另考《五刑章》"五刑之屬三千,而罪莫大於不孝",此文舊有二說。敦煌本鄭《注》:"□□之罪莫大於不孝,聖人所以惡之,故不書在三千條中。"③是鄭以不孝之罪在三千條外;劉炫《孝經述議》卷四引王肅云:"三千之刑,不孝之罪最甚大。"則王肅以不孝之罪在三千之刑內,與鄭《注》異義。劉炫言:"江左名臣袁宏、謝安、王獻之、殷仲文之徒,皆云五刑之罪可得而名,不孝之罪不可得名,故在三千之外。近世儒生,共遵此旨。"④蓋東晉學者多據鄭義爲說。《孔傳》此注云:"凡五刑之屬三千也,言不孝之罪,大於三千之刑也。辠者,謂居上而驕,爲下而亂,在醜而爭之比也。"是《孔傳》亦以不孝之罪在三千條外⑤,此袁宏、謝安輩正同。余下文推測《孔傳》成於東晉之時,則《孔傳》此義正用當時通說,所謂"近世儒生,共遵此旨"也。

按此二義,肅說爲長。劉炫《述議》云:"案上章云'此三者不除,雖日用三牲養,猶爲不孝',此章承之即云'罪莫大於不孝',則

① 《孝經注疏》卷七,第 4 頁。

② 《左傳注疏》卷三十二,阮氏南昌府學刻本,第 18 頁。

③ 陳鐵凡《孝經鄭注校證》據伯二六七四、斯三九九三鄭注殘卷參校。陳氏云:"'之罪'上疑爲'三千'二字。"(第 165 頁)此說非是,如其說,則與下文"不書在三千條中"前後違戾矣。余意此蓋缺"五刑"二字。

④ 《孝經述議復原に關する研究》,第 156—157 頁。按《正義》亦云:"案舊注說及謝安、袁宏、王獻之、殷仲文等,皆以不孝之罪,聖人惡之,云在三千條外。"(《注疏》卷六,第 3 頁)

⑤ 按《述議》云:"《孔傳》'言不孝之罪,大於三千之刑',謂三千之中此罪最大。"(《孝經述議復原に關する研究》,第 156 頁)殆非傳意,今不取。

不孝之罪還是驕亂之比,驕亂之罪豈得在三千外乎？若驕亂之罪不在三千,則三千之條何所誅也？且以上經類之,'人之行,莫大於孝',孝者在行之中矣;'孝莫大於嚴父',嚴父在孝中矣;'嚴父莫大於配天',配天在嚴父中矣。此云'五刑三千,而罪莫大於不孝',則不孝亦當在三千中矣,安得復在三千外也?"[①]《正義》亦非謝安、袁宏諸家説:"此失經之意也,案上章云'三者不除,雖日用三牲之養,猶爲不孝',此承上'不孝'之後,而云'三千之罪莫大於不孝',是因其事而便言之,本無在外之意。"[②]二説近是。

復次,《感應章》"長幼順,故上下治",《述議》卷五引王肅云:"天子至尊,然猶先兄後己,順於長幼之宜。"是肅注"幼"兼天子己身言;玄宗《注》:"君能尊諸父,先諸兄,則長幼之道順。"二者義近。《孔傳》則云:"謂克明厥德,以親九族也。長者於王,父兄之列也;幼者於王,子弟之屬也。能順其長幼之節,則親疏有序,而以之化天下,上下不亂也。"蓋本《堯典》"克明俊德,以親九族"之義,故以"長幼"爲指王者之宗族言,其與肅注顯然異義。

又《卿大夫章》"非先王之法言不敢道,非先王之德行不敢行",此"法言"、"德行"之具體内容,諸家所解不一,鄭《注》以法言爲指《詩》、《書》,德行指禮樂[③]。劉炫《述議》卷三云:"王肅以法言爲《詩》、《書》、《禮》、《樂》;法行爲孝、友、忠、信。"劉炫推王肅之意:"以《詩》、《書》、《禮》、《樂》有文可言,故屬之於言","孝、友、忠、信爲行之體,故屬之於行"[④];而《孔傳》則謂"法言,謂孝、弟、忠、信、仁、義、禮、典也。此八者不易之言也,非此則不説也。故能參德於天地"云云;又析"德行"爲内外二事,言:"修德於身,行之於人。……是以上安而下化之也。"蓋《孔傳》以"禮、典"統攝《詩》、《書》、《禮》、《樂》,更擴充"法言"之内涵,將肅注所指爲德行之"孝友忠信"悉歸諸"法言",而將"德行"擴充爲修己化人之行。其有意

① 《孝經述議復原に關する研究》,第 157—158 頁。
② 《孝經注疏》卷六,第 3 頁。
③ 《孝經鄭注校證》,第 42—44 頁。
④ 《孝經述議復原に關する研究》,第 241 頁。

與王肅立異,尤不可掩。

按《孝經》此所陳者,乃卿大夫之孝,“非先王之法服不敢服,非先王之法言不敢道,非先王之德行不敢行”,此僅爲消極性之道德要求,故下文承此,第言:“是故非法不言,非道不行。口無擇言,身無擇行,言滿天下無口過,行滿天下無怨惡。三者備矣,然後能守其宗廟。”使如《孔傳》所解,則“參德於天地”、“上安而下化”,豈止守其宗廟而已。《孔傳》解下文“言滿天下無口過”二句,至謂:“聖人詳慎,與世超絕。發言必顧其累,將行必慮其難。故出言而天下説之,所行而天下樂之。言不逆民,行不悖事,則人恐其不復言,恐其不復行。”是直欲卿大夫皆造聖人超絕之境矣。

以上所舉,並肅《注》佚文其義與《孔傳》顯然異趣者。實則二家之異,更有遠甚於此者。比觀二注,王肅《注》大抵皆順經文作解,語極簡質,正漢魏注解本色。而《孔傳》則多闡發義理,每作抽象之演繹,上舉《卿大夫章》“法言、德行”即其一例。另如《三才章》:“子曰:夫孝,天之經也,地之義也,民之行也。”以孝爲天經地義,即天地本原之理,人所當奉而行之。諸家於此詮解不一①,王肅解此,第言:“天地爲父母,萬物爲之子,五行更相生,終始相奉成,孝子之道也。”其意蓋以天地生養萬物,人亦萬物之一,天地之道,“五行更相生”,則人當法萬物“終始相奉成”以爲報,故孝爲“民之行”也。《孔傳》解此則云:

> 經,常也;義,宜也;行,所由也,亦皆謂常也。夫天有常節,地有常宜,人有常行,一設而不變,此謂三常也。孝,其本

---

① 《述議》卷三引韋昭云:“天立性命,以卑承尊,故曰天之經也;地以柔順配天而行,故曰地之義也。”又引殷仲文云:“夫以親爲本,則在我愈末,本重末輕,則親忘己,此孝之大要也。天者,日月之本,日月雖靈,每以沖冥處末,由其自虧,故能常奉其本,冥符孝理,天之常也。地者,山川之本也。山川能資此群生,使各得其宜,原爲功之母,必歸美於地,由其自損,故在本常重,義協顯親,是謂地之宜也。”(《孝經述議復原に關する研究》,第256頁)此則以玄理解之矣。

也，兼而統之，則人君之道也；分而殊之，則人臣之事也。君失其道，無以有其國；臣失其道，無以有其位。故上之畜下不妄，下之事上不虛，孝之致也。①

今繹其說，蓋"經"即常，推而衍之，則"地義"、"民行"亦以"常"爲本質，故云"天有常節，地有常宜，人有常行"，而孝則此"三常"之本。實則此所謂"三常"者，乃《孔傳》創解，非經文所本有。而所謂"兼而統之，則人君之道也；分而殊之，則人臣之事也"，劉炫云："孔意以民總貴賤，君爲其主。爲人君者，法天地以施化，身立行以化民，三常之事，君盡用之。爲人臣者，止得行己奉上，不得法天教下，三常之道，不能盡用。"②推闡越密，析理益微。蓋《孔傳》解經，義多演繹，已非漢魏傳注依文訓解之體矣。

要之，王肅、《孔傳》說義雖間有同者；然孔有意與王肅立異亦灼然可見。抑其解經舖敘敷說，非復漢魏訓詁文義之樸質矣，其時世當在王肅之後甚遠。今人乃以《孔傳》成書在王肅之前，豈不傎倒！

至林秀一以《孔傳》爲王肅後學所爲，此但見《孔傳》與王肅之同而臆爲之說耳。如上文所考，《孔傳》與王肅每多立異，此又將何說焉？抑如上述《廣至德章》"教以臣"諸句，《孔傳》以"父事三老，兄事五更，君事皇尸"云云爲說；又《五刑章》以不孝之罪在三千條外，若此之屬，顯然皆從鄭氏而不取肅義也。而孔異乎鄭者，亦所在多有，如《天子章》"德教加於百姓，形於四海"，鄭《注》："刑，見也。德教流行，見於四海，無所不通。"孔本"形"字作"刑"，云："刑，法也。百姓被其德，四海法其教。……"又《孝治章》"有覺德行，四國順之"，鄭《注》："覺，大也。有大德行，四方之國順而行之。"《孔傳》則言："覺，直也。言先王行正直之德，則四方之衆國皆順從法則之也。"此皆二者訓義顯然而異者。《三才章》"夫孝，天之經也"

① 《古文孝經孔氏傳》，《知不足齋叢書》本，第7頁。

② 《孝經述議復原に關する研究》，第255頁。

諸句，鄭《注》:“春夏秋冬，物有死生，天之經也。山川高下，水泉流通，地之義也。孝悌恭敬，民之行也。”此與《孔傳》泛言“天有常節，地有常宜，人有常行。一設而不變，此謂三常”云云，尤截然異趣。蓋《孔傳》其書晚出，故得參酌鄭、王之義，依違其間，以敷暢厥説也。

六、王肅襲用《孝經孔傳》説駁議

倫明《孝經徵文提要》駁丁晏“《孔傳》出王肅僞造”之説爲非，乃謂肅《注》之同於《孔傳》，“足爲肅見安國《傳》之證”，其説武斷，原不值一駁。一九八四年，胡平生撰《日本〈古文孝經〉孔傳的真僞問題》一文，胡君比覈王、孔二注，而謂：

> 王氏《解》與《孔傳》確實有一些相同或相近之處。不過，要據此而得出王肅作《孔傳》的結論，證據遠遠不夠。實際上，漢魏以來經學家解經不可能一字一句皆有新意，前人正確的解釋，後人可以襲用，或者改换成自己的話加以表述。從上引數節看，固然可以懷疑《孔傳》脱胎於王氏《解》，但也不能排除王氏《解》源於《孔傳》。王肅《孔子家語·後序》既已提到《孔傳》，則後一種可能性似乎更大一點。①

胡君據今本《家語》卷末《後序》已言及《孔傳》，故疑王、孔義同者，蓋王肅本之《孔傳》。近年李學勤復據胡君此説，佐以一九八三年日本膽澤城遺址發掘所見漆紙文書《古文孝經》，而謂:“膽澤城遺址漆紙文書《古文孝經》的發現，確證了日本流傳的《古文孝經》不僞，否定了清代不少學者的考據;”“王肅曾得《家語》于孔猛，他提

① 胡平生《日本〈古文孝經〉孔傳的真僞問題》，《文史》第 23 輯，第 287—299 頁。

到孔安國的《古文論語訓》和《孝經傳》自非偶然。"[①]其後王志平復據胡、李二氏之説，斷言：

> 日本膽澤城出土了八世紀中葉至後半葉的《古文孝經孔傳》寫本，《孝經孔傳》僞書説已難成立，所以看來還是承認王肅《注》脱胎于《孔傳》爲合理。[②]

諸家相沿爲説，衆口一辭，幾於積非成是矣。今按膽澤城遺址所出《孝經孔傳》殘本，存士、庶人、孝平〔治〕、三才四章，據李學勤之説，其書寫年代約八世紀中至後半葉，則已在玄宗《御注》頒行之後矣。然則此寫本充其量僅能證明日本所傳《孝經孔傳》爲梁、隋間相承舊本，此與《孔傳》之真僞，其書是否果爲西漢孔安國作，截然兩事。李學勤將二者混爲一談，不免歧途亡羊。

如上節所論者，《孔傳》解經，義多演繹，與鄭、王之注但順經文作解者絶異；且其釋義繁蕪冗蔓，已近後來講疏家之體，其與鄭、王《注》時代後先，較然易明。今以首章爲例，以見其概。篇首"仲尼（閒）居"，鄭《注》但云："仲尼，孔子字；居，居講堂也。"僅十字；王肅云："居，閑居也。"《孔傳》則敷衍枝蔓，除解"仲尼者，孔子字也"之外，其下更襲用《左傳》桓公六年文，闡述古人命名之義：

> 凡名有五品，有信、有誼、有象、有假、有類。以名生爲信，以德名爲誼，以類名爲象，取物爲假，取父爲類。

繼則説明孔子得名命字之由：

> 仲尼首上圩，似尼丘山，故名曰丘而字仲尼。孔子者，男

① 李學勤《日本膽澤城遺址出土〈古文孝經〉論介》，收於李氏《走出疑古時代》〔增訂本〕，瀋陽，遼寧大學出版社 1997 年出版，第 307—314 頁。

② 李學勤主編《中國學術史》，王志平執筆《三國兩晉南北朝卷》，南昌，江西教育出版社 2001 年出版，第 158 頁。

子之通稱也。仲尼之兄伯尼。閒居者,靜而思道也。[1]

此牽連旁及孔子之兄字伯尼,以明孔子之爲仲也。比觀諸注,《孔傳》不惟與鄭、王《注》繁簡判然;其訓解形式,非止訓釋詞義,而是隱然以申明或補充舊注爲事,類乎六朝講疏之體。而講疏除一般語詞釋義外,尤重在引申發揮,闡發義理,此爲《孔傳》與鄭、王注最大差異之所在。觀下文"先王有至德要道",鄭《注》但言:"至德,孝悌也;要道,禮樂也。"[2]王肅則云:"孝爲德之至,又爲道之要。"二家異義,然皆依文作解,不雜廁個人議論於其間。《孔傳》則以"至德要道"並指孝言,然其用意所在,尤在分疏孝所以爲"至德要道"之故:

至德,孝德也。孝生於敬,敬者寡而說者衆,故謂之要道也。訓,教也。道者,扶持萬物,使各終其性命者也;施於人,則變化其行而之正理。故道在身,則言自順而行自正,事君自忠,事父自孝,與人自信,應物自治。一人用之,不聞有餘;天下行之,不聞不足。小取焉,小得福;大取焉,大得福;天下行之,而天下服。是以總而言之,一謂之要道;別而名之,則謂之孝弟仁誼禮忠信也。[3]

此文"道者扶持萬物"以下百餘言,皆作者引申推闡之説,非經文本有之義。而其末"總而言之,一(孝)謂之要道;分而別之,則謂之孝弟仁誼禮忠信"云者,顯然意在兼攝鄭、王之義。觀此,其與鄭、王先後之跡固不難意會矣。

另如《廣至德章》"教以臣,所以敬天下之爲人君者也",玄宗《注》依王肅義,云:"舉臣道以爲教,則天下之爲人臣者無不敬其君

① 《古文孝經孔氏傳》,第1頁。按"孔子者男子之通稱"句,"孔"字當衍。

② 《孝經鄭注校證》,第3頁。

③ 《古文孝經孔氏傳》,第1頁。

也。”此與上經“教以孝，所以敬天下之爲人父者也；教以悌，所以敬天下之爲人兄者也”二句合觀之，義極顯白。《孔傳》解此，則累累百數十言：

> 所謂敬其君則臣説也。以臣道教，即是敬天下之爲人君者也。古之帝王，父事三老，兄事五更，君事皇尸，所以示子弟臣人之道也。及其養國老，則天子袒而割牲，執醬而饋之，執爵而酳之，盡忠敬於其所尊，以大化天下焉。皇，君也；事尸者，謂祭之象者也。尸即所祭之像，故臣子致其尊嚴也。三老者，國之舊德，賢俊而老，所從問道誼，故有三人焉。五更者，國之臣更習古事，博物多識，所從諮道訓，故有五人焉。[①]

此傳“古之帝王，父事三老，兄事五更，君事皇尸，所以示子弟臣人之道也”云云，此合上“敬父”、“敬兄”二句而言也，其義自鄭《注》出。按“敬父”句，鄭云：“天子無父，事三老，所以教天下孝也”；又“敬兄”句，鄭云：“天子無兄，事五更，所以教天下悌也。”而“敬君”句，鄭云：“天子郊則君事天，廟則君事尸，所以教天下臣。”[②]蓋經文但言“教以孝”、“教以悌”、“教以臣”，不言所教者何事。按《禮記·樂記》有云：“食三老、五更於大學，天子袒而割牲，執醬而饋，執爵而酳，冕而總干，所以教諸侯之弟也。”[③]以食三老、五更並屬教悌，鄭氏據之，然爲牽合《孝經》之文，乃分事三老爲教孝，事五更爲教悌，又以事尸爲教臣。《孔傳》則依鄭義爲説，復引《樂記》“天子袒而割牲”之文以釋其禮，其下更就“皇尸”、“三老”、“五更”之義詳加解釋。其釋義極爲繁蕪，已近乎後來講疏家之體矣，此豈王肅之前所宜有？

據前文所考，《孔傳》參酌鄭、王兩家之義，其跡歷歷。僞爲此

---

① 《古文孝經孔氏傳》，第 15 頁。
② 《孝經鄭注校證》，第 180—183 頁。
③ 《禮記注疏》卷三十九，第 14 頁。

傳者,復欲闡發二家未宣之義蕴,以求爭勝,故煩言費辭,殊非漢人經注簡質之體。今乃以《孝經孔傳》非僞,王、孔義同者爲王肅襲用《孔傳》,云云之説,豈非眯目而道黑白?

原胡平生、李學勤二氏之以《孔傳》爲真,蓋因今本《孔子家語》卷末《後序》有言:

> 天漢後,魯恭王壞夫子故宅,得壁中《詩》、《書》,悉以歸子國。子國乃考論古今文字,撰衆師之義,爲《古文論語訓》十一篇、《孝經傳》二篇、《尚書傳》五十八篇,皆所得壁中科斗本也。①

繹前引胡平生言"王肅《孔子家語·後序》既已提到《孔傳》"云云,蓋胡君以《後序》爲王肅所撰。果王肅序已言及《孝經孔傳》,無論其書是否西漢孔安國著,其必成於王肅之前無疑,故胡平生等乃有王肅襲用《孔傳》之説。惟余考之,《後序》既未署王肅名,且文字冗蔓複沓,殊不見其爲王肅所作也。按今本《後序》顯爲兩文(或三文)拼合而成,自篇首"《孔子家語》者,皆當時公卿士大夫及七十二弟子之所諮訪、交相對問言語者",至"將來君子不可不鑑"止,此四百九十三字爲一人手筆,其言秦、漢《家語》之傳云:

> 始皇之世,李斯焚書,而《孔子家語》與諸子同列,故不見滅。高祖剋秦,悉斂得之。……元封之時,吾仕京師,竊懼先人之典辭將遂泯滅,於是因諸公卿士大夫,私以人事募求其副,悉得之,乃以事類相次,撰集爲四十四篇。又有曾子問禮一篇,自别屬《曾子問》,故不復録。②

此藉孔安國口吻,敘述《家語》成書及其流傳得喪,學者或稱之曰"孔安國序"。而自"孔安國,字子國,孔子十二世孫也"以下,此當

① 《孔子家語》卷十,第 26 頁。
② 《孔子家語》卷十,第 24 頁。

別出一手,知者,其言"子襄以好經書博學,畏秦法峻急,乃壁藏其《家語》、《孝經》、《尚書》及《論語》於夫子之舊堂壁中"[①],此與上引文言"李斯焚書,而《孔子家語》與諸子同列,故不見滅",二者顯然異説。其次,後一序言"天漢後,魯恭王壞夫子故宅,得壁中《詩》、《書》,悉以歸子國"[②],此復與前序言安國"因諸公卿士大夫,私以人事募求其副"者歧異,則前後兩文非出一手甚明。論者或以後文爲王肅所撰,然按其文逕以"孔安國,字子國,孔子十二世孫也。孔子生伯魚,魚生子思,名伋,伋常遭困于宋"開篇,通篇未及王肅注《家語》事;且文中旁及"自叔梁紇始出妻,及伯魚亦出妻,至子思又出妻,故稱孔氏三世出妻",殊覺枝蔓。下文言孔安國著《論語訓》、《孝經傳》、《尚書傳》三書,又集録《家語》,"會值巫蠱,事寢不施行";末以孔衍上書終篇。然衍上書又言"時魯恭王壞孔子故宅,得古文科斗《尚書》、《孝經》、《論語》,世人莫有能言者,安國爲之今文讀,而訓傳其義。又撰《孔子家語》,既畢,會值巫蠱事起,遂各廢,不行于時"云云,與上文重複。其文字複沓,通篇不見其爲王肅所作之痕跡。

余考《家語·後序》前後兩文,蓋皆後人依託。據《史記·秦始皇本紀》,諸子書實在焚禁之列,李斯上言云:

> 今皇帝並有天下,别黑白而定一尊。私學而相與非法教,人聞令下,則各以其學議之,入則心非,出則巷議,夸主以爲名,異取以爲高,率群下以造謗,如此弗禁,則主勢降乎上,黨與成乎下。禁之便。臣請史官非秦記皆燒之;非博士官所職,天下敢有藏《詩》、《書》、百家語者,悉詣守、尉雜燒之。[③]

諸子書"私學而相與非法教",正秦法所厲禁,孔安國博通今古,此

① 《孔子家語》卷十,第 25 頁。
② 《孔子家語》卷十,第 26 頁。
③ 《史記》,第 255 頁。

固所習知者。僞孔《序》乃言"始皇之世,李斯焚書,而《孔子家語》與諸子同列,故不見滅",豈不悖哉! 其僞不言可喻矣。而後一序及孔衍上書,兩度言及僞孔三傳,此亦非王肅所及知者,其必出晉以後人假託無疑。

按《尚書孔傳》、《論語孔注》、《孝經孔傳》三者年代不一[①],其説往往互異,三書非出一人所爲斷無可疑。知者,前舉"天子有爭臣七人",《孝經孔傳》依鄭、王義,以三公、四鄰(前疑、後丞、左輔、右弼)當之;而《尚書孔傳》解《皋陶謨》"欽四鄰",則言"四近前後左右之臣",《正義》云:"四近之臣,蓋謂近君之臣耳,無常人也。鄭玄以四近爲左輔、右弼、前疑、後丞,惟伏生《書傳》有此言。"[②]是《尚書孔傳》以四鄰爲四近之臣,非有常官,不取伏生、鄭玄前疑後丞左輔右弼之説,與《孝經傳》異。

又,《天子章》"《呂刑》云一人有慶",《孝經傳》云:"……呂者,國名,四嶽之後也。爲諸侯,相穆王,訓夏之贖刑,以告四方。"此以呂侯爲穆王相;而《尚書·呂刑》篇首,《孔傳》云:"呂侯見命爲天子司寇。呂侯以穆王命作書,訓暢夏禹贖刑之法。"是《書孔傳》以呂侯爲穆王司寇,二説歧互。孔穎達《正義》言:"鄭玄云'呂侯受王命,入爲三公',引書説云'周穆王以呂侯爲相'。書説,謂書緯,《刑將得放》之篇有此言也。"[③]然則以呂侯爲穆王相者,此鄭玄用緯書之説,馬融、王肅注《尚書》皆不爾。明《孝經傳》襲用鄭玄《尚書注》,與《書孔傳》異義。

據此二證,則《尚書傳》與《孝經傳》雖皆託名孔安國著,顯非出自一人所爲。而閻若璩《尚書古文疏證》嘗論《論語孔注》與《尚書孔傳》所解不一:

> 余嘗取《孔注論語》與《孔傳尚書》相對校之,如"予小子

① 拙作《皮錫瑞〈經學歷史〉周注補正》一文有考,此不復論,見《中國經學》第1輯,桂林,廣西師範大學出版社2005年出版,第22—25頁。

② 《尚書注疏》卷五,第9頁。

③ 《尚書注疏》卷十九,第16頁。

履,敢用玄牡”三句,孔曰:“履,殷湯名;此伐桀告天之文。殷家尚白,未變夏禮,故用玄牡。皇,大;后,君也。大大君帝,謂天帝也。《墨子》引《湯誓》其辭若此。”“朕躬有罪,無以萬方”四句,孔曰:“無以萬方,萬方不與也。萬方有罪,我身之過”;“雖有周親,不如仁人”二句,孔曰:“親而不賢不忠則誅之,管、蔡是也。仁人,謂箕子、微子,來則用之”;“所重民食、喪、祭”一句,孔曰:“重民,國之本也;重食,民之命也;重喪,所以盡哀;重祭,所以致敬。”與今安國傳《湯誥》、《泰誓》、《武成》,語絕不類。……從來訓故家於兩書之辭相同者,皆各爲詮釋,雖小有同異,不至懸絕。今安國於《論語》“周親仁人”之文,則引管、蔡、微、箕以釋之,而周之才不如商;於《尚書》“周親仁人”之文,則釋曰:“周,至也。言紂至親雖多,不如周家之少仁人。”而商之才又不如周,其相懸絕如是,是豈一人之手筆乎?①

閻氏舉“周親仁人”之文,以見《書孔傳》、《論語注》釋義截然而異,其非一人手筆可知。按《論語孔注》,魏何晏《集解》已引及之,《書傳》則成於魏、晉之際②,二者年代不一,自非一人所爲。而《孝經孔傳》解誼冗蕪枝蔓,尤與《論語孔注》異趣,二者非一人所爲,尤一望可知。然則《家語·後序》既以僞孔三傳並稱,其文當成於魏晉以後甚明。胡平生、李學勤等乃以此序爲王肅撰,豈其然哉!

① 見[清]閻若璩《尚書古文疏證》卷二“第十九　言安國注《論語》與今《書傳》異”條,上海,上海古籍出版社影印乾隆十年(1745)眷西堂刊本,1987年出版,第15—16頁。

② 按《尚書孔傳》成書年代,學界尚無定論。吴承仕《尚書傳王孔異同考》,謂其書創始於魏晉之際(《華國月刊》第2卷第7期、第10期,1925年出版)。以余所考(别詳),此説近是。

七、《孝經孔傳》成書年代之推測

《孝經孔傳》作者，今無可考，然其成書年代則可約略推知。劉炫《孝經述議》云："江左晉穆帝永〔和〕十一年，及孝武泰元元年，再聚朝臣，講《孝經》之義。有荀茂祖者撰集其説，載安國於其篇首，篇内引《孔傳》者凡五十餘處，悉與今傳符同，是荀昶得孔本矣。"① 又劉知幾《孝經老子注易傳議》云："晉穆帝永和十一年，及孝武帝太元元年，再聚群臣，共論經義。有荀茂祖者，撰集《孝經》諸説，始以鄭氏爲宗。"②按荀茂祖名昶，晉末宋初時人③，著有《孝經集議》二卷④。據劉知幾之言，知其書以鄭氏爲宗，而兼載諸説；又據劉炫説，知昶書引用《孔傳》凡五十餘處，"悉與今傳符同"。司馬貞奏

---

① 《孝經述議復原に關する研究》，第 98 頁。

② 《文苑英華》卷七六六，第 7 頁。

③ 《宋書》卷六十荀伯子傳云："伯子族弟昶，字茂祖。……元嘉初，以文義至中書郎。"(北京，中華書局點校本，1974 年出版，第 1629 頁)按宋文帝元嘉元年(424)，上距東晉穆帝永和十一年(355)，垂七十年，永和集論經義，自非荀昶所能及。即孝武帝太元元年(376)之集議，計其時荀昶尚幼少，是否躬與其事，殊爲可疑。吴承仕《經典釋文序録疏證》言："蓋昶仕於晉孝武之世，太元元年集議《孝經》，當身與其事，宋初爲中書郎，則年在六十左右矣。"(北京，中華書局，1984 年出版，第 137 頁)使如其説，則荀昶太元元年集議時年方十數，吴氏之説殆未然。

④ 按《日本國見在書目録》著録"《孝經集議》二卷，荀茂祖撰"(第 7 頁)，今從之。

《隋書·經籍志》著録："《集議孝經》一卷，晉中書郎荀勗撰，亡。"其下復出："梁有……荀昶注《孝經》二卷，……亡。"姚振宗《隋書經籍志考證》、吴承仕《釋文序録疏證》並以二者實一書，《隋志》誤以荀昶爲勗耳。二家之説是也，余别有考(詳拙作《〈經義考〉孝經類别録》，《書目季刊》第 34 卷第 1 期，2000 年，第 1—31 頁)，兹不具論。中華書局點校本，改《隋志》之文作"《集議孝經》一卷，晉中書郎荀昶撰"(第 933 頁)，不知荀昶宋元嘉初爲中書郎(已具上注)，非晉中書郎也。且如所改，則與下"梁有荀氏昶注《孝經》二卷"之文重出犯複矣。實則此《隋志》誤析爲二書，本非史籍訛文，點校者以爲誤字而改之，反失其真。

議亦言"荀昶集注之時,尚有《孔傳》,中朝遂亡其本"①,然則《孝經孔傳》晉末蓋已傳行於世矣,其成書年代當在王肅之後、荀昶《孝經集議》之前。必而求之,余疑其書殆成於東晉初,一則《孔傳》多名理之言②,正兩晉之時代標識。再者,據《晉書·荀崧傳》載元帝踐阼,置《周易》王氏、《尚書》鄭氏、《古文尚書》孔氏、《毛詩》鄭氏、《周官》、《禮記》鄭氏、《春秋左傳》杜氏、服氏,《論語》《孝經》鄭氏博士各一人,凡九人③。是東晉初《尚書孔傳》已與鄭注並立學官;而《孝經孔傳》默爾無聞。其後該書漸傳於民間,爲世所重,故荀昶纂集《孝經》諸説,采録其義;經宋與齊,梁代遂與鄭注並立於學。此亦猶《尚書孔傳》成於魏晉之際,歷西晉之世,傳播漸廣,爲世所重,東晉之初乃立於學官爾。

(作者單位:臺灣"中央研究院"歷史語言研究所)

① 《文苑英華》卷七六六,第11頁。

② 如《開宗明義章》"身體髮膚,受之父母,不敢毁傷,孝之始也",鄭《注》但云:"父母全而生之,己當全而歸之。"《孔傳》則言:

> 本其所由也。人生稟父母之血氣,情性相通,分形異體,能自保全而無刑傷,則其所以爲孝之始者也。是以君子之道,謙約自持。居上不驕,處下不亂。推敵能讓,在衆不爭,故遠於咎悔,而無凶禍之災焉。(第2頁)

又《三才章》"則天之明,因地之利",《孔傳》云:

> 夫覆而無外者,天也,其德無不在焉。載而無棄者,地也,其物莫不殖焉。是以聖人法之,以覆載萬民,萬民得職而莫不樂用。故天地不爲一物枉其時,日月不爲一物晦其明,明王不爲一人枉其法。法天合德,象地無缺。取日月之無私,則兆民賴其福也。(第7頁)

並其例也。

③ 《晉書》,第1976頁。

錢鍾書先生説《論語》述例

傅　傑

摘要：錢鍾書先生没有專門的文字討論《論語》，但在《管錐編》中引述《論語》及其相關著作不下百處，而在其他各類著作中亦時涉《論語》。本文以錢鍾書先生著作之涉及《論語》者聯綴成文，揭示了錢鍾書先生述説《論語》的一些精闢見解。

關鍵詞：錢鍾書　《論語》　孔子

錢鍾書先生没有專門的文字討論《論語》，但在《管錐編》中引述《論語》及其相關著作不下百處，而在其他各類著作中亦時涉《論語》。南師大文獻學系與臺灣"中研院"中國文哲所主持經學研討盛會，淺學短識，實無像樣的心得貢獻，只能聊抄讀書筆記數行塞責，以錢鍾書先生著作之涉及《論語》者聯綴成文，用以換取旁聽資格而已。本文實非論文，又以錢先生《管錐編》、《談藝録》版本不一，故亦不標版本册數頁碼，《管錐編》僅標出所論諸書的書名、篇名及序號，《談藝録》則標出各節序號。其餘錢著所用皆大陸通行本：《七綴集》係上海古籍出版社版，《圍城》用人民文學出版社版，其餘散篇用浙江文藝出版社版《錢鍾書散文》，不再一一出注。

一

錢先生各有一篇散文與論文，都可以算是對《論語》的引申發揮。其中逆着説的是早年的散文《論交友》，順着説的是晚年的論文《詩可以怨》。後者已有學者專門討論，這裏只説前者。

《論交友》討論朋友問題，内容自然也是横貫中外的。而中國的部分,主要就是以孔子的"友直友諒友多聞"(《論語·季氏》)爲話頭的。清儒劉寶楠在《論語正義》中聯繫《公羊傳》何休《解詁》,認定這話是對君主說的:"直者能正言極諫,諒者能忠信不欺,多聞者能識政治之要。"但更多的讀者則以其爲泛指,以出聖人之口,古人多以之爲擇友的主要標準,甚至是唯一標準,如葛洪就宣稱"朋友也者,必取夫直諒多聞"(《抱朴子·外篇·交際》)。而錢先生否定說,要結交的只是對於我們品性和知識有利益的人,這是"漂白的功利主義",而這樣的交情是不易鞏固的。直諒的人首先往往是性格有問題:

> 大凡最自負心直口快、喜歡規過勸善的人,像我近年來所碰到的基督教善男信女,同時最受不起别人的規勸。因此,你不大看見直諒的人,彼此間會產生什麼友誼;大約直心腸頗像幾何學裏的直線,兩條平行了,永遠不會接合。

其次往往是心態有問題:

> 心直口快,無過於使性子駡人,而這種直諒的"益友"從不駡人,頂反對你駡人。他們找到他們認爲你的過失,絕不痛痛快快的駡,只是婆婆媽媽的勸告,算是他們的大度包容。……他們喜歡規勸你,所以,他們也喜歡你有過失,好比醫生要施行他手到病除的仁心仁術,總先希望你害病。

所以這等"益友",簡直居心險惡。而多聞的"益友"也同樣靠不住:"見聞多、記誦廣的人,也許可充顧問,未必配做朋友,除非學問以外,他另有引人的魔力":

> 多聞的"多"字,表現出數量的注重。記誦不比學問;大學問家的學問跟他整個的性情陶融爲一片,不僅有豐富的數量,還添上個性的性質,每一個瑣細的事實,都在他的心血裏沉浸

滋養,長了神經和脈絡,是你所學不會、學不到的。反過來説,一個參考書式的多聞者(章實齋所謂横通),無論記誦如何廣博,你總能把他吸收到一乾二淨。學校裏一般教師,授完功課後的精神的儲蓄,縮擠得跟所發講義紙一樣的扁薄了!普通師生之間,不常發生友誼,這也是一個原因。根據多聞的原則而產出的友誼,當然隨記誦的增減爲漲縮,不穩固可想而知。

在對孔子的名論做了不無深文周納之嫌卻又言必有中之妙的解構後,錢先生提出正面的交友論:

能給你身心利益的人,未必就算朋友。朋友的益處,不能這樣掂斤播兩的講。……真正友誼的產物,只是一種滲透了你身心的愉快。没有這種愉快,隨你如何直諒多聞,也不會有友誼。接觸着你真正的朋友,感覺到這種愉快,你内心的鄙吝殘忍,自然會消失,無須説教似的勸導。

這自然已經不是專門在談《論語》了。自己的見解都建築在跟孔子抬杠的基礎之上,但也可以説,也正是孔子刺激引發了錢先生的奇思妙想。

二

有些《論語》名句,是錢先生特别欣賞的。

名句之一,是《雍也》的“知者樂水,仁者樂山。知者動,仁者静。知者樂,仁者壽”。該節歷來異説紛紜,晚近還有哲學史名家疑這裏的“知者”指道家,“仁者”指儒家,馮友蘭先生甚至借此以論中西文明的差異。錢先生則從中看出孔子“於美學移情之理,深有解會”,由山水鑒賞的角度深許孔子爲知言:

《論語·雍也》篇孔子論“知者動”,故“樂水”,“仁者靜”,故“樂山”。於遊山玩水之旨,最爲直湊單微。仁者知者於山靜水動中,見仁見智,彼此有合,故樂。然山之靜非即仁,水之動非即智,彼此仍分,故可得而樂。(外物異體,與吾身心合而仍離,可樂在此,樂不能極亦在此,飲食男女皆然。無假他物,自樂其樂,事理所不許,即回味意淫,亦必心造一外境也。)董仲舒《春秋繁露》第七十三《山川頌》雖未引《論語》此節,實即擴充其意;惜理解未深,徒事鋪比,且指在修身礪節,無關賞心樂事。戴逵《山水兩贊》亦乏遊目怡神之趣。董相引《詩經》“節彼南山”,《論語》“逝者如斯”,頗可借作申説。夫山似師尹,水比逝者,物與人之間,有待牽合,境界止於比擬。若樂山樂水,則物中見我,内既通連,無俟外人之捉置一處。(按孔子甚有得於水,故舍《論語》所載樂水歎逝之外,《孟子·離婁》章徐子道孔子語曰:“水哉水哉。”《宗鏡録》卷十本劉湛“莊子藏山、仲尼臨川語”,説孔子歎逝水事,頗有佳諦。)《子華子·執篇中》曰:“觀流水者,與水俱流,其目運而心逝者歟。”幾微悟妙,真道得此境出者矣。(《談藝録》——附説九)

名句之二,是《里仁》篇的“朝聞道,夕死可矣”與《先進》篇的“未知生,焉知死”。錢先生以爲其中透出的生死觀最爲平正通達,非道釋所能至:

然釋老之言雖達,胸中仍有生死之見存,故有需於自譬自慰。莊生所謂“懸解”,佛法所謂“解脱”,皆尚多此一舉。(參觀胡致堂《斐然集》卷十九《崇正辯》論。聖人以生死爲分内事,佛氏皇皇以死爲一大事。王陽明《傳習録》卷下論佛氏著相,吾儒不著相,又論仙家説虚,從養生上來,佛氏説無,從出離生死上來,都於本體上加卻這些子意思在。)非胸中横梗生死之見,何必作達。非意中繫念生死之苦,何必解脱。破生死之執矣,然未並破而亦破也;忘生死之别矣,然未即忘而亦忘也。宋儒所謂放心而未心放者是也。《論語·里仁》孔子曰:"朝聞道,夕死可矣",明知死即是死,不文飾自欺,不矜誕自壯,亦不狡黠自避,此真置死於度外者。《先進》孔子答季路問死曰:"未知生,焉知死",尤能斬絶葛藤。宋儒如張子《西銘》曰:"存吾順事,没吾寧也",已是《莊子·養生主》口氣,失孔門之心法矣。(《談藝録》六九附説十八)

名句之三是《里仁》的"子曰:'父母之年,不可不知也。一則以喜,一則以懼'"。引古注,"見其壽考則喜,見其衰老則懼",以之爲"憂中有樂,樂中有憂"之古例(《管錐編》增訂之二)。而在晚年謝絶爲他慶壽的提議時,他引宋人詩句"老去增年是減年"説:"增一歲當然可以賀之,減一歲則應該吊之。一賀一吊,不是相互抵消了嗎?"其語也可以看做是對孔子之言的發揮。

三

對《論語》名句的欣賞是有選擇的,自然《論語》中也不缺錢先生不欣賞的名句。《左傳》昭公十八年載:

往者見周原伯魯焉,與之語,不説學,歸以語閔子馬。閔子馬曰:"周其亂乎!夫必多有是説,而後及其大人。大人患失而惑,又曰:"可以無學,無學不害。"

這是説大人患民有學而生惑亂,所以希望民不悦學。由此錢先生把各家的類似言説都聯繫起來,説這正如:《史記·秦始皇本紀》李斯所謂:"不師今而學古,惑亂黔首。"愚民之説,已著於此:

《老子》六五章:"古之善爲道者,非以明民,將以愚之,民之難治,以其智多",故《河南二程遺書》卷二五云:"秦之愚黔首,其術蓋出於老子";實則原伯魯輩主張無以大異。《論語·

泰伯》:“民可使由之,不可使知之”,鄭玄注引《春秋繁露》“民、暝也”爲釋;《莊子·胠篋》:“絶聖棄智,大盜乃止”;《商君書》尤反復丁寧,如《墾令》:“民不貴學則愚”,《壹言》:“塞而不開則民渾。”蓋斯論早流行於周末,至始皇君臣乃布之方策耳。《孫子·九地》:“將軍之事,靜以幽,正以治,能愚士卒之耳目,使之無知”;然則愚民者,一言以蔽之,治民如治軍,亦使由而不使知也。(《管錐編·左傳正義》五四:昭公十八年)

《管錐編》屬稿正值國不悦學、愚民滋甚的文革時期,海外諸如余英時先生激于時變,也正對中國思想史上的反智論進行系統的檢討,與錢先生此論正可謂“東海西海,心理攸同”了。至於孔子的“民可使由之,不可使知之”,時有學者爲之改換句讀(如改讀爲“民可,使由之;不可,使知之”之類),塗脂抹粉,殊爲無謂,自然不能爲包括錢先生在内的多數《論語》讀者所認同。

四

名句之外,錢先生還欣賞從《論語》的記述中體現的孔子的風度。《詩經·淇奧》有“寬兮綽兮,倚重較兮。善戲謔兮,不爲虐兮”句,鄭箋云:“君子之德,有張有弛,故不常矜莊,而時戲謔。”錢先生從笑入手,拿孔子跟東西方的另外兩位聖人做了比較:

《論語·學而》記孔子曰:“君子不重則不威”,《堯曰》記孔子曰:“君子正其衣冠,尊其瞻視,儼然人望而畏之”,《述而》狀孔子之容止,亦曰:“子温而厲,威而不猛,恭而安”。然《陽貨》記孔子“莞爾而笑”,於子遊有“前言戲之耳”之謔;《憲問》復載人傳公叔文子“不言不笑”,孔子以爲疑;《公冶長》子欲“乘桴”而謂子路“無所取材”,鄭玄注曰:“故戲之耳”;《雍也》述孔子謂仲弓曰:“犂牛之子騂且角”,脱若《論衡·自紀》篇所言,仲弓爲伯牛之子,則孔子亦雙關名字爲戲,正如《離騷》之“以蘭爲可恃,椒專佞以慢慆"之雙關大夫子蘭、子椒也。釋迦則"恐人言佛不知笑故"而開笑口(安世高譯《佛説處處經》説笑光出者有五因緣之二),且口、眼、舉體毛孔皆笑(《大智度論·放光釋論》第一四,參觀《緣起義釋論》第一);耶穌又悲世憫人,其容常戚戚,終身不開笑口。方斯二人,孔子"時然後笑",較得中道。韓愈頗解其旨,《重答張籍書》云:"昔者夫子猶有所戲;《詩》不云乎:'善戲謔兮,不爲虐兮';《記》云:'張而不弛,文武不能也'。惡害於道哉!"即合并《陽貨》及《淇奧》鄭箋語意耳。(《管錐編·毛詩正義》二三《淇奧》)

由這樣的《詩》意而能引發出這樣的比較,大概只有錢先生想得出做得出;最後,還能借韓愈的感想再繞回到《詩》意上來,不能不讓人嘆服其舉重若輕的巧比妙思矣。

五

跟其中的中外典籍一樣,在小説散文書信乃至學術論文中,錢先生也隨時驅遣《論語》,或引用,或點竄。論文中的例子如《中國詩與中國畫》論王績《在京思故園見鄉人問》和王維《雜詩》二者對同一題材的不同處理手法,稱王績詩相當於畫裏的工筆,"問得週詳地道,可以説是'每事問'(《論語·八佾》)";王維相當於畫裏的"大寫",寫得"要言不煩,大有'傷人乎?不問馬'(《論語·鄉黨》的派頭)"。用《論語》對孔子言行的記載來分論王績、王維詩的風格差異。書信中的例子,如在致胡喬木的信中稱新得舶來降壓靈藥三種,"弟則'某未達,不敢嘗',仍依照北京醫院指示而已"。《論語·鄉黨》記載:季康子送藥給孔子,孔子"拜而受之,曰'丘未達,不敢嘗'"。效法孔子,拒用新藥,於是不僅只是最穩當的態度,同時也有了最正當的理由。在致張其昀談白話文言優劣的信中,錢先生説:

若從文化史瞭解之觀點論之，則文言的話皆爲存在之事實；純粹歷史之觀點只能接受，不得批判；既往不咎，成事不説，二者亦無所去取愛憎。

《論語·八佾》載孔子言"成事不説，遂事不諫，既往不咎"，錢文用其成語，可以算是暗引。而在同一信中，其下又明引《論語·衛靈公》孔子"辭達而已矣"之言，來論文言白話不能簡單以繁簡判優劣。對《論語》最匪夷所思的引述則見於《圍城》。方鴻漸、趙辛楣、李梅亭、顧爾謙與孫柔嘉同往三閭大學，途經鷹潭，入住一家小店，方、趙二人同住沿街最好的房間：

鴻漸道："好房間爲什麽不讓給孫小姐？"辛楣指壁上道："你瞧罷。"只見剝落的白粉壁上歪歪斜斜地寫着淡墨字："路過鷹潭與王美玉女士恩愛雙雙題此永久紀念濟南許大隆題。"記着中華民國年月日，一算就是昨天晚上寫的。後面也像許大隆的墨蹟，是首詩："酒不醉人人自醉色不迷人人自迷今朝有緣來相會明日你東我向西。"又寫道："大爺去也！"那感歎記號使人想出這位許先生撇着京劇説白的調兒，揮着馬鞭子，慷慨激昂的神氣。此外有些鉛筆小字，都是講王美玉的，想來是許先生酒醉色迷那一夜以前旁人的手筆，因爲許先生的詩就寫在"孤王酒醉鷹潭宫王美玉生來好美容"那幾個鉛筆字身上。

他們一行人外出買車票而未果：

大家没精打采地走回客棧，只見對面一個女人倚門抽煙。這女人尖顴削臉，不知用什麽東西燙出來的一頭捲髮，像中國寫意畫裏的滿樹梅花，頸裹一條白絲圍巾，身上綠綢旗袍，光華奪目，可是那面子亮得像小家女人襯旗袍裏子用的作料。辛楣拍鴻漸的膊子道："這恐怕就是'有美玉於斯'了。"鴻漸笑道："我

> 也這樣想。”顧爾謙聽他們背誦《論語》,不懂用意,問:“什麽?”李梅亭聰明,説:“爾謙,你想這種地方怎會有那樣打扮的女子——你們何以背《論語》?”鴻漸道:“你到我們房裏來看罷。”

《論語·子罕》:“子貢曰:‘有美玉於斯,韞匵而藏諸? 求善賈而沽諸?’子曰:‘沽之哉,沽之哉! 我待賈者也。’”錢著引“有美玉於斯”,既明合前已設下伏筆的“王美玉”的名字,又暗寓了其“沽之哉,沽之哉,我待賈者也”的職業特點,變聖人的自嘲爲妓女的廣告,天衣無縫,點金成鐵,極盡惡劣之能事,亦極其巧妙之能事。在現代小説名作中,借《論語》爲人物命名以寓意的還有巴金《家》中滿口仁義道德、一肚子男盜女娼的孔教會會長馮樂山,孔子有言“仁者樂山”,所謂“樂山”,顯然暗寓馮氏身披“仁者”的畫皮,更彰顯了他金玉其外、敗絮其中的僞善。錢戲謔,巴沉痛,雖異曲,卻同工。

六

對舊注的的梳理,錢先生每不放過字句的解釋,更不忽略思想的溯源。錢大昕《何晏論》稱何晏注《論語》,王弼注《周易》,都未嘗援儒以入莊老,錢先生批評説:

> 其納王、何於儒門,用意殆類《法言·修身》所謂“倚孔子之牆”,“在夷貉則引之”。使王、何於奏疏、《易》、《論語》注之外,言行了無可考,舊案之翻,猶非無故。然而言不足以盡其人,筆諸於書者不足以盡其言,遺文不足以盡其嘗筆諸書者,奏疏及兩《經》注復不足以盡其遺文,管視好偏,如睹小馬大目而遽謂之大馬也。晉人責王、何之行準老、莊,清人乃駁之曰:“妄哉! 吾祇讀其言稱周、孔!”問陰對陽,論西詰東,亦何異齊景公睹晏子之妻老醜而堅不信其曾少且姣乎? 何晏注《論語》,簡約尠闡發,如《公冶長》“性與天道”節、《陽貨》“余欲無言”節,初不以自作《無名論》、《無爲論》、《道論》中主張附會。

然錢氏謂其"未嘗援儒以入莊、老",則逞臆之談。如《先進》"回也其庶乎屢空",何於"空"解爲"財貨空匱"而外,增"虚中"、"虚心"之解,朱熹《文公集》卷五〇《答潘恭叔》之一即曰:"此本何晏祖述老、莊之言,諸先生蓋失之不正耳。"皇侃《論語義疏》遂因何注而大言"聖人體寂而心恒虚無累","坐忘大通,此忘有之義",豈非陰取《莊子·人間世》之顔回"心齋"、《大宗師》之顔回"坐忘",移釋《論語》之顔回"屢空"耶?宗炳《答何衡陽書》且以釋氏之"有諦"、"無諦"説"屢空"(《弘明集》卷三),宋、明儒者又以釋氏之"自性空明"説"屢空"(參觀范浚《香溪先生集》卷六《存心齋記》、焦竑《澹園集》卷一二《答耿師》又《筆乘》卷一及《筆乘》續集卷一、黄宗羲《明文授讀》卷一五、沈懋孝《述大洲趙師口義》、廖燕《二十七松堂文集》卷二《空空章》附《"回也其庶乎"全章辨》);亦何晏之遺意,猶西方神秘宗標"貧窮"(mistico—povero)義,謂外物空匱而複中心空洞。《老》、《易》旨多相通,孰儒孰道,本難區辨;顧《易》之藴而未發者,王弼每假老、莊而盡情呈露焉。《顔氏家訓·勉學》篇記梁世"《莊》、《老》、《周易》總爲'三玄'";王弼其擁篲郵清道者也。如《復》王注:"天地雖大,寂然至無,是其本矣";《睽》王注:"恢詭譎怪,道將爲一"(出《莊子·齊物論》,改"通"爲"將");《論語》"余欲無言"節皇侃《疏》引王弼語"修本廢言,則天行化"云云甚長。觀乎此類,錢氏品目誠爲籠統鶻突矣。(《管錐編·全晉文》卷三十七)

對《論語》舊注别解的追根溯源,《管錐編》外復見於錢先生的論文,如在一九三〇年發表于《清華月刊》的《小説瑣征》及十五年後發表於《新語》的《小説識小》,都提到了《兒女英雄傳》第三十九回"包容量一諾義賙貧,矍鑠翁九帙雙生子",記安老爺至鄧家莊爲鄧九公祝壽,爲同席講《論語·先進》:

四賢侍坐言志,夫子正是賞識冉有、公西華、子路三人,轉有些駁斥曾晳。讀者不得因"吾與點也"一句,抬高曾晳。曾晳的話説完了,夫子的心便傷透了。彼時夫子一片憐才救世之心,正望着諸弟子各行其志,不没斯文,忽聽得這番話,覺得如曾晳者,也作此想,豈不正是我平日浮海居夷那番感慨,其爲時衰運替可知,然則吾道終窮矣! 於是喟歎曰:"吾與點也!"這句話正是傷心蒿目之詞,不是志同道合之語。果然志同道合,夫子自應莞爾而笑,不應喟然而歎了哇!

這自然是别出心裁的見解。按曾晳等四人各言其志,獨他"異乎三子者之撰",聲稱自己志不在從政,而只在春風沂水之間,而"夫子喟然歎曰:'吾與點也'"。不惟朱子,其前後的注釋者亦多以夫子之言是對曾點的贊許(雖然對贊許的原因各有異詞)。安老爺的説法,確乎當得"詞辯尖新"。而錢先生指出:

按此段議論,全襲袁子才之説。《小倉山房文集》卷二十四《〈論語〉解》之四略云:"如或知爾,則何以哉?"問酬知也。曾點之對,絶不相蒙。夫子何以與之? 非與曾點,與三子也。明與而實不與:以沂水春風,即乘桴浮海之意,與點即從我其由之心。三子之才與夫子之道終於不行,其心傷矣。適聞曾點曠達之言,遂歎而與之,非果聖心契合。如果契合聖心,在子當莞爾而笑,不當喟然而歎。此《兒女英雄傳》之藍本也。翁覃谿《石洲詩話》卷三説東坡在儋耳詩:"問點爾何如,不與聖同憂?"以爲能"道着春風沂水一段意思"云云,亦頗合袁氏之説,特筆舌無此明快。乾嘉漢學家于袁解頗有節取:郝蘭皋《曬書堂外集》卷下《書袁簡齋〈論語〉解》四篇後即取其二、其四兩篇,朱蘭坡《小萬卷齋文稿》卷七《與狄叔穎論四書質疑書》雖駁袁氏之解歎字,而亦不非其夫子傷心之説。(《小説識小》)

附帶提一提,"于袁解頗有節取"的不惟乾嘉漢學家,也包括了今天的注釋家。如果契合聖心，夫子當“莞爾而笑”，不當“喟然而歎”，不僅爲安老爺盜用，著《論語集釋》的程樹德也襲用其言來駁朱注：

> 蓋曾皙在孔門中不過一狂士，孔子不應輕許引爲同志，一可疑也。既許之矣，何不莞爾而笑，而乃喟然而歎，二可疑也。

當然，注釋家與小説家還是有區別的，程氏並未没其來處，已在書中節引了袁文。但對袁説的認同，則與安老爺無二致也。

七

對《論語》的行文風格，錢先生没有專門的論述，而在對揚雄的批評中有所涉及。討論《法言・問神》“言、心聲也，書、心畫也。聲、畫形，君子小人見矣”。後人引申爲“心畫心聲”説，有人贊同，有人反對，而錢先生則大不以爲然，最現成的例子，就是：

> “心畫心聲”，語本《法言》，而《法言》者，橅放《論語》，非子雲心裁意匠之所自出；譬聲之有回響，畫之有臨本，出於假借，所“形”者果誰之‘心’哉。《法言・吾子》論學仲尼，有“羊質虎皮”之諷，《淵騫》論學仲尼，致“鳳鳴鷙翰”之譏，而不知躬之自蹈。（《談藝録》四八）

而在文風上，“子雲欲爲聖人之言，而節省助詞，代換熟字，口吻矯揉，全失孔子‘渾渾若川’之度（即《法言・問神》篇論聖人之詞語）”。錢先生表示，這不是他的獨見，前人也屢有指摘：

> 柳子厚《答韋珩書》謂子雲措詞，頗病“局滯”；以王弇州早年之好爲捍扯，與子雲宜有合契，而《四部稿》卷百十二《讀揚子》亦深病其文之“割裂、聱曲、闇曶、澳滘”，以爲“剽襲之跡紛

如也,甚哉其有意乎言之也。聖人之于文也,無意焉”。(同上)

取來與自己相印證的自然也是錢先生認同的觀點,而揚氏文風的反面,也可以認爲就是《論語》的特點了。

在早年所作的《中國文學史序論》中,錢先生提到文章要旨,“不在其題材爲抒作者之情,而在文用能感讀者之情。由此觀之,則《論語》之泠泠善語,《孟子》之汩汩雄辭,《莊子》之瀾翻雲譎,豪以氣轢,其移情悦性,視尋常秋士春人將歸望遠之作,方且有過而無不及也。”由於《論語》文字“泠泠善語”,天機自然,故不惟删其助詞者狂悖可笑,引用不當也能引起錢先生的痛批。他批評董仲舒《山川賦》謀篇不善:

前半贊山,結處稱君子“儼然獨處,唯山之德”,緊接“《詩》云:‘節彼南山,維石巖巖。赫赫師尹,民具爾瞻’,此之謂也。”後半贊水,起曰“水則源泉混混澐澐,晝夜不竭,既似力者”,繼以“既似持平者”,“既似察者”,“既似知者”,“既似知命者”,“既似善化者”,“既似勇者”,“既似武者”,然後終之曰:“咸得之而生,失之而死,既似有德者。孔子在川上曰:‘逝者如斯夫,不舍晝夜!’此之謂也。”引《詩》四句,與君子儼然之意相映發;引《論語》兩句,與得之爲德之意了不關屬,脱筍失卯。明是刻意經營,力求兩半格局平衡,俾乍視前後結處,《論語》若與《詩經》對稱;實則不顧義理,拉扯充數。嘗見元曲《西廂記》、《㑳梅香》中紅娘、樊素輩偶引《論語》,不特酸腐可厭,更屬支離可哂;不謂明道鴻儒,才竭技窮,出下策而呈窘態,無異空花炫眼,芻人巡城。倘以起處“混混澐澐,晝夜不竭,既似力者”三句移至篇末,承以“孔子在川上”云云,文病或稍校;然川上歎逝與“混混晝夜”固可沆瀣,而與“力”依然河漢。崔瑗《河間相張平子碑》:“敏而好學,如川之逝,不舍晝夜”;流水之不舍與好學之不倦融合無間,董相形而見屬詞粗疏矣 。(《管

錐編·全漢文》卷二四）

對前人引述《論語》不當的深惡痛絕，或正體現了錢先生對《論語》及一切古典佳构的愛惜之意。

（作者單位：復旦大學中文系）

《論語》詁解五則

楊新勛

摘要:雖然《論語》注本衆多,但仍有些地方至今未有確解。本文選取《論語》的"退而省其私,亦足以發"、"視其所以"、"繪事後素"、"糞土之牆不可朽也"和"則不復也"五處,在前哲時賢的基礎上,作較爲深入的探討、分析,從而給出了詞義和句義的新的詁解。

關鍵詞:省　視其所以　糞土　繪事後素

自漢代以來,歷代都有許多學者爲《論語》作注,注本之多,用汗牛充棟來形容並不爲過,這爲後人的閱讀提供了便利。但是,《論語》中仍有些地方難有確解,這不同程度地影響著今天人們對《論語》的認識。筆者近年講授《論語》,也時常爲其中的疑難所困擾,遂對其中五處地方加以考訂,撰成此文,敬祈讀者方家是正。

"退而省其私,亦足以發"

> 《論語·爲政》:"子曰:'吾與回言終日,不違,如愚。退而省其私,亦足以發,回也不愚。'"

孔安國注:"察其退還與二三子説釋道義,發明大體,知其不愚也。"①後人及今人多從此説,只是朱熹以燕居獨處解"私"與劉寶楠以燕私、居學解"私"略異。余于此未安:疑"省"當反省、省悟之省。《論語》中"省"字凡 4 見,其他 3 處皆主體自省之意,若此處作

① 《十三經注疏·論語注疏》第 6 頁引,中華書局 1980 年版。

察看解，則必需調換"退"、"省"位置，而且還要在"退"前添加主語（即孔子察顔回退後行爲，孔安國將"其"由"私"前提至"退"前正爲此故）方可，否則不合語序、語法。若"省"爲孔子自省，則"退"爲孔子"退還"，主語一貫[①]，"省"後順承指代顔回的"其"字，文從字順，了無掛礙，遠較孔安國之説意愜。"發"亦應爲孔子之"發"，孔子因自省弟子顔回之行處，而得認識有所突破之"發"。《論語》中"發"凡3見，它2見"不憤不啟，不悱不發"、"發憤忘食"正此"發"意。《説文》："發，射發也。從弓，癹聲。""發"本指發射箭矢，由此引申爲開啟、發端、發佈、揭露，"闡明"之發相對較後起。孔子此"發"正"起予"之意，亦孔子"三人行，必有我師"、"發憤忘食，樂以忘憂，不知老之將至"之印。孔子於弟子言行多能究質反思[②]，見顔回"於吾言無所不説"而有"如愚"之感，然顔回天資聡穎，"聞一知十"，又能身體力行，孔子"語之而不惰"，見其進未見其止，其學思踐行使孔子思想學説得到檢驗、脩正、深化和提高，使孔子認識上有所突破，故而有"亦足以發，回也不愚"之歎，此正孔子自歎"以貌取人，失之子羽"之比。以此解"發"文理妥當，自不俟"大體"之增。

"視其所以"

《論語·爲政》："子曰：'視其所以，觀其所由，察其所安。人焉廋哉？人焉廋哉？'"

此句爭議在"視其所以"。孔安國注："以，用也。言視其所行用也。"後皇侃衍此，云："當先視其即日所行用之事也。"[③]此解"所

---

① 《論語》中除此和《子游》"子夏之門人小子，當灑掃應對進退"外，"退"字前多有主語，施事明確。《孝經》"君子之事上也，進思盡忠，退思補過……"與此相似，歷來無異説，可見孔安國於此確有歧出之解。

② 邢昺疏："凡師資問答以相發起，若與子夏論《詩》，子曰'起予者商也'，如此是有益於己也。"《十三經注疏·論語注疏》第42頁。

③ 皇侃《論語義疏》第25頁，北京大學2005年《儒藏》版。

以”幾同“所由”,於意重複。有鑒於此,邢昺雖亦以“用”解“以”,但卻云:“言視其所以行用。”邢疏多一“以”字,意思轉向原因、動機的揭示,與“所由”區分了開來。朱熹則看到“視”、“觀”、“察”有遞進之次,於意加詳,遂將“所以”别解:“以,爲也。爲善者爲君子,爲惡者爲小人。”[①]即注重察看此人行爲和爲人,由此而將“所由”解爲“由,從也。事雖爲善,而意之所從來者有未善焉,則亦不得爲君子矣”,即事情的原因和動機,二句意序的理解恰與邢疏相反。劉寶楠同意孔安國、皇侃之解,並據《大戴禮記·文王官人》“考其所爲,觀其所由,察其所安,此之謂視中也”以“爲”釋“以”,字訓反同朱熹。然戴震、孔廣森均指出《大戴禮記》此處“察其所安”係因《論語》而衍,又“考”不同於“視”,故不能簡單將二者並列。今人楊伯峻以“與”解“以”,“所以”即“所結交的朋友”[②],意殊新,卻忽略“視”、“觀”、“察”淺深之序,疑未是。竊以爲朱熹有見“視”、“觀”、“察”遞進之次,甚是[③]。進階之序,必在一事情之前中後、一系列相關事情或者一可進展體系之内,即“所以”、“所由”、“所安”必有前後相因或相承關係,這樣才合乎思維和言語邏輯,而不可能是並列平行或互不相關的關係。余疑“所以”、“所由”、“所安”似針對同一(或説每一)事件,“所以”指事先考慮,“所由”指事中遵循,“所安”指事後感受和表現,其中既包含有動機認識,也包含有行爲和後果的考察。可見,孔子綜合、全面地考察、考慮後再來認識人、評價人[④],故而有“人焉廋哉”之歎。孔子全面觀人,實契康德和韋伯

① 朱熹《四書章句集注·論語集注》第56頁,中華書局1983年版。

② 楊伯峻《論語譯注》第16頁,中華書局2002年版。此解蓋據《史記·魏世家》“居視其所親,富視其所與,達視其所舉,窮視其所不爲,貧視其所不取”爲説。

③ 楊按:從《論語·學而》“子曰:‘學而時習之,不亦説乎?有朋自遠方来,不亦樂乎?人不知而不愠,不亦君子乎’”、《雍也》“子曰:‘知之者不如好之者,好之者不如樂之者’”等語来看,孔子於進深之序多能擅用。

④ 楊按:從《論語·學而》“子曰:‘父在觀其志,父没觀其行,三年無改於父之道,可謂孝矣’”、《公冶長》“子曰:‘老者安之,朋友信之,少者懷之’”等語來看,孔子確有全面系統地思維和評價方式。

關於“存心倫理學”和“责任倫理學”的論述。當然,從孔子“視”、“觀”、“察”之序來看,孔子明顯更看重做事和事後表現,而此正“如有周公之才之美,使驕且吝,其餘不足觀也已”(《論語·泰伯》)之意。

“繪事後素”

《論語·八佾》:“子夏問曰:‘巧笑倩兮,美目盼兮,素以爲絢兮。何謂也?’子曰:‘繪事後素。’曰:‘禮後乎?’子曰:‘起予者商也!始可與言《詩》已矣。’”

其中“繪事後素”主要有兩種解釋,一以鄭玄爲代表,“凡繪畫,先布眾色,然後以素分佈其間,以成其文”①,一以朱熹爲代表,“繪事,繪畫之事也。後素,後於素也。……謂先以粉地爲質,而後施五采”②,詞訓略有不同,而“繪事”和“素”的次序卻恰好相反。要弄清“繪事後素”,需聯繫《周禮·考工記·畫繢》“凡畫繢之事,後素功”語來理解,邢昺已看到了這一點。《説文》:“素,白緻繒也,從糸𠂹(垂),取其澤也。”段玉裁注:“繒之白而細者也……鄭注《雜記》曰‘素,生帛也’,然則,生帛曰素,對湅繒曰練而言,以其色白也,故爲凡白之偁,以白受采也,故凡物之質曰素。”③又劉熙《釋名·釋采帛》:“素,樸素也。已織則供用,不復加巧飾也。又物不加飾皆自謂之素,此色然也。”“素”本義是生帛,即未經漂煮加工和上色的絲織品,《古詩·爲焦仲卿妻作》“十三能織素”正用此意。

---

① 《十三經注疏·論語注疏》第10頁引。
② 《四書章句集注·論語集注》第63頁。
③ 段玉裁《説文解字注》第十三篇上,中華書局1998年版。

“素功”即作素的工作[①]。可見,鄭、朱解“素”均未是。《説文》:“後,遲也。從彳幺夊者,後也”,“彳,小步也,象人脛三屬相連也”,“夊,行遲曳夊夊,象人兩脛有所躧也”,“幺”爲“糸”的初文,此處有繫的意思,示人脛有所羈絆。可見,“後”是會意字,本義指行走遲慢、落後,動詞,由此引申爲時間落後或次序排後,恰與此處“繪事後素”和“禮後”相合[②]。《説文》:“繪,會五采繡也。”既包含刺繡,也包括彩繪,重在使用色彩的豐富。可見,“繪事後素”字面指多彩繪繡的事情落後於素之織成,即在織成生帛之後再設色繪繡,此亦“素以爲絢”之意。“繪事後素”的前後次第在形式上類似於孔子先庶富後教之順序,一是先有物質基礎然後進行藝術加工,一是先有物質滿足然後進行人文教化,故而被孔子用來設喻。子夏問《詩經》“巧笑倩兮,美目盼兮,素以爲絢兮”意在明瞭其中寄寓的社會道理,孔子用“繪事後素”作了一個形象的説明,以此來啟發子夏,子夏立馬悟到“禮後”,孔子對子夏伶俐反應表示讚歎,遂有“起予”之喟。

“糞土之牆不可杇也”

> 《論語·公冶長》:“宰予晝寢。子曰:‘朽木不可雕也,糞土之牆不可杇也。于予與何誅?’”

“糞土”古本無説。皇侃《義疏》云:“若鏝於糞土之牆,則頹壞

① 《小爾雅》:“功,事也。”《六書故·人九》:“功,沽紅切,庸也。若所謂康功、田功、土功,凡力役之所施是也。功力既施,厥有成績,因謂之功。《周禮》曰‘王功曰勳,國功曰功,民功曰庸,事功曰勞,治功曰力,戰功曰多’。”《詩經·豳風·七月》:“上入執宫功。”

② “後”此義項前後連接兩個事物時,表義上遠不如“後”前只有一個事物清晰,這是“後”此義項的一個明顯不足:這和“敗”後連接賓語有點類似,而詞義淆亂更甚。爲此,人們在“後”後用介詞“於”引進比較對象,孰先孰後的詞義表述十分明確,從而使“後”的上述用法退出了歷史。

不平，故云‘不可杇也’。”[①]邢昺《注疏》承此云：“糞土之牆易爲垝壞，不可杇鏝、塗塓以成華美。”雖均已指出“糞土之牆”易塌壞，不堅牢，但並没有直接解釋“糞土”二字，留下空白，難以令人解頤。清人胡紹勛《四書拾義》以“穢土”解“糞土”，被劉寶楠載入《論語正義》以後，多有從者[②]。但胡説似是而非，其牆“歷久不免生穢”之説新奇而不合理。今試爲論解。《説文》：“糞，弃除也，從廾，推華糞釆也。宮溥説似米而非米者，矢字。”“糞”字甲骨文作，“糞”之“米”字非“矢”字，實表微塵之“小”字，其字正作一手持箕，一手把帚以掃塵，會意，動詞。段玉裁注：“古謂除穢曰糞，今人直謂穢曰糞，此古義今義之别也。”[③]《廣雅》：“糞，除也。”王念孫《疏證》：“糞，猶拂也，語之轉耳。”[④]《説文》於此之“弃”同“坌”，亦掃除義。王念孫《疏證》引《禮記·少儀》“泛埽曰埽，埽席前曰拚”，云“糞、坌、拚並通”，段玉裁於《説文》“坌，掃除也。從土，弁聲，讀若糞”注“坌字[⑤]，《曲禮》作糞”，楊樹達《積微居小學述林·〈説文〉讀若探原二》：“許君知坌爲掃除義之本字，經傳既借糞爲坌，則二字音必同，故云‘坌，讀若糞’也。但埽除、弃除義同無異，疑坌、糞本一字，而許君誤分爲二也。”“糞”作掃除之義在上古文獻中常見，如《左傳·昭公三年》：“小人糞除先人之敝廬。”《周禮·夏官·隸僕》：“掌五寢之掃除糞洒之事。”《禮記·曲禮上》：“凡爲長者糞之禮，必加帚於箕上。”可見，“糞”在先秦本用作動詞，指掃除。將“糞”理解爲糞便的“矢”字蓋較後起。“糞土”即掃除之土，也就是“塵土”、“落土”。“糞土”一詞先秦也習見，《左傳》、《國語》、《戰國策》均出現過，如《左傳·魯僖公二十八年》榮黄諫楚子玉“死而利

---

① 《論語義疏》第 76 頁。

② 楊伯峻《論語譯注》第 45 頁：“糞土似的牆壁粉刷不得。”黄懷信《論語新校釋》（三秦出版社 2006 年版）第 102 頁：“污穢骯髒之牆。”

③ 段玉裁《説文解字注》第四下。

④ 王念孫《廣雅疏證》第 97 頁，江蘇古籍出版社 1984 年版。

⑤ “坌”、“坌”異體字。

國,猶或爲之,況瓊玉乎?是糞土也。而可以濟師,將何愛焉”①,《戰國策·秦策》吕不韋説秦質異人語“一日倍約,身爲糞土”,並無骯髒或貶義,主要指没有價值或失去意義,亦應同“落土”。“糞土之牆”恰與“朽木”相對爲文。古人之牆本築土而成,儘管“繩縮”、“杵椓”,年久失修,受到風化,自然要落土②,正如再好的木材時間久了也要朽爛一樣,均已不堅固結實而無法施工、價值鋭減,故而“不可朽”、“不可雕”。可見,古人説的“糞土”還不能直接理解爲今天表示便溺肥料的“糞土”,並没有太大的貶責甚至嘲諷之意。事實上,《楚辭·离騷》“蘇糞壤以充幃兮”的“糞壤”亦當作此解,正與詩中“艾”、“草木”相當。可見,孔子此語重在説明這樣一個道理:時光苦短,韶華易逝,轉瞬即成“朽木”、“糞土之牆”③,孔子汲汲一生,歎逝川上,而宰予卻不懂得珍惜而晝寢,以致孔子有“於予與何誅”之歎。可见,孔子語中還是委婉地責備了宰予,只是不能理解爲宋儒所説的那樣“深責之”了。

“則不復也”

> 《論語·述而》:“子曰:‘不憤不啟,不悱不發。舉一隅不以三隅反,則不復也。’”

鄭玄《論語注》以“則不復重教之”釋“則不復也”④,後皇侃、邢昺、程頤、朱熹等均承此説,清人劉寶楠及今人程樹德、錢穆、楊伯

① 楊伯峻《春秋左傳注》(中華書局 1981 年版)第 467 頁:“《論語·公冶長》‘糞土之牆,不可杇也’,則糞土爲古人恒語,猶朽土也。《博物志》謂土之三尺以上爲糞,以下爲地,蓋臆説。”

② 張詒三《“游必有方”和“糞土之牆”正解》(《中國文化研究》2007 年第 2 期)認爲“糞”即“棄除”,“糞土之牆”爲“剝落泥土之牆”。張未解“棄除”,其“剝落泥土之牆”出於自然擬或人爲未確,略嫌未洽。

③ 《論語注疏》於此云:“此二者以喻人之學道,當輕尺璧而重寸陰。”似有見於此。

④ 《十三經注疏·論語注疏》第 26 頁。

峻亦同此説，此説幾爲定論。然此説實與孔子“誨人不倦”思想軒輊，朱熹似已有見於此，但又強爲之説：“復，再告也。上章已言聖人‘誨人不倦’之意，因並記此，欲學者勉於用力，以爲受教之地也。”①朱熹之説似是而非。一者，孔門弟子如云，孔子有教無類，誨人不倦，而不會因弟子資質或學意而增減施教熱情，如子羔愚、曾參魯、樊遲愛農、宰予晝寢均不見棄，對聲稱“力不足”之冉求亦只明言其“畫”，對互鄉童子與其進不保其往。二者，孔子病無能，責於己、求諸己，“躬自厚而薄責於人”，並不求備於人。三者孔子一生重爲學、教學，更重勸學，循循善誘，怎能偶因一舉而“不復重教”？四者，從此處行文來看，“不憤不啟”，“不悱不發”均是談啟發式教學方法，“憤”、“悱”指受者狀態，“啟”、“發”指施者措施，此二句意在突出“啟”、“發”實施當口的準確把握；但“舉一隅不以三隅反”卻並非受者狀態，而是施者行爲和這一行爲引起的受者反應，説的是此一措施實不成功，因此要否定，“則不復也”。竊以爲“不憤不啟，不悱不發”與“舉一隅不以三隅反，則不復也”正相對照，一正言，一反説：正言，通過循循善誘，受者達到“憤”、“悱”狀態時，施者適時把握時機進行“啟”、“發”，若受者未達到“憤”、“悱”狀態則施者就不要“啟”、“發”；反説，若受者未達到“憤”、“悱”狀態而施者行“舉一隅”之教，受者懵懵不能一貫而“三隅反”，此正孔子“不可言而與之言，失言”(《論語·衛靈公》)之意，故而“不復”，即不要再重復草率的“一隅”之舉，以防流弊生衍，此正“責諸己”之意。可見，鄭玄“則不復重教之”之説屬增“教”字爲訓，而增此“教”字一則大爲擴大了施者“不復”的領域，二則改變了孔子爲教初衷，有了貶抑、求備於受者之意。

（作者單位：南京師範大學文學院）

① 《四書章句集注·論語集注》第95頁。

經典詮釋學視域下的文獻分析
——《論語》鄭、王注比勘發微

史應勇

摘要:本文將《論語》鄭、王異解問題置於經典詮釋學視域下加以文獻分析。通過殘存 18 條《論語》鄭、王注的對勘分析發現,鄭、王對於禮制名物之解釋,鄭較具體,王則多較籠統,王對於此鄭學之強項,仍有意立異,但從後人的取捨看,在這方面,王肅最終不敵鄭玄,後人堅持"禮是鄭學"大概不無道理。"鄭、王之爭"發生後,皇侃首先在重新詮釋《論語》時遇到了取捨鄭、王異解的問題,可以看出,皇氏有調和鄭、王的傾向,但王注對皇侃的影響明顯較大。宋以後學者解經的路向總體上與鄭、王時代有所不同,但在名物禮制的詮釋方面,宋學的代表人物朱子顯然還是多從鄭氏而不從王氏。清代以來的學者則有袒護鄭玄的傾向。

關鍵詞:鄭玄　王肅　《論語注》　經典詮釋學

中國與西方都有經典,也都有經典詮釋的學術傳統,但中國兩千多年來經學家與經學著作汗牛充棟,卻最終没有出現如西方的施萊爾馬赫(Friedrich Schleiermacher,1768—1843)那樣的把經典詮釋的方法、理念、取向等作爲整體考察對象的經典詮釋哲學家。近年中國哲學界的一些同仁們,引介源自西方的經典詮釋理論,並據之研究中國的經典詮釋問題,這無疑是一個良好的學術創新,但就我孤陋所知,他們在中國經典詮釋具體問題的討論方面,視野大多集中在先秦與宋明以後,於中古時代注意較少。[①] 本文選取中國中古時代的一場經學公案——"鄭王之爭"作爲討論對

① 參黄俊傑主編:《中國經典詮釋傳統(一):通論篇》(黄俊傑編),《儒家經典詮釋方法》(李明輝編),儒學與東亞文明研究叢書,華東師範大學出版社 2008。(下引同)

象,將之置於經典詮釋學的視域下加以考察,但考察的方法是文獻的分析,因爲筆者以爲,中國經典詮釋學問題的討論,還是得立足于經學文獻的分析,不能從概念到概念。

在中國的經典詮釋史上,漢末至三國魏初是鄭玄經學如日中天之時,這也是鄭玄奠定在整個中古文化學術史上宗師地位的時期,但就在鄭玄死後不久,中國出了一位王肅,是三國時魏國重要人物王朗的兒子,他自幼習鄭學,卻越來越覺得鄭玄對於全部儒家經典的詮釋都有問題,立志如鄭玄一般,重新遍注群經。後來他真的實現了這個夙願。這在那個“寧道周孔誤,諱聞鄭服非”的時代,自然具有相當的文化學術的衝擊力和革命性,只是後來的歷史實際表明,王肅最終没能敵過鄭玄的經學影響力,學術的認同最終似還在鄭玄一邊,而兩人解經的是非卻難於一概而論。

自三國魏後期至南北朝,由於當時的經學與王朝的政治事務有著密切的關聯,“鄭王之爭”在那幾百年間曾激起過無數次文化學術波瀾甚至政治波瀾,很多人捲入其中。隋唐以後,由於官方欽定的《五經正義》的頒行,以前的多家經學詮釋文本陸續失傳。不過在《五經正義》撰作之時,不少這樣的前代經學詮釋文本還流傳在世,這其中,鄭、王的經學著作自是其中不可忽視的文獻,因此《五經正義》中屢有引及,只是《五經正義》部頭相當大,其中引及的鄭、王解經文字零散而無規律,今人要想全方位地瞭解僅存的這些鄭、王解經文字,談何容易!直至清代,學者們才又耗費了幾代人的精力,從唐人的《五經正義》及宋人的經學義疏中,竭澤而漁式地輯佚出了諸多已失傳的漢魏時代的經學詮釋文獻,其中,鄭、王的經學著作自亦在其中。今天我們想要較爲詳細地瞭解漢魏以來的經學歷史,不能不依靠清代學者這些卓有成效的學術成就。

筆者近年對“鄭王之爭”問題注意有加,但本文只對《論語》一經的鄭、王異解進行文獻分析。依照清代學者輯佚出的殘存鄭玄、王肅《論語》注本進行對勘,發現可對應比勘條目[①]極少,於是筆者不得不再據新出土的唐寫本《論語鄭氏注》與王肅《論語注》輯佚本進行再對勘,又發現數條可對應比勘者。這樣,筆者共發現鄭、王關於《論語》的解義可對應比勘條目僅 18 條。

"鄭、王之爭"這樣一場著名的經學詮釋公案在經典詮釋學的視域下到底有何意義?後來的解經家往往又都繞不開鄭、王的異解,他們對此作了怎樣的取捨?我們從鄭、王本身的詮釋中可以看出他們各自的經典詮釋取向,而從後來經學家的相關取捨,又能看出後人關於鄭、王取向的再取捨。近兩千年來關於《論語》的詮釋著作可謂汗牛充棟,我們在分析"鄭、王之爭"時,主要擇取歷史上有代表性的一些《論語》詮釋家的意見進行分析,除鄭、王本身外,如皇侃、何晏、邢昺、朱熹、劉寶楠、程樹德等。當然,不同時代的經學家,解經取向不同,漢魏隋唐時代的經學家多注重名物,宋以後人則多隻注重義理,故不同條目下所引人物不同,有比勘意義者則

① 所謂"可對應比勘者"是指:唐宋人經學義疏著作中引述的鄭、王經注文字本不系統全面,有些又不具備對應比勘意義,如一條經文下,義疏所引鄭玄之解與王肅之解對應的詮釋對象是相同的,此即爲可對應比勘者;而有的經文下,義疏雖引有鄭、王義解,但鄭釋此而王釋彼,此即爲不可對應比勘者。又,某條經文下,鄭注有引而王注未見引,王注有引而鄭注未見引,此亦爲不可對應比勘者;但有的經文下,義疏所引鄭、王注文雖不能對應比勘,但其他經學篇章、其他經解篇文下,義疏或有引鄭、王之相關解説,可與此對應比勘,這可彌補本條經文下義疏所引之不足,此類本書亦録之。如《尚書·禹貢》:"至於衡漳"。《正義》引王肅注云:"衡、漳,二水名。"而不見鄭注文。但《詩·邶鄘衛譜》正義引鄭康成對相關經義之解云:"衡漳者,漳水横流入河。"此亦可與上述王肅《尚書》注文相對應比勘,此類則本書亦收録之。

引之分析,無則不備引,以免冗贅。[①]

1.“子曰:君子無所爭。必也射乎!揖讓而升,下而飲,其爭也君子。”(《八佾第三》)

《釋文》云:“鄭讀‘揖讓而升下’絕句。”

皇侃《義疏》云:“就王注意,則云‘揖讓而升下’也。若餘人讀,則云‘揖讓而升’。”王注云:“射於堂,升及下,皆揖讓而相飲也。”

應勇案:此條鄭、王解義可對應比勘者惟句讀耳。然句讀的不同,自然涉及對於經文意義的解讀。據《釋文》及皇氏《義疏》,鄭、王均讀至“下”字絕句,“而飲”爲一句。而程樹德引《四書改錯》則曰:“《論語》王肅注云:此七字連作一句。”即斷“揖讓而升下而飲”爲一句。如以皇氏《義疏》爲是,即鄭、王均讀爲“揖讓而升下”,而鄭箋《毛詩·賓之初筵》引此句則云“下而飲”,與上所録經文句讀同,則鄭之解經,又見自相矛盾。鄭氏此類失誤不止一二,此又一處。[②] 程樹德引《經讀考異》云:“蓋鄭兩讀,義皆可通。”[③]是彌合附會之說。一句經文,何可兩讀?兩讀即兩解。兩解則只能證明鄭氏這位“經神”也無法吃透孔氏之經義。若均以“揖讓而升下”絕句,則是升堂、下堂均有揖讓之禮。若從上引經文之斷句法,即皇氏《義疏》所謂“餘人讀”,則意味著只是升堂時有揖讓之禮,下堂時

① 以下所列《論語》經文,據今通行本録,主要參照本爲程樹德《論語集釋》(新編諸子集成本,程俊英、蔣見元點校,中華書局 1990,下同)和劉寶楠《論語正義》本(十三經清人注疏本,中華書局 1990。下同)。鄭注文字在馬國翰、袁鈞輯佚本基礎上,又依王素編著《唐寫本論語鄭氏注及其研究》(北京:文物出版社 1991)一書所録進行補充,並參陳金木《唐寫本論語鄭氏注研究——以考據、復原、詮釋爲中心的考察》(臺灣:文津出版社 1996),程樹德《論語集釋》及劉寶楠《論語正義》。王注文字依馬國翰輯佚本爲底本,並參程樹德《論語集釋》及劉寶楠《論語正義》。另據李威熊《馬融之經學·馬鄭王論語訓釋之比較》(臺灣政治大學中國文學所博士論文,1975,下引同)、李振興《王肅之經學》第七章《王肅之論語學》(臺灣嘉新水泥公司文化基金會研究論文第 366 種,1980,下引同)補充鄭、王《論語》注文可對應比勘者 2 條。

② 參拙著《鄭玄通學及鄭王之爭研究》,巴蜀書社 2007。(下引同)

③ 程樹德《論語集釋》P153—155。

則無。據《禮記·射義》鄭注及《儀禮·大射儀》之義,是“揖讓而升降”,不只升堂時揖讓,下堂時亦揖讓。① 此條見鄭、王在禮經中有明確記載的地方,未有不同,即使有意與鄭立異的王肅注經,也不能違背經文而與鄭立異。

2. “子曰:‘……仁者安仁,知者利仁。’”(《里仁第四》)

鄭注:仁者安樂仁道,智者利仁爲之。

王注:知者知仁爲美,故利而行之也。

應勇案:此條鄭、王解經角度不同,推演經義之程度亦不同。自古解經有二種不同的取向,一是盡可能不脱離經之本文本義,盡可能不要推演而演申其義;二是恰好相反,解經者將自己對經義的理解推演開去,以至於解經變成解經者個人見解的經外表達。這二者之間的度並不容易掌握。相比較而言,鄭注是對孔子此句經文本義的切近表達,而王注則有推經義而衍説的傾向,因爲孔子並未論“知者”爲何“利仁”。三國時魏鍾繇等對魏文帝曰:“仁者安仁,性善者也;知者利仁,力行者也。”此説既貼近經義,又容易理解。王注則特别要在經之本文外詮釋“知者”爲何要“利仁”,他把這裏的“知者”想象得頗爲美好,以爲“知者”之所以“利仁”,是因爲“知仁爲美”。而這樣推衍解經,一個副效應就是:解經者會越來越遠離本經而自説自話。時下于丹説《論語》,擁戴者與抗議者呼聲俱高,在某種意義上説,原因就在此。唐以前著名的《論語》詮釋家皇侃,沿着王肅這種方式解開去,將“仁者”之“仁”解説得非常極端,將“知者”爲何“利仁”也解釋得非常不堪,曰:“假令行仁獲罪,性仁人行之不悔,是仁者安仁也。智者,謂識昭前境,而非性仁者也。利仁者其見行仁者若於彼我皆利,則己行之;若於我有損,則使停止,是智者利仁也。”皇侃對孔子這裏所説的“知者”的詮釋,又在王肅的基礎上,進一步發揮開去。現代詮釋《論語》的集大成者程樹德,又在爲皇侃説與朱子説誰更勝一籌而糾纏。朱子曰:“惟

① 詳參劉寶楠《論語正義》P88。

仁者則安其仁而無適不然，知者則利於仁而不易所守，雖深淺不同，然皆非外物所能奪矣。"可見皇侃與朱熹對此句經文的關注點是一樣的。最終程樹德認爲皇侃説較朱子説爲勝[①]。其實這一義實在難論誰是誰非，因爲孔子本經並未具體闡發此義，後人只能據己而闡發之。或許真如高達美所認爲的那樣："詮釋理解真正起的作用不是'恢復'、'復原'，而是對現在有益的'再發現'，重新發現某些原本並非完全不知道、但是其意義業已因爲日久堙没而變得有點陌生的東西。作者的原初意向性已經不再是一個思考上膠著的重心，如何能夠整合到當下參與的'重獲'模式……單純的模仿、模擬，或依樣畫葫蘆似的重新恢復其精神，都不是通過詮釋以增進理解的目的。……對有效的詮釋而言，重要的是發明作品中的'事理之真'，而非追究其原意或原樣如何。對事理的理解，遠超過對於原先的人或原先的時代之理解。"[②]

3. "子謂南容：'邦有道不廢，邦無道免於刑戮。'以其兄之子妻之。"[③]（《公冶長第五》）

鄭注：□□，蓋（孟）僖之子，男（南）容，悅之字，一名韜也。[④]

王注：南容，弟子南宫縚，魯人也，字子容。不廢，言任用也。（劉寶楠《論語正義》引王注後一句曰："不廢，言見用。"）

應勇案：此條鄭、王注可對應比勘者惟南容其人之解。鄭説可與《禮記·檀弓》鄭注參證，其注曰："南宫韜，孟僖子之子南宫閲也，字子容，其妻孔子兄女。"王説據《孔子家語》，其文曰：南宫韜，字子容。而南宫悅（或作閲）與南宫韜到底是不是一個人，歷來衆説紛紜，莫衷一是。或曰韜、容、括、適，義皆相貫，字亦相通。朱熹

---

① 程樹德《論語集釋》P228—229。

② 張鼎國《"較好地"還是"不同地"理解：從詮釋學論爭看經典注疏中的詮釋定位與取向問題》，刊前揭黄俊傑編《中國經典詮釋傳統（一）：通論篇》，P17—18。

③ 唐寫本《論語鄭氏注》此句經文"免"作"勉"，"刑"作"形"。

④ 唐寫本《論語鄭氏注》殘卷此句原缺"南容"二字，當補。

《集注》即以爲是同一人。或曰南宫韜與南宫閲本爲二人,而《世本》誤爲一人,鄭玄遂承其誤。[①] 此條可見鄭、王對於諸多歷史人物的認知依據有不同,但此條以爲南宫韜與南宫閲爲同一人。

4. “宰予晝寢。子曰:‘朽木不可雕也,糞土之牆不可杇也。於予與何誅?’”[②](《公冶長第五》)

鄭注:寢,臥息也。彫,尅而晝(畫)之。汗(汙),漫也。此二者前(喻)施功勞,由(猶)不成也。

王注:圬,槾也。二者諭雖施巧功,猶不成也。(程樹德引王肅注曰:“杇,鏝也。二者諭雖施工猶不成也。”[③])

應勇案:此條鄭、王解義相同,不贅。

5. “仲弓問子桑伯子。子曰:‘可也,簡’。……”(《雍也第六》)

鄭注:□□名伯子。時所仕□□。(《釋文》引鄭注:“子桑,秦大夫。”[④])

王注:伯子,書傳無見也。(劉寶楠《論語正義》引王注曰:“伯子,書傳無見焉。”)

應勇案:此條與上“南容”一條,鄭、王注可對應比勘者同爲對於經所見人物之考訂。王注不信鄭説,又無考,則存疑,曰“書傳無見”。唐寫本《論語鄭氏注》文則因殘闕而不可識讀。子桑伯子其人,程樹德引《吕氏春秋》:“秦穆公師百里奚、公孫枝。”高誘注:“公孫枝,秦大夫子桑也。”或以此爲鄭説之來源。而《説苑·修文篇》:“孔子曰:‘可也,簡。’簡者,易野也。易野者,無禮文也。孔子見子桑伯子,子桑伯子不衣冠而處。弟子曰:‘夫子何爲見此人乎?’曰:‘其質美而無文,吾欲説而文之。’孔子去,子桑伯子門人不説,曰:

① 程樹德《論語集釋》P287—289,劉寶楠《論語正義》P165。
② 唐寫本《論語鄭氏注》、唐石經、宋刻本等經文“雕”均作“彫”。
③ 程樹德《論語集釋》P311。
④ 程樹德《論語集釋》P363。

'何爲見孔子乎?'曰:'其質美而文繁,吾欲説而去其文。'故曰文質修者謂之君子,有質而無文謂之易野。子桑伯子易野,欲同人道於牛馬。故仲弓曰太簡。"此即上述《論語》經文中孔子所述"可也簡"之事。或考秦穆公(西元前659—前621年在位)早於孔子一百多年,其師又早,則《吕覽》、高誘説不可信。依《説苑》之説,則子桑伯子與孔子同時。或以爲鄭用高誘説而不用《説苑》説。劉寶楠以爲王肅因未考《莊子》、《楚辭》、《説苑》等文獻,又不從鄭,故云"未見",是王肅有粗疏失考之嫌疑。劉寶楠有迴護鄭玄之嫌。在涉及《論語》所及人物及其他歷史人物的認定問題上,王肅多不信鄭説。①

6. "子曰:'中人以上,可以語上也;中人以下,不可以語上也。'"(《雍也第六》)

鄭注:[語],猶謀也。中人以上,乃可以謀論□,此已下,近愚,其智將無所及。

王注:上,謂上智之人所知也。兩舉中人,以其可上可下也。

應勇案:此條鄭、王解經角度不同。鄭依經文解爲何"中人以上可以語上;中人以下不可以語上",王肅則變換角度,只解何謂"中人"。總之王肅不願意從鄭,即使找不到更好的解釋亦然。

7. "子曰:觚不觚,觚哉! 觚哉!"(《雍也第六》)

鄭注:觚,爵名,容二升。孔子"削觚,志有□。""[觚][哉]![觚][哉]!"[歎]觚□。

王注:當時沈湎於酒,故曰"觚不觚",言不知禮也。(依皇《疏》,筆者以爲王肅注文當爲:"當時沈湎於酒,故孔子曰'觚不觚',言不知禮也;'觚哉觚哉',言用觚之失道也。")

---

① 參拙著《鄭玄通學及鄭王之爭研究》第四篇。本條引文見程樹德《論語集釋》P362—363,劉寶楠《論語正義》P210—211,向宗魯《説苑校證》P498—499(中華書局1987)。

應勇案:據後代經學家分析,王肅注意爲孔子歎時人不守"觚"道,飲酒時名義用"觚",卻不守"觚"之寡少義,沉湎於酒,飲酒過量,故歎曰:"觚不觚,觚哉! 觚哉!"因爲依禮説,古之酒器,其量與名皆有取義,如許慎《五經異義》引"今《韓詩》説:一升曰爵,爵,盡也,足也;二升曰觚,觚,寡也,飲當寡少;三升曰觶,觶,適也,飲當自適也;四升曰角,角,觸也,不能自適,觸罪過也;五升曰散,散,訕也,飲不能自節,爲人所謗訕也。"皇侃《論語義疏》似亦同意王肅之解,曰:"一獻之禮,賓主百拜,此則明有觚之用也。當于爾時用觚酌酒,而沈湎無度,故王肅曰:當時沈湎於酒,故孔子曰'觚不觚',言不知禮也;'觚哉觚哉',言用觚之失道也。"毛奇齡亦同此説:"古制器命名,各有取義。《禮》注云觚容二升,取寡爲義。《詩》説所云'飲常寡少曰觚'。則此觚命名原與君子稱'孤'、'寡'有同義也。今飲常不寡而仍曰觚,名實乖矣,猶曰'觚哉!'"[①]又云:"諸酒器皆有義,而獨及觚者,此猶《燕禮》極尚宴樂,而其洗奠享獻,惟用一觚。亦以觚本常用,並取寡少無過之名。……但不寡飲,即失名實耳。"鄭注因唐寫本"歎"字後文有闕,不知鄭以爲孔子因何而歎。前句有"削觚,志有□"五字,據考舊有説:"孔子曰:削觚而志有所念,觚不時成,故曰'觚哉觚哉'。觚,小器耳。心不專一,尚不時成,況於大事也?"或以爲鄭所謂"削觚"即指此。此"觚"據考指木簡而非酒器。顔師古曰:"觚者,學書之牘,或以記事,削木爲之,蓋簡屬也。孔子歎觚,即此之謂。其形或六面,或八面,皆可書。觚者,棱也。以有棱角,故謂之觚。……今俗猶呼小兒削書簡爲木觚章。蓋古之遺語也。"《西京雜記》亦確有"傅介子好學書,嘗棄觚而歎"之語。但鄭注前句明確有"觚,爵名,容二升"六字,則所注"觚"不當指木簡。或顔師古一家之言,不一定與鄭説合。總之,因鄭注文字殘闕,其義不可詳知,亦難與王肅注比勘。或曰王承馬説而與

---

① 關於觚之容量到底是二升還是三升,古來有疑義,如許慎即從"古《周禮》説"以爲觚當三升。不過無論二升、三升,其寡少、有節制之義則一致,因爲即使三升之觶,也有"飲當自適"之義。參拙著《鄭玄通學及鄭王之爭研究》P180—182。

鄭異，恐亦如劉寶楠所言，乃"意爲之辭"也。馬融注："觚，禮器也。一升曰爵，二升曰觚。"[①]它無所言。馬融並未解此句之比喻義，不可"意爲"也。

8. "子不語怪、力、亂、神。"（《述而第七》）

鄭注：爲淺識者將爲之，有精氣，不修其德，而徒祈福祥，以或（惑）世沮功。恠力，謂若石立社移。亂神，謂神降於莘之屬也。

王注：怪，怪異也。力，謂若奡盪舟、烏獲舉千鈞之屬也。亂，謂臣弑君、子弑父也。神，謂鬼神之事也。或無益於教化也。或所不忍言也。

應勇案：此條鄭、王異解值得注意者有二：(1) 鄭籠統解之，王肅則具體解釋"怪"、"力"、"亂"、"神"四字之意。此又印證王與鄭立異是有意爲之，因爲在所見諸經鄭、王注中，一般多見鄭作具體字詞的解釋，王則籠統解釋其基本思想内涵，此條則正相反。(2) 鄭以"怪力"爲一詞，"亂神"又爲一詞；王則以"怪"、"力"、"亂"、"神"分解之。對於鄭、王這兩種解讀，皇侃似已不能確指何者爲是，但又似極重視王肅之説，因此對於鄭説，只是引之以備説而已，"或通云'怪力'是一事，'亂神'是一事。都不言此二事也。故李充曰：力不由理，斯怪力也；神不由正，斯亂神也；怪力亂神，有興於邪，無益於教，故不言也。"最後皇侃又對王肅注後兩句專門作了具體分辨："云'無益於教化'者，解不言怪、力、神三事也。云'或所不忍言'者，解不言亂事也。"按：王注所言奡、烏獲均爲傳説中之力士，相傳奡能陸地行舟，烏獲能舉千均之物。至於後人解此條多有辨"語"字爲一般説話之意，抑或爲"辨詰論難"之意，鄭、王均未作專門解釋。[②]此爲不同時代解經的關注點不同所致。

9. "子曰：'泰伯，其可謂至德也已矣，三以天下讓，民無得而

① 程樹德《論語集釋》P412—414，劉寶楠《論語正義》P240—242。
② 程樹德《論語集釋》P480—481，劉寶楠《論語正義》P272。

稱焉。'"(《泰伯第八》)

鄭注:太伯,周大王之太子,次仲雍,次叔不見,次季歷。"三以天下讓"者,見季歷賢,又生文王,又(有)聖人之表,欲以讓焉。以爲無大王命,將不見聽,大王有疾,因過吴、越採藥,大王没而不返,季歷爲喪主,一讓。季歷赴之,不來奔喪,二讓也。勉(免)喪之後,遂斷髮文身,倮以爲飾,三讓。三讓之美,皆蔽隱不著,故人無得而稱之。三讓之德,莫大於此。(劉寶楠《論語正義》引鄭注爲:"泰伯,周太王之長子,次子仲雍,次子季歷。太王見季歷賢,又生文王,有聖人表,故欲立之,而未有命。太王疾,泰伯因適吴越采藥,太王歿而不返,季歷爲喪主,一讓也。季歷赴之,不來奔喪,二讓也。免喪之後,遂斷髮文身,三讓也。三讓之美名,皆隱蔽不著,故人無德而稱焉。"李振興《王肅之論語學》據邢《疏》引鄭注與此同,但所録文字有誤。)

王注:泰伯,周太王之太子也。次弟仲雍,少弟曰季歷。季歷賢,又生聖子文王昌。昌必有天下,故泰伯以天下三讓于王季。其讓隱,故無得而稱言之者,所以爲至德也。

應勇案:此條鄭、王之異有二值得關注:(1)關於"三讓"之事,鄭玄作了具體解釋,王則未。《史記·周本紀》:"古公有長子曰太伯,次曰虞仲。太姜生少子季歷,季歷生昌,有聖瑞。古公曰:'我世當有興者,其在昌乎?'長子太伯、虞仲知古公欲立季歷以傳昌,乃二人亡如荊蠻,文身斷髮,以讓季歷。古公卒,季歷立,是爲公季,子昌立,是爲西伯。西伯曰文王。"此爲鄭、王注所述史事之基本依據。而關於"三讓"之事,《韓詩外傳》云:"太王賢昌,而欲季爲後也。太伯去之吴。太王將死,謂曰:'我死,汝往讓兩兄,彼即不來,汝有義而安。'太王薨,季之吴告伯、仲,伯、仲從季而歸。群臣欲伯之立季,季又讓。伯謂仲曰:'今群臣欲我立季,季又讓,何以處之?'仲曰:'刑有所謂矣,要於扶微者,可以立季。'季遂立而養文王,文王果受命而王。孔子曰:'太伯獨見,王季獨知。伯見父志,季知父心。故太王、太伯、王季可謂見始知終,而能承志矣。'"《論衡·四諱篇》:"太伯入吴采藥,斷髮文身,以隨吴俗。太王薨,太伯還，王季辟主。太伯再讓，王季不聽。三讓，曰：'吾之吴越，吴越之俗，斷髮文身，吾刑餘之人，不可爲社稷宗廟之主。'王季知不可，權而受之。"此二説均與鄭所注不同。劉寶楠根據邏輯推斷認爲此二説均不及鄭説可信，曰："太王薨後，季宜攝主，斷無置喪事國事於不問，而往吴告伯、仲之理。設使伯、仲俱不隨季而歸，將季遂偕逝乎？抑將受伯、仲之讓，獨自歸乎？《外傳》之言，於是爲疎矣。太王歿，太伯若以奔喪反國，則本爲適長，理應嗣立，群臣何敢興立季之議？且後既反國，則其始之采藥荊蠻，夫何爲者？《論衡》此義，亦爲未達。汎觀諸説，惟鄭爲允。《詩·皇矣》云：'帝作邦作對，自太伯、王季；維此王季，因心則友；則友其兄，則篤其慶，載錫之光。'觀此則知王季恭兄之誼，必有非尋常人士所及者。友愛如太伯，固早知之。知其父歿遜位，季必不受，故因太王病而託采藥以行。及太王没，季歷赴之，必屢促之，而太伯決然不返。及免喪之後，文身斷髮，從荊蠻之俗。《太伯世家》言'荊蠻義之，從而歸之千餘家，立爲國主。'勢不容復返，故季不得已而受讓耳。傳世稱之，是謂'載錫之光'。當時民無稱，而歷世久遠，夫子猶歎爲至德，則亦王季厚明之所致矣。其云'三讓之美，隱蔽不著'者，案《孟子》云：'好名之人能讓千乘之國。'然則凡讓國者，或出於好名之念，惟太伯以讓之故，幾不得爲子，故其美隱蔽。"皇《疏》引范甯説有二釋，其後釋云："太王病而託采藥出，生不事之以禮，一讓也；太王薨而不反，使季歷主喪，死不葬之以禮，二讓也；斷髮文身，示不可用，使季歷主祭，祀不祭之以禮，三讓也。"劉寶楠以爲此即鄭君所云"隱蔽不著"之義也。或范甯據鄭注而疏解之。晉有孫盛專著《三讓論》駁鄭，以爲"斷髮之言，與《左傳》相背，事爲不經"，又自立説爲："棄太子位爲一讓，不赴喪爲二讓，不養仲雍子爲己後爲三讓。"劉寶楠均根據邏輯推斷以爲不及鄭説可信。劉寶楠顯有廻護鄭玄之嫌。而王肅之所以不詳解"三讓"，或正因爲關於"三讓"，前人多有不同解説，想與鄭立異，又無確鑿證據，只好不解。(2) 鄭之"德"與王之"得"字之異。《釋文》："得，本亦作德。"看來，此經"得"、"德"之異寫早已有之。《後漢書·丁鴻傳》傳文及章懷太子李賢注所引鄭注即作

“德”。後人所引鄭注或即源於此。可邢《疏》所引鄭注即作“得”。劉寶楠斷定邢疏誤,鄭注當爲“德”而非“得”,實有疏於考辯之失。今見唐寫本《論語鄭氏注》作“得”而不作“德”,或可知此經文字本作“得”而不作“德”,“德”字爲後人之異寫也。今本《論語》經文均作“得”而不作“德”,或更合古本。後人解經,多注意到此條鄭、王之異,如臧氏《經義雜記》曰:“《集解》此王肅云‘無得而稱’,是王本作‘得’。《後漢書·丁鴻傳論》引作‘無德’,李注云:‘《論語》載孔子之言也’。又引鄭注‘無德而稱焉’,是鄭本作‘德’。《釋文》所見,蓋即鄭本。王肅好與鄭難,故改其義。”是臧氏或因文字異寫之偶然因素,誇大鄭、王之爭,其實鄭、王所用二字本無異,後人或傳寫之異也。程樹德曰得、德古通,“不足異也”。①

10. “子曰:恭而無禮則勞,慎而無禮則葸,勇而無禮則亂,直而無禮則絞……”(《泰伯第八》)

鄭注:絞,急也。(《釋文》)

王注:絞,刺也。

應勇案:此條鄭、王之異惟“絞”字之解。依鄭解,直而無禮以節之,則“急也”,即朱子《集注》所謂“急切也”,有類今人所謂唐突也。依王肅之解,直而無禮以節之,則“刺也”,即馬融所謂“絞刺也”,即邢昺《疏》所謂“言人而爲直,不以禮節,則絞刺人之非也”,有類今人所謂尖刻刺人也。則朱子此條用鄭説而不用王説。劉寶楠《論語正義》謂鄭注“與馬義不異”,非也。李威熊曰此條馬、王同而與鄭異,是也。②

11. “子曰:……拜下,禮也;今拜乎上,泰也。雖違衆,吾從

---

① 程樹德《論語集釋》P507,劉寶楠《論語正義》P287—289,《後漢書·丁鴻傳》。

② 阮刻《十三經注疏》,中華書局縮印本,1980,P2486;李威熊《馬融之經學·馬鄭王論語訓釋之比較》;程樹德《論語集釋》P514—515;劉寶楠《論語正義》P290。

下。”(《子罕第九》)

鄭注:臣祭於君,相酬酢受爵,當拜於堂下;時臣驕泰,故拜於堂上。(劉寶楠《論語正義》引鄭注曰:“禮,臣之於君,酬酢受爵,當拜於堂下,時臣驕泰,故拜於堂上。”)

王注:臣之與君行禮者,下拜然後升成禮。時臣驕泰,故於上拜也。今從下,禮之恭也。

應勇案:劉寶楠《論語正義》曰:“拜下者,謂於堂下拜也。凌氏廷堪《禮經釋例》:‘凡臣與君行禮,皆堂下再拜稽首,異國之君亦如之。廷堪案:臣與君行禮,如《燕禮》、《大射》主人獻公,主人自酢于公,獻畢,二人媵爵於公,皆於阼階下,北面再拜稽首,立。司正安賓,司正升酌散,亦降階再拜稽首,此士大夫于諸侯也。《覲禮》郊勞行享,侯氏皆降階再拜稽首,此諸侯于天子也。《士相見禮》始見於君,士大夫則奠摯,再拜稽首。《燕禮》、《大射》命賓,賓再拜稽首,許諾。《聘禮》命使者,使者再拜稽首,辭。使者反命,賓介皆再拜稽首。《覲禮》賜侯氏舍,侯氏再拜稽首,亦皆拜於庭者。是臣與君行禮,皆堂下再拜稽首也。……’又云:‘凡君待以客禮,下拜則辭之,然後升成拜。廷堪案:臣與君行禮,皆拜於堂下,不辭,不升成拜,此全乎爲臣者也。若君以客禮待之,如《燕禮》、《大射》公舉媵爵爲賓舉旅行酬,賓降西階下再拜稽首。公命小臣辭,賓升成拜。……《覲禮》執圭行覲,侯氏坐取圭,升,致命,王受之玉,侯氏降階,東、北面再拜稽首。擯者延之曰升,升成拜。覲畢請罪,王勞之,再拜稽首。擯者延之曰升,升成拜。王賜侯氏車服,侯氏降兩階之間,北面再拜稽首,升成拜。……此皆先拜於堂下,君使人辭之,復拜於堂上者也。又如《燕禮》、《大射》:公舉媵爵爲賓舉旅行酬,公立卒觶,賓下拜,小臣辭,賓升,再拜稽首。注:不言成拜者,爲拜故下,實未拜也,下不輒拜,禮殺也。又:賓升,酌膳觶,下拜,小臣辭,賓升,再拜稽首。注:下拜,下亦未拜,凡下未拜有二,或禮殺,或君親辭;君親辭,則聞命即升,升乃拜,是以不言成拜。……此皆降而未拜,君辭之,即升堂再拜稽首……凡此瑣節雖不同,皆君以客禮待之,故拜於堂上也。……《公食大夫禮》:賓升,公當楣再拜,賓降西階東,北面答拜。擯者辭,賓栗階升,不拜,命之成拜階上,北面再拜稽首。此先降階拜,異國之君,使人辭之,然後升成拜也。……此皆拜於堂上,禮殺故也。……此使者奉其君命,以客禮待異國之臣,故降拜,升成拜,亦如見其君也。……則賓降拜,公亦降拜……蓋待異國之臣,其禮有加焉爾。'案:凌説甚覈。當夫子時,君弱臣強,凡應於堂下拜者,不復循臣禮之正,而皆拜乎堂上,故孔子非之。……臣酌酒獻君曰酢,君酌酒答臣曰酬。《燕禮》所云公舉媵爵,爲賓舉旅行酬,又賓媵觚於公,公爲士舉旅行酬,即其禮也。酬酢授爵,當拜於堂下,及君辭,復升成拜。當時則於授爵之際,已拜於堂上,無復下拜,及君辭,復升,成拜之禮,故爲驕泰也。……"[①]劉寶楠詳引凌廷堪禮説以明"拜下"之禮節文,因文繁不備引,只節引如上。可見鄭、王注看似相同,實仍有不同,鄭注明晰,強調"拜下"本爲禮之正,今因"驕泰",故有"拜乎上"之風;王注則曰:"臣之與君行禮者,下拜然後升成禮,時臣驕泰,故於上拜也",依上鄭禮注文及凌廷堪之疏解,"下拜然後升成禮"並非"臣之與君行禮"之正,而只是其中的一個特例,王肅以此特例説禮之正,非也。看來,"禮是鄭學",名不虛傳,王肅當甘拜下風。

12."子絕四:毋意,毋必,毋固,毋我。"(唐寫本《論語鄭氏注》經文"意"作"億")(《子罕第九》)

鄭注:億,謂以意,意有所疑度。必,謂成言未然之事。固,謂已事曰然之。我,謂已言必可用。絕此四者,爲其陷於專愚也。

王注:不任意,無專必,無固行,無有其身。

應勇案:劉寶楠《正義》:"《説文》:'絕,斷絲也。'《釋名·釋言語》:'絕,截也,如割截也。'言子有絕去四事,與人異也。《公羊》昭十二年《疏》:'子絕四者,備于鄭注。'今此注已佚。毋者,禁止之辭,毋即絕也。《説文》云:'意,志也。從心、音。察言而知意也。'段氏玉裁注:'意之訓爲測度。如《論語》毋意、不億不信、億則屢

① 劉寶楠《論語正義》P323—326。

中。其字俗作億。'王氏引之《經義述聞》:'《少儀》:毋測未至。注曰:測,意度也。毋意,即毋測未至也。'案段、王説同。《公羊傳》:'伯于陽者何? 公子陽生也。子曰:我乃知之矣。在側者曰:子苟知之,何以不革? 曰:如爾所不知何?'何休注:'此夫子欲爲後人法,不欲令人妄億錯。'下引此文云云,即是以意爲億度也。《釋文》:'意如字,或於力反,非。'於力之音,亦是讀億,陸不當以爲非也。莊氏存與《説》:'智毋意,先覺也;義毋必,義之與比也;禮毋固,時中也;仁毋我,與人爲善也。善則稱親,讓善於天也。'又云:'以億逆爲意而去之,是也;以擬議爲意而去之,非也。以適莫爲必而去之,是也;以果斷爲必而去之,非也。以窮固爲固而去之,是也;以貞固爲固而去之,非也。以足己爲我而去之,是也;以修己爲我而去之,非也。'"後人十分幸運,見到了劉寶楠未能見到的新出土唐寫本《論語鄭氏注》。關於"毋意",對比後顯然可見金壇段氏、高郵王氏均與鄭玄之解合轍,可惜未見其對後三"毋"之解,所引莊存與之説爲引申義解而非本義。文字學大師段玉裁之説甚是。今所見唐寫本《論語鄭氏注》即作"億"而不作"意"。劉寶楠駁正陸德明之非亦是也。看來陸德明時代《論語》已有"億"、"意"的不同寫法。通俗一點説,鄭玄對於"四毋"之解當爲:不要臆度,不要對未然之事妄下斷語,不要太惟我獨尊,不要總認爲自己的意見是對的。朱子《集注》:"意,私意也。必,期必也。固,執滯也。我,私己也。"相對而言,朱子之説在宋人之説中較近鄭説,但已較鄭説爲抽象、寬泛,不如鄭説之具體,其"私意"之説則又因經文用字之不同,與鄭説距離較遠。而一但解經走向抽象、寬泛,不免給人以更多的想象空間,於是解經者與經文本身便開始漸行漸遠。當然,也有人認爲,本來經文的意象空間就不可能那麽狹窄、具體,因此後人可以據經而自由地拓展詮釋的翅膀。這二者之間的度如何把握,恐怕是經典詮釋者必須要思考的,也是經典詮釋史研究者必須要注意的。由於宋以後經文均作"意",於是陸、王派解此經又較朱子走得更遠,"直將'意'字解爲意念之意,以無意爲不起念",程樹德謂之"強經就我"。其他宋學家又多關注"絕"與"毋"字之意,相對淡化對於絕、毋具體内容的關注。而王肅之解距鄭氏時間非常近,正在鄭學如日中天之時,因此其異解更具有特别的意義。至何晏《集解》即完全按照王肅的解説生發開去,曰:“以道爲度,故不任意也。用之則行,舍之則藏,故無專必也。無可無不可,故無固行也。述古而不自作,處群萃而不自異,惟道是從,故不有其身也。”[①]值得注意的是,一千多年以後,中國的經學詮釋家卻没有沿着後起之秀王肅、何晏之説走下去,卻又向鄭玄之解有所回歸。

13.“孔子於鄉黨,恂恂如也,似不能言者。”(《鄉黨第十》)

鄭注:恂恂,恭順貌也。似不能言者,所以接凡人。(劉寶楠《論語正義》引鄭注曰:“恂恂,恭慎貌。”)

王注:恂恂,温恭貌也。

應勇案:劉寶楠《論語正義》:“案:《説文》:‘恂,信心也。’信者,實也。人有信心,則能恭慎。《史記·世家》載此文,《索隱》曰:‘恂恂,有本作逡逡,音七旬反。’……《史記·李廣傳》贊:‘李將軍悛悛如鄙人,口不能正辭。’《索隱》曰:‘《漢書》作恂恂,音詢。’‘悛’與‘逡’同,亦與‘恂’同,並聲近字。《劉修碑》:‘其於鄉黨,遜遜如也。’亦音、義相近,當由齊、古、魯三家文異。《集注》云:‘似不能言者,謙卑巽順,不以賢知先人也。鄉黨,父兄宗族之所在,故孔子居之,其容貌辭氣如此。’”[②]此條鄭、王略同,但如以劉寶楠所引鄭注語爲是,則鄭注似更近經義。

14.“君子……紅紫不以爲褻服。”(《鄉黨第十》)

鄭注:紺、緅、紫者,玄之類。紅者,纁之類也。玄、纁所以爲祭服者,尊其類也。(皇《疏》引作“等其類”)紺、緅,石染,不可以爲衣飾;紅、紫,染,不可以爲褻服。飾,謂純緣也。褻衣,袍襗也。

王注:褻服,私居非公會之服者也。紅紫皆不正,褻尚不衣,正

① 程樹德《論語集釋》P573—576,劉寶楠《論語正義》P326—327。
② 劉寶楠《論語正義》P363。

服無所施。

應勇案：鄭氏解名物多較爲詳盡，王氏則多較略。但此條鄭、王注合看，似更能使今人明瞭。關於褻衣，鄭解其物象，王則解其用途。皇侃《疏》："紅紫，非正色也。褻服，私褻之服，非正衣也。褻尚不衣，則正服故宜不用也。所以言此者，爲時多重紅紫，棄正色，故孔子不衣之也。故後卷云'惡紫之奪朱也'。鄭玄注云：'紺、緅、紫，玄之類也。紅，纁之類也。玄纁所以爲祭服，等其類也。紺、緅木染，不可爲衣飾。紅、紫草染，不可爲褻服而已。飾，謂純緣也。'侃案：五方正色，青赤白黑黄。五色間色，緑爲青之間，紅爲赤之間，碧爲白之間，紫爲黑之間，緇爲黄之間也。故不用紅紫，言是間色也。"顯然皇氏折衷了鄭、王之説。然皇氏所引鄭注文字與唐寫本有不同，唐寫本爲"尊其類"，皇引爲"等其類"，似當以唐寫本爲是，皇引恐爲傳抄之誤；唐寫本作"紺、緅，石染"，而皇引作"紺、緅木染"，不知何者爲是；皇引作"紅、紫草染"而唐寫本作"紅、紫，染"，當以皇引爲是。其實鄭、王注義大不同。劉寶楠《論語正義》："……《説文》又云：'紫，帛青赤色也。'段注謂'青當作黑'。甚是。然許意或以青亦近黑矣。紺、緅、紫，皆近黑色，故鄭此注以爲玄類。《毛詩·七月》傳：'玄，黑而有赤也。'《説文》云：'黑而有赤色者爲玄。'……是鄭義與毛、許合。金氏鶚《禮説》：'玄色是黑而兼青，非赤黑之色。'引六證以明之。……其説固是。然非毛、許、鄭氏義也。《説文》又云：'紅，帛赤白色也。'段注謂'如今之粉紅桃紅'。案：……《説文》云：'纁，淺絳也。絳，大赤也。'是也。《玉藻》注：'冕服玄上纁下。'《詩·七月》：'我朱孔陽，爲公子裳。'傳云：'朱，深纁也。祭服玄衣纁裳。'《周官·方相氏》：'玄衣朱裳。'皆謂衣用玄，裳用纁也。鄭以玄纁是祭服之色，而紺、緅、紫爲玄類，紅爲纁類，亦是相等，故云'等其類也'。既與祭服色類，則亦不得用之矣。……江氏永《圖考》曰：'飾必用正色。《深衣篇》云：具父母、大父母，衣純以繢，具父母衣純以青。孔子少孤，母存，宜純以青。母没，則惟純以素。紺緅不飾，猶之紅紫不服耳。'案：……鄭義以爲類祭服者，信而有徵矣。……王氏塗《正義》：'服紅紫者雖鮮閒，亦必有爲褻服者。'此皆謂當時褻服用紅紫也。皇《疏》以紅、紫爲間色,引穎子嚴説:紅是赤白……紫是黑赤……解者據之,因謂'間色不可用'。案:……則謂'間色不可用'者,誤也。……'褻衣爲袍襗'者,《説文》:'褻,私服。'……袍在外,澤在内,皆爲褻也。《毛傳》:'澤,潤澤也。'鄭箋:'澤,褻衣,近污垢。'《釋名·釋衣服》:'汗衣近身,受汗垢之衣也。《詩》謂之澤,受汗澤也。……'……皆褻服之類。……'褻'訓'私居'者,引申之義。私居之服,即是深衣,故曰'非公會之服',……此義亦通。正服與朝祭諸服,在外者也。"劉寶楠除"等其類"之説因尊皇引而誤衍其説外,詳細疏解爲何"紅紫不以爲褻服",即因其色爲祭服之色,故褻服不可以用之,甚得鄭義,因尊祭服之類,故閒時所服不得用之,亦證"尊其類"不當爲"等其類"。而王肅則以爲,之所以不可以爲褻服,是因爲紅紫色皆不是正色,而是間色,所以"私居"之褻服不用之,私居之褻服都不用,正服就更不用了。此與鄭説大相徑庭。至於將"褻服"解爲"私居非公會之服",則是引申也,本義當指貼身之衣也,如上引《毛傳》、《釋名》之説。朱子《集注》:"紅紫,間色不正,且近於婦人女子之服也。褻服,私居服也。言此則不以爲朝祭之服可知。"①實際是融合了鄭、王之説又加以引申。

15. "非帷裳,必殺之。"(《鄉黨第十》)

鄭注:帷裳,謂朝祭服之服。其制正幅。非帷裳者,謂染(深)衣也。殺之者,削其幅,使縫衰倍腰。(《困學紀聞》引鄭康成云:"帷裳,謂朝祭之服,其制正幅如帷。非帷裳者,謂深衣,削其幅,縫齊倍要。"劉寶楠《論語正義》鄭注:"帷裳,謂朝祭之服,其制正幅如帷也。非帷裳者,謂深衣也。殺之者,削其幅,使縫齊倍要者也。")

王注:衣必有殺縫,唯帷裳無殺也。(筆者按:殺,或王本作殺。)

應勇案:鄭解禮制名物向來很具體詳盡,王則較籠統。這大概

① 程樹德《論語集釋》P667—668,劉寶楠《論語正義》P387—391。

是“鄭、王之爭”發生以後，學界依然堅信“禮是鄭學”的重要原因。此條鄭注明言“非帷裳”即是指“深衣”，王則籠統言之：凡是衣裳必有所謂“殺縫”，只有“帷裳”無“殺縫”。至於何謂“帷裳”，王亦不及鄭注明晰。鄭注曰：“帷裳，謂朝祭之服。”王則未明。鄭以爲此處孔子所言“非帷裳，必殺之”是特稱判斷，即專指“深衣”，王則以爲此處孔子所言當是泛指，只有“帷裳無殺”，其餘衣裳皆有也。至皇侃之釋似近王肅義，程樹德《論語集釋》引皇侃《疏》：“帷裳，謂帷、幔之屬也。殺，謂縫之也。若非帷幔裳，則必縫殺之，以殺縫之面置裹，不殺之面在外。而帷裳但刺連之，如今服杷不有裹外殺縫之異也。所以然者，帷幔内外並爲人所見，必須飾，故刺連之而已也。”杷，一種類似僧人袈裟的衣裳。後朱子之解又近鄭解，程樹德引朱子《集注》曰：“朝祭之服，裳用正幅如帷，要有襞積，而旁無殺縫。其餘若深衣，要半下齊倍要，則無襞積而有殺縫矣。”筆者按：襞積，謂帬要摺疊處也。劉寶楠《論語正義》曰：“鄭注《喪服》云：‘祭服、朝服，襞積無數。凡裳，前三幅，後四幅。’襞積若今人百褶，於要間收攝其布，使狹以著身也。朝祭之裳，襞積無數，以人要中寬狹不一，各就所宜爲之，不著其節也。……案：朝祭服外，祇有深衣爲諸侯大夫士之所服，庶人更用爲吉服。”深衣，衣裳相連，被體深邃，故謂之深衣。深衣爲朝祭次服，其形制《禮記·深衣》有述，曰：“古者深衣，蓋有制度……短毋見膚，長毋被土。續衽，鉤邊。要縫半下。袼之高下，可以運肘。袂之長短，反詘之及肘。……制十有二幅，以應十有二月。袂圜以應規。曲袷如矩以應方。負繩及踝以應直。下齊如權、衡以應平。故規者，行舉手以爲容。負繩抱方者，以直其政，方其義也。……下齊如權衡者，以安志而平心也。五法已施，故聖人服之。故規矩取其無私，繩取其直，權衡取其平，故先王貴之。故可以爲文，可以爲武，可以擯、相，可以治軍旅，完且弗費，善衣之次也。”續衽，鄭注曰：“續，猶屬也。衽，在裳旁者，屬連之不殊裳前後也。”楊天宇注：“案深衣自腰以下裳的部分，是用十二幅布拼合縫製而成，前六幅，後六幅，而前後裳中間的四幅皆爲正幅，兩邊的兩幅則是斜裁而成，似直角三解形，這斜裁的部分就是所謂衽。右邊的前後衽是分開的,而左邊的前後衽是縫合在一起的,即《注》所謂'屬連之不殊裳前後也'。鈎邊,這是指在深衣的右後衽上另加一鈎邊。鈎邊的形制,江永《鄉黨圖考·深衣考》曰:'當别用一幅布爲之,上狹下闊,綴於右後内衽,使其鈎曲而前,以掩裳際也。若無鈎邊,則行步時露其後衽之裏,故須鈎邊掩之。'"要縫半下,楊天宇注:"據江永《深衣考》説,深衣的裳,前裳中間的四正幅和後裳中間的四正幅,凡八幅,每幅都是用幅寬二尺二寸的布從中間對裁而成,即每幅寬一尺一寸,每幅兩邊各留一寸爲縫邊,是每幅縫合後實寬九寸,前後八幅則總寬七尺二寸,這就是深衣腰圍的周長。裳兩邊的衽,是用幅寬二尺二寸的布兩幅斜裁成四幅,每幅的狹頭寬二寸,上縫於腰間;寬頭爲二尺,兩旁除去邊縫各一寸,則爲一尺八寸,四幅共爲七尺二寸,加上八幅正幅的七尺二寸,是深衣之裳的下沿週長爲一丈四尺四寸,正好爲腰圍的二倍,是即所謂'要縫半下'也。腰狹而下闊,這樣才便於舉步行走。"袼,楊天宇注:"《釋文》曰音各。據鄭注,是指衣袖當腋下與衣身的縫合處。"詘,楊天宇注:"通屈。鄭注曰:'臂骨上下各尺二寸,則袂,肘以前尺二寸。'案云袂(袖)之'肘以前尺二寸',則肘以後亦尺二寸可知,注省文而未言。據注可見,臂之上下骨總長爲二尺四寸,袂長亦然,而肘當臂之中,故將袂從袖口反折至腋,正好與腋至肘的長度相等,即所謂'反詘及肘'也。"袷,楊天宇注:"袷,音劫。曲袷,深衣的領名,形方,故鄭注曰:'古者方領'。"負繩,楊天宇注:"負繩,江永《深衣考》曰:'衣裳背中縫。'"行舉手,楊天宇注:"行舉手,鄭注曰謂揖讓。"五法,楊天宇注:"五法,謂規、矩、繩、權、衡。"擯、相,楊天宇注:"擯、相,皆贊禮者。"又曰:"完且弗費,陳澔曰:'制有五法故曰完;其質則布,其色則白,故曰弗費。'善衣,鄭注曰:朝祭之服也。"楊天宇之解爲此段經文迄今最爲明晰之解,有二點值得注意:(1)"十二幅"依鄭玄之説,專指深衣之"裳",不涉及"衣";(2)深衣,亦依鄭玄之説,乃"善衣之次",即其尊貴程度僅次於朝祭服,是貴族統治者之正服,所以才有那麽多象徵意義。前者或以爲非僅指深衣之"裳",當通衣裳言之,如清人陳澧曰:"深衣制十有二幅，此通衣裳數之也。衣中二幅，袂二幅，凡四幅。裳中正幅二，兩旁斜裁之幅各一，爲四幅，合前後凡八幅。通衣裳數之，則爲十有二幅也。"總之，關於深衣之制，後人多有考訂，而關於朝祭之服"帷裳"則少有辯證。關於此處夫子爲何強調"非帷裳，必煞之"，清代學者或以爲因當時有深衣不合古制之現象，故夫子特強調之，如江永《鄉黨圖考》曰："深衣裳無襞積，必有兩旁斜裁倒縫之衽，方能上狹下廣。意當時或有不用斜裁而作襞積於裳者，故特記非帷裳必殺之，明夫子深衣必用古制也。"①此爲經外之義，經及鄭注本文均未及之。而就鄭注與王注對比來看，清代解經者多從鄭説而不從王説，如江永、劉寶楠等均是。而帷裳、深衣之詳制，因禮文殘闕，年代久遠，並不能確知，只能大略言之。

16. "子張問政，子曰：'居之無倦，行之以忠。'"(《顏淵第十二》)

鄭注：身居正位，不可懈倦。(《北堂書鈔》卷 36)

王注：言爲政之道，居之於身，無得懈倦，行之於民，必以忠也。(《史記·集解》)②(劉寶楠《論語正義》引王注曰："言爲政之道，居之於身，無得懈倦，行之於民，必以忠信。"多一"信"字。)

應勇案：此條關於"無倦"之解，鄭、王未有不同。關於"政"字之解，鄭説蓋據《子路篇》"子曰：'其身正，不令而行；其身不正，雖令不從'"一句解之，故以"身居正位"解"政"，王則籠統解之。鄭善以經文互解之，如其注三禮，王則不善之。此鄭、王不同也。

17. "子曰：'剛、毅、木、訥近仁。'"(唐寫本《論語鄭氏注》經文作"子曰：'剛、毅、木、訥，斯近仁。'")(《子路第十三》)

鄭注：□□訥，□加文與，則成仁也。

---

① 程樹德《論語集釋》P678—679，楊天宇《禮記譯注》P1008—1010(上海古籍出版社 1997)，劉寶楠《論語正義》P399—401。

② 此條據李振興《王肅之論語學》補，但李氏所引文字有誤，已正之。

王注:剛,無欲也。毅,果敢也。木,質樸也。訥,遲鈍也。有此四者,近於仁也。

應勇案:此條因唐寫本《論語鄭氏注》鄭注文字漫漶不清,無法與王注仔細對勘分析,但鄭注中"加文"二字頗值得注意。劉寶楠《論語正義》引曰:"《後漢書·吴漢傳論》引此文,李賢注云:'訥,忍於言也。'是也。李又云:'四者皆仁之質,若加文,則成仁矣,故曰近仁。'案:'加文'者,謂文以禮樂也。"[①]或李賢之説即取自鄭説也。劉寶楠亦信之。如是,則鄭、王明顯不同也。

18. "微子去之,箕子爲之奴,比干諫而死。孔子曰:'殷有三仁焉'。"(《微子第十八》)

鄭注:箕子、比干不忍去,皆是同姓之臣,有親屬之恩,君雖無道,不忍去之也。然君臣義合,道終不行,雖同姓有去之理,故微子去之,與箕子、比干同稱三仁。(《詩·邶風·柏舟》正義引)"此三人,紂同姓大臣。微子知紂惡而去之,箕子、比干不忍去,故或爲奴,或見殺。"(《御覽》419 引)"箕子,爲紂之諸父。"(李振興《王肅之論語學》據邢《疏》引,並曰"王氏同"。)

王注:微,國名。子,爵。入爲王卿士。箕子,紂之諸父。(邢《疏》)

應勇案:此條鄭、王之解據前人所引難於對勘,惟李振興所引可對應比勘,則鄭、王無不同,即對"箕子"身份之解。馬融亦以箕子爲紂之諸父。[②]

結語:通過以上 18 條殘存《論語》鄭、王注的對勘分析,筆者發現,鄭、王對於《論語》經文之詮釋,同其他經典的詮釋一樣,同者少而異者多,多條《論語》鄭、王注文看起來相似而實有異。因此,拙

① 劉寶楠《論語正義》P548。

② 劉寶楠《論語正義》P711,並參李威熊《馬融之經學·馬鄭王論語訓説之比較》,程樹德《論語集釋》P1251。

著《鄭玄通學及鄭王之爭研究》中關於鄭、王《論語注》異者不多的結論必須修正。① 而拙著關於歷史人物的認知鄭、王多有不同這一條結論，通過此 18 條《論語》鄭、王注的對勘，進一步得到證實，其主要原因通過分析可知，即鄭、王對於歷史人物的認知依據就有差異。當然，所見鄭、王《論語》注文之異，可能有何晏《集解》取捨的原因②，但這不影響我們對王肅對於鄭玄經注全方位立異的認知③。再就鄭、王對於《論語》一經中禮制名物之解釋而言，鄭較具體，王則多較籠統，也能看出王對於此鄭學之強項，仍有意立異，不過從後人的取捨看，在這方面，王肅最終不敵鄭玄，後人堅持"禮是鄭學"大概不無道理。"鄭、王之爭"發生後，皇侃首先在重新詮釋《論語》時遇到了取捨鄭、王義解的問題，可以看出，皇氏有調和鄭、王的傾向，但王注對皇侃的影響明顯較大。宋以後學者解經的路向總體上與鄭、王時代有所不同，但在名物禮制的詮釋方面，宋學的代表人物朱子顯然還是多從鄭氏而不從王氏。清代以來的學者則有袒護鄭玄的傾向。

（作者單位：江南大學人文學院）

---

① 參拙著《鄭玄通學及鄭王之爭》第四篇。

② 何晏《論語集解序》曰："……前世傳受師説，雖有異同，不爲訓解，中間爲之訓解至於今多矣，所見不同，互有得失，今集諸家之善，記其姓名，有不安者，頗爲改易，名曰《論語集解》。"（阮刻《十三經注疏》，中華書局縮印本，1980，P2456。）此序並未明言所選王肅之注都是與鄭注相異者，但根據"集諸家之善"的説法，可能會形成所選王肅注文恰恰是與鄭注相異的部分，而今人所輯鄭玄、王肅《論語注》，多半來自何晏《論語集解》，因此臺灣學者陳鴻森先生曾兩次提醒筆者，斷言王肅《論語注》整體上與鄭玄之《論語注》同者少而異者多，尚須謹慎，要考慮到可能後人所見王肅注文恰恰是與鄭注不同的部分、而未見與鄭注相同的部分這個偶然因素。十分感謝陳先生的提醒。不過根據筆者多年爬梳對比鄭、王經注的結果，王肅有意與鄭玄經注全方位立異這個結論，還是能夠成立的。

③ 參拙著《鄭玄通學及鄭王之爭研究》第四篇。

《孟子》"天下之言性也"章探微

徐克謙

摘要:《孟子・離婁下》"天下之言性也"一章對於理解孟子的人性論具有重要意義,但前人注解對此章一些重要概念和學理的理解頗有分歧。聯繫孟子完整的思想體系來分析,可以看出以"故"言性,"以利爲本"都不代表孟子本人的思想,孟子並不認爲人的善性是一個可以從現實人類已然的故常中歸納出來的"理",更不贊成把"利"看成是人性之本。孟子所謂人性善只是説人的心性中有此向善的趨向,對這一趨向既不可無所用心放任自流,也不可用智過度揠苗助長。

關鍵詞:孟子　人性　故　利　性善论

《孟子・離婁下》曰:

> 天下之言性也,則故而已矣。故者以利爲本。所惡于智者,爲其鑿也。如智者若禹之行水也,則無惡于智矣。禹之行水也,行其所無事也。如智者亦行其所無事,則智亦大矣。天之高也,星辰之遠也,苟求其故,千歲之日至,可坐而致也。

《孟子》書中這一章義理頗爲費解,問題頗多:首先,這裏的"故"字、"利"字,究竟怎麽理解?其次,天下人以"故"來言"性",孟子對此到底是認可還是不認可?也即孟子本人是否跟天下人一樣,認爲可以用"故"來説明"性"?再次,所謂大禹治水"行其所無事"跟孟子的人性論和修養論是什麽關係?最後,所謂"千歲之日至可坐而致"跟本章所論人性問題又是什麽關係?

前人注解對這些問題觀點頗不一致,且多有含糊未盡之義。

筆者認爲這些問題對於理解孟子的"性善論"非常重要,而且其中隱含的一些微妙模糊的奧義,恰恰是先秦時期不同的人性學説的分水嶺。因此有必要加以討論辨析。本文試就此章前人注解及所涉及的義理問題進行辨析,在此基礎上提出筆者自己的理解,以就教於同好。

一、前賢注解中的分歧

先來看前賢的注解。這段話中的"故"、"利"的含義及其與"性"的關係是理解本章義理的關鍵。但前人注解很不一致。大致歸納一下,蓋有三種不同理解:

(一)把"故"解釋爲故舊、故常之故,也就是指萬物固有的常態,或"已然之跡";"利"解釋爲"順",而所謂"性"也就是"順"着"故"。今所見漢趙岐注,對這幾句的注釋有兩個不同的版本。一本作:"今天下之言性則以故而已矣,以言其故者以利爲本耳。若(以)杞柳爲杯棬,非杞柳之性也。"[①]另一本則作:"言天下萬物之情性,常順其故則利之也。改戾其性,則失其利矣。若以杞柳爲杯棬,非杞柳之性也。"[②]這兩個版本文字雖有差異,但意思大致還是一致的。趙岐基本上是把"故"解釋爲"故常",也就是萬物固有的常態;順着常態是爲"利"。若以杞柳爲例,則不爲杯棬乃是杞柳的故常,順其故常則杞柳不爲杯棬,亦即杞柳以不爲杯棬爲"利",因此不爲杯棬乃杞柳之"性"。但是趙岐注没有明確這到底是孟子評説當時人的觀點,還是孟子自己的觀點。朱熹《孟子集注》則説:"故者,其已然之跡,若所謂天下之故者也。利,猶順也,語其自然

① 《孟子注疏》卷八下,[清]阮元刻本《十三經注疏》,北京:中華書局1980年10月影印出版,下册第2730頁(上)。

② [清]焦循《孟子正義》卷八,原世界書局《諸子集成》(一),北京:中華書局1986年5月重印,第344頁。參見李學勤主編、廖名春等整理《十三經注疏》(標點本)《孟子注疏》校記,北京:北京大學出版社1999年12月版,第231頁(下)。

之勢也。"[1]因此朱熹認爲只要順其自然之勢(利),就可以從"已然之跡"(故)中發見"人性"之理;並認爲這就是孟子本人所持的觀點。

(二)把"故"解釋爲"事",或"故智","利"解釋爲有利之利;並認爲以"故"言"性"並以"利"爲本,就是後面所説的"鑿",且所有這些都是孟子不贊成的。宋孫奭《孟子注疏》訓"故"爲"事",認爲孟子的意思是説:人生之初,萬理已經具備於性,因此只要順着自然"由性而行"即可,不需要另外有"事",不需要"有爲"。可是如今天下人不懂這一點,偏要找"事","皆以待于有爲爲性",而"事者必以利爲本,是人所行事必擇其利然後行之矣",這就叫"故者以利爲本"。在孫奭看來,以"故"言"性",以及"以利爲本"都不是孟子自己的主張,都是孟子所要否定的時人觀點。清毛奇齡《四書賸言補》認爲"故"原有訓"智"者,如《淮南子·原道訓》所謂"不設智故",就是不用機智穿鑿之意。因此毛奇齡認爲,這幾句是孟子批評當時天下論"性","言天下言性,不過智計耳",而孟子對此是持否定態度的[2]。

(三)把"故"解釋爲"以往之事","利"解釋爲《周易》"元亨利貞"之"利",也即一般意義上有利、利益之利;認爲以"故"言"性"是當時人的普遍的説"性"的方法,但"故以利爲本"則是孟子的觀點,而且是他所要特别强調的重點。焦循《孟子正義》説:"故,謂以往之事。當時言性者,多據往事爲説。……孟子獨於故中指出'利'字,'利'即《周易》'元亨利貞'之'利'。……言於故事中,審其能變化,則知性之善。……於故之中,知其利,則人性之善可知矣。……明人之所以異於禽獸者,在此利與不利之間,利不利即義不義,義不義即宜不宜。"焦循這一解釋的獨特之處在於他指出了"利"與"善"之間的關係,認爲"利不利"也即"義不義",並且指出這正是人性區别於動物性的地方。因此,在焦循看來,以"故"言"性"

① [宋]朱熹《孟子集注》卷八,上海:世界書局1936年4月版,第64頁。
② 《孟子正義》卷八,第344頁。

並不是孟子的獨到觀點,只是當時人言性的普遍説法。孟子的與當時人不同的地方,正在於他在"故"中挑出個"利"字來説人性。也即是説,焦循認爲孟子所謂人性之"善"其實正在於"知其利",或者説"利"乃是"善"的基礎。

二、幾個相關的問題

以上幾種注解,單從訓詁上來看,似乎都有可以成立的依據。但古漢語一詞多義的特點卻使得後人無法僅從訓詁來判斷哪一種釋義最符合孟子本意。因此要理解孟子這段話的含義,還得聯繫孟子"性善論"的完整思想體系,並且考慮到孟子的"性善論"與當時其他諸家人性論的關係,從學理上進行探究。本文就此提出以下幾個問題作進一步討論。

(一)孟子是否認爲"人性"就是人的固然的常態(故)?

孟子以人性本善,初看似乎就是説"善"性是人的本然狀態,也就是人的"故常";因此以人之"故常"來説人性,似乎應該是符合孟子的性善論的。但是,孟子是否認可將"人性"僅僅理解爲人的"故常"?這是值得懷疑的。告子在與孟子關於人性的辯論中,提出以杞柳爲杯棬這個比喻,來類比以人性爲仁義。而孟子則明確反對這個比喻,認爲這個比喻必將導致"率天下而禍仁義"的結果。但是孟子的反對,意在強調仁義在人性中是有依據的,卻並非認爲仁義之性就是人的固然常態(故)。如果是那樣,則不需要道德修養,人就已經是仁義君子了,儒家道德修養學説也没有必要存在了。因此,孟子對告子的反駁關鍵在於反對把"人性"的問題跟"物性"的問題相提並論。物的"性"也許是可以用物的"故"來説明,比如各種客觀存在的物質,其固有常態(故)當然亦即其本質屬性的呈現。但是對人性,孟子卻認爲恰恰不可如此簡單理解。因爲人跟物不同,人有"心"而物無"心"。人除了有"口之於味也,目之於色也,耳之於聲也,鼻之於臭也,四肢之于安佚也"(《孟子·盡心下》)的生理之性,還有"仁義理智根於心"(《孟子·盡心上》)的道德心性。孟子所謂性善論,所要強調的恰恰是後者。而孟子並不認爲這種體現"仁義理智"的"善"的人性已經是人的"故常"。因此,孟子在這裏所説的"天下之言性也,則故而已矣",是指當時比較普遍的對"性"的理解,而他自己對此是持保留態度的。他雖然持"性善論",但卻並不贊同把人性之"善"簡單地理解爲就是現實中人的已然的、固然的常態(故)。

(二) 孟子是否認爲"人性"是個可以從"已然之跡"中發見的"理"?

朱熹《孟子集注》對這一章的解釋是:"性者,人物所得以生之理也。故者,其已然之跡,若所謂天下之故者也。……"[①]他用"生之理"來解釋"性",用"已然之跡"來解釋"故"。朱熹把"性"看作是一種普遍的客觀的"理",而且他並不區分人和物,人和物得以存在的"理"都是"性"。這個理本身雖然是看不見、摸不着、"無形而難知"的,但卻可以從那些已然存在的事物中"發見"出來。所以"性"這個"理",只須從"故"這個"已然之跡"中去發見、去驗證。[②]

朱熹的解説,對於當代深受西方哲學思維影響的讀者來説,恐怕更容易接受些,但是否更符合孟子的本意,卻頗值得懷疑。首先,把"性"跟普遍的"理"聯繫起來,這顯然已經是宋代以後新儒家的"性理之學"的特徵,而非先秦儒家固有的思想。《孟子》書中雖然出現過幾次"理"字,如"條理"、"理義",但並不是一個重要哲學概念,他並没有説"性"是個"理",更没有説人和物的"性"是同一個"理"。其次,孟子從來没有從人的"已然之跡"來推論普遍人性及人性之善。恰好相反,孟子可能還意識到從人的"已然之跡"(已經客觀存在的人類的現實)只能歸納出跟"人性善"相反的結論。他所生活的時代,現實中的人如他所説,是"爭地以戰,殺人盈野;爭城以戰,殺人盈城"(《孟子·離婁上》);"富歲,子弟多賴;凶歲,子弟多暴"(《孟子·告子上》)。從這些"已然之跡",如何能歸納或

① 《孟子集注》卷八,第 64 頁。
② 《孟子集注》卷八,第 64 頁。

“發見”出人性普遍是“善”的？所以正如有學者指出的，孟子除了偶爾用諸如乍見“孺子將入井”時惻隱之心的呈現作爲“啟發性示例”來幫助論證外，並不是從“經驗的事實”這個層面上來論證人性及其善的[①]。因此，筆者認爲，如果這個“故”是指“已然之跡”的話，孟子並不認爲可以用這個“故”來説明人性之善，他也没有像宋代理學家那樣把人性之善完全理解爲一個形而上學的、先驗永恆的“理”。

（三）“行其所無事”的“智”是否完全等同於道家的無爲和因順自然？

孟子在這一章又説道：“所惡於智者，爲其鑿也。如智者若禹之行水也，則無惡於智矣。禹之行水也，行其所無事也。如智者亦行其所無事，則智亦大矣。”有的論者將孟子所讚賞的大禹“行其所無事”的治水之道跟道家的無爲因順相提並論。應該説這兩者之間確有某些相似之處，但卻又不可完全等同。因爲道家的“無爲”是完全排斥用“智”的，而孟子只是否定“鑿”，卻並不否定不鑿之“智”。因此，在人性和人性修養問題上，所謂“行其所無事”之確解，應該是既不多事、找事，也非完全無事（所謂“行”其實已經是一件事）；既不能完全不用心智，也不能心智用得過度，以致走向“鑿”。最能説明孟子這一立場、跟這一章可以互相參照的，是《孟子·公孫丑上》這一段：

> 必有事焉而勿忘；勿忘，勿助長也[②]。無若宋人然：宋人有閔其苗之不長而揠之者，芒芒然歸。謂其人曰：“今日病矣，

---

① 參見梁濤《孟子“道性善”的内在理路及其思想意義》，《哲學研究》2009年第7期，第30—31頁。

② 此句通行本作“必有事焉而勿正，心勿忘，勿助長也”。顧炎武《日知録》卷七曰：“倪文節謂當作‘必有事焉而勿忘；勿忘，勿助長也’。傳寫之誤，以‘忘’字作‘正心’二字。言養浩然之氣，必當有事而勿忘，既已勿忘，又當勿助長也。疊二‘勿忘’，作文法也。”（《日知録集釋》，上海：上海古籍出版社，2006年12月版，第424頁。）今從。

予助苗長矣。”其子趨而往視之,苗則槁矣。天下之不助苗長者寡矣。以爲無益而舍之者,不耘苗者也;助之長者,揠苗者也。非徒無益,而又害之。

可見孟子認爲,養氣修身,培養善性,並非完全不用心、完全没有事。“必有事焉而勿忘”就是説要把它當作一件事,放在心上,不要忘記。同時,不要忘記又不等於要去揠苗助長,揠苗助長就是多事,就是“鑿”。所以孟子認爲,既不能完全不做事,徹底“無爲”,那樣就是“不耘苗者”;但又不能做過頭,做過頭就是“揠苗者”。因此如果把本章的“利”字理解爲“順”,完全從道家“因順自然”意義上來理解,恐非孟子本意。孟子所謂“行其所無事”,正確的理解應該就是“必有事焉而勿忘,勿忘勿助長”。善的人性固然有其生長之勢,但完全不用心、不從事,也是不行的。但卻又不能用心過度,從事過頭,以至於揠苗助長。這便是“不鑿”之“智”。

(四)“性善”的“善”,是否等同於“利”?

許多注解本,都沿襲前人舊注,把“故者以利爲本”中的“利”字訓爲“順”。但《孟子》全書其他地方出現的“利”字並無一例可作“順”解者。所以單把這個“利”字解釋爲“順”,殊覺牽強。焦循把這個“利”字解釋爲“有利”“利益”之利,訓詁上倒是跟《孟子》書中其他“利”字相吻合。然而,焦循認爲“故以利爲本”就是孟子本人所要強調的觀點,甚至認爲“知其利,則人性之善可知”,卻恐怕並非孟子的意思。因爲通觀《孟子》全書,凡提到“利”之處,孟子幾乎都持否定的、負面的態度,何能獨於此將“利”字作爲人性之“本”?《孟子》開宗明義就説“王何必曰‘利’? 亦有仁義而已矣”(《孟子·梁惠王上》)。且曰:“雞鳴而起,孳孳爲善者,舜之徒也。雞鳴而起,孳孳爲利者,蹠之徒也。欲知舜與蹠之分,無他,利與善之間也。”在孟子看來,“利”與“善”之間,乃是舜與蹠的區别所在,他怎麽可能認爲“知其利,則人性之善可知”呢? 孟子又説:“且夫枉尺而直尋者,以利言也。如以利,則枉尋直尺而利,亦可爲與?”(《孟子·滕文公下》)如果純粹以“利”言,只要有“利”則無論“枉尺直尋”或“枉尋直尺”皆無不可，則“善”作爲道德是非標準又何在？孟子非常反感當時“上下交征利”(《孟子·梁惠王上》)，“君臣、父子、兄弟終去仁義，懷利以相接”(《孟子·告子下》)的社會現實，因此他不可能把“利”作爲人性之“本”，並且把“利”跟“善”混爲一談。

以“利”言“善”是墨家思想。墨子即以“利”來解釋道德之“善”，認爲所謂“善”，就是“上中天之利，而中中鬼之利，而下中人之利”(《墨子·非攻下》)。墨家所謂道德上的“義”，説到底就是個“利”。《墨子·經上》曰：“義，利也。”只不過“利”有大小，而大“義”就應該是天下民衆的“大利”：“聖王之道，天下之大利也”(《墨子·節用上》)；“義人在上，……萬民被其大利。”(《墨子·非命上》)因此我們可以説，“以利爲本”也許符合墨家學説，但卻不是孟子的思想。不論是楊朱的“拔一毛而利天下不爲也”還是墨子的“摩頂放踵利天下爲之”，孟子都不贊成，因爲二者雖是極端對立，卻都是從“利”着眼。而孟子固然不否認“仁政”要利民，但在理論上他並沒有以“利”來作爲“善”與道德的基礎，當然也就不會“以利爲本”來論人性之善。所以我認爲本章“故以利爲本”也是評論當時人的見解，而不是表達孟子自己的觀點。

三、對本章義理的重新解讀

辨析了上述有關問題後，我們現在可以來對《孟子》本章的義理作一新的解讀。

孟子説：“天下之言性也，則故而已矣。”相對而言，上述各家對這兩句的解釋，趙岐注比較接近孟子的原意。只是應當進一步明確，這兩句是孟子批評當時人們普遍的對於人性問題的理解，而不是孟子在表述自己的觀點。孟子的意思是説，現在天下人談論“性”，所據僅是“故”而已，也即把所謂人性簡單理解爲現實中人類的已然的、實然的故態，就像把萬物的本性理解爲就是萬物已經呈現出來的樣子而已。但是孟子本人並不認爲人的“性”就是人的“故”；他所説的善的人性，並非就是現實中的人已然呈現出來的狀態,或生來如此的故態。因此僅以“故”來説人性,孟子是不贊成的。

孟子反對把“故”與“性”混爲一談,這對我們深入理解他的性善論至關重要。而論者在此吃緊處卻少有深入闡發。“性”和“故”這兩個字,其實都可以用來表示一個人身上已經具有的性能,但兩者有細微差别。《莊子·達生》篇説:“吾始乎故,長乎性……吾生於陵而安於陵,故也;長於水而安于水,性也。”可見“故”更多强調生來固然如此,完全不需主觀努力;而“性”則有生成、長成的含義,有待于培育使之完成。正因爲如此,孟子才會説:“廣土衆民,君子欲之,所樂不存焉。中天下而立,定四海之民,君子樂之,所性不存焉。君子所性,雖大行不加焉,雖窮居不損焉,分定故也。君子所性,仁義禮智根於心。”(《孟子·盡心上》)這裏的“所性”跟“所樂”一樣,帶有内在心志的傾向性。這個“所”字結構中的“性”字已帶有動詞的性質,意即把什麽當做自己的“性”來存養,這是君子心志的一個取向。人的“性”跟這樣一個“心”相連,才叫做“心性”,這正是人跟動物區别的幾微之處。物有自然本性而無“心性”,故其“性”即爲純客觀的“理”而已,且其自身亦無從自覺於“存”或“不存”其“所性”。而人之“性”則不惟有客觀性,且有心志取其“所性”而“存”焉,故人性不可簡單理解爲純客觀的外在的“理”。

因此,所謂“人性”不能簡單地從西方形而上學所謂萬物的本質那個意義上來理解,孟子所謂人性善,並不是説“善”是現實存在的人類的某種普遍類本質,是人類每個個體的已然、固然的性能和常態。“人性善”只是説人有此一向善、趨善的潛在的“本心”,如河水有自然流淌的趨勢,如種子有發芽生長的可能。正如楊澤波先生所説:孟子的性善論是説“性可以爲善,並非本然爲善”[1];是“心有善端可以爲善論”[2]。因此,人性本善之“本”,不是西方形而上

---

① 楊澤波《孟子性善論研究》,中國社會科學出版社 1995 年 5 月出版,第 42 頁。

② 同上,第 44 頁。

學本體論那個“本體”，而是中國哲學所謂“本末”“終始”之“本”。説人性本善就是説人心性中有這個善的“本”和“始”，也即孟子所謂“四端”。“四端”是什麽？孟子説得很清楚，“四端”是“心”：“惻隱之心，仁之端也；羞惡之心，義之端也；辭讓之心，禮之端也；是非之心，智之端也。”（《孟子・公孫丑上》）孟子所謂盡心知性、存心養性，要“盡”要“存”的即是此“心”。因爲作爲善“端”的“心”只是隱性的心志取向，還不是完成了的善德善行；“四端”是善的種子，有善的趨勢，但如果不耕耘不培養，最終還是不能成長。因此必須有盡心知性、存心養性的功夫。

然而，人之所以能夠養成善德在於人有“心”，人之所以有可能背離道德亦在於人有“心”。正因爲如此，才需要做盡心知性、存心養性的功夫。存養心性也就是要呵護本心本性，防止本心本性偏離其自然的内在的趨勢而流於機巧之心、習染之性，也就是走向“以利爲本”和“鑿”智。

“以利爲本”就是用心於是否對己有利，以此作爲人性之“本”。這正是以“故”論“性”的必然結果，此即所謂“故以利爲本”。因爲從現實的人的已然之“故”，只能看到一個“利”字，世人皆好利惡害，墨子、荀子、韓非子等人都是從這個意義上來看人性的，甚至孟子自己也無法否認現實中的人普遍的“上下交爭利”的現象。但是孟子所説的作爲“本心”的“四端”，卻無一是從自利出發的。換句話説，世人之“故”雖“以利爲本”，而孟子則認爲人之“本心”不當如是；好利惡害只是人在現實社會中的習性，而非本性。墨、荀、韓等看不到此一“本心”，只從“故”來推論人性，因而認爲人性只是個好利惡害。這正是孟子爲什麽不贊成以“故”論“性”的緣故。

“以利爲本”就必然會走向“鑿智”。“鑿智”固然是在用心，但其實卻也是偏離了本心本性，就像揠苗助長，用心是以爲有利於苗，實際上卻偏離了苗的本然的正常的趨勢。因此孟子反對“鑿智”。要人們在德性修養上學習大禹治水的方法，順着水的趨勢“行其所無事”。但是在這裏我們要特别小心，不能把孟子的意思完全理解爲莊子式的“順物自然”。完全放任自然則談不上什麽

“存心養性”。大禹治水是因水之勢而行,故不“鑿”,但也並非放任自流;完全放任自流,就不需要大禹治水了。這正是孟子的人性論和莊子爲代表的道家自然主義人性論的分水嶺之所在。

總之,孟子所説善的人性,既不是一個客觀外在的、從已然的存在中歸納出來的理,也不是完全任憑自我心智隨意穿鑿的結果。因此,存心養性既不能無所用心放棄耕耘,也不能用智過度揠苗助長;道德培養既要因勢利導,又不能放任自流。大禹既“行水”,又“行其所無事”,這與孟子所謂“由仁義行,非行仁義”(《孟子·離婁下》)意思是相通的。同樣,在存心養性中如何用“心”,套用孟子的話也可以説,是由“本心”行,而又非刻意去行這個“心”智。聖人危微精一的“中道”的妙處正在於此。後來宋明以降的理學、心學各走一偏:或強調客觀外在之理,以已然存在爲合理,其流弊在以理殺人;或強調一己之心,以私心取代本心,其流弊在隨心所欲的狂禪。二者都偏離了先儒的“中道”。

最後再來看這一章末尾所謂“千歲之日至”跟前面是什麼關係。孟子最後説:“天之高也,星辰之遠也,苟求其故,千歲之日至,可坐而致也。”這裏面又提到了“故”,但卻好像跟人性問題無關。的確,這裏孟子是將自然界的事情來跟前面所涉及的人性的問題作一比照。意思是説探究自然界的事情,要相對簡單一點,只要參照其“故”,即可推知未來。也就是説,天地自然界萬物的“性”,是可以從它的“故”來解釋的,是不難。就像我們現在知道了日月星辰的運行規律,坐在家裏就可以計算出一千年以後的冬至、夏至是哪一天。而人性問題,如前所述,卻並非如此簡單。孟子在這裏其實是表達了這樣一種意思,即人的問題、人性的問題,跟自然物、自然界的問題是不同的,因而探究的方法也是不一樣的,不可混爲一談。從這裏我們可以進一步去體悟儒家不同於科學技術理性的人文主義精神之所在。

參考文獻:

1.《孟子注疏》,[清]阮元刻《十三經注疏》本,北京:中華書局

1980年10月影印出版。

2.《孟子注疏》,李學勤主編、廖名春等整理《十三經注疏》標點本,231,北京:北京大學出版社1999年12月版。

3. [清]焦循《孟子正義》,世界書局《諸子集成》本,北京:中華書局1986年5月重印。

4. [宋]朱熹《孟子集注》,上海:世界書局,1936年4月版。

5. [清]黄汝成《日知録集釋》,上海:上海古籍出版社,2006年12月版。

6. 梁濤《孟子“道性善”的内在理路及其思想意義》,《哲學研究》2009年第7期,第28—35頁。

7. 楊澤波《孟子性善論研究》,中國社會科學出版社,1995年5月版。

(作者單位:南京師範大學文學院)

從宋代帝王教育觀點探《論語》的淑世理想
——以《貞觀政要》爲例

鍾信昌

摘要:本文探討宋代《論語》所欲發揮政治領導的境界。漢代以後,《論語》透過科舉考試等方式強化其地位。宋代,《論語》的政治理想以經筵制度,在編纂而成的"《論語》經筵講義"中,透過多位鴻儒的詮釋傳遞給皇帝與太子。相對於《論語》,唐朝玄宗時期史臣吴兢,鑑於玄宗晚年日漸奢靡,乃"参詳舊史,撮其指要",編成《貞觀政要》一書,欲以唐太宗貞觀盛世力諫玄宗知所戒惕,可作爲帝王政教之典範,儼然形成現代"帝王學"的先驅。基此"言教"、"身教"典範論點,《論語》之於宋朝皇帝與太子之經筵侍講,是否也提供了做爲皇帝者的對應能力?作爲淑世先驅理念的《論語》篇章裏,又有多少孔子的政治智慧被運用在《貞觀政要》帝王與臣子之間四十項帝王的品格與能力的實踐?《貞觀政要》的"十思"對照於《論語》之"九思",是否也有品項相近的關係?不管過去或近代研究所欲汲取的帝王能力,在這些典籍對照中,或能呈現部分訊息。

關鍵詞:《論語》 《貞觀政要》 經筵 帝王學 十思 九思

《論語》是孔子學術思想的寶典,也是儒家立身行教的具體表現。其内容講仁愛、重倫理、行忠恕、守禮義,對人格之修養及社會倫理的匡正有其重要的教化作用,既是政治、是哲學,亦是文學。博大精深的學説,在孔子與弟子的日常言語中自然呈現,若就經世濟民的理想而言,孔子週遊列國五十年無非就是希望發揮政治領導的境界,以仁政實現大同。這理念雖未在孔子生前實現,但漢武帝"罷黜百家,獨尊儒術"的治國策略,不啻將儒家思想推崇到至高點。

北宋邢昺爲論語集解作疏,稱爲論語注疏,收入十三經注疏之版本中;南宋時朱熹將《大學》、《論語》、《孟子》、《中庸》合爲"四書”,使之在儒家經典中的地位日益提高。《論語》其地位之尊崇,影響之深廣,漸爲其他任何典籍所無法比擬。自漢以降,歷代統治者不但從中尋找治國平天下的方針大計,而且通過科舉考試等方式強化其地位,對臣民思想的規範、倫理道德的確立、民風民俗的導向,無一不參考《論語》。《論語》也晉身成爲政治重要經典。

就宋代史料[1]所示,孔子的政治理想有機會以侍讀侍講的經筵制度,在編纂而成的多篇“《論語》經筵講義”中,透過宋代多位鴻儒的詮釋傳遞給皇帝與太子。然而,帝王具備的“仁政”理念固然是《論語》經筵講官極欲闡釋的觀念,而從現代管理學的觀點看來,還有更多領導智慧的養成,是否也能從《論語》中獲得?

從宋太祖趙匡胤陳橋兵變得天下,宋朝歷代君王繼承了中國君權時代的慣例,權力集中於一人,但國祚永續必有方針。《宋史·本紀一》對宋太祖有如下之描述:

> 太祖,宣祖仲子也,母杜氏。後唐天成二年,生於洛陽夾馬營,赤光繞室,異香經宿不散。體有金色,三日不變。既長,容貌雄偉,器度豁如,識者知其非常人。學騎射,輒出人上。嘗試惡馬,不施銜勒,馬逸上城斜道,額觸門楣墜地,人以爲首必碎,太祖徐起,更追馬騰上,一無所傷。又嘗與韓令坤博土室中,雀鬥户外,因競起掩雀,而室隨壞。漢初,漫遊無所遇,舍襄陽僧寺。有老僧善術數,顧曰:“吾厚贐汝,北往則有遇矣。”會周祖以樞密使征李守真,應募居帳下。廣順初,補東西班行首,拜滑州副指揮。世宗尹京,轉開封府馬直軍使。世宗即位,複典禁兵。北漢來寇,世宗率師禦之,戰于高平。將合,指揮樊愛能等先遁,軍危。太祖麾同列馳馬沖其鋒,漢兵大潰。乘勝攻河東城,焚其門。左臂中流矢,世宗止之。還,拜

① 如《宋史》、《四庫全書集部》、《四部叢刊》等所列“經筵講義”條例,或如王十朋《梅溪集》、楊實《龜山集》、范祖禹《范太史集》……等,可見論語經筵講義相關記載。

殿前都虞候,領嚴州刺史。

七年春,北漢結契丹入寇,命出師禦之。次陳橋驛,軍中知星者苗訓引門吏楚昭輔視日下複有一日,黑光摩蕩者久之。夜五鼓,軍士集驛門,宣言策點檢爲天子,或止之,衆不聽。遲明,逼寢所,太宗入白,太祖起。諸校露刃列於庭,曰:"諸軍無主,願策太尉爲天子。"未及對,有以黄衣加太祖身,衆皆羅拜,呼萬歲,即掖太祖乘馬。太祖攬轡謂諸將曰:"我有號令,爾能從乎?"皆下馬曰:"唯命。"太祖曰:"太后、主上,吾皆北面事之,汝輩不得驚犯;大臣皆我比肩,不得侵淩;朝廷府庫、士庶之家,不得侵掠。用令有重賞,違即孥戮汝。"諸將皆載拜,肅隊以入。副都指揮使韓通謀禦之,王彦升遽殺通於其第。太祖進登明德門,令甲士歸營,乃退居公署。有頃,諸將擁宰相范質等至,太祖見之,嗚咽流涕曰:"違負天地,今至於此!"質等未及對,列校羅彦瓌按劍厲聲謂質等曰:"我輩無主,今日須得天子。"質等相顧,計無從出,乃降階列拜。召文武百僚,至晡,班定。翰林承旨陶谷出周恭帝禪位制書於袖中,宣徽使引太祖就庭,北面拜受已,乃掖太祖升崇元殿,服衮冕,即皇帝位。遷恭帝及符后於西宫,易其帝號曰鄭王,而尊符后爲周太后。①

依照宋史書所云,宋太祖擁有帝王之象、帝王之信、帝王之智、帝王之仁、帝王之勇,固然謀略武功過人,令衆人擁升崇元殿,服衮冕,即皇帝位,成就帝王之業,頗有水到渠成之天意,但對貴族世胄乃至平民百姓"不得驚犯、不得侵淩、不得侵掠"的仁心,或是啟迪宋儒求真求實的治學態度,在在都顯示出太祖的高瞻遠矚。宋太祖趙匡胤、宋太宗趙光義二朝皇帝奠定宋朝開國基業,結束五代十國的割據局面(907 年—960 年),開創宋朝儒術治國、"先天下之憂

① 詳見(元)脱脱撰,楊家駱主編:《宋史》(新校本,臺北:鼎文書局,1980 年版),卷 1,(本紀第一,太祖,趙匡胤),頁 1。

而憂,後天下之樂而樂"淑世理想的文人政治新頁。在學術上,更因爲宋朝歷代帝王對經筵制度的重視,歷代論語學至此時期彙流而發達。

尤其論語強調"尊師重道"的人倫之義,深受儒家教育薰陶的宋代帝王,對於經筵師傅自然有著不同於其他官員的尊重和信賴:

> 元祐二年九月,經筵講《論語》徹章,賜宰臣、執政、經筵官宴於東宮。[①]
>
> 辛巳,初御崇政殿西閤講筵,命侍講孫奭、馮元講《論語》。[②]
>
> 天聖、慶曆、皇祐講《論語》。元祐、紹興,乾興元年十一月辛巳,仁宗初御崇政殿西閤,命侍講孫奭、馮元講《論語》,侍讀李維、晏殊與焉,詔以雙日講讀,後或以隻日。十二月甲辰,崇政殿西廡召輔臣孫奭講《論語》,上親書唐賢詩,分賜。自是召輔臣至經帷,多賜御書。天聖元年九月戊寅,召輔臣觀馮元講《論語》,賜御飛白書。二年八月己卯,幸國子監,命直講馬符說《論語》一篇[③]。
>
> 慶曆七年三月己亥,邇英講《論語》序,至安昌侯張禹,帝曰:"師臣不忠,讀書何爲?"皇祐元年四月戊子,講"直哉史魚",帝曰:"蘧伯玉不若史魚之直。"癸巳,講《季氏篇》,帝曰:"所先無如信。"趙師民傳講《論語》,問修文德,帝曰:"所先者無若信。"復問"改火",又問"子夏、子張所言,交道孰勝"。
>
> 英宗嘉祐八年十二月己巳,始御邇英講《論語》,治平元年四月甲申,御邇英,吕公著講《論語》,因進戒。元豐八年十二

① 《宋史》,志,卷一百一十三,志第六十六,禮十六,嘉禮四,宴饗(P. 2688)

② 《宋史》,本紀,卷九,本紀第九,仁宗趙禎一(P. 177)

③ [清]紀昀等總纂《景印文淵閣四庫全書》,(臺北市:臺灣商務印書館,1983—1986)子部,類書類,943—948 册,[宋]王應麟撰《玉海》,卷二十六,頁520—532,以下三句出處同。

月乙亥十五日,哲宗初御邇英閣,講《論語》,宴資善堂,賚銀幣講讀官,日赴資善堂,以雙日講讀。元祐二年九月十五日終篇,賜宴東宫,賜詩。

建炎二年三月甲午初,御經筵,侍講王賓講"孝悌爲仁之本"。

紹興七年閏十月十二日説《書》,尹焞入見,講《衛靈公》末章,稱旨遂給筆劄,解《論語》以進。八年四月二十日上之五月四日,賜緋魚,復命解《孟子》。祥符八年三月癸卯,崇文檢討馮元講《論語》首篇,賜緋。又作《孝經》詩三章。①

宋代帝王,皆承襲經筵講讀制度,並能勤奮向學,孜孜不倦,堪爲國史上帝王好學者之楷模。北宋諸帝中,並没有殘暴好殺、窮奢極欲的無道之君,可説正是經筵教育制度的成功之處。

從經筵當中頻繁的講述《論語》,可見宋代的國君爲了確保皇位繼承者的品德和能力,十分重視皇帝與皇子的《論語》教育。也印證《論語》是經筵侍講裏重要的經典。

相對於《論語》的哲學宏觀,唐朝玄宗時期史臣吴兢鑑於玄宗晚年日漸奢靡,乃"參詳舊史,撮其指要",編成《貞觀政要》一書獻上,意欲以唐太宗貞觀盛世力諫玄宗知所戒惕。書中選録了唐太宗和四十五位大臣間的言論,通過君臣之間生動而形象、通俗而明白的言談,反映了貞觀時期的人倫之紀和軍國之政,可作爲帝王政教之典範,甚至當今所謂"帝王學"或"管理學"、"領導學"都列爲啟發人際互動哲學的重要參考。儼然形成現代"帝王學"、"管理學"的先驅。

基此"言教"、"身教"典範論點,《論語》之於宋朝皇帝與太子之經筵侍講殿堂裏,是否也提供了做爲皇帝者的足夠的對應能力?作爲淑世先驅理念的《論語》篇章裏,又有多少孔子的政治智慧被運用在《貞觀政要》帝王與臣子之間的"對話"中?不管過去或近代研究所欲汲取的帝王能力,在這些典籍對照中,能呈現多少訊息?

① 《四庫全書》子部,類書類,玉海,卷二十六

這是本文所要探討的。

第一節　從《貞觀政要》隱現《論語》中作爲帝王應具備的涵養

臨民的首要工作,在於教民,《尚書》説:"天佑下民,作之君,作之師。"《禮記・學記》説:"君子如欲化民成俗,其必由學乎!"又説:"古之王者,建國君民,教學爲先。"由此可見君王教育自我與教育人民的重要。就現代管理學①而言,就是領導對於國家人才的培育。

而君王教育,首重品格,《易經》曰:"見龍在田,利見大人,君德也。"②大人,代表有權勢、有地位的人,以及有能力、有操守的人。無德無品格的君王則是危險的。子曰:"德薄而位尊,知小而謀大,力小而任重,鮮不及矣。"③

君王教育需推己及人,其歷程亦着重好學深思。

> 子曰:"學而不思則罔,思而不學則殆。"(《論語・爲政第二》)
>
> 子曰:"吾嘗終日不食,終夜不寢,以思。無益,不如學

---

① 孫永正:《管理學》(北京市:清華大學出版社,2003 年版),頁 32。管理活動自有人群出現便有之,與此同時管理思想也就逐步產生。事實上,無論是在東方還是在西方,我們均可以找到古代哲人在管理思想方面的精彩論述。現代管理學的誕生是以弗雷德里克・温斯洛・泰羅(Frederick Winslow Taylor)的名著《科學管理原理》(1911 年版)以及法約爾(H. Fayol)的名著《工業管理和一般管理》(1916 年版)爲標誌。管理學在自然科學和社會科學兩大領域的交叉點上建立起來的一門綜合性交叉學科,涉及數學(概率論、統計學、運籌學等),社會科學(政治學、經濟學、社會學、心理學、人類學、生理學、倫理學、哲學、法學),技術科學(電腦科學,工業技術等),新興科學(系統論、信息科學、控制論、耗散結構論、協同論,突變論),以及領導學、決策科學、未來學、預測學、創造學、戰略學等。

② [清]阮元校勘《十三經注疏・周易・乾》(臺北縣板橋市:藝文印書館,1979 年版),頁 1。

③ 《周易・繫辭下》(頁 26)。

也。"(《論語·衛靈公第十五》)

學思並重,才不會盲從,或想入非非,妄加揣度,妄加判斷,或一味主觀,固執己見。貞觀政要第二篇《論政體》提到:

貞觀四年,太宗問蕭瑀曰:"隋文帝何如主也?"對曰:"克己復禮,勤勞思政,每坐一朝,或至日昃,五品以上,引坐論事,宿衛之士,傳飧而食,雖性非仁明亦是勵精之主。"[①]

這一段的意思是:隋文帝雖不是一個仁慈賢明的天子,但他確是一位勵精圖治的君主。蕭瑀頭腦犀利,論理明暢,對別人缺點一向毫不客氣地善意指責,這段對隋文帝的評估充分顯示了他率直的個性,觀點也相當正確。

由上文引述得知:蕭瑀所謂的勵精圖治的君主,需著力在"克己復禮"。

《論語》顏淵第十二,顏淵問仁。子曰:"克己復禮爲仁。一日克己復禮,天下歸仁焉。爲仁由己,而由人乎哉。"顏淵曰:"請問其目。"子曰:"非禮勿視,非禮勿聽,非禮勿言,非禮勿動。"顏淵曰:"回雖不敏,請事斯語矣。"

"克己復禮"有兩種讀法,俞曲園《群經平議》主張如孔注"身能反禮",克字當能字講,一讀,己是己身,"己復禮"三字連文。今仍照普通讀法,四字連續。克己就是克制自己,依馬融"約身"講,就是約束自己。復禮的復字,或作反字講,或作歸字講,皆是相合的意思。凡事能約束自己,不責備人,便能合禮。約束自己,就是禮讓他人,寬恕他人,如此即得禮之根本,所以就是仁。這是孔子引用成語答顏淵之問。如左傳昭公十二年:"仲尼曰,古也有志,克己復禮,仁也。"

《貞觀政要·論政體》一篇,尚且引用到《論語》的見解,而《論

① [唐]吴兢:《貞觀政要》,(臺北市:臺灣中華書局,1987年版,頁11)

語》精簡的師生對話其實也普遍爲《貞觀政要》中帝王、臣子的對話引伸採用,爲淬鍊出明君應具備的涵養,做了應對的注解。

《貞觀政要》是一部政論性的歷史文獻,它分類編撰貞觀年間唐太宗和身邊大臣魏徵、王珪、房玄齡、杜如晦、虞世南、褚遂良、温彥博、劉洎、馬周、戴胄、孔穎達、岑文本、姚思廉等四十五人的政論、奏疏以及重大政治措施等,全面地反映了大唐盛世太宗君臣論政的主要内容,包括確定治國方針、接受歷代統治中的經驗教訓、培養專制統治的接班人,以及精簡機構、選賢任能、謙遜謹慎、尊崇儒術等許多方面的具體材料,其治國真理,足以借鑑當代。

唐太宗説:“以銅爲鏡,可以正衣冠;以古爲鏡,可以知興替;以人爲鏡,可以明得失。”發動“玄武門之變”的激烈手段,被視爲兄弟相殘而取得帝位的唐太宗,如果背後没有一個清楚的治世哲學觀,時時刻刻鞭策他的臣子,没能從深思自省當中學到正確的判斷,怎能造就輝煌盛世“貞觀之治”?

唐太宗之所以能夠成爲天下霸主,創造出諸多非凡的功業,除了依靠他本身的優越才能外,最重要的是他能夠知人善任、舉用賢良。《貞觀政要》一書的價值,除了在於它所反映的唐太宗“貞觀之治”,在中國歷史上具有非常重要的地位,爲我們研究唐初歷史提供許多寶貴的資料以外,不論是唐太宗兼聽則明、從善如流的態度,還是以魏徵爲首的直言諫諍精神,都足以作爲今日朝野關係的範本、建設國家的圭臬。

《宋史》列傳蘇頌卷有云:

> 頌宴客有美堂,或告將兵欲亂,頌密使捕渠領十輩,荷校付獄中,迨夕會散,坐客不知也。及修兩朝正史,轉右諫議大夫。使契丹,遇冬至,其國曆後宋曆一日。北人問孰爲是,頌曰:“曆家算術小異,遲速不同,如亥時節氣交,猶是今夕;若踰數刻,則屬子時,爲明日矣。或先或後,各從其曆可也。”北人以爲然。使還以奏,神宗嘉曰:“朕嘗思之,此最難處,卿所對殊善。”因問其山川、人情向背,對曰:“彼講和日久,頗竊中國

典章禮義,以維持其政,上下相安,未有離貳之意。昔漢武帝自謂:'高皇帝遺朕平城之憂,雖久勤征討,而匈奴終不服。'至宣帝,呼韓單于稽首稱藩。唐自中葉以後,河湟陷于吐蕃,憲宗每讀《貞觀政要》,慨然有收復意。至宣宗時,乃以三關、七州歸于有司。由此觀之,外國之叛服不常,不繫中國之盛衰也。"頌意蓋有所諷,神宗然之①。

此段蘇頌與宋神宗敬陳《貞觀政要》爲唐憲宗激勵志氣之所在,蘇頌所諷者,乃力諫神宗應有所爲。盛唐一代,尚且有《貞觀政要》可循,惟祈大宋國君於外交、軍事、内政更應有所圖治。

唐太宗李世民是中國歷史上少有的英明君主。他的名字與"貞觀之治"緊密連結在一起,功業彪炳名耀史册。從貞觀元年(627)到貞觀二十三年(649)是唐太宗在位的貞觀時期。這個時期的封建政治比較清明,社會經濟發展比較快,社會秩序空前安定。所以,封建史家把這一時期譽爲"貞觀之治"。史稱貞觀時"商旅野次,無復盜賊,囹圄常空,馬牛布野,外户不閉。又頻致豐稔,米斗三四錢",天下行旅"皆不齎糧,取給于路"②,到處呈現出一派欣欣向榮的景象。

如果從帝王教育的角度來加以考察,人們不難發現唐太宗時時以隋二世而亡爲鑒,非常注意與民休養生息,做了一系列"得民心"的事,這是他成功的秘訣。唐太宗曾説:"可愛非君,可畏非民。天子者,有道則人推爲主,無道則人棄而不用,誠可畏也。"魏徵對曰:"臣又聞古語云:'君,舟也。人,水也。水能載舟,亦能覆舟。陛下以爲可畏,誠如聖旨。'"③

這表明,經過隋末農民戰爭的洗禮,唐太宗君臣在《貞觀政要》的對話中處處以"亡隋爲鑒",認識到君主和人民的關係猶如船與

① [元]脱脱撰,《宋史》,列傳第九十九,蘇頌(P. 10863、P10864)

② [唐]吴兢,《貞觀政要》(臺北市:臺灣古籍出版,臺北縣中和市:黎光總經銷,1997年版)卷一《政體》P. 16

③ [唐]吴兢,《貞觀政要》卷一《政體》P. 12

水的關係,只有盡最大努力處理好這個關係,才能高枕無憂,國泰民安。唐太宗懾于隋末農民起義的威力,在封建生產關係得到了一定的改造之後,部分地調整了統治政策,爲唐初的社會發展,開闢了廣闊的道路。他非常重視從隋末農民戰爭中吸取隋朝滅亡的教訓。他認爲,只有節省開支,減輕賦稅,讓百姓能活下去,才能鞏固李唐王朝的統治。因此,他决心不採取"竭澤而漁"、"殺雞取卵"的政策,而是把更多的注意力投入到恢復和發展社會生產上。爲了國家的長治久安,他採取緩和階級矛盾和各民族間矛盾的辦法,取得了明顯的效果。在他的諸多政策和措施中,用人與納諫是值得大書特書的。唐太宗十分重視官吏的任用。他把各州都督和刺史的姓名寫在宮裏的屏風上,隨時記下他們的功和過,作爲以後提拔或貶降的依據。他很注意選擇縣令,要求五品以上的官員保舉縣令,而各州刺史則由他本人親自任命。

唐太宗在兼用關隴、山東和江南士族的同時,又極力選拔寒門庶族出身的人到中央政府任職。在他的著名文臣武將中,有很多人都是過去名不見經傳的小人物,還有一些人出身於少數民族。他提拔低級官員參與朝政,開闢了官資淺、門户低的人擔任宰相的途徑。這在緩和階級矛盾,加強中央集權方面,起了重要的作用。

唐太宗能夠廣泛聽取臣下的意見,並能注意判斷是非,擇善而從。他曾對大臣蕭瑀説:

"朕少好弓矢,得良弓十數,自謂無以加,近以示弓工,乃曰'皆非良材'。朕問其故,工曰:'木心不直,則脈理皆邪,弓雖勁而發矢不直'。朕始悟者辨之未精也。朕以弓矢定四方,識之猶未能盡,況天下之務,其能遍知乎!"(《貞觀政要》政體第二)

魏徵常用隋末農民起義的教訓提醒唐太宗,爲太宗鞏固統治出謀劃策。他還經常提醒太宗"居安思危","慎終如始"。有時甚至冒犯皇帝的尊嚴,直言進諫,據理力爭。有一次,太宗退朝回宮後,發怒説:"總有一天我要殺死這個鄉巴佬!"長孫皇后忙問殺誰,太宗説:"魏徵常常在朝廷上當衆侮辱我。"皇后進裏屋穿上遇朝會大典才穿的朝服立在大庭中向太宗拜賀。太宗大驚,問是怎麽回事。長孫皇后道賀說:“妾聞主明臣直,今魏徵直,由陛下之明故也,妾敢不賀!”太宗聽罷此言,恍然大悟,於是又轉怒爲喜。直諫不易,納諫更難。唐太宗能虛心納諫,不愧爲一代英主。(《資治通鑒》卷 194 貞觀六年三月)

爲了更能理解明君素養之過程,更貼近帝王的治世理念,特綜觀《貞觀政要》十卷涵括了四十項帝王的品格與能力,兹列表如下:

《貞觀政要》十卷列舉四十項帝王的品格與能力列表

卷次	項次	主旨	談話對象	内容大要
第一卷	第一	論君道	魏徵	智者盡其謀,勇者竭其力,仁者播其惠,信者效其忠。文武爭馳,君臣無事,可以盡豫游之樂,可以養松、喬之壽,鳴琴垂拱,不言而化。
	第二	論政體	蕭瑀、王珪、魏徵、封德彝	鴻鵠保河海,厭而徙之小澤,則有矰丸之憂。黿鼉保深淵,厭而出之淺渚,必有釣射之憂。今君出獸碭,入至此,何行之太遠也?
第二卷	第三	論任賢	房玄齡、杜如晦、魏徵、長孫無忌、王珪、李靖、虞世南、李勣、馬周	夫以銅爲鏡,可以正衣冠;以古爲鏡,可以知興替;以人爲鏡,可以明得失。朕常保此三鏡,以防己過。今魏徵殂逝,遂亡一鏡矣!
	第四	論求諫	杜如晦、裴寂、房玄齡、褚遂良	自古帝王多任情喜怒,喜則濫賞無功,怒則濫殺無罪。是以天下喪亂,莫不由此。朕今夙夜未嘗不以此爲心,恆欲公等盡情極諫。公等亦須受人諫語,豈得以人言不同己意,便即護短不納?若不能受諫,安能諫人?
	第五	論納諫	王珪、張玄素、姚思廉、李大亮、高季輔、長孫無忌、劉洎	自朕御天下,虛心正直,即有魏徵朝夕進諫。自徵云亡,劉洎、岑文本、馬周、褚遂良等繼之。皇太子幼在朕膝前,每見朕心說諫者,因染以成性,故有今日之諫。

續表

卷次	項次	主旨	談話對象	内容大要
第三卷	第六	論君臣鑒戒	魏徵、房玄齡	君臣本同治亂，共安危，若主納忠諫，臣進直言，斯故君臣合契，古來所重。若君自賢，臣不匡正，欲不危亡，不可得也。
	第七	論擇官	房玄齡、封德彝、杜如晦、魏徵、馬周、劉洎	古人云，王者須爲官擇人，不可造次即用。朕今行一事，則爲天下所觀；出一言，則爲天下所聽。用得正人，爲善者皆勸；誤用惡人，不善者競進。
	第八	論封建	神通、馬周	自兩漢已降，惟封子及兄弟，其疏遠者，非有大功，如漢之賈、澤，並不得受封。若一切封王，多給力役，乃至勞苦萬姓，以養己之親屬。
第四卷	第九	論太子諸王定分	馬周、褚遂良、高士廉	父子之情，豈不欲常相見耶？但家國事殊，須出作藩屏。且令其早有定分，絕覬覦之心，我百年後，使其兄弟無危亡之患也。
	第十	論尊敬師傅	李綱、房玄齡、長孫無忌、劉洎	原夫太子，宗祧是系，善惡之際，興亡斯在，不勤於始，將悔於終。
	第十一	論教戒太子諸王	于志寧、杜正倫、魏徵、李元景、李元昌、李恪、李泰、褚遂良	自古侯王能自保全者甚少，皆由生長富貴，好尚驕逸，多不解親君子遠小人故爾。朕所有子弟欲使見前言往行，冀其以爲規範。
	第十二	論規諫太子	李百藥、張玄素、于志寧	覽聖人之遺教，察既往之行事，日知其所不足，月無忘其所能。此則盡善盡美，夏啟、周誦焉足言哉！

續表

卷次	項次	主旨	談話對象	内容大要
第五卷	第十三	論仁義	杜正倫、房玄齡	林深則鳥棲,水廣則魚游,仁義積則物自歸之。人皆知畏避災害,不知行仁義則災害不生。
	第十四	論忠義	馮立、王珪、陳叔達、魏徵、房玄齡、岑文本	朕聽朝之暇,觀前史,每覽前賢佐時,忠臣徇國,何嘗不想見其人,廢書欽歎!至於近代以來,年歲非遠,然其胤緒,或當見存,縱未能顯加旌表,無容棄之遐裔。
	第十五	論孝友	房玄齡、魏徵	經學文雅,亦漢之間、平,至如孝行,乃古之曾、閔也。
	第十六	論公平	戴冑、封德彝、房玄齡、魏徵	是以上君撫世,先其本而後其末,順其心而履其行。心情苟正,則奸慝無所生,邪意無所載矣。
	第十七	論誠信	魏徵、長孫無忌	若欲令君子小人是非不雜,必懷之以德,待之以信,厲之以義,節之以禮,然後善善而惡惡,審罰而明賞。
第六卷	第十八	論儉約	魏徵	固知見可欲,其心必亂矣。至如雕鏤器物,珠玉服玩,若恣其驕奢,則危亡之期可立待也。
	第十九	論謙讓	魏徵、孔穎達	聖人設教,欲人謙光。己雖有能,不自矜大,仍就不能之人求訪能事。
	第二十	論仁惻	杜淹	水旱不調,皆爲人君失德。朕德之不修,天當責朕,百姓何罪,而多遭困窮!聞有鬻男女者,朕甚愍焉。
	第二十一	慎所好	段綸	堯、舜率天下以仁,而人從之;桀、紂率天下以暴,而人從之。下之所行,皆從上之所好。

續表

卷次	項次	主旨	談話對象	内容大要
	第二十二	慎言語	魏徵	言語者,君子之樞機,談何容易?凡在眾庶,一言不善,則人記之,成其恥累,況是萬乘之主?不可出言有所乖失。
	第二十三	杜讒邪	魏徵、趙元楷、杜如晦、戴胄、房玄齡、褚遂良	讒佞之徒,皆國之蟊賊也。或巧言令色,朋黨比周。若暗主庸君,莫不以之迷惑,忠臣孝子所以泣血銜冤。故叢蘭欲茂,秋風敗之;王者欲明,讒人蔽之。
	第二十四	論悔過	房玄齡、魏徵、劉洎	夫人臣之對帝王,多承意順旨,甘言取容。朕今欲聞己過,卿等皆可直言。
	第二十五	論奢縱	房玄齡、魏徵、劉洎	自古明王聖主雖因人設教,寬猛隨時,而大要以節儉於身、恩加於人二者是務。
	第二十六	論貪鄙	馬周	若受人財賄,不過數萬。一朝彰露,祿秩削奪,此豈是解愛財物?規小得而大失者也。
第七卷	第二十七	崇儒學	權萬紀、岑文本	詔停周公爲先聖,始立孔子廟堂於國學,稽式舊典,以仲尼爲先聖,顏子爲先師。
	第二十八	論文史	房玄齡、鄧隆、褚遂良	朕若制事出令,有益於人者,史則書之,足爲不朽。若事不師古,亂政害物,雖有詞藻,終貽後代笑。
	第二十九	論禮樂	房玄齡、高季輔、王珪、杜淹、蕭瑀	禮樂之作,是聖人緣物設教,以爲撙節,治政善惡,豈此之由?

續表

卷次	項次	主旨	談話對象	内容大要
第八卷	第三十	論務農	王珪、蕭瑀	國以人爲本,人以衣食爲本,凡營衣食,以不失時爲本。夫不失時者,在人君簡静乃可致耳。
	第三十一	論刑法	王珪、張蘊古	但選公直良善人,斷獄允當者,增秩賜金,即奸僞自息。
	第三十二	論赦令	大臣	天下愚人者多,智人者少,智者不肯爲惡,愚人好犯憲章。凡赦宥之恩,惟及不軌之輩。
	第三十三	論貢賦	褚遂良	任土作貢,布在前典,當州所產,則充庭實。比聞都督、刺史邀射聲名,厥土所賦,或嫌其不善,逾意外求,更相仿效,遂以成俗。極爲勞擾,宜改此弊,不得更然。
	第三十四	辯興亡	王珪、魏徵	周武平紂之亂,以有天下;秦皇因周之衰,遂吞六國。其得天下不殊,祚運長短若此之相懸也?
第九卷	第三十五	論征伐	魏徵、李勣、李道宗、房玄齡、徐惠	夫兵甲者,國家凶器也。土地雖廣,好戰則民凋;中國雖安,忘戰則民殆。凋非保全之術,殆非擬寇之方,不可以全除,不可以常用。
	第三十六	議安邊	温彦博、魏徵、杜楚客、褚遂良	朕聞西州有警急,雖不足爲害,然豈能無憂乎?往者初平高昌,魏徵、褚遂良勸朕立麴文泰子弟,依舊爲國,朕竟不用其計,今日方自悔責。
第十卷	第三十七	論行幸	長孫無忌	隋煬帝廣造宫室,以肆行幸。自西京至東都,離宫别館,相望道次,乃至并州、涿郡,無不悉然。馳道皆廣數百步,種樹以飾其旁。人力不堪,相聚爲賊。

續表

卷次	項次	主旨	談話對象	内容大要
	第三十八	論畋獵	虞世南、谷那律、劉仁軌	聖主不乘危,不僥倖,今陛下騁六飛,馳不測之山,如有馬驚車敗,陛下縱欲自輕,奈高廟何?
	第三十九	論災祥	虞世南、岑文本	國主山川,故山崩川竭,君爲之不舉樂,降服乘縵,祝幣以禮焉。
	第四十	論慎終	魏徵	然安不忘危,治不忘亂,雖知今日無事,亦須思其終始。常得如此,始是可貴也。

就上表視之,明君應具備的涵養自"論君道"始至"論慎終"止,涵括四十項次之廣,必須學識淵博、見多識廣、概攬農牧畋獵、軍事外交、經世濟民之道。足見成就偉大帝王誠屬不易。尤其在君臣智慧激盪之中,必須取決於明智之判斷。《貞觀政要》在理念和實務交錯之間,確實提供具體而微的治世道理。

第二節 《貞觀政要》的十思與《論語》中的九思

魏徵在《貞觀政要・諫太宗十思疏》裹説道:

> 君人者,誠能見可欲則思知足以自戒,將有所作則思知止以安人,念高危則思謙沖而自牧,懼滿溢則思江海而下百川,樂盤遊則思三驅以爲度,恐懈怠則思慎始而敬終,慮壅蔽則思虚心以納下,想讒邪則思正身以黜惡,恩所加則思無因喜以謬賞,罰所及則思無因怒而濫刑。總此十思,弘兹九德,簡能而任之,擇善而從之。則智者盡其謀,勇者竭其力,仁者播其惠,信者效其忠。文武爭馳,君臣無事,可以盡豫遊之樂,可以養松喬之壽,鳴琴垂拱,不言而化。何必勞神苦思,代下司職,役聰明之耳目,虧無爲之大道哉!

魏徵所謂之十思,誠然爲昔時明君之操守經典,爲了理解《論語》當中孔子的言論是否能呼應其切重之處,與文中提及君主應具備之十項思慮與德行做相關對照,兹列表如下:

項次	魏徵之十思	宜警惕之事	《論語》可與相對照之記載
1	君人者	誠能見可欲,則思知足以自戒	《里仁》子曰:"放於利而行,多怨。"
2	將有作	則思知止以安人	《里仁》子曰:"君子之於天下也,無適也,無莫也,義之與比。"
3	念高危	則思謙沖而自牧	《顔淵》子曰:"博學於文,約之以禮,亦可以弗畔矣夫。"
4	懼滿溢	則思江海下百川	《泰伯》舜有臣五人,而天下治。武王曰:"予有亂臣十人。"孔子曰:"才難,不其然乎。唐虞之際,於斯爲盛。有婦人焉,九人而已。三分天下有其二,以服事殷,周之德,其可謂至德也已矣。"
5	樂盤遊	則思三驅以爲度	《鄉黨》色斯舉矣,翔而後集。曰:"山梁雌雉,時哉,時哉!"子路共之,三嗅而作。
6	憂懈怠	則思慎始而敬終	《衛靈公》子曰:"人無遠慮,必有近憂。"
7	慮壅蔽	則思虚心以納下	《衛靈公》子曰:"君子求諸己,小人求諸人。"
8	想讒邪	則思正身以黜惡	《里仁》子曰:"唯仁者,能好人,能惡人。"
9	恩所加	則思無因喜以謬賞	《八佾》定公問君使臣,臣事君,如之何。孔子對曰:"君使臣以禮,臣事君以忠。"
10	罰所及	則思無因怒而濫刑	《衛靈公》子曰:"眾惡之,必察焉。眾好之,必察焉。"

“十思”角度各有不同,猶如多稜鏡,提醒太宗從各個側面進行觀照,期能開拓垂拱而治的理想境界。段中列舉十個排比句,提出十思,然後再用四個排比句,從”智者”、”勇者”、”仁者”、”信者”的表現,來闡述十思的效果。

《論語·季氏》,子曰:“君子有九思:視思明,聽思聰,色思温,貌思恭,言思忠,事思敬,疑思問,忿思難,見得思義。”①,其中和魏徵所謂之“十思”或有提示,或有近似,蓋列如下:

項次	孔子所謂君子九思	寓意
1	視思明	一切人事物都看得清楚明白
2	聽思聰	聽得完全,聽出真假
3	色思温	臉色温和,和顔悦色,和藹可親
4	貌思恭	待人處世謙恭有禮
5	言思忠	言語要真實,做事負責
6	事思敬	做事要盡心盡力盡責
7	疑思問	心中有疑問要問得清楚明白
8	忿思難	忿怒時要思考會不會招來災禍
9	見得思義	遇到財利時,要思考該不該拿

“九思”第一句話提到“視思明”,就是眼睛看到所有的事情要能看得明白,不能每天處理政事胡裹胡塗的,看到事要懂得怎麽去辨别,要懂得從結果推測原因在哪裏,把它的來龍去脈都能了解清楚,這個叫“視思明”。

《爲政》篇,哀公問曰:“何爲則民服?”孔子對曰:“舉直錯諸枉,則民服。舉枉錯諸直,則民不服。”看到民間的問題,可以馬上判斷出是什麽原因造成,這就是君王的功夫了。《學而》篇,子曰:“不患人之不己知,患不知人也。”《里仁》篇,子曰:“唯仁者,能好人,能惡

① (清)阮元校勘《十三經注疏·論語》(臺北縣板橋市:藝文印書館,1979年版),注疏解經卷第十六 季氏第十六,頁146。

人。"《爲政》篇,子曰:"視其所以,觀其所由,察其所安,人焉廋哉,人焉廋哉。"這些都是靠着精明的雙眼識人的功夫。

第二,"聽思聰","聽"就是聽到旁人所講的話,可以了解到他的存心是什麽。《陽貨》篇,子曰:"道聽而塗説.德之棄也。"他的存心是爲了他的目的,還是他的存心是爲人着想,都要聽得出來。《公冶長》篇:宰予晝寢,子曰:"朽木不可雕也,糞土之牆,不可杇也,於予與何誅?"子曰:"始吾於人也,聽其言而信其行。今吾於人也,聽其言而觀其行。於予與改是。"只要能意會,對方就會覺得你很能體恤他,很能了解他的需要,所以要聽懂别人的話,也要聽懂言語背後的弦外之音,這都需要經驗去積累。所以每天所看明白,所聽清楚,這都是在勘驗君子的功夫。

第三,"色思温","色"就指的是臉部表情。君子的臉部表情一定要呈現很温和的狀態。《學而》篇,子曰:"巧言令色,鮮矣仁。"因爲人與人相處最直接看到的就是你的臉,假如你的臉色難看,無形中人與人的對待、人與人的關係就已經出現一道鴻溝了。《先進》篇,子張問善人之道。子曰:"不踐迹,亦不入於室。"子曰:"論篤是與,君子者乎,色莊者乎。"君子臉部表情可以輕易地看出情緒管理的功夫,所以要"色思温",不要製造了更多的人際阻力。

第四,"貌思恭",是待人處世謙恭有禮。"貌"除了臉部之外,整個肢體語言感覺很恭敬、很謙卑。時時處處我們能夠提醒自己,整個要從内把恭敬的心散發出來對待别人,是爲"貌思恭"。《衛靈公》篇,子曰:"躬自厚而薄責於人,則遠怨矣。"

第五,"言思忠",言語絶對不偏私、不偏頗,絶對是大公無私,《衛靈公》篇,子曰:"言忠信,行篤敬,雖蠻貊之邦行矣。"子曰:"群居終日,言不及義,好行小慧,難矣哉!"[①]《學而》篇,子曰:"巧言令色,鮮矣仁。"《爲政》篇,子貢問君子。子曰:"先行其言,而後從之。"《衛靈公》篇,子曰:"可與言而不與言,失人。不可與言而與之言,失言。知者不失人,亦不失言。"明君要能秉公無私,知人知言,

① 《論語》注疏解經卷第十五,衛靈公第十六,頁138。

善用言語的力量,而不輕易失言。

第六,“事思敬”,對於答應的事要做到,子曰:“居處恭,執事敬,與人忠,雖之夷狄不可棄也。”所謂“受人之托,忠人之事”,一定要履行自己的承諾。《衛靈公》篇,子曰:“君子病無能焉,不病人之不己知也。”君子凡是盡己之能,而不是一味地要求别人。

第七,“疑思問”,有懷疑要問,心中有疑問要問得清楚明白。《爲政》篇:“學而不思則罔。”學是學習。皇《疏》説是學舊文,其意就是讀聖人書。思是研究。包咸説爲尋思。罔,包注爲“罔然”,皇《疏》另一解釋,即是“誣罔”。依包氏説,讀書而不尋思書中的義理,則罔然無所得。依皇《疏》説,讀聖人書,而不精思其義,以致行用乖僻,此是誣罔聖人之道。罔字之義,包注就學者方面解釋,皇《疏》就聖人方面解釋,罔字實有這兩方面意義,可以合講。

“思而不學則殆。”何晏注:“不學而思,終卒不得,徒使人精神疲殆。”劉氏《正義》説:“殆與怠同。”何注之意,不讀書,只憑自己思索,終無所得,徒使人精神疲怠而已。朱子《集注》:“不習其事,故危而不安。”王念孫《讀書雜誌》引《史記·扁鵲傳》裏“拙者疑殆”説:“此殆字,非危殆之殆。殆亦疑也。古人自有復語耳。”王氏又引《公羊傳》襄公四年何休注:“殆,疑也。”因而指出思而不學則殆的“殆”字,亦作疑字講。其意是説,思而不學,“無所依據,則疑而不決也。”王氏之子王引之,在其《經義述聞》裏,亦以殆作疑講。他説:“思而不學,則事無征驗,疑不能定也。”依王氏説,殆作疑字講,甚合經義。

第八,“忿思難”,憤怒要考慮到,一發就不可收拾,要爭氣,不要生氣,要能幹,不要蠻幹。《季氏》篇,孔子曰:“君子有三戒:少之時,血氣未定,戒之在色;及其壯也,血氣方剛,戒之在鬥;及其老也,血氣既衰,戒之在得。”

君子要有三戒,依人生少壯老三時期,戒三件事。少年時,“血氣未定,戒之在色”。血屬陰,氣屬陽,人的身體必須陰血陽氣流行,始能維持生存。少年身體内的血氣尚未充實,要戒的是色情之欲。因爲色欲最損血氣,不戒則身體發育不全,往往夭折,故須戒色。古時男子三十而娶,女子二十而嫁,即有戒色的用意。

到了壯年時,即在三十歲以後,“血氣方剛,戒之在鬥”。此時血氣正好剛強,難忍一朝之忿,與人爭鬥,必然召凶惹禍,故須戒鬥。戒鬥的積極意義,即是以此飽滿的體力精神用於正當的事業。

到了老年時,“血氣既衰,戒之在得”。得,勉強解釋爲貪求。老年血氣已衰,體力不濟,如貪求事功,希望有所得,不但身體不能適應,而且事情也辦不好,所以要戒得。《禮記·曲禮》説:“七十曰老,而傳。”而傳,就是要把事情交代出去,這就有戒得的意思。

第九,“見得思義”,要獲得利益以前一定要思考合不合乎道義,合不合乎法律。若捨不下眼前這個利益,就會做出錯誤的決定,《論語·衛靈公》篇:“孔子在陳絶糧,從者病,莫能興。子路愠見曰:‘君子亦有窮乎?’子曰:‘君子固窮,小人窮斯濫矣。’”《爲政》篇,子張學干禄。子曰:“多聞闕疑,慎言其餘,則寡尤。多見闕殆,慎行其餘,則寡悔。言寡尤,行寡悔,禄在其中矣。”

所以“見得思義”太重要。握有天下大權的人,如果只爲自己享受,就是獨夫,絶非明君。

以上是《論語》中的君子九思,含有處處反省、處處觀照自己的意思。相較於魏徵在《貞觀政要·諫太宗十思疏》裏的十思,頗有異曲同工之妙。對於帝王的教育養成,不管是十思、是九思,都是基本的能力,缺一不可。

第三節　結語

孔子是中國歷史上首先實行"平民教育"的人。他的淑世理念雖然在他所處的亂世未臻實現,卻無損於他的領導與治理能力。《論語》的淑世觀點較諸《貞觀政要》,後者融合千年歷史、各家理論,甚至多方兼採《論語》的爲政策略,也因唐太宗的貞觀盛世獲得印證。孔子“温、良、恭、儉、讓”(《學而》)的君子訴求,“先之,勞之”(《子路》)的榜樣,“其身正,不令而行;其身不正,雖令不從”(《子路》),這些領導者的根本理念,即便進入宋代,不啻是天下百姓所期盼的。

孔子認爲周公時代的"王道"政治,是由亂而返治,實現"大同"之治的理想政治。爲達到這目標,必須注重禮治教化,由修身齊家進而治國平天下。此外孔子極力主張"正名"。"正名"就是無論什麽人都應安守本份,以使名實相符,從而整飭社會秩序,恢復國家綱紀,故此"名不正,則言不順;言不順,則事不成",令"民無所措手足"。故此,當政者必須以身作則才能平天下。

若就其與政治思想有關者之涵義而言,則孔子所謂"仁",乃推自愛之心以愛人之謂。人之偉大價值是人性,而人性中最純潔與神聖之所在,即是人性中之愛。由此作出發點,始能表現出人性之崇高與尊嚴。而真、善、美、聖之意義因事以顯。樊遲問仁,子曰:"愛人"。仲弓問仁,子曰:"己所不欲,勿施於人。"(《顔淵》)子貢問仁,子曰:"夫仁者,己欲立而立人,己欲達而達人。"(《雍也》)經筵教育的首要内容是德育,宋代確立經筵制度的首要目的就是要"增崇聖德",即加强皇帝的道德修養。南宋朱熹在《晦庵集·與陳丞相書》説[①]:

> 竊聞鈞旆尚留上饒,不審幾日遂東,所以反覆啓告之,方必已有定論矣。但熹竊料比來言者,指陳闕失,白髮姦欺,不爲不盡,而未有開悟之益,正坐不正之於本而正之於末,不求之於理而求之於事,不言所以增崇聖德,紀綱政體之意,而惟群小之過惡是攻,此其所以用力多而見功少者,與伏惟高明深察乎?此而有以反之,庶乎其有以慰天下之望也。蓋不惟元老大臣,所以告君之體。

所謂元老大臣所以告君之體者,即"增崇聖德"也。對於延續

① [清]紀昀等總纂《景印文淵閣四庫全書》,(臺北市:臺灣商務印書館,1983—1986年版)集部,别集類,1143—1146册,[宋]朱熹撰《晦庵集》,南宋建炎至德祐,卷二十五,頁750。

祖業千秋乃至國祚萬年,如此德行教化,自有其嚴肅意義。

南宋李燾《續資治通鑒長編》[①]則提到:

> 陛下明法,以課試羣吏。則曰:讀書萬卷不讀律,致君堯舜知無術。陛下興水利,則曰:東海若知明主意,應教斥鹵變桑田。陛下謹鹽禁,則曰:豈是聞韶解忘味,邇來三月食無鹽。其他觸物即事。

依靠經筵教育"致君堯舜",也是宋代經筵的最高理想。基本上,宋代經筵特重《論語》,無非是希望透過孔子的淑世觀點,一點一滴地影響一代一代的帝王,得以經世濟民。有爲的帝王,必是以君子之德治理國事,並以個人的深思熟慮,高操的德行,公正無私的管理能力,如北辰之亮節以身作則,成爲國家的領導幹部,讓全國老百姓感受德化薰陶,進而實現大同之治的理想。

(作者單位:臺北市立教育大學中國語文學系)

① [宋]李燾撰《續資治通鑑長編》(20 册,北京市:中華書局,2004 年版),第 12 册,卷二百九十九,頁 6201。

讀王引之《經義述聞·爾雅》札記五則*

郭鵬飛

摘要:高郵王念孫(1744—1832)、王引之(1766—1834)父子是清代樸學的代表人物,其方於經學、小學方面的成就,世罕其匹,《經義述聞》、《讀書雜志》、《廣雅疏證》、《經傳釋詞》等均爲登峰造極之作,後世學者,莫不奉爲圭臬。二王地位崇高,就其學術而加探討,實饒具意義。文章就《經義述聞·爾雅》部份,檢其可議之處,略陳己見,以供斟酌。

關鍵詞:王引之 《經義述聞》 《爾雅》 訓詁學

高郵王念孫(1744—1832)、王引之(1766—1834)父子是清代樸學的代表人物,其方於經學、小學方面的成就,世罕其匹,《經義述聞》、《讀書雜志》、《廣雅疏證》、《經傳釋詞》等均爲登峰造極之作,後世學者,莫不奉爲圭臬。二王地位崇高,就其學術而加探討,實饒具意義。今不辭淺陋,就《經義述聞·爾雅》部份,檢其可議之處,略陳己見,以供斟酌。

一、緌,繼也

王引之曰:

引之謹案:緌,通作蕤,亦通作綏。《玉藻》:"緇布冠繢緌。"《鄭注》:"緌,或作蕤。"餘見前"綏爾先公之臣服于先王"下。《漢書·律曆志》曰:"蕤

---

* 本論文爲"王引之《經義述聞》斠正"研究計劃階段性成果,計劃得到香港政府研究資助局優配研究金資助(編號:143808),謹此致謝。

賓。蕤,繼也。賓,導也。言陽始導陰氣使繼萬物也。"《顧命》曰:"綏爾先公之臣服于先王。"綏亦繼也。《説苑·指武篇》:"損其有餘而繼其不足。"《淮南·道應篇》繼作綏。①

《説文》:"緌,系冠纓也。从糸,委聲。"王筠(1784—1854)《説文句讀》曰:

小徐《韻譜》系作繼。《玉篇》:"系,繼也。"此言冠纓既結,繼乎結之下者謂之緌也。《詩·南山》:"冠緌雙止",《内則》:"冠緌纓。"《注》:"緌者,纓之飾也。"《正義》:"結纓頷下以固冠結之餘者,散而下垂謂之緌。"《玉藻》:"有事然後緌。"《檀弓》:"喪冠不緌。"②

考《大廣益會玉篇》:"緌,繼冠纓也。"③羅振玉(1866—1940)寫影日本高山寺藏原本《玉篇》殘卷糸部"緌"字顧野王(519—581)注:

鄭玄注《禮記》:"纓之飾也。"……《爾雅》:"緌,繼也。"又曰:"縭,緌也。"郭璞曰:"緌,繫也。"《説文》:"繼冠纓也。"④

《説文》"緌"解爲"系冠纓也",原本《玉篇》引《説文》則作"繼冠纓也",知《説文》"系"本作"繼"。段玉裁(1735—1815)改《説文》爲

① [清]王引之《經義述聞》,道光七年(1827)刻本,南京,江蘇古籍出版社2000年影印出版,第616頁上。

② 丁福保(1874—1952)編纂,楊家駱(1911—1991)重編《説文解字詁林正補合編》,臺北,鼎文書局1983年出版,第10册第643頁下。

③ [南朝梁]顧野王著,陳彭年(961—1017)等重修《大廣益會玉篇》,北京,中華書局1987年出版,第124頁下左。

④ [南朝梁]顧野王《原本玉篇殘卷》,北京,中華書局1985年出版,第148—149頁。

"系冠纓垂者",恐誤。陳晋《爾雅學》曰:

是緌爲繼纓之物,故有繼義。①

今補以明"緌"爲"繼"之由。

二、引、順、薦、劉,陳也

王引之曰:

引之謹案:《王制》、《内則》竝曰:"凡三王養老,皆引年。"引年者,陳敍其年齒之多寡也。《鄭注》以爲引户校年,失之。經言引年,不言引户校年也。文六年《左傳》曰:"陳之藝極。引之表儀。"引,亦陳也。引、延、繹一聲之轉,皆長之陳也。凡物陳之則長,故引、延、繹又訓爲長矣。下文曰:"引、延,長也。"《方言》曰:"繹,長也。"②

案:《左傳》文公六年原文曰:

古之王者知命之不長,是以並建聖哲,樹之風聲,分之采物,著之話言,爲之律度,陳之藝極,引之表儀,予之法制,告之訓典,教之防利,委之常秩,道之以禮則,使毋失其土宜,衆隸

① 朱祖延主編《爾雅詁林》,武漢,湖北教育出版社 1998 年出版,上卷【一】第 228 頁上。

② 《經義述聞》,第 616 頁下。

賴之,而後即命。[①]

"樹之風聲"以下各句句首動詞皆有其義,王引之以"陳"、"引"義同,恐非。

杜預(222 —284)注"引"爲"道",[②]孔穎達(574—648)《正義》曰:

引謂在前,故爲道也。[③]

"引"當爲"援引",《國語·晋語八·叔向論比而不别》曰:

叔向曰:"君子比而不别。比德以贊事,比也;引黨以封己,利己而忘君,别也。"[④]

何休《公羊傳·序》曰:

① 《十三經注疏》第 6 册《春秋左傳注疏》,清嘉慶二十年(1815)重刊《十三經注疏附阮元等校勘記》,臺北,藝文印書館 1981 年景印出版,第 314 頁。案:"道之以禮則","以"字似衍。阮元(1764—1849)《校勘記》曰:"宋本、淳熙本、岳本、纂圖本、閩本、監本、毛本並衍以字,《石經》以字乃後人據本别旁增。"同書第 324 頁下。然日人竹添光鴻(1842—1917)《左氏會箋》本亦有以字,臺北,漢京文化事業有限公司 1984 年出版,第 8,第 1 册第 40 頁。案:竹添光鴻自序曰:"《左氏傳》之存于皇國者,以御府舊鈔卷子金澤文庫本爲最古,凡三十卷,蓋隋唐之遺經……唐人真本今存皇國者,除余家《漢書·揚雄傳》外……《左傳》三十卷,獨爲足本,洵絶世之寶也……余深爲斯經慨焉,乃以卷子本爲底本,參之《石經》與宋本,而經注之有異同者,加小圈于右旁,一一疏明……。"(見是書第 1 册自序,第 1—3 頁)若氏言可信,則《左氏會箋》本乃以唐卷子本爲底本之校本,極爲珍貴。

② 《十三經注疏》第 6 册《春秋左傳注疏》,第 314 頁下。

③ 《十三經注疏》第 6 册《春秋左傳注疏》,第 314 頁下。

④ 上海師範大學古籍整理研究所《國語》,上海,上海古籍出版社 1978 年出版,下册第 462 頁。

援引他經，失其句讀。①

此謂引表儀以示人法度也。

王引之又曰：

昭二十年《左傳》曰："其祝、史祭祀，陳信無愧。"又曰："其祝、史薦信，無愧心矣。"薦，亦陳也，連言之則曰薦陳。襄三十一年《傳》曰："非薦陳之，不敢輸也。"是也。家大人曰："《祭義》曰：'孝子之祭，其進之也，敬以愉；其薦之也，敬以欲。'薦之，謂陳之也。上文曰：'夫婦齊戒、沐浴、盛服，奉承而進之。'即此所謂進之也。又曰：'薦其薦俎。'即此所謂薦之，亦即《仲尼燕居》所謂'陳其薦俎也。'薦訓爲陳，故《荀子·禮論篇》謂陳器爲薦器。《鄭注》以進之爲進血腥，薦之爲進孰，強分二事，失之矣。②

案：王引之舉《左傳》昭公二十年"其祝、史薦信，無愧心矣"，以證"薦"之爲"陳"，是也。然以襄公三十一年"非薦陳之，不敢輸也"，證"薦"、"陳"同義連言，則可商榷。《左傳》本文是子產相鄭伯以如晉，晉侯以魯襄公薨而不見，子產毀館牆而納車馬。士文伯讓之，子產對曰：

逢執事之不閒，而未得見；又不獲聞命，未知見時。不敢輸幣，亦不敢暴露。其輸之則君之府實也，非薦陳之，不敢輸也……雖君之有魯喪，亦敝邑之憂也。若獲薦幣，修垣而行，君之惠也，敢憚勤勞！③

① 《十三經注疏》第7册《公羊傳注疏》，第4頁上。
② 《經義述聞》，第616頁下—617頁上。
③ 《十三經注疏》第6册《春秋左傳注疏》，第686頁下—第687頁下。

古代賓主相見,賓客先將禮物進陳於庭,[①]是薦爲薦,陳爲陳,應有分別。況文中有"若獲薦幣"之語,杜預(222—284)釋爲"進",[②]是"薦"爲"奉獻"無疑。

此外,王念孫舉《禮記·祭義》"其薦之也,敬以欲"爲例,指"薦"爲"陳",亦可斟酌。《祭義》曰:

孝子將祭,慮事不可以豫,比時具物,不可以不備,虛中以治之。宫室既脩,牆屋既設,百物既備,夫婦齊戒、沐浴、盛服,奉承而進之。洞洞乎!屬屬乎!如弗勝,如將失之,其孝敬之心至也與!薦其薦、俎,序其禮、樂,備其百官,奉承而進之,於是論其志意,以其慌惚以與神明交,庶或饗之。庶或饗之,孝子之志地……孝子之祭可知也:其立之也敬以詘,其進之也敬以愉,其薦之也敬以欲。[③]

夫婦之"進"者謂"進前",而非奉獻之"薦"。下文謂"薦而不欲,不愛也","薦"當爲奉獻而非"陳"。此外,王念孫又以《祭義》之"薦其薦俎"與《仲尼燕居》之"陳其薦俎"相比,指"薦"爲"陳"。案:《祭義》所言爲孝子祭祀的行爲及其内涵意義,本篇上文曰:

仲尼嘗,奉薦而進……反饋,樂成,薦其薦、俎,序其禮、樂,備其百官,君子致其濟濟漆漆,夫何慌惚之有乎?[④]

此言尸返而饋,祭者奉獻薦俎,按序行禮作樂,故"薦"釋爲"奉獻"較妥。至於《仲尼燕居》,其文曰:

---

① 楊伯峻(1909—1992)曰:"薦,進也。陳,設也。古代聘享之物,進陳于庭,即莊公二十二年《傳》之'庭實'。"見氏著《春秋左傳注》(修訂本),北京:中華書局1990年出版,第3册第1187頁。

② 《十三經注疏》第6册《春秋左傳注疏》,第687頁下。

③ 《十三經注疏》第5册《禮記注疏》,第810頁。

④ 《十三經注疏》第5册《禮記注疏》,第809頁。

兩君相見，揖讓而入門，入門而縣興；揖讓而升堂，升堂而樂闋，下管象、武，夏籥序興。陳其薦、俎，序其禮、樂，備其百官，如此而后君子知仁焉。①

文章所記爲大饗的禮與程序，②與《祭義》本有不同。"陳其薦、俎"，以饗諸公，對象爲人；《祭義》之"薦其薦俎"，對象爲尸，故不言"陳"。又《荀子·禮論》並無"陳器爲薦器"之語，考《荀子》一書亦無"陳器"一詞，王念孫説有誤。

三、肅，疾也；肅，速也

王引之曰：

引之謹案：《晉語》曰："知羊舌職之聰敏肅給也。"肅之言速，給之言急也。《論語·公冶長篇》："禦人以口給。"《孔注》："佞人口辭捷給。"皇侃《疏》："給，捷也。"《荀子·非十二子篇》："齊給便利。"楊倞《注》："齊，疾也；給，急也。"聰敏肅給，義相貫注。《韋注》："肅，敬也。給，足也。"皆失之。故肅訓爲疾，又訓爲速。邢引《召南·小星篇》"肅肅宵征"，是也。邵引《禮運》"刑肅而俗敝"、《鄭注》："肅，駿也。"此謂刑罰駿急。非謂其疾速也。《周語》"俾莫不任肅純恪"，《韋注》："肅，速也。純，大也。恪，敬也。使莫不任其事，速其功，大敬其職。"案：任，信也。肅，整也。純，壹也。任、肅、純、恪四字平列。韋説皆失之。皆未允。③

案：王引之此説承自王念孫，其釋《左傳》成公二年"先大夫之肅"云：

① 《十三經注疏》第5册《禮記注疏》，第854頁下。

② 此與《禮記·樂記》"鋪筵席，陳尊俎，列籩豆，以升降爲禮者，禮之末節也"，可作互參。見《十三經注疏》第5册《禮記注疏》，第685頁下。

③ 《經義述聞》，第620頁下。

此城濮之賦也。有先君之明與先大夫之肅，故捷。家大人曰："肅謂敏捷也。《爾雅》曰：'肅、速，疾也'、'肅，速也。'《晉語》曰'知羊舌職之聰敏肅給'是也。《韋注》："肅，敬也。"失之。説見《晉語》。①

王氏父子舉《晉語》之例證"肅"有疾速之義，可堪斟酌。且看《國語・晉語七》原文：

公知祁奚之果而不淫也，使爲元尉。公知羊舌職之聰敏肅給也，使佐之。知魏絳之勇而不亂也，使爲元司馬。知張老之智而不詐也，使爲元候。知鐸遏寇之恭敬而信彊也，使爲輿尉。知籍偃之惇帥舊職而恭給也，使爲輿司馬。知程鄭端而不淫，且好諫而不隱也，使爲贊僕。②

文章記述悼公用人之則，顯示對品德極爲重視，如王説則只重羊舌職的才智，似不合理，其將"聰"、"敏"、"肅"、"給"四字平列，③亦無視"肅給"一詞的語用習慣。賈誼(前200—前168)《新書・禮容語下》曰：

夫宫室不崇，器無蟲鏤，儉也；身恭除潔，外内肅給，敬也；

① 《經義述聞》，第428頁上。
② 《國語》，下册第435頁。
王説亦見《經義述聞・國語下》"聰敏肅給"條，並曰："四字義相貫注。之。"見《經義述聞》，第510頁上。

燕好享賜,雖歡不踰等,讓也;賓之禮事,稱上而差,資也。①

“肅給”爲“敬”的表現。又“肅給”一詞,先秦文獻中三見,除《晋語》之外,另見《左傳》與《管子》,《左傳》哀公三年:

百官官備,府庫慎守,官人肅給。②

《管子・君臣上》:

是以上有餘日,而官勝其任,時令不淫,而百姓肅給,唯此上有法制,下有分職也。③

---

① 王洲明、徐超《賈誼集校注》,北京,人民文學出版社1996年出版,第378頁。案:今本《國語・周語下》作:

夫宫室不崇,器無形鏤,儉也;身聳除潔,外内齊給,敬也;宴好享賜,不踰其上,讓也;賓之禮事,放上而動,咨也。(見《國語》,上册第114頁。)

考先秦兩漢文籍,“齊給”均用作速疾義,如《荀子・非十二子》:“辯説譬喻、齊給便利而不順禮義,謂之姦説。”(見王天海《荀子校釋》,上海,上海古籍出版社2005年出版,上册第216頁)、《韓詩外傳》卷六:“勇猛強武,不以侵人;齊給便捷,不以欺誣人。”(見屈守元《韓詩外傳箋疏》,成都,巴蜀書社1996年出版,第530頁。)指爲“肅敬”的表現者,謹此一例,“速疾”與“肅敬”義不相干,而賈誼引作“肅給”,可證《周語》的“齊給”,實爲“肅給”。

② 《十三經注疏》第6册《春秋左傳注疏》,第998頁上。筆者案:《注》、《疏》不釋。日安井衡(1799—1876)、竹添光鴻訓“肅”爲“疾”,楊伯峻解爲“肅敬供給”。見安井衡《左傳輯釋》第24卷(臺北:廣文書局,1979年版),下册第12—13頁、《左氏會箋》,第29,第2册第23頁、《春秋左傳注》(修訂本),第4册第1621頁。

③ 黎翔鳳(1901—1979)撰,梁運華整理《管子校注》,北京,中華書局2004年出版,中册第560頁。尹知章注“肅給”爲“敬而供上”,同頁。筆者案:《説文》:“給,相足也。”(見《説文解字詁林正補合編》,第10册第573頁下。)《孟子・梁惠王下》:“春省耕而補不足,秋省斂而助不給。”(見《十三經注疏》第8册《孟子注疏》,第33頁下。)“給”或作修飾語,以“給”輔“肅”,強調肅敬的態度,一如《國語・晋語七》“知籍偃之惇帥舊職而恭給也,使爲輿司馬”的“恭給”(見《國語》,下册第435頁),十分恭敬有禮之貌。“肅給”即敬謹之極,盡其職份之謂,未必是“肅敬供給。”

"肅給"均無"速疾"義。又先秦文獻中,"肅"字獨用,除常作"敬"外,作"疾"者,如《國語·齊語》:

是故其父兄之教不肅而成,其子弟之學不勞而能。①

韋昭注:

肅,疾也。②

又有連用作"肅肅",如《詩經·召南·小星》:

肅肅宵征,夙夜在公,寔命不同。③

《毛傳》:

肅肅,疾貌。④

無論獨用之"肅",或疊用的"肅肅",均表速度,可知《爾雅》"肅,疾也"、"肅,速也"者,是指"急速",而不爲才思的"敏捷"。王氏父子舉《晋語》"知羊舌職之聰敏肅給也"以證《爾雅》之説不確。

四、俾、拼、抨、使,從也

王引之曰:

引之謹案:《君奭》曰:"海隅出日,罔不率俾。"俾者,從也。

---

① 《國語》,上册第 226 頁。
② 《國語》,上册第 227 頁。
③ 《十三經注疏》第 2 册《詩經注疏》,第 63 頁下。
④ 《十三經注疏》第 2 册《詩經注疏》,第 63 頁下。

猶《魯頌》言"至于海邦,莫不率從"也。說見前"罔不率俾"下。邵曰:"拼,通作并。《説文》云:'并,府盈切。相從也。'"家大人曰:《考工記·輿人》"大與小無并。"《鄭注》曰:"并,偏邪相就也。"相就,即相從。《廣雅》曰:"從,使也。"《小雅·雨無正篇》:"云不可使,得罪于天子;亦云可使,怨及朋友。"《鄭箋》曰:"不可使者,不正不從也。可使者,雖不正從也。"此正用《爾雅》"使,從也"之訓。《正義》誤解使字,辯見《毛詩》。又《管子·小匡篇》:"魯請爲關内之矦,而桓公不使也;邢請爲關内之矦,而桓公不使也。"《史記·龜策傳》:"大將不彊,卒不使令。"《漢書·外戚傳》:"少主幼弱,則大臣不使。"不使,皆謂不從也。使與從同義,故俾、拼、抨訓爲使,而俾、拼、抨、使又訓爲從也。使,又所吏反。從,又才用反。襄三十一年《左傳》曰:"無憂客使。"又曰:"賓從有代。"賓從,即客使。《雜記》曰:"客使自下由路。"《正義》曰:"客使,謂客之從者也。"①

案:王氏父子這段解説甚爲精到,而其中三點則可商榷。第一,王引之引邵晋涵説,以"拼"通作"并",並引《説文》"并,相從也"證《爾雅》"拼,從也"之説。今考《説文》"幷"字,許慎(約58—約124)曰:

相從也。从从,开聲,一曰从持二爲幷。②

諸家皆以《説文》爲本。然考諸甲文,"并"作"[illegible]"、"[illegible]"、"[illegible]"、"[illegible]"等形,③徐中舒(1898—1991)曰:

從从從一或二,从或作比北,同。象連結二人相并立之

① 《經義述聞》,第631頁上。

② 《説文解字詁林正補合編》,第7册第365頁上。

③ 徐中舒《甲骨文字典》,成都,四川辭書出版社1988年出版,第918頁。

形。《説文》:“并,相從也。”自卜辭辭例觀之,無相從之意。①

李孝定(1918—1997)曰:

> 栔文从“从”从“=”,或从“一”,象兩人相并之形,許書後説近之。②

金文“并”字作“”,③見於《中山王嚳鼎》,其文曰:

> 昔者吴人并雩,雩人斆斆備恁,五年還吴,克并之至于含。④

從甲文、金文字形觀之,“并”象二人連結并立,非二人相從;文例顯示“并”或爲地名,⑤或爲“吞併”,而不見“從”義,可見《説文》之説不確。

第二,王念孫提出《輿人·鄭注》一例,以明“并”有“相從”之義,其中亦不無可議之處,考《輿人》原文爲:

> 輿人造車……凡居材,大與小無并,大倚小則摧,引之則絶。

《鄭注》:

① 《甲骨文字典》,第918—919頁。

② 李孝定《甲骨文字集釋》(《歷史語言研究所專刊》之50),臺北,“中央研究院”歷史語言研究所1982年出版,第8,第2691頁。

③ 容庚(1894—1983)編著,張振林、馬國權(1931—2002)摹補《金文編》,北京,中華書局1985年出版,第578頁。

④ 馬承源(1928—2004)主編《商周青銅器銘文選》,北京,文物出版社1990年出版,第4册第570頁。

⑤ 見《甲骨文字典》,第919頁。

并，偏邪相就也。用力之時，其大并於小者，小者強不堪則摧也。其小并於大者，小者力不堪則絕也。[1]

《經》文之意，指大小之材料不能拼合一起，否則便會斷裂。賈公彥《疏》曰：

凡居材，大與小無并之，使偏邪……凡居材，當各自用力，若使大材倚并小材，小材強不堪大材所倚，則摧折矣。[2]

賈氏申鄭氏之説甚明，案此，鄭玄(127—200)所謂"偏邪相就"，原指居材時若大小湊合一起，當有偏邪牽就之患，由此可知"并"爲"并合"，"偏邪相就"指"并"之後果。鄭玄釋"并"，只道其無并之由，而非解其詞義。王氏之言有誤。考"拼"、"抨"二字，没有發現用作"從"的文例，故《爾雅》之説，理屬存疑。

第三，王念孫曰：

襄三十一年《左傳》曰："無憂客使"，又曰："賓從有代"，賓從即客使。《雜記》曰："客使自下，由路西。"《正義》曰："客使，謂客之從者也。"

案：《左傳》襄公三十一年的"無憂客使"及"賓從有代"中之"客使"與"賓從"，並不等同，《左傳》原文爲：

公薨之月，子產相鄭伯以如晉，晉侯以我喪故，未之見也。子產使盡壞其館之垣而納車馬焉。士文伯讓之，曰："敝邑以政刑之不修，寇盜充斥，無若諸侯之屬辱在寡君者何，是以令吏人完客所館，高其閈閎，厚其牆垣，以無憂客使。今吾子壞

① 《十三經注疏》第3册《周禮注疏》，第604—605頁。
② 《十三經注疏》第3册《周禮注疏》，第604—605頁。

之,雖從者能戒,其若異客何?以敝邑之爲盟主,繕完、葺牆,以待賓客。若皆毁之,其何以共命?寡君使匄請命。"對曰:"……僑聞文公之爲盟主也……諸侯賓至,甸設庭燎,僕人巡宫,車馬有所,賓從有代……"①

據《傳》文顯示,"客使"乃泛指來客與使者,而"賓從"乃專指侍奉賓客的隨從,杜預(222—284)注此爲"代客役",②確然可信,二者所指非一甚明。《雜記》之"客使"乃指上介之隨從,③與《左傳》的"客使"亦不相同。

五、存,察也

王引之曰:

郭曰:"存即在。"引之謹案:《周官·司尊彝》:"大喪,存奠彝。"《鄭注》曰:"存,省也。"《荀子·脩身篇》:"見善,脩然必以自存也;楊倞注:"使存於身。"失之。見不善,愀然必以自省也。"《大戴記·曾子立事篇》:"存往者,在來者。"在、省、存,皆察也。《孟子·離婁篇》:"存乎人者,莫良於眸子。"亦謂察人之術,莫善於觀眸子也。邵引《禮運》云:"處其所存"、《大傳》云:"五曰存愛",《鄭注》俱云:"存,察也。"④

① 《十三經注疏》第6册《春秋左傳注疏》,頁686—687上。

② 《十三經注疏》第6册《春秋左傳注疏》,頁687上。

③ 《雜記》原文爲:"上介賵:執圭將命,曰:'寡君使某賵。'相者入告,反命曰:'孤某須矣。'陳乘黄、大路於中庭,北輈,執圭將命。客使自下,由路西,子拜稽顙,坐委於殯東南隅,宰舉以東。"見《十三經注疏》第5册《禮記注疏》,第728—729頁上。

④ 《經義述聞》,第631下—632頁上。案:王引之的論述,除《孟子》一例,其餘皆見王念孫《讀書雜志·荀子》"自存"條。説見[清]王念孫《讀書雜志》,北京,中華書局1991年出版,中册第636頁下。

案:王氏舉六例以明"存"之爲"察",其可議者有四。其一,《荀子》例。《荀子·脩身篇》:"見善,脩然必以自存也;見不善,愀然必以自省也。"楊倞注曰:

修然,整飭貌。言見善必自整飭,使存於身也。[①]

王氏反對楊説。鍾泰(1888—1979)曰:

楊注"見善必使存於身",説未爲失。如王訓"存"爲察,則與"修然"字義反不貫……下文曰"善在身","不善在身"云云,即根"存"字來。"存"之訓"在"而不訓"察",明矣。[②]

鍾説言之成理。由是觀之,王説雖善,楊注亦不可廢。

其二,《大戴禮記》例。《大戴記·曾子立事篇》曰:

君子不先人以惡,不疑人以不信。不説人之過,成人之美,存往者,在來者,朝有過夕改則與之,夕有過朝改則與之。[③]

王引之以"察"釋"存",意猶孔廣森(1752—1786)所言:

察人往行來行,知其過改否。[④]

王聘珍(1746—?)《大戴禮記解詁》曰:

---

① 《荀子校釋》,上册第 47 頁。

② 《荀子校釋》,上册第 47 頁。

③ 方向東《大戴禮記匯校集解》,北京,中華書局 2008 年出版,上册第 435—436 頁。

④ [清]孔廣森《大戴禮記補注》,《皇清經解三禮類·編》,臺北,藝文印書館 1986 年出版,第 3 册第 2103 頁下。

說,言。《論語》曰:"成事不說。"存,恤也。在,察也。與,許也。往者之過則恤之,來者之善則許之。《論語》曰:"與其進也,不與其退也,唯何甚? 人潔己以進,與其潔也,不保其往也。"①

高明(1909—1992)《大戴禮記今注今譯》曰:

存往者,在來者:是説擱置過去,而重在未來。過去縱有過失,不去追究;未來如果改過,仍加贊許。②

黄懷信《大戴禮記彙校集注》曰:

存,保存。存往者,既往不咎也。在,察也。在來者,觀其後效也。③

"察人往行來行,知其過改否",似不及恤往者之過而不究的仁者胸懷。王聘珍、高明、黄懷信三家説稍勝於王引之、孔廣森之言。

其三,《禮運》例。其文曰:

故政者君之所以藏身也。是故夫政必本於天,殽以降命。命降于社之謂殽地,降于祖廟之謂仁義,降於山川之謂興作,降於五祀之謂制度。此聖人所以藏身之固也。故聖人參於天地,並於鬼神,以治政也。處其所存,禮之序也;玩其所樂,民

① [清]王聘珍撰,王文錦點校《大戴禮記解詁》,北京,中華書局 1983 年出版,第 72 頁。

② 高明《大戴禮記今注今譯》,臺北,臺灣商務印書館 1975 年出版,第 149 頁。

③ 黄懷信主撰,孔德立、周海生參撰《大戴禮記彙校集注》,西安,三秦出版社 2005 年出版,上册第 465 頁。

之治也。故天生時而地生財，人，其父生而師教之，四者，君以正用之，故君者立於無過之地也。①

"處其所存"者，是謂聖人處於天地鬼神之所。孫希旦(1736—1784)云：

參於天地，並於鬼神，猶《中庸》言"建諸天地，質諸鬼神"之意，言聖人效法於天地鬼神而參擬之，比並之，以求其合也。樂，如《孟子》"君子樂之"之樂。天地鬼神之道，具於吾身，是聖人之所存也，有以處之，而率履不越，則禮無不序矣。②

孫氏之言甚爲通達，"存"作"在"，較"察"義爲佳。另俞樾(1821—1906)《群經平議·禮記》曰：

古人之辭，凡審度其事，謂之處。文十八年《左傳》曰："德以處事，事以度功。"《吕氏春秋·有始覽》曰："察其情，處其形。"《淮南子·兵略篇》曰："相地形，處次舍。"並其證也。處其所存，謂審度其所存者。鄭不知處有審度之義，而反訓存爲察，于是文義之平易者變而迂曲矣。③

俞氏之言亦足參考。

其四，《大傳》例。其文曰：

聖人南面而聽天下，所且先者五，民不與焉。一曰治親，二曰報功，三曰舉賢，四曰使能，五曰存愛。五者一得於天下，

① 《十三經注疏》第5册《禮記注疏》，第422頁下、第430頁上。

② [清]孫希旦撰，沈嘯寰、王星賢點校《禮記集解》，北京，中華書局1989年出版，中册第605頁。

③ [清]俞樾《群經平議》，《續經解三禮類·編》，臺北：藝文印書館1986年出版，第3册第2988頁下。

民無不足,無不贍者。五者,一物紕繆,民莫得其死。聖人南面而治天下,必自人道始矣。①

《鄭注》曰:

存,察也。察有仁愛者。

王引之但舉鄭氏"存,察也"之言,"察有仁愛者"則不提,意有未盡。按"察有仁愛者",並非具體措施,與"治親"、"報功"、"舉賢"、"使能"等四項不相合,且與"舉賢"重複。② "存愛"者,謂審察所嬖愛的人。③

(作者單位:香港城市大學中文、翻譯及語言學系)

① 《十三經注疏》第5册《禮記注疏》,頁617上。

② 俞樾曰:"有仁愛者不得但謂之愛,且'察有仁愛者',上文'三曰舉賢'已足包之矣,豈賢者無仁愛之心乎?《鄭注》非也。"俞説甚是。但俞以"愛"爲"薆"之借字,釋爲"隱","存愛"爲"存察隱逸之士",則稍覺迂遠。説見《群經平議》,《續經解三禮類·編》,第3册3000第頁上。

③ 王夢鷗(1907—2002)曰:"此處用'治'、'報'、'舉'、'使'爲動詞,則'存'亦宜作動詞解。其次'親、'功'、'賢'、'能'皆指某類之人,則'愛'亦宜爲一類。然則'存愛'當是審察所嬖愛的人。《曲禮》云:'愛而知其惡,憎而知其善',是與此同。"見氏著:《禮記今注今譯》,臺北,臺灣商務印書館1970年出版,下册第558頁。案:王言甚是。

吐魯番出土儒家經籍殘卷考異*

石立善

摘要：自 20 世紀以來，敦煌與吐魯番發現儒家經籍寫卷多種，然吐魯番寫卷之種類、數量、篇幅皆遠不及敦煌，故所受關注不高，整理研究之進度亦顯遲緩。本文舉出吐魯番經籍寫卷五種，即 2006TSYIM4：2—1《詩・大雅・蕩之什・抑》殘卷、97TSYM1：12《論語・堯曰》古注殘卷、大谷 4403 號《論語集解・子罕》殘片、吐魯番 60TAM313：07/3《孝經解》殘片、德藏 Ch2574《御注孝經・五刑章》殘片，與傳世文獻及敦煌寫卷比勘，以探尋寫卷性質、文本原貌及經學史相關問題。

關鍵詞：吐魯番　儒家經籍　《詩經》《論語》《孝經》

自上世紀以來，敦煌與吐魯番發現儒家經籍寫卷多種，然吐魯番寫卷之種類、數量、篇幅皆遠不及敦煌，故所受關注不高，整理研究之進度亦顯遲緩。本文舉出吐魯番經籍寫卷五種，即 2006TSYIM4：2—1《詩・大雅・蕩之什・抑》殘卷、97TSYM1：12《論語・堯曰》古注殘卷、大谷 4403 號《論語集解・子罕》殘片、吐魯番 60TAM313：07/3《孝經解》殘片、德藏 Ch2574《御注孝經・五刑章》殘片，與傳世文獻及敦煌寫卷比勘，以探尋寫卷性質、文本原貌及經學史相關問題。

* 本文初稿曾蒙許建平先生提供寶貴意見並惠賜相關資料，謹致謝忱。

一、吐魯番新出 2006TSYIM4:2—1《詩·大雅·蕩之什·抑》殘卷

2006 年吐魯番洋海出土《詩》白文本殘卷,拆自女性墓主右腳紙鞋,其中《大雅·蕩之什·抑》殘卷存後半部分,十九行,隸書,有烏絲欄。今據《新獲吐魯番出土文獻》上册[①]所收圖版,並參照其釋文,重新録文如下:

1 爾[疾度],用戒不虞,[慎]爾出話,[敬]〔闕〕

2 不□嘉,白圭之[玷],尚□摩也。斯[言]〔闕〕

3 □也！毋易[由言],[無]□苟矣。莫捫〔闕〕

4 □□□。[無言不]讎,[無德]不報,惠于〔闕〕

5 小子。＝孫繩[＝],萬民不承。視〔闕〕

6 顔,□瑕有愆。相□爾[室]〔闕〕

7 曰不顯,莫與云覯。神□格□,〔闕〕

8 射思？辟爾爲德,卑[臧卑]〔闕〕

9 于儀。不僭不賊,鮮□□□。[投我以]桃,報之以李。

10 彼□□[角],實虹小子。荏染柔□,言緡之絲。

11 温＝□人,維德之基。其維悊人,告之[話]言,順德

12 □[行]。其維愚〔闕〕

13 小子,未知臧〔闕〕

14 之,言提其〔闕〕

15 [誰]夙知而[莫]〔闕〕

① 北京:中華書局,2008 年 4 月版,第 188 頁,釋文見 187 頁。

16 爾夢＝,我心慘〔闕〕

17 復用爲虐。借曰未知,亦聿既旄。□□小子,

18 告爾□□。聽用我謀,庶無大悔。天方艱難,

19 曰喪□□,□璧不遠,昊天不忒。回遹其德,

第七章“莫與云覯”(寫本第 7 行),今本“與”作“予”,“與”、“予”古通。第六章“萬民不承”(寫本第 5 行),今本作“萬民靡不承”。鄭玄《箋》云:“‘繩繩’,戒也。王之子孫敬戒行王之教令,天下之民不承順之乎!言承順也。”《經典釋文》云:“‘靡’,一本作‘是’。”關於此句,清儒多有議論。臧琳《經義雜記》卷十一“萬民不承”條云:“經如有‘靡’字,文義已明,鄭可無庸箋矣!蓋經本作‘萬民不承’,‘靡’字後人竄入。依《釋文》‘靡’當作‘是’,較通。”徐灝《通介堂經說》卷十五“萬民靡不承”條從臧說,並云:“然此‘不’字當讀爲丕,即《孟子》引《書》‘丕承哉’之義。”王玉樹《經史雜記》卷一“毛詩古本”條亦從臧說。陳啓源《毛詩稽古編》卷三十謂“康成讀本,‘靡’當作‘是’”。馬瑞辰《毛詩傳箋通釋》卷二十六云:“據《箋》訓,則鄭君所見經文原作‘萬民不承’,無‘靡’字。據《釋文》云‘一本“靡”作“是”’,則作‘萬民是不承’,‘不’爲語詞,猶云萬民是承也。惟《韓詩外傳》引作‘萬民靡不承’,則今本《毛詩》蓋沿《韓詩》之誤。”王先謙《詩三家義集疏》卷二十三從馬說。陳喬樅則駁馬說,云:“經文作‘萬民靡不承’,語氣正順。毛、韓師傳各異,文或不同,要不得是彼非此,而以《韓詩》爲誤也。”(見陳壽祺《韓詩遺說考》卷一)王引之《經傳釋詞》卷十“不丕否”條云:“作‘是’者是也。《箋》云‘天下之民不承順之乎!言承順也’,不爲‘靡’字作解,則一本爲長。‘不’,語詞。‘不承’,承也。《爾雅》云:‘是,則也。’‘萬民是不承’,言萬民則承順之矣。不須加‘乎’字以足其義。”陳奐《詩毛氏傳疏》卷一謂“《箋》不爲‘靡’字作解,則鄭所據作‘是’字”,並從《經傳釋詞》之說。

善按:據吐魯番寫本,今本“靡”字乃衍文無疑。寫本作“萬民

不承”者,陸德明亦未之見,猶可寶也。鄭《箋》云“天下之民不承順之乎！言承順也”,則以反語解之,可知鄭玄所見本作“萬民不承”。清人程大鏞《讀詩考字》補編疑《釋文》“一本作是”下脱“鄭作是”三字,乃臆説而已。

二、吐魯番新出97TSYM1:12《論語・堯曰》古注殘卷

1997年吐魯番洋海1號墓葬(97TSYM1)中出土《論語・堯曰》“子張曰何謂惠而不費”章古注殘片,存九行,楷書,有欄,背面鈔録《孝經義》。今據《新獲吐魯番出土文獻》上册[①]所收圖版,録文如下:

97TSYM1:12(正面)

1 利而利之,斯不〔闕〕

2 誰怨乎?欲仁而得人,有焉貪乎?君子無眾寡,

3 無小大,無敢沛,斯不亦泰而不驕乎?君子政

4 其衣冠,尊其瞻視,儼然人望而畏之,斯不亦

5 威而不猛乎?“可勞”,謂居富及不年者。“得仁”,謂捄患分灾。“衆寡”、“小大”,謂所見之多少、尊卑,容貌若一,爲不

6 少卑,沛然自矜莊也。子張問一而爲説四者,知其懷憒也。子張曰:“何謂四恧?”子曰:

7 不教而煞謂之疘,不戒視成謂之暴,湯令致其

8 謂之賊,猶之與人□□□□□□□□吉語也〔闕〕

9 吉語〔闕〕

與傳世本相比,此寫本多通假字,經文“人”通“仁”,“有”通“又”,“政”通“正”,“其”通“期”,“煞”乃“殺”之俗字[②]。又,“無敢

① 第164頁。

② 參照《干禄字書》、《廣韻・入聲・黠韻》。

沛”,“沛”疑“漫(慢)”字之訛寫。朱玉麒[①]、王素[②]曾論此殘片,然於注中“捄患分災”卻未置一詞。

善按:“捄患分災”,乃《左傳》之語,《僖公元年傳》云:“凡侯伯,救患、分災、討罪,禮也。”“捄”,古“救”字也(參《漢書·董仲舒傳》“捄溢扶衰”顔師古注),《史記·春申君列傳》“魏之兵雲翔而不敢捄”(《戰國策·秦策四》誤作“校”),東漢《耿勛碑》“捄活□餐千有餘人”,又《詩·邶風·谷風》“匍匐救之”,《漢書·谷永傳》引“救”作“捄”。《周禮·大宗伯》“以凶禮哀邦國之憂”,鄭玄注云:“哀謂救患分裁。”《國語·齊語》“翟人攻邢,桓公築夷儀以封之,男女不淫,牛馬選具。翟人攻衛,衛人出廬于曹,桓公城楚丘以封之,其畜散而無育,桓公與之繫馬三百。天下諸侯稱仁焉,於是天下諸侯知桓公之爲己勤也,是故諸侯歸之”,韋昭注云:“勤謂救患分災也。”《逸周書》序云“穆王遭大荒,謀救患分災,作《大匡》”。寫本注文釋“得仁”爲捄患分災,其説不見今存《論語》諸注,乃其特色之一。又按:朱、王二氏推測此古注爲鄭玄注,今以《左傳》“救患分災”解經始於東漢,且此注體式古樸等特徵觀之,極可能就是鄭注。

三、大谷 4403 號《論語集解·子罕》殘片

《大谷文書集成》貳册[③]圖版九四乃《論語集解·子罕》殘片,存三行,楷書。今重録其文如下:

1 〔闕〕前忽焉在〔闕〕

---

① 《吐魯番新出〈論語〉古注與〈孝經義〉寫本研究》,《敦煌吐魯番研究》第 10 卷,上海:上海古籍出版社,2007 年 9 月版,第 43—56 頁。

② 《吐魯番新出闞氏王國〈論語鄭氏注〉寫本補説》,《文物》2007 年第 11 期,第 70—73 頁。

③ 小田義久責任編集,釋文見第 240 頁,定爲性質不明文書,京都:法藏館,1990 年 3 月版。

2　〔闕〕皃也誘進也言直道歡人有次序子〔闕〕

3　〔闕〕能既竭吾才〔闕〕

善按:此寫本殘片先後由劉安志①、許建平②定名。許氏認爲“直”、“歡”二字乃“此”、“勸”之訛,並脱“進”字,其説是。惟何晏《集解》之文句,諸本皆有差異,敦煌寫本 P. 3305《論語集解》作“言夫子正以此道勸人進有次序也”(“進”字當在“勸”或“人”前);日本正平本《論語集解》(《四部叢刊》所收影印本)、皇侃《論語義疏》作“言夫子正以此道勸進人有次序也”;日本寬政二年(1790)刊本《論語集解》作“言夫子正以此道勸進人有所序”; 元盱郡覆刻宋廖瑩中世綵堂本(《天祿琳琅叢書》所收影印本)、元岳氏荆溪家塾刻本《論語集解》、宋本《論語注疏》及《册府元龜》卷六百引作“言夫子正以此道進勸人有次序”;《史記集解》引作“言夫子正以此道進勸人學有次序也”;阮刻《十三經注疏》本、劉寶楠《論語正義》作“言夫子正以此道進勸人有所序”。作“所序”誤,當以“次序”爲正,蓋“所”、“次”草書形近而訛。《集解》前句注云“循循,次序貌也”,又《子罕》篇“子曰未之思也夫何遠之有哉”《集解》云:“夫思者,當思其反,反是不思,所以爲遠也。能思其反,何遠之有? 言權可知,唯不知思耳。思之有次序,斯可知之也。”是其證。

四、吐魯番 60TAM313:07/3《孝經解》殘片

《吐魯番出土文書》壹册載録阿斯塔納 313 號墓出土文書高昌

---

① 《〈大谷文書集成〉古籍寫本考辨》,《新疆師範大學學報》(哲學社會科學版)第 25 卷第 1 期,2004 年 3 月,第 44 頁。

② 《跋大谷文書中四件未經定名的儒家經籍殘片》,《敦煌學輯刊》2005 年第 4 期,第 10 頁。

國義熙元年辛卯(511)寫本《孝經解》殘片圖版①,存五行,楷書。今重録其文如下:

1 孝經解
2 釋比丘戒妙□□孝經一〔闕〕
3 孔子於魯襄公廿二年十一〔闕〕
4 公十六年夏四月卒於己丑〔闕〕
義熙元年辛卯
5 □□□七十右二□□□□[正]□〔闕〕

據《吐魯番出土文書》記載,殘卷有烏絲欄,第二行"釋比丘戒妙□□孝經一"用朱筆書寫(今僅據圖版,此行文字無法辨識),姑從《吐魯番出土文書》之釋文。第五行起首二字《吐魯番出土文書》釋作"畢命",由於圖版之文字殘闕過甚,無法辨認。

善按:殘卷現存文字當爲《孝經》首句"仲尼居"三字之注釋,内容是關於孔子的生卒年月日及享年。歷來孔子生卒年月日有三種説法:《穀梁傳·襄公二十一年》以孔子生於魯襄公二十一年(前552)十月庚子,《公羊傳·襄公二十一年》以孔子生於魯襄公二十一年十一月庚子",《史記·孔子世家》則謂"襄公二十二年(前551)而孔子生……年七十三以魯哀公十六年四月己丑卒"。唐司馬貞《史記索隱》云:"若孔子以魯襄二十一年生,至哀十六年爲七十三;若襄二十二年生,則孔子年七十二。"可知《孝經解》依據《史記》之説,其以孔子生卒年(襄公二十二年——魯哀公十六年四月己丑卒)爲年七十二的説法早於《史記索隱》,則司馬貞之説固有其本。又按:林聰明《敦煌吐魯番文書解詁指例》②認爲"釋比丘戒妙"僅是此件文書抄寫者,而非作者,可備一説。東漢高誘、曹魏王

① 第290頁。王素《吐魯番出土高昌文獻編年》(臺北:新文豐出版公司,1997年1月版,第145頁)根據"義熙五年甲午歲道人弘度舉錦券",認爲注文中"辛卯"應是"庚寅"之誤。

② 第226頁。

肅皆有題爲《孝經解》之書，不知是否即此寫本。頗值得注意的是，注文與正文字跡不同，似出於不同人之手。

五、德藏 Ch2574《御注孝經·五刑章》殘片

德國柏林藏 Ch2574《孝經·五刑章》注殘片①，存三行，楷書。今録其文如下：

1　〔闕〕莫大於不孝五刑，謂墨、劓、剕、宫〔闕〕

2　〔闕〕君者，所稟教命也，而敢要之，是無上。非聖〔闕〕

3　〔闕〕無親善事父母爲孝，而敢非之，是無親〔闕〕

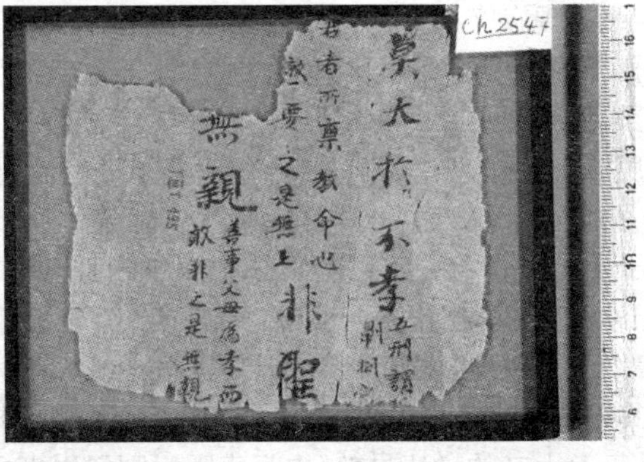

此寫本殘片乃唐玄宗《御注孝經》，是繼大谷 5417(A)之後所發現的第二件玄宗《御注》②。《御注孝經》開元初注本③作："罪莫

① 此寫本照片由西脇常記先生提供，謹此致謝。

② 大谷 5417(A)由許建平定名，參照前揭《跋大谷文書中四件未經定名的儒家經籍殘片》，第 10—11 頁。

③ 《古逸叢書》本。

大於不孝。(五刑,謂墨、劓、剕、宮、大辟也。條有三千,而罪之大者,莫過不孝也。)要君者無上,(君者,臣之所稟教命也,而敢要君,是無上也。)非聖人者無法,(聖人制作禮法,而敢非之,是無法也。)非孝者無親,(善事父母爲孝,而敢非之,是無親也。)"天寶重注本[①]作:"罪莫大於不孝。(五刑,謂墨、劓、剕、宮、大辟也。條有三千,而罪之大者,莫過不孝。)要君者無上,(君者,臣之稟命也,而敢要之,是無上也。)非聖人者無法,(聖人制作禮樂,而敢非之,是無法也。)非孝者無親,(善事父母爲孝,而敢非之,是無親也。)""要君者無上"句御注,寫本殘片則作"君者,所稟教命也,而敢要之,是無上",寫本脱"臣之"二字,"要君"作"要之"。可知寫本上句與開元初注本同,下句卻與天寶重注本同,因此無法判定究竟是初注本還是重注本。又,天寶重注本"臣之稟命也",石臺本"之"作"所",楊守敬疑天寶重注本原作"臣之所稟命也"[②],今據寫本及初注本考之,可知其説是也。

(作者單位:上海師範大學哲學學院)

① 日本宫内廳藏北宋天聖明道年間刻本。

② 《日本訪書志》卷二"唐玄宗開元注孝經一卷"條(《楊守敬集》第八册所收劉昌潤校注本,武漢:湖北人民出版社、湖北教育出版社,1997年版,第71頁)。

《國語》分章商兑

俞志慧

摘要:《國語》的版本,以天聖明道本和公序本兩種爲早,也最稱權威。在八語的分章上,兩個版本系列大體相同,但又互有出入。本文逐一比照兩個版本在分章上的歧異,並根據《國語》"語"類文體的特點和上下文内容的相關性,揭出四十一處進行討論,並逐一提出或分或合的意見。

關鍵詞:《國語》　分章　商兑

《國語》的版本,以天聖明道本和公序本兩種爲早,前者刊於北宋仁宗明道二年(1033),該本以北宋仁宗天聖七年(1029)本爲印本,故名,又簡稱明道本;後者得名於北宋宋庠,庠字公序,故名,其成書時間與明道本相仿佛。後來之各種《國語》注本,大抵皆以上述二種爲底本,如清黄丕烈(1763—1825)校刻《國語》即依其所收之影鈔明道本;嗣後,晚清吴曾祺(1852—1922)《國語韋解補正》(以下簡稱《補正》)又嚴格依循黄刻明道本,上海古籍出版社於1978和1998年兩次出版的校點本《國語》(以下簡稱"校點本")亦以清代士禮居翻刻的黄刻明道本爲底本。另一方面,《四部叢刊》初編本《國語》(上海涵芬樓借杭州葉氏藏明金李刊本影印,此本刻於1528年,以下簡稱"金李本")即屬公序本,日本秦鼎的《春秋外傳國語定本》(以下簡稱"秦鼎本"),從文字上分析可知也屬公序本系列;國家圖書館藏宋元遞修本《國語》則是在公序本基礎上有所遞修(國家圖書館中華再造善本工程2006年已有印行),但版式、分章與金李本完全一致,清董增齡《〈國語〉正義》亦屬公序本。後二者的分章與金李本全同。清末民初徐元誥《國語集解》(以下簡稱"《集解》")云:"傳文以明道、《補音》(即宋庠《國語補音》)二本爲據，擇其是者從之。”[1]如此則模糊了版本界限，但爲了充分考慮前賢的相關成果，下文亦將之列入討論范圍。

在《國語》八語的分章上，兩個版本系列以及《集解》大體相同，但又互有出入。此前若干《國語》注家在相應的章節中偶有討論，惜未予系統總結，本文擬逐一比照兩個版本在分章上的歧異，並根據《國語》的文體特點和内容的相關性進一步討論八語的分章。

在具體討論各語分章之前，需要先明了《國語》記言敘事的特色。純粹敘事的《吴語》、《越語》自可按所敘事件之别分章，同一事件則以時間先後而論。此外的各語，筆者曾經就《國語》言類之語(周、魯、鄭、楚)和記言敘事並重的《晉語》進行排比分析，得出這樣的結論：《國語》在記録嘉言善語的同時，還保留着這些相應的嘉言善語的背景、言主和相關言説的结果，於是表現爲“背景——嘉言善语——言的结果”的三段式[2]，而這樣整齊的三段式結構爲我們給《國語》的分章帶來了很大的便利。

通過排比綜合，發現《周語下》、《魯語下》、《晉語五》、《楚語》、《吴語》、《越語上》的分章各本相同，相異者凡四十處，本人另提出一處。以下依《國語》卷次陳述《國語》各個版本分章中的歧異，次及本人的分析。

1.《周語上》“彘之亂，宣王在召(邵[3])公之宫……宣王長而立之”，公序本、明道本皆另立一章，《補正》屬上，上文言主爲芮良夫，下文言主爲召公，故當依舊本單列。

2.《周語上》“三十二年春，宣王伐魯，立孝公，諸侯從是而不睦”，公序本屬上“仲山父諫宣王立戲”章，明道本屬下“穆仲論魯侯孝”章，立孝公，諸侯不睦，係前一章史事的繼續，當依公序本屬上。

---

① 徐元誥撰，王樹民、沈長雲點校，《國語集解·敘例》，中華書局，2002年版，頁593。

② 詳見拙文《〈國語·周、魯、齊、鄭、楚、晉語〉的结構模式及其相關問題研究》，載臺北《漢學研究》第23卷第2期，2005年12月。

③ 括號中文字爲明道本區别於公序本的異文，下同。

3.《周語中》"王德翟(狄)人,將以其女爲后……王弗(不)聽",公序本、明道本俱將之合並於上文,雖然上下文言主皆爲富辰,但兩部分皆有各自獨立的三段式結構:諫止的起因、嘉言善語、諫止的結果,將二者合作一處,不能體現《國語》敘事的這種特色,故當分疏。

4.《周語中》"十八年,王黜翟(狄)后……乃以其屬死之",公序本、明道本皆屬上,《補正》、《集解》單列,言主爲富辰,與上文同;其事則係上文的延伸,故當依舊本合作一處。

5.《周語中》"初,惠后欲立子帶……晉文公納之",公序本、明道本俱屬上,《補正》則將之歸並到下文《晉文公請隧》章,該部分内容係對翟人之亂的補充,而非文公請隧的先聲,故當依舊本屬上。

6.《魯語上》"(文)公欲弛郈敬子之宅……公亦不取",公序本、明道本皆與上文"文公欲弛孟文子之宅"合作一章,《補正》單列,二者言主不同,但事蹟全同,故或分或合,都無傷文義。

7.《齊語》"桓公問曰:'夫軍令則寄諸内政矣……甲兵大足",公序本、《集解》屬上,明道本單列。《齊語》所記敘者皆桓公與管仲的對話,體例與《鄭語》類似,而與其他六語有别,故其文又收入《管子》,名曰《小匡》,故而其間章次的分合,與《國語》一般的以言主或所述内容爲轉移有别,倒更類似於一般記敘性散文的分合,其間的分合並不影響上下文内容上的理解和章法上的整飭,故可置不論,下同。

8.《齊語》"桓公曰:'吾欲南伐'……帥諸侯而朝天子",公序本屬上,明道本、《集解》單列。

9.《齊語》"葵丘之會,天子使宰孔致胙於桓公……諸侯稱順焉",公序本屬上,明道本、《集解》單列。

10.《齊語》"桓公憂天下諸侯"至結尾,公序本屬上,明道本、《集解》單列。

11.《晉語一》"優施教驪姬夜半而泣……知微",公序本屬上,明道本、《集解》單列,秦鼎本從明道本。其中言主已從士蔿轉變爲驪姬,當以公序本單列爲優,秦鼎、《集解》從所不當從。

12.《晉語二》“二十二年,公子重耳出亡……四年,復爲君”,公序本、明道本屬上,《補正》單列,下文係上文所述驪姬譖二公子並盡逐群公子的邏輯延伸,故不必分割。

13.《晉語二》“宰孔謂其御曰……宋人伐之”,公序本屬上,明道本、《集解》單列,校點本置標題爲“宰周公論晉侯將死”。但上文記宰周公勸阻晉獻公赴齊桓公主持的葵丘之會,下文復載其預言之應驗:“桓公在殯,宋人伐之”,這是完整的三段式結構,不當分割。

14.《晉語三》“六年,秦歲定……秦始知河東之政”,公序本屬上,明道本、《集解》單列,秦鼎本改從明道本而無説明。上文言秦饑,晉人以怨報德,下文載秦師侵晉,晉大敗,此實乃晉不予秦糴的後果,因果關係甚明,不當分置,公序本是。

15.《晉語四》“過五鹿……遂適齊”,各本俱屬上,但此上言主爲狐偃,此下言主爲舅犯,狐偃與舅犯爲一人,前後稱呼不一,正説明原始材料本未連屬,故宜單列。

16.“齊侯妻之,甚善焉……公子弗聽”,公序本屬上,明道本單列,秦鼎本改從明道本。此上言主爲子犯,此下言主爲齊姜,當依明道本單列,《集解》將重耳出亡全過程視爲一章,失之更寬。

17.《晉語四》“(齊)姜與子犯謀……遂行”,公序本屬上,明道本單列,此上言主爲齊姜,此下言主爲子犯,當依明道本單列。唯明道本將“過衛”二字綴於此章下,則不合内容相關性,宜將之下移,秦鼎本、校點本正將“過衛”二字屬下,是。

18.《晉語四》“衛文公有邢翟(狄)之虞……公弗聽”,公序本屬上,明道本單列,此雖述重耳流亡途中之事,但言主係衛國正卿甯莊子,故當依明道本單列,唯其下“自衛過曹”四字亦當屬下,秦鼎本、校點本皆改從屬下,是。

19.《晉語四》“曹共公亦不禮焉……公弗聽”,公序本屬上,明道本單列,秦鼎本從明道本。本部分言主爲曹大夫僖負羈夫婦,所述之事與前後皆不相屬,故當單列。

20.《晉語四》“公子過宋……贈以馬二十乘”,公序本屬上,明道本單列,言主爲宋司馬公孫固,與上下文皆有别,故當從明道本單列,秦鼎本改從明道本,是。

21.《晉語四》"公子過鄭……公弗聽",公序本屬上,明道本單列,言主爲鄭叔詹,所述之事與上下文皆不相屬,故當從明道本單列,秦鼎本改從明道本,是。

22.《晉語四》"遂如楚……楚子厚幣以送公子于秦",公序本、明道本皆屬上,秦鼎本、校點本改爲單列,言主爲楚成王,所述之事與上下文皆不相屬,當從秦鼎本、校點本單列。

23.《晉語四》"秦伯歸女五人……且逆之",公序本屬上,明道本單列,秦鼎本改從明道本,言主爲司空季子與子犯、子餘,所述之事與上下文皆不相屬,故當從明道本單列。

24.《晉語四》"他日,秦伯將享公子……敢不重德",公序本屬上,明道本單列,秦鼎本改從明道本,言主爲重耳,所述之事與上下文皆不相屬,故當從明道本單列。

25.《晉語四》"公子親筮之……得國之卦也",公序本屬上,明道本單列,秦鼎本從之,言主爲司空季子,所述之事與前後皆不相屬,故當依明道本等單列。

26.《晉語四》"十月,惠公卒……沈璧以質",公序本與上下文皆未分割,明道本、秦鼎本另起,此間言主爲子犯與重耳,其事復與前後文不相蒙,故當依明道本單列。

27.《晉語四》"冬,襄王避昭叔之難……以求(啟)東道",公序本、明道本、《集解》皆單列,校點本屬上,其中言主爲子犯,所述之事與前後亦不相蒙,故當以單列爲優。

28.《晉語四》"二年春……乃(廼)出陽人",公序本屬上,明道本、《集解》單列,言主爲天子和倉葛,其所記之事有顯著的獨立性,當依明道本單列。

29.《晉語四》"又(文)公伐原……而原請降",公序本、《集解》屬上,明道本單列,秦鼎本改從明道本,言主爲文公,其事與前後皆不相蒙,故當依明道本單列。

30.《晉語四》"公使原季爲卿……乃使趙衰佐新上軍",公序本單列，明道本屬上，秦鼎本改從明道本，前後所問者同爲晉文公，所答之事皆體現出文公臣僚之長厚謙讓，故當從明道本合作一處。

31.《晉語六》“既戰，獲王子發鈎……是(實)爲悼公”，公序本、《集解》屬上，明道本單列，秦鼎本改從明道本，且云“以下别是一章”[①]，觀上文載范文子祈死，下文載欒書設局陷害三郤，秦鼎之説是。

32.《晉語七》“二月乙酉……使爲贄僕”，公序本、《集解》屬上，明道本單列，此與上下文皆述悼公“定百事，立百官、育門子，選賢良……”等善政，不當分割，秦鼎本改從明道本，實非。

33.《晉語七》“始合諸侯於虚朾……於是乎始復伯(霸)”，公序本、《集解》屬上，明道本單列，本段無《國語》常見的“言”，係悼公諸善政的邏輯結果，當依公序本屬上。

34.《晉語七》“四年，會諸侯於雞丘……令之佐新軍”，公序本、《集解》另起，明道本屬上。上文概述悼公的善政與霸業，下文則述魏絳守正不阿、悼公知錯即改的美德，當依公序本别爲一章。

35.《晉語七》“悼公與司馬侯升臺而望”至本卷結尾，公序本、明道本、《集解》皆單列，《補正》屬上，此下言主和所述之事與上文俱不相蒙，當依舊本單列，疑《補正》偶誤。

36.《晉語八》“欒懷子之出……乃遣之”，公序本屬上，明道本、《集解》單列，秦鼎云：“以下别是一章。”[②]上文載晉大夫陽畢助晉平公剷除欒書之黨，下文載欒書家臣辛俞如何忠於故主，其所記之言與事皆有明顯的獨立性，當依明道本單列。

37.《晉語九》“中行伯既克鼓……使夙沙釐相之”，公序本、《集解》另起，明道本屬上。此前言主爲中行穆子，此下言主爲鼓子之臣夙沙釐，故當依公序本另起，吴曾祺在該書《凡例》中説謹守明

---

① [日本]秦鼎《春秋外傳國語定本》，日本嘉永七年(1854)浪華書肆岡田群玉堂制本，卷十二，頁8。

② 同上注，卷十四，頁3。

道本,“於正文一字不敢更易”[1],但此處卻依公序本單列,可從。

38.《晉語九》“衛莊公禱……志父寄也”,公序本、明道本、《集解》皆另起,秦鼎本屬上,上文狀趙簡子、衛莊公、郵無正三人疆埸之勇武,下文單敘衛莊公戰前之祝禱,所記之言與事亦具明顯的獨立性,當單列,秦鼎將之合作一處,疑係偶誤。

39.《鄭語》“幽王八年”至結尾,公序本、《集解》屬上,明道本另起,此下無《國語》言類之語應有之“言”,所述者皆前面史伯之“言”的應驗,故當依公序本合作一處。

40.《越語下》“居軍三年,吴師自潰……遂滅吴”,公序本屬上,明道本、《集解》另起,此前後所敘人事皆緊密相關,明道本之分割,或是基於《越語下》篇幅過長,便於閱讀罷了。

41.《越語下》“反至五湖”至結尾,公序本屬上,明道本、《集解》另起,情況與上條同,實不必割裂。

(作者單位:紹興文理學院中文系)

① [民國]吴曾祺《國語韋解補正》,上海商務印書館,宣統元年(1909)十一月初版,宣統三年四月四版。

《國語·魯語上》"海鳥曰爰居"篇、《禮記·祭法》比勘

郭萬青

摘要:《禮記·祭法》篇的首尾兩章與《國語·魯語上》"海鳥曰爰居"篇基本相同,但是在具體文字和内容上都有一些差異,主要包括部分語段在整篇内容中的前後順序不同、一本比另一本多字句、同内容位置上的用字不同等三種情況,這些差異反映了《魯語上》和《祭法》在體裁、撰著時代、以及具體祭祀對象和祭法上的差别。本文對這些不同之處一一揭出,并略爲辨析。

關鍵詞:《國語·魯語上》 《禮記·祭法》 比勘

引　言

《禮記·祭法》篇首尾兩章與《國語·魯語上》"海鳥曰爰居"篇部分内容相同,禮學家多以《祭法》襲自《魯語上》"海鳥曰爰居"篇,當然也有持《魯語上》襲用《祭法》者[①]。就成書時間上看,《國語》各篇雖然成書年代不同,而《魯語上》成書時代在春秋末戰國初期,

---

① 宋人衛湜《禮記集説》卷一〇八引秦溪楊氏即云:"《國語》記魯大夫臧文仲祀爰居於東門之外,而展禽歷敘其事以救正之,又稍易《祭法》本語而更之以纖淺輕弱之詞,蹈襲傅會,既不可信……《國語》乃以祀爰居一事爲不仁不知,不幾於誣乎?"見臺灣商務印書館 1983 年影《文淵閣四庫全書》第 113 册,頁 333 下。

則已爲學者認同[①]。王鍔先生認爲《禮記·祭法》篇的成書時代在"戰國中期"[②],亦有學者主張《祭法》出於漢儒之手者,如孫希旦(1736—1784)云:"禮記固多出於漢儒,而此篇尤駁雜不可信。"[③]崔述(1740—1861)云:"其爲録人之舊不問可知,且其所記七廟五祀之制皆與經傳他篇互異。則此篇出於漢儒之手明甚。"[④]要之,皆主其成書在《國語》之後,則先儒所謂《祭法》的首尾兩段襲用《魯語上》"海鳥曰爰居"篇具有其合理性,如元代吴澄(1255—1330)即云:"此記因彼文有所改正。"[⑤]或有推測《魯語上》"海鳥曰爰居"篇和《祭法》篇所述内容爲同一個源頭者,亦不爲無據,然就二者字句相似程度如此之高看,則以先儒認爲《祭法》襲用《魯語上》"海鳥曰爰居"篇文之説爲最妥帖。就《祭法》與《魯語上》相同部分看,《祭法》篇在具體内容上還是與《魯語上》"海鳥曰爰居"篇存在著諸多的差異。從文本形式的角度可以概括爲三個方面:一、部分語段在整篇内容中的前後順序不同;二、一本比另一本多字句;三、同内容位置上的用字不同。下面分别述之。

一、部分語段在整篇内容中的前後順序不同

爲了完整呈現二者具體語段在整篇内容中的前後順序的不

① 沈長雲:《〈國語〉編纂考》,《河北師院學報》1987年第3期,並見沈長雲《上古史探研》,北京:中華書局2003年版,頁325—頁338。譚家健:《〈國語〉成書時代和作者考辨》,《先秦散文藝術初探》,北京:首都師範大學出版社1995,頁185—頁192。邵毅平《〈國語〉的作者與時代》,《圖書館雜誌》2004年第4期。

② 王鍔:《禮記成書考》,北京:中華書局2007年版,頁165。

③ [清]孫希旦:《禮記集解》卷四五,清咸豐同治間里安孫氏盤古草堂刊本,本卷頁一。

④ [清]崔述撰、顧頡剛編訂:《崔東壁遺書》,上海古籍出版社1983年版,頁508。

⑤ [元]吴澄:《禮記纂言》卷二一,臺北:臺灣商務印書館1983年影印《文淵閣四庫全書》第121册,頁469下。

同,不憚辭費,把"海鳥曰爰居"篇和《祭法》全文引録如下:

海鳥曰爰居,止於魯東門之外三日。臧文仲使國人祭之。展禽曰:"越哉,臧孫之爲政也!夫祀,國之大節也;而節,政之所成也。故慎制祀以爲國典。今無故而加典,非政之宜也。(a)夫聖王之制祀也,法施於民則祀之,以死勤事則祀之,以勞定國則祀之,能禦大災則祀之,能扞大患則祀之。非是族也,不在祀典。(b)昔烈山氏之有天下也,其子曰柱,能殖百穀百蔬;夏之興也,周棄繼之,故祀以爲稷。共工氏之伯九有也,其子曰后土,能平九土,故祀以爲社。(c)黄帝能成命百物,以明民共財,顓頊能修之。帝嚳能序三辰以固民,堯能單均刑法以儀民,舜勤民事而野死,鮌鄣洪水而殛死,禹能以德修鮌之功,契爲司徒而民輯,冥勤其官而水死,湯以寬治民而除其邪,稷勤百穀而山死,文王以文昭,武王去民之穢。故有虞氏禘黄帝而祖顓頊,郊堯而宗舜;夏后氏禘黄帝而祖顓頊,郊鮌而宗禹;商人禘舜而祖契,郊冥而宗湯;周人禘嚳而郊稷,祖文王而宗武王;幕,能帥顓頊者也,有虞氏報焉;杼,能帥禹者也,夏后氏報焉;上甲微,能帥契者也,商人報焉;高圉、大王,能帥稷者也,周人報焉。凡禘、郊、祖、宗、報,此五者國之典祀也。(d)加之以社稷山川之神,皆有功烈於民者也;及前哲令德之人,所以爲明質也;及天之三辰,民所以瞻仰也;及地之五行,所以生殖也;及九州名山川澤,所以出財用也。非是不在祀典。(e)今海鳥至,已不知而祀之,以爲國典,難以爲仁且智矣。夫仁者講功,而智者處物。無功而祀之,非仁也;不知而不能問,非智也。今兹海其有災乎?夫廣川之鳥獸,恒知避其災也。"是歲也,海多大風,冬煖。文仲聞柳下季之言,

曰:"信吾過也,季子之言不可不法也。"使書以爲三筴。[1](《魯語上》"海鳥曰爰居"篇)

有虞氏禘黄帝而郊嚳,祖顓頊而宗堯;夏后氏亦禘黄帝而郊鯀,祖顓頊而宗禹;殷人禘嚳而郊冥,祖契而宗湯;周人禘嚳而郊稷,祖文王而宗武王。燔柴於泰壇,祭天也。瘞埋於泰折,祭地也。用騂犢。埋少牢於泰昭,祭時也;相近於坎壇,祭寒暑也;王宫,祭日也;夜明,祭月也;幽宗,祭星也;雩宗,祭水旱也;四坎壇,祭四方也。山林川谷丘陵能出雲、爲風雨、見怪物,皆曰神,有天下者祭百神。諸侯在其地則祭之,亡其地則不祭。大凡生於天地之間者皆曰命,其萬物死皆曰折,人死曰鬼。此五代之所不變也。七代之所更立者,禘郊宗祖,其餘不變也。天下有王,分地建國,置都立邑設廟祧壇墠而祭之,乃爲親疏多少之數。是故王立七廟,一壇一墠,曰考廟,曰王考廟,曰皇考廟,曰顯考廟,曰祖考廟,皆月祭之。遠廟爲祧,有二祧,享嘗乃止。去祧爲壇,去壇爲墠。壇墠,有禱焉祭之,無禱乃止。去墠曰鬼。諸侯立五廟,一壇一墠,曰考廟,曰王考廟,曰皇考廟,皆月祭之。顯考廟,祖考廟,享嘗乃止。去祖爲壇,去壇爲墠。壇墠,有禱焉祭之,無禱乃止。去墠爲鬼。大夫立三廟二壇,曰考廟,曰王考廟,曰皇考廟。享嘗乃止。顯考祖,考無廟,有禱焉。爲壇祭之,去壇爲鬼。適士二廟一壇,曰考廟,曰王考廟。享嘗乃止,顯考無廟,有禱焉。爲壇祭之,去壇爲鬼。官師一廟,曰考廟。王考無廟,而祭之,去王考爲鬼。庶士庶人無廟,死曰鬼。王爲群姓立社,曰大社。王自爲立社,曰王社。諸侯爲百姓立社,曰國社。諸侯自爲立社,曰侯社。大夫以下成群立社,曰置社。王爲群姓立七祀:曰司

---

① 爲避免版本文字歧異的麻煩,此處用黄刊明道本《國語》爲上海博古齋1913年影印《士禮居叢書》本。其他各處無關文字校勘者,則引上海師範大學古籍所點校本《國語》。

命,曰中霤,曰國門,曰國行,曰泰厲,曰户,曰灶。王自爲立七祀。諸侯爲國立五祀:曰司命,曰中霤,曰國門,曰國行,曰公厲。諸侯自爲立五祀。大夫立三祀:曰族厲,曰門,曰行。適士立二祀:曰門,曰行。庶士、庶人立一祀。或立户,或立灶。王下祭殤五:適子,適孫,適曾孫,適玄孫,適來孫。諸侯下祭三,大夫下祭二,適士及庶人祭子而止。夫聖王之制祭祀也,法施於民則祀之,以死勤事則祀之,以勞定國則祀之,能禦大菑則祀之,能捍大患則祀之。是故厲山氏之有天下也,其子曰農,能殖百穀。夏之衰也,周棄繼之,故祀以爲稷。共工氏之霸九州也,其子曰後土,能平九州,故祀以爲社。帝嚳能序星辰以著衆,堯能賞均刑法以義終,舜勤衆事而野死,鯀鄣鴻水而殛死,禹能修鯀之功,黄帝正名百物,以明民共財,顓頊能修之,契爲司徒而民成,冥勤其官而水死,湯以寬治民而除其虐,文王以文治,武王以武功,去民之菑,此皆有功烈於民者也。及夫日月星辰,民所瞻仰也。山林川谷丘陵,民所取財用也。非此族也,不在祀典。(《禮記·祭法》)

劃綫部分爲二者内容重合之處。《魯語上》"海鳥曰爰居"篇的主體部分是展禽的個人論述,清代前期學者高嵣曾對此一篇内容進行概括,即:(a) 渾括禮典作提挈;(b) 先舉社稷二項;(c) 次舉禘、郊、宗、祖、報五項;(d) 後推廣言之,凡所當祭者無不該備;(e) 論斷本事收作束。① 前四項是展禽論述的主體部分,(a)、(b)、(c)、(d)的概括也代表了展禽論述的邏輯順序。

而在《祭法》中,《魯語上》中的"禘、郊、宗、祖、報五項"即(c)部分被保留四項之後提到了全篇之首,《魯語上》的(a)、(b)、(d)部分被放在了全篇最末。展禽論述的目的和《祭法》的目的不同,所

① [清]高嵣:《國語鈔》卷上,見載於黄香文、吴平主編《華東師範大學圖書館藏稀見叢書匯刊》第17册影印乾隆五十三年(1788)廣郡永邑培元堂楊氏刊本,北京:北京圖書館出版社2006年版,頁363—頁366。

以展禽先提挈、次舉社稷、次舉五項,次推廣之。

崔述(1739—1816)《考信録·經傳禘祀通考》云:"《國語》此章之意在制祀之以功,故先言聖王制祀之法而後舉十九祀以實之。由社稷而禘郊祖宗報,皆先敍其功而後記其祀。章法井然,不可紊也。而《祭法》獨摘此文冠之篇首而置其全文於篇末,遂致前文突然,後文缺然,中間又以天地廟社羣神之祀六七百言,遂使前後文義了不相貫,一謬也。《國語》禘郊祖宗之祀凡十三人,故此十三人皆先敍其功,《祭法》改宗舜爲宗堯,禘舜爲禘嚳,删舜之祀而仍序舜之功,不删郊稷之文而反删稷敍功之語,遂致記祀則十二人中有稷而無舜,敍功則十二人中有舜而無稷,前後不符,自相矛盾,二謬也。《國語》敍十三人之功,記十三人之祀,皆以世代先後次之,《祭法》於記祀則概以禘郊祖宗爲次,嚳鯀在顓頊前而契居冥後,於敍功則又先言嚳堯舜鯀禹,而後以黄帝顓頊繼之。世代淆亂,祖孫顛倒,三謬也。若《國語》此章則首尾完密,文義明順,乃其人之所自作無疑也。""《祭法》此文乃竄易《國語》之文而失其意者也,無論祀典未確,即文理亦不通。"①如果僅僅從文章脈絡上看,崔東壁的説法無疑是正確的。《祭法》把《魯語上》本來很連貫的内容割裂開來,一冠於篇首,一置於篇末,確乎不倫。然就内容上而言,"《魯語》所説爲各氏族崇拜有功德者,其意爲崇功報德,《祭法》引爲事例,以明古代原有此禮,其意在於明祀典之所據,二者文意不同,不可混同"②。後者的論斷無疑更具合理性。

二、一本比另一本多字句

根據多出字句所在的文本,可以分爲《魯語上》有而《祭法》無之字句和《祭法》有而《魯語上》無之字句。

---

① [清]崔述撰、顧頡剛編訂:《崔東壁遺書》,上海古籍出版社1983年版,頁508。

② 潛苗金:《禮記譯注》,杭州:浙江古籍出版社2007年版,頁554。

(一)《魯語上》有而《祭法》無之字句

1.《魯語上》有而《祭法》無之字

(1) 百蔬

《魯語上》“能殖百穀百蔬”,《祭法》則爲“能殖百穀”,董增齡引《路史》云:“柱,神農之子也。七歲有聖德,佐神農氏同歷名山,闢田墾土,時雨至則挾槍,又以從事於疇,殖百蔬,區百穀。”①《荀子・富國篇》:“然後葷菜百疏以澤量。”楊注云:“疏與蔬同。”②《漢語大詞典》因《魯語上》、《荀子》而立“百蔬”詞條。又《鄭語》云:“周棄能播殖百穀蔬。”“蔬”前無“百”字,無“百”字,以“播殖”爲雙音節。從音節節奏上看,《魯語上》“殖百穀百蔬”爲1+2+2結構,而《鄭語》則爲2+2+1結構,未可以《鄭語》無“百”而斷《魯語上》“蔬”前之“百”字亦不當有也。孔穎達(574—648)《周禮注疏》卷二引《國語》作“百穀百蔬”,可見唐時《國語》即已如此。《吕氏春秋・君守》“后稷作稼”高注云:“后,君也。稷,官也。烈山氏子曰柱,能植百穀蔬菜以爲稷。”③是高注以“百穀”、“蔬菜”對舉,而《國語》中則是“數詞+名詞聯合結構”。《祭法》襲用而省“百蔬”字,和下“能平九州”對文。

(2) 以德

《魯語上》“禹能以德修鮌之功”,《祭法》作“禹能修鯀之功”,比《祭法》多“以德”二字,在於強調。然韋注亦不突出“以德”二字,唯云:“鮌功雖不成,禹亦有所因,故曰修鮌之功。”④則韋注當本《祭法》釋《魯語》。此句即上承“鯀鄣洪水而殛死”,則禹出於私情必不

① [清]董增齡:《國語正義》卷四,成都:巴蜀書社1985年影印清章壽康式訓堂本,本卷頁一五。

② [清]王先謙撰,沈嘯寰、王星賢點校:《荀子集解》,北京:中華書局1988年版,頁185。

③ 許維遹:《吕氏春秋集釋》卷一七,北京:中國書店1985年版,本卷頁一一。

④ 上海師範大學古籍整理小組點校:《國語》,上海古籍出版社1978年版,頁168。

爲治水,鯀因治水爲殛死而禹治水成,是不念私情而行公德,故展禽加"以德"二字以強調之。《祭法》乃禮儀典章,不著個人情感,故無"以德"。而韋昭(204—273)往往以禮釋《國語》,此處當據《祭法》"禹能修鯀之功"釋"禹能以德修鮌之功",故注中亦不出"以德"二字。

(3) 以

《魯語上》"民所以瞻仰也",《祭法》作"民所瞻仰也",《魯語上》下文亦皆作"所以",《祭法》則皆不出"以"字,《魯語上》之"所以"即何樂士(1930—2008)等所謂"所+以+動詞"形式構成的"所"字結構[①],則《魯語上》"以"字亦是助詞。

(4) 昔

《魯語上》"昔烈山氏之有天下也"之"昔",《祭法》無,而代以"是故",此由二者前後語境不同,故引起下句之過渡詞亦有異。

(5) 及

《魯語上》"及九州名山川澤"對應别容爲《祭法》"山林川谷丘陵",《祭法》"山林"前無"及"字,而其上句"及夫日月星辰"則有"及"字,審其前後句式相同,則《祭法》此處亦當有"及"字爲是。

(6) 能

《魯語上》"黄帝能成命百物",《祭法》無"能"字,依上下文之例,當有"能"字。

2.《魯語上》有而《祭法》無之句

(1) 非是族也,不在祀典

此一句在《魯語上》(a)部分最後,申述聖王制祀依據之後加此作結。論述結尾又有"非是不在祀典"以爲照應。《祭法》只在文末用"非此族也,不在祀典",實際上仍然襲用《魯語上》"非是族也,不在祀典"之語。因爲《魯語上》"非是不在祀典"功能與《祭法》"非此族也不在祀典"同,故此處以《魯語上》此句爲多出之句。

---

① 中國社科院古漢語教研室編:《古代漢語虚詞詞典》,北京:商務印書館1999年版,頁564。

(2) 幕,能帥顓頊者也,有虞氏報焉;杼,能帥禹者也,夏后氏報焉;上甲微,能帥契者也,商人報焉;高圉、大王,能帥稷者也,周人報焉。凡禘、郊、祖、宗、報,此五者國之典祀也。加之以社稷山川之神。

言"報",言"加之以",亦皆爲《祭法》所無。《魯語上》此處言"禘、郊、祖、宗、報"①,而上言有虞氏等則順序爲禘祖郊宗,前後次序亦不一。《續禮記集説》卷九七引陸奎勳(1663—1738)曰:"禘郊祖宗全用《魯語上》之文而改有虞氏郊堯宗舜爲郊嚳宗堯,差覺近理,獨不言報者,在漢之初,無暇及此也。"②《禮記集説》卷一〇八引秦溪楊氏曰:"《祭法》首章述禘郊祖宗四條,乃祀典之尤大者,先言禘郊者,禘之所及者遠,郊之所配者天,其義類相近也。後言祖宗者,祖有功,宗有德,其義類亦相近也。《國語》乃先曰禘,祖次之,郊次之,宗又次之。禘、祖、郊、宗,義類不倫,則其理窒而不通矣。《祭法》禘郊祖宗四條,《國語》又别立報之之文,並禘郊祖宗報爲五……邪説之惑人,而人之易惑也,豈不深可歎哉?"③陸奎勳於《祭法》語有回護,而秦溪楊氏則貶《魯語》語亦過之。或《魯語》本有所自,而爲《祭法》所未取。

(3) 及前哲令德之人,所以爲明質也

韋注云:"質,信也,以其有德於民而祭之,所以信之於民心也。"④此條亦爲《祭法》所不取,大約以前哲令德不在此列。

(4) 及地之五行,所以生殖也

---

① 宋刻宋元遞修本《國語》等公序本系本則作"禘郊宗祖",即《國語》本身次序亦不一。

② [清]杭世駿:《續禮記集説》,上海古籍出版社 2002 年版《續修四庫全書》第 102 册影光緒三〇年浙江書局刻本,頁 398 下。

③ [宋]衛湜:《禮記集説》卷一〇八,臺北:臺灣商務印書館 1983 年影《文淵閣四庫全書》第 113 册,頁 333 下。

④ 上海師範大學古籍整理小組點校:《國語》,上海古籍出版社 1978 年版,頁 170。

韋注云:"殖,長也。五行,五祀,金、木、水、火、土也。"[①]大約《祭法》以爲山川丘陵即是地,而地之五行即包括在内,故不再出五行。

(5) 稷勤百穀而山死

此即上文崔述所批評《祭法》"不删郊稷之文而反删稷敘功之語"者,韋注據毛《傳》云:"勤播百穀,死於黑水之山。"[②]《祭法》不當册此條。

(二)《祭法》有而《魯語上》無之字句

《祭法》有而《魯語上》無之字句一共 5 處,上"是故"算作一處,另外四處,一爲"祭"字,一爲"以武功"三字、一爲"民"字,一爲"亦"字。

1. 祭

《魯語上》"夫聖王之制祀也",《祭法》作"夫聖王之制祭祀也",《祭法》多出一個"祭"字,然通過《魯語上》下文和《祭法》下文,皆未出"祭"字,則此"祭"字亦不當有。則《祭法》此處之"祭祀"爲一個同義並列複合詞。《漢語大詞典》收録"祭祀"詞條引録《史記·白起王翦列傳》"死而非其罪,秦人憐之,鄉邑皆祭祀焉"爲例,而作爲同義並列複合結構,《易》、《書》等傳世文獻以及青銅器上中都已見用,如《易·困》"利用祭祀"、《書·説命》"政事惟醇,黷于祭祀"、《郐王子鐘》"巳追祭祀"等。《説文·示部》:"祭,祭祀也,从示,以手持肉。"[③]羅振玉(1866—1940)云:"此字變形至夥,然皆象持酒肉於示前之形。"[④]《説文·示部》:"祀,祭無已也,从示巳聲。"[⑤]張舜

---

① 上海師範大學古籍整理小組點校:《國語》,上海古籍出版社 1978 年版,頁 170。

② 上海師範大學古籍整理小組點校:《國語》,上海古籍出版社 1978 年版,頁 168。

③ [漢]許慎:《説文解字》,北京:中華書局 1963 年影印陳昌治據平津館本,頁 8 上。

④ 羅振玉:《增訂殷虚書契考釋》,轉引自李圃主編《古文字詁林》第 1 册,上海教育出版社 2004 年版,頁 122。

⑤ [漢]許慎:《説文解字》,北京:中華書局 1963 年影印陳昌治據平津館本,頁 8 上。

徽(1911—1992)云:"子孫世祀不絕,即祭無已之意。"[①]則祭爲會意字,"祀"爲形聲字。崔恒升釋云:"祭,祭祀,周代五種祭法之一。""祀,祭祀名。"[②]鍾旭元、許偉建進一步解釋:"祭是商代五種祭祀系統中的一種祀典的專名,與現在作爲祭祀的通名不同。"[③]戴侗(1200—1284)《六書故》云:"祭,从又執肉以禮示祭之義也。周官:祭天神曰祀,祭地示曰祭,祭人鬼曰亨,通曰祭祀。"[④]王鳳陽指出:"祭、祀是祭奠的統稱,不是某種祭祀的特稱。祭、祀的區别出於不同來源和不同的方言或時代,不出於祭祀的對象。祭可能源於'際',《廣雅·釋言》:'祭,際也。'祭是人與鬼神相交際的形式,是報神祈福的行爲;'祀'與'飤'可能同源。置酒食於人前稱'飤',置酒食於鬼神之前則是'祀'了。"王又根據對文獻的統計認爲,越早的文獻"祭"字應用頻次越低,"祀"字出現頻次較高,晚出的文獻則"祭"字出現頻次漸高,"祀"字逐漸淡出。從結合關係上看,則"祀"泛化得早,而"祭"則常用於獻上祭品。[⑤] 則祭一般專指,而祀則爲通名。《中文大辭典》"祭祀"條則釋爲:"祀亦祭也。析言之則天神稱祀,地祇稱祭,二字有别。惟亦並舉二字用爲祀天神地祇神鬼之統稱。"[⑥]故《魯語》本篇用"祀"字,而《祭法》用合成詞"祭祀",反應了"祭祀"的詞彙化過程[⑦]。《漢語大詞典》徵引最古例句爲《史記·白起王翦列傳》"死而非其罪,秦人憐之,鄉邑皆祭祀焉",當以《祭法》篇之用爲更古。

① 張舜徽:《説文解字約注》卷一,開封:中州書畫社 1983 年版,頁一〇。

② 崔恒升:《簡明甲骨文詞典》(增訂本),合肥:安徽教育出版社 2001 年版,頁 531、頁 316。

③ 鍾旭元、許偉建:《上古漢語詞典》,深圳:海天出版社 1987 年版,頁 95。

④ [宋]戴侗:《六書故》,上海:上海社會科學院出版社 2006 年影温州市圖書館藏永嘉黄氏敬鄉樓舊藏明影抄元刊本,頁 59 上右。

⑤ 王鳳陽:《古辭辨》,長春:吉林文史出版社 1993 年版,頁 665。

⑥ 林尹等:《中文大辭典》,臺北:中華文化研究所 1968 年版,頁 10299。

⑦ 關於"祭"、"祀"單用與"祭祀"合用也即"祭祀"的詞彙化之考察,别有專文討論,兹不贅述。

2. 以武功

《魯語上》"文王以文昭,武王去民之穢",《祭法》作"文王以文治,武王以武功,去民之菑",根據句式,則《祭法》"武王以武功"是,《魯語上》脱去"以武功"三字。《魯語上》云:"明者爲昭。"《説文·力部》:"功,以勞定國也。"[①]"昭"與"治"命意目的不同,"昭"是結果,"治"是狀態,結果從狀態體現,"文治"、"武功"恰相配。俞樾(1821—1907)云:"'武王'下有闕文,據《周語》曰:'成王,能定文昭、能定武烈者也。''文昭'與'武烈'相對。此文疑亦與彼同,當作'文王以文昭,武王以武烈,去民之穢'。"[②]俞言是,《魯語上》或有脱文。

3. 民

《魯語上》"及九州名山川澤,所以出財用也",《祭法》作"山林川谷丘陵,民所取財用也",有無"民"字,各隨其語境,且在於"出"、"取"之異。"出"之動作主體即是"九州名山川澤","取"之動作主體是"民",民所取者,正山川谷澤之所出也,二者文字雖别,語義則同。

4. 亦

《魯語上》"夏后氏禘黄帝",《祭法》"禘"前有"亦"字,有"亦"字者,因前有虞氏亦禘黄帝,然下文商人周人皆禘嚳則不加"亦",前後未能一致。《魯語上》則前後一例,未加"亦"字,而於語義及表達效果竝無影響。

三、同内容位置上的用字不同

同内容位置上的用字不同實際上就是相同内容具體句子具體語法位置上的用字不同,主要因爲二者在行文目的、因爲語言發展

---

① [漢]許慎:《説文解字》,北京:中華書局1963年影印陳昌治覆刻平津館本,頁292上。

② [清]俞樾:《羣經平議》卷二八,上海古籍出版社2002年版《續修四庫全書》第178册,頁466上。

變化而造成的用語習慣以及對祭祀制度的認識不同造成差别。下面根據在《魯語上》中次序依次進行辨析。

1. 災—菑

《魯語上》"能禦大災"之"災",《祭法》作"菑"。"災"與"菑"義本有别,《説文・艸部》:"菑,不耕田也。"《説文・火部》:"天火曰烖。"①《爾雅・釋地》"田一歲曰菑"郭璞(276—324)注云:"今江東呼初耕地反草爲菑。"②本一指草荒,一指自然火災。後則"災"義泛化,凡指災異,《玄應音義》卷二四"三灾"注云:"灾,傷也。按凡害傷人者皆曰灾。"③《玉篇・火部》:"灾,天火也,害也。"④"災"、"灾"亦異體。邢昺(932—1010)疏引孫炎云:"始災殺其草木也。"⑤此當是《詩・小雅・采芑》"于此菑畝"孔穎達(574—648)疏"殺草之名"之所本。耕地生草爲"菑",殺之亦爲"菑",故此"菑"亦爲災也,是二字義通。故《廣雅・釋言》云:"災,甾也。"王念孫(1744—1832)云:"經傳災字多借作菑。"⑥故孔疏又釋《詩・小雅・采芑》"于此菑畝"云:"菑者,災也。"⑦"災"、"菑"義通表明二字語義泛化。

2. 扞—捍

《魯語上》"扞大患"之"扞",《祭法》作"捍"。《祭法》之"捍"不見收於今《説文》,《莊子・大宗師》"我則悍矣"陸德明《釋文》引《説

① [漢]許慎:《説文解字》,北京:中華書局1963年影印陳昌治覆刻平津館本,頁24上、頁209上。

② 朱祖延主編:《爾雅詁林》,武漢:湖北教育出版社1996年版,頁2623下。

③ [唐]釋玄應:《一切經音義》,上海古籍出版社2002年版《續修四庫全書》第198册,頁276下。

④ [宋]陳彭年等:《宋本玉篇》,北京:中國書店1983年影張氏澤存堂本,頁390。

⑤ 朱祖延主編:《爾雅詁林》,武漢:湖北教育出版社1996年版,頁2623下。

⑥ 徐復主編:《廣雅詁林》,南京:江蘇古籍出版社1992年版,頁422上。

⑦ [清]阮元校:《十三經注疏》,北京:中華書局1980年影印世界書局本,頁406上。

文》云:"捍,抵也。"[①]《說文・手部》云:"扞,忮也。"[②]段玉裁(1735—1815)云:"扞字亦作捍。"[③]則二字可看作異體字。前者從"旱"得聲,後者從"干"得聲,根據郭錫良《漢字古音手册》,"干"上古在見紐元部,《廣韻》在見紐寒韻;"旱"上古在匣紐元部,《廣韻》在匣紐旱韻。"捍"則上古在匣紐元部,《廣韻》在匣紐翰韻。[④] 由《說文》之"扞"變而爲"捍",當是出於聲符表音準確度的考慮。

3. 烈—厲

《魯語上》之"烈山氏",《祭法》爲"厲山氏",韋注云:"烈山氏,炎帝之號也,起於烈山。《祭法》以烈山爲厲山。"陸德明《釋文》云:"《左傳》作列山。"[⑤]又《周禮・春官・大宗伯》"有厲山氏之子"陸德明《釋文》云:"本或作烈。"[⑥]董增齡云:"厲山在今湖北德安府隨州北四十里,'厲'、'烈'與'列'本通字。……《禮・内則》鄭注'擘裂',疏謂即桓二年《左傳》'擘厲'。《開山圖》云:'烈山氏產山谷分布元氣,蓋即厲山氏。'"[⑦]徐元誥(1818—1955)引《路史・禪通紀》"炎帝神農氏,生於列山之石室"注云:"列山,即烈山、厲山,《水經》

① [唐]陸德明:《經典釋文》,北京:中華書局1985年影印通志堂經解本,頁370下。

② [漢]許慎:《説文解字》,中華書局1963年影印陳昌治覆刻平津館本,頁257上。

③ [清]段玉裁:《説文解字注》,上海古籍出版社1981年經韻樓本,頁609下。

④ 郭錫良:《漢字古音手册》,北京大學出版社1986年版,頁184、186、187。

⑤ [唐]陸德明:《經典釋文》,北京:中華書局1985年影印通志堂經解本,頁203上。

⑥ [唐]陸德明:《經典釋文》,北京:中華書局1985年影印通志堂經解本,頁119上。

⑦ [清]董增齡:《國語正義》卷四,成都:巴蜀書社1985年影印章壽康式訓堂本,本卷頁一五。

作賴山。"[1]汪遠孫(1789—1835)《發正》亦謂:"'烈'、'厲'古字通。"[2]按"烈"、"厲"上古俱在來紐月部,同音相借。

4. 柱—農

《魯語上》"其子曰柱"之"柱",《祭法》作"農"。孔疏云:"農謂厲山氏,後世子孫名柱,能殖百穀,故《國語》云:'神農之名柱。'作農官,因名農是也。"[3]《左傳》昭公二十九年云:"有烈山氏之子曰柱爲稷,自夏以上祀之。周棄亦爲稷,自商以來祀之。"與《魯語》記同,柱與棄皆稷官也。汪遠孫引劉炫云:"柱是名,其官曰農,猶呼周棄爲稷。"[4]是《魯語》稱其名而《祭法》稱其官,然稷即爲官名,當稱"稷"不當稱"農",《祭法》未當。又"其子",張啟成云:"'其子'未必硬作'他的兒子'解,解作'他的後裔'或'他的子孫'或許更爲恰當。"[5]張説是。

5. 興—衰

《魯語上》"夏之興也",《祭法》作"夏之衰也",周棄繼之者,繼柱而爲稷官,非繼夏之衰而爲周之興也。《史記·周本紀》:"棄爲兒時,屹如巨人之志。其遊戲,好種樹麻、菽,麻、菽、麥。及爲成人,遂好耕農,相地之宜,宜穀者稼穡焉,民皆法則之。帝堯聞之,舉棄爲農師,天下得其利,有功。帝舜曰:'棄,黎民始饑,爾后稷播時百穀。'封棄於邰,號曰后稷,别姓姬氏。后稷之興,在陶唐、虞、夏之際,皆有令德。后稷卒,子不窋立。不窋末年,夏后氏政衰,去稷不務。"[6]《周語上》亦云:"昔我先王世后稷,以服事虞夏,及夏之

---

① 徐元誥:《國語集解》,北京:中華書局 2002 年版王樹民、沈長雲點校本,頁 155。

② [清]汪遠孫:《國語明道本攷異》卷二,上海:商務印書館 1958 年《國學基本叢書》本《國語》後附,頁 288。

③ [清]阮元校:《十三經注疏》,北京:中華書局 1980 年影印世界書局本,頁 1590 下。

④ [清]汪遠孫:《國語明道本攷異》卷二,同上。

⑤ 張啟成:《共工的歷史演變及其評價》,見載於氏著《中外神話與文明研究》,北京:學苑出版社 2004 年版,頁 86。

⑥ [漢]司馬遷:《史記》,北京:中華書局 1959 年點校本,頁 112。

衰也,棄稷不務,我先王不窋用失其官。"[①]則棄作農官尚在夏興之時,且審《魯語上》與《祭法》文字不過在介紹柱爲稷官之後引出周棄,二者皆功施於民,故同受祀,並無他義。韋注云:"柱爲后稷,自夏以上祀之。""夏之興,謂禹也。棄能繼柱之功,自商已來祀也。"[②]王暉則認爲周棄與烈山氏爲甥舅關係,且認爲周棄處在母權和父權的過渡階段,並認同《祭法》"衰"字,舉三點理由:(1) 以《逸周書·商誓》"在商先哲王,明祀上帝,□□□□亦惟我后稷之元穀用告和"作爲周棄爲后稷受祀的時代是商代以來;(2) 文獻記載棄之子不窋的活動年代亦在夏末之時;(3) 從周文王之前周人先公世繫代數亦可推知周棄不窋生活年代大概在夏末孔甲之後。[③] 在王暉看來,《書·堯典》、《史記·五帝本紀》所記與禹、契等人同時的后稷以及《書·吕刑》、《大戴禮記·世系》、《古本竹書紀年》等處提到的"后稷""應一律視作棄之先舅姜姓后稷"[④]。這種推斷首先認定柱受夏祀、棄受商祀這樣一個順序,繼承韋昭、孔穎達的觀點,認定夏商周三族前後發展的序列而不認同夏商周是"三個曾經並行發展的族體",且認同《史記》所記載的不窋爲棄之子。但是王氏忽視了《周語上》"昔我先世后稷,以服事虞夏,及夏之衰也,棄稷不務"這句話所藴含的基本信息,從《周語上》記載看,周之先做夏的稷官,"及夏之衰"表明在此之前就在做,"先世"就不是"一世",至於多少世不知道,起碼不是"夏之衰"世,而到了不窋的時候也就是"夏之衰"的時候纔"棄稷不務"。《周語上》這段話是周穆王時大夫祭公謀父所言,其言周之事當比司馬遷更具可信度,即便是認同司馬遷所説的棄與不窋是父子關係,則棄繼爲稷是一

① 上海師範大學古籍整理小組點校:《國語》,上海古籍出版社 1978 年版,頁 2。

② 上海師範大學古籍整理小組點校:《國語》,上海古籍出版社 1978 年版,頁 167。

③ 王暉:《商周文化比較研究》,北京:人民出版社 2000 年版,頁 414—422。

④ 同上,頁 420。

個時間點,棄死不窋立又是一個時間點,不窋末年則是另外一個時間點,之間起碼相隔幾十年,怎麽能夠認定不窋之時的夏之衰也是棄繼立稷之時呢。李學勤云:"周亡時人去回顧夏朝始建,其距離猶如晚清之與東漢末年。"[①]而司馬遷之世比之祭公謀父不知又去幾許,且司馬遷明言夏之衰時爲不窋,而非棄。即便是周棄受祀於商,也無法證明棄就是在夏之衰世繼承稷官之職,既然認定烈山氏是母系時代,那麽夏朝之前即堯舜的時代就已經進入父系時代了,可作爲承續母系和父系過渡階段的棄卻晚生了幾百年,這也無法解釋得通。未可以《祭法》之"衰"言《魯語上》"興"字之誤也,即《祭法》"衰"字亦未可遽爲的論。

6. 伯—霸、有—州

《魯語上》"伯九有",《祭法》作"霸九州",《祭法》鄭注:"共工氏無録,而王謂之伯。"又曰:"天子衰,諸侯興,故曰霸。霸,把也,言把持王者之政教也。"[②]《白虎通義·號》:"霸,伯也,行方伯之職,會諸侯朝天子,不失人臣之義。"[③]《説文·月部》:"霸,月始生霸也。"徐鉉(916—991)云:"今俗用爲霸王字。"[④]是"霸"本"魄"之義。段注云:"後代魄行而霸廢矣。俗用爲王霸字,實伯之叚借字也。"[⑤]是《魯語上》此處用本字而《祭法》用假借字。《國語》本文亦伯、霸同現,可見"霸"字很早借用爲"伯"。韋注云:"有,域也。"[⑥]

① 李學勤:《王暉〈商周比較研究〉序》,見載於王暉《商周比較研究》卷首。

② [清]阮元校:《十三經注疏》,北京:中華書局1980年影印世界書局本,頁1590下。

③ [清]陳立撰、吴則虞點校:《白虎通疏證》,北京:中華書局1994年版,頁62。

④ [漢]許慎:《説文解字》,中華書局1963年影印陳昌治覆刻平津館本,頁141下。

⑤ [清]段玉裁:《説文解字注》,上海古籍出版社1981年影印經韻樓本,頁313下。

⑥ 上海師範大學古籍整理小組點校:《國語》,上海古籍出版社1978年版,頁167。

《荀子·解蔽篇》"此其所以代夏王而受九有也"楊注:"九有、九牧,皆九州也。"[①]董增齡云:"《商頌》'奄有九有',《文選》注引《韓詩》作'奄有九域',薛君《章句》:'九域,九州也。'又'正域彼四方'毛傳:'域,有也。'互相轉訓。惠棟謂:'域从或,《説文》:或,邦也。从口从戈以守一,一,地也。'"[②]按"有"上古音在匣紐之部,"州"上古音在章紐幽部,"域"上古音在匣紐職部。則"有"、"域"音同義通。《玉篇·巛部》云:"州,居也。"[③]《廣雅》云:"州、郡、縣、䢋、都、鄙、邦、域、邑,國也。"又云:"州,居也。"[④]是"州"與"域"義通。故"九有"得訓"九州"、"九域"。

7. 土—州

《魯語上》"九土",《祭法》作"九州",按其子曰"后土",祀以爲社,則此處亦當作"土"。韋注云:"九土,九州之土也。"《漢語大詞典》因韋注而立義項。王夫之云:"'爲稷'、'爲社',配食也。言社稷之配,皆因前五者之義而立也。"[⑤]《説文·示部》:"社,地主也。"[⑥]《白虎通義·社稷》云:"人非土不立,非穀不食,土地廣博,不可徧敬也。故封土立社,示有土也。"[⑦]《禮記·郊特牲》云:"社所以神地之道也。地載萬物,天垂象,取材於地,取法於天,是以尊天以親地也,故民美報焉。""將生養萬物之土尊稱爲'社',充滿着

---

① [清]王先謙撰,沈嘯寰、王星賢點校:《荀子集解》,北京:中華書局1988年版,頁386。

② [清]董增齡:《國語正義》卷四,成都:巴蜀書社1985年影印章壽康式訓堂本,本卷頁一六。

③ [宋]陳彭年等:《宋本玉篇》,北京:中國書店1983影印張氏澤存堂本,頁362。

④ 徐復主編:《廣雅詁林》,南京:江蘇古籍出版社1992年版,頁335下、頁791上。

⑤ [清]王夫之:《禮記章句》,見載於《船山全書》第四册,長沙:嶽麓書社1996年版,頁1088、頁1099。

⑥ [漢]許慎:《説文解字》,中華書局1963年影印陳昌治覆刻平津館本,頁9上。

⑦ [清]陳立撰、吴則虞點校:《白虎通疏證》,北京:中華書局1994年版,頁83。

報本反始的宗教感情。土地爲萬物之母,在實踐中,人們發現在土地上生長的作物豐歉之别,在當時人們看來,土地有靈魂,於是封土爲社,尊之爲社。"[①]戴家祥(1906—1998)認爲"社"字是"土"字的孳生[②],也即"土"爲"社"的本字,王力(1900—1986)引《公羊傳》僖公三一年"諸侯祭土"注"土謂社也"、《論衡·順鼓》"社,土也"等古注,竝以社、土疊韻鄰紐,而爲同源字[③]。無論從字形、語音、語義甚至從文化上都可見"社"、"土"之關係。且"九土"古書中亦非罕見,在中國基本古籍庫中輸入"九土",共得 2343 條記録。又本語境中"后土"、"祀社"竝與"土"相關,且前既有"九有",故《魯語上》此處直接出"九土",語義明晰且無重復之嫌。

8. 成命—正名

《魯語上》"黄帝能成命百物"之"成命",《祭法》作"正名"。韋注云:"命,名也。"此亦因《祭法》爲釋,韋注多以禮書釋《國語》這一點已爲樊善標所揭出[④]。《説文·戊部》:"成,就也。"《説文·正部》:"正,是也。"[⑤]《周禮·地官·司市》"以量度成賈"賈疏云:"成,定也。"[⑥]《楚語上》"未有成"韋注:"成猶定也。"[⑦]《管子·幼官》"九舉而帝事成形"郭沫若(1892—1978)《集校》引丁士涵云:"成與定同

① 雷漢卿:《〈説文〉示部字與神靈祭祀考》,成都:巴蜀書社 2000 年版,頁 263。

② 戴家祥:《'社'、'杜'、'土'古本一字考》,《古文字研究》第 15 輯,頁 189—頁 192。

③ 王力:《同源字典》,《王力文集》第 8 卷,濟南:山東教育出版社 1992 年版,頁 185。

④ 樊善標:《韋昭〈國語解〉用禮書研究》,《中國文哲研究集刊》第 16 期(2000 年 3 月),頁 587—頁 638。

⑤ [漢]許慎:《説文解字》,中華書局 1963 年影印陳昌治覆刻平津館本,頁 309 上、頁 39 上。

⑥ [清]阮元校:《十三經注疏》,北京:中華書局 1980 年影印世界書局本,頁 734 上。

⑦ 上海師範大學古籍整理小組點校:《國語》,上海古籍出版社 1978 年版,頁 540。

義。"[①]《周禮・天官・宰夫》"歲終則令羣吏正歲會"孫詒讓(1848—1908)《正義》云:"事必是而後定,故引申之定亦曰正。"[②]則"成"、"正"義亦相近。審先秦傳世文獻,"成命"作"正名"解者唯《國語》此一處,是《祭法》改作之由。"成命"、"正名"在本語境中作爲一個動詞性結構並且其後帶賓語用例也唯此一處,其他文獻中的"正名"都作爲動賓結構,"成命"則作定中結構。

9. 三辰—星辰、固—著、民—衆

《魯語上》"帝嚳能序三辰以固民",《祭法》作"帝嚳能序星辰以著衆",韋注云:"固,安也。帝嚳,黄帝之曾孫、玄囂之孫、蟜極之子帝高辛也。三辰,日、月、星。謂能次第三辰,以治曆明時,教民稼穡以安也。"[③]孔疏云:"嚳能紀星辰,序時候以明著,使民休作有期,不失時節,故祀之也。"[④]二釋其實一義。又《吕氏春秋・賞時》云:"民以四時寒暑日月星辰之行知天。"《莊子・天運》:"是故鬼神守其幽,日月星辰行其紀。"《大戴禮記・曾子天圓》:"聖人慎守日月之數,以察星辰之行,以序四時之順逆,謂之曆。"皆日月星辰竝言之,《魯語上》"三辰"似更合於文義。《祭法》下文亦云"及夫日月星辰",則此處亦當云"三辰"或"日月星辰"。"著"字不見於《説文》,《廣韻・御韻》云:"著,明也,處也,立也,補也,成也,定也。"[⑤]則"著"、"固"義同。審《祭法》前後,除下文"舜勤衆事"而外其他各處亦皆作"民"字,則此處亦當做"民"字。

10. 單—賞、儀—義

《魯語上》"堯能單均刑法以儀民",《祭法》作"堯能賞均刑法以

---

① 郭沫若:《管子集校》,北京:科學出版社1956年版,頁111。

② 孫詒讓撰、王文錦、陳文藻點校:《周禮正義》,北京:中華書局1989年版,頁209。

③ 上海師範大學古籍整理小組點校:《國語》,上海古籍出版社1978年版,頁168。

④ [清]阮元校:《十三經注疏》,北京:中華書局1980年影印世界書局本,頁1590下。

⑤ [宋]陳彭年等:《鉅宋廣韻》,上海古籍出版社1983年影印南宋黄三八郎書鋪本,頁258。

義終”，韋注云：“單，盡也。均，平也。儀，善也。”[1]張以仁(1930—2009)云：“單，《周禮·春官·宗伯·大司樂》鄭注作‘殫’。阮元校云：‘閩、監、毛本同誤也。余本、岳本、嘉靖本殫作禪。余本、岳本載音義同。葉鈔釋文能禪，時戰反。今通志堂本改作殫，非也。’則《周禮》鄭注原作‘禪’。然作‘禪’亦與《魯語》不同。孫詒讓《周禮正義》云：‘殫，韋本作單。注云：單，盡也。均，平也。儀，善也。《祭法》作賞均刑法以義終，與此文義並異。非鄭所據。禪、單、殫聲類同。案《鄭語》又云夏禹能單平水土以品處庶類者也。單均與單平義正同，則今本《魯語》不誤。《祭法》能賞鄭注云：賞，賞善。謂禪舜封禹、稷等也。則鄭或讀單爲禪。’按孫説是也。”[2]孔疏云：“堯以天下位授舜，封禹、稷，官得其人，是能賞均平也。五刑有宅，是能刑有法也。禪舜而老，二十八載乃殂，是義終也。”[3]孔疏直承鄭注釋爲“禪”。韋釋“儀”爲“善”恐未爲善，審帝嚳與帝堯二句之“以”當作連詞，表示結果。“固民”、“儀民”是前邊行爲的一個結果。則此處之“儀”有規範之義，《周語下》“度之於軌儀”韋注云：“度，法也。”“儀，准也。”[4]“儀民”實即《周語下》所言“示民以軌儀”，熟語有“母儀天下”，與此處之“儀”意義用法並同。《祭法》帝嚳亦然。而按照鄭注、孔疏的解釋，此處句式“以”字表示順接，與下文“而”字用法同，《祭法》“義終”之“義”是“善”的意思，如果這樣來看的話，則“終”即是“死”，也符合鄭注、孔疏之釋，則帝嚳、帝堯、舜與鯀各爲一個結果，且呈消極遞減方式，而並受祀，堯是一個過渡，即善終者。然審兩書文字，帝嚳則定天文星曆，帝堯則定人間軌儀，皆以成民，而後則舜、鯀則勤民事、鄣洪水，且二人皆死，兩

① 上海師範大學古籍整理小組點校：《國語》，上海古籍出版社 1978 年版，頁 168。

② 張以仁：《國語斠證》，臺北：臺灣商務印書館 1969 年版，頁 135、136。

③ ［清］阮元校：《十三經注疏》，北京：中華書局 1980 年影印世界書局本，頁 1590 下。

④ 上海師範大學古籍整理小組點校：《國語》，上海古籍出版社 1978 年版，頁 105。

“以”、兩“而”句式亦分明,是帝堯固不當與舜、鯀之事相仿佛,而與帝嚳相配,王夫之(1619—1692)云:“以天下爲公,傳賢而不傳子,終其世也。”[1]則頗可通。鄭注謂“賞”爲“賞善”,則“賞均刑法”爲兩個主謂結構的聯合形式,則《魯語上》的“主語+能+狀語+謂語中心詞+並列名詞性結構作賓語+以+動賓”的結構,至《祭法》則成爲“主語+能+動詞+補語+動詞+補語+以+狀中結構”。又鄭玄以“能刑”連言爲釋,且在“賞”後,與《祭法》正文順序未相協。

11. 鮌—鯀、洪—鴻

《魯語上》“鮌鄣洪水而殛死”,《祭法》作“鯀鄣鴻水而殛死”,“鯀”、“鮌”二字之異,拙稿《〈宋本玉篇〉引〈國語〉例辨正》曾詳舉各書言之,以“鮌”、“鯀”古音在見紐文部,“玄”在匣紐真部,“系”在匣紐錫部,雖爲雙聲,難以同爲一字之聲符,以《别雅》所言形近而譌是[2],而未深入分析。按《國語》公序本系統字作“鯀”,而其他典籍又有引作“骸”、“觤”、“骸”者。《經典釋文》並收“鯀”、“鮌”二字,卷一三云:“鯀,本又作‘骸’。”“角”、“魚”形近,“觤”或爲“鮌”之形譌,《説文·角部》云:“角與刀魚相似。”[3]如陳淑梅《東漢碑隸基礎構件及其變體分布表》就收録有“角”的兩個變體“⻆”和“𩵋”[4],其中“𩵋”和“魚”字形相當接近。“骸”、“鯀”之“系”當爲“玄”字之譌,從“骨”從“魚”代表著不同的命意方式。理由如下:(一)夏代尚黑。發掘出土的早期文化遺址中的彩陶紋飾亦體現出尚黑的特徵,以

---

① [清]王夫之:《禮記章句》卷二三,見載於《船山全書》第四册,長沙:嶽麓書社1996年版,頁1100。

② 拙稿《〈宋本玉篇〉引〈國語〉例辨正》,見載於《楊向奎百年誕辰紀念文集》,長春:吉林大學出版社2009年版,頁291—299。

③ [漢]許慎:《説文解字》,北京:中華書局1963年影印陳昌治據平津館本,頁86上。

④ 陳淑梅:《東漢碑隸基礎構件及其變體分布表》,見載於氏著《東漢碑隸構形系統研究》,上海教育出版社2004年版,頁204。

至夏代形成尚黑觀念①。包括現在的一些少數民族仍然尚黑,如黑彝、黑苗、黑衣壯等。《書·禹貢》:“禹錫玄圭,告厥成功。”《北堂書鈔》卷一二九引《帝王世紀》云:“禹治水畢,天賜玄圭。”②《禮記·檀弓》云:“夏后氏尚黑,大事斂用昏,戎事乘驪,牲用玄。”這是“玄”作爲義符存在的一個前提。又“玄”的古文字形爲“”、“”、“”、“”等,“系”的古文字形作“”、“”、“”等,“糸”的古文字形則有爲“”、“”、“”等③,“糸”與“玄”字近似,“糸”、“系”形近。今《説文·糸部》:“系,繫也。”④而林義光《文源》、高田忠周《古籀篇》俱云《説文》“系,縣也”⑤,未知所據。(二)“鯀”、“鮌”、“骳”、“舷”、“愋”皆音 gǔn,《説文·魚部》:“鯀,魚也。从魚系聲。”⑥根據郭錫良,“鯀”、“鮌”上古在見紐文部,《廣韻》在見紐魂韻,“系”上古在匣紐錫部,“玄”上古在匣紐真部⑦。“骨”上古在見紐物部,“鯀”、“骨”的讀音差别在於物韻無韻尾,二字音亦近。“鯀”、“玄”準疊韻⑧。“系”字讀音與“鯀”的差異就很大。則“玄”可作爲“鯀”字的

① 吕衛平:《中國尚黑美學探微》,《裝飾》2004 年第 15 期,頁 81、頁 82。王悦勤:《中國史前彩陶紋飾“尚黑”之風的審美關照》,《民族藝術》1999 年第 3 期,頁 120—頁 125。王悦勤:《中國史前“尚黑”觀念源流試論》,《民族藝術》1996 年第 3 期,頁 24—頁 33。何光岳:《夏族尚黑的流傳和影響》,《安徽史學》1994 年第 1 期,頁 9—頁 14。

② [唐]虞世南編纂、[明]陳禹謨注:《北堂書鈔》,明萬曆二十八年序刊本。

③ 所録“玄”、“系”、“糸”古文字形分别見李圃主編《古文字詁林》第 4 册,頁 235、236,第 9 册,頁 1115、頁 1134。

④ [漢]許慎:《説文解字》,北京:中華書局 1963 年影印陳昌治據平津館本,頁 270 下。

⑤ 轉引自《古文字詁林》第 9 册,頁 1116。

⑥ [漢]許慎:《説文解字》,北京:中華書局 1963 年影印陳昌治據平津館本,頁 243 上。

⑦ 郭錫良:《漢字古音手册》,北京大學出版社 1986 年版,頁 78、頁 92、頁 241、頁 225。

⑧ 史存直先生根據《詩經》、《楚辭》中“真”、“文”二部合韻的例子不算少,認爲二部應該合併。根據史先生的看法則“鯀”、“玄”就是疊韻。史説見氏著《漢語史綱要》,北京:中華書局 2008 年版,頁 83。

聲符而“系”字則否,《説文》“从魚系聲”或當作“从魚玄聲”。在“鯀”的諸多記録形式中,“玄”是一個表音兼表意的構件。如果聯繫上文字形的推定,則“鯀”、“鮌”本一字,“骸”、“骸”本一字。“鮌”、“骸”纔是“鯀”這個人名的記録形式。(三)“鯀”的記録形式中有“魚”這樣一個構件在於傳説鯀化爲魚。《左傳》昭公十七年云:“化爲黄熊。”《晉語八》云:“化爲黄能。”《拾遺記》卷二云:“化爲玄魚。”《集韻·東韻》云:“熊或作能。”[①]《史記·夏本紀》正義亦云:“鯀之羽山,化爲黄熊,入於羽淵。熊,音乃來反,下三點爲三足也。束晳《發蒙記》云:‘鱉三足曰熊。’”[②]鱉亦魚之屬,《爾雅·釋魚》云:“鼈三足,能;龜三足,賁。”[③]則“鮌”本“玄”、“魚”合體,且又合於夏尚黑的傳統,即“鮌”爲會意兼形聲字,此或“鮌”字之所得由。“骨”與“能”、“熊”二字中的構字部件“肙”形似,而《説文》中無獨立的“肙”字,“厶”、“口”多數條件下可以混用,“肙”的類同字爲“肙”,《説文·肉部》:“肙,小蟲也。”[④]而漢字系統中的“肙”是作爲聲符部件參與構字的,“骸”字中的“玄”已經是聲符構件,一個形聲結構的漢字不可能是兩個聲符構件的組合體,故而以與“肙”形近的“骨”字作爲形符參與構字,此或“骸”字之所得由。

《説文·魚部》“鯀,魚也”、《玉篇·魚部》“鯀,大魚也”之訓亦因鯀之傳説爲釋,未必真有理據。後世之所以認同“鯀”字作爲記録形式,和“系”字之義有關。段注云:“系者,垂統於上而承於下者

---

① [宋]丁度等:《集韻》,上海古籍出版社1983年影印述古堂影宋本,頁13。

② [漢]司馬遷撰、[南朝宋]裴駰集解、[唐]司馬貞索隱、[唐]張守節正義:《史記》,北京:中華書局1959年點校本,頁50。

③ 朱祖延主編:《爾雅詁林》,武漢:湖北教育出版社1996年版,頁4010下。

④ [漢]許慎:《説文解字》,北京:中華書局1963年影印陳昌治據平津館本,頁90下。

也。"①《慧琳音義》卷七七"系嫡"注引《爾雅》云:"系,繼也。"②《廣韻・霽韻》云:"系,緒也。"③段注又云:"系之義引申爲世系。"《史記・夏本紀》云:"禹之父曰鯀,鯀之父曰帝顓頊。"④則鯀承顓頊而啓禹,與"系"之義亦相合。

"鴻"、"洪"義通,《史記・夏本紀》亦作"鴻",《索隱》云:"一作'洪'。鴻,大也。以鳥大曰鴻,小曰雁,故近代文字大義者皆作'鴻'也。"⑤"殛"爲流放之義,前已辨之。⑥

12. 輯—成

《魯語上》"契爲司徒而民輯"之"輯",《祭法》作"成",韋注云:"契,殷之祖,爲堯司徒,能敬敷五教。輯,和也。"⑦《荀子・成相篇》:"契爲司徒,民知孝弟,尊有德。"《漢書・百官公卿表》"卨作司徒,敷五教"顔師古(581—645)注引應劭(? 153—196)曰:"五教,父義、母慈、兄友、弟恭、子孝也。"⑧孔疏則云:"司徒掌五教,故民

---

① [清]段玉裁:《説文解字注》,上海古籍出版社1981年影印經韻樓本,頁642下,下同。

② [唐]釋慧琳:《一切經音義》,上海古籍出版社2002年版《續修四庫全書》第197册,頁447上。

③ [宋]陳彭年等:《鉅宋廣韻》,上海古籍出版社1983年影印南宋黄三八郎書鋪本,頁271。

④ [漢]司馬遷撰:《史記》,北京:中華書局1959年點校本,頁49。

⑤ [漢]司馬遷撰、[南朝宋]裴駰集解、[唐]司馬貞索隱、[唐]張守節正義:《史記》,北京:中華書局1959年點校本,頁50。

⑥ 見拙著《〈國語〉動詞管窺》,成都:四川大學出版社2008年版,頁125。今見楊釗先生《鯀、禹治水及其他》云:"'殛'字,有的解爲'誅殺',有的解爲'流放',其實都是一樣,因爲'流放'的結果也是死。"(見載於氏著《先秦諸子與古史散論》,北京:北京師範大學出版社2003年版,頁144)從語義和事物的認知邏輯順序上來講還是有所區别的,不當混同處理。

⑦ 上海師範大學古籍整理小組點校:《國語》,上海古籍出版社1978年版,頁168。

⑧ [漢]班固撰、[唐]顔師古注:《漢書》,北京:中華書局1962年版點校本,頁723。

之五教得成。"[1]然而"五教得成"只是一個表像,非終極目標,民和纔是真正的結果,以語義效果論,《魯語上》勝於《祭法》。

13. 邪—虐

《魯語上》"湯以寬治民而除其邪",《祭法》"邪"作"虐",鄭注云虐謂桀,韋注同。則是"邪"、"虐"義同,《説文·虍部》:"虐,殘也。从虍,虎足反抓人也。"[2]《禮記·檀弓下》"虐,毋乃不可與"鄭注云:"暴之是虐。"[3]《廣雅·釋詁》云:"虐,惡也。"[4]《類篇·邑部》:"邪,不正也。"[5]《新書·道術篇》云:"方直不曲謂之正,反正爲邪。"[6]是二字義通之證。

14. 昭—治、穢—菑

"穢"與"菑"所指義同,《祭法》上文亦用"菑"字,是二書用字習慣不同導致用字不同。"昭"、"治"之説詳説見前。

15. 嚳—堯、堯—舜、商—殷、舜—嚳

《魯語上》"故有虞氏禘黄帝而祖顓頊,郊堯而宗舜;夏后氏禘黄帝而祖顓頊,郊鮌而宗禹;商人禘舜而祖契,郊冥而宗湯;周人禘嚳而郊稷,祖文王而宗武王",《祭法》作"有虞氏禘黄帝而郊嚳,祖顓頊而宗堯;夏后氏亦禘黄帝而郊鯀,祖顓頊而宗禹;殷人禘嚳而郊冥,祖契而宗湯;周人禘嚳而郊稷,祖文王而宗武王"。按照《魯語》的這個順序排列,則二書配祭列表如下:

① [清]阮元校:《十三經注疏》,北京:中華書局1980年影印世界書局本,頁1591上。

② [漢]許慎:《説文解字》,北京:中華書局1963年影印陳昌治據平津館本,頁103上。

③ [清]阮元校:《十三經注疏》,北京:中華書局1980年影印世界書局本,頁1317上。

④ 徐復主編:《廣雅詁林》,南京:江蘇古籍出版社1992年版,頁277上。

⑤ [宋]司馬光:《類篇》,上海古籍出版社影印1988年汲古閣影宋本,頁223上。

⑥ [漢]賈誼:《新書》,上海古籍出版社1988年影印盧文弨校本,頁58下。

	有虞氏		夏后氏	商(殷)人	周人
禘	魯語	黄帝	黄帝	舜	嚳
	祭法	黄帝	黄帝	嚳	嚳
祖	魯語	顓頊	顓頊	契	文王
	祭法	顓頊	顓頊	契	文王
郊	魯語	堯	鮌(鯀)	冥	稷
	祭法	嚳	鯀	冥	稷
宗	魯語	舜	禹	湯	武王
	祭法	堯	禹	湯	武王

從列表可以看出,《魯語》所記載的有虞氏和商人祭配之人與《祭法》所載有不同。王夫之釋"有虞氏禘黄帝而郊嚳"云:"此章言四代尊祖之祭法,大祀之首也。"[①]審二者禘郊順序,《祭法》則禘而郊,祖而宗,而《魯語》則禘而祖,郊而宗。則《魯語上》"周人禘嚳而郊稷,祖文王而宗武王"或當爲"周人禘嚳而祖文王,郊稷而宗武王",因本句與上三句句式不協。《魯語上》所記載的有虞氏和商人祭配之人與《祭法》所載有不同。在《魯語上》,有虞氏所郊之"堯"恰爲《祭法》有虞氏所宗之人。孔穎達引熊氏之説云:"此一經論有虞氏以下四代禘郊祖宗所配之人。有虞氏禘黄帝者,謂虞氏冬至祭昊天上帝於圜丘,大禘之時以黄帝配祭。而郊嚳者,謂夏正建寅之月,祭感生之帝於南郊,以嚳配也。祖顓頊而宗堯者,謂祭五天帝、五人帝及五人神於明堂,以顓頊及堯配之,故云祖顓頊而宗堯。祖,始也,言爲道德之初始,故云祖也。宗,尊也,以有德可尊,故云宗。其夏后氏以下,禘、郊、祖、宗,其義亦然。"又釋鄭注云:"云'有虞氏以上尚德,禘、郊、祖、宗配用有德者而已'者,以虞氏禘、郊、祖、宗之人皆非虞氏之親,是尚德也。云'自夏已下稍用其姓代之'

① [清]王夫之:《禮記章句》,見載於《船山全書》第四册,長沙:嶽麓書社1996年版,頁1088。

者而夏之郊用鯀,是稍用其姓代之,但不盡用已姓,故云稍也。云'先後之次,有虞氏、夏后氏宜郊顓頊,殷人宜郊契'者,今有虞氏先云'郊嚳',後云'祖顓頊',夏后氏先云'郊鯀',後云'祖顓頊',殷人先云'郊冥',後云'祖契',是在前者居後,在後者居前,故云宜也。云'郊祭一帝,而明堂祭五帝,小德配寡,大德配衆'者,郊祭雖尊,但祭一帝,以嚳與鯀及冥、后稷之等配之,皆不如所祖宗之人,是小德配寡。明堂雖卑於郊,總祭五帝,而以顓頊、契、湯、文、武配之,皆優之於所配郊之人,是大德配衆,禮之殺也。"①董增齡《國語正義》備引孔疏。韋昭注引賈侍中云:"有虞氏,舜後,在夏、殷爲二王後,故有郊、禘、宗、祖之禮也。"②韋注又云:"此上四者,謂祭天以配食也。祭昊天於圜丘曰禘,祭五帝於明堂曰祖、宗,祭上帝於南郊曰郊。有虞氏出自黄帝、顓頊之後,故禘黄帝而祖顓頊,舜受禪於堯,故郊堯。《禮·祭法》'有虞氏郊嚳而宗堯',與此異者,舜在時則宗堯,舜崩而子孫宗舜,故郊堯也。"又云:"'舜'當爲'嚳',字之誤也。《禮·祭法》曰:'商人禘嚳,嚳,契父,商之先,故禘之。'"③備引《祭法》以釋《魯語上》。朱彬(1753—1834)《禮記訓纂》亦引韋注爲説。杭世駿(1695—1773)《續禮記集説》卷七九引姚際恒(1647—? 1715)曰:"全襲《魯語》。……展禽之論文仲也,其意推崇先王祀典以黜其祀爰居之非,由周而上溯乎虞夏殷以爲禮亦宜爾,皆記者潤色之語,義多舛乖,不可援據,以爲《祭法》之所由始也。而此以祭法名篇,固已非矣。其有虞氏二句又改易《魯語》'禘黄帝而祖顓頊,郊堯而宗舜'爲'禘黄帝而郊嚳,祖顓頊而宗堯',禘與祖同,郊與宗異。按《魯語》言有虞氏宗舜,夏后氏宗禹,商人宗湯,周人宗武,皆主舜禹湯武之後言。今以有虞氏易爲宗

① [清]阮元校:《十三經注疏》,北京:中華書局1980年影印世界書局本,頁1587。

② 上海師範大學古籍整理小組點校:《國語》,上海古籍出版社1978年版,頁169。

③ 上海師範大學古籍整理小組點校:《國語》,上海古籍出版社1978年版,頁169。

堯,則主舜,與己身言,與下三段非一例語義矣。然《祭法》之改之也,則又有故,舜禪於禹而商均不有天下,豈復可謂之郊堯而宗舜乎?若郊堯宗舜,又宜屬禹事,不當冠以有虞氏也,故改之。然則《魯語》所云亦未允矣。"[①]陳祥道(1053—1093)《禮書》卷七一云:"其言虞氏郊宗異於《祭法》者,賈氏曰:虞氏之後在夏商爲二王,後有郊禘祖宗之禮是也。由此推之,《國語》言商人禘舜亦異於《祭法》者,蓋宋禮歟?"[②]黄震(1213—1280)《黄氏日抄》卷二三《讀禮記》引江陵項氏曰:"此經生用其師説推次而上以爲當然,非必有明文可據。《禮記》文體如此者多。"[③]《禮記纂言》卷二一引姜兆錫以《祭法》所言與《家語》孔子所説同,乃以"《國語》或有誤也"。汪紱(1692—1759)云:"祖述《國語》,參以緯書,其足據者鮮矣。"[④]任銘善(1912—1967)認爲《國語》"説祖宗之義雖爲漢人所用,實魯人傅會之言,不與殷周之制合,蓋謬誤難信也。"[⑤]更有學者認爲對於《祭法》的"這四種祭名,其具體的祭法和祭祀對象,以及祭祀者和祭祀對象間的關係,自來衆説紛紜,迄無定論。"[⑥]

16. 九州名山川澤—山林川谷丘陵

《魯語上》作"九州名山川澤",《祭法》作"山林川谷丘陵",韋注云:"謂九州之中名山川澤也。"[⑦]則《魯語上》六字爲定中之偏正結構,而《祭法》六字則聯合結構,語言形式不同,表義則近似。

---

① [清]杭世駿:《續禮記集説》,上海古籍出版社 2002 年版《續修四庫全書》第 102 册影印光緒三〇年浙江書局刻本,頁 398 下。

② [宋]陳祥道:《禮書》,臺北:臺灣商務印書館 1983 年影印《文淵閣四庫全書》第 130 册,頁 464 下

③ [宋]黄震:《黄氏日抄》,臺北:臺灣商務印書館 1983 年影印《文淵閣四庫全書》第 707 册,頁 676 下。

④ [清]汪紱:《禮記章句》卷八,上海古籍出版社 2002 年版《續修四庫全書》第 100 册影印光緒二一年刻本,頁 547 下。

⑤ 任銘善:《禮記目録後案》,見載於氏著《無受室文存》,杭州:浙江大學出版社 2005 年版,頁 100。

⑥ 楊天宇:《禮記譯注》,上海古籍出版社 1997 年版,頁 599。

⑦ 上海師範大學古籍整理小組點校:《國語》,上海古籍出版社 1978 年版,頁 170。

小　結

總之,《魯語上》與《祭法》差異主要表現在語段在整篇内容中的前後順序不同、一本比另一本多字句、同内容位置上的用字不同等三種情況。《魯語上》字《祭法》無者 6 處,句《祭法》無者 5 處;《祭法》有而《魯語上》無之字句共 5 處。同内容位置而用字不同者一共 25 處,本文分爲 16 組進行討論。就文本形式而言,《魯語上》"海鳥曰爰居"篇與《祭法》互有相補之處,《祭法》文本可補《魯語上》之不足者如從《祭法》的"文治"、"武功"對文可推斷《魯語上》"武王"後或有闕文,從《魯語上》禘祖郊宗和《祭法》禘郊祖宗的順序可以斷定《魯語上》周人之序不合於行文,《魯語上》之文可補《祭法》之不足者如《魯語》用"九土"而《祭法》用"九州",《魯語》通篇用"民"而《祭法》出現 2"衆"字等;就用字、用詞而言,從某種程度上體現了語言的發展變化規律,也反映了傳世典籍文獻用字方面的獨特性,如《魯語上》用"洪"而《祭法》用"鴻"、《魯語上》用"成命"而《祭法》用"正名"等;就上古祭祀配祀的記載而言,正是《魯語上》和《祭法》在配祀上記載的不同造成了後人的困擾,至今仍莫衷一是。

(作者單位:南京師範大學文學院)

《春秋繁露》中的“治國養身”論*

徐其寧

摘要：作爲漢代“儒宗”的董仲舒，藉黄老道家之“治國養身”論體系，架構其“崇儒更化”政治理念。他首先藉禮與尚賢政治思想，轉換了黄老身體政體論的基本精神，次將身體政體説轉爲君體政體論，使做爲“心”的君主有更爲明確的權力結構與政權正當性，構建出更符合當時“崇儒更化”的新政治型態的理論架構。最後透過教化的施行，確立了民之存在，使原先對身體静態的養護與修持，一轉成爲具有崇儒更化意涵的國家思想。而董仲舒成功地合黄老與儒學二爐並治，減低了改制可能帶來的政治動盪，也使儒學有機會成爲國家意識形態與帝王施政的治國思想。

關鍵詞：黄老　治國養身論　《春秋繁露》　董仲舒　崇儒更化

一、前言

作爲漢代儒學奠基者與儒者宗主的董仲舒（176—104B. C.），以天人三策推尊儒學，奠定後世儒學、儒者與政治之緊密關係，不僅使漢代一轉“申、商、韓非、蘇秦、張儀”①紛紜諸説，將儒學正式

---

* 本文初稿發表於“2010 年中國經學國際學術研討會”（2010 年 11 月 16 日，南京師範大學與“中央研究院”文哲所合辦），蒙講評人輔仁大學曾聖益教授多所指正，謹此致謝。

① 《漢書》標點本，臺北：鼎文書局，1979 年 2 月版，卷 6，《武帝紀第六》，頁 156。

推上帝國意識形態,並進一步成爲中國政治思想之共同基礎[①]。而其於學術史上之價值,除發揚公羊義旨,更兼融合黄老思想,使作爲漢代共同思想資源的黄老思想,與儒學合爐共治,不僅減低思想轉换帶來的思維衝突,也爲漢代儒學加入新意。蘇輿(1874—1914)《董子年表》中曾指出:"漢初儒者皆習道家。……董子請統一儒術,而其初固亦兼習道家。書中《保位權》、《立元神》諸篇,有道家學,《循天之道》篇明引道家語,是其證矣。"[②]漢初儒者雖未盡如蘇氏所謂"皆習道家"[③],但漢初道家思想之盛確爲事實。除作爲帝國意識型態,更是漢代全體共同的思想資源與集體意識[④]。王鳴盛(1722—1797)曾指出:

① 如李威熊所指出,"漢初宰相必用封侯階級。如蕭何、曹參……。武帝始相公孫弘。以布衣儒術進。既拜相,乃封侯。此又漢廷政治一絶大轉變也。其先惟軍人與商人,爲政治上兩大勢力,至是乃一易以士人。此尤見爲轉向文治之精神。中國讀書人,從董仲舒以後,由於上述制度的轉變,漸與政治發生密切關係,一來士人受到通經爲吏的鼓勵,群趨經學,促成兩漢經學的發達,二來實際政治也因學者的參與,使政治漸受學術的指導,而具有新的面貌。"見氏撰:《董仲舒對西漢學術之影響》,《董仲舒與西漢學術》,臺北:文史哲出版社,1978 年 6 月版,頁 196。

② 蘇輿,《春秋繁露義證》,北京:中華書局,2002 年 8 月版,附録一,《董子年表》頁 477。以下所用《春秋繁露》原文俱爲此版本,除卷别、篇名、篇章序數、頁碼外,不另加注。

③ 漢初儒者可舉爲大者,爲陸賈、賈誼、叔孫通者,觀其思想,道家成分並不強烈,陸賈雖有《無爲》一篇,但箇中思想實更接近儒家的"無爲"。而叔孫通之"緣飾儒術以吏事",當融法家思想於儒家治術。賈誼之除文吏、正曆統,當爲漢初醇儒之屬。凡此皆可説明蘇説之誤。

④ 史華慈也指出,在漢代的頭半個世紀,黄老思想在新王朝的官僚和文人學士中的普及程度達到了頂點。見氏撰(劉文静譯)《黄老學説:宋鈃和慎到》,《道家文化研究》第四輯,上海:上海古籍出版社,1994 年 3 月版,頁 143。而陳麗桂、熊鐵基之論兩漢道家思想,兩漢諸子大抵均被收録於道家系譜中,可證黄老爲當時普遍之思想。參陳麗桂,《黄老思想的體現——西漢黄老治術的雙重性格與重要人物的道法傾向》,《秦漢時期的黄老思想》(臺北:文津出版,1997 年 2 月),頁 141—184。熊鐵基,《從吕不韋到諸葛亮——新道家的發展》,《秦漢新道家》,上海:上海人民出版社,2001 年 3 月版,頁 130—174。

漢代黄老之學極盛,君如文景,宫闈如竇太后,宗室如劉德,將相如曹參、陳平,名臣如張良、汲黯、鄭當時、直不疑、班嗣,處士如蓋公、鄧章、王生、黄子、楊王孫、安丘望之等皆宗之。①

可以看到,漢代黄老盛行於各階層,不僅是帝王宗室,將相公卿②,更廣泛涵蓋至民間處士。甚且可再細分成全身保生之“養生派”、以實際政治爲中心的黄老派,以及以老子文獻爲主致力宣揚的文獻派、著重道家精神並致力理解的思辨派。③ 於此之際,身處於黄老盛行時期的董仲舒④,其鉅著《春秋繁露》中隱含的黄老道家思想,即成爲可以理解但學界卻鮮少論及的學術議題。在蘇輿之外,當代學者論及董仲舒黄老思想最力者,當屬余明光。余氏指出,董仲舒思想上有明顯的黄老傾向;尤其刑德、君無爲,以及循名責實

---

① 王鳴盛,《十七史商榷》,上海:上海書店出版社,2005 年 12 月版,卷 6,《史記六》“司馬氏父子異尚”條,頁 43。

② 老子之學盛行於漢代宗室、帝王間是不可否認的。如劉向有《説老子》四篇。“鄧公……其子章以脩黄老言顯於諸公閒”(《史記·袁盎晁錯列傳第四十一》頁 2748)。然值得注意的是,與其他諸侯王著重黄老之養生(身)道術不同(如宗室劉德“修黄老術,有智略。……德常持老子知足之計。妻死,大將軍光欲以女妻之,德不敢取,畏盛滿也。”《漢書》卷 36,《楚元王傳第六》頁 1927)竇太后重視黄老思想中的治術意識形態。在普遍以儒生或博士爲諸侯王教育的原則下(如賈誼先後爲長沙王太傅、梁懷王太傅;申公之徒趙綰、王臧以事孝景帝爲太子太傅;齊詩共祖轅固生爲清河王太傅;景帝時韓生爲常山王太傅等。),又將黄老學説入爲帝王家學與太子教育。《史記·外戚世家第十九》指出:“竇太后好黄帝、老子言,帝及太子諸竇不得不讀黄帝、老子,尊其術。”(是以逯耀東頗疑田蚡崇尚儒術事,其謂:“田蚡之好儒術,可能也是僞裝的,目的是要援儒家的勢力打擊竇后爲首的道家勢力。”見逯耀東《“通古今之變”的“今”之開端》,氏著《抑鬱與超越》,臺北:東大圖書,2007 年 5 月版,頁 146、149。

③ 金谷治,《漢初道家思想的派别》,收入劉俊文主編,許洋主等譯,《日本學者研究中國史論著選譯(第七卷 思想宗教)》(北京:1993 年 9 月版)頁 28、34、37、38。

④ 周桂鈿曾指出,董仲舒前 60 年時間,都在武帝前期的黄老學盛行階段。周桂鈿,《董學探微》,北京:北京師範大學出版社,2008 年 5 月版,頁 7。

以馭臣下等論,均深得黄老真義,並以“道家文化的精華,盡爲之所吸收”[①]評價之。從刑德、名實、無爲等概念探究董仲舒之黄老思想,正是當代討論黄老學説者最常用的方式。然漢代黄老之學,實爲一綜合各家之長的學派,司馬談所謂“因陰陽之大順,采儒墨之善,撮名法之要”者,刑德、名實、無爲只能算是黄老之“術”,並且更多的是被視作法家思想。因此,從刑德、名實、無爲等概念思考董仲舒的黄老思想,不免有董仲舒曲學阿世之嫌,或以此視爲董氏早期篇章[②],或以僞作視之。以此,本文期望在傳統的刑德、名實、無爲等黄老論述之外,從黄老另一重要議題“治國養身”論切入,試圖釐析董仲舒在彌合黄老學説與儒家學説的努力,也期望突破以往專從公羊學或哲理的天人關係二大系統之董子學術思想,爲董仲舒的學術價值,提出更爲廣闊的學術視野。此外,藉由這項議題的嘗試,能從中窺探黄老學説與儒學共治的可能與意義,對漢代儒學内涵,提出更多元的詮釋。

二、董仲舒“治國養身”説之基源意涵與其儒學改造

在西方新文化史的身體論述中,身體是個體、個性的展現,因此身體社會史中的“身體”往往成爲文明進展中的不文明面向,或是國家機器之下被操縱、箝制、齊一的國民性。而以此爲圓心發展出的國家、城市、公共空間的論述,亦着重描述此中國家與個人間秩序之緊張。[③] 相對於此,中國的身體觀經常成爲禮儀、國家的隱

① 余明光,《董仲舒與“黄老”之學》,收入陳鼓應主編,《道家文化研究》第二輯,上海:上海古籍出版社,1992 年 8 月版,頁 209—222。

② 如鄧紅即認爲,《離合根》等三篇,可“看爲董仲舒在黄老之學流行的漢武帝以前寫的早期作品。”鄧紅,《附録二:董仲舒思想與黄老之學(其二)》,收入氏著《董仲舒思想研究》,臺北:文津出版社,2008 年 6 月版,頁 249。

③ 參見理察·桑内特(Richard Sennett)著,黄煜文譯:《肉體與石頭——西方文明中的人類身體與城市》,臺北:麥田出版,2003 年版,《導論》,頁 19—35。

喻,彰顯著國家秩序與威儀。伴隨着“攝威儀”觀念出現的“治血氣”觀,除發展爲中國醫學上重要的“氣血”概念,更使個人的身體與國家規範之政體間,有了更爲緊密的結合①。董仲舒“天副人數”説,正可視爲此觀念的發展。

個體與政體間類同的連結,首見於《黄帝内經》。其言曰:

> 黄帝曰:余聞先師,有所心藏,弗著於方,余願聞而藏之,則而行之,上以治民,下以治身,使百姓無病,上下和親,德澤下流,子孫無優,傳於後世,無有終時,可得聞乎?歧伯曰:遠乎哉問也。夫治民與自治,治彼與治此,治小與治大,治國與治家,未有逆而能治之也,夫惟順而已矣。順者,非獨陰陽脈,論氣之逆順也,百姓人民皆欲順其志也。②

當中將自治、治小、治家,與治民、治大、治國並舉,個體與政體同論,乍看在討論治國之道,實際乃論治身之方,且個體與政體之所以可相並論,在二者間具有相類之持養“共理”,而非討論個體與政體二“體”之共性。以此可以看出,黄老的“治國如養身”論,着重的是個體之養護,以個體養護之方推類爲治國之道,二者之間,實以“個體”爲基準。《淮南子》之論述更爲明顯。其曰:

> 楚莊王問詹何曰:“治國奈何?”對曰:“何明於治身,而不明于治國?”楚王曰:“寡人得立宗廟社稷,願學所以守之。”詹何對曰:“臣未嘗聞身治而國亂者也,未嘗聞身亂而國治者也。故本任於身,不敢對以末。”楚王曰:“善。”故老子曰:“修之身,

---

① 楊儒賓嘗整理出先秦儒家身體觀,並歸納出二源(以周禮爲中心的威儀身體觀,以及以醫學爲中心的血氣觀)三派(踐形、自然氣化與禮義)。見氏撰:《儒家身體觀》,臺北:“中央研究院”中國文哲研究所籌備處,2003 年 1 月版,頁 8、41。

② 《黄帝内經·靈樞經》(百部叢書集成本)卷六,《師傅第二十九》。

其德乃真也。”①

君問治國之方,臣對以治身之道,並以“未嘗聞身亂而國治者”説回撥君主治國之問,可以看出黄老“治國養身”論於治道上,實是一内向型的治國理論。然《淮南子》與《黄帝内經》“治國養身”論不同處,在於二者“持養”方式之不同。《黄帝内經》以醫學之順氣成説,《淮南子》則對以《老子》論。以此,“治國養身”論,之能成爲董仲舒選擇融合儒、道二家思想,並爲其“崇儒更化”説的基礎架構,就在於“持養”之方具有相當大的重構性。

董仲舒“治國養身”論曰:

> 氣之清者爲精,人之清者爲賢。治身者以積精爲寶,治國者以積賢爲道。身以心爲本,國以君爲主。積精於其本,則血氣相承受;積賢於其主,則上下相制使。血氣相承受,則形體無所苦;上下相制使,則百官各得其所。形體無所苦,然後身可得而安也;百官各得其所,然後國可得而守也。……故治身者務執虛靜以致精,治國者務盡卑謙以致賢。能致精則合明而壽,能致賢則德澤洽而國太平。②

從“身以心爲本,國以君爲主”説,以及“治身者……治國者”句式結構,可以看到董仲舒沿用了黄老治身如治國的理論架構,並保存了黄老精氣説與《黄帝内經》中的“血氣”觀念,但他進一步運用了精氣説,將儒家的賢才觀念類同於政體上的精氣,使任賢使能成爲治國的重要條件。值得注意的是,董仲舒在這樣的理論架構中,突破了黄老對“個體”養護的強調,將君體擴大成政體,泯除了原先個體

① 何寧,《淮南子集釋》,北京:中華書局,2006 年 4 月版,卷十二,《道應訓》,頁 850—851。

② 《春秋繁露義證》,董仲舒著,蘇輿撰,鍾哲點校,北京:中華書局,2002 年 8 月版,卷 7,《通國身第二十二》頁 182—183。以下所用《春秋繁露》原文俱爲此版本,除卷別、篇名、篇章序數、頁碼外,不另加注。

與政體間大小、此彼的差異。準此,“治國養身”論不再是從“治國”內向反溯“治身”之道,而是從“治身”推論“治國”之方。透過這樣的“外向”作用,董仲舒一方面強化了“君權”位置,使“政體”脱離“個體”身體的侷限;另方面,君權與政體的合一,也使政體的養護能更符合“國家”需求。

董仲舒對黄老治國養身論的改造,首先從“尚賢”論入手。上述引文曰:“治國者務盡卑謙以致賢”,指出了賢人是使國家太平的重要關鍵。此説不僅與儒家尚賢政治思想相謀合,更是《春秋》義法,董氏所謂:“《春秋》賢而舉之,以爲天下法”[1],“任賢臣者,國家之興也。”[2]而爲了順應黄老尊君卑臣與“賢不肖當位謂之正”[3]思想,董仲舒復透過“上下相制使”,保存了君上臣下關係。

其次,則從“禮”的角度,改造政體的黄老精神。其言曰:

> 天地之生萬物也以養人,故其可適者以養身體,其可威者以爲容服,禮之所爲興也。[4]

天地以萬物作爲人存養根基,而身爲萬物之長的人,就當以“禮”養適其身。此説將“禮”提舉到人生長存養之本質意義上。“禮”的提出,正是董仲舒接續賈誼、叔孫通等人的議禮活動以及漢初儒學運動的重要環節,不同的是,賈誼倡改制之説,希望能與暴秦做更清楚的切割;叔孫通立朝儀,建立了漢初基本的君臣分際。此皆屬具體的禮制施用問題。董仲舒則將“禮”提升到經典地位,

---

① 《春秋繁露義證》卷 1,《楚莊王第一》,頁 6。

② 《春秋繁露義證》卷 3,《精華第五》,頁 98。

③ 陳鼓應,《黄帝四經今注今譯》,臺北:臺灣商務印書館,2004 年 8 月版,第一篇,《經法:四度第五》,頁 156。

④ 《春秋繁露義證》卷 6,《服制第十四》,頁 151。

使國家運作之一切制度,均歸於“禮”制之下。[①]《春秋繁露》之論“禮”,非在論制度器物,而是天道在人事的具體顯現。其言曰:

> 禮者,繼天地,體陰陽,而慎主客,序尊卑、貴賤、大小之位,而差外内、遠近、新故之級者也,以德多爲象。[②]

此説延續了《禮記·樂記》“禮者天地之别”中禮“以天爲本的客觀性”[③],以及《喪服四制》中“禮之大體,體天地,法四時,則陰陽,順人情”,所顯示的“禮”法天、順天的特色。[④] 除了社會階層彼此之分際、禮制之名實,董仲舒還從《春秋》“新周故宋”説,爲新王朝的受命改制,提出“德多爲象”[⑤]的判斷。凡此都是希望政體能以“禮”爲主體精神。

尚賢、崇禮之外,爲了扭轉黄老重刑尚吏的重法精神,董仲舒又借用陰陽學説,削弱“刑”的使用。董仲舒曰:

> 天之道,春暖以生,夏暑以養,秋清以殺,冬寒以藏。暖暑清寒,異氣而同功,皆天之所以成歲也。聖人副天之所行以爲

① 漢初儒者之議禮,目的在期望藉儒家禮制收國家秩序穩定之效,但當時諸儒之論,多在“禮制”層面,而背後所支持的禮觀念,雖均屬儒家思想範疇,但因漢初儒士來源各異,儒學在孔子歿後又無統一思想,因此在對禮的主張上,多從檢討前期秦帝國之失上論述。董仲舒之禮論,之所以能繼叔孫通、陸賈、賈誼等漢初儒生之後,進一步成爲漢帝國禮制的依循正典,在於董仲舒將禮的觀念置於《春秋》之下,使“禮”提升到具有國家正典的地位。如此才將漢初以來“禮制”爭議的問題抬升至“原則”性的建立上,並將秦帝國統治的“法典性”之性格一轉爲“禮典”制(《法典》、《法經》之説都有視法制爲國家統治準則的意味),建立了日後以“禮”爲主的禮法制度。

② 《春秋繁露義證》卷9,《奉本第三十四》,頁276。

③ 傅玲玲:《由〈禮記〉之“天”觀念論其中之人文精神》,《哲學與文化》34卷10期(2007年10月),頁104。

④ 傅玲玲:《由〈禮記〉之“天”觀念論其中之人文精神》,《哲學與文化》,頁105。

⑤ 《春秋繁露義證》卷9,《奉本第三十四》,頁276。

政，故以慶副暖而當春，以賞副暑而當夏，以罰副清而當秋，以刑副寒而當冬。慶賞刑罰，異事而同功，皆王者之所以成德也。慶賞刑罰與春夏秋冬，以類相應也，如合符。故曰王者配天，謂其道。天有四時，王有四政，四政若四時，通類也，天人所同有也。…四政者，不可以相干也，猶四時不可相干也。①

儒家向主張仁政，對刑罰之施，多所責難。然董氏從“天有四時，王有四政”之説中，承認了刑罰於政體的存在地位，一方面維持了前期黄老重吏尚刑的作法，另方面又企圖從四時時氣的定位，將刑罰縮減至冬季一季施用。而刑罰在國家意義上，又可爲威民、畏民工具。以此，刑罰之在政體，確是不可或缺的一環。董仲舒論刑罰之必要性曰：

天有和有德，有平有威，有相受之意，有爲政之理，不可不審也。春者，天之和也；夏者，天之德也；秋者，天之平也；冬者，天之威也。天之序，必先和然後德，必先平然後發威。此可以見不和不可以發慶賞之德，不平不可以發刑罰之威。②

以及：

天出陽，爲暖以生之；地出陰，爲清以成之。不暖不生，不清不成。然而計其多少之分，則暖暑居百而清寒居一。德教之與刑罰猶此也。故聖人多其愛而少其嚴，厚其德而簡其刑，以此配天。③

在文吏主政、霸王道并行之漢代，董仲舒使刑罰成爲天道一環，並

① 《春秋繁露義證》卷13，《四時之副第五十五》，頁353—354。
② 《春秋繁露義證》卷17，《威德所生第七十九》，頁462。
③ 《春秋繁露義證》卷12，《基義第五十三》，頁351—352。

巧妙地藉由天道陰陽之理,提出“先和而後德,先平而後威”、“暖暑居百而清寒居一”、“厚其德而簡其刑”之說,緩解酷吏重刑之風。同時,董仲舒進一步轉化先秦時期陰陽二者相對等的平衡力量,傾斜爲陽百陰一的比例;以及讓儒家之德居陽位、天位,佔主導性位置,但又不否定既有刑罰的必要位置。爲了因應新政治型態的建立,董仲舒挪用既有思想架構,來裝其“崇儒更化”新酒,不僅維繫了既有體制的存在,又使政體朝任賢使能的儒家思想方向前進,減低“更化”所可能引發的政治危機與社會動盪。至此,可以說,董仲舒成功打造了儒家式的治國養身論。而這樣的治國養身論,其基源意義乃在:以君體爲政體、尚賢重禮,以及不廢刑罰。

三、政體的養護:君權意識的建立與君臣職分的釐訂

董仲舒將君體等同於政體,除了是對黄老治國養身説的改造外,更與《公羊傳》“國君一體”説相合。《公羊傳》莊公四年曰:

> 九世可以復讎乎?雖百世可也。家亦可乎?曰:不可。國何以可?國君一體也。先君之恥,猶今之國恥也。今君之恥,猶先君之恥也。國軍何以爲一體?國君以國爲體,諸侯世,故國君爲一體也。[①]

此説雖在論復讎,然卻明確指出,君主與國家爲一體,君體即爲政體。以此,董仲舒之使君體成爲政體,除了有治國養身説的前提,更具經典的憑藉。在政體的養護上,首重以“君無爲”説達到安静政治的政體養護。

董仲舒論人君曰:

① 《春秋公羊傳》,十三經注疏本,臺北:藝文印書館,1989年版,卷六,頁77。

> 一國之君,其猶一體之心也。隱居深宫,若心之藏於胸;至貴無與敵,若心之神無與雙也。……君明,臣蒙其功,若心之神,體得以全;臣賢,君蒙其恩,若形體之静而心得以安。上亂下被其患,若耳目不聰明而手足爲傷也;臣不忠而君滅亡,若形體妄動而心爲之喪。是故君臣之禮,若心之與體,心不可以不堅,君不可以不賢;體不可以不順,臣不可以不忠。心所以全者,體之力也;君所以安者,臣之功也。①

承繼了黄老治國養身論中以國君爲身體核"心"的論述,以心喻人主,養心之道,在於虚静,《黄帝内經》謂:

> 夫上古聖人之教下也,皆謂之虚邪賊風,避之有時,恬惔虚無,真氣從之,精神内守,病安從來。是以志閑而少欲,心安而不懼,形勞而不倦,氣從以順,各從其欲,皆得所願。故美其食,任其服,樂其俗,高下不相慕,其民故曰朴。是以嗜欲不能勞其目,淫邪不能惑其心,愚智賢不肖不懼於物,故合於道。所以能年皆度百歲,而動作不衰者,以其德全不危也。②

以"恬淡虚無"、"内守自定"抵禦嗜欲、淫邪。相對的,君體之養,首在無爲。董仲舒曰:

> 君人者,國之元,發言動作,萬物之樞機。樞機之發,榮辱之端也。失之毫釐,駟不及追。故爲人君者,謹本詳始,敬小慎微,志如死灰,形如委衣,安精養神,寂莫無爲。③

爲君者"形如委衣"、"寂寞無爲",一方面可以養蓄精氣,另方

① 《春秋繁露義證》卷 17,《天地之行第七十八》,頁 460—461。
② 王冰注,《黄帝内經·素問》卷一,《上古天真論一》,頁 11—12。
③ 《春秋繁露義證》卷 6,《立元神第十九》,頁 166—167。

面也在不使臣下察覺主好，擾亂君主神明。以此，無爲實際又是人君之治術：

> 天高其位而下其施，藏其形而見其光。高其位，所以爲尊也；下其施，所以爲仁也；藏其形，所以爲神；見其光，所以爲明。故位尊而施仁，天之行也。故爲人主者，法天之行，是故内深藏，所以爲神；外博觀，所以爲明也；任羣賢，所以爲受成；乃不自勞於事，所以爲尊也；汎愛群生，不以喜怒賞罰，所以爲仁也。故爲人主者，以無爲爲道，以不私爲寶。立無爲之位而乘備具之官，足不自動而相者導進，口不自言而擯者贊辭，心不自慮而群臣效當，故莫見其爲之而功成矣。①
>
> 爲人君者居無爲之位，行不言之教，寂而無聲，靜而無形，執一無端，爲國源泉。因國以爲身，因臣以爲心。以臣言爲聲，以臣事爲形。……故爲君虛心靜處，聰聽其響，明視其影，以行賞罰之象。②

而君主處無爲之位，行無爲之政，一方面可收黄老無爲之治之效，與儒家不言之教之功，另方面還可有立君威的作用。董氏曰：

> 體國之道，在於尊神。尊者所以奉其政也，神者所以就其化也，故不尊不畏，不神不化。夫欲爲尊者在於任賢，欲爲神者在於同心。賢者備股肱則君尊嚴而國安，同心相承則變化若神，莫見其所爲而功德成，是謂尊神也。③

"莫見其所爲而功德成"，即是黄老無爲之治的顯現，也是建立君權的重要治術。

---

① 《春秋繁露義證》卷 6,《離合根第十八》,頁 164—165。
② 《春秋繁露義證》卷 6,《保位權第二十》,頁 175。
③ 《春秋繁露義證》卷 6,《立元神第十九》,頁 170。

在君體"無爲"的論述中,我們還可以看到,君主無爲之治的達成,尚需具有完善而運作順暢的官僚體系。《黄帝内經·素問·靈蘭秘典》中曰"心者,君主之官也……肺者,相傅之官……肝者,將軍之官……膽者,中正之官……脾胃者,倉廩之官"①,身體與政體之間呈現如同周官般的理想性國家②,身體(政體)之能運作,仰賴的是官僚體制的各司其位,各守其分。心雖居"君主"之位,然與其他器官相同,均爲一"官",身體要能運行,各器官均需各職其分,心與其他器官之間,相爲輔成,是缺一不可的"一體"概念。董仲舒雖然沿用了這樣的心—君之喻,但改《黄帝内經》"身體爲政體"説爲"君體爲政體",君臣雖同屬政體,但二者之間,是以"同心"相維繫,並且是人臣與"君"同心。由此,就出現"君無爲而臣有爲"、"功出於臣,名歸於君"的君臣異道觀念。董仲舒曰:

> 是以羣臣分職而治,各敬而事,爭進其功,顯廣其名,而人君得載其中,此自然致力之術也。聖人由之,故功出於臣,名歸於君也。③

可以看到,群臣各守其分,各職其事,以成君之"無爲"盛名。以此,在政體的養護上,人臣是否能各安其分,各盡其能,就成爲重要的環節。董仲舒提出實際的考核方法,其言曰:

> 考試之法,合其爵祿,并其秩,積其日,陳其實,計功量罪,以多除少,以名定實,先内弟之。④

---

① 王冰注,《黄帝内經·素問》,四部備要本,臺北:臺灣中華書局版,卷三,《靈蘭秘典論第八》,頁1。

② 如同蔡璧名所指出,這樣的身國關係,彼此之間存在的僅是"整體合作的前提下進行的",只能算是一"理想的政治組織。"見蔡璧名:《身體與自然》,臺北:臺灣大學出版委員會,1995年4月版,頁307。

③ 《春秋繁露義證》卷6,《保位權第二十》,頁176。

④ 《春秋繁露義證》卷7,《考功名第二十一》,頁180—181。

> 考績絀陟,計事除廢,有益者謂之公,無益者謂之煩。擥名責實,不得虛言,有功者賞,有罪者罰,功盛者賞顯,罪多者罰重。不能致功,雖有賢名,不予之賞;官職不廢,雖有愚名,不加之罰。賞罰用於實,不用於名;賢愚在於質,不在於文。故是非不能混,萬物各得其名,則百官勸職,爭進其功。①

從職等、職分來課其殿最,依績效之名實賞罰之,確保官僚體制的順暢運作。

董仲舒透過君無爲説建立君權,又設考課方法量臣之功,由此完成政體之基本養護。

四、淑世與教化:政體的"訓育"規範與國民性的建立

除了政體的持養,作爲國家概念的政體,要順暢運作,除量功覈臣,確保體系的運作外,在政體遭受破壞時,尚須設有懲誡系統,以建立政體的威儀。董仲舒從五行相生理論,規範了政事的運作原則,各政事均有一相應的職官負責。《五行相生》曰:

> 東方者木,農之本。司農尚仁,進經術之士,道之以帝王之路,將順其美,匡捄其惡。……南方者火也,本朝。司馬尚智,進賢聖之士,上知天文,其形兆未見,其萌芽未生,昭然獨見存亡之機,得失之要,治亂之源,豫禁未然之前,執矩而長。……中央者土,君官也。司營尚信,卑身賤體,夙興夜寐,稱述往古,以厲主意。明見成敗,微諫納善,防滅其惡,絶源塞隟,執繩而制四方。……西方者金,大理司徒也。司徒尚義,臣死君而衆人死父。親有尊卑,位有上下,各死其事,事不踰矩,執權而伐。北方者水,執法司寇也。司寇尚禮,君臣有位,長幼有序,朝廷有爵,鄉黨以齒,升降揖讓,般伏拜謁,折旋中

---

① 《春秋繁露義證》卷 7,《考功名第二十一》,頁 178—179。

矩，立而磬折，拱則抱鼓，執衡而藏。①

董仲舒合五行之木、火、土、金、水，與仁、智、信、義、禮五常之德，援周禮之司農、司徒、司馬、司寇四官執掌政事。而引文中所謂“進經術之士，道之以帝王之路”，“進賢聖之士，上知天文”，“稱述往古，以厲主意”等説，正是董仲舒尚儒更化的對策主張；而“親有尊卑，位有上下”，“君臣有位，長幼有序”等制，強調上下、尊卑分際，正是董仲舒政體的“禮”制精神要求與尊君思想的表現。董仲舒沿襲了周官天、地、春、夏、秋、冬“周行”思維，但改爲更具約束力與循環性的五行思想，使五官之間，各安其位，“五行之官，各致其能”②，但彼此間又環環相扣、相互牽制，所謂“五官也，比相生而間相勝”③。他突破了以往只將官僚體制作靜態的陳置的設計，使整個官僚體制成爲相輔相成，又相互監督的圓善體系。並從五行的相生理論中，構築了官僚體系的運行原則。這是董仲舒對政體”訓育”的首要步驟。

其次，是對政體的教化。教化一在止姦懲惡，二在國家意識形態的灌輸。前者可説是對政體秩序的維持，屬消極性的避禍方式，後者則是對“國家”政體的信仰，是積極的人民教育與人性改造。

在止姦懲惡上，董仲舒特别留意惡的發始。他説：

> 凡百亂之源，皆出嫌疑纖微，以漸寖稍長至於大。聖人章其疑者，别其微者，絶其纖者，不得嫌以蚤防之。④

援《公羊》之重“始”慎“本”思想，董仲舒指出，“志邪者，不待成”⑤，

---

① 《春秋繁露義證》卷 13，《五行相生第五十八》，頁 362—365。
② 《春秋繁露義證》卷 11，《五行之義第四十二》，頁 322。
③ 《春秋繁露義證》卷 13，《五行相生第五十八》，頁 362。
④ 《春秋繁露義證》卷 8，《度制第二十七》，頁 231。
⑤ 《春秋繁露義證》卷三，《精華第五》，頁 92。

"絕亂塞害於將然而未形之時",[①]在惡發端之際就要立刻察覺並改正之。以此儘管是初犯,董仲舒都處以重罰,避免日後類似的惡行再出現。其言曰:

> 《春秋》之聽獄也,必本其事而原其志。志邪者不待成,首惡者罪特重,本直者其論輕。[②]
>
> 誅犯始者,省刑,絕惡疾始也。[③]

董仲舒指出,誅殺初犯者,乍看殘忍嚴酷,實際卻是日後的省刑良方。重罰初犯者,可以杜絕民眾心存僥倖之心,再犯類似的惡習,又可使初犯者不生再犯的念頭。若心軟輕責犯行,既無嚇阻之效,日後必有模仿重犯,到時政府反覆施刑,反而會形成"多刑"印象而產生民怨。

在刑罰的施用外,爲了遏制惡行的出現,或犯罪的空間,董仲舒從政體的根本——制度來着手。他説:

> 聖人之道,眾隄防之類也。謂之度制,謂之禮節。故貴賤有等,衣服有制,朝廷有位,鄉黨有序,則民有所讓而不敢爭,所以一之也。[④]

董仲舒認爲,制度是禮節、是分際,也是穩定國家、安定社會的基源,更是"人"的社會定位與責任歸屬。制度不明,則人無所定位,紛爭出,民無序,政體自然動盪不安。因此,天下要"無患",必得從制度着手。其言曰:

> 凡衣服之生也,爲蓋形煖身也,飾文章者,非以爲益肌膚

① 《春秋繁露義證》卷八,《仁義法第二十九》,頁252。
② 《春秋繁露義證》卷3,《精華第五》,頁92。
③ 《春秋繁露義證》卷4,《王道第六》,頁121。
④ 《春秋繁露義證》卷8,《度制第二十七》,頁231。

> 血氣之情也，將以貴貴尊賢，而明別上下之倫，使教亟行，使化易成，爲治爲之也。若去其度制，使人人從其欲，快其意，以逐無窮，是大亂人倫，而靡斯材用也，失文采所遂生之意矣。……今欲以亂爲治，以貧爲富，非反之制度不可。①

可以看到，制度即是規範，愈明確愈好。制度明確後民眾行事才有所依歸，才能各安其分。

董仲舒之所以撰《度制》，除了建立政體規範外，更在於制度含有王道思想。董仲舒在改制宣言中曾曰：

> 故必徙居處、更稱號、改正朔、易服色者，無他焉，不敢不順天志而明自顯也。若夫大綱、人倫、道理、政治、教化、習俗、文義盡如故，亦何改哉？故王者有改制之名，無易道之實。……是故大改制於初，所以明天命也。②

新王受命，改正朔、更稱號、易服色，在於符應天命，然制度中含有的“大綱、人倫、道理、政治、教化、習俗、文義”等王制思想，則無須變動。以此，董仲舒之強調制度之要，一在消極地規範人民之行事作爲，另一重點，當在透過制度傳達箇中王道思想，以爲教化。

教化是董仲舒《春秋》學的核心。《俞序》中曰：

> 教化流行，德澤大治，天下之人，人有士君子之行。③

《賢良對策》亦言：

> 天地未應而美祥莫至者，何也？凡以教化不立而萬民不

---

① 《春秋繁露義證》卷8，《度制第二十七》，頁232—233。
② 《春秋繁露義證》卷1，《楚莊王第一》，頁18—19。
③ 《春秋繁露義證》卷六，《俞序第十七》，頁164。

正也。[①]

教化不立則王道不行、祥瑞不至。然化民之所以爲要,在"君者,民之心也;民者,君之體也"[②]。人民與君主之間,亦有着"一體"的聯繫。且"教,政之本也"。[③] 教化是爲政之根本。然而民之所以要化,在於"民者,瞑也"[④],人民本性中隱含有惡的成分,必須藉由王道之教化,才能化性去僞。董仲舒曰:

> 蓋聖人者貴除天下之患。……天下者無患,然後性可善;性可善,然後清廉之化流;清廉之化流,然後王道舉。[⑤]

性何能化?何須化?董仲舒論性曰:

> 性之名非生與?如其生之自然之資謂之性。[⑥]
>
> 人受命於天,有善善惡惡之性,可養而不可改,可豫而不可去,若形體之可肥臞,而不可得革也。[⑦]
>
> 人之誠,有貪有仁。仁貪之氣,兩在於身。身之名,取諸天。天兩有陰陽之施,身亦有貪仁之性。天有陰陽禁,身有情欲栣,與天道一也。[⑧]

董氏認爲,"性"是與生俱來的天然之資,然每人所秉受的資質不

---

① 《漢書》卷56,《董仲舒傳第二十六》,頁2503。
② 《春秋繁露義證》卷11,《爲人者天第四十一》,頁320。
③ 《春秋繁露義證》卷三,《精華第五》,頁92。
④ 《春秋繁露義證》卷10,《深察名號第三十五》,頁286。
⑤ 《春秋繁露義證》卷5,《盟會要第十》,頁140—141。
⑥ 《春秋繁露義證》卷10,《深察名號第三十五》,頁291。
⑦ 《春秋繁露義證》卷1,《玉杯第二》,頁34。
⑧ 《春秋繁露義證》卷10,《深察名號第三十五》,頁294—296。

同,因此表現出來的有善有惡,[①]如同每個人的身體有胖瘦之别,此間之異非天對每個人的施氣不同,或是天對人的選擇性表現,而是如天之有陰陽這樣相反的表現一般,皆屬自然現象。然而值得注意的是,董仲舒在此提出人性可以改變,並非對人性做本質的更置或移除,而是不讓惡的一面表現於外。亦即:人性之惡既無可避免(如天之必有陰),那麽,就削减惡的能動性,不使其有發顯機會。民性既有與生俱來不完美的地方,以此,在一定的規範下,董仲舒允許"欲"的存在。所謂:"聖人之治民,使之有欲,不得過節;使之敦朴,不得無欲。"[②]因爲"欲"或是利、貪,都是天道所本有的,只要不過節,不威脅到體制的穩定,都是可以存在的。

去惡之外,教化目的,當然是要能呈顯性善的一面。董子以禾米爲喻,説明人性爲善的可能性。

> 性比於禾,善比於米。米出禾中,而禾未可全爲米也。善出性中,而性未可全爲善也。善與米,人之所繼天而成於外,非在天所爲之内也。止之内謂之天性,止於外謂之人事。事在性外,而性不得不成德。[③]

由此人性本質就成爲善質,而善善惡惡就只是呈顯上、表層性的差異,而教化的施力點亦由此展開。其言曰:

> 今萬民之性,有其質而未能覺,如瞑者待覺,教之然後善。當其未覺,可謂有善質,而不可謂善。[④]

---

① 董氏於此尚未摻雜後儒以"氣"之秉受多寡釋性之善惡,純以外在形體概括善惡之異。如《官制象天》中云:"人生於天而體天之節,故亦有大小厚薄之氣,人之氣也。"亦無論及各人才性差異,"大小厚薄"不同的秉氣,僅表現於人形體之差異上。

② 《春秋繁露義證》卷 6,《保位權第二十》,頁 174。

③ 《春秋繁露義證》卷 10,《深察名號第三十五》,頁 297。

④ 《春秋繁露義證》卷 10,《深察名號第三十五》,頁 297。

是以人性唯善,惡者屬"未覺"之瞑態。可以看到,董仲舒在民性的梳理上,是有現實的關照,不是一味地扭轉民性。

性既可爲善,要從什麽角度進行教化呢?董仲舒從"孝"着手。其言曰:

> 君者將使民以孝於父母,順於長老,守丘墓,承宗廟,世世祀其先。①

《禮記·郊特牲》曰:"萬物本乎天,人本乎祖,此所以配上帝也。郊之祭也,大報本反始也。"②孝爲人倫之始,通過祭祀活動,人民可以感受到當中藴涵的孝道倫理觀念。而"孝"同時也是漢代强調的德性,可説是官方的重要意識形態與政治思想,不僅帝號言孝,其後更發展成一種選官方式"孝廉",以此,董仲舒之以"孝"爲化民方式,確實含有董仲舒重始與當時意識形態之深意。同時,儒家向以"民之父母"作爲對人君行仁政思想的要求,孝道之實行,亦可視作是王道思想的實現。董仲舒曰:

> 君民者,貴孝弟而好禮義,重仁廉而輕財利,躬親職此於上,而萬民聽,生善於下矣。故曰:"先王見教之可以化民也。"此之謂也。③

董仲舒之推行孝、禮,在政體的訓育上,無疑是國家意識形態的一種灌輸,也是齊一國民性的積極作爲。

---

① 《春秋繁露義證》卷4,《王道第六》,頁126。

② 孫希旦集解,《禮記·郊特牲》,北京:中華書局,1997年版,卷25,頁694。

③ 《春秋繁露義證》卷11,《爲人者天第四十一》,頁320。

五、結　論

誠如蘇輿所論,董仲舒富有道家氣息的篇章,大抵集中於《保位權》、《立元神》等篇,而不在申論公羊意旨的《楚莊王》等篇。然而從以上的論述已能看到,董仲舒不只是使用黄老思想的部分概念,更重要的,是改造黄老核心議題"治國養身"論,以成就其崇儒更化的政治理想。這樣做,一來可減低國家意識形態轉換過程中產生的衝擊,二來能保全儒家思想於當時主流之黄老思想之下。董仲舒擴大了原先治國養身論專就"人君"一體的個體養護與修持,而將政體從身體改爲君體,使政體更具有君權性與國家意識,復從黄老尊君卑臣、君無爲而臣有爲的觀念,奠定君臣分際與考課制度。由此,"治國養身"論成爲具有"國家"意識的理論架構。再融合董氏《春秋》學強調"教化"的特性,確定了國民的存在位置,使其"國家"論述不是空洞的君王論,而有更全面的治國之方。而對人民施以"孝道"的教化措施,不僅因孝道爲人倫之始,更因孝道是漢代重要的國家意識形態,以此,教化就成爲對國民的訓育與國家意識型態的凝結。由此,"治國養身"論就不再只是對身體的靜態的養護與修持,透過君體、君臣、君民三層面與國家架構,成爲對"政體"政權正當性的形塑與國家意識形態、政體精神的鞏固。以此,成功地改造黄老治國養身論,並使之成爲董仲舒"崇儒更化"新政治型態的理論需求,也使儒學得以有機會在黄老精神瀰漫下的漢初,逐步成爲帝王施政的治國思想。

(作者單位:臺灣清華大學中文系)

氣節觀在中國文化和思想中的價值與變化考察

詹海雲

摘要:研究中華文化與學術,如能從中華民族精神的核心價值和概念入手,不僅有助於真切理解中華文化的精義,同時也能使中國先哲修身淑世的正確價值觀得以永續傳承和發展。故本文以中華文化的理想品格內容之一的“氣節”作爲探討對象。爲了理解“氣節”的來源、發展、變化及如何落實在中國士人的生活中,本文試從語言學、語法學、詞彙學、語境學探討其語義來源的多重性,也從思想史、文學史、歷史現場上的使用看“氣節”一詞在中國文化史上義涵的變化。最後,討論“氣節”觀在中國文化上的意義。全文的寫作目標希望能在多學科的視野和豐富的史料上,加以融通會通貫通,提出一些新意,以就教學界,並與學界共勉,做一個有爲有守有氣節,能做事且淑世輔國的中國士人。

關鍵詞:氣節　節氣　詞彙學　詞族　文學　史學　理學　文化　帝王宰輔

“氣節”是中華文化的理想品格內容之一,它是士人立身處世之道。本文試從語言學、語法學、詞彙學、語境學探討其語義來源的多重性,也擬從思想史、文學史、動/植/礦物上的使用看“氣節”一詞在中國文化史上義涵的變化。最後,討論“氣節”觀在中國文化上的意義。

一、氣節一詞來源的分析

“氣節”原是二個單詞,其結合方式有三:一爲兩個並列的單詞(正氣與節操),是聯合式合義複詞。一爲主詞加不及物動詞。氣指氣魄或意氣,節指節制、調節(氣魄承擔或意氣爲用,均需略加調節),它是表態句。一是與節氣意義相同,爲二十四節之氣,屬於形容詞加名詞的詞組。

一般我們所說的“氣節”,常指聯合式合義複詞的氣(正氣、志氣)節(節操)。但是我們如要深入了解“氣節”的構成方式的原始來源,應結合此三種方式來一起討論,更能見出“氣節”概念的思想發展。

氣節,最早應是做爲天氣的“節氣”。因爲仰觀天時,製定曆法,以頒佈農時,從事生産,爲人類原初生活所必需。在《十三經》中,未見“氣節”或“節氣”一詞。有關天時氣候的“氣節”或“節氣”是見於《尚書》、《禮記》、《儀禮》的傳注中。《尚書》傳注中提及“氣節”、“節氣”見於:

《堯典》卷一“日中星鳥,以殷仲春”。

漢·孔安國《傳》:“日中謂春分之日。鳥,南方朱鳥七宿。殷,正也。春分之昏鳥星畢見,以正仲春之氣節,轉以推季孟則可知。”①

唐·孔穎達《尚書注疏》:帝曰:“咨!汝羲暨和!朞三百有六旬有六日,以閏月定四時成歲。”《傳》:“咨,嗟。暨,與也。匝四時曰朞。一歲十二月,月三十日,正三百六十日,除小月六爲六日,是爲一歲有餘十二日,未盈三歲,足得一月,則置閏焉,以定四時之氣節,成一歲之曆象。”②

宋·魏了翁《尚書要義》:氣節者,一歲三百六十五日有餘,分爲十二月,有二十四氣。一爲節氣,謂月初也;一爲中氣,謂月半也。以迭見之星,叙此月之節也。③

---

① 漢·孔安國傳/唐·孔穎達疏《尚書注疏》,卷一,臺灣商務印書館四庫全書本。

② 漢·孔安國傳/唐·孔穎達疏《尚書注疏》,卷一,臺灣商務印書館四庫全書本。

③ 宋·魏了翁《尚書要義》,卷十一,臺灣商務印書館四庫全書本。

元・黄鎮成《尚書通考》:一行《日度議》曰:"古曆日有常度。天周爲歲,故混其度於氣節。一氣十五度。二十四氣則三百六十度,餘五度四分一度,分爲三十二,播於二十四氣。一氣得十五度七分。"虞喜乃以天爲天,以歲爲歲,立差以追其變焉,觀此則知班志所載,猶以天周爲歲,東漢以來,始有黄赤道之異。①

由此可知,"氣節"、"節氣"是指天上日月星晨度數之變化,加以刻度、定位,調整後制定出一年之時日與三年之閏年。"氣"、"節"既指天時星象,則是有定(静)有動,人們須依此天體運行來配合工作、休息。從"氣"有"動"義,"節"有"定"、"静"之義,也有"節序度數"之義,它是説人們要準確定天時曆象之位,必須觀察天象,揣摩斟酌,損益衡定,以得出正確曆法。所以,《史記・天官書》説:

斗爲帝車,運于中央,臨制四鄉。分陰陽,建四時,均五行,移節度,定諸紀,皆繫於斗。②

就是指的人們根據天上星象,據以推算天體運行、季節變化的度數。

氣節找出後,人們不僅根據它工作、作息,同時,建立各種適宜的制度。宋・魏了翁《儀禮要義》於"君於大夫士弔服亦有變除之節"説:

《雜記》云:"君於卿大夫比葬不食肉,比卒哭不舉樂,是知未吉,則凡弔服亦當依氣節而除,並與緦麻同三月除之矣。③

① [元]黄鎮成《尚書通考》,卷一,臺灣商務印書館四庫全書本。
② [漢]司馬遷《史記》,卷二十七,臺灣商務印書館四庫全書本。
③ [宋]魏了翁《儀禮要義》,卷三十四,臺灣商務印書館四庫全書本。

於此,可知古代喪禮之弔服也要“依節氣而除”。“氣節”的影響由“天時”進到“人倫制度之訂定”。

《易經》注説中與“氣節”有關之卦有二:一爲《復》卦,一爲《節》卦。《復》卦“復其見天地之心乎”,明·蔡清《易經蒙引》引朱子《本義》説:

> 《本義》所謂“積陰之下,一陽復生,此句主節氣説,非就卦説卦…”〇上《本義》所謂自五月姤卦一陰始生,至此七爻而一陽來復,乃天運之自然者,亦從氣節説卦其象也。①

此從“節氣”説爲何要“復其見天地之心”,因爲天氣之運行本就是周而復始,始而復周,所以,我們要見“天地之心”,必須“歸本”、“復初”,從“人之初”去找回“本心”、“天地之心”。

明·陳士元《易象鉤解》解釋《節》卦卦辭:“節亨。苦節不可貞。”説:

> 天地之數以六十爲節,故易卦至六十而爲節。月有中氣,有節氣。節以損其過而歸之中也。節則裕,裕則適。苦節則不中,故不可貞。貞者恒久之謂也,不可貞,言不能持久也。朱漢上曰:“凡物過則苦。味之過正,形之過勞,心之過思,皆曰苦。故節之過者,曰苦節也。”②

此説“節”是依天時而來。節的作用在“損過歸中”,其結果是“裕”(寬裕)而“適”(順暢可行),所以“節”如果是“苦節”是不符合“氣節”(天時)之意。

由上述之資料,可以推測“氣節”最早是由“天時的節氣”而來,天時有常有變,要找出其規律,利用天上星宿定位,節度成二十八

① 蔡清《易經蒙引》,卷四·上,臺灣商務印書館四庫全書本。
② 陳士元《易象鉤解》,卷四,臺灣商務印書館四庫全書本。

宿,三百六十四日。而天時是周而復始,節氣又是使曆法寬鬆,利用餘日之數以成閏年,使人可以遵行,又不違天時。以後所謂“氣節”義的“順天應人”、“復見人心所同之理(規範)”以及“堅節正操”都已蘊涵其中。而“氣節”的”天候”義也屢見於後人文章中。

“氣”除作爲“天時”、氣候、節氣外,還可解釋成社會風氣;人或物的特徵、屬性;主觀精神;精神狀態、情緒;勇氣、豪氣;義氣;作家的氣質或作品的風格;文風;氣勢;氣氛。例如:

《易・乾》:“同聲相應,同氣相求。水流濕,火就燥,雲從龍,風從虎。”指人、物的屬性。

《孟子・公孫丑下》:“我善養吾浩然之氣。”指正氣。

《莊子・庚桑楚》:“欲靜則平氣。”指精神狀態,情緒。

《左傳・莊公十年》:“夫戰,勇氣也。一鼓作氣,再而衰,三而竭。”指勇氣;豪氣。

《陳書・章昭達傳》:“ 昭達 性倜儻,輕財尚氣。”指義氣。

曹丕《典論・論文》:“文以氣爲主,氣之清濁有體,不可力強而致。”指作家的氣質或作品的風格,氣勢。

這些“氣”字已包含有“氣節”的道德、人品、文品意義在内。

至於”節”字,除《易經. 節卦》外,《左傳》有“聖達節,次守節,下失節”之語,朱自清認爲這是“節”的最初且重要概念。《左傳》説:

諸侯將見子臧於王而立之子。臧辭曰:“前志有之曰:‘聖達節,次守節,下失節。’爲君,非吾節也。雖不能聖,敢失守乎。”杜預《注》:“(聖達節),聖人應天命不拘常禮;(次守節),謂賢者;(下失節),愚者妄動。”《正義》曰:“節猶分也。人生天地之間,性命各有其分,聖人達于天命,識己知分,若以歷數在己,則當奉承靈命,不復拘君臣之交,上下之禮。舜禹受終,湯武革命,是言達節。遂逃奔宋者也。若自知己分不合高位,得而不取,與而不受,子臧、季札、衛公子郢、楚公子閭如此之類,皆守節者也。下愚之人,不識己分,侜張妄作,取非其理,干紀亂常如此之輩,古今多矣。州吁無知之等,皆失節者也。子自以身是庶子,不合有國,故言爲君非吾節也。雖不能爲聖,敢失其守節者乎。"①

子臧解釋"達節、守節、失節"爲"順從天命,安分守己"。換言之即是以"命"、"分"來調節"自己的心志和外在的環境",在相互配合下,以決定自己未來的適當行爲。

關於命分,朱子説:

問:"性分、命分何以别?"曰:"性分是以理言之,命分是兼氣言之。命分有多寡厚薄之不同。"②

"命分"除有"先天的命運的不可改易",也有"個人氣質多寡厚薄的偏向"。

大體而言,"氣節"先是從"天體運行"的"節氣"言。其後才是爲大家所熟知的"氣節"義,大致仍與"天體運行"的"氣節"有關。"氣"偏向動、變化,多與個人性向、時代變化有關。"節"偏向"調節"、"調整",有貞定的作用。天運之"氣"須依運(動)掌握,而"節"應"損過適中",不應"苦節"(因爲苦節則失中,不合天道,亦不合人道),而應如道教徒煉丹時,火候大小必須適中,始爲得節度。拿捏標準則在藥性(客觀的)與人心(主觀的)結合得宜上。

二、"氣節"涵義的發展變化

據目前所知的史料,"氣節"一詞,最早是見於《史記·汲黯列傳》。司馬遷説:

---

① 杜預《春秋左傳注疏》,卷二十七,臺灣商務印書館四庫全書本。
② 《朱子語類》卷四,臺灣商務印書館四庫全書本。

> 黯學黄老之言,治官理民,好清静,擇丞史而任之。其治,責大指而已,不苛小。黯多病,臥閨閤内不出。歲餘,東海大治。稱之。上聞,召以爲主爵都尉,列於九卿。治務在無爲而已。弘大體,不拘文法。黯爲人性倨,少禮,面折,不能容人之過。合己者善待之,不合己者不能忍見,士亦以此不附焉。然好學,游俠,任氣節,内行脩絜,好直諫,數犯主之顔色,常慕傅柏、袁盎之爲人也。善灌夫、鄭當時及宗正劉棄。亦以數直諫,不得久居位。當是時太后弟武安侯蚡爲丞相,中二千石來拜謁,蚡不爲禮。然黯見蚡未嘗拜,常揖之。天子方招文學儒者。上曰:"吾欲(施仁義)云云。"黯對曰:"陛下内多欲而外施仁義,奈何欲效唐虞之治乎!"上默然,怒,變色而罷朝。公卿皆爲黯懼,上退謂左右曰:"甚矣,汲黯之戇也!"①

汲黯治黄老之言,卻面折人過,不能容人。好游俠,任氣節。好直諫,數犯主之顔色。故"氣節"概念最初出現時,是與"不能容人,犯上,好游俠"的任俠使氣有關。它是"狂者",也是"戇者"。有"飛蛾撲火"、"説大人則藐藐之"的氣概。

除了汲黯以外,班固《漢書》以"氣節"提到的人物有原涉。班固説:

> 原涉字巨先。祖父武帝時以豪桀自陽翟徙茂陵。父哀帝時爲南陽太守。天下殷富,大郡二千石列官,賦斂送葬皆千萬以上,妻子通共受之,以定産業。時又少行三年喪者。及涉父死,讓還南陽賻送,行喪冢廬三年,繇是顯名京師。禮畢,扶風謁請爲議曹,衣冠慕之輻輳。爲大司徒史丹舉能治劇,爲谷口令,時年二十餘。谷口聞其名,不言而治。
>
> 先是涉季父爲茂陵秦氏所殺,涉居谷口半歲所,自劾去官,欲報仇。谷口豪桀爲殺秦氏,亡命歲餘,逢赦出。郡國諸

① 《史記》卷一百二十,《汲黯列傳》,臺灣商務印書館四庫全書本。

> 豪及長安、五陵諸爲氣節者皆歸慕之。涉遂傾身與相待,人無賢不肖闐門,在所閭里盡滿客。或譏涉曰:"子本吏二千石之世,結髮自修,以行喪推財禮讓爲名,正復讎取仇,猶不失仁義,何故遂自放縱,爲輕俠之徒乎?"涉應曰:"子獨不見家人寡婦邪?始自約敕之時,意乃慕宋伯姬及陳孝婦,不幸壹爲盜賊所汙,遂行淫失,知其非禮,然不能自還。吾猶此矣!"①

原涉之所以會被"郡國諸豪及長安、五陵諸爲氣節者皆歸慕之",正是其一家三代都是以豪傑表現氣節。

范曄《後漢書》提及王莽從兄平阿侯仁之子的王磐(子石)。尚"氣節"行爲時,如此寫道:

> 初,(馬)援兄子婿王磐子石,王莽從兄平阿侯仁之子也。莽敗,磐擁富貲居故國,爲人尚氣節而愛士好施,有名江淮閒。後游京師,與衛尉陰興、大司空朱浮、齊王章共相友善。援謂姊子曹訓曰:"王氏,廢姓也。子石當屏居自守,而反游京師長者,用氣自行,多所陵折,其敗必也。"後歲餘,磐果與司隸校尉蘇鄴、丁鴻事相連,坐死洛陽獄。而磐子肅復出入北宫及王侯邸第。援謂司馬吕种曰:"建武之元,名爲天下重開。自今以往,海内日當安耳。但憂國家諸子並壯,而舊防未立,若多通賓客,則大獄起矣。卿曹戒慎之!"及郭后薨,有上書者,以爲肅等受誅之家,客因事生亂,慮致貫高、任章之變。帝怒,乃下郡縣收捕諸王賓客,更相牽引,死者以千數。吕种亦豫其禍,臨命嘆曰:"馬將軍誠神人也!"②

王磐的"尚氣節"不僅是"愛士好施",同時也有"用氣自行,多所陵折"。

① 《漢書》卷九十二,列傳第六十二,臺灣商務印書館四庫全書本。
② 《後漢書》卷二十四,列傳第十四,臺灣商務印書館四庫全書本。

宋錢時《兩漢筆記》説申屠嘉、周亞夫爲氣節之臣。他説：

> 文帝之遺其後嗣者，相則有申屠嘉，將則有周亞夫。兩人剛方不撓，有氣節。使之輔少主，必有可觀，而皆以憤悶嘔血死，甚可爲景帝惜也。①

此處"氣節"指兩人都有"剛方不撓"之美德，結果是"皆以憤悶嘔血死"。

周亞夫以"臣謀事不謀身"，力勸漢景帝不可輕易以無子廢皇后，觸怒漢景帝，被下獄死。

錢時又評東漢桓帝時氣節之士的李膺，他説：

> 八年，李膺復拜司隸校尉……愚每觀漢季人物之盛，未嘗不爲之慨歎，非謂其有進於道也。風節凜凜，無世俗之過，是可喜也。孔子曰："不得中行而與之，必也狂狷乎。狂者進取，狷者有所不爲。"大抵務學當先氣節，惟不苟於行檢而後可與入道耳。牽纏没溺未能自拔於流俗，沈痼之疾方在膏肓而欲語向上事，作向上人物，難哉！此狂狷之士所以猶有取焉，而皇極之教亦惟不協極不罹咎者而受之也。世衰俗薄，汙濁成風，上下相挺，習於無恥，如蛆蠅臭腐，生死糞溷中，渾渾滔滔曾不知反回。視漢季堅節正操，挺然特立，何翅霄壤。當是時，有聖人爲依歸，一變而入堯舜之道，必無賜之貨殖，必無求之聚斂，必無商之出悦紛華。其見必果，不溺於凡近。其守必固，不摇於氣習，豈易得哉？奈何生不逢時，皇不建極，隨所偏勝，莫或挽回。世愈暗而抗志愈高，變愈激而立行愈峻，錚錚然與羣小爭勝負，共相標榜，植爲聲名，中外承風，臧否相尚，而成黨錮之禍。愚是以悲斯人之徒

① 錢時《兩漢筆記》卷三，臺灣商務印書館四庫全書本。

之不幸,而爲之重歎也。[①]

這段話既道出東漢的氣節之士的卓越品格是"風節凜凜,無世俗之過……堅節正操,挺然特立…… 無……貨殖,無……聚斂,無……出悅紛華。其見必果,不溺於凡近。其守必固,不搖於氣習"(他們是中層官員,也是太學生階層的氣節),同時還說明東漢氣節之士陷入黨錮之禍害的原因:"世愈暗而抗志愈高,變愈激而立行愈峻,錚錚然與羣小爭勝負,共相標榜,植爲聲名",因爲氣節之士擺脫不了"志高行峻,標榜聲名"之弊病。

東漢高標風節,可於劉向見出端倪。西漢劉向《説苑》有《立節》篇,強調士君子要身死流名於後世,因此,士君子必須行誼(義)以立節,殺身以成仁利義。要效法"比干殺身以成其忠,伯夷、叔齊殺身以成其廉,尾生殺身以成其信"。在這裏,劉向提出"身死流名"的激烈觀念,並具體地提出"忠、廉、信、仁、義"的美德來樹立"士"的"節(操)"。

到了魏晉,由於朝代的更換如走馬燈,不少有骨氣之士,如擊鼓罵曹的彌衡、讓梨於兄的孔融、太學祭酒的嵇康、飲酒避禍的阮籍,他們的人生結局都未有善終。因此,引起士人對於"立節"、"守節"的懷疑,王肅在其僞作的《孔子家語》卷三十七《屈節解》解釋"屈伸"之義説:

> 子路問於孔子曰:"由聞丈夫居世富貴不能有益於物,處貧賤之地而不能屈節以求伸,則不足以論乎人之域矣。"孔子曰:"君子之行己,其於必達於己。可以屈則屈,可以伸則伸,故屈節者所以有待,求伸者所以及時,是以雖受屈而不毀其節,志達而不犯於義。[②]

---

① 錢時《兩漢筆記》卷十二,臺灣商務印書館四庫全書本。

② 《孔子家語》卷三十七《屈節解》,臺灣商務印書館四庫全書本。

子路要“屈節以求伸(但展己志)”,孔子卻認爲“屈節”不能只配合外在時勢,更要緊的是“受屈不毁其節,志達(即伸)不犯于義”。唯有“以道濟物不爲身”,才能“待知己”,並“及良時”。

唐代李德裕著《會昌一品集》,在《外集》卷二《豪俠論》中提出“氣與義”的概念,推崇豪俠所做之事不僅是“豪氣萬丈”,不畏權勢,同時也是“俠義義舉”,他們是豪俠之人,也是“氣義之士”。他説:

> 爰盎、汲黯皆豪俠者也。若非氣蓋當世,義動明主,豈有是名哉。爰盎曰“緩急,人所有”,故善劇孟、匿季心。汲黯好遊俠,任氣節,善灌夫,所以知其然也。余斯言豈徒妄發?揚子所謂孟軻之勇,類如是。夫俠者,蓋非常之人也。雖以然諾許人,必以節義爲本。義非俠不立,俠非義不成,難兼之矣。所謂不知義者,感匹夫之交,校君父之命,爲貫高危漢祖者是也。所利者邪,所害者正,爲梁王殺爰盎者是也。此乃盜賊耳,焉得謂之俠哉?唯鉏麑不賊趙孟,承基不忍志寧,斯爲真俠矣。淮南王憚汲黯,以其守節死義,所以易公孫弘如發蒙耳。黯實氣義之兼者。士之任氣而不知義,皆可謂之盜矣。然士無氣義者,爲臣必不能死難,求道必不能出世。近代房孺復問徑山大師,欲習道可得至乎。徑山對曰:“學道者唯猛將可也,身首分裂無所顧惜。”繇是而知士之無氣義者,雖爲桑門亦不足觀矣。①

李德裕不再只視袁盎、汲黯爲普通意義的豪傑,而視爲“守節死義”的氣義兼具之士。因爲他們做了正確的事,保存了不該死的人。他們不是孟子所説的“匹夫之勇”、“孟施舍之勇”,而是“以仁(不忍人之心)義(行正義之事)培養的浩然正氣之勇”。同時李德裕更明

① 李德裕《會昌一品集·外集·卷二·豪俠論》,臺灣商務印書館四庫全書本。

確將"任氣而不知義"排除在"節義之士"的範圍並認爲他們是盜徒。

漢景帝時,忠廉有能的郅都被司馬遷、班固打入《酷吏傳》,權德輿爲他大抱不平説:

> 《詩》美仲山甫,曰剛亦不吐,柔亦不茹。故體備健順是謂全德,不然則直已循性能秉一方,事舉於中皆理道也。得柔之道者爲循吏,失剛之理者爲酷吏。司馬氏修《史記》,始作三傳以誡世爾。而復以郅都爲《酷吏傳》首。愚有惑焉。郅都之爲中郎將,上欲搏野彘活賈姬,從容奏議引宗廟太后之重。其爲濟南守,誅豪猾首惡,又道不拾遺。其爲中尉,宗室貴臣斂手側目。爲鴈門守,匈奴不敢近邊,至爲偶人像之騎射莫能中,然其勇敢氣節根於公廉,不發私書,不受請寄,具此數者爲漢名臣,且入居公卿,出總列郡。堅剛忠純,終始若一。坐臨江之嫌,當太后之怒,身死漢庭,手足異處,有以見漢氏之不綱,王澤之弛絶也。蓋在史氏發而明之,以旌事君,以勵使臣,俾百代之下有所懲創。子長既首冠酷吏,班氏又因而從之,善善惡惡之義,於此缺矣。夫以推埋沈命侮文巧詆之徒,目爲等夷,雜列篇次,至其述贊,雖云引是非爭大體又何補焉。噫嘻!《洪範》之沈潛,《大易》之直方,皆臣道也。都雖未蹈之,斯近之矣。不隱忠以避死,不枉道以莅官,無處父之華、異申棖之慾,所至之邦,必以稱職聞。其古之剛而無虐,怒而中節者歟。剛似酷,弱似仁,在辨之不惑而已。天下似是而非,失之多矣,豈獨是哉!①

郅都打擊豪強,勸諫皇帝,維護邊疆,功績卓著。其"公廉爲國,堅剛忠純"發爲"勇敢氣節"。"剛而無虐,怒而中節",是有爲有守的

① 宋,不著撰人,《歷代名賢確論》卷四十二·權德輿《酷吏傳議》,臺灣商務印書館四庫全書本。

氣節之士,如何以其"剛不徇私"即判爲酷吏。更何況剛是氣節之士的標準,也只有剛才能成事業。

蘇軾從"才、節、氣"評霍光説:

> 古之人惟漢武帝號知人。蓋其平生所用文武將帥、郡國邊鄙之臣、左右侍從、陰陽律曆博學之士,以至錢穀小吏、治刑獄、使絶域者莫不獲盡其才而各當其處,然猶有所試。其所試皆功効著見,天下之所共知而信者。至於霍光,先無尺寸之功而才氣數術又非有以大過於羣臣,而武帝擢之於稠人之中,付以天下後世之事,而霍光又能忘身,一心以輔幼主。處於廢立之際,其舉措甚閑而不亂,此其故何也?夫欲有所立於天下,擊搏進取以求非常之功者,則必有卓然可見之才,而後可以有望於其成。至於捍社稷,託幼子,此其難者不在乎才而在乎節,不在乎節而在乎氣。天下固有能辦其事者矣。然才高而位重則有僥倖之心,以一時之功而易萬世之患,故曰不在乎才而在乎節。古之人有失之者,司馬仲達是也。天下亦有忠義之士可託以死生之間而不忍負者矣。然狷介廉潔,不爲不義,則輕死而無謀,能殺其身不能全其國,故曰不在乎節而在乎氣。古之人有失之者,晉荀息是也。夫霍光者才不足而氣節有餘,此武帝之所爲取也。《書》曰如有一个臣斷斷無他技,其心休休焉,其如有容。人之有技,若己有之;人之彦聖,其心好之。不啻若自其口出,寔能容之以保我子孫黎民。嗟夫!此霍光之謂歟。使霍光而有他技則其心安能休休焉,容天下之才而樂天下之彦聖,不忌不克,若自己出哉。才者爭之端也。夫惟聖人在上,驅天下之人各走其職,而爭用其所長。茍以人臣之勢而居於廊廟之上,以捍衛幼冲之君,而以其區區之才與天下爭能,則姦臣小人有以乘其隙而奪其權矣。霍光以匹夫之微而操殺生之柄,威蓋人主而貴震天下,其所以歷事三主而

終身天下莫與爭者,以其無他技而武帝亦以此取之歟。①

蘇軾認爲"霍光才不足而氣節有餘"。他所説的"才",指才幹卓具,則露才揚己,貪一時之功。而霍光"知道對權力的節制,不逞才以貪功",又以"(保)全國(家)(即保護幼主)爲重,不輕易言死";更難得的是"'容天下之才而樂天下之彥聖,不忌不克,若自己出哉"。蘇軾把霍光的"不與人爭,不求名聲"、"無所表現"、"克己重人"視爲霍光過人的"氣節",此與一般重在求流名百世的氣節之士不同,更與"逞氣較勇"、"豪舉誇人"的氣節之士有異。

宋代理學家對於氣節的看法,是將它和"理義"作比較。張載説:

在古氣節之士,冒死以有爲,於義未必中。②

古氣節之士輕生冒死,看似壯烈、氣豪蓋天,然未必合於義理。

朱子學生道夫問朱子對東坡的看法:

道夫曰:"坡公氣節有餘,然過處亦自此來。"(朱子)曰:"固是。"③

東坡氣節過多,朱子指的是東坡議論人物的觀點。朱子曰:

東坡議論雖不無偏頗,其氣節直是有高人處。如説孔北海、曹操,使人凜凜有生氣。④

但是,也有學者對於東漢尚名節,高氣節之説,也多所批判。如:

① 《歷代名賢確論》卷四十五,引東坡語,臺灣商務印書館四庫全書本。
② 《張子全書》卷十,臺灣商務印書館四庫全書本。
③ 《朱子語類》卷一一九,臺灣商務印書館四庫全書本。
④ 《朱子語類》卷三十五,臺灣商務印書館四庫全書本。

宋·陳埴《木鐘集》主張以“冲然退然”代替“崇名節”。他説:

東漢人物大率尚名,高崇氣節。憲獨冲然退然,所以見者其深遠。①

明代學術對氣節的看法,有肯定也有批評。吕柟説:

覲先生曰:欲看空同文集,當先觀其奏疏。如上弘治、正德二疏,甚有忠君愛國之心,氣節可取。如詩文模倣魏晉,却差用心。使移此心爲《大學》《中庸》,則爲曾子、子思矣。②

吕柟將氣節視爲忠君愛國之心,又認爲移此忠君愛國之心治理《大學》、《中庸》,則可入曾子、子思之門,是把忠君愛國、弘揚孔學之人視爲氣節之士。

吕坤抨擊東漢黨錮之禍,認爲黨錮諸君要負更大的政爭責任,他説:

黨錮諸君只是褊淺無度量。身當濁世,自處清流,譬之涇渭,不言自别,正當遵海濵而處,以待天下之清也。却乃名檢自負,氣節相高,志滿意得,卑視一世而踐踏之,譏謗權勢而狗彘之,使人畏忌奉承愈熾愈驕,積津要之怒,潰權勢之毒,一朝而成載胥之凶,其死不足惜也。《詩》稱“明哲保身”,孔稱“默足有容,免於刑戮”,豈貴貨清市直,甘鼎鑊如飴哉?申、陳二子,得之郭林宗幾矣。顧厨俊及吾道中之罪人也,僅愈於卑汚耳。若張儉則又李膺、范滂之罪人,可誅也夫。③

① 陳埴《木鐘集》卷十一,臺灣商務印書館四庫全書本。
② 吕柟《涇野子内篇》卷二十二,臺灣商務印書館四庫全書本。
③ 吕坤《呻吟語摘》卷下《品藻》,臺灣商務印書館四庫全書本。

明代由於宦官誤國，士大夫無恥地尊崇嚴嵩、魏忠賢，故氣節之士亦特多，其中海瑞有青天之譽。高攀龍爲東林領袖，時人都認爲他也是氣操高標。清代的陸隴其卻提出不同看法。他説：

> 海剛峰人多以氣節目之，非也。予讀其全集，知剛峰是眞能學聖賢者。其學一以不欺爲主，而力行之勇尤不可及，已能透誠意關矣。昔儒稱誠意爲人鬼關，若過得此關便是聖賢地位。人物非氣節二字所能名也，其過當處是正心工夫尚有未盡，格物致知工夫尚有未到，心性開明之人最易疎濶。觀剛峰一生自南平教諭以至爲知縣爲司官御史爲巡撫，無一處不留心民隱。其章程條教，析極秋毫，至今可爲師法。氣剛而心細，所以爲不可及。以視萬曆天啓間氣節諸公，蓋天淵矣。或以忠憲爲偏于氣節者非也，聖賢立身行事只是因時而起，豈有一定之成格。當商之末，微子豈欲去，箕子豈欲奴，比干豈欲諫而死，時爲之也。忠憲之氣節亦因乎時而已，于學問何加損哉。①

陸隴其認爲海瑞、高攀龍都是學爲聖賢，其以氣節鳴世，是“因乎時”的表現，並不是他們的本意。海瑞氣剛而心細，留心於“不欺”、“誠意”、“力行之勇”、“民隱”、“師法”、“教化”之立身行事，而高攀龍之學問也是高過氣節。所以，他們實際上都不以氣節自顯。

康熙皇帝也認爲表彰氣節是“涵養未至，窮理未精”，他説：

> 東漢黨錮之禍，此天亡漢而善人君子之厄運也。然予以爲時賢亦不能無過者。蓋忠直之言，小人之讐也。小人蟠據於上，而遽欲忠直之得信難矣。且嶢嶢者易缺，皎皎者易汙，諸賢相與標榜，不爲括囊之無咎，而爲壯趾之征，亦自速其死也。夫死而有益於國家，死亦何憾。所可惜者，死之無益而又

---

① 陸隴其《思辨録輯要》卷三十一，臺灣商務印書館四庫全書本。

使國家有害賢之名,是諸賢之所爲過甚,而未審乎出處之宜也。孟子曰:"位卑而言高,罪也。"位卑者之所言,詎非忠言,然在聖明固不待卑位之言,而季世又孰用其言者。言且足以賈罪,而諸賢之矜情厲氣,又從而甚之,何以免哉。昔王安石之禍,程伯子曰:"亦吾輩有以取之。"則知大賢處世,不爲太高之行,凡以言語氣節相鼓者,必其涵養有未至,窮理有未精也歟。①

康熙評東漢黨錮之禍、宋代新舊黨爭甚有道理:"死之無益而又使國家有害賢之名,是諸賢之所爲過甚,而未審乎出處之宜也。""大賢處世,不爲太高之行,凡以言語氣節相鼓者,必其涵養有未至,窮理有未精也歟。"

從氣節觀念史看,西漢重名節,以任俠者多,是氣魄承擔,多是豪舉。東漢重名節,強調流名百世,重在堅貞守節。魏晉南北朝的氣節者流,出入名士、隱士之間。唐代談氣節,李德裕、權德輿貴爲首輔,故重事功成效。宋代尚學問,重義理心性,貶氣節爲氣質之偏,屬孔門狂狷。明代言氣節,激於意氣,朝廷所是,東林必以爲非。清代重學問講實學,並重治國成效,故不以氣節爲最高最後境界。

三、從文學語言談氣節的具體形象

中國文學常喜用植物、礦物來描繪抽象概念。在中國文學中用來描寫氣節的動物、植物、礦物不在少數,以下舉較重要之例説明之。

唐代詩人喜以蟬之棲高樹、飲清露、聲淒切、響易沈來形容氣節之士的高潔、清新及恨費聲的淒苦心境。例如駱賓王《在獄詠蟬》説:

---

① 《御制日知薈説》卷四,臺灣商務印書館四庫全書本。

西陸蟬聲唱，南冠客思侵。那堪玄鬢影，來對白頭吟。
露重飛難進，風多響易沉。無人信高潔，詎爲表予心。①

李商隱也有《蟬》詩：

本以高難飽，徒勞恨費聲。五更疎欲斷，一樹碧無情。
薄宦梗猶汎，故園蕪已平。煩君最相警，我亦舉家清。②

蟬的處境與氣節之士固有相似之處，同時，蟬又名知了，氣節之士向其吐訴，彷彿與知音對話。另外，蟬鳴多在秋天，秋天過後則是冬天來臨，秋天又是收割成熟的季節，人生到了秋天，一切思想漸已成熟，此時的選擇對自己而言是擇善（之後的）固執，終極的選擇。

礦物中，用來吟咏的有煤炭、石灰。明英宗時的于謙公忠爲國，一生以氣節自許、操行自礪。明末愛國之士張煌言有詩贊曰：

國破家亡欲何之？西子湖頭有我師；日月雙懸于氏墓，乾坤半壁岳家祠。③

于謙的氣節來自何處，從他兩首詩中即可一究其源。《咏煤炭》詩說：

鑿開混沌得烏金，藏蓄陽和意最深。爝火燃回春浩浩，洪鑪照破夜沉沉。
鼎彝元賴生成力，鐵石猶存死後心。但願蒼生俱飽暖，不辭辛苦出山林。④

① 《駱丞集》卷一，臺灣商務印書館四庫全書本。
② 朱鶴齡《李商隱詩集箋注》卷一上，臺灣商務印書館四庫全書本。
③ 張煌言《入武林》，臺灣商務印書館四庫全書本。
④ 《忠肅集》卷十一《詠煤炭》，臺灣商務印書館四庫全書本。

煤炭,蕴藏地下不爲人知,須待開挖,始見"烏金"(煤炭俗稱,隱含器珍之意)。煤炭可以升火取暖,因其具有陽(光)和(暖)的本性,(暗指人(自己)的才智正氣與煤一樣,俱得日月(天地)之精華。)煤同時又能衝破黑暗,點亮人間,帶來光明。更可煮出各種食物,使眾生俱得温飽。于謙運用托物言志,以物喻志,巧妙地運用煤炭的烏金價值,交織爝火、洪爐、鼎彝、鐵石的自我犧牲、奉獻人群的意象,成功地塑造自己"燃回春浩浩"、"照破夜沈沈"、"猶存死後心"的形象。這種形象是"氣節之士"最完美最高貴的形象。

讀了《詠煤炭》,我們自然會聯想到于謙另一首著名的《詠石灰》:

千錘萬鑿出深山,烈火叢中煉幾番。粉骨碎身都不顧,只留清白在人間。[①]

面對無法直面的現實人生,猶如石灰要經"千錘萬鑿"、"烈火燒煉",于謙他都不怕,只爲留得天地正氣(清白)在人間,因此,于謙一往直前做他認爲對的事情。所以,他爲土木堡之變負責,成了明皇權下的冤死忠臣。

植物中,用來形容氣節之士有梅、蘭、竹、菊、松、柏。元末明初的高士畫家王冕的《墨梅》詩:

老仙醉吸墨數斗,吐出梅花箇箇真。相見莫嫌顔色異,山林别是一般春。

面皮如鐵慣風霜,焉肯托根桃李場。轉首江南春似海,一聲簫管月蒼蒼。

我家洗硯池頭樹,箇箇花開淡墨痕。不要人誇好顔色,只留清氣滿乾坤。

① 《御選宋金元明四朝詩》卷一〇四《御選明詩》,臺灣商務印書館四庫全書本。

莫厭緇塵染素衣，山間林下自相宜。玉堂多少閒風月，老子熟眠殊不知。①

梅的本身就是素色淡香，猶如氣節之士不求人知而曖曖內含光。故用“疏影橫斜水清淺，暗香浮動月黄昏”形容梅。王冕畫梅，用筆墨素色，正以寫意方式，畫出梅的神與骨。好一個“不要人誇好顏色，只留清氣滿乾坤”的高士。

鄭板橋最愛竹，他在山東濰縣居官，宅旁種滿了竹，他有詩寫自己愛民謀國的情懷，他説：

衙齋臥聽蕭蕭竹，疑是人間疾苦聲。些小吾曹州縣吏，一枝一葉總關情。②

更有詩寫竹的堅勁不屈。

咬定青山不放鬆，立根原在破岩中。千磨萬擊還堅勁，任爾東西南北風。③

陶淵明愛菊，蘇軾亦然。陶淵明《飲酒》十二首之五説：

結廬在人境，而無車馬喧。問君何能爾，心遠地自偏。
採菊東籬下，悠然見南山。山氣日夕佳，飛鳥相與還。
此中有真意。欲辯已忘言。④

菊花代表隱士，它可以驅邪，消鬱沖和。東籬下種滿菊花，配上青山

① 《竹齋集·續集·墨梅》，臺灣商務印書館四庫全書本。
② 《鄭板橋集》卷上，《濰縣署中畫竹呈年伯包大中丞括》，臺灣商務印書館四庫全書本。
③ 《鄭板橋集》卷上，《竹詩》，臺灣商務印書館四庫全書本。
④ 《陶淵明集》卷三，《飲酒》十二首之五，臺灣商務印書館四庫全書本。

竹(綠)門,與大自然是多麼親近,故"此中有真意,欲辯已忘言"。

東坡解釋菊花除有"超塵物外"之思,更有"傲霜枝",經得起時令的摧擊。他説:

> 荷盡已無擎雨蓋,菊殘猶有傲霜枝。一年好處君須記,最是橙黄橘緑時。①

松柏是常青樹,不畏寒冬。故俗諺把"松柏後用於歲寒",拿來與"鷄鳴不已於風雨"來形容人的堅守氣節。文人們也常用"松柏後凋之操"形容一個人的堅貞不移的情操。

四、由"氣節"詞族探討氣節的豐富意涵

總結上述,"氣節"一詞在中文詞彙與中國歷史上的内涵有四項:

(一) 氣:(1) 正氣;(2) 浩然之氣;(3) 義氣;(4) 英雄氣概;(5) 豪俠之氣;(6) 氣運(國運);(7) 志氣。

(二) 節:(1) 星纏(天上的星度);(2) 氣節;(3) 節制;(4) 節度;(5) 調度、調整;(6) 節操;(7) 節義。

(三) 氣節:(1) 正氣節操;(2) 與"氣義"同;(3) 氣魄(偏義複詞);(4) 節氣(又稱朔氣,初一之氣);(5) 氣節剛方;(6) 不仕王侯,高尚其志;(7) 直氣;(8) 氣直;(9) 氣壯;(10) 勇氣;(11) 品德;(12) 高行;(13) 行潔;(14) 氣運(國運);(15) 堅節正操;(16) 慷慨;(17) 風節(風骨節操);(19) 品潔;(20) 名節;(21) 士節;(22) 忠節;(23) 風骨;(24) 節義;(25) 直節;(26) 骨氣;(27) 氣概;(28) 脊樑。

(四) 氣節表現出之品性、風範、節操的具體内容有:(1) 死

① 王文誥《東坡詩集箋注》卷二十五《贈劉景文》,臺灣商務印書館四庫全書本。

義,爲義而死(文天祥、于謙、岳飛);(2) 氣蓋當世,義動名主(袁盎、汲黯);(3) 氣節之士,不向人低頭(東晉祖逖);(4) 不仕王侯,高尚其志(《尚書》,隱士之操守);(5) 堅節正操(漢季節士范滂、李膺);(6) 氣節方剛(《易經 · 遯卦》:臨事無依回之戀,始能超然物累之表);(7) 氣節之士,猶孔門狂狷,一往直前,有爲有守;(8) 扶綱常;(9) 立名教;(10) 厲廉恥;(11) 見危致命;(12) 見得思義;(13) 不俯仰隨世,媚俗於人;(14) 孤高自持;(15) 有關風教,氣節高偉之義士(黄震《日鈔》論李白、杜甫);(16) 謀事不謀身(申徒嘉、周亞夫);(17) 不爲炎涼易操守;(18) 犯難赴義,不畏權勢(袁盎、汲黯);(19) 慷慨有節;(20) 清苦有氣節;(21) 不以窮達爲念;(22) 氣節之人濶略細故(范仲淹語);(23) 莊厚;(24) 清白守節。

其他和"氣節"有關詞彙,而以輔佐對氣節的認識者,如:

1. 骨氣:猶做人之氣概、志氣。俗諺:人窮也要有骨氣,不向人任意低頭。

2. 氣概:猶氣節。《魏書 · 李神傳》:"李神據危城,當大難,其氣概亦足稱焉。"

3. 風節:風骨節操。《三國志 · 魏志 · 王淩毌丘儉等傳論》:"王淩風節格尚,毌丘儉才識拔幹。"宋蘇軾《哭刁景純》詩:"文章餘正始 ,風節貫華皓。"明歸有光《送同年孟與時之任成都序》:"趙先生獨申大義,至廷罵阿黨,風節凜然。"

4. 志節:志向和節操。《漢書 · 敘傳上》:"〔班伯〕家本北邊,志節慷慨,數求使匈奴。"《朱子語類》卷一二八:"如今有志節擔當大事人,亦須有平闊廣大之意始得。"明 · 唐順之《答王生宗道書》:"唐君誠志節之士,所惜平生未與之接,不能得其心胸面目之詳。"其中,《朱子語類》爲近義詞。

5. 忠節:忠貞而有節操。《後漢書 · 周榮傳》:"出爲潁川太守,坐法,當下獄。和帝思榮忠節,左轉共令。"漢 · 趙曄《吴越春秋 · 闔閭内傳》:"願王更隱撫忠節,勿爲讒口能謗褻。"宋 · 文天祥《平原》詩:"崎嶇坎坷不得志,出入四朝老忠節。"此兩項,亦爲近義詞。

6. 高節:高其節操,堅守高尚的節操。《莊子 · 讓王》:"若伯夷、叔齊者,其於富貴也,苟可得已,則必不賴,高節戾行,獨樂其志,不事於世,此二士之節也。"《吕氏春秋·離俗》:"高節厲行,獨樂其意,而物莫之害。"其中與氣節有雷同,有近似。

7. 死節:爲保全節操而死。《楚辭·九章·惜往日》:"或忠信而死節兮,或訑謾而不疑。"三國·蜀·諸葛亮《前出師表》:"侍中、尚書、長史、參軍,此悉貞亮死節之臣。"唐·高適《燕歌行》:"相看白刃血紛紛,死節從來豈顧勳!"死節之士往往多氣節之人。

8. 守節:堅守節操。《左傳·成公十五年》:"聖達節,次守節,下失節。"《逸周書·謚法》:"清白守節曰貞。"《史記·絳侯周勃世家》:"〔周亞夫〕足己而不學,守節不遜,終以窮困。悲夫!"唐·韓愈《論孔戣致仕狀》:"戣爲人守節清苦,議論平正。"宋·吴坰《五總志》:"守節固窮匪易事,鐵中誰許鬥錚錚。"氣節之士往往須堅守節操。

9. 苦節:堅守節操,矢志不渝。通常指陷於敵營,或舉世混濁己獨清,或寡婦守節。因其守節不變更爲困難。

除上述外,又有意義稍偏之"達節"和"死節、變節、失節"之詞彙。

(1) 達節:達於命分,安分守己,勿違抗天命。

(2) 變節:改變做人的節操。

(3) 失節:喪失節操,尤指降敵。

在中國歷史上,"氣節"是做人的品德,它由秦漢氣魄承當的豪俠英雄之氣節,兩漢重名,流芳百世的名節,到宋代納"氣節"於天理仁義之中,比之於聖門之狂狷,離聖人終有一間。而每逢國家民族滅亡或世風衰頽,"氣節"更被提出,要大家遵守,以維天地正氣,國族生存。

雖然,"氣節"説在中國歷史的長河中也曾發生流弊,昔賢也已指出。例如:秦漢時期的"氣魄承擔",往往激於意氣,局限於個人喜好和交情。東漢氣節過重名節,往往高標自己,與宦官外戚相鬥,黨錮不斷,國胥以亡。魏晉南北朝標榜名士,揮麈清談,卻又招權納貴,屈折氣節以從己。或以隱士追求高曠,持守"明哲保身"的

"節",減弱"道濟蒼生"的"勇往直前"的"氣",形成衰世的"氣節"觀。兩宋"理學"抬頭,貶"氣節"爲氣質之偏,置"理義"於"氣節"之上,強調"苦節"而不"失節",於人性(尤其婦女)多所危困,已違背《易經·節卦》:"苦節,不可貞"之明訓。晚明東林黨爭,氣節之士多危身致命,於國少補,於己有害。抗俗標高,人心難從。功業無成,有違經世濟民之聖訓,成爲以後對氣節之士最嚴厲的批判。民國以來,政局紛亂,外患日亟,内戰不斷。在在考驗着政治、社會、民族。一九四八年朱自清寫《論氣節》一文,已有"氣節之義,在中年人腦中還有記憶,現代年青人多不談此調"。然而,正因今人多隨俗浮沉,無法自拔。不願做聖賢、仁人、志士,也不願做打抱不平的英雄、豪傑、俠客。人人以一身爲念,孳孳從利。忽視"氣節"的有爲有守,有所爲有所不爲的價值,不肯爲人類世界添盞明燈,添磚添瓦,則人類前景堪慮。因此,本文的寫作,一方面有感於自清先生的深意,一方面覺得研究我國文化,尤其應留心重大核心價值觀的概念的深入剖析,使學術不僅是文字且富有生命,更能發人深思,並爲中華民族留慧命。

(作者單位:臺灣元智大學)

漢賦用經考

許　結　王思豪

摘要：據我們不完全統計，在今存漢賦作品中，明確引述"五經"的文獻多達千餘處，對其進行梳理、考察，不僅有助於經、賦關係的理解，更可補益經學論著之遺闕，爲經學史研究提供更廣泛的文本視域。漢賦用"經"葆有承載經義的特殊形態，隱藴着經學與賦學的雙重意義，其中用《詩》、《春秋》(三傳)、《禮》(三禮)，最能彰顯賦家用經的主題意志。賦家用《詩》貫穿于其間的是一種諷諭法則，與之相對應的是，賦文中大量出現的《書》、《易》、《春秋》之經文事典，亦多歸於以"史"鑒"今"之用。賦家引述三《禮》着重于王者形態的裝飾，多與當世之禮制構建密切聯繫。漢代賦家廣泛採用"五經"辭義，有一種經賦"互文"的價值。

關鍵詞：漢賦　五經　諷喻　王言　禮制　互文

綜考有漢一代經學，史家一般僅依據有關經本之訓釋疏解諸撰述，以明今古文《尚書》、《春秋》三傳、四家詩(魯齊韓毛)、"三禮"以及"京氏""費氏"諸《易》學的文本義理，而對於當世創造之文本對經文的引述與訓解，包括"奏議"文與"辭賦"作品等，卻鮮有涉及。相對而言，研究漢賦的學者，已關注賦與經學之關聯，然又偏於思想性的理解，經學基本等同儒學[①]，對漢賦用"經"文獻缺少整理與探究。據我們的不完全統計，在今存漢賦作品中，明確引述"五經"文獻多達千餘處，其不僅於取辭取義間補益有關經學論著之遺闕，而且通過用經之法可以觀覘其賦作主題及經世致用思想，尤其是"經賦互文"現象所呈示的賦家用經的文本抒寫與藝術表現，均值得探考。昔人嘗謂"賦者，古詩之流"(班固《兩都賦序》)，

---

① 馮良方《漢賦與經學》，中國社會科學出版社，2004 年版。

或言“賦體恭儉莊敬似《禮》”[①]，無論内涵與形儀，均屬抽象點評，難徵實義。緣此，本文試圖通過對漢賦作品中大量用“經”文獻及主旨与方法之研討，既思有助於對經、賦關係之理解，更企望爲經學史研究提供某種文本視角，開闢一新領地。

一、漢賦承載經義之特殊形態

在中國學術史上，漢代被稱爲“經學時代”，是毋庸置疑的，而大量當世文本之造作受經學影響，也顯而易見。考漢代文獻，其承載經義之撰述可分爲以下幾層次：一是如《韓詩外傳》、《焦氏易林》以及如鄭玄箋注《毛詩》、《三禮》類經學著作，此爲歷代經學研究者重點關注者；二是如《史記》、《漢書》等史書和如揚雄《法言》、王充《論衡》等子書（含《新序》、《説苑》等雜著）類著述，爲研究者提供了大量經學史料；三是如對策、奏議等政論文字，在引述經文中最能體現漢人經學致用思想；四是詩賦類文學作品，樂府歌詩和文人詩如韋孟《諷諫詩》、班固《靈臺詩》等篇章短小，引述簡陋，罕見影響，而賦體鋪張揚厲，其中引述經義之體量與功用，豐富多彩而意義廣大，尤其是賦家對引述經文與辨析經義所作之詞章學表現與文學化處理，成爲一種承載經義的特殊形態。綜此四方面，前三者素被納入經學研究視域，而對漢賦用經，則僅限於其與《詩》三百篇的關係，而對其於“五經”之引述與利用，卻缺少文獻的梳理與探討，其中包括經學的與賦學的雙重意義。

爲説明問題，有必要首先對漢賦用經文獻及方法作一分析。漢代賦家稱“經”類名，泛述“六經”，如揚雄《河東賦》“敦衆神使式道兮，奮六經以攄頌”，或亦稱“六藝”、“六籍”、“六典”，如司馬相如

---

① 袁棟《書隱叢説》卷一一《詩賦仿六經》云：“詩賦等文事略仿六經：詩體潔淨精微似《易》，文體疏通知遠似《書》，詩餘温柔敦厚似《詩》，賦體恭儉莊敬似《禮》，歌曲廣博易良似《樂》，四六屬辭比事似《春秋》。”引見清乾隆刻本。

《上林賦》"游於六藝之囿,馳騖乎仁義之塗"[1]、班固《東都賦》"蓋六籍所不能談,前聖靡得言焉"、應瑒《贊德賦》"抗六典之崇奧,辨九籍之至言"等。漢立五經博士,"樂經"佚失,故賦家徵引經義,實限於"五經",後漢增列經目,賦家稱引也由"五經"增以《論》、《孝》而謂"七經",如劉楨《魯都賦》云:"崇七經之旨義,删百氏之乖違。"在具體引述中,賦家於"五經"之文,首重《詩》、《禮》,據不完全統計,漢賦用"四家詩"約 440 處,用"三禮"約 150 餘處[2],其中稱引"禮"字以取義,又有數十處[3]。其他三經,就引述數量而言,依次爲《春秋》(三傳含《春秋緯》)、《書》、《易》。而綜觀漢代賦家引述經典之方法,最明顯表現於"取辭"與"取義"兩端。

先觀"取辭"之法,兹依《詩》、《禮》、《春秋》、《書》、《易》之序,各列兩漢賦家引述其辭例一則如次:

司馬相如《長門賦》:"雷殷殷而響起兮,聲象君之車音。"取辭于《召南·殷其雷》:"殷其雷……振振君子,歸哉歸哉。"

張衡《思玄賦》:"天不可階仙夫稀,《柏舟》悄悄吝不飛。"取辭於《邶風·柏舟》:"泛彼柏舟,亦泛其流。……憂心悄悄,愠於群小。……静言思之,不能奮飛。"(按:以上用《詩》例)

枚乘《七發》:"比物屬事,離辭連類。"取辭於《禮記·經

---

① 《文選》李善注引郭璞曰:"六藝:禮、樂、射、御、書、數也。"李善曰:"藝,六經也。"以"六藝"指"六經"者,如張衡《思玄賦》"御六藝之珍駕,游道德之平林"亦是。

② 本文據費振剛、仇仲謙、劉南平《全漢賦校注》(廣東教育出版社 2005 年版)統計。

③ 漢賦作品中稱述"禮"字,亦有多義,其中或謂禮儀,如"禮設三爵之制"(傅毅《舞賦》);或指禮敬,如"禮靈祇,謁汾陰於東郊"(揚雄《河東賦》);或明禮義,如"庶民以爲歡,君子以爲禮"(鄒陽《酒賦》);或稱等級,如"正諸侯之禮"(司馬相如《上林賦》);或並稱"禮樂",如"君有禮樂,我有衣裳"(公孫乘《月賦》)、"盛禮興樂"(班固《東都賦》)、"禮事展,樂物具"(張衡《東京賦》);或謂"禮官"之職,如"禮官整儀,乘輿乃出"(班固《東都賦》);或言"禮制"規範,如"故聆曲引者,觀法於節奏,察變於句投,以知禮制之不可逾越焉"(馬融《長笛賦》)。

解》:"孔子曰:'屬辭比事,春秋教也。'"

班固《西都賦》:"披三條之廣路,立十二之通門。"取辭于《周禮·冬官·匠人》:"匠人營國,方九里,旁三門。"鄭玄注:"天子十二門,通十二子也。"(按:以上用《禮》例)

揚雄《羽獵賦》:"非章華,是靈臺。"取辭于《左傳·昭公七年》:"楚子成章華之臺。"《文選》李善注:"言以楚章華爲非,而以周之靈臺爲是。"

傅毅《洛都賦》:"備五路之時副,槛三辰之旗斿。"取辭于《左傳·桓公二年》:"三辰旂旗,昭其明也。"(按:以上用《春秋》例)

揚雄《河東賦》:"播九河於東瀕。"取辭于《尚書·禹貢》:"又北播爲九河。"

李尤《平樂觀賦》:"四表交會,抱珍遠並。"取辭于《尚書·堯典》:"光被四表,格于上下。"(按:以上用《書》例)

劉歆《遂初賦》:"枝葉落而不省兮,公族闃其無人。"取辭于《周易·豐卦》:"上六,豐其屋,蔀其家,闚其户,闃其無人,三歲不覿,凶。"

班固《幽通賦》:"天造草昧,立性命兮。"取辭于《周易·屯卦》:"天造草昧。"(按:以上用《易》例)

漢賦作家引經取辭方法甚多,其間也不乏借"辭"以明"義"之作用,然其取辭於經,一方面固然説明賦家對經典之熟悉以及當時用經之風氣,而更重要者是作者借"經"以自重的歷史傳統與當代體現。《論語·述而》繼載孔子"五十以學《易》"後謂:"子所雅言。《詩》、《書》執禮,皆雅言也。"何晏注引孔安國曰:"雅言,正言也。"又引鄭玄曰:"讀先王法典,必正言其音,然後義全。……禮不誦,故言執。"[①]此雖以"雅(正)言"對應"方言",然其間孔子視《詩》、《書》、

① 劉寶楠《論語正義》,《諸子集成》本第144頁。按:吕祖謙《吕氏家塾讀詩記》卷一輯此語於《綱領篇》,以表尊重其義。

《禮》、《易》皆先王法典,雅言中已含經典意義。而漢賦作家創作,恰是由“語言”轉向“文字”[1],其中引述經典正標誌了由“方言”向“雅言”的轉變,而經文在賦體中的作用,同樣體現了雅化“文本”而使之經典化的指向。當然,依經立義思想更是賦家引述經典的旨趣所在,這也是漢賦大量取辭經文的内在原因。

由此,我們再看“取義”之法,亦援前例列述如次:

揚雄《甘泉賦》:“襲琁室與傾宫兮,若登高眇遠,亡國肅乎臨淵。”取義於《小雅·小旻》“戰戰兢兢,如臨深淵,如履薄冰”,以明治國居安思危之理。

張衡《思玄賦》:“惟盤逸之無斁兮,懼樂往而哀來。”取義于《周南·葛覃》“服之無斁”,以戒“盤逸”行爲。(以上引《詩》例)

揚雄《長楊賦》:“恐不識者,外之則以爲娱樂之遊,内之則不以爲乾豆之事,豈爲民乎哉!”取義於《禮記·王制》“天子諸侯無事,則歲三田,一爲乾豆,二爲賓客,三爲充君之庖。無事而不田,曰不敬;田不以禮,曰暴天物”,以警戒天子游獵失時,娱樂過度而擾農傷民之弊。

馬融《長笛賦》:“以觀賢士,陳於東階,八音俱起。食舉《雍》徹,勸侑君子。”兼取義於《儀禮·大射禮》“樂人宿縣於階東”、《周禮·春官·大司樂》“凡六樂者,文之以五聲,播之以八音”、同上《樂師》“及徹,帥學士而歌”、同上《天官·膳夫》“(王)以樂侑食”[2],以贊王者樂和聲、人舉賢的美政理想。(按:以上用《禮》例)

劉歆《遂初賦》:“惟太階之侈闊兮,機衡爲之難運。懼魁杓之前後兮,遂隆集於河濱。”取義於《春秋運斗樞》:“第一天

---

① 萬曼《辭賦起源:從語言時代到文字時代的橋》,《國文月刊》1947年第59期。

② 《周禮·春官·大司樂》鄭玄注:“徹者歌《雍》,《雍》在《周頌》臣工之什。”又注《天官·膳夫》:“侑,猶勸也。”

樞,第二璿,第三璣,第四權,第五衡,第六開陽,第七搖光,第一至第四爲魁,第五至第七爲杓,合而爲斗”與《春秋元命苞》:“常一不易,玉衡正,太階平”,以天象狀人事,説明自身遭際與錯忤心態。

張衡《思玄賦》:“穆居天以悅牛兮,豎亂叔而幽主。”取義于《左傳·昭公四年》:“初,穆子去叔孫氏,及庚宗,遇婦人,使私爲食而宿焉。”至齊,“夢天壓己,弗勝,顧而見人,黑而上僂,深目而豭喙,號之曰:‘牛,助余!’乃勝之。”及後還魯,庚宗之婦人獻以雉,曰:“余子長矣。”召而見之,則所夢也。遂使爲豎,有寵。及穆子遇疾,豎牛欲亂其室而有之。疾急飢渴,杜洩饋食,豎牛曰:“夫子疾病,不欲見人。”使置於廂房而退,牛弗進。穆子遂餓而死。賦用此史事以表達作者對當時宦官當政的憂慮與畏葸。[①]（按:以上用《春秋》例）

董仲舒《士不遇賦》:“彼實繁之有徒兮,指其白以爲黑。”[②]取義于《尚書·仲虺之誥》“簡賢附勢,寔繁有徒”,寄託諷世澆漓,顛倒錯亂,懷才者不遇之意。

王粲《登樓賦》:“冀王道之一平兮”,取義于《尚書·洪範》“無黨無偏,王道平平”,表達其亂離之憂與對清平之世的期盼。（按:以上用《書》例）

董仲舒《士不遇賦》:“昭同人而大有兮,明謙光而務展。”兼取義于《周易·同人》“象曰:天與火,同人”、《大有》“象曰:火在天上,大有。君子以遏惡揚善,順天休命”、《謙卦》“謙尊而光”等,以明君子順天固窮,抑惡揚善,謙德而有光輝之心志。

馬融《長笛賦》:“蓋亦簡易之義,賢人之業也。”取義于《周易·繫辭上》:“乾以易知,坤以簡能。易則易知,簡則易從。易知則有親,易從則有功。有親則可久,有功則可大。可久則

---

① 參見許結《張衡評傳》,南京大學出版社,1999年版,第124—129頁。
② 董賦“指其白以爲黑”之“黑”,《藝文類聚》引作“墨”。

賢人之德,可大則賢人之業”,以贊美君子處身簡易而光大德業之道。(按:以上用《易》例)

據以上諸條之引文考述,賦家用經取義,本質也是取辭,只是所謂“取義”,更多的價值是賦家引述時重在發掘經文之内涵與歷史意義,並融織于作品之現實情感。

與漢代其他文獻引述經義專取一經並專明其義不同①,漢賦承載經義之方法則較爲靈活,充分顯示出文學創造性。概述其要,略有三端:

一是因緣賦文,出於援典與詞章需要,不僅一篇之内兼融諸經,甚至一句之中並取兩經之辭與義。例如揚雄《長楊賦》“出凱弟,行簡易”,並取《毛詩》“愷悌君子,人之父母”與《周易·繫辭上》“乾以易知,坤以簡能”辭義;班固《東都賦》“抗五聲,極六律,歌九功,舞八佾”,並取《尚書·禹貢》“九功惟敘,九序惟歌”、《左傳》“子曰:五聲六律”、《穀梁傳》“舞夏,天子八佾”辭義;王延壽《魯靈光殿賦》“於是百姓昭明,九族敦序,乃命孝孫,俾侯于魯”,並取《尚書》

① 例如漢人引《詩》,《易》書引《詩》如《焦氏易林·師之蠱》:“精潔淵塞,爲讒所言。證訊詰請,系于枳温。甘棠聽斷,怡然蒙恩。”此引《召南·甘棠》詩義,明聽斷平獄之能。《詩》傳引《詩》如《韓詩外傳》卷二第十六章:“孔子遭齊程本子於郯之間,傾蓋而語終日……孔子(對子路)曰:‘夫《詩》不云乎!野有蔓草,零露漙兮。有美一人,青陽婉兮。邂逅相遇,適我願兮。且夫齊程本子,天下之賢士也,吾於是而不贈,終身不之見也。大德不逾閑,小德出入可也。’”(韓嬰撰,許維遹校釋《韓詩外傳校釋》,中華書局1980年版第50—52頁。)此引《鄭風·野有蔓草》詩句,借孔子言引申其義。史書引《詩》,如《史記》謂“秦人哀之,爲作歌《黄鳥》之詩”(《秦本紀》)、“東土以集,周公歸報成王,乃爲詩貽王,命之曰《鴟鴞》”(《魯周公世家》)等,皆引《詩》題以明本事。奏議文引《詩》如董仲舒《元光元年舉賢良對策》:“故盡小者大,慎微者著。《詩》云:‘惟此文王,小心翼翼。’故堯兢兢日行其道,而舜業業日致其孝,善積而名顯,德章而身尊。”(《漢書·董仲舒傳》)此引《大雅·大明》詩句以證慎微之義;匡衡《上疏言治性正家》:“《詩》曰:‘念我(兹)皇祖,陟降廷止。’言成王常思祖考之業,而鬼神祐助其治也。……陛下聖德純備,莫不修正,則天下無爲而治。《詩》云:‘于以四方,克定厥家。’”(《漢書·匡衡傳》)皆專用一經,係直引方式,與賦家引經不同。

“百姓昭明”、“敦敘九族”與《毛詩》“孝孫有慶”、“建爾元子，俾侯于魯”辭義；張衡《七辯》“吾子之誨，穆如清風。啟乃嘉猷，寔慰我心”，並取《詩·大雅·烝民》“吉甫作誦，穆如清風”、《左傳·襄公十七年》“邑中之黔，寔慰我心”辭義等，皆圍繞賦家創作主旨而兼融取義。

二是依隱於創作思想，賦家用經除了繼承春秋之世行人賦詩言志斷章取義法而斷章取辭，且或出於賦文需要而反向用義，構成其引述經典之不確定性。例如馬融《長笛賦》中有云“介推還受祿”，即用《左傳·僖公二十四年》史事：“晉侯賞從亡者。介之推不言祿，祿亦弗及。推曰：‘獻公之子九人，唯君在矣。惠、懷無親，外內棄之。天未絕晉，必將有主。主晉祀者，非君而誰？天實置之，而二三子以爲己力，不亦誣乎？’……其母曰：‘盍亦求之，以死誰懟？’對曰：‘尤而效之，罪又甚焉。’其母曰：‘能如是乎？與汝皆隱。’遂隱而死。晉侯求之，不獲，以綿上爲之田。”又云“長萬輟逆謀，渠彌不復惡”，則用《左傳·莊公十二年》所載南宫萬弑宋閔公于蒙澤事及《桓公十二年》載高渠彌殺昭公而立公子亹事，皆反用經義，以抒發賦家之特殊情懷。

三是出於賦家創作需要，其引述經義及取辭之法呈現多元化特徵。茲以引《詩》爲例，主要有幾種方式：一曰“引證”，如司馬遷《悲士不遇賦》“天道微哉，吁嗟闊兮。人理顯然，相傾奪兮”，取辭於《邶風·擊鼓》“于嗟闊兮，不我活兮”[①]，乃直引成語。二曰“剪裁”，多選擇引録，變化其用，如張衡《西京賦》“盤于遊畋，其樂只且”，取辭于《王風·君子陽陽》“君子陽陽，左執簧，右招我由房，其樂只且”，取辭且變其義。三曰“誇衍”，其引用《詩》語，多誇飾推衍之表現，如張衡《七辯》“西施之徒，姿容修嫮。弱顏回植，妍夸閒暇。形似削成，腰如束素。蝤蠐之領，阿那宜顧。淑性窈窕，秀色美豔。鬒髮玄髻，光可以鑒。靨輔巧笑，清眸流眄。皓齒朱脣，的皪粲練”，取辭于《衛風·碩人》“手如柔荑，膚如凝脂，領如蝤蠐，齒

① 案：“于嗟闊兮”，《韓詩》“于”作“吁”，司馬遷賦用《韓詩》遺義。

如瓠犀,螓首蛾眉,巧笑倩兮,美目盼兮”,而充分彰顯其敷陳特徵。四曰“合體”,就是賦家用《詩》取辭要合於賦體,這一點突出表現在句式的變化,也就是經辭的賦語化。

漢賦作爲較早引述經義之文本,其學術價值也不僅限於引經形態,而是以其豐富的引經文獻,同樣具有補益經學史研究之意義。例如歷史上對“三家詩”之輯佚,自宋人王應麟《詩考》肇其端,清儒如范家相、徐璈、二陳父子(陳壽祺、陳喬樅)、魏源均有輯録考辨[①],迨至王先謙《詩三家義集疏》而集其成。今觀漢賦引《詩》,其于魯齊韓“三家”遺義,仍有數十則前賢輯録未備而值得濟補之處[②]。兹對照王氏《集疏》,略舉漢賦作品引用“三家詩”各一則,以爲補證:

揚雄《河東賦》:“敦眾神使式道兮,奮《六經》以攄《頌》。隃於穆之緝熙兮,過《清廟》之雝雝,軼五帝之遐迹兮,躡三皇之高蹤。”(賦載《漢書·揚雄傳》)

案:《頌》,指《六經》之一的《詩》之《頌》詩。《論衡·須頌篇》:“《周頌》三十一,《殷頌》五,《魯頌》四。凡《頌》四十篇,詩人所以嘉上也。”[③]《頌》多是弘揚帝王功業之辭。“隃於穆之緝熙兮,過《清廟》之雝雝”,語出自《周頌·維天之命》:“維天之命,於穆不已。”《周頌·維清》:“維清緝熙,文王之典。”《毛傳》:“於,歎辭也。穆,美。”《鄭箋》:“緝熙,光明也。”《周頌·清廟》:“於穆清廟,肅雝顯相。”《毛傳》:“肅,敬;雝,和;相,助也。”《鄭箋》:“顯,光也,見也。於乎美哉周公之祭清廟也,其禮儀敬且和,又諸侯有光明著見之德者來助祭。”《文選》載王褒《四子講德論》:“周公詠文王之德而作《清

---

① 詳見范家相《三家詩拾遺》、徐璈《詩經廣詁》、二陳父子(陳壽祺、陳喬樅)《三家詩遺説考》、魏源《詩古微》。

② 根據與王先謙《詩三家義集疏》比照,我們從漢賦中輯録出 39 則引“三家”《詩》例證,爲王著未載,分別爲“魯詩”21 則、“齊詩”13 則、“韓詩”5 則,可濟補其未備。

③ 王充撰《論衡》,上海古籍出版社,1990 年版,第 194 頁上。

廟》,建爲《頌》首。”蔡邕《獨斷》曰:“《清廟》,一章八句,洛邑既成,諸侯朝見,宗祀文王之所歌也。”説明《清廟》是祭祀文王之詩,陳喬樅稱二人所引即是“《魯詩·周頌》之序也”①。此段用《魯詩》,《集疏》未録,可爲補證。

李尤《東觀賦》:“歷東厓之敞座,庇蔽茅之甘棠。”(賦載《藝文類聚》卷六三)

案:《毛詩·召南·甘棠》:“蔽芾甘棠,勿剪勿伐,召伯所茇。”《毛傳》:“蔽芾,小貌。甘棠,杜也。翦,去;伐,擊也。”《鄭箋》:“茇,草舍也。召伯聽男女之頌,不重煩勞百姓,止舍小棠之下而聽斷焉。國人被其德,説其化,思其人,敬其樹。”考《韓詩外傳》卷一引《詩》云:“蔽茀甘棠,勿翦勿伐,召伯所茇。”文與毛異。《集疏》引揚雄《法言·巡狩篇》云:“《詩》曰:‘蔽芾甘棠,勿翦勿伐,召伯所茇。’言召公述職,親税舍於野樹之下也。”今本《法言》無此篇,惟《法言·先知篇》曰:“或問‘思斁。’曰:‘昔在周公,征于東方,四國是王;召伯述職,蔽芾甘棠,其思矣夫!”②揚雄認爲《甘棠》詩言召公述職事,王先謙認爲是《魯詩》説。李尤賦文與毛、韓、魯皆異,當爲《齊詩》,《集疏》未録此條,可爲補證。

崔琰《述初賦》:望高密以函征,戾衡門而造止。(賦載《藝文類聚》卷二七)

案:《毛詩·陳風·衡門》:“衡門之下,可以棲遲。”《毛詩序》云:“《衡門》,誘僖公也。願而無立志,故作是詩以誘掖其君也。”蔡邕《述行賦》:“甘衡門以寧神兮,詠都人以思歸”,《集疏》認爲“此魯説”。《韓詩外傳》卷二:“子夏讀《書》已畢。夫子問曰:‘爾亦可言於《書》矣。’子夏對曰:‘《書》之於事也,昭昭乎若日月之光明,燎燎

---

① 陳壽祺撰,陳喬樅述《三家詩遺説考》之《魯詩遺説考》卷六,《續修四庫全書》第76册第291頁下。

② 汪榮寶撰,陳仲夫點校《法言義疏》,中華書局,1987年版,第286頁。

乎如星辰之錯行,上有堯舜之道,下有三王之義,弟子所受於夫子者,志之於心不敢忘。雖居蓬户之中,彈琴以詠先王之風,有人亦樂之,無人亦樂之,亦可發憤忘食矣。《詩》曰:衡門之下,可以棲遲。泌之洋洋,可以療飢。'夫子造然變容曰:'嘻!吾子始可以言《書》已矣。'"[①]此《韓詩》説。《三國志》卷一二《崔琰傳》載:"崔琰,字季珪,清河東武城人也。……年二十三,鄉移爲正,始感激,讀《論語》、《韓詩》,至年二十九,乃結公孫方等就鄭玄受學。"《述初賦》自序云:"琰性頑口訥,至二十九,初闚書傳。聞北海有鄭徵君者,當世名儒,遂往造焉。道由齊都,而作《述初賦》。"據此可知崔琰寫作《述初賦》時還未受學鄭玄,所習仍爲《韓詩》,故此賦蓋用《韓詩》義,《集疏》未録,可補。

正因爲漢賦引經有輯補之用,學者治經亦嘗取資賦文,以證經義。如清人胡承珙《毛詩後箋》考述《周南·關雎》,即引漢賦以解證《詩》義:

> 揚雄《羽獵賦》云:"王雎關關,鴻雁嚶嚶。群娭乎其中,噍噍昆鳴。"張衡《思玄賦》云:"鳴鶴交頸,雎鳩相和。"又《歸田賦》云:"王雎鼓翼,倉庚哀鳴。交頸頡頏,關關嚶嚶。"此所謂雌雄情意至者也。……張超《誚青衣賦》云:"感彼《關雎》,德不雙侣。"此即所謂有别者也。[②]

文中引述三條賦語印證《詩》義,也是漢賦引述與傳播《詩》義之勳績的反證。他如段玉裁《詩經小學》解《詩》之"綠竹猗猗"、"螓首蛾眉"、"風雨瀟瀟"等,分别引司馬相如《上林賦》、揚雄《羽獵賦》、張衡《西京賦》中詞語證其字義;焦循《毛詩補疏》與陳喬樅《毛詩鄭箋改字説》解《詩》之"其虚其邪"均引班固《幽通賦》"承靈訓其虚徐

① 韓嬰撰,許維遹校釋《韓詩外傳校釋》,中華書局,1980年版,第72—73頁。

② 胡承珙撰,郭全芝校點《毛詩後箋》,黄山書社,1999年版,第11頁。

兮"證其字義[1]。這種經賦互證之法，在古人經解中也延續到漢以後的賦文。例如徐璈《詩經廣詁》卷一〇解《椒聊》二章詩義引潘嶽《西征賦》"升曲沃而惆悵，惜兆亂而兄替；枝末大而本披，都耦國而禍結"，以爲"此賦用左氏之詞，而詩意亦隱括於内"。又解《葛生》五章之"錦衾爛兮"句，引江淹《學梁王兔園賦》"美人不見紫錦衾，黄泉應至何所禁"與潘嶽《悼亡詩》"展轉盼枕席，長簟竟空床"，以爲"與此語意同"[2]。如此解經之文學化闡釋，亦可反證一點，即漢賦承載經義與其文學創造並無扞格，而與其創作主旨相得益彰。

二、賦家用"經"與歸復"王言"

漢賦作爲"一代文學"之興盛，是與賦家群體之出現相關，賦家之生存地位及角色認同，決定其歷史位置與現實精神，其中有一突出現象就是賦文用"經"問題。换言之，漢賦家于賦文中大量引述經典文字，正是其對自身角色地位與當世政治文化構建之雙重認同。

如前所述，前賢論賦用經，更多關注《詩》之傳統，所言"賦者，古詩之流"、"賦居六義之一"，前者是從春秋"賦詩言志"之動詞"賦"向"賦之言鋪"之名詞"賦"的轉化，後者是魏晉始將"賦"從文體意義向《詩》歸附的批評[3]。然而自《漢書・藝文志》在《詩

① 引見《清人詩説四種》，晏炎吾等點校，華中師範大學出版社，1986年版，第130、132、140、273、380頁。

② 徐璈《詩經廣詁》，《續修四庫全書》本《經部》第69册，第456—459頁。

③ 案：此中轉换以皇甫謐爲左思《三都賦》題序所言最典型："古人稱不歌而頌謂之賦。然則賦也者，所以因物造端，敷弘體理，欲人不能加也。引而申之，故文必極美；觸類而長之，故辭必盡麗。然則美麗之文，賦之作也。昔之爲文者，非苟尚辭而已，將以紐之王教，本乎勸戒也。自夏殷以前，其文隱没，周監二代，文質之體，百世可知。故孔子采萬國之風，正雅頌之名，集而謂之詩。詩人之作，雜有賦體。子夏序《詩》曰：一曰風，二曰賦。故知賦者古詩之流也。"這已將漢人"詩教"致用傳統同賦的創作方法統合於文體論，後世所謂"蓋古無賦，賦即詩也"、"詩爲賦之統宗，賦爲詩之輔佐"，均屬對此説法的承認。

賦略·後序》中提出春秋之世交接鄰國"當揖讓之時,必稱《詩》以諭志","《詩》言志"已成約定俗成之批評傳統,然卻忽略了漢儒奉之爲"經"之《詩》三百的原始功能。對此,清人劉熙載《藝概·賦概》有段值得引述與思考的言說:

> 古人賦詩與後世作賦,事異而意同。意之所取,大抵有二:一以諷諫,《周語》'瞍賦矇誦'是也;一以言志,《左傳》趙孟曰'請皆賦以卒君貺,武亦以觀七子之志'韓宣子曰'二三子請皆賦,起亦以知鄭志'是也。①

劉氏所言,正喻示了從周室"用詩"到漢賦"用《詩》"即由"代行王言"至"歸復王言"之線索。據《周禮·春官》記載,代行"王言"之"禮職"有大祝、大師、大司樂、瞽矇等,所謂"宗祝在廟,三公在朝,三老在學,王前巫而後史,卜筮瞽侑,皆在左右"(《禮記·禮運》),均掌王言,以襄政務。考周室春(禮)官"用詩",要有三職:一曰"大師",職掌"教六詩,曰風,曰賦,曰比,曰興,曰雅,曰頌"(《周禮·春官》),以"六詩"教"國子"。二曰"大司樂",其中包括"以樂語教國子:興、道、諷、誦、言、語"(同上),内含詩樂一體的功能。三曰"瞽矇",其附"大師"後,於"大祭祀"、"大射"、"大喪"諸禮節皆有"登歌"、"歌射節"、"作柩謚",要在"國之瞽矇正焉"。而其所掌,即《春官》所謂"掌九德六詩之歌,以役大詩"②。三職所掌或異,然其用《詩》功能則一,此即《國語·周語上》所載:"天子聽政,使公卿至於列士獻詩,瞽獻曲,史獻書,師箴,瞍賦,矇誦,百工諫,庶人傳語,近臣盡規,親戚補察,瞽史教誨,耆艾修之,而後王斟酌焉。"其中"詩"、"曲"、"箴"、"賦"、"誦"、"諫"皆與"詩"域相關,屬"樂教"範疇,諸職之詩樂習禮,誦詩諷諫,審音辨詩,均爲所守,緣自"天子聽

---

① 劉熙載《藝概》,上海古籍出版社,1978年版,第95頁。

② 章太炎《檢論·六詩説》:"九德六詩之歌,校今《風》、《雅》、《頌》五倍。"按:此可備一説,因與本文主旨較遠,不作專論。

政”,以爲“補察其政”而代行“王言”。而三代“王言”遺文,又多見載《尚書》,其中無論是“諭下之辭”之詔令,還是“告君之辭”之奏議,均屬王言範疇,而《周禮·春官》所載“禮職”,也是宣示王言以襄助政務之用。而到漢代武、宣之世如董仲舒、匡衡、劉向等人奏議文大量引述經典,正與“王言”之歸復相關。①

因春秋戰國之世“天子失官”,王治政言轉向《春秋》左氏之文、戰國縱横之風,前引劉熙載所述“一以諷諫”傳統丟失,代之而起的春秋“行人賦詩”,斷章取義,僅爲審時度勢之“一以言志”,至於戰國説辭減少引《詩》,代以隱詭之語,雖寓諷意,實爲自由發揮,爭巧鬥詐,已與“王言”、“王治”疏隔。《漢志》所言“春秋之後,周道寖壞,聘問歌詠不行於列國,學《詩》之士逸在布衣,而賢人失志之賦作”,僅看到“賢人失志之賦”之“作賦以諷”與行人賦詩“言志”相接,故謂“惻隱古詩之義”,而未能勘進于周室用詩制度,屈、宋失志之賦的諷喻同樣處丟失“王言”之治的時代,只是將春秋行人辭令功利性的“賦詩言志”進一步轉向抒發牢愁的個人情志。所以劉熙載《賦概》又説,“或謂楚賦自鑄偉辭,其取熔經義,疑不及漢。余謂楚取於經深微周浹,無迹可尋,實乃較漢尤高”,此就創作而論,自無疑義,然其透露的“取熔經義,疑不及漢”的資訊,内涵漢賦用《詩》與漢賦崛興之關聯,是統一帝國重構禮樂制度的產物,作爲賦家主體的宫廷語言文學侍從,其創作中“取熔經義”以用《詩》所表現之諷喻功能,乃與職守契合,是“王言”傳統在新時代的重光,這也與由戰國諸子文風向漢代經術文風變移之大勢相適應。

這就需要回到漢代用經與王言之歷史轉折的時代。《史記·滑稽列傳》引孔子曰:“六藝於治一也。《禮》以節人,《樂》以發和,《書》以道事,《詩》以達意,《易》以神化,《春秋》以義。”②《漢書·儒林傳》亦謂:“古之儒者,博學乎六藝之文。六學者,王教之典籍,先

① 參見許結《説“淵懿”》,《文學遺產》2008 年第 5 期,第 35—43 頁。
② 司馬遷《史記》,中華書局,1959 年版,第 3197 頁。

聖所以明大道，正人倫，致至治之成法也。”[1]所謂“治”，即“王治”；所説“文”，即“王言”，而經義王言作爲文本而進入漢代賦域，又決定于漢賦作者隊伍群體興起之歷史情境。兹舉兩則文獻於次：

> 至武帝定郊祀之禮，祠太一於甘泉，就乾位也；祭后土于汾陰，澤中方丘也。乃立樂府，采詩夜誦，有趙、代、秦、楚之謳，以李延年爲協律都尉，多舉司馬相如等數十人造爲詩賦，略論律吕，以合八音之調，作十九章之歌。(《漢書·禮樂志》)

這段話以特定歷史事件將“定郊禮”和“立樂府”與作家造賦結合在一起，雖語焉不詳，卻内涵了采詩與獻賦在武帝時制度化之意義。

> 或曰：賦者，古詩之流也。昔成、康没而頌聲寢，王澤竭而詩不作。大漢初定，日不暇給，至於武、宣之世，乃崇禮官，考文章，内設金馬、石渠之署，外興樂府協律之事，以興廢繼絶，潤色鴻業。……故言語侍從之臣，若司馬相如、虞丘壽王、東方朔、枚臯、王褒、劉向之屬，朝夕論思，日月獻納。而公卿大臣御史大夫倪寬、太常孔臧、太中大夫董仲舒、宗正劉德、太子太傅蕭望之等，時時間作。或以抒下情而通諷諭，或以宣上德而盡忠孝，雍容揄揚，著於後嗣，抑亦雅頌之亞也。故孝成之世，論而録之，蓋奏御者千有餘篇，而後大漢之文章，炳焉與三代同風。(班固《兩都賦序》)

這裏所言除了闡明漢賦興盛之史實外，有兩點尤其值得注意：其一，賦源於詩，詩重“頌聲”，内涵“樂教”思想。其二，漢賦之興在於武、宣之世“崇禮官”及“外興樂府協律之事”，内涵了漢賦造作與禮樂制度建立之關聯。

基於此，容當着眼於漢代自文、景到武、宣之世的歷史轉折，認

---

[1] 班固《漢書》，中華書局，1962年版，第3589頁。

知賦家隊伍之形成與賦文用經意義之凸顯。而圍繞賦家用經這一主題,我們認爲在此歷史轉折期有三個問題值得考索。第一,漢賦作家隊伍之形成,是由游士變爲文士,由社會下層轉向宫廷御用。前揭《兩都賦序》所謂"言語侍從之臣",即武帝朝出現的"言語文學侍從",乃漢賦作家進入宫廷之始,亦即作爲皇帝"内臣"性質賦家隊伍之形成。于此,《史記·司馬相如列傳》有關相如賦進入宫廷之記載最典型:"會景帝不好辭賦,是時梁孝王來朝,從遊説之士齊人鄒陽、淮陰枚乘、吴莊忌夫子之徒,相如見而悦之,因病免,客游梁。梁孝王令與諸生同舍,相如得與諸生游士居數歲,乃著《子虚》之賦。"漢初諸侯國强盛,吴、楚、淮南及梁國諸地皆興文學,招募諸生,相如"客游梁"正因緣于當時承戰國餘風游士隊伍興盛,而其至武帝朝因狗監楊得意薦舉奏"天子游獵賦"①,也非偶然,而内涵由藩國游士向宫廷文人集體轉移的兩大歷史動因。一是武帝採用主父偃建議,以"推恩法"使"藩國自析",以改變景帝"削藩"引發"七國之亂"的被動局面,同時又制定"左官律"、"附益法"來控制諸侯游士之行爲②,相如等文士身份之轉移,正在此大背景下運作。二是武帝爲約制外臣進行官制改革,分設"内朝"與"外朝"官職,並通過朝堂"廷辯"之法,形成權力制衡。《漢書·嚴助傳》記載:"武帝善助對,由是獨擢助爲中大夫。後得朱買臣、吾丘壽王、司馬相如、主父偃、徐樂、嚴安、東方朔、枚皋、膠倉、終軍、嚴葱奇等,並在左右。……上令助等與大臣辯,中外相應以義理之文,大臣數詘。"所

---

① 《史記·司馬相如列傳》繼"會景帝不好辭賦"一段復載:"蜀人楊得意爲狗監侍上。上讀《子虚賦》而善之,曰:'朕獨不得與此人同時哉!'得意曰:'臣邑人司馬相如自言爲此賦。'上驚,乃召問相如。相如曰:'有是。然此乃諸侯之事,未足觀也。請爲天子游獵賦。'……奏之天子,天子大説。"從景帝"不好"到武帝"大説",其間有文化的變遷與歷史的必然。

② 詳見《漢書·武帝紀》、《嚴朱吾丘主父徐嚴終王賈傳》、《諸侯王表》相關記載。案:"左官律"、"附益法",《漢書·諸侯王表第二》顔師古注:"左官猶言左道也。……漢時依上古法,朝廷之列以右爲尊,故謂降秩爲左遷,仕諸侯爲左官也。"又:"附益者,益取孔子云'求也爲之聚斂而附益之'之義也,皆背正法而厚於私家也。"

列嚴助諸人,多職内官侍郎,其于"廷辯"同時,"獻賦"亦其職守,故錢穆謂:"是諸人者……蓋皆文學之士也。武帝兼好此數人者,亦在其文學辭賦。故武帝外廷所立博士,雖獨尊經術,而内廷所用侍從,則盡貴辭賦。"①然"文學"有廣有狹,清人方苞云:"古未有以文學爲官者。……以文學爲官,始于叔孫通弟子以定禮爲選首,成于公孫弘請試士于太常"②,是含外廷博士于"文學"。其實,正因武帝朝的重經尚文(禮)之風,外廷博士嘗有"獻賦"之舉,内廷賦家亦多通經之士,會通於當朝行"王治"之"王言",殊爲一致。

其二,内廷賦家與外廷博士之契合,在於以經術爲務,故而對漢廷賦家創作主旨與學術身份之認定,又當歸屬於儒家。簡宗梧在《漢代賦家與儒家之淵源》文中從史志著録考述賦家與儒家之關係,據《漢志》所載西漢賦家所爲"子書"爲例,得出了"儒家泰半兼賦家,而賦家兼爲諸子十家者,幾乎全是儒家"之結論③。這裏牽涉到王、霸之爭問題。自戰國亂世到秦漢一統,其政治格局之形成實賴霸道,直至漢武帝時董仲舒上策,以"春秋大一統"相號召,提出"罷黜百家,表彰六經",始將霸業融入王道。宫廷賦家作爲應運而生的知識群體,其創作以"或以抒下情而通諷諭,或以宣上德而盡忠孝"之方式,體現"體國經野"與"勤政恤民"的雙重作用,皆王政仁道之表徵。因此,賦家或贊美天子游獵盛事,則謂"游於六藝之囿,馳騖乎仁義之塗"(司馬相如《上林賦》),或懲于王莽篡逆,亦歸於漢帝"仁聖之事既該,而帝王之道備矣"(班固《東都賦》)之王道仁政。由此再看漢賦大量引述五經之文,其中包含的《詩》《書》

① 錢穆著《秦漢史》,北京:三聯書店,2004年版,第98頁。

② 方苞著《方苞集》卷二《書〈儒林傳〉後》,劉季高校點,上海古籍出版社,1983年版,第52頁。

③ 簡宗梧《漢賦源流與價值之商榷》,臺北:文史哲出版社,1980年版第118、119頁。案:氏據《漢志》在賦家列名,又在諸子列名者十家,儒占九家,分别是:賈誼(賦七篇,儒五十八篇)、孔臧(賦二十篇,儒十篇)、吾丘壽王(賦十五篇,儒六篇)、倪寬(賦二篇,儒九篇)、劉向(賦三十三篇,儒六十七篇)、陸賈(賦三篇、儒二十三篇)、朱建(賦二篇,儒七篇)、嚴助(賦三十五篇,儒四篇)、揚雄(賦十二篇,儒三十八篇)。

之禮、《春秋》之義，正是借用經義“王言”而對當世政治的塗飾和對非“王道”行徑的諷諭。

其三，賦家與儒家之相契，特别是在武帝朝作爲内廷文學侍從對儒家經典之運用與其思想之闡發，還牽系于當時政治文化一大態勢，即“王官”與“家言”問題。夷考中國古代學術分野，要在王官與家言之分，前者掌于史官，爲王政之學；後者主于諸子，乃私家之言。東周以降，天子失官，諸子蜂起，政教失准，惟儒者興六藝之教，承廢繼絕，然漢初霸政卻塗飾以黄老之學，至武帝朝始用董仲舒對策，即“諸不在六藝之科，孔子之術者，皆絕其道勿使並進”（《漢書·董仲舒傳》）。這一歷史轉折，於《漢書·儒林傳》記述轅固與黄生爭辯“湯武革命”故事有明確揭示，其中載“竇太后好《老子》書，召問固。固曰：‘此家人言耳’”，道破了當時儒、道之分際。雖然這次論爭以主儒術的轅固敗北告終，但至武帝親政後廢諸子而尊六經，正是針對如揚雄後來在《博士箴》中所言“《詩》、《書》是泯，家言是守”之局面，已顯示出退家言而崇王官之道。而在此前，儒家言處於社會下層，賦家亦處下位，賦家進職内廷與五經博士顯榮外廷，皆維繫于武帝朝改制進程，是王官學之重構，亦王言之歸復。賦家創作中大量引述五經之文，因辭見義，正宜置放于此大文化進程中作如是觀。

正因賦家之宫廷文學侍從身份，主張儒家的王道仁政，並融入王官學而代行“王言”，所以其引述經義無論“諷”、“頌”，都充分體現出強烈的聖王思想與禮樂觀念。試以賦家引述五經文爲例，並觀其義。如“頌”：

“射《貍首》，兼《騶虞》。”（司馬相如《上林賦》。按：《騶虞》，《詩·召南》之卒章，天子以爲射節也。《毛詩序》：“騶虞，蒐田以時，仁如騶虞也。”此頌天子游獵以行仁道。）

“弛張之度，聖哲所施。是以《樂》記干戚之容，《雅》美蹲蹲之舞，《禮》設三爵之制，《頌》有醉歸之歌。”（傅毅《舞賦》。按：此引《禮記·雜記下》“孔子曰：一張一弛，文武之道”、《樂記》“羽籥干戚,樂之器也”及《玉藻》“君子飲酒也,禮已三爵而油油以退”文,頌舞樂制度之美。)

“爾乃太和隆平,萬國肅清。”(李尤《平樂觀賦》。按:此引《周易·乾》彖曰“保合大和,乃利貞”文,以美德教遠被,萬國賓服。)

“鳴洪鐘,建五旗。”(揚雄《河東賦》。按:此取《尚書大傳》“天子左右五鐘,天子將出,則撞黄鐘之鐘,左五鐘皆應;入則撞蕤賓之鐘,右五鐘皆應”文義,以美天子行祭后土的儀仗風華之氣象。)

“躬追養於廟祧,奉蒸嘗與禴祠。”(張衡《東京賦》。按:此取《公羊傳·桓公八年》“春曰祠,夏曰禴,秋曰嘗,冬曰蒸”文,以頌四時行祭,孝思不匱之美德。

又如“諷”:

“美《關雎》之識微兮,湣王道之將崩。”(馮衍《顯志賦》。按:《毛詩正義》:“《關雎》樂得淑女以配君子,憂在進賢,不淫其色。哀窈窕,思賢才,而無傷善之心也。”此美《關雎》以諷世道。)

“抑止絲竹晏衍之樂,憎聞鄭衛幼眇之聲。”(揚雄《長楊賦》。按:此引《禮記·樂記》“金石絲竹,樂之器也”、“鄭衛之音,亂世之音也”文,以“晏衍”邪聲諷淫音亂政。)

“原得遠渡以自娱,上下無常窮六區。”(張衡《思玄賦》。按:此用《周易·繫辭下》“上下無常,剛柔相易”文義,以諷世道變惑,隱遁無門。)

“彼天監之孔明兮,用棐忱而祐仁。”(張衡《思玄賦》。按:此引《尚書·太甲》“天監厥德”、《康誥》“天棐畏忱”文,以寄亂政之憂。)

“日不悛而俞甚兮,政委棄於家門。”(劉歆《遂初賦》。按:此取《左傳·昭公三年》“政在家門,民無所依。君日不悛,以樂慆憂"①文意,以諷西漢末之亂政。)

可見賦家用經,無論"諷"、"頌",其倡明王道,代行王言,均爲其思想之依歸。

然賦家匯合儒家,歸復王言傳統,於兩漢亦有較大之變遷。質言之,西漢至宣、元之世,一是儒學漸次當路,而盛行以儒術緣飾吏治之風②;一是語言文學侍從地位漸次墮落,辭賦退于文學一隅,與儒術緣飾吏治亦漸分離,成、哀之際揚雄"悔賦",當與此大勢相契。由於文學侍從地位墮落,賦家宕出政廷,其諷誦傳統亦衰,這也導致賦作脱離"不歌而誦"而走向案頭文學,客觀上加快了由語言向文字的轉型。有趣的是,我們統計漢賦引述五經,西漢賦僅占四分之一不到,多數經文反復出現于東漢賦家筆端③,這也使漢賦用經歸復"王言"之特徵漸次流於形式,其經世思想通過經文的引述多歸於文學之創造,成爲經義在文本中的塗飾與借用。當然,這種運用仍未脱離經義的規範,其中引《詩》、《春秋》(三傳)與《禮》(三禮),能夠比較突出地彰顯賦家用經之主題意志。

---

① 杜預注:"大夫專政。慆,藏也。悛,改也。"

② 王應麟《玉海·漢制篇》:"御史大夫貢禹除諸葛豐爲屬,張忠辟孫寶,魏相除蕭望之爲屬,大司馬王商辟鮑宣,薦爲議郎,大司空何武除宣西曹掾,此以德行志節舉者也。御史大夫蕭望之除薛廣德爲屬,大司馬史高辟匡衡爲議曹史,丞相翟方進除李尋爲史,大司馬王根奏房鳳補長史。王商位特進,得舉吏,除杜鄴主簿,此以經學舉者也。張湯爲寧成掾,以無害言大府,丞相武安侯召湯爲史,薦補侍御史,中尉湯召兒寬爲掾,廷尉光請路温舒爲奏曹掾,此以文法舉者也。大將軍鳳請王尊補軍中司馬,此以才略舉者也。"案:此言漢世舉術多方,其間儒術與吏治關係深密可見。

③ 據我們統計,漢賦用《詩》資料是:西漢賈誼1次,枚乘7次,司馬相如14次,東方朔11次,王褒1次,劉向7次,揚雄26次,班婕妤7次;其中司馬相如用《國風》11次,用《雅》2次,用《頌》1次;揚雄用《國風》8次,用《雅》15次,用《頌》3次。東漢班彪8次,杜篤5次,班固31次,張衡114次,馬融3次,王延壽3次,蔡邕26次,王粲13次,陳琳11次;其中班固賦用《國風》5次,用《雅》20次,用《頌》6次;張衡用《國風》39次,用《雅》59次,用《頌》16次;馬融用《國風》1次,《雅》1次,《頌》1次;蔡邕用《國風》14次,用《雅》12次;王粲用《國風》8次,用《雅》5次;陳琳用《國風》6次,用《雅》5次。

三、通諷諭之用《詩》精神

在“五經”中,賦與《詩》之因緣最爲深密,一在“義”,一在“律”,所謂“賦本《詩》之一義。秦漢而下,賦遂專盛。……然對偶屬韻,不出乎詩之律”①。然考查漢人稱“賦”源“詩”,皆《詩》三百篇之專指,其原《詩》惟重功用,即有資于王政之“諷諭”功能。試觀漢人論賦,最重諷諭之説,如《史記·屈原賈生列傳》批評宋玉等人賦“祖屈原之從容辭令,終莫敢直諫”;《漢書·司馬相如傳贊》批評司馬相如賦“雖多虚辭濫説,然要其歸,引之于節儉,此亦《詩》之諷諫何異”。然其論賦法以諷諭爲宗,卻嘗偏於篇章結構之“曲終奏雅”,即《漢書·揚雄傳》所載“雄以爲賦者將以風之,必推類而言,極麗靡之辭,閎侈鉅衍……歸之於正,然覽者已過矣”以及所謂“諷則已,不已,吾恐不免於勸也”(揚雄《法言·吾子》),殊不知賦家引用《詩》語,其實也是穿插於創作間的一種諷諭法則。這需先明確兩個前提:一是《詩》三百的諷諫傳統,即前揭劉熙載《藝概·賦概》所言“古人賦詩與後世作賦,事異而意同……一以諷諫,《周語》‘瞍賦矇誦’是也”,指的是自周室“天子聽政”到漢廷文學侍從“獻賦”的諷喻傳統。二是漢代《詩》學的諷諫特徵,例如西漢治“魯詩”的王式爲昌邑王師時,有“以三百五篇諫,是以無諫書”(《漢書·儒林傳》)之説。對此,清人程廷祚《刺詩之由》云:“詩人自不諱刺,而詩之本教,蓋在於是。”又《再論刺詩》云:“漢儒言詩,不過美刺兩端。《國風》、《小雅》爲刺者多,《大雅》則美多而刺少……或於頌美之中,時寓規諫。”②這正是賦家由《詩》之“諷諫”到賦之“譎諫”(諷諭)之學術背景。

考查漢人論《詩》,無論興盛於西漢學官的“三家”(魯、齊、韓),還是漸興于東漢的“毛詩”,“美刺”兩端,實以“刺”爲主,尤其是

① 劉因《静修續集》卷三《敘學》,文淵閣《四庫全書》本。
② 程廷祚《青溪文集》卷一《詩論六》、卷二《詩論十三》,《金陵叢書》本。

《風》、《雅》，顯刺多於隱諷①。而由漢人論《詩》主"刺"看漢賦用《詩》的諷諭，賦家引《詩》雖兼取《風》、《雅》、《頌》，然以前二者爲主（雅則多爲"小雅"），説明其功能偏重"言情"、"陳義"，而略於"述德"②。以漢賦四大家司馬相如、揚雄、班固、張衡爲例，相如賦用《詩》14 次，其中《風》11 次，《雅》2 次，《頌》1 次；揚雄賦用《詩》26 次，其中《風》8 次，《雅》15 次，《頌》3 次；班固賦用《詩》31 次，其中《風》5 次，《雅》20 次，《頌》6 次；張衡賦用《詩》114 次，其中《風》39 次，《雅》59 次，《頌》16 次。觀其用《詩》之義，正與漢代《詩》學《風》、《雅》（以《小雅》爲主）"爲刺者多"相埒。如其用《風》詩例：

揚雄《逐貧賦》："舍爾入海，泛彼柏舟。"此取辭於《邶風·柏舟》"泛彼柏舟，亦泛其流。耿耿不寐，如有隱憂"，托言"柏舟"，寄寓諷世憂心。

張衡《西京賦》："取樂今日，遑恤我後。"此取辭於《邶風·谷風》"我躬不閲，遑恤我後"，喻戒樂之義，警示盛極必衰的教訓。

再如用《雅》詩例：

司馬相如《上林賦》："悲《伐檀》，樂樂胥。"前句取義《魏風·伐檀》，後句取辭《小雅·桑扈》"君子樂胥，受天之祜"，奉"天"憫"人"，諷喻君王"佚游"之樂。

班固《幽通賦》："要没世而不朽兮，乃先民之所程。……謨先聖之大猶兮，亦鄰德而助信。"此取辭於《小雅·小旻》"哀哉爲猶，匪先民是程，匪大猶是經"，此借辭抒"哀"，宣發不遇

① 據朱東潤《詩三百篇探故》（上海古籍出版社 1981 年版第 100 頁）統計：《風》160 篇，美詩 17，刺詩 78；《小雅》74，美詩 4，標刺詩 45；《大雅》31，美詩 7，刺詩 6。合而言之，《風》《雅》265 篇中，計美詩 28，刺詩 129。

② 劉熙載《藝概·賦概》："言情之賦本于風，陳義之賦本於雅，述德之賦本於頌。"案：漢賦創作兼有三端，然就用《詩》功能而言，顯然重在前兩者。

之悲。

以上諸例,雖有偏重"取辭"或"取義","直引"或"隱用"之别,但其用《詩》寄諷的思想,則是一致的。

漢代賦家用《詩》存在"四家詩"(魯、齊、韓、毛)問題,並因學統的差異而帶來用《詩》取義的歧異。區分賦家的"詩"學傳統,後代史著或經解嘗依據學統與引述來辨别其旨,如唐晏《兩漢三國學案》據漢史歸賦家如司馬遷、劉向父子、蔡邕、王逸等於"魯詩"系,歸董仲舒、蕭望之、班固等於"齊詩"系,歸馬融等於"毛詩"系①;陳喬樅《三家詩遺説考》據賦家引《詩》又歸揚雄、張衡于"魯詩"系,歸班氏家族于"齊詩"系,歸馮衍于"韓詩"系等②。這類例證在漢賦引《詩》中十分常見。如班昭《東征賦》云:"明發曙而不寐兮,心遲遲而有違。"用《詩》可參《小雅·小宛》"明發不寐,有懷二人",《毛傳》"明發,發夕至明";《邶風·谷風》"行道遲遲,中心有違",《毛傳》"遲遲,舒行貌。違,離也"③。案:董仲舒《春秋繁露·楚莊王篇》:"《詩》云:'……明發不寐,有懷二人',人皆有此心也。"④王先謙《詩三家義集疏》謂"董用《齊詩》",班昭亦用《齊詩》可明。又如張紘《瓌材枕賦》:"昔詩人稱角枕之粲,季世加以錦繡之飾。"⑤引

① 唐晏《兩漢三國學案》卷五、卷六《詩》,中華書局,1986 年版,第 211—322 頁。

② 陳喬樅《三家詩遺説考》。按:此分類基於史著及引《詩》内容,基本可信。陳喬樅嘗舉《漢書》多引《齊詩》,説明班氏習《齊詩》。如《地理志》:"杜陽,杜水南入渭。[《詩》曰'自杜']莽曰通杜。"顔師古注:"《大雅·緜》之詩曰'人之初生,自土、漆、沮',《齊詩》作'自杜'。"此類旁證亦多,如《後漢書·班彪傳》引《詩》"詒厥孫謀,以宴翼子",乃《大雅·文王之聲》語,其中"宴"字,《毛傳》、《韓詩》皆作"燕",《齊詩》作"宴"。又班昭《女誡》引述《關雎》之義,同匡衡説,亦《齊詩》。

③ 《鄭箋》:"徘徊也。(四部備要本"徘"前有"違")行于道路之人,至將離别尚舒行,其心徘徊然,喻君子于己不能如也。"

④ 董仲舒著《春秋繁露》,上海古籍出版社,1989 年版,第 9 頁下。

⑤ 歐陽詢編《藝文類聚》卷七〇《服飾部下》,上海古籍出版社,1982 年版,第 1217 頁。

《詩》見《唐風·葛生》"角枕粲兮，錦衾爛兮"，《毛傳》"齊則角枕錦衾。禮，夫不在，斂枕篋、衾、席，韣而藏之"，《鄭箋》"夫雖不在，不失其察也。攝主，主婦猶自齊而行事"。又，《毛詩序》："《葛生》，刺晉獻公也。好攻戰，則國人多喪矣。"《鄭箋》："喪，棄亡也。夫從征役，棄亡不反，則其妻居家而怨思。"案：此《毛詩》説，主刺，借思婦哀悼從軍丈夫的喪亡來諷刺晉獻公的好攻戰。前揭《集疏》認爲"三家無異義"，有失偏頗。張紘賦中用《葛生》詩，即與《毛詩》義不同。賦句中詩人當指《葛生》作者，其稱贊用牛角裝飾之枕頭很燦爛，而末世又加以精緻華美的絲繡來修飾，明顯賦中將《葛生》作爲頌美詩看待。考張紘習《詩》，《三國志》卷五三《張紘傳》載："張紘字子綱，廣陵人，遊學京都。"裴松之注引《吴書》曰："紘入太學，事博士韓宗，治京氏《易》、歐陽《尚書》，又於外黄從濮陽闓受《韓詩》及《禮記》、《左氏春秋》。"[1]據此，賦中當用《韓詩》説。

當然，賦家用《詩》，嘗不拘於一端，有博取廣義之特徵。如陳喬樅《魯詩遺説考》卷一引張衡《東京賦》"改奢即儉，則合美乎《斯干》"語，依據《漢書·劉向傳》載向上成帝疏"周德既衰而奢侈，宣王照見而中興，更爲儉宫室，小寢廟。詩人美之，《斯干》之詩是矣"，以合劉説而歸《魯詩》。考《漢書·翼奉傳》載奉上元帝疏"臣奉竊學《齊詩》"，並針對"宫室苑囿，奢泰難供"以謂"必有五年之餘蓄，然後大行考室之禮"，師古注："《詩·小雅·斯干》之詩序曰：'《斯干》，宣王考室也。'故奉引之。"奉用《齊詩》，張賦所引亦與此同。且張衡《南都賦》"遊女弄珠於漢皋之曲"，《文選》李善注："《韓詩外傳》曰：鄭交甫將南適楚，遵波漢皋臺下，乃遇二女，佩兩珠，大如荊雞之卵。"又用《韓詩》義。另如蔡邕《青衣賦》："《關雎》之潔，不蹈邪非。……昒昕將曙，雞鳴相催。……河上逍搖。"案："《關雎》之潔，不蹈邪非"，"蹈"，《初學記》卷一九作"陷"。《論語》："《詩》三百，一言以蔽之，曰：思無邪。"與下文"宜作夫人，爲衆女師"相對應，言青衣女不僅容貌美，而且德行美，蔡邕蓋用《魯詩》

---

① 陳壽撰《三國志》，中華書局，1959 年版，第 1243 頁。

義。“吻昕將曙,雞鳴相催”,語出《毛詩·鄭風·女曰雞鳴》:“女曰雞鳴,士曰昧旦。”《鄭箋》:“此夫婦相警覺以夙興,言不留色也。”吻、昧雙聲通用。拂曉時分,女聞雞鳴而起,有催促其夫之美德。蔡邕用《魯詩》義。然“河上逍搖,徙倚庭階”,“逍搖”,《藝文類聚》卷三五作“逍遙”。《毛詩·鄭風·清人》:“二矛重喬,河上乎逍遙。”案:王先谦《集疏》謂:“韓‘逍遙’作‘消搖’”;《齊詩》作“逍遙”,“蔡邕《青衣賦》‘河上逍遙’,邕用《魯詩》,知魯、齊文與毛同。”但蔡邕賦也有寫作“逍搖”的文本存在,恐非專習《魯詩》義。

如果從漢代《詩》學着眼,漢賦用“四家詩”之不同顯然表現了學統與學理的差異,具有《詩》學史的研究價值,如果僅從漢賦用《詩》的視域考慮,這一差異僅屬於學術背景,並不影響賦家用《詩》的共識,即融《詩》義於創作之諷喻主旨。换言之,賦家用《詩》,或偏習一家,或兼綜諸説,論其諷喻功能,並無差别。兹就四家詩各陳一例如次:

> 揚雄《甘泉賦》:“乃搜逑索耦,皋、伊之徒,冠倫魁能,函《甘棠》之惠,挾東征之意,相與齊虖陽靈之宫。”

此承《魯詩》而主諷諭義。《甘棠》,《詩·召南》篇名,考揚雄《法言·先知篇》:“或問‘思斁。’曰:‘昔在周公,征于東方,四國是王;召伯述職,蔽芾甘棠,其思矣夫!”此明《甘棠》詩言召公述職事。劉向《説苑·貴德篇》:“《詩》曰:‘蔽芾甘棠,勿翦勿伐,召伯所茇。’《傳》曰:‘自陝以東者,周公主之;自陝以西者,召公主之。召公述職,當桑蠶之時,不欲變民事,故不入邑中,舍於甘棠之下,而聽斷焉。陝間之人,皆得其所,是故後世思而歌詠之。……百姓歎其美而致其敬,甘棠之不伐也,政教惡乎不行。孔子曰:吾於《甘棠》見宗廟之敬也甚。尊其人必敬其位,順安萬物,古聖之道幾哉?’”[①]

---

① 劉向撰,向宗魯校證《説苑校證》,中華書局,1987 年版,第 94—95 頁。

劉氏從《魯詩》説，所稱的“傳”當爲《魯詩傳》。又王充《論衡·須頌篇》云：“宣王惠周，《詩》頌其行。召公述職，周歌棠樹。”王先謙《集疏》亦認爲是《魯詩》説，二人以《甘棠》爲召公述職事，與揚雄意同。賦中言“挾東征之意”，用《詩·豳風·東山》義，汪榮寶《法言義疏》云：“子雲説《詩》，皆用《魯》義。此以周公東征與召伯述職並舉，是亦以《破斧》爲黜陟時之作，其以此爲思義之證，即用東征西怨、南征北怨之説。”[①]關於周公攝政，一年救亂揮師東征事，詳見《史記·魯周公世家》[②]。揚雄賦以召公述職與周公東征事明示召公仁德、周公義行來感化天子，淨化心智，垂恩天下，勸誡君臣潔心齋戒，齊集於陽靈宮中，借頌取諷。

班彪《北征賦》：“日晻晻其將暮兮，睹牛羊之下來。寤怨曠之傷情兮，哀詩人之歎時。”

此承《齊詩》而主諷諭義。考《王風·君子于役》，《毛詩》等皆作“羊牛”，此用“牛羊”，據王先謙《集疏》：“班氏世習《齊詩》，賦云‘怨曠傷情’，知齊義以此詩‘君子’爲室家之詞。郭引《詩氾曆書》云‘牛羊來暮’，亦用齊文，是齊作‘牛羊’也。”王先謙認爲“怨曠傷情”乃齊詩《君子于役》詩義，其説蓋源於宋王質《詩總聞》卷四之引證，胡承珙認爲“怨曠傷情”之説實指《雄雉》詩，其《毛詩後箋》卷六云：“不知李善注《文選》於上二句引此詩（筆者案：指《君子于役》詩），於下二句引《雄雉序》曰：‘大夫久役，男女怨曠’，是則怨曠者，並不指此詩，不得援以爲證。”[③]《毛詩序》：“《雄雉》，刺衛宣公也。淫亂不恤國事，軍旅數起，大夫久役，男女怨曠，國人怨之，而作是詩。”

---

① 《法言義疏》第 287 頁。

② 《史記·魯周公世家》（卷三三）載：“管、蔡、武庚等果率淮夷而反，周公乃奉成王命，興師東伐，作《大誥》。遂誅管叔，殺武庚，放蔡叔，收殷餘民，以封康叔於衛，封微子於宋，以奉殷祀，寧淮夷東土，二年而畢定。”《尚書·大誥》有“肆朕誕以爾東征”之語，即是此意。

③ 胡承珙撰，郭全芝校點《毛詩後箋》，黄山書社，1999 年版，第 336 頁。

胡承珙推重《毛詩》,故引李善注引《毛詩序》語來箋詩,殊不知李善已不見《齊詩》詩説,班彪所引爲《齊詩》序語也未必可知。班賦寫行旅,諷世亂,傷家室圮廢,而生"黍離之感"[①],借周室傷亂以自抒情懷,暗諷當朝君主失德,漢室衰微之時態。

馮衍《顯志賦》:"夫伐冰之家,不利雞豚之息;委積之臣,不操市井之利。"

此承《韓詩》而主諷諭義。考馮賦所引語見《韓詩外傳》卷四:"天子不言多少,諸侯不言利害,大夫不言得喪,士不言通財,貨不賈於道,故駟馬之家不恃雞豚之息,伐冰之家不圖牛羊之入。……委積之臣不貪市井之利。……《詩》曰:'彼有遺秉,此有滯穗,伊寡婦之利。'"《韓詩外傳》引《詩》出《大雅·大田》,而馮賦用《外傳》,陳喬樅據此"知敬通所習爲《韓詩》"[②],雖或以爲馮賦未必全秉《韓詩》遺義[③],然觀賦中諷喻世道貪欲之義與異俗情懷,則溢於言表。

傅毅《舞賦》:"嘉《關雎》之不淫兮[④],哀《蟋蟀》之侷促。"

此承《毛詩》而主諷諭義。《毛詩序》曰:"《關雎》,后妃之德也。……是以《關雎》樂得淑女以配君子,憂在進賢,不淫其色,哀窈窕,思賢才,而無傷善之心焉。是《關雎》之義也。"案:此詩《魯》、

---

① 于光華編《評注昭明文選》卷九引孫執升語,民國八年(1919)掃葉山房石印本。

② 《韓詩遺説考》卷一,第514頁上。

③ 案:《後漢書·馮衍傳》僅有"能誦《詩》"語,未明學統,故陳喬樅據此賦引"伐冰之家"出《韓詩外傳》,推測其習《韓詩》,依此條當無誤。然觀馮氏《顯志賦》中"日曀曀其將暮兮",《毛詩》有"曀曀其陰"、蔡邕《述行賦》用《魯詩》謂"陰曀曀而不陽",而吕祖謙《讀詩記》引董氏曰:"《韓詩》作'□□其陰'。"馮賦未用《韓詩》甚明。金前文博士論文《漢賦與漢代〈詩經〉學》第二章、第一節《漢三家詩學者再檢討》對此有詳解,可參讀。

④ 《文選》六臣本無"兮"字。

《韓》主刺[①]，《齊》、《毛》主頌，《六臣注文選》吕延濟曰："《關雎》之樂后妃之德，樂而不淫也，故嘉之。"賦中是贊美《關雎》詩的"樂而不淫"，當從《毛詩》義。又，《蟋蟀》，《詩經·唐風》篇名，《毛詩序》曰："《蟋蟀》，刺晉僖公也。儉不中禮，故作是詩以閔之，欲其及時以禮自虞樂也。"[②]又吕延濟曰："《蟋蟀》，《詩》篇名，刺儉不中禮，故哀其局促，局促，小貌。"此賦蓋用《毛詩》説，哀歎《蟋蟀》的儉而無當，以致局促。《蟋蟀》首章云："蟋蟀在堂，歲聿其暮，今我不樂，日月其除。無已大康，職思其居。"是時農業耕作已經結束，君可以自樂，而今卻不樂，是用禮爲節，儉不中禮也。《古詩十九首·東城高且長》有詩句云："晨風懷苦心，蟋蟀傷局促"，即與此同。傅賦一"嘉"一"哀"，一美一刺，以《關雎》比照《蟋蟀》，諷諭當世之義顯豁彰明。

由於"樂經"丟失，"六經"闕一，漢立"五經"，樂教實通於《詩》教，漢賦引述前朝"樂章"，實亦取《詩》教之"美"、"刺"功用。《漢

---

① 司馬遷《史記·十二諸侯年表》："周道缺，詩人本之衽席，《關雎》作。"《儒林傳序》"周室衰而《關雎》作"，意同，王先謙認爲是魯詩説。袁宏《後漢紀·靈帝紀》載楊賜上書云："昔周康王承文王之盛，一朝晏起，夫人不鳴璜，宫門不擊柝，《關雎》之人見幾而作。"楊賜與蔡邕曾同定《魯詩》石經，蓋爲《魯詩》説。張超《誚青衣賦》云："周漸將衰，康王晏起，畢公喟然，深思古道，感彼《關雎》，性不雙侶，願得周公，配以窈窕，防微消漸，諷諭君父。"王先謙亦認爲是《魯詩》説。《漢書·匡衡傳》載匡衡引其師后蒼語曰："孔子論詩，以《關雎》爲始。言太上者民之父母，后夫人之行不侔乎天地，則無以奉神靈之統而理萬物之宜。故《詩》曰：'窈窕淑女，君子好仇。'言能致其貞淑，不貳其操，情欲之感無介乎容儀，宴私之意不形乎動靜，夫然後可以配至尊而爲宗廟主。此綱紀之首，王教之端也。"此《齊詩》説。《後漢書·明帝紀》李賢注引薛君《韓詩章句》曰："詩人言雎鳩貞潔慎匹，以聲相求，隱蔽於無人之處。故人君退朝入於私宫，妃后御見有度。應門擊柝，鼓人上堂，退反宴處，體安志明。今時大人内傾于色，賢人見其萌，故詠《關雎》説淑女正容儀以刺世。"此爲《韓詩》之説。

② 桓寬《鹽鐵論·通有篇》："君子節奢刺儉，儉則固。……孔子曰：'不可，大儉極下。'此《蟋蟀》所爲作也。"王先謙《集疏》認爲是《齊詩》説。張衡《西京賦》："獨儉嗇以齷齪，忘《蟋蟀》之謂何？"王先謙《集疏》認爲是《魯詩》説。

書·禮樂志》載:"樂以治内而爲同。……和親之説難形,則發之於詩歌詠言,鐘石筦弦。"此明樂義假詩以化内的教化精神。又鄭樵《通志·樂略》云:"樂以詩爲本,詩以聲爲用,八音六律爲之羽翼耳。……漢朝又立之學官,以義理相授,遂使聲歌之音湮没無聞。"[①]此明詩樂關係,並以"聲用"爲本,其謂漢立"學官",指"四家詩"義訓,故有"湮没無聞"之歎。緣此,漢賦引述樂章,"聲用"隱退,"義用"彰顯,觀其諷諭,同於《詩》義。考漢賦用"樂",不出"雅樂"與"新聲"兩端,前者多以"美"而隱"刺",後者多以"刺"而喻"諷"。如賦中引"雅樂":

司馬相如《上林賦》:"射《貍首》,兼《騶虞》。"案:郭璞曰:"《貍首》,逸詩篇名,諸侯以爲射節。《騶虞》,《召南》之卒章,天子以爲射節也。"

班固《東都賦》:"若乃順時節而蒐狩,簡車徒以講武。則必臨之以《王制》,考之以《風》、《雅》。"案:風,國風,《騶虞》、《駟鐵》是也。雅,小雅,《車攻》、《吉日》是也。"歷《騶虞》,覽《駟鐵》。嘉《車攻》,采《吉日》。禮官整儀,乘輿乃出。"案:《毛詩序》曰:"《騶虞》,蒐田以時,仁如騶虞也。"又曰:"《駟鐵》,美襄公也,始命有田狩之事。"又曰:"《車攻》,宣王復會諸侯于東都,因田獵而選車徒焉。"又曰:"《吉日》,美宣王也,能慎微接下,無不自盡以奉其上焉。"

張衡《東京賦》:"《王夏》闋,《騶虞》奏。"案:王夏,樂名也,天子初出奏也。闋,終也。

張衡《南都賦》:"客賦醉言歸,主稱露未晞。接歡宴於日夜,終愷樂之令儀。"案:《小雅·湛露》:"湛湛露斯,匪陽不晞。厭厭夜飲,不醉無歸。……豈弟君子,莫不令儀。"《魯頌·有駜》:"振振鷺,鷺於飛,鼓咽咽,醉言歸,于胥樂兮。"

---

① 鄭樵撰《通志》卷四九《樂略·樂府總序》,中華書局,1987 年版,第 625 頁上。

傅毅《舞賦》:“玉曰:小大殊用,鄭雅異宜,弛張之度,聖哲所施。是以《樂記》干戚之容,雅美蹲蹲之舞。禮設三爵之制,頌有醉歸之歌。”案《小雅·伐木》曰:“坎坎鼓我,蹲蹲舞我。”一本或云“旋旄之舞”。《魯頌·有駜》曰:“振振鷺,鷺於飛,鼓咽咽,醉言歸,于胥樂兮。”

夷考古代樂制,由先儒制定的樂教理論,即“象德綴淫”與“崇雅黜鄭”,《禮記·樂記》之“樂者,所以象德也”,《荀子·樂論》“夫樂者樂也,人情之所必不免也。……先王惡其亂也,故制雅頌之聲以道之,使其聲足以樂而不流”者皆是。至春秋戰國之世,禮崩樂壞,治道虧缺,古樂衰而鄭衛之音起,故秦漢文獻亦多於此尤多懲戒。如《吕氏春秋·本性》云:“靡曼皓齒,鄭衛之音,務以自樂,命之曰伐性之斧。”《漢書·禮樂志》云:“周道始衰,怨詩之起……桑間濮上,鄭、衛、趙、宋之音並出。”同於此理,賦家於描寫宫廷祭祀、朝會、宴飲諸典禮儀式上多列“雅樂”之名,正寄意象德綴淫之詩教。而在描述個性放縱寓意諷諭時,又列“新聲”以爲鑒戒。如:

於是乃發《激楚》之結風,揚鄭、衛之皓樂。(枚乘《七發》)

途出鄭衛,道出桑中。朝發溱洧,暮宿上宫。上宫閑館,寂寞重虚。(司馬相如《美人賦》)

抑止絲竹晏衍之樂,憎聞鄭衛幼眇之聲。(揚雄《長楊賦》)

曼麗之容,不悦于目,鄭、衛之聲,不過於耳。(杜篤《論都賦》)

王曰:“如其鄭何?”玉曰:“小大殊用,鄭雅異宜,弛張之度,聖哲所施。……鄭衛之樂,所以娱密坐、接歡欣也。餘日怡蕩,非以風民也,其何害哉!”(傅毅《舞賦》)

雖懷思而不怨,似《豳風》之遺音。於是《雅》曲既闋,《鄭》、《衛》仍修。新聲順變,妙弄優遊。(侯瑾《箏賦》)

賦家論列“新聲”,包括“激楚之風”與“鄭衛之音”,前者緣自漢承楚聲①,後者與内廷“樂府”相關,而賦家正處於“象德綴淫”與“欲諷反勸”的創作矛盾中,標榜崇雅黜鄭之義,旨歸漢賦用《詩》之諷諭傳統②。

四、明治亂之《春秋》大義

漢賦作爲宫廷文學之興起,緣自漢政撥亂歸正,重光王治,倡達王言,故其用經無不維繫於帝國圖式與王道政教之重構,並以文學性的創造表現出一種歸投、融契與矛盾、衝突。《漢書·翼奉傳》記載翼奉於元帝朝奏封事論“經”云:“天地設位,懸日月,布星辰,分陰陽,定四時,列五行,以視聖人,名之曰道。聖人見道,然後知王治之象,故畫州土,建君臣,立律曆,陳成敗,以視賢者,名之曰經。……(經)列始終,推得失,考天心,以言王道之安危。”與翼奉同治《齊詩》學的班固在《西都賦》中描寫“昭陽殿”一段,論及佐命之臣,倡發議論云:“佐命則垂統,輔翼則化成,流大漢之愷悌,蕩亡秦之毒螫。故令斯人揚樂和之聲,作畫一之歌。功德著乎祖宗,膏澤洽乎黎庶。”對讀翼、班之言,“經”用及於“賦”用,于“王道之安危”,最爲緊要。正因如此,賦家引經用典,與《詩》之美、刺相同,賦文中大量出現的《書》、《易》、《春秋》之經文事典,多歸於以“史”鑒

① 漢賦由音及義承續楚風,前賢論述甚多,落實於篇章,則如孫梅《四六叢話》卷三《騷二敘》云:“若夫《幽通》、《思玄》,宗經述聖:《離騷》之本義也;《甘泉》、《藉田》,齋肅典雅:《東皇》、《司命》之麗則也;《長門》、《洛神》,哀怨婉轉:《湘君》、《湘夫人》之縹渺也;……《西征》、《北征》,叙事記遊,發揮景物:《涉江》、《遠遊》之殊致也;《鵩鳥》、《鸚鵡》,曠放沈摯:《懷沙》之遺響也;……《七發》觀濤,浩瀚清壯:《九辯》之體勢也;……《解嘲》、《答賓戲》,問對雄奇:《漁父》之深趣也。”案:漢代宫廷歌詩亦多楚聲,如《房中樂》、《郊祀歌》等皆是,此與宫廷賦家之興統合樂府制度相關。

② 有關賦家與樂府關係,以及其創作“象德綴淫”與“欲諷反勸”的矛盾,詳見許結《漢賦造作與樂制關係考論》,《文史》2005 年第 4 輯,中華書局,2005 年版,第 25—48 頁。

"今"之用。例如賦家引《書》、《易》之文,班固《東都賦》"龔行天罰,應天順人,斯乃湯、武之所以昭王業也",兼用《書》之武王言"今予惟龔行天之罰"與《易》之"湯、武革命,應乎天而順乎人",以爲東漢統治立統張本,明正朔而寄史鑒;揚雄《河東賦》"瀸南巢之坎坷兮,易豳岐之夷平",用《尚書·仲虺之誥》"成湯放桀于南巢"故事,以寓興亡教訓;張衡《東京賦》"守位以仁,不恃隘害",用《易·繫辭下》"何以守位?曰:仁也"語義,懲于現實之奢靡,企望王道之仁政[①]。相對而言,賦家引述經義所主導的以史鑒今,襄助王政之思想,更集中地呈示於以撥亂反正爲宗旨的《春秋》學之微言大義。

在漢武帝更化之初,從游梁而歸朝廷充文學侍從的司馬相如獻《上林賦》[②],在盡極麗靡之詞描繪天子游獵上林苑之後,筆鋒一轉,以所謂"曲終奏雅"之方式而排敘經書之名義云:"游於六藝之囿,馳騖乎仁義之塗,覽觀《春秋》之林……悲《伐檀》,樂樂胥,修容

① 案:賦家引經,多據經文經義靈活運用,故"五經"辭義用於賦文,各具特色,文中所述《書》、《易》、《春秋》之以"史"鑒"今",乃就大體論,細究其異,亦當有别。例如《易經》重象數之奥義,明君子進德之行,處身顯隱之機,故漢代賦家引《易》,多見於"言志賦"系列,其中董仲舒《士不遇賦》、崔篆《慰志賦》、班固《幽通賦》、張衡《思玄賦》引述最多。如《士不遇賦》"出門則不可偕往兮,藏器又蚩其不容",取《易·繫辭下》"君子藏器于身,待時而動"義;《慰志賦》"恨遭閉而不隱兮,違石門之高蹤",取《易·坤卦》"天地閉,賢人隱"義;《幽通賦》"紛屯亶與蹇連兮,何艱多而智寡",取《易·屯卦》"六二:屯如亶如,乘馬班如"、《蹇卦》"六四:往蹇來連"爻辭義;《思玄賦》"夕惕若厲以省諐兮,懼余身之未勑也",取《易·乾卦》"君子終日乾乾,夕惕若厲,無咎"義。而《尚書》作爲"政書",除予賦家興亡教訓外,還以"志"書"横體"的特徵,表現於對地理方位、政區構建之摹寫,如揚雄《蜀都賦》"蜀都之地,古曰梁州,禹治其江,渟皋彌望,鬱乎青蔥,沃野千里",取資《尚書·禹貢》;杜篤《論都賦》"《禹貢》所載,厥田惟上"、"肇十有二,是爲贍腴",取資《尚書》之《禹貢》、《舜典》;班固《西都賦》"左右庭中,朝堂百寮之位",取語《尚書》"百寮師師";李尤《平樂觀賦》"四表交會,抱珍遠並",取義《尚書·堯典》"光被四表,格於上下";張衡《東京賦》"召伯相宅,卜惟洛食",兼取《尚書·召誥》"成王在豐,欲宅洛邑,使召公先相宅"、《洛誥》"乃卜澗水東,瀍水西,惟洛食"義,皆其例。

② 事詳《史記·司馬相如列傳》。案:據劉知幾《史通》,傳中所言"上讀《子虛賦》而善之"、"上驚,乃召問相如"、"請爲天子游獵賦"、"天子大悦"、"賦奏,天子以爲郎"等記述,皆相如"自敘"語。

乎《禮》園,翱翔乎《書》圃,述《易》道,放怪獸。登明堂,坐清廟,恣群臣,奏得失。四海之内,靡不受獲。於是之時,天下大悦,鄉風而聽,隨流而化。”此繼“六藝”後分述“五經”,次序爲《春秋》、《詩》(以《伐檀》爲代)、《禮》、《書》、《易》,倘對照東漢時班固撰《東都賦》之排序,即“今論者但知誦虞夏之《書》,詠殷周之《詩》,講羲文之《易》,論孔氏之《春秋》”,則相如賦不依時序而首尊《春秋》,當有深意在。對賦中“覽觀《春秋》之林”語,《文選》李善注引如淳曰:“《春秋》義理繁茂,故比之于林藪也。”[①]如果我們結合相如《子虛》、《上林》之賦,前賦列舉代表楚臣的“子虛”與代表齊臣的“烏有”爭誇“楚”之“雲夢”、“齊”之“東海”,後賦托“亡是公”之口假天子“上林”之“巨麗”,貶斥兩地侯邦“楚則失矣,而齊亦未爲得也”,因爲“齊、楚之事又烏足道”在於“子虛”、“烏有”所陳“二君之論,不務明君臣之義,正諸侯之禮”,充分展示其尊天子而退諸侯之思想。而這一在賦家思想中始終延續的“以強幹弱枝,隆上都而觀萬國”(班固《西都賦》)之大義,正緣自漢賦作家承續先儒對《春秋》功能之理解。

《春秋》之用,首在“治人”,董仲舒《春秋繁露·玉杯》云:“《詩》道志,故長於質;《禮》制節,故長於文;《樂》詠德,故長於風;《書》著功,故長於事;《易》本天地,故長於數;《春秋》正是非,故長於治人。”然其“正是非”之“治人”,漢人實承孟子之説,旨歸“天子之事”,即《孟子·滕文公下》所云:“孔子懼,作《春秋》。《春秋》,天子之事也。是故孔子曰:‘知我者其惟《春秋》乎?罪我者其惟《春秋》乎?’”考諸《春秋經》文,開篇“元年,春,王正月”,徐彦《疏》引漢公羊學家何休《解詁》云:“若公羊之義,惟天子乃得稱元年,諸侯不得稱元年。此魯隱公諸侯也,而得稱元年者,《春秋》托王于魯,以隱

① 蕭統編,李善注《文選》卷八,中華書局,1977 年版,第 129 頁下。案:李善注“悲《伐檀》”引張揖曰:“其詩刺賢者不遇明王也”;注“《禮》園”引郭璞曰:“禮所以整威儀,自修飾也”;注“《書》圃”引郭璞曰:“《尚書》所以疏通知遠者,故遊涉之”;注“《易》道”引郭璞曰:“修絜靜精微之術。”

公爲受命之王，故得稱元年矣。”①而《春秋公羊》學之屈“周”王“魯”，實與漢武帝朝尊“孔”崇“儒”思想一脈相承，孔子作爲有王無位之“素王”的出現，意味着漢世借《春秋》義開“新王”之治，王者托古改制正以此爲政治文化的有力支撑。緣此，賦家用《春秋》義，嘗與“天子之事”相維，如班固《東都賦》云：“體元立制，繼天而作。”此兼取《左傳》“元年春正月，公即位”（杜預注：“凡人君即位，欲其體元以居正。”）與《穀梁傳》“爲天下主者，天也；繼天者，君也”義，爲東漢新王改元立制張本。由於兩漢所處的特殊政治形勢，賦家用經以“史”鑒“今”又賦予特殊内涵，其中明顯的是與西漢戒“亡秦”教訓、東漢懲“新莽”僭越相聯繫。西漢賦家如相如《上林賦》寫天子游獵盛事後，即歸於“游於六藝之囿，馳鶩乎仁義之塗”；揚雄《長楊賦》寫漢帝田獵之禮，亦歸於恤民勤儉，所謂“使農不輟耰，工不下機，婚姻以時，男女莫違，出愷弟，行簡易，矜劬勞，休力役，見百年，存孤弱”，無不鑒戒于“亡秦”教訓。而賦家處此政治憂患之中，引經言史，即“自今推古，至於元氣始化，古不覽今，名號迭毁，請以《詩》、《春秋》言之”（揚雄《覈靈賦》），不失爲政治懲戒的一種藝術表現方法。東漢賦家如班固於《東都賦》中直接言述：“王莽作逆，漢祚中缺；天人致誅，六合相滅。……建武之元，天地革命，四海之内，更造夫婦，肇有父子，君臣初建，人倫寔始。……仁聖之事既該，而帝王之道備矣。”張衡《東京賦》所論則稍委婉：“我世祖忿之，乃龍飛白水，鳳翔參墟，授鉞四七，共工是除。”然觀其賦引《春秋》義，亦多於此暗合。如張衡《西京賦》“政之興衰，恒由此作”，取《左

① 《春秋公羊傳注疏》，《十三經注疏》本。案：《春秋穀梁傳注疏》楊士勛《疏》引：“釋曰：何休注《公羊》，取《春秋緯》，黄帝受圖立五始，以爲元者，氣之始；春者，四時之始；王者，受命之始；正月者，政教之始；公即位者，一國之始。”西漢武、宣之世重“公羊”學，其學宣導“五始”、“三科”、“九旨”、“七等”、“六輔”、“二類”等，與《易》之象數相關，其對賦家引經之結構意識，頗有關聯；又“公羊”學取緯書以解經，故賦家多引《春秋緯》以明義，如揚雄《長楊賦》“是以玉衡正而太階平”、劉歆《遂初賦》“惟太階之侈闊兮，機衡爲之難運；懼魁杓之前後兮，遂隆集於河濱”，即取辭於《春秋緯》之《運斗樞》、《元命苞》。

傳·昭公十三年》"存亡之道,恒由此興"語;又"妖蠱豔夫夏姬,美聲暢于虞氏",一刺一美,刺取《左傳·成公二年》載夏姬亡國之事,以寓西漢衰亡教訓。

考察《春秋》"治人",董仲舒出於"公羊"學觀點,提出"受命之符"説,以詮解漢朝政權的合理性;提出"春秋之法,以人隨君,以君隨天"説,以詮解政治結構的合理性;提出"尊王攘夷"、"王者愛及四夷説",以詮解兵伐不服、德王天下的合理性;提出"春秋之道,大得之則以王,小得之則以霸……霸王之道,皆本於仁"説,以詮解仁禮法權運用于王霸之道的合理性①。這一系列的思想影響到賦家創作,明顯導向於兩方面:一則是尊"天子"而退"諸侯",這是自西漢景、武之世内政憂患與强幹弱枝的"削藩"政策,並影響一世,隱藴於賦家引述《春秋》大義之思想。例如:

揚雄《羽獵賦》:"非章華,是靈臺。"

案:《左傳·昭公七年》:"楚子成章華之臺。"又,《文選》李善注:"言以楚章華爲非,而以周靈臺爲是。"同于此理,張衡《東京賦》論戰國亂世教訓亦謂:

是時也,七雄並爭,競相高以奢麗。楚築章華于前,趙建叢臺於後。秦政利觜長距,終得擅場,思專其侈,以莫己若。乃構阿房,起甘泉,結雲閣,冠南山,徵税盡,人力殫。

案:《漢書·鄒陽傳》"夫全趙之時,武力鼎士袨服叢臺之下者,一旦成市",師古注:"叢臺,趙王之臺也,在邯鄲。"此借戰國"楚"、"趙"諸侯與"周室"王治比照,義理自明。然張衡賦中由戰國諸侯之奢侈轉向一統帝國之秦政,這又顯示出賦家用《春秋》義的另一導向,即崇"王道"而黜"霸術"。漢代賦家懲于春秋戰國秦楚之亂,取《春

① 案:上引文字分别見《春秋繁露》之《符瑞》、《玉杯》、《俞序》諸篇。

秋》"王魯"之義以崇"儒",而隨漢室由西而東,禮制強化,賦作引述《春秋》經義,又出現由"屈周"到"尊周",倡言劉漢承成周之德[①],究其旨歸,則在推尊王道政治。如處衰世,則如劉歆《遂初賦》所引"救王師于余吾",事載《公羊傳·成公元年》,影寫周天子軍在余吾潰敗于晉軍史實,以寓指西漢王政之衰微。倘處昌明盛世,亦當黜霸崇王,長治久安。如班固《東都賦》以"頌"爲"喻":

> 若乃順時節而蒐狩,簡車徒以講武,則必臨之以《王制》,考之以風雅。

案:此取義《左傳·隱公五年》:"臧僖伯曰:春蒐、夏苗、秋獮、冬狩,皆于農隙以講事也。"所言"王制"、"風雅",指的正是班氏於同賦中描繪的"四海之内,學校如林,庠序盈門;獻酬交錯,俎豆莘莘;下舞上歌,蹈德詠仁"之境界。又如張衡《西京賦》以"諷"寄"義":

> 禁御不若,以知神奸;螭魅罔兩,莫能逢旃。

案:此取義《左傳·宣公三年》:"楚子問鼎之大小輕重焉。對曰:在德不在鼎。昔夏之方有德也……鑄鼎象物,百物爲之備,使民知神奸。故民入川澤山林,不逢不若,螭魅罔兩,莫能逢之。"事載禹鑄"九鼎",既爲威權,亦爲德徵,惟德重禮,惟權重勢,重禮即"三王"之公共禮儀[②],重勢則逐鹿問鼎,乃春秋"五霸"之舉,故賦中引述,意指"在德不在鼎"。正因如此,漢代賦家描述帝王武功,不乏霸

---

① 漢賦作家表現"以漢繼周"思想甚多,如揚雄《長楊賦》"其後熏鬻作虐,東夷横畔,羌戎睚眥,閩越相亂。遐萌爲之不安,中國蒙被其難。於是聖武勃怒,爰整其旅",即取用《詩·大雅·皇矣》"密人不恭,敢距大邦,侵阮徂共。王赫斯怒,爰整其旅,以按徂旅"辭義;張衡《七辯》"化明如日,下應如神,漢雖舊邦,其政惟新",取用《詩·大雅·文王》"周雖舊邦,其命維新"辭義。

② 參見顔世安《王國禮儀公共性的擴展——簡論古代華夏族群的形成途徑》,《江蘇行政學院學報》2006年第6期,第127—132頁。

氣,然旨歸王道德政,殊途同歸。

綜觀賦家引用《春秋》辭義,或“經”或“緯”,或《公》、《穀》、《左》“三傳”,倘作統計,就會發現一突出徵象,即賦家所引絕大多數爲《左傳》之文①。揣度其由,我們以爲有三者值得探析:一則“六經”制度,清人汪中謂:“《詩》、《書》、《禮》、《樂》,大司樂掌之;《易》象、《春秋》,大史掌之。”其説或有質疑②,然卻不乏理義。從漢賦用經來看,其引《易》與《春秋》,最重憂患意識,要在以“史”爲鑒,而“三傳”之中,《左傳》以“史”解“經”,最爲詳盡,且多有無經之“傳”,這當是賦家廣泛引述《左氏》而徵文考獻之重要原因。二則《左傳》描寫春秋戰事,與孟子“《春秋》無義戰,彼善於此則有之矣。征者,上伐下也,敵國不相征”(《孟子·盡心下》)思想相近,有着尊“王”黜“霸”之抗諫精神,因此漢代經學家雖緣立學官於其頗多是非,然史家則崇“儒”明“史”,予以褒揚。如司馬遷《史記·十二諸侯年表》云:“魯君子左丘明懼弟子人人異端,各安其意,失其真,故因孔子史記具論其語,成《左氏春秋》。”班固《漢書·司馬遷傳贊》云:“孔子因魯《史記》而作《春秋》,而左丘明論輯其本事,以爲之《傳》。”又《藝文志》:“仲尼思存前聖之業……以魯周公之國,禮文備物,史官有法,故與左丘明觀其《史記》,據行事,仍人道,因興以立功,就敗以成罰,假日月以定曆數,藉朝聘以正禮樂。”此不僅將《左傳》與孔子緊密聯繫,而且上承周公制禮之統緒,視爲儒門明治亂之“仁學”不祧之秘笈。三則漢人視《左傳》爲古學③,其雖于太常博士系未

① 據我們不完全統計,選録司馬相如等19家作品引述《春秋》文詞者計115處,其中《左傳》引文占98處,餘則17處。

② 汪中説見《左氏春秋釋疑》,《述學内篇》卷二,《四部叢刊》初編本。案:日人本田成之以爲:“其説不免疏略。如果説《詩》、《書》、《禮》、《樂》、《易》象、《春秋》某時巫掌之,某時大史掌之,或者某時大司樂掌之。則比較妥當。”詳見本田成之著、孫俍工譯《中國經學史》,上海書店出版社,2001年版,第29頁。

③ 《春秋公羊傳》徐彦《疏》:“《左氏》先著竹帛,故漢時謂之古學,《公羊》漢世乃興,故謂之今學。”錢大昕《潛研堂集》文集卷二四《左氏傳古注輯存序》亦謂:“漢儒傳《春秋》者,《公》、《穀》爲今文,《左氏》爲古文。”

立學官，然經西漢末年劉歆大力提倡，至東漢爲儒門學者普遍接受，漸成《春秋》"顯學"。值得注意者，漢學以博士官所掌之今文學爲正統，劉歆欲立《左傳》於學官，即遭今文派攻擊，其中一條理由即"《左氏》爲不傳《春秋》"（見劉歆《移讓太常博士書》），今文經學博士范升反對古文學家韓歆、陳元議立《左傳》時，也質疑"《左氏》不祖孔子"（見《後漢書・范升傳》），這與前引班、馬史家之語大相徑庭①，而從漢賦以絕對優比率大量引述《左傳》文詞，已足見《左傳》在漢代受到高度重視。而作爲嘗以"古"鑒"今"的賦家創作對作爲"古學"之《左傳》的選擇，特别是賦文引述《左氏》至西漢末年始趨昌盛，又與漢世今、古學之爭之學術大勢符應。

具體考察漢賦引述《左傳》事典，最突出的是劉歆與張衡兩家：劉氏引《春秋》義約 10 處，"緯書"與《公羊》各 1 處，《左氏》8 處，盡見《遂初賦》；張氏引《春秋》義 45 處，《公羊》3 處，《穀梁》1 處，《左氏》41 處，分見《二京》、《思玄》諸賦，而以《思玄》最爲典型。而通過劉、張兩家賦引述《左傳》事典，我們又可以看到賦家引經的學術史與政治史之意義，以及引經述典於賦作思想建構之作用。

先觀劉歆的《遂初賦》，計引述《左傳》事典八次：

"執孫蒯於屯留兮，救王師于余吾。"案：事見《左傳・襄公十七年》，孫蒯乃春秋末衛大夫，出使途中於屯留被晉國俘獲。

"過下虒而歎息兮，悲平公之作臺。"案：事見《左傳・昭公八年》，晉平公作虒祁之宫，"史趙見子大叔曰：'甚哉，其相蒙也。可弔也，而又賀之？'"

"枝葉落而不省兮，公族闃其無人。"案：事見《左傳・昭公三年》："叔向曰：'晉之公族盡矣，肸聞之，公室將卑，其宗族枝葉先落，則公從之。肸之宗十一族，唯羊舌氏在而已。'"

① 崔適《史記探原》立七條證據，考述《史記・十二諸侯年表》中有關《左傳》之語非史遷所出，乃後人據劉歆《七略》竄入。然漢世自劉歆後重視《左傳》，至東漢班固亦然，這不僅出自傳承《七略》之《漢志》，前揭《漢書・司馬遷傳》可爲一證。

“日不悛而俞甚兮,政委棄於家門。”案:事亦見《左傳·昭公三年》:“政在家門,民無所依。君日不悛,以樂慆憂。”

“何方直之難容兮,柳下黜出而三辱。”案:事見《左傳·文公三年》,春秋時魯大夫柳下惠(展禽)任士師時,三度被黜。

“蘧瑗抑而再奔兮,豈材知之不足。”案:事見《左傳·襄公十四年》與《二十六年》,記載衛國賢大夫蘧瑗不爲衛靈公所用,因國亂離衛兩度出奔。

“叔群既在皂隸兮,六卿興而爲桀。”案:事見《左傳·昭公三年》:“叔向曰:‘雖吾公室,今亦季世也。……欒、郤、胥、原、狐、續、慶、伯,降在皂隸。’”

“荀寅肆而顓恣兮,吉射叛而擅兵。憎人臣之若兹兮,責趙鞅於晉陽。”案:事見《左傳·定公十三年》,記載晉國的一次内訌,劉歆對荀寅專恣、范吉射之權勢、趙鞅之叛亂,持批判態度。

據《漢書·楚元王傳》載,劉歆初與父向習《易》與《穀梁》,後“校秘書,見古文《春秋左氏傳》,歆大好之。……及歆親近,欲建立《左氏春秋》及《毛詩》、《逸禮》、《古文尚書》皆列於學官”。漢哀帝令其與《五經》博士講論,遭到反對,於是劉歆上《移讓太常博士書》,倡古學而抑今文,以致“諸儒皆怨恨”,見罪于大司空師丹,以“非毀先帝所立”罪貶徙“河内太守”。懷着這種怨憤與悲抑的心情,劉歆自京師往河内途經故晉之地,感今思古,而作此賦[①]。正因如此,此賦的創制與《左傳》關係極爲緊密:其一,作者因倡立《左氏》遭貶而有是賦;其二,因過故晉之地,賦中多引《左傳》晉國之事;其三,賦中所引事典皆屬興亡教訓,寄託“賢人失志”情懷;其四,誠如劉勰《文心雕龍·事類》所言“劉歆《遂初賦》,歷敘于紀傳”,此賦開述行題

① 《遂初賦》見載《古文苑》。案:歐陽詢《藝文類聚》卷二七引録賦句,前有《小序》云:“歆好《左氏春秋》,欲立於學官。時諸儒不聽,歆乃移書太常,責讓深切,爲朝廷大臣所非。求出補吏,後徙五原太守。志意不得,經歷故晉之城,感今思古,遂作斯賦。”

材,敘事如同紀傳,亦與《左傳》相近;其五,也是最爲值得關注的,即劉歆欲立《左傳》於學官失敗後,其學術觀點史料闕如,此賦大量引述《左傳》事典,其心境與思想,可爲互證。

與劉賦記述個人遭際及學術心境不同,張衡《思玄賦》引述《左傳》事典,則更多地體現出東漢中葉宫廷政治的意義。據《後漢書·張衡傳》,衡于順帝陽嘉二年遷侍中,"帝引在帷幄,諷議左右。嘗問衡天下所疾惡者。宦官懼其毁己,皆共目之。衡乃詭對而出。閹豎恐終爲其患,遂共讒之。衡常思圖身之事,以爲吉凶倚伏,幽微難明,乃作《思玄賦》,以宣寄情志"[①]。而賦多加引述《左傳》,正與此創作主旨相關。試舉數例如次:

"幸二八之遻虞兮,喜傅説之生殷。"案:事見《左傳·文公十八年》:"昔高陽氏有才子八人:倉舒、隤敳、檮戭、大臨、尨降、庭堅、仲容、叔達,齊、聖、廣、淵、明、允、篤、誠,天下之民謂之'八愷'。高辛氏有才子八人:伯奮、仲堪、叔獻、季仲、伯虎、仲熊、叔豹、季貍,忠、肅、恭、懿、宣、慈、惠、和,天下之民謂之'八元'。"兼取《尚書·商書序》"高宗夢得説,使百工營求諸傅巖"事典。

"庶斯奉以周旋兮,惡既死而後已。"案:事見《左傳·文公十八年》:"太史克對曰:行父奉以周旋,弗敢失隊。"

"懼筮氏之長短兮,鑽東龜以觀禎。"案:事見《左傳·僖公四年》:"初,晉獻公欲以驪姬爲夫人,卜之,不吉;筮之,吉,公曰:'從筮。'卜人曰:'筮短龜長,不如從長。'"

"魏顆亮以從理兮,鬼亢回以敝秦。"案:事見《左傳·宣公十五年》:"秋,七月,秦桓公伐晉,次於輔氏。壬午,晉侯治兵于稷,以略狄土。立黎侯而還。及洛,魏顆敗秦師於輔氏。獲杜回,秦之力人也。初,魏武子有嬖妾,無子。武子疾,命顆曰:'必嫁是。'疾病,曰:'必以爲殉!'及卒,顆嫁之,曰:'疾病

① 范曄《後漢書》,中華書局,1965年版,第1914頁。

則亂,吾從其治也。'及輔氏之役,顆見老人結草以亢杜回,杜回躓而顛,故獲之。夜夢之曰:'余,而所嫁婦人之父也。爾用先人之治命,余是以報。'"

"穆居天以悅牛兮,豎亂叔而幽主。"案:穆,叔孫穆子,名豹,魯大夫。事見《左傳·昭公四年》:"初,穆子去叔孫氏,及庚宗,遇婦人,使私爲食而宿焉。"至齊,"夢天壓己,弗勝,顧而見人,黑而上僂,深目而豭喙,號之曰:'牛,助余!'乃勝之。"及後還魯,庚宗之婦人獻以雉,曰:"余子長矣。"召而見之,則所夢也。遂使爲豎,有寵。及穆子遇疾,豎牛欲亂其室而有之。疾急飢渴,杜洩饋食,豎牛曰:"夫子疾病,不欲見人。"使置於廂房而退,牛弗進。穆子遂餓而死。

"天長地久歲不留,俟河之清祇懷憂。"案:取義《左傳·襄公八年》引周詩:"俟河之清,人壽幾何?"此言人壽促而河清難期。

東漢中後期王朝之患,要在"戚宦"政治,而張衡身爲侍中,備策顧問,于順帝朝之閹宦亂政,尤多憂慮,因處心畏葸,故寄情志於此賦中[①]。而觀其引述《左傳》事典,亦可睹作者之心歷:前引高陽氏、高辛氏用賢喻清平政治,繼假"太史克"語以表"弗墜"心志;中引亂世諸事典,借喻欲報效朝廷卻畏豎宦亂政之憂;末引"周詩",宣發人命危淺,河清難俟的惆悵情懷。而賦家屆亂處憂欲行王政、代王言之志向,正通過《左傳》史事與典故彰明治亂之道,這也是漢賦用經之《春秋》大義的曲折表達。特別需要一提,在漢代經學史上,劉歆借《易》學之"太極上元"以建構聖王系統,故其于孟(喜)京(房)《易》象數學之基礎上,以《春秋左氏傳》事典佐證《易》理,即"(《春秋》)列十二公二百四十二年之事,以陰陽之中制其禮"(《漢書·律曆志》),誠爲漢學一大轉紐。由此來看漢賦自西漢末到東漢中,作

① 事詳范曄《後漢書·張衡傳》。案:范書傳中引賦,僅録《思玄》一篇,其因人傳文之意甚明。

家多兼引《春秋》、《易》象，如張衡《思玄賦》寄心《左傳》事典再釋政治憂患之心境時，嘗引《易》理如“願得遠度以自娛，上下無常窮六區”(《易・繫辭下》:“上下無常，剛柔相易。”)表達入世處身之道，也是耐人尋味的。

五、美制度之《禮》義主題

漢世經學，素分今、古，西漢尚今，故尊《春秋》爲一大經，以“托古改制”奉孔子爲“受命”之“素王”;東漢漸重古學，故尊《周禮》爲一大經，崇奉周公“制禮作樂”，視孔子爲“先師”[①]。推考孔子之說，所謂“非天子不議禮，不制度，不考文”(《禮記・中庸》)，自孟子又大倡孔子作《春秋》說，引孔子說:“知我者其惟《春秋》乎？罪我者其惟《春秋》乎?”(《孟子・滕文公下》)於是孔門之學，嘗分二派，即“《春秋》”派與“禮樂”派，雖皆重王者之禮，然前者重“質”，後則尚“文”。反觀漢賦用經，如果說賦家取法《春秋》之義，堪稱王者精神之充實，那麽，其引述《禮》經(此指《儀禮》、《周禮》、《禮記》三禮)文詞義理，則更多的是王者形態之裝飾，即通過禮儀形式闡發其禮義主題。

賦家引《禮》，較爲廣泛，亦頗自由，或引句，或化意，或用典，或因《禮》構篇，不一而足。有時專引一《禮》，有時又兼取三《禮》。例如賈誼《弔屈原賦》云:“章甫薦屨，漸不可久兮。”案:《儀禮・士冠禮》:“委貌，周道也;章甫，殷道也。”鄭玄注:“章，明也，殷質言以表明丈夫也。”賈賦用《儀禮》“章甫”辭而變取義，以爲冠當加首卻墊於履，上下倒置，取喻世道黑白顛倒，故興不可久之歎[②]。又，司馬相如《長門賦》云:“張羅綺之幔帷兮，垂楚組之連綱。”案:《周禮・

① 近人論經學多有此分際，如周予同《經今古文學》即持其說，詳見《周予同經學史論著選集》，上海人民出版社，1983年版，第9頁。

② 案:賦家引《禮》，多喻當世，如賈誼賦中“章甫薦屨”語，正戟指諸侯僭越逾禮，亦即其《新書・等齊》中所言“諸侯王所在之宫，衛織履蹲夷，以皇帝在所官法論之”，“君臣同倫，異等同服”之亂象。

天官·醢人》:"幕人掌帷幕幄帟綬之事。"鄭眾注:"帟,平帳也。綬,組綬所以繫帷也。"相如賦取《周禮》辭義以助文章情境之描寫。又,揚雄《長楊賦》云:"恐不識者,外之則以爲娱樂之遊,内之則不以爲乾豆之事,豈爲民乎哉!"案:《禮記·王制》:"天子諸侯無事,則歲三田,一爲乾豆,二爲賓客,三爲充君之庖。"揚賦取《禮記》文以諷天子行狩失時失義之弊。此皆專引一《禮》之例。亦有綜引三《禮》者,如張衡《東京賦》描寫天子行朝會之禮所載言即是(詳後)。

"禮"之意義,究其根本就在道德化之制度的建立,《左傳·昭公二十五年》謂"夫禮,天之經,地之義,民之行也",所以荀子説:"學惡乎始?惡乎終?曰:其數則始乎誦經,終乎讀《禮》。"(《荀子·勸學》)漢賦引《禮》,正與當代之禮制構建密切聯繫。這又可體現於"人"與"文"兩個層面:就"人"即賦家隊伍而言,其供事朝廷,多爲"郎官"[①],均屬禮職,故其制賦,也就是圍繞天子"禮儀"活

① 兹據《漢書》與《後漢書》,列武帝以降主要賦家身份如次:司馬相如:"以貲爲郎,事孝景帝",後奏賦武帝"天子以爲郎",爲"中郎將";枚臯:受寵於武帝,"拜爲郎",而"上有所感,輒使賦之";東方朔:待詔金馬門,後爲"常侍郎","遷太中大夫給事中";吾丘壽王:"遷侍中中郎",免官後"復召爲郎";王褒:待詔金馬門,"後方士言益州有金馬碧雞之寶,可祭祀致也,宣帝使褒往祀焉";劉向:"以父德任爲輦郎";劉歆:成帝時"爲黄門郎";揚雄:成帝時"待詔承明之庭",因"奏《羽獵賦》,除爲郎,給事黄門";桓譚:譚父成帝時爲太樂令,譚因父官至郎中;杜篤:曾爲郡文學掾,後爲車騎將軍馬防從事郎中;班固:官蘭台令史,"遷爲郎";傅毅:"肅宗博召文學之士,以毅爲蘭台令史,拜郎中";馬融:初"拜爲校書郎中",詣東觀典校秘書,"後復拜議郎";李尤:和帝時,侍中賈逵薦尤"有相如、揚雄之風",召詣東觀,受詔作賦;張衡:"徵拜郎中",任太史令、侍中,出爲河間相;王逸:"爲校書郎",後遷侍中;崔寔:桓帝時爲郎;黄香:"初除郎中",累遷尚書令,後爲魏郡太守;蘇順:晚乃仕,"拜郎中";皇甫規:先後爲郎中、中郎將、議郎等;張奂:舉賢良,擢爲議郎;劉梁:特召入拜尚書郎;蔡邕:靈帝時爲郎,後爲侍御史、尚書、左中郎將。

動展開[1]。同樣,因賦家居禮職,所以熟悉禮典與禮事,融會古今,於當代禮儀有所貢獻,因此賦家中如王褒、揚雄、劉歆、杜篤、班固、崔駰等均參與了當朝的禮學論爭與漢禮建設活動。就"文"即賦作而言,賦文用"禮",則突出表現於兩方面:一是引述《禮》經,則多關乎制度。試以班固《西都賦》描寫都城建設與宮廷職守爲例,賦云:

"披三條之廣路,立十二之通門。"案:取用《周禮·冬官·匠人》:"匠人營國,方九里,旁三門。"鄭玄注:"天子十二門通十二子也。"

"佐命則垂統,輔翼則成化。"案:取用《周禮·地官·保氏》:"保也者,慎其身以輔翼之。"

"總禮官之甲科,羣百郡之廉孝。虎賁贅衣,閹尹閽寺。陛戟百重,各有攸司。"案:取用《周禮·天官》有關"内小臣"、"閽人"、"寺人"《夏官》之"虎賁氏"之職守。

"水衡、虞人,理其營表,種別羣分,部曲有署。"案:取用《周禮·地官》之"川衡"、"澤虞"之記載。又取用《周禮·夏官·大司馬》:"虞人萊所田之野爲表。"鄭衆注:"表,所以識正行列也。"

又如張衡《西京賦》描述京都,與班賦取用文義不同,然本之《禮》經則一。賦云:

---

① 如《漢書·揚雄傳》記述雄作"四賦"經過:"上方郊祠甘泉泰畤、汾陰后土,以求繼嗣,召雄待詔承明之庭。正月,從上甘泉,還奏《甘泉賦》以風。……賦成奏之,天子異焉。其三月,將祭后土,上乃帥群臣横大河、湊汾陰。既祭,行遊介山,回安邑,顧龍門,覽鹽池,登歷觀,陟西嶽以望八荒,跡殷、周之虚,眇然以思唐虞之風。雄以爲臨川羨魚不如歸而結網,還,上《河東賦》以勸。……其十二月羽獵,雄從。……聊因《校獵賦》以風。……明年,上將大誇胡人以多禽獸……親臨觀焉。是時,農民不得收斂。雄從至射熊館,還,上《長楊賦》,聊因筆墨之成文章,故藉翰林以爲主人,子墨爲客卿以風。"

"於是量徑輪,考廣袤,經城洫,營郭郛。"案:取用《周禮·地官·大司徒》:"大司徒之職,掌建邦之土地之圖,與其人民之數,以佐王安擾邦國,以天下土地之圖,周知九州之地域,廣輪之數。"又《冬官·匠人》:"廣八尺,深八尺,謂之洫"、"匠人營國,方九里,旁三門。"

"狹百堵之側陋,增九筵之迫脅。"案:取用《周禮·冬官·匠人》:"周人明堂,度九尺之筵,東西九筵。"

"大夏耽耽,九户開闢。"案:取用《大戴禮》:"明堂者,古有之,凡九室。"鄭玄注:"天子路寢,制如明堂,然則既有九室,室有一户也。"

"故其館室次舍。"案:取用《周禮·天官·宫正》:"宫正,掌王宫之戒令糾禁,以時比宫中之官府,次舍之衆寡。"

此處引述,多出《周禮》,乃賦家以"漢制"比附"周制",借《禮》經"名物"以頌美或諷諭現實"制度"之法。

二是描寫禮事,多切合當朝禮制。試以揚雄《甘泉賦》描寫西漢甘泉泰畤祭天爲例①:

"於是乃命羣僚歷吉日,協靈辰。"案:此明祭祀時間。考《續漢志·禮儀上》:"正月,天郊,夕牲。"

"是時未臻夫甘泉也,乃望通天之繹繹。下陰潛以慘廪兮,上洪紛而相錯。直嶢嶢以造天兮,厥高慶而不可乎彌度。"案:此明祭祀地點。考《漢舊儀》:"皇帝祭天……上甘泉通天臺,高三十丈。"

"乃搜逑索偶皋伊之徒,冠倫魁能,函《甘棠》之惠,挾東征之意,相與齊乎陽靈之宫。"案:此明參祭人員。考漢代禮制,

① 揚雄撰《甘泉賦》本事,詳《漢書·揚雄傳》引雄自序:"孝成帝時,客有薦雄文似相如者,上方郊祀甘泉泰畤、汾陰后土,以求繼嗣,召雄待詔承明之庭。正月,從上甘泉,還奏《甘泉賦》以諷。"案:《文選》將此文字作爲"賦序"。李善注:"《漢書》曰:永始四年正月,行幸甘泉。"

天子主祭，公卿、祠官等助祭。

“於是乘輿乃登夫鳳皇兮而翳華芝，駟蒼螭兮六素虯，蠖略蕤綏，灕虖㠠纚。帥爾陰閉，霅然陽開，騰清霄而軼浮景兮，夫何旟旐郅偈之旖柅也。流星旄以電燭兮，咸翠蓋而鸞旗。敦萬騎於中營兮，方玉車之千乘。聲騂隱以陸離兮，輕先疾雷而馺遺風。陵高衍之嵱嵷兮，超紆譎之清澄。登椽欒而狿天門兮，馳閶闔而入凌兢。”案：此明行禮之車馬儀仗。考《續漢志·輿服上》：“乘輿大駕，公卿奉引，太僕御，大將軍參乘。屬車八十一乘，備前乘萬騎。西都行祠天郊，甘泉備之。官有其注，名曰甘泉鹵簿。”

“燎薰皇天，皋搖泰一。”案：此明祭祀對象。考《史記·封禪書》：“十一月辛巳朔旦冬至，昧爽，天子始郊拜太一。”

“天子穆然，珍臺閑館，琁題玉英，蜵蜎蠖濩之中。惟夫所以澄心清魂，儲精垂恩，感動天地，逆釐三神……靡薜荔而爲席兮，折瓊枝以爲芳。噏清雲之流瑕兮，飲若木之露英。集乎禮神之囿，登乎頌祇之堂。”案：此明祭前齋戒。考《漢舊儀》：“齋百日。”又取用《禮記·祭統》：“夫祭者，非外自外至者也，自中出生於心者也。心怵而奉之以禮。”

“於是欽柴宗祈，燎薰皇天……樵蒸焜上，配藜四施。東燭滄海，西燿流沙，北熿幽都，南煬丹厓。”案：此明祭法：禋祀、通權火。考《續漢志·禮儀上》：“進熟獻，太祝送，旋，皆就燎位，宰祝舉火燔柴，火然，天子再拜。”又取用《周禮·春官·大宗伯》：“以禋祀祀昊天上帝。”

“玄瓚觩䚥，秬鬯泔淡。肸蠁豐融，懿懿芬芬。”案此明祭物以玉、牲。考《史記·封禪書》：“公卿言皇帝始郊見太一雲陽，有司奉瑄玉嘉牲薦饗。”

“選巫咸兮叫帝閽，開天庭兮延羣神。儐暗藹兮降清壇，瑞穰穰兮委如山。”案：此明祭神符應。考《史記·封禪書》：

“是夜有美光,及晝,黄氣上屬天。”[①]

據引可見,漢代賦家無論是引述古代《禮》經,還是描寫當朝禮事,皆圍繞一大禮義主題,即“天子禮”之構建,而體現于賦文,則更多地是反映於禮儀形式。

以京殿苑獵、郊祀典禮爲題材之漢散體大賦,是最早以文學形式描寫“天子禮”之作品,這不僅因爲大賦之興與武帝朝“崇禮學”密切關聯,而且還決定于自周迄漢構建禮制之歷史形態。劉歆曾説漢立博士官之《士禮》(後稱《儀禮》)“天子禮無一傳者”[②],如果從廣義上來理解,周代天子禮因其宗法分封之政治結構,亦即“方伯連率,則聯邦矣”[③],成爲没有實際意義的理想圖式。春秋戰國,禮崩樂壞,秦、楚亂世,禮文不修,漢初甫定,收殘拾闕,有叔孫通定“朝儀”、賈誼制《容經》,然禮法多承秦制,這也引發了文、景之世有關禮儀的長期論爭。至武帝親政,始尊儒術,備禮樂,改曆法,立正朔,制郊祀,而爲天子之禮制。作爲文學侍從,賦家隨天子行禮,引經飾文,記録其盛,其中深意,尤在以王道仁治濟補霸業,以《禮》經義理修正秩序,形成賦家引述《禮》義描述禮典之思想傳統。而落實於具體事相,又集中在三大主題:

其一,賦家對郊祀禮之描寫,是對天子禮之誇贊,其中内涵了對皇統正朔之肯定與對《禮》義精神(如恤民之本)之闡揚。所謂

---

① 以上對《甘泉賦》禮義之分析,參見于兵博士學位論文《漢代的禮與文學》(指導教師:許結),南京大學 2007 年 5 月鉛印本第 115—117 頁。

② 王應麟《玉海》卷五二引劉歆曰:“有卿禮二,士禮七,大夫禮二,諸侯禮四,諸公禮一。而天子禮無一傳者。”究其因,漢人又承《孟子·滕文公上》“諸侯惡其害己,而皆去其籍”之説,即《漢志》謂“及周之衰,諸侯將逾法度,惡其害己,皆滅去其籍”。

③ 章炳麟《訄書》重訂本《地治第五十四》,北京三聯書店,1998 年版,第 311 頁。

“國之大事,惟祀與戎”[①],祀指“吉禮”,包括天子祭天、地、宗廟諸禮;戎指“軍禮”,以天子校獵爲代表。在吉禮中,三代主廟祭,漢廷重郊禮,究其本因,在於由貴族血統之治向平民皇帝樹立天道聖統之轉移,因此,漢武帝時討論郊、廟之祭孰爲重時,董仲舒於《春秋繁露·郊事對》答張湯問就明確指出:“古者天子之禮,莫重于郊。”其間“古者”説,實亦漢人引述經義“托古改制”之意。正基於這樣的重大意義,賦家描寫吉禮筆墨更多集於“郊祀”。據《漢書·郊祀志》:“成帝即位,丞相御史奏曰:‘帝王之事,莫大於承天;承天之序,莫大於郊祀。’”而對照揚雄《甘泉賦》有關成帝“郊祀甘泉泰時”之描寫,盛況可睹。再看張衡《東京賦》有關郊祀的一段描述:

> 及將祀天郊,報地功,祈福乎上玄,思所以爲虔。肅肅之儀盡,穆穆之禮殫。然後以獻精誠,奉禋祀,曰允矣天子者也。乃整法服,正冕帶,珩紞紘綖,玉笄綦會。火龍黼黻,藻繂鞶厲。結飛雲之袷輅,樹翠羽之高蓋。建辰旒之太常,紛焱悠以容裔。……清道案列,天行星陳。肅肅習習,隱隱轔轔。殿未出乎城闕,旆已反乎郊畛。盛夏后之致美,爰敬恭於明神。

賦文首取《周禮》“以正月上辛,郊祀告於上帝,祭天而郊,以報去年土地之功”義[②],而其中用語,亦多取於《禮》典。例如《禮記·月令》“以祠宗廟社稷之靈,以爲民祈福”、《曲禮》“天子穆穆”、《周禮·春官·大宗伯》“以禋祀祀昊天上帝”、《夏官·弁師》“弁師,掌王之五冕,皆玄冕朱裏延紐。……王之皮弁,會五采玉璂,象邸玉笄”等,皆言必出於《禮》義,而融織于賦文意旨。今存東京文士鄧

① 《左傳·成公十三年》曰:“國之大事,在祀與戎。”毛應龍《周官集傳》卷四解“内府”所掌“邦之大用”曰:“大用如用五兵之物,則必有軍旅之事;用禮樂之器,則必有祭祀之事。國之大事,惟祀與戎,故曰大事。”民國南昌胡思敬《豫章叢書》本。

② 《文選》李善注“祀天郊,報地功”引《白虎通》曰:“祭天必在郊者,天體至清,故祭必於郊,取其清潔也。”

耽《郊祀賦》殘文[①],其中“承皇極,稽天文,舒優遊,展弘仁,揚明光,宥罪人”諸語,即引述《禮記・儒行》“禮之以和爲貴,忠信之美,優遊之法,舉賢而容衆,毀方而瓦合,其寬裕有如此者”之義,將帝王雄張的祭天大禮柔化爲恤民仁政,極能代表賦家引《禮》取“義”之創作理想。

其二,賦家對校獵禮之描寫,是其與“郊天”(祀)相對應而最爲禮儀重要的主題(戎)之一,可以説漢宫廷大賦之肇端,就是司馬相如奏“天子游獵之賦”對楚王行狩到天子校獵之描繪,而當漢人將此與“文治”相對的“武功”内化爲禮義(軍禮)時,賦家對校獵禮儀之抒寫,充分展示出“武功”之淡褪和對仁政之關懷。正因如此,如果説在相如賦中校獵之描寫更多是“乘鏤象,六玉虯,拖蜺旌,靡雲旗,前皮軒,後道游,叔孫奉轡,衛公驂乘”天子校獵的行陣與氣象,那麽到了西漢末至東漢間,由於賦家筆下大量引用經義,雖然仍有諸如“辟歷列缺,吐火施鞭”(揚雄《羽獵賦》)、“千乘雷駭,萬騎星鋪”(傅毅《洛都賦》)、“披飛廉,入苑門”(班固《西都賦》)、“戈矛若林,牙旗繽紛”(張衡《東京賦》)等校獵場景之刻畫,其創作主旨顯然指向經義,校獵主題則流於禮儀形式。其中以揚雄的《羽獵賦》與《長楊賦》的相關描寫最爲典型。如《羽獵賦》記述“校獵”程式云:

“財足以奉郊廟,御賓客,充庖廚而已。”案:取用《禮記・王制》:“天子諸侯無事,則歲三田,一爲乾豆,二爲賓客,三爲充君之庖。”

“國家殷富,上下交足,故甘露零其庭,醴泉流其唐。”案:取用《禮記・禮運》:“天降膏露,地出醴泉。”

“鳳凰巢其樹,黄龍遊其沼。麒麟臻其囿,神爵棲其林。”案:取用《禮記・禮運》:“鳳凰麒麟皆在郊棷,龜龍在宫沼。”

---

① 案:鄧賦殘文分見徐堅等編《初學記》卷一三、蕭統《文選》卷五八王儉《褚淵碑文》李善注引。

"麗哉神聖,處於玄官。……於是玄冬季月,天地隆烈。"案:取用《禮記·月令》:"季冬,天子居玄堂右个。"

"萬物權輿於内,徂落於外。"案:取用《大戴禮記·誥志》:"孟春,……百草權輿。"

"開北垠受不周之制,以終始顓頊、玄冥之統。"案:取用《禮記·月令》:"孟冬之神,其帝顓頊,其神玄冥。"

"靡日月之朱竿[1],曳彗星之飛旗。"案:取用《周禮·春官·司常》:"日月爲太常……王建太常。"

"撞鴻鐘,建九旒。"案:取用《禮記·樂記》:"龍旂九旒,天子之旌也。"

又如《長楊賦》描寫"校獵"之後果云:

"永亡邊城之災,金革之患。"案:取用《禮記·曾子問》:"子夏問曰:三年之喪,卒,哭金革之事,無辟也者,禮與?"

"普天所覆,莫不沾濡。"案:取用《禮記·中庸》:"天之所覆,地之所載。"

"乃今日發矇,廓然已昭矣。"案:取用《禮記·仲尼燕居》:"昭然若發矇矣。"

引經取義,體恤民生,莫不以王道仁政爲旨歸。東漢時班、張大賦,亦多遊獵描寫,其間貌似隨文走筆,卻無不暗合《禮》義。如班固《西都賦》"六師發胄,百獸駭殫",暗用《周禮·夏官·司馬》"王六軍,大國三軍,次國二軍,小國一軍",表天子校獵之形勢;"大輅鳴鑾,容與徘徊",暗用《禮記·樂記》"大輅者,天子之車",記天子行獵之盛狀[2],誇飾中隱含制度化的約束意味。

其三,賦家對朝會禮之描寫,則于王朝禮儀活動寓含綏靖萬邦的理念,同樣表現了漢賦中引《禮》述義之王道仁政主旨。漢代宮

① 案:《文選》李善注曰:"朱竿,太常之竿也。"

② 案:《白虎通》曰:"天子大輅。"又《周禮·夏官·大馭》曰:"巾車掌王之五輅……凡馭輅,儀以鑾和爲節。"鄭玄注:"鑾在衡,和在軾,皆以金爲鈴也。"

廷朝會(賀)之禮,與“巡狩”、“大射”、“籍田”同類,但因朝會具有賓服萬邦之義,故于賦中尤具顯位,而與賦家引經用禮之學更多體現。試觀班固《東都賦》所述:

> 春王三朝,會同漢京。是日也,天子受四海之圖籍,膺萬國之貢珍,内撫諸夏,外接百蠻。爾乃盛禮興樂,供帳置乎雲龍之庭,陳百僚而贊羣后,究皇儀而展帝容。於是庭實千品,旨酒萬鍾,列金罍,班玉觴,嘉珍御,太牢饗。

《文選》李善注引“《漢書》董仲舒對策曰:《春秋》之文,正次王,王次春。春者,天之所爲也;正者,王之所爲也。三朝,歲首朔日也”;又引“《周禮》曰:時見曰會,殷覜曰同”,將《春秋》“王正月”大義與“合同”禮義結合,成爲整個禮儀描繪的主導精神。又如張衡《東京賦》對“孟春元日,群后旁戾。百僚師師,於斯胥洎。藩國奉聘,要荒來質”之朝會禮的一段描寫,引述《禮》經尤多,如其云:

> 負斧扆,次席紛純,左右玉几而南面以聽矣。然後百辟乃入,司儀辨等,尊卑以班,璧羔皮帛之贄既奠,天子乃以三揖之禮禮之。穆穆焉,皇皇焉,濟濟焉,將將焉,信天下之壯觀也。

案:天子“負斧扆”引用《儀禮·覲禮》:“天子衮冕,負斧依(扆),南向而立,以俟諸侯。”又,《禮記·明堂位》:“天子負斧扆,南向而立。”“左右玉几”引用《周禮·春官·司几筵》:“凡大朝覲,大饗射,凡封國命諸侯,王位設黼依,依前南向,設莞筵紛純,加繅席畫純,加次席黼純,左右玉几。”“司儀辨等”引用《周禮·秋官·司儀》:“司儀主禮,掌九儀之賓客擯相之禮,以詔儀容辭令揖讓之節……詔王儀南向見諸侯……及其擯之,各以其禮,公于上等,侯、伯于中等,子、男于下等。”“璧羔皮帛之贄”引用《周禮·春官·大宗伯》:“子執穀璧,男執蒲璧,以禽作六摯,以等諸臣。孤執皮帛,卿執羔,大夫執鴈,士執雉,庶人執鶩,工商執雞。”“三揖之禮”引用《周禮·

秋官・司儀》:“詔王儀南鄉(向)見諸侯,土揖庶姓,時揖異姓,天揖同姓。”“穆穆焉”等引用《禮記・曲禮下》:“天子穆穆,諸侯皇皇,大夫濟濟,士蹌蹌,庶人僬僬。”鄭玄注曰:“皆行容止之貌也。”賦家多重引述,信手拈來而不着痕迹,既説明作者對《禮》經之熟悉,也展示了漢賦以文學手法用《經》求其典雅而不失情采、氣勢的技藝。

從學術史之意義來看,是漢代的禮制活動催生了一批文學作品;從文學史之意義來看,是賦家始終參與于這些王廷宫室盛大的禮制活動,導致了文學創作熱點的出現,上述三大主題(郊祀、校獵、朝會)對天子禮形態之描寫正屬這樣的創作熱點,而賦家引述《禮》經之現實意義亦寓含其中。清人阮元讀漢賦而贊歎“綜兩京文賦諸家,莫不洞穴經史”[①],信而可徵。

六、經賦互文與文本抒寫

漢代賦家廣泛採用“五經”辭義,並非簡單地引述,而是無論於文獻材料,還是於思想主題,均有一種經賦“互文”之價值,亦即作爲特殊之經義載體而具有相互補益的作用。有關“互文”之説,西方學者討論甚多,擇一代表説法,即所謂“每一篇文本都聯繫着若干文本,並且對這些文本起着復讀、強調、濃縮、轉移和深化的作用”[②]。其實中國古代學者對漢賦用《經》之理解,也有類似説法,例如吴宗達《賦珍敘》云:“原夫《詩》兼六義,賦其一也。後之稱賦者,率本於《詩》,則非全經不舉焉。《三百篇》郊於歌,廟於誦,途巷於謳呻,本忠孝之極思,發幽貞之至性。山川輿服,卉木蟲魚,繪寫自然,憂愉殊致,《三都》、《兩京》,實苞孕之。”[③]又,程廷祚《騷賦論上》謂:“若夫體事與物,風之《駟驖》,雅之《車攻》、《吉日》,畋獵之

① 阮元《四六叢話序》,見《揅經室集》四集,中華書局,1993年版,第738頁。

② 參見菲力普・索賴爾斯(Philippe Sollers)選編《理論全覽》,轉引自(法)薩莫瓦約著《互文性研究》,邵煒譯,天津人民出版社,2003年版,第5頁。

③ 施重光輯《賦珍》卷首,明刻本。

祖也;《斯干》、《靈臺》,宫殿苑囿之始也;《公劉》之'豳居允荒',《綿》之'至於岐下',京都之所由來也。"①皆指明在創作主題方面《詩經》之原創與賦家之擬仿。換言之,漢賦用《經》本身已不自覺地構建起探索經義的經學闡釋體系,在對人物、畫面、動作、儀式之重寫過程中,尋找一種心靈之共鳴。

經賦互文,較突出地表現於主題思想的創造,這在賦家用《詩》之陳情與志、體事與物方面尤爲顯明。其落實於具體篇章,如論宫室,則有王延壽《魯靈光殿賦》與《魯頌·閟宫》之互文;寫都邑,則有班固《東都賦》與《商頌·殷武》的互文;述遊獵,則有揚雄《長楊賦》與《大雅·皇矣》的互文;抒情感,則揚雄《逐貧賦》、蔡邕《青衣賦》、張超《誚青衣賦》通篇用《詩》中情韻與意味。當然,這種互文也有偏於摹句與摹意的差别,如班固《東都賦》"於赫太上,示我漢行",與《小雅·鹿鳴》"人之好我,示我周行"屬摹句,而司馬相如《上林賦》描寫天子游獵的景象,與《詩》中同類主題相比則屬摹意,其拓展發揮誠如葛洪所言"同説遊獵,而《叔畋》、《盧鈴》之詩,何如相如之言《上林》"②。而這種仿擬中,又體現出漢賦家追摹"三王"聖統與仁政之理想。例如司馬相如《喻巴蜀檄》"陛下即位,存撫天下,集安中國,然後興師出兵,北征匈奴,單于怖駭,交臂受事,屈膝請和。康居西域,重譯納貢,稽首來享";張衡《東京賦》"且高既受命建家,造我區夏矣。文又躬自菲薄,治致升平之德。武有大啟土宇,紀禪肅然之功。宣重威以撫和,戎狄呼韓來享",皆與《商頌·殷武》"昔有成湯,自彼氐羌,莫敢不來享,莫敢不來王"主題相同,具有互文意義。又如班固《東都賦》云"若乃順時節而搜狩,簡車徒以講武。則必臨之以《王制》,考之以風雅",即將賦文對應《詩》之"風雅"與《禮記·王制》,以彰顯其突出"東都"禮制之主題。他如班氏同賦之"然後增周舊,修洛邑。扇巍巍,顯翼翼。光漢京于諸夏,總八方而爲之極"與《商頌·殷武》"商邑翼翼,四方之極"、張衡

① 程廷祚《騷賦論》上,《金陵叢書》本。
② 葛洪《抱朴子》外篇《鈞世卷第三十》,中華書局《諸子集成》本。

《南都賦》“本枝百世,位天子焉”與《大雅·文王》“文王孫子,本支百世”、陳琳《神女賦》“漢三七之建安,荆野蠢而作仇”與《小雅·采芑》“蠢爾蠻荊,大邦爲讎”之互文見義,既有經典用意,又表明其創作之情感主旨。

在用《詩》之外,賦家引述諸經亦多有互文見義之現象。如用《易》,班彪《北征賦》:

> 達人從事有儀則兮,行止屈申與時息兮?君子履信無不居兮,雖之蠻貊何憂懼兮?

案:此分取用《周易·艮卦》“《彖》曰:艮,止也。時止則止,時行則行;動静不失其時,其道光明”、《豐卦》“天地盈虚,與時消息,而況於人乎,況於鬼神乎”、《繫辭上》“履信思乎順,又以尚賢也,是以自天祐之吉,無不利也”諸語義,再造文本,以呈示出《周易》作者與賦家共有之憂患意識,即經文所體現的賢達之人行事順應時勢變遷,履行忠信之道。又如用《書》,張衡《思玄賦》:

> 旦獲讟于群弟兮,啟《金縢》而乃信。

案:此取用《尚書·金縢》所載:“武王既喪,管叔及其羣弟,乃流言于國,曰:‘公將不利于孺子。’……秋,大熟,未穫,天大雷電以風,王啟《金縢》之書,乃得周公所自以爲功,代武王之説。王執書以泣曰:‘其勿穆卜。乃信周公。’”賦家引《經》述“史”,卻寄託了當世的憂患,是借“周公”以衍其説,於復讀經義中形成了一種轉移與深化。

與引述《易》、《書》不盡相同,《春秋》因有“三傳”、《禮》經則分“三禮”,在賦家筆下之經賦互文,又具有選擇性“再闡”之意味。如前揭之劉歆《遂初賦》語:

> 救王師於余吾。

案:賦引經文見《春秋·成公元年》:"秋,王師敗績於貿戎。"①三傳皆有闡釋,如《公羊傳》曰:"孰敗之?蓋晉敗之。或曰貿戎敗之。然則曷爲不言晉敗之?王者無敵,莫敢當也。"又如《穀梁傳》曰:"不言戰,莫之敢敵也。爲尊者,諱敵不諱敗。爲親者,諱敗不諱敵。尊尊親親之義也。然則孰敗之?晉也。"兩傳皆有所諱。而《左傳》則記曰:"三月癸未,敗績于徐吾氏。"劉歆直言其事,用《左傳》義,實與其作賦對朝廷政事之憂患和對當權者(如師丹)之抨擊相契。賦中又云:

過下虒而歎息兮,悲平公之作臺。……枝葉落而不省兮,公族闃其無人。

案:前句取用《左傳·昭公八年》晉平公作虒祁之宫,"史趙見子大叔曰:'甚哉,其相蒙也。可弔也,而又賀之'";後句取用《左傳·昭公三年》"叔向曰:'晉之公族盡矣,肸聞之,公室將卑,其宗族枝葉先落,則公從之。肸之宗十一族,唯羊舌氏在而已'"。考《公羊》、《穀梁》二傳皆不載此事,劉歆選用《左傳》義以諷當世,既是對經義史事的再闡,也是體現其寄託于賦文之治經思想的。經賦互文於《禮》經之體現,有一特别現象,就是東漢賦家于《周禮》之引述與重視②。試舉張衡《東京賦》一例:

昔先王之經邑也……土圭測景,不縮不盈。總風雨之所

① 案:《經》文"貿戎",《左傳》作"茅戎"。

② 《周禮》原名《周官》,更名始于西漢末劉歆。考《周官》之名,始見《史記·封禪書》引録"《周官》曰:冬日至祀天於南郊"語,其後揚雄《法言·重黎》謂"或問《周官》,曰:立事",《漢書》之《禮樂志》、《河間獻王傳》並稱《周官》,《藝文志》本《七略》,稱《周官經》。考孫詒讓《周禮正義》引荀悦《漢紀·成帝篇》:"劉歆以《周官經》六篇爲《周禮》,王莽時,歆奏以爲禮經,置博士。"而東漢賦家如馬融、胡廣、張衡等,皆有《周官》之著述。詳參許結《論東漢周禮學興起的文化問題》,載《古典文獻研究》第十一輯,鳳凰出版社,2008年版,第43—65頁。

交，然後以建王城。審曲面勢：……經途九軌，城隅九雉。度堂以筵，度室以几。

賦中所言全本《周禮》，以明都邑制度。分而述之：其一，“土圭測景，不縮不盈。總風雨之所交，然後以建王城”，取用《地官·大司徒》“土圭之法，測土深正日景，以求地中”；又“日至之景，尺有五寸，謂之地中。天地之所合也，四時之所交也，風雨之所會也，陰陽之所和也，然則百物阜安，乃建王國焉”。其二，“審曲面勢”，取用《冬官序》：“或審曲面勢，以飭五材，以辨民器，謂之百工。”鄭衆注：“察五材曲直方面形勢之宜也。”其三，“經途九軌，城隅九雉。度堂以筵，度室以几”，取用《冬官·匠人》“匠人營國，方九里，旁三門。國中九經九緯，經塗九軌”[①]；“王宫門阿之制五雉，宫隅之制七雉，城隅之制九雉”；“室中度以几，堂上度以筵”等。這裏的多重引用，借描述周成王營建洛邑之過程以隱寫劉漢東都制度，形成了一種超越時空的復製，使歷史影像與現實圖像疊合，完成經賦之互文，此亦漢賦引經不同他體的文學性之創造。

如前所述，東漢賦家（特别是京都大賦）引《禮》，多爲《周禮》，此既與時尊其學有關，也與其抒寫體制相近，劉勰《文心雕龍·詮賦》以《周禮·天官·太宰》論分國劃野之“體國經野”語論賦，以明“義尚光大”，自有深意在。而再觀劉氏於書中《事類》云：“事類者，蓋文章之外，據事以類義，援古以證今者也。……觀夫屈宋屬篇，號依詩人，雖引古事，而莫取舊辭。唯賈誼《鵩賦》，始用鶡冠之説；相如《上林》，撮引李斯之書；此萬分之一會也。及揚雄《六官箴》，頗酌於《詩》《書》；劉歆《遂初賦》，歷敘于紀傳；漸漸綜采矣。至於崔班張蔡，遂捃摭經史，華實布護，因書立功，皆後人之範式也。”[②]其中揭示的西漢賦家多引雜書，至揚雄以後斟酌“經史”這一線索，

① 鄭玄注：“營，謂丈尺其大小。天子十二門，通十二子。國中，城内也。經緯，謂塗也。經緯之塗，皆容方九軌。”

② 范文瀾《文心雕龍注》，人民文學出版社，1958 年版，第 614—615 頁。

有助於我們對漢賦用經之歷程的認知。

而由經賦互文來看漢賦用經，則無不表現於賦家之文本抒寫，其間用經方式對賦文之影響，又有三點值得提出與思考：

一是作爲諷諭方式的存在，賦家用《經》形成由“尋章摘句”到“取辭見義”之轉變，有利於經義融織于文本之創造。在漢賦創作中，諷諭最能體現其思想宗旨，然論其方法，也是道亦多術，如枚乘《七發》之“要言妙道”，乃啟發式諷諭；相如《子虛》、《上林》，假託人物，相互論爭，乃駁辯式諷諭；東方朔《答客難》開啟之類賦問對，繼成者如揚雄《解嘲》、班固《答賓戲》、張衡《應間》等，乃解嘲式諷諭；至於相如之《大人》、揚雄之《甘泉》，賦頌連稱，乃以“頌”爲“諷”之方式。正因如此，賦家引述經義，更多地是將經義之直言轉換爲譎諫。例如引《詩》，在西漢賦家筆端尚有少量類似奏議文中“《詩》曰”字樣出現[①]，至東漢則完全隱去“《詩》曰”類符號性標誌，使用《詩》的諷喻功能更加隱蔽化，當然，這也導致原始《詩》“義”在一定程度上的丟失。如邊讓《章華臺賦》“爾乃攜窈窕，從好仇，徑肉林，登糟丘”，用《周南·關雎》“窈窕淑女，君子好逑”句；張衡《西京賦》“爾乃逞志究欲，窮身極娛。鑒戒唐詩，他人是媮”，用《唐風·山有樞》“宛其死矣，他人是愉”句；王逸《機婦賦》“悟彼織女，終日七襄，爰制布帛，始垂衣裳”，用《小雅·大東》“跂彼織女，終日七襄”句，所引《詩》語，已融入賦體創作，失去了作爲理想意志之明確針對性。其他諸經之引述亦類此，如董仲舒《士不遇賦》之“憚君子之于行兮，誠三日而不飯”，取用《易·明夷卦》“君子于行，三日不食”，化用經文，托憂患以寄諷。又如張衡《西京賦》之“盤于遊畋，其樂只用”，前用《書·無逸》“不敢盤于遊畋”、後用《毛詩》“其樂只且”，融貫于賦文，不着痕跡，而寄寓諷意。至於賦家引述《春秋》(尤其是《左傳》)之義，《禮》經規範，也多不用原句，而是鋪陳描繪，藉以托古諷今。

---

① 據《全漢賦》統計，西漢賦家用“《詩》曰”僅三次，分别見司馬相如《難蜀父老》“《詩》不云乎：‘普天之下，莫非王地’”、東方朔《答客難》“《詩》云：‘鐘鼓于宫，聲聞于外。’‘鶴鳴于九皋，聲聞于天。’”且皆屬類賦之文。

二是作爲修辭方式的存在，賦家在文本抒寫中對《經》義之化用，既是對經文之再闡，也是文學之創造。漢賦創作，究其語言價值，即修辭之藝術[①]，標誌了從“口語”到“文本”的轉化。而漢賦引述經義，又與其賦體創作之修辭藝術圍繞經義之三重化用有關：

（一）俗語之典雅化。由於漢賦創作是源於口語，多有俗語、俚語及大量方言，而落實於文詞，往往又要經過一種修飾性之雅化過程。其中或以古代的專用名詞代替普通名詞使用，如用古代著名人物指代普通人物，用古代精良寶物指代一般事物。例如“伯樂相其前後，王良、造父爲之御，秦缺、樓季爲之右”（枚乘《七發》）；“羲和司日，顔倫奉輿”（揚雄《河東賦》）、“由基發射，范氏施御”（班固《東都賦》）、“隋侯明月，錯落其間。金釭銜璧，是爲列錢。翡翠火齊，流耀含英。懸黎垂棘，夜光在焉”（班固《西都賦》）等描寫，其中伯樂、王良、造父、羲和、顔倫、范氏等，皆古之神話或歷史上識馬善駕之人，而隋侯、明月、火齊代指珍珠，懸黎、垂棘、夜光代指寶玉；或用古代傳説中精美名物作現實同類事物的修飾語，以產生聯想，增加文詞句意之典雅色彩。例如“駕馴駮之駟，乘雕玉之輿，靡魚須之橈旃，曳明月之珠旗，建干將之雄戟，左烏號之雕弓，右夏服之勁箭”（司馬相如《子虛賦》）、“建翠華之旗，樹靈鼉之鼓，奏陶唐氏之舞，聽葛天氏之歌”（《上林賦》）等，一寫楚王狩獵之裝備，一寫天子校獵之儀仗，皆借修飾語以騁其鋪張之勢。而賦家引述經典，同樣屬於賦家修辭藝術典雅化的一種表現形式。

（二）“正言”之自然化[②]。這一點體現於賦家引述經義，既彰顯了創作的個性情感，又引向文辭“綺靡”一路。例如賦家引《詩》，或在《詩》題前加上情感動詞，如揚雄《甘泉賦》“函《甘棠》之惠，挾

① 饒宗頤《辭賦大辭典序》云：“賦以誇飾爲寫作特技，西方修辭學所謂 Hyperbole 者也；夫其著辭之虛濫（Exaggeration），構想之奇幻（Fantastie），溯源詩騷，而變本加厲。”引自霍松林等主編《辭賦大辭典》卷首，江蘇古籍出版社，1996 年版。

② 《漢書·藝文志》：“《詩》以正言，義之用也。”案：《六經》皆正言，具有莊重典雅之義。

東征之意”、馮衍《顯志賦》“美《關雎》之識微兮，滑王道之將崩”、崔篆《慰志賦》“懿《氓》蚩之悟悔兮，慕《白駒》之所從”等，使莊雅的經典語顯得自然而流暢；或在化用《詩》句時前加情感動詞，如張衡《思玄賦》“覽蒸民之多僻兮，畏立辟以危身”，化用《大雅・板》“民之多僻，無自立辟”句，蔡邕《述行賦》“周道鞠爲茂草兮，哀正路之日淴”，化用《小雅・小弁》“踧踧周道，鞠爲茂草”句，使經義融入賦語渾然無迹。如此運用情感動詞之法，也反映了賦家由“以《經》代言”到“化《經》爲辭”的變化。

（三）經義之賦語化。以賦家引《詩》爲例，如司馬相如《長門賦》“雷殷殷而響起兮，聲象君之車音”，取辭于《召南・殷其雷》“殷其雷……振振君子，歸哉歸哉”，引詩句以合賦體而將其“騷化”；班婕妤《搗素賦》“符皎日之心，甘首疾之病”，取辭于《王風・大車》“謂予不信，有如皎日”與《衛風・伯兮》“願言思伯，甘心疾首”，引詩句而將其“五言化”；班昭《針縷賦》“退逶迤以補過，似素絲之羔羊”，取辭于《召南・羔羊》“羔羊之皮，素絲五紽。退食自公，委蛇委蛇”，引詩句而將其“六言化”；張衡《思玄賦》“天不可階仙夫稀，柏舟悄悄吝不飛”，取辭于《邶風・柏舟》“泛彼柏舟，亦泛其流。……憂心悄悄，愠於群小。……靜言思之，不能奮飛”，引詩句而將其“七言化”等。至於賦引《易》、《書》、《春秋》、《禮》諸經，也多改變原句，而將經語賦化，使之融入賦家的整體構思與獨特創造。例如張衡《思玄賦》：

> 文君爲我端著兮，利飛遁以保名。歷衆山以周流兮，翼迅風以揚聲。二女感於崇嶽兮，或冰折而不營。天蓋高而爲澤兮，誰云路之不平！勔自強而不息兮，蹈玉之嶢崢。懼筮氏之長短兮，鑽東龜以觀禎。

這段賦文主要引述《易》辭與義，然卻以六言首句加“兮”的騷體句式,兩兩對襯,構成騷體賦篇,其經義於中既有清晰可辨①,又因其賦體化而渾然一體。這是賦家以文引言之方式,亦即融會于文學創造之修辭手法。

三是作爲描述方式的存在,賦家引用《經》義形成結構性之儀式化,這不僅導致經義自身在賦文中之消退,而且造成對賦家創作思想之誤讀。漢賦自揚雄始大量引經,正是出於以經義對待賦文的思路,他提出了"賦者將以風之,必推類而言,極麗靡之辭,閎衍鉅麗……歸之於正,然覽者已過"(《漢書·揚雄傳》)之質疑與賦"諷則已,不已,吾恐不免於勸也"(《法言·吾子》)之非難。這也是後世責難賦家之"勸百諷一",亦即通篇"閎衍博麗"(勸)而僅"曲終奏雅"(諷)的思想。其實,這是具有一定程度之誤讀。僅就賦家引《詩》而言,其"勸百諷一"之矛盾與《詩》重"一言蔽之"有着内在之聯繫。清人錢寀《擬白居易賦賦》云"敷陳其事,可以一言蔽之",此句可破解

① 分析張賦這段描寫所用《易》理,首二句"文君爲我端蓍兮,利飛遁以保名",用《周易·遁卦》卦名,及上九曰:"飛遁無不利,謂去而遷也。"案:此筮得《遁》之《咸》,其遁卦艮下乾上。上九爻辭云:"肥遁,最在卦上,居無位之地,不爲物所累,矰繳所不及,遁之最美,故名肥遁。處陰長之時而獨如此,故曰:利飛遁而保名。"次二句"歷衆山以周流兮,翼迅風以揚聲",隱用《艮卦》義。案:《易》之八卦,以天地風雷水火山澤八種自然現象爲符號象徵,並據此推測人事變化,預言吉凶。從初至三爲《艮》,《艮》爲山,故曰歷衆山;從二至四爲巽,巽爲風,故曰翼迅風。遁下體是艮,《説卦》云:"爲山假言衆爾。下互體得巽。巽爲風,故曰揚聲。"由此可知,全句乃説文王告之我隱遁如鳥飛,飛越群山而周遊,聲揚遠方。次二句"二女感於崇嶽兮,或冰折而不營",兼取《遁》、《咸》、《兑》間變卦義。案:崇,高也;嶽,五嶽也。《遁》上九變爲《咸》。咸,感也。巽,長女;兑,少女,故曰二女。從三至五爲乾。乾爲冰,故曰冰折而不營。《遁》上九變爲《兑》。《説卦》云:"巽爲長女,兑爲少女也,俱在艮上。"艮即山,故云:感二女於崇嶽。《説卦》曰:"乾爲冰而變爲兑,故曰冰折物也。毁折不可經營,故曰不營。"次二句"天蓋高而爲澤兮,誰云路之不平",亦用變卦義。案:互體四至乾變爲兑,兑爲澤。天爲澤,言天高尚爲澤,雖復險戲,世路可知,誰言其路不通者乎?欲其行也。《易》中乾爲天,兑爲澤。後二句"勔自強而不息兮,蹈玉之嶢崢",取《乾卦》義。案:勔,勉也。乾爲玉,故曰蹈玉階。玉階,天子階也。言我雖欲去,猶戀玉階不思去,言尚欲進忠賢。勔,亡衍切。《易·乾卦》曰:"天行健,君子以自強不息。"末兩句以"筮氏""東龜"結束,以表卜祝禎祥吉凶之義。

賦家用《詩》在結構上"一"與"多"的關係。對此,王芑孫《讀賦卮言·立意》有段精警論述:"賦有經緯萬端之用,實此單微一線之爲,以其一線者,周乎萬端,深其爪,出其目,作其鱗之而,則撥爾而怒,而于任重宜,且其斐色必似鳴矣。爪不深,目不出,鱗之而不作,則頹爾如委,而不于任重宜,且其斐色必似不鳴矣。尋其脈絡,須兼敘事之長,極爾精詳,更有補題之解,功以琢磨而致,思必再四而周。"① 而劉熙載《賦概》則落實於具體引《詩》之法謂"《周南·卷耳》四章,只'嗟我懷人'一句是點明主意,餘者無非做足此句。賦之體約用博,自是開之",並引譚友夏論詩"一句之靈,能回一篇之樸"説,認爲"賦家用此法尤多,至靈能起樸,更可隅反"。正因爲賦家用《詩》有着"舉一例百,合百爲一"的結構性特徵,所以其引《詩》也不僅是由春秋行人賦《詩》時實用的"外交手册"轉變爲羅列諸書、徒工獺祭的"文學詞語",而是起着以"一句之靈"回"一篇之樸"的諷喻功能。

如果我們再將視域放回漢賦對經義之廣泛引述,就可看到"多"與"一"之矛盾,也就是説賦家並非引述經義即曲終奏雅,而是在賦文中廣泛引經(多)而體示諷諭(一),而這其中每段話或每句話所内涵之經義之求"正"、求"雅",又爲何被批評家視而不見,關鍵在賦家用經之描述方式,造成繁詞隱掩經義的錯覺。因爲賦家是以描繪性文體引述經義,使之賦化,尤其根據描繪之需要使之儀式化,例如京都大賦對都城制度和禮典儀式的描繪,無不如此。所以方伯海評張衡《東京賦》云:"慘澹經營處,全在郊祀天地一段,予每讀《詩·小戎》數章,未嘗不歎其寫物之工妙,作者各截形容,心思魄力,幾欲與之相埒。"② 賦家之慘澹經營,包括其用《經》之苦心,人們在關注其"主文譎諫,所謂風人之賦麗以則"時總歎息其"賦侈富麗,體易淫靡"③,其於矛盾中亦寄意深遠。

(作者單位:南京大學文學院)

① 王芑孫《讀賦卮言》之《立意篇》,《國朝名人著述叢編》本。

② 《評注昭明文選》卷三。

③ 林聯桂《見星廬賦話》卷一,清光緒《高涼耆舊遺集》本。

張衡帝京書寫中的經學意涵

吴儀鳳

摘要：漢代京都賦的寫作可説是漢代完成大賦體式最重要，也最爲典型的代表。京都賦具備多方面的成就和豐富的帝京文化意涵。此外，京都賦中更展現了重要的人文精神和文化意涵於其中。經學在漢代奠立了其在中國歷史文化上重要的知識文化基礎，歷代儒生莫不以經學作爲其思想、教育的主軸。本文擬由張衡的《二京賦》出發，由其帝京書寫中觀察其中的經學意涵，這實際上也是作者張衡藉由寫作所欲進行的文化實踐的推展。張衡《二京賦》中展現了崇儒隆禮的創作心態，他在賦中倡言崇王道、行禮樂之教，這個部分又成爲賦體寫作傳統中重要的典禮賦寫作的典範，影響後世甚鉅。同時，以儒爲本、以經義爲本的學術思潮在京都賦中也有所展現，賦家在京都賦中描繪禮典正是其儒家倫理精神和崇尚禮樂的文化實踐。若由此觀點來看，則賦體與經義、與典禮之關係實密不可分。於是自唐代以降科舉考試中試賦以經義命題此一做法，同樣也有其歷史淵源，也有着出自於以儒爲本的治國之道的理念在。本文擬以張衡《二京賦》爲一主要的研究對象，由《二京賦》衍生出的文化詮釋將可以作爲樞紐，延展所及對長期以來賦體的文體定位和評價方式皆可以重新地做一反省。

關鍵詞：張衡　《二京賦》　京都賦　帝京書寫　帝京文化　文化實踐　經學意涵

一

漢代京都賦的寫作可説是漢代完成大賦體式爲重要，也最爲典型的代表。班固在《兩都賦序》中提出了對於賦體非常重要而且關鍵性的看法，其《兩都賦》的寫作更成爲京都賦寫作摹仿的對象。

無論是《兩都賦序》或是《兩都賦》都彰顯了賦體帝國書寫的特質,正如班固《兩都賦序》所言:賦有"抒下情而通諷諭"和"宣上德而盡忠孝"的功能。我們可以這麼説:具有典型帝國書寫特質的賦作更有"潤色鴻業"的功能。賦體如同帝國重要活動的記録一般,記載了很多昔日帝國的榮光。今日的讀者透過漢賦正適足以去懷想那個曾經風光一時的大漢帝國!

班固《兩都賦》厥爲《文選》首篇,而京都賦更被視爲是大賦的典型代表。正如許結所言:"漢大賦則首先以尊崇帝京而與《詩》《騷》劃出疆界。"[①]京都賦以其帝國中心之姿構成其他文體無法取代的文體特徵。京都賦更具備多方面的成就和豐富的帝京文化意涵,許結《賦體文學的文化闡釋》書中有多篇探討帝京賦之論述對此有很多闡述,其説對本人有很大的啟發。例如許結闡述大賦與帝京文化的關係,云:"漢大賦是中國古代真正的完型的帝京文化的形象表述。"[②]又其云:自漢武帝後政治上形成一種大一統的格局,賦也與之相應而具有這種大一統的文化精神在其中。在大一統的帝國統治下,作爲"宸居"所在的帝都便成爲大一統帝國的政治、經濟和文化中心,因而京都賦便是以一個"帝國中心"之姿占據了最重要的版面、最主要的位置。京都大賦的創作宗旨是"博我以皇首,弘我以漢京"(班固《西都賦》)其本身具有帝國書寫的特色自是不用説了,然本文擬依循着許結有關帝京文化的論述進一步地對張衡的京都賦重新解讀和看待它與帝京文化間的相互定義與描繪。

二

張衡出生於東漢章帝建初三年(78),誕生於河南南陽城北五十里石橋鎮。據載:張衡"世爲南陽著姓。祖父堪,字君游,少治

① 許結《賦體文學的文化闡釋》,北京:中華書局,2005年,第3頁。
② 《賦體文學的文化闡釋》第1頁。

《梁丘易》,光武時,爲蜀郡太守,拜騎都尉,後拜漁陽太守,卒後,妻子貧困。衡父無聞”。① 張衡的祖父張堪曾任蜀郡太守和漁陽太守,在其治理漁陽期間,因施政很好,當地百姓更有民謠歌頌張堪的政績,云:“桑無附枝,麥穗兩岐。張君爲政,樂不可支。”②

十六歲時張衡離家到三輔,之後又到洛陽。在洛陽太學中與崔瑗相友好。崔瑗是賈逵的學生。和帝永元十二年(100)張衡應南陽太守鮑德之請,作了他的主簿,掌管文書工作。八年後鮑德調任京師,張衡即辭官居家。

在南陽期間他致力于探討天文、陰陽、曆算等學問,並反覆研究西漢揚雄著的《太玄經》。他在這些方面的名聲引起了漢安帝的注意。永初五年(111)張衡被徵召進京,拜爲郎中。

元初元年(114)遷尚書郎。次年,遷太史令。以後曾調任他職,但五年後復爲太史令。總計前後任此職達十四年之久,張衡許多重大的科學研究工作都是在這一階段裏完成的。順帝陽嘉二年(133)升爲侍中。但不久受到宦官排擠中傷,于永和元年(136)調到京外,任河間王劉政的相。劉政是個驕横奢侈、不守中央法典的人,地方許多豪強與他共爲不法。張衡到任後嚴整法紀,打擊豪強,使得上下肅然。三年後,他向順帝上表請求退休,但朝廷卻徵拜他爲尚書。此事頗有蹊蹺,因尚書的官職遠低于侍中或相,他是否應徵,史載不彰。就在這一年(永和四年,139)他即告逝世。

三

《後漢書》張衡本傳載:張衡係因“時天下承平日久,自王侯以下,莫不踰侈。衡乃擬班固《兩都》,作《二京賦》,因以諷諫。精思傅會,十年乃成。”依《後漢書》所言張衡創作《二京賦》乃是欲有所

① 張震澤《張衡年表》,《張衡詩文集校注·附録》。

② 《漁陽民爲張堪歌》見逯欽立輯校:《先秦漢魏晉南北朝詩》,臺北市:木鐸出版社,1982年版,漢詩卷八·雜歌謡辭·歌辭,第207頁。又《張堪傳》見《後漢書·卷三十一》,第1100頁。

諷諫的。此種欲“因以諷諫”的精神和寫作動機正是張衡透過賦的寫作進行的一種文化實踐。

從張衡《二京賦》的内容看來,通篇《二京賦》對於侈靡的諷刺這一點是顯而易見的。如《東京賦》云:“必以肆奢爲賢,則是黄帝合宫,有虞總期,固不如夏癸之瑶臺,殷辛之瓊室也。”又云:“且天子有道,守在海外,守位以仁,不恃隘害。”《二京賦》具有反奢靡此一主題思想,這一點應該是毋庸置疑的。

而《東京賦》中之辭句,如“曰止曰時”出自《詩經·大雅·文王之什·緜》:“應門將將”也出自《緜》;“昭明有融”出自《詩經·大雅·生民之什·既醉》。又如:“改奢即儉,則合美乎斯干。”“斯干”一語又出自《詩經·小雅·鴻鴈之什·斯干》一詩。賦篇中許多用語、用辭都出自於經書典籍,其例甚多,兹不一一枚舉。

又如《東京賦》云:“規天矩地,授時順鄉。造舟清池,惟水泱泱。左制辟雍,右立靈臺。”賦中強調的禮治思想和禮制建築,也都來自於經書中的記載。賦中通篇大量地運用了經書的辭彙和典故,依照禮書中的時令和典禮來鋪陳《東京賦》。確實可以看出作者張衡對東漢王朝有着恢復周禮的期許在,而這個期許並不只是張衡個人的,它同時也代表了多數儒生在東漢時的想法。

在《劍橋中國秦漢史》中對於東漢遷都洛陽一事有細緻的觀察與説明。其中説到:遷都洛陽的提議在西漢朝即曾經被提出過,在元帝時翼奉提出的。翼奉他是蕭望之和匡衡的助手,[①]他是一個根據陰陽的循環來解釋王朝歷史的陰陽家。[②] 他提出皇帝和政府的所在地應移到洛陽,由於意識形態的原因,這個建議曾一度受到肯定。翼奉希望斷絕漢朝與長安的關係,因爲那裏是暴力和戰鬥的場所;此外,在王朝初建和武帝的擴張揮霍時期,它又曾被用作權力基地。但是洛陽卻引起人們對周代諸王的道義美德和儉樸政

① 崔瑞德、費正清主編,《劍橋中國秦漢史》,北京:中國社會科學出版社,1992 年版,第 211 頁。

② 參見《漢書·卷七十五·翼奉傳》,第 3167—3178 頁。

策的追憶。[1] 然而最終遷都的的建議還是被認爲是不切實際的，所以這個問題直到公元十二年才再次提出。

公元 24 年，更始帝的最後失敗已成定局。失敗以向長安遷移的這一極不明智的決定開始。雖然未央宫被焚毁和遭到劫掠，但城的其餘部分完好無損，它仍保持原來的聲望。長安位于關中，這塊高原易于防守幾乎一切大的攻勢。但是一旦敵軍攻破關隘，它就成了一個陷阱。王莽的遭遇如此，這時又成了更始帝的下場。[2]

25 年 11 月 27 日，劉秀進洛陽城，在那裏建立他的首都。他無疑地已從王莽和更始帝的下場中得到教訓，認爲在内戰時期應避開長安。另一個動機一定是，洛陽可以更方便地從大平原的關鍵經濟區得到供應。[3]

強烈的地方主義是整個這場内戰的典型特徵；光武帝的勝利在某種意義上説是他家鄉南陽郡的勝利。通過他，來自南陽的人在以後很長的一段時期中取得並保持顯赫的地位。[4] 值得注意的是，張衡正是南陽人，他正是屬於南陽地方集團的人物。而在東漢時期的確也有不少南陽地區的士人從政，也具有濃厚的儒生色彩。前面引述《劍橋中國秦漢史》的説法中所謂”意識形態的原因”其實指的主要就是漢代的經學思想。

張衡《二京賦》其敘述東京賦部分主要在寫典禮。張衡《二京賦》中展現了崇儒隆禮的創作心態，他在賦中倡言崇王道、行禮樂之教，這個部分又成爲賦體寫作傳統中重要的典禮賦寫作的典範，影響後世甚鉅。同時，以儒爲本、以經義爲本的學術思潮在京都賦中也有所展現，賦家在京都賦中描繪禮典正是其儒家倫理精神和崇尚禮樂的文化實踐。若由此觀點來看，則賦體與經義、與典禮之關係實密不可分。於是自唐代以降科舉考試中試賦以經義命題此一做法，同樣也有其歷史淵源，也有着出自於以儒爲本的治國之道

① 《劍橋中國秦漢史》第 212 頁。
② 《劍橋中國秦漢史》第 265 頁。
③ 《劍橋中國秦漢史》第 268 頁。
④ 《劍橋中國秦漢史》第 271 頁。

的理念在。

四

張衡《二京賦》中的確有諷喻意涵,如《西京賦》中言"雖厥裁之不廣,侈靡踰乎至尊"及"想升龍於鼎湖,豈時俗之足慕?""若歷世而長存,何遽營乎陵墓?"等語,及"澤虞是濫,何有春秋?""取樂今日,遑恤我後。""既定且寧,焉知傾陁?"等等諸多賦文文辭本身即可見出張衡《二京賦》中的諷刺之意。

然則,賦的諷刺寫法較爲獨特,因爲賦體本身具有帝國書寫的特質,具有頌揚帝國的性質,故基本上這類京都賦作都是以正面的方式進行歌頌,無論透過何人之口,該人物總以炫耀的心態來做正面的陳述。在這樣的情況下,帝國書寫成了一件披在外面的華麗衣裳,諷刺則必須透過仔細的研讀,發現其中内藏的譏刺之語。因此,這樣的寫作方式是很特别的。

初步勾稽《後漢書》史料,可以看出張衡《二京賦》的寫作當與和帝(劉肇)永元(89—104)時竇太后臨朝,竇氏横恣有關。《後漢書》中有關竇憲等人的驕奢淫侈有所記載,其中尤爲重大者,如竇憲竟於和帝即位之時,派人刺殺齊殤王之子都鄉侯劉暢,就在京都城門之中,其膽大妄爲至此,竇氏之權勢及驕縱可見一斑!事發之後,竇憲又試圖掩蓋,最後隱瞞不住,竇憲就向太后請求北擊匈奴以立功贖罪。而竇氏一族,包括竇憲的弟弟竇篤和竇景大起宅第,彌街絕里,興作勞役。更且蓄養刺客,滿城之中布滿其刺客隨時可以對他所不滿的人下手。就連竇篤、竇景的執金吾也倚恃其主而擅威權,在京師公然搶奪財物、毆打市卒、市丞。竇氏廣泛樹立黨羽於名都大郡,收受賄賂。凡此皆可看出其作爲張衡創作《二京賦》時所經歷的背景,這對他寫作《二京賦》有一定的影響在。而張衡《二京賦》的寫作正是繼承了《詩·大序》中所言之:"主文而譎諫,言之者無罪,聞之者足以戒"的風雅精神。

此外,張衡《二京賦》文中充滿了"戒淫侈"的思想。《後漢書》

張衡本傳對張衡的描述是:"常從容淡靜,不好交接俗人。"在研讀《後漢書》時發現類似張衡這樣淡泊名利之士還有很多,其生活平淡儉僕,甚至仗義疏財者,史籍中多有對這類人物的描述。從這些材料中可以看出"戒淫侈"此一思想並非張衡個人所獨有,而是東漢時某一群士人都共同擁有的思想和信念。而"奢"與"儉"並不是簡單的二元劃分,尤其表現在京都賦裏更不是單純的二分法,而是關聯着禮制適當與否的問題。

因此,對於張衡《二京賦》的內涵其實還應結合著經學的思想來看,才能對文本做出更多、更深刻和適切的理解。

(作者單位:臺灣東華大學中國語文學系)

文章書寫:姚永樸經史之學的中心意涵

丁亞傑

摘要:姚永樸認爲研經以微言大義爲歸,兼採考據、辭章。但是若不從文勢語脈治經,微言大義也難得見。進而從辭章之學,溝通義理訓詁之界域。從這裏即可約略見出姚永樸的學術特色,辭章才是其學問的核心。在此一脈絡下,就可觀察《文學研究法》、《史學研究法》其中的經學面相,及其所以論説之故。姚永樸認爲文學家之異於性理家、考據家、政治家,都在文字的表出。至於姚永樸對小説家的惡評,是從其雅俗對立的觀點而來。姚永樸論史學,史著的體例、寫作的方法,成爲史學的核心。又指出史文的重要,其目的是要廣讀者的見聞且新讀者的耳目,史而無文,就無法達到此一目的。讀者釋史則要先掌握文法、文勢語脈,方能知其宗旨,得其大要。姚永樸文論,建立一套文章寫作理論,越來越重視文章形式技巧,與經典距離日漸擴大。論及史文之時,又側重史著的寫作方法,批評諸史的文章得失,讀者讀史時,須從文法着手。或可名姚永樸之學爲"以辭章爲核心的經史學"。

關鍵詞:姚永樸　桐城　文法　文學研究法　史學研究法

一、前言

姚永樸(1861—1939)於民國三年(1914)任教北京大學時,撰《文學研究法》四卷、《史學研究法》一卷以教授諸生。錢基博(1887—1957)曾選擇近代經史子集四部十三家作品,以爲學者治學門徑。《文學研究法》即爲其中之一,錢基博論此書云:"明文章之利鈍,搜録古今作家論文之言,采摭極博,而出以組織,有剖析,有綜合,洞明得失,極有經緯。”[①]評價甚高,當代研究者也不乏其人。但《史學研究法》則論之者較少。

姚永樸爲桐城後勁,以文學名家。但姚永樸經學著作甚多:如光緒二十七年(1901)任廣東起鳳書院山長,著《尚書誼略》二十八卷;光緒三十年(1904)任教安徽高等學堂,成《群經考略》十六卷,又有《十三經述要》六卷;宣統元年(1909)應聘京師政法學堂,撰《蛻私軒讀經記》三卷;民國十三年(1924)任教安徽宏毅學舍,作《蛻私軒易説》二卷、《蛻私軒詩説》八卷等。[②]《文學研究法》、《史學研究法》也推崇經學爲文史之原。

但姚永樸治學初不如是,曾自述爲學歷程云:“永樸少喜古文辭,一日過上海,先生(案:指蕭穆)勸之用力經史,謂匪是無以爲文章根本,……由是始知從事樸學。”[③]姚永樸至上海過蕭穆(1834—1904)之年是光緒十二年(1886):“二十又五,北行過上海,過蕭敬孚先生,諄諄然勛以經史之學。既抵都,復與遷安鄭東甫遊,於是

① 錢基博:《近代提要鈎玄之作者》,曹毓英選編:《錢基博學術論著選》(武漢:華中師範大學出版社,1997年12月版),頁156。但周中明認爲此書是搜録前人語録,極少有作者自己的主張,更無創見可言。見《桐城派研究》(瀋陽:遼寧大學出版社,1999年7月版),頁391。許結卻認爲此書所以成爲經典,在於不拘門户之見,且所論述内容包文道、文言、文用、文體、文原、文法、文詞等。見《姚永樸與文學研究法》,《古典文學知識》2010年第1期,頁11—21。如果選文是文學批評的表現形式,此書則是以理論選輯作爲其文學理論的表現形式。

② 參見張仁壽:《姚永樸評傳》,楊懷志、江小角編:《桐城派名家評傳》(合肥:安徽人民出版社,2001年11月版),頁313—323。另可參考王學勤:《桐城姚仲實先生年譜》,《桐城派研究》2002年第4輯,頁63—78。潘務正:《晚清民國桐城文派年表簡編》,《晚清民國桐城文派研究》(南京:南京大學碩士論文,2003年5月)。各家著作繫年不甚一致,主要原因是成書、刊刻時間不同,又同書屢經刊刻,也造成年代不一的情況。姚永樸著作,收録較完整者爲闞華編:《安徽省館藏皖人書目(—1949)》(合肥:黄山書社,2003年11月版),227—230。宏毅學舍爲清末兩江總督周馥(1837—1921)子周學熙(1866—1947)所創辦,在今安徽東至。

③ 姚永樸:《蕭敬孚先生傳》,《蛻私軒集》(乙丑秋浦錦記書局印),卷4,頁5。蕭穆,字敬孚。乙丑爲民國十四年(1925)。

銳意治經。東甫詔我皆微言大義,而永樸固囿於識小之域,字求其訓,句求其解,迄今三十餘年,心得殊寡。”①看來是年始治樸學,研究文字訓詁之學,不長於微言大義。與考據對諍的義理,姚永樸則作調和論:“守漢儒之訓詁名物而無取專己守殘,守宋儒之義理而力戒武斷。操斯術以往,其於聖人之意,雖不中或不遠與。”②其説並未深入討論漢宋之異,只就一般的認知指出漢宋學的特色,且應漢宋兼採。③ 然而詳究其實,又不如是:“又必明乎古人之微言大義爲急,而兼取考據、辭章兩家之所長輔之。蓋不明乎微言大義,則無歸宿;不兼取兩家所長,則不能信而有徵。或昧於文勢語脈,而所謂微言大義者,固不可得而見。”④顯然研經是以微言大義爲歸,兼採考據、辭章。但是若不從“文勢語脈”治經,微言大義也難得見。文勢語脈即辭章之學。進而從辭章之學,溝通義理訓詁之界域:“竊謂古今之學,義理而外,惟訓詁、辭章。辭章之學,其託業未必勝於二者,然而二者之學每相訾謷,惟辭章實足通二家之郵,而息其詬。何則?爲辭章者欲氣之盛,則必從事於義理,以求慊其心。欲詞之古,則又必從事於周秦兩漢之書,以通其訓詁。”⑤“氣盛”與“詞古”,不等於“義理”與“訓詁”,前者偏重文章的美感,兩者的聯結,其實就是化義理與訓詁爲辭章。從文學的角度,貫串義理與訓詁,並消融兩者的分立,再以詞章統攝義理與訓詁。這自與其

① 姚永樸:《答胡敬庵書》,《蛻私軒集》,卷 3,頁 13。胡敬庵,名字生平不詳。鄭杲,字東甫,生卒年不詳,光緒六年(1880)進士。

② 姚永樸:《蛻私軒讀經記序》,《蛻私軒集》,卷 2,頁 22。

③ 何佑森(1931—2008)即批評近人爭論漢學宋學,將考據與義理分爲兩截,未能深究漢學家的道德實踐。宋人教人讀書窮理,讀書是實,窮理是虛;教人實事求是,實事是實,求是是虛,虛與實相資爲用。朱子(1130—1200)的小學,即包含了書數等清儒所稱的小學。見《清代漢宋之爭平議》,《清代學術思潮》,《何佑森先生學術論文集》(臺北:臺大出版中心,2009 年 4 月版),下册頁 147—162。

④ 姚永樸:《答張孝生書》,《蛻私軒集》卷 3,頁 18。張孝生,名字生平不詳。

⑤ 姚永樸:《答方倫叔書》,《蛻私軒集》卷 3,頁 5。方守彝(1845—1924),字倫叔,方宗誠(1818—1888)之子。

前的漢宋兼採，大爲不同。而與姚鼐（1731—1815）義理、辭章、考據三分，也有所不同。[①]

從這裏即可約略見出姚永樸甚或清末民初桐城派學者的學術特色，不論是漢學、宋學，抑或義理、訓詁，其實均非彼等治學重心，辭章——尤其是詩文，才是其學問的核心。在此一脈絡下，就可觀察《文學研究法》、《史學研究法》其中的經學面相及其所以論説之故。

二、文士的自覺與文章的技法

《文學研究法》分爲四卷二十四篇，另書末附《結論》一篇。卷一是《起原》、《根本》、《範圍》、《綱領》、《門類》、《功效》，論文章的基本觀念。卷二：《運會》、《派别》、《著述》、《告語》、《記載》、《詩歌》，專論各類文體的寫作方法。卷三：《性情》、《狀態》、《神理》、《氣味》、《格律》、《聲色》，通論一般文章的寫作方法。卷四：《剛柔》、《奇正》、《雅俗》、《繁簡》、《疵瑕》、《工夫》，論文章的風格。姚永樸門人張瑋（？—？）以爲是書："其發凡起例，仿之《文心雕龍》。"[②]

姚永樸引吴定（1744—1809）《與友人論文書》："爲文章者，若不於六經諸史根本是求，而惟末是務，乃欲無一言一字見疵於人，自古及，蓋未之見也。"[③]吴定以經史爲文字之本，研治經史的目的是文字無疵，這可能含蓋了文章的形式與文章所承載的義理。姚永樸意同吴定之説，但其所重視者，更在於文字的無疵。所以自覺地區分文學家的特殊性質：一異於性理家，二異於考據家，三異於

---

① 義理、考證、辭章，見姚鼐：《述菴文鈔序》，以義理、考證、辭章爲序；《復秦小峴書》則以義理、辭章、考證爲序，分見氏著，劉季高（1911—2007）點校：《惜抱軒詩文集》（上海：上海古籍出版社，1992年11月版）卷4，頁61；卷6，頁104。王昶（1724—1806），字德甫，號蘭泉，又號述菴；秦瀛（1748—1821），字淩滄，一字小峴，號遂菴。

② 張瑋：《原序》，姚永樸：《文學研究法》（南京：鳳凰出版社，2008年11月版）。案：本書與《史學研究法》合刊，俱爲簡體横排本。

③ 姚永樸：《文學研究法·根本》，頁14。吴定原文出處待查。

政治家,四異於小説家。

姚永樸認爲文學家之異於性理家,在於:"性理家所講求者,微之在性命身心,顯之在倫常日用,其學以德行爲主,而不甚措意於辭章。"①理學家如有不足,正在"不甚措意於辭章",較諸吴定之説,姚永樸重視辭章更甚。亦即其所批評的不是理學家的學問,而是學問表現的方式。稱美周敦頤(1017—1073)《通書》、張載(1020—1078)《正蒙》等爲"最善",其次則是程頤(1033—1107)《四箴》、朱子(1130—1200)《六先生畫像贊》。② 諸家義理固善,但觀其所説,重點是在文辭之善。理學家自談理,姚永樸引曾國藩(1811—1872)《致吴南屏書》:"僕嘗謂古文之道,無施不可,但不宜説理耳。"對此極不以爲然,認爲只要理得辭順:"焉有文章必不可談理者。"③更可見出談理不是問題,談理的方式才是問題。

姚永樸以爲:"大抵考據家宗旨,主於訓詁名物。"考據家又有二派:一是在經學者爲注疏家。再分爲注家與疏家。注家指:"漢魏儒者,解經繁碎。"疏家則是:"尤爲冗蔓,且出主入奴。"④二是在史學者爲典制家。典制家"綜其大體,多採掇群書,加以論斷,與文學家實分道揚鑣"。⑤ 文學家不在引用群書,據以論斷,而是鎔裁群書,自鑄偉辭。兩家的具體區别,姚永樸引梁章鉅(1775—1849)語:"作者之謂聖,辭章是也;述者之謂明,考據是也。"⑥典出《禮記·樂記》:"作者之謂聖,述者之謂明。"原意是通曉禮樂的本末才

① 姚永樸:《文學研究法·範圍》,頁15。

② 説均見姚永樸:《文學研究法·範圍》,頁15—16。《四箴》、《六先生畫像贊》並收入曾國藩《經史百家雜鈔》(臺北:世界書局,1972年7月版),卷7,辭賦之屬下編二。

③ 姚永樸:《文學研究法·範圍》,頁16。原信作《覆吴南屏書》,見《曾文正公書札》(光緒二年傳忠書局刻增修本),卷5。吴敏樹(1805—1873),字本深,號南屏。

④ 引文俱見姚永樸:《文學研究法·範圍》,頁16—17。

⑤ 姚永樸:《文學研究法·範圍》,頁17。

⑥ 姚永樸:《文學研究法·範圍》,頁17。原文見[清]梁章鉅:《退庵隨筆》(道光十六年刻本),卷19。

能稱爲作,訓説禮樂的義理則是述。[①] 而與四庫館臣所説:"經稟聖裁,垂型萬世,删定之旨,如日中天,無所容其贊述,所論次者,詁經之説而已。"[②]何啻天壤。館臣之意是經典爲後人崇仰的對象,具有神聖的地位;而述説經典義理的述者,雖不能如同作者明於天地,但要能述説天地的義理,自身須有一定的理解及詮釋能力,也因而有一定的地位。孔子大聖,也謙稱自己僅是:"述而不作。"[③]是以學者只能詁經,不能贊述,更不能自居作者。再引吴汝綸(1840—1903)語:"説道説經,皆不易成佳文。道貴正而文者必以奇勝。經則經疏之流暢,訓詁之繁瑣,皆與文體有妨。"[④]理學家的義理須出之以正,不能如文學家的創作出之以奇,如此就較難突出文章的美感。至於經疏流暢的程度、繁瑣的性質,均影響作文。反之,如能助於文學創作,無論理學、經疏,大概都不會反對。這從引姚鼐《與陳碩士書》:"以考證累其文,則是弊耳;以助文之境,正有佳處,夫何病哉。"[⑤]就可以得知。姚鼐提出義理、辭章、考據三分,以辭章爲主之貌不甚顯,至姚永樸則很清楚地尊崇辭章。

姚永樸指出:"夫政治家宗旨,主於事功。"[⑥]但桐城家法,也重視事功。姚永樸自己就説文學的根本,一在明道,二在經世。[⑦] 所以重事功也不是政治家的限制。事功以公文書表出:"惟唐虞三代

① 詳細説解,可參考[清]孫希旦(1736—1784)著,沈嘯寰、王星賢點校:《禮記集解》(北京:中華書局,1989 年 2 月版),卷 37,頁 989—990。

② [清]永瑢(1743—1790)等著:《經部總敘》,《四庫全書總目》(臺北:藝文印書館影印同治七年廣東刻本,1989 年 1 月版),卷 1,頁 1。

③ 詳細説解,可參考[清]劉寶楠(1791—1855)著,高流水點校:《論語正義》(北京:中華書局,1990 年 3 月版),頁 251—252。

④ 姚永樸:《文學研究法·範圍》,頁 17。吴汝綸説見《與姚仲實》,施培毅、徐壽凱校點:《尺牘》,卷 1,頁 51,《吴汝綸全集》(合肥:黄山書社,2002 年 9 月版),第 3 册。

⑤ 姚永樸:《文學研究法·範圍》,頁 17。姚鼐説見《與陳碩士》,[清]陳用光(1768—1835)編:《惜抱軒尺牘》(北京:中國書店影印宣統元年小萬柳堂據海源閣重刊本,出版年不詳),卷 6,頁 15。陳用光,字碩士。

⑥ 姚永樸:《文學研究法·範圍》,頁 17。

⑦ 姚永樸:《文學研究法·根本》,頁 11,12。

之典、謨、誥、誓、命,春秋戰國士大夫之詞令,最爲古雅;秦漢以迄魏晉,猶有遺意;南北朝乃傷綺靡,然不可謂之無文也;唐宋之際,燦然可觀者,已可屈指而數;……自是而後,名臣之奏議,循吏之公牘,與文學家判若兩途。"[①]姚永樸所説,其實不是事功的目的,就事功而言,不論文之雅俗,只要達到功效即可。姚永樸引汪輝祖(1731—1807)之言,告示須"意簡詞明,方可入目"[②]。正是此意。唐宋以後的奏議、書牘,已無古代的"古雅",這才是兩家分途所在,所論者還是公牘之"文"。

較困難的論點是與小説家的異同,姚永樸云:"其蔽也情鍾兒女,入於邪淫;事托鬼狐,鄰於誕妄。又其甚者,以恩怨愛憎之故,而以忠爲奸,以佞爲怪,諛之則頌功德,詆之則發陰私,傷風害俗,爲害甚大。"[③]這些問題其實與小説無關,而與作者心術有關,詩歌、散文等文類,也會有此病。就敘事體裁而論,史家也敘事,兩者之異在於:"馬、班爲史家宗祖,與小説家不同者,則以其意存言外,非第盡於言中也。"[④]意存言外,也不僅是史家著述,詩歌更強調言外之意。[⑤] 姚

① 姚永樸:《文學研究法·範圍》,頁17。

② 姚永樸:《文學研究法·範圍》,頁17。原文見[清]汪輝祖:《學治臆説》(同治十年慎間堂刻汪龍莊先生遺書本),卷上,頁12。原文爲:"要在詞簡意明,方可人人入目。"汪輝祖,字焕曾,號龍莊。

③ 姚永樸:《文學研究法·範圍》,頁18。

④ 姚永樸:《文學研究法·範圍》,頁18。

⑤ 蔡英俊指出言外之意的表現方法是寄託。寄託是指作品的創作或解讀時,尋求與作品平行並列的具體指涉,比較明確具有特定政治倫理上的指涉意義。這一創作模式,承載較多作者個人隱而未顯的創作動機與目的。見《中國古典詩論中"語言"與"意義"的論題——"意在言外"的用言方式與"含蓄"的美典》(臺北:臺灣學生書局,2001年4月版),頁232。顔崑陽曾分析寄託的構成因素:"……用來做爲'託喻'的事物,必是一與自己所意圖託喻之'實存情境'具有類似性之另一'情境'。此另一'情境'即是作品語言所描述具現之情境,我們可以稱它爲'作品情境',將兩個類似之情境連接在一起,我們可稱它爲'情境連類'。"見《論詩歌文化中的"託喻"觀念——以文心雕龍比興篇爲討論起點》,《魏晉南北朝文學與思想學術論集》第3輯(臺北:文津出版社,1997年),頁222。實存情境與作品情境連結後,不僅是詩人有託喻,史家也有託喻。

永樸對小説家的惡評,是從其雅俗對立的觀點而來:“大抵文之過於生者,爲怪僻,爲直率,爲粗硬;過於熟者,爲滑易,爲輕靡,爲纖弱。皆淫也,即皆俗也。”[①]生指文字缺乏修飾,熟指文字應時常見,兩者都是俗。至於文章的義理,姚永樸引徐宗亮(1828—1904)語:“文之不潔,非但在字句也。陳義太盡,無含蓄之致;造句雖新,習多見之意,皆不潔也。”[②]非但文字要不同於時俗,義理也要含蓄少見,才能避免不潔,亦即去俗。如果小説能擺脱文字與意義的俗弊,姚永樸大約會有另外的評價。[③]

其後姚永樸認爲古今著作,不外經、史、子、集四類:“約而言之,其體裁惟子與史二者而已。蓋諸子中……皆説理者也;屈、宋則述情者也;《左》、《國》、馬、班以下諸史,則敘事者也。”[④]四部是著作的類别,至其性質則分爲説理、述情、敘事三種。子部包含説理與述情,史部以敘事爲主。而後筆勢一轉,指出:“經於理、情、事三者無不備焉,蓋子、史之原也。如子之説理者本於《易》,述情者本於《詩》,史之敘事者本於《尚書》、《春秋》、三禮。集於理、情、事三者亦無不備焉,則子、史之委也。”[⑤]由是就重新解釋四部的概念,經爲本原,爲説理、述情、敘事之本;其次是子與史,子部有説理,有述情,史部有敘事;集部雖三者皆備,卻是子、史之流衍。變經、史、子、集四部爲經、子、史、集,經部雖爲根源,卻是以其文學性格而然,或更具體地説,是以其述寫的形式,而爲四部之首。尊經與傳統無别,尊經之故則已變化。集部雖爲四部之末,如能:“質而不俚,詳而不蕪,深而不誨,瑣而不褻,庶幾盡子史之長,而爲六經

---

① 姚永樸:《文學研究法·雅俗》,頁109。

② 姚永樸:《文學研究法·雅俗》,頁112。徐宗亮,字晦甫。原文出處不詳。

③ 汪春泓也指出姚永樸堅守文學古雅特徵,不致滑向小説家等俚俗文學。見《論劉師培、黄侃與姚永樸之文選派與桐城派的紛爭》,《文學遺產》2002年第4期,頁14—28。

④ 姚永樸:《文學研究法·範圍》,頁19。

⑤ 姚永樸:《文學研究法·範圍》,頁19。

之羽翼。"[1]在《四庫全書總目·集部總敘》中,完全無此講法。集部既能羽翼六經,其地位無形中也已提高。

四庫館臣指出總集的編輯原則:"文籍日興,散無統紀,於是總集作焉。一則網羅放佚,使零章殘什並有所歸;一則删汰繁蕪,使莠稗咸除,菁華畢出。是固文章之衡鑒,著作之淵藪矣。"[2]一是蒐羅歷代的文獻,一是評斷各篇的價值。姚永樸所重者爲第二點,並進一步説:"若夫欲從數百千萬卷中,擷其英華,去其糠秕,非知所抉擇不可;欲知所抉擇,非有真識不可;欲有真識,非有師承不可。蓋有師承而後有家法,有家法而後不致如游騎之無歸。"[3]於是以姚鼐《古文辭類纂》、曾國藩《經史百家雜鈔》、李兆洛(1769—1841)《駢體文鈔》、王士禎(1634—1711)《古詩選》、《唐人萬首絕句選》、姚鼐《五七言今體詩鈔》、曾國藩《十八家詩鈔》爲範,勸喻學者從此入手,而心目所及,仍在《古文辭類纂》、《經史百家雜鈔》,並比擬爲經學史上漢代的師法、家法。[4]

於是再據姚鼐《古文辭類纂》十三類古文辭,依仿劉勰(465? —520?)《文心雕龍》上篇的體例,上溯每一類的起源,俱可追本於經。姚鼐所説,若未能上溯於經,姚永樸則爲之追記。如贈序類,姚鼐並未説明原於何經,姚永樸引鄭杲之言,以爲《詩·崧高》即爲贈序之權輿。傳狀類,姚鼐以爲原於史氏,姚永樸則引曾

① 姚永樸:《文學研究法·範圍》,頁19。

② [清]永瑢等著:《總集類敘》,《四庫全書總目》,卷186,頁1。

③ 姚永樸:《文學研究法·起原》,頁8。張伯偉即指出總集編輯的目的是在保存文學菁華,但中國的選本又是一種非常重要的批評方式。見《中國古代文學批評方法研究》(北京:中華書局,2002年5月版),頁278。

④ 姚永樸:《文學研究法·起原》,頁8。師法、家法之别,[清]皮錫瑞(1850—1908)云:"前漢重師法,後漢重家法,而後能成一家之言。師法者溯其源,家法者衍其流也。"見氏著,周予同(1898—1981)注:《經學歷史.經學極盛時代》(北京:中華書局,2008年8月版),頁136。馬宗霍(1897—1976)卻説:"師法、家法,名可互施。"見《中國經學史》(臺北:臺灣商務印書館,1979年9月版),頁38。葉純芳據此認爲每一個傳授經學的學者,同時兼有師法、家法,兩者名異實同。見《鄭玄周禮注從違馬融周官傳考》,《中國文哲研究通訊》第19卷第1期(2009年3月),頁157—192。

國藩之説,補以《尚書》《堯典》、《舜典》,與《史記》並列。[①]

溯其源外,還須選其篇,以爲各類文章寫作的規範。此時採用曾國藩《經史百家雜鈔》歸併增益姚鼐《古文辭類纂》十三類(論辨類、序跋類、奏議類、書説類、贈序類、詔令類、傳狀類、碑誌類、雜記類、箴銘類、頌贊類、辭賦類、哀祭類),爲三門十一類之説(著述門:論著類、詞賦類、序跋類;告語門:詔令類、奏議類、書牘類、哀祭類;記載門:傳誌類、敘記類、典志類),就各類文章,選擇作者、篇章,指引學者。然而姚鼐《古文辭類纂》與曾國藩《經史百家雜鈔》最大的差異,不是在門類的增省,而是選文的立場。《古文辭類纂》各類大都上溯經典,但入選之作,絕無經典之文。《經史百家雜鈔》除傳誌類上及《史記》而止外,餘均先以經典之文,再選歷代佳作。[②] 從其入選作品分析,桐城派從劉大櫆(1698—1780)至姚鼐,日漸以文爲主,宗經依舊,但經典是以文學的源頭呈現,也止於此。[③]

姚永樸形式上承曾國藩,實質是上承姚鼐,強調各類文章的技法,這屬於專論。除此之外,尚須通論一般寫作方法,論神理、氣味、格律、聲色,即清楚的規仿姚鼐,輔以剛柔、奇正、雅俗、疵瑕文

① 俱見姚永樸:《文學研究法·門類》,頁26,27。並見[清]姚鼐:《古文辭類纂序目》,《古文辭類纂》(臺北:世界書局,1965年6月版)。[清]曾國藩:《經史百家雜鈔序例》,《經史百家雜鈔》。

② 周作人(1885—1967)認爲:"姚鼐不以經書作文學看,所以《古文辭類纂》没有經書上的文字,曾國藩則將經書文字選入《經史百家雜鈔》之内,他已將經書當作文學看了。"見《中國新文學的源流》(上海:華東師範大學出版社,1995年版),頁48。姚鼐不以經書作文學看的判斷,可能太重,否則各類文體,不會上溯經典。將經書當作文學看,也不始於曾國藩。

③ 龔鵬程指出姚鼐這一特色,是從劉大櫆轉來,而與方苞不同。方苞上承歸有光(1506—1571),認爲古文應約六之旨成文,劉大櫆則以文章寫作技巧爲主,姚鼐承之。詳見《六經皆文——經學史/文學史》(臺北:臺灣學生書局,2008年12月版),頁164—167。[日]佐藤一郎認爲方苞的敘述文,遠學歐陽修,近學歸有光。歸有光的文章重日常瑣事,稍許拘謹的風格,爲方苞所承襲。見氏著,趙善嘉譯:《中國文章論》(上海:上海古籍出社,1996年6月版),頁111—112。

章風格論,形成姚永樸的文章寫作理論,類似《文心雕龍》下篇的結構。[①] 又引李翺(772—841)《答朱載言書》:"故義雖深,理雖當,詞不工者不成文,宜不能傳也。"[②]文章傳世與否,除義理之外,文辭居於關鍵的地位。重視文辭之意,溢於言表。

研讀文章,自不能止於閱覽選本,尚須看專集,姚永樸末云:"然不閱專集,終不能窺全豹。"閱讀專集之法有三:一是分段落,二是觀古人評點,三觀古人注釋,注釋有益讀者:一在知年月,二在知典故,三在知命意。[③] 愈來愈與南宋以降的評點學合流。然如此評論姚永樸之學,或未盡公允。

以治《左傳》爲例,姚永樸云:"鄙意處今日時勢,訓詁固不可廢,然所尤急者,則在考當日山川疆域,以知各國形勢,而求用兵修好之所以然,庶幾有稗實用。"[④]有《春秋左傳通論》四卷,分解《左傳》全書爲三十目,先引原文,後述大義。卷一:《釋名》、《釋派》、《釋旨》、《釋例》、《疆域》,析論《左傳》的基本知識。卷二:《職官》、《禮樂》、《軍旅》、《刑法》、《食貨》、《學術》,研討《左傳》的典章制度。卷三:《原君》、《原臣》、《原民》、《輿論》、《尊王》、《愛國》、《合群》、《自強》、《尚武》、《外交》,發揮《左傳》的思想,尤重政治思想。卷四:《内政》、《用人》、《教育》、《女教》、《哲學》、《博物》、《游歷》、《衛生》、《序意》,旁涉《左傳》所涉及的各種知識。這確非傳統的箋注之學,如果溯其原,較似顧棟高(1679—1759)的《春秋大事表》,考定天文、疆域、國都、官制、世系、禮制、盟會、戰爭、三傳異同等,均

① 吴孟復(1919—1995)即已指出《文學研究法》是"文章學"專書。見《桐城文派述論》(合肥:安徽教育出版社,1992年5月版),頁180。楊福生更具體地説明"文學研究法",其實應是"文章學概論",重點強調文章寫作而非"文學研究的方法論"。見《姚永樸文學研究法述論》,《北京大學學報(哲學社會科學版)》1998年第5期,頁85—87轉149。

② 姚永樸:《文學研究法·雅俗》,頁112。原文見[唐]李翺:《李文公集》(臺北:臺灣商務印書館《四部叢刊》影印明成化刊本,1975年版),卷6。

③ 姚永樸:《文學研究法·工夫》,頁128—129。

④ 姚永樸:《起鳳書院答問·李逢先問近儒頗有爲左傳補注者其書得失如何》(臺北:廣文書局影印光緒二十八年刊本,1977年1月版),卷1,頁11。

各表列出之,全面綜論《左傳》,卻又能分割論題,從不同論題進入《左傳》的歷史世界。[1] 姚永樸或從其所處時代,指出傳統的重要,如:“六經之道同歸,而禮樂之用爲急,周情孔思莫乎是,世有博而篤之君子,蒿目時艱,能無懷舊之蓄念,發思古之幽情也歟?”[2]或抉發新的問題,加以闡述,如:“是故當今之世,爲吾國計,不必昌言排外也,但能修其内政,保存國粹,而益之以西國之文明,數年之後,列强之視吾國也,必大異於前日矣。”[3]歷史與現實,經義與文章,在此綰合不分,姚永樸所謂經世明道,要從此處見出。

三、史書之體與史書之法

姚永樸《史學研究法》一卷計七篇:《史原》、《史義》、《史法》、《史文》、《史料》、《史評》、《史翼》。一如《文學研究法》,《史學研究法》也做明體溯源的工作,引劉知幾(661—721)之説,認爲史學原於《尚書》、《春秋》、《左傳》、《國語》、《史記》、《漢書》。並指出《國語》或附列於經部,所以史學出於經學計四種。然而對章學誠(1738—1801)六經皆史之説,卻持反對的態度。[4] 引其弟姚永概(1866—1923)之説:“《易》主明道,實開子部之先;《詩》主歌詠性情,實開集部之先。若

---

① [清]顧棟高著,吴樹平、李解民點校:《春秋大事表》(北京:中華書局,1993年6月版)。

② 姚永樸:《春秋左傳通論·禮樂第七》(光緒年間安徽高等學堂排印本),卷2。

③ 姚永樸:《春秋左傳通論·内政第二十二》,卷4。

④ 姚永樸:《史學研究法·史原》,頁137。章學誠從道/器結構討論六經意義,認爲六經僅是器,不能直指六經就是道,原因是六經皆史,歷史記載前言往行,但時間不斷變换,豈可執持過往徑以之爲道。道與時俱在,後世的文化形態,自可視爲道之表現。章學誠固然推崇經典,但根據其理論推導,卻可能否定經典價值。參考葉瑛:《文史通義校注》(臺北:仰哲出版社,未標出版年月),《經解》、《原道》諸篇。[美]倪德衛(David Nivison)指出章學誠的道似是人類本性中傾向於一種有秩序的、文明的生活的基本潛能,這一潛能在歷史中逐漸將自己寫出,在那些人們必將認爲是正確和真實的東西中實現自身。而六經只是孔子能夠保存下來的本來由官員保存的文獻。 (轉下頁)

以其中偶及古事,遂以爲史所自出,則後人詩文集,亦多詳故實,豈可便以爲史。"[①]從而將《易》、《詩》排除在六經皆史範圍之外,其實這是一個更爲嚴謹的辨體論,以確定各種史體的淵源。

姚永樸指出:"今溯史體於經,《尚書》、《春秋》外,惟《禮》垂典章,《論語》、《孟子》雜記聖賢言行,《國語》、《國策》分地以紀事,各開一體。"[②]增加《論語》、《孟子》、《國策》以爲史原。最爲特殊者,是以《尚書》爲正史之權輿,《堯典》等是本紀,《禹貢》等是志,《大禹謨》等是列傳。《尚書》並爲各種史體的發端,《逸周書》是别史之祖,《大禹謨》等是詔令奏議,《五子之歌》等是雜史傳記,《費誓》等是載記,《堯典》命羲和是時令,《禹貢》是地理,《周官》是職官,《武成》是政書,《書序》是目録之祖,《大傳》是史評之祖。[③]在各種史體,有獨尊正史的傾向:"正史類者,統乎其全者也。……以一書而統乎各體,則惟正史爲然。"[④]第二,《論語》、《孟子》,記嘉言懿行,

(接上頁)
見氏著,楊立華譯:《章學誠的生平及其思想》(The Life and The Tuought of Chang Hsuch-cheng 1738—1801)(南京:江蘇人民出版社,2007 年 10 月版),頁 104,110。[日]山口久和也指出章學誠認爲孔子祖述六經是因爲自己無法實踐王道而採取的萬不得已的辦法,因而六經不可能是真理的完全體現。見氏著,王標譯:《章學誠的知識論——以考證學批判爲中心》(章學誠の知識論——考證學批判を中心として)(上海:上海古籍出版社,2006 年 12 月版),頁 155。

① 姚永樸:《史學研究法. 史原》,頁 137。並參考[唐]劉知幾:《六家》,[清]浦起龍(1679—?)釋:《史通通釋》(臺北:里仁書局,1980 年 9 月版),卷 1。姚永概原文出處待查。金毓黼(1887—1962)亦有相同見解。見《中國史學史》(石家莊:河北教育出版社,2003 年 11 月版),頁 27。

② 姚永樸:《史學研究法·史原》,頁 137。

③ 姚永樸:《史學研究法·史原》,頁 138。

④ 姚永樸:《史學研究法·史法》,頁 147。上述分類,姚永樸自云是以《四庫全書總目》爲準。而四庫館臣認爲:正史是大綱,編年、紀事本末、别史、雜史、詔令奏議、傳記、史鈔、載記,皆參考紀傳,時令、地理、職官、政書、目録,皆參考諸志,史評則參考論贊。是以正史爲核心的"史著觀",各類史著皆由正史體例延伸而來,見[清]永瑢等著:《史部總序》,《四庫全書總目》,卷 45,頁 2。另參司馬朝軍:《四庫全書總目研究》(北京:社會科學文獻出版社,2004 年 12 月版),頁 154—155。

類似史部傳記類;第三,《國語》、《國策》,《四庫全書總目》雖列爲雜史,大抵爲諸侯國事跡,也可爲載記類所自出。① 這些與其説是重在史學,不如説是重在史著,辨析各種史體的淵源,甚爲深細。淵源確定之後,史著的體例,寫作的方法,成爲姚永樸討論史學的核心。

姚永樸所稱"史法",大抵討論上述問題:"史之爲法,大端有二:一曰體,二曰例。必明乎體,乃能辨類;必明乎例,乃能屬辭。"②核心則在例,先綜論史著之例,"辨題目",辨明不同的史體的内涵;"審斷限",畫分史著年代的上限;"謹編次",區隔人物的社會等級及分合之故;"定稱謂",帝王在不同時空的不同稱謂。由於這是史著的整體結構問題,史家所宜共遵,個人價值判斷不甚顯著。再討論史著寫作方式,有"據事直書之例",即不待褒貶,直書其事以見作者之意;③"褒貶之例",以具有價值判斷的文字,加諸歷史人物,以見其罪惡;"微辭見意之例",用反諷的言辭,以見出作者的深意。④ 這不完全是史著的通則,一則可以選取其中之一敘述,二則在運用之際,人各有異。這較偏重作者的歷史批評,與前

① 姚永樸:《史學研究法·史原》,頁 140。

② 姚永樸:《史學研究法·史法》,頁 147。

③ 張高評以爲據事直書之書法,注重直筆表述,據實呈露,筆不旋繞,而美惡自見,取決於史料的安排措注,文獻的剪裁筆削,歷史編纂的結構設計等。而有以敘爲議、屬辭比事、藉言作斷、側筆烘托等技法。見《左傳據事直書與以史傳經》,《成大中文學報》第 9 期,2001 年 8 月,頁 175—190,後收入《春秋書法與左傳學史》(臺北:五南出版社,2002 年 1 月版),頁 15—36。

④ 以上係根據姚永樸:《史學研究法·史法》,頁 149—150,所舉各例分析。微言大義,[清]皮錫瑞(1850—1908)云:"所謂大義者,誅討亂賊以戒後世是也。所謂微言者,改立法制以致太平也。"見《論春秋大義在誅討亂賊微言在改立法制孟子之言與公羊合朱子之注深得孟子之旨》,《春秋通論》,《經學通論》(臺北:臺灣商務印書館,1989 年 10 月版),卷 4,頁 1。大義可指《春秋》作者對歷史人物事件的價值判斷,微言則指《春秋》作者借歷史人物事件寄託的政治理想。蔣年豐(1955—1996)有異於傳統的新解,指出微言屬修辭學範疇,大義近似實踐哲學領域。見《從興的現象論春秋經傳的解釋學傳統》,楊儒賓、黄俊傑編:《中國古代思維方式探索》(臺北:正中書局,1996 年 11 月版),頁 111—112。

者層次顯然。接着再專論史著各體的例:“大抵表、紀皆宜簡……但表與紀不同,紀惟主於年月,表則雖亦以年月爲主,而用旁行斜上之體,即年國事三者而經緯之,意在以類辨物,使人一目了然。……志、傳則宜詳,蓋志所以詳其事之原委者也,傳所以詳其人之原委者也。”[①]從此即可知姚永樸何以論史學先辨體例,史著有共通的編寫原則;而不同史體,又有不同的寫作要求;史家則各自有其寫作技法。凡此都形成所謂的例,有史著的通例,有各史體的專例,也有史家自己的例。[②]

這些體例,還是要透過文字表述,如是也可理解何以有《史文》之作,姚永樸云:“況史也者,尤爲經國之大業,不朽之盛事,使無文以張之,何以廣見聞而新耳目乎?”[③]既易“文章”爲“史”,所以其後必須説“使無文以張之”,強調文的重要,其目的是要廣讀者的見聞且新讀者的耳目,史而無文,就無法達到此一目的。而史文、文史,並非史學與文學,特指歷史是由文字記載而成,史家在寫作時,即須考慮字句篇章的組織,適當且精確地傳達予讀者。

姚永樸比較文字的今古:“古語之乖於今事者,自不必效之;若與今事未乖者,則與其用俚語,何如從雅言。”從語言與事件的合離,選擇適合的用語,而以雅言爲要。衡量文字的奇偶,雖云不能偏廢,本於自然,但卻説:“夫用奇多者則疏宕,疏宕則文易奇;用偶多者則繁縟,繁縟則氣難振。”奇句的風格,還是高於偶句。考慮文字的繁簡:“字句複沓誠爲文章之病,然減省已甚,則於事必將鬱而不明,即或能明,亦必不能曲傳其神致。”文字過少,非但敘事難明,且文章也缺乏美感。分别載事的輕重,則須從義法掌握:“使明乎史之有義,則知其所重者,惟欲考興衰,審沿革,勸善懲惡,以昭法

① 姚永樸:《史學研究法·史法》,頁150。

② 董根明指出姚永樸所論及的史原,兼有史書體裁與史之源頭之意,其所言史法,則是指史書的章法。又云體是史書結構模式總體設計,例是則體材料的組織、斷限與編次等問題。見《關於姚永樸史學研究法的認識》,《史學史研究》2006年第1期,頁52—56。

③ 姚永樸:《史學研究法·史文》,頁153。

戒。若夫庸常之人,猥瑣之事,何肯犯其筆端。……使明乎史之有法,則凡他書已詳者,自不必更詳於此書。”義是思考文化的遷變,法是事件的配置。史家所關注者,不是各個單獨的事件,而是要聯綴眾多事件,見出歷史的意義。至於何事應記載,如何記載,就是法的問題。[①] 斟酌文字的直曲:“史之爲義主乎直,而其爲文則有二種,有直以致之者……有曲以將之者,此其别又有二:爲親者諱,爲尊者諱,爲賢者諱……有因直敘其事,轉難瞭如,乃款曲言之。”直,一是指史家之直,不畏權勢;一是指文字之直,據事直書。但直書有其限制,爲親者諱等是其一,委曲言之,或襯託、或側寫,反可以深入理解史家對史人物及事件的評斷,是其二。[②] 姚永樸重視史文,正因歷史的意義、史家的見識,就在歷史書寫中展開與呈現。[③]

姚永樸討論諸史,《史記》、《漢書》、《後漢書》、《三國志》、《南史》、《北史》、《新五代史記》,即根據上述的《史原》、《史法》、《史文》,重在評論史著的體例與文章。而文章的優劣得失,尤爲姚永樸關注重心。如《史記》好奇,《漢書》謹飾,《後漢書》綺靡,《三國志》簡明,《北史》敘事詳密,《南史》意存簡要,《新五代史記》載筆極精。[④] 這些不同的風格,或源自史家性格,或源自其時文風,或源自史體所需,史家、史文與史著,三者合一,而史文尤可逆推史家的

① 姚永樸引《史記·十二諸侯年表》解釋義法:義是“王道備,人事浹”,法是“約其文辭,治其繁重”。見《文學研究法·綱領》,頁19。以恰當的文辭,組構繁多的事件,以見出聖人的理想。文學的義法與史學的義法,於此合流。

② 以上分析據姚永樸:《史學研究法·史文》,頁153—156。其所稱直曲,以直包曲,各有所美,與劉知幾不同。劉知幾《直書》,較偏重作者不避強禦,無所阿容;《曲筆》則指飾非文過,曲筆誣書。見[清]浦起龍:《史通通釋》,卷7。

③ [日]內藤湖南(1866—1934)指出章學誠的《文史通義》是有關文史原則的研究,而所謂文史,大體涉及了所有的著述。見氏著,馬彪譯:《章學誠的史學》,《中國史學史》(上海:上海古籍出版社,2008年6月版),頁371。龔鵬程也説中國史學的重心,是在“歷史如何記載”,包含爲何要記載,是否應記載。見《文化符號學》(臺北:臺灣學生書局,1992年8月版),頁272—273。

④ 姚永樸:《史學研究法·史評》,頁161—165。

見識,與夫史著的價值。

又仿《周易》之《十翼》,而作《史翼》,略有四端:釋義、糾謬、補闕、辨異。其中釋義指解釋歷史的方法,所論最多,有文字、語言、地理、典制、事實,文字居於第一。姚永樸認爲釋史要先掌握"文法"、"文勢語脈",方能知其宗旨,得其大要。而在辨異則云:"考異同於字句可以知文法,考事實則可以知義法。"然而事實是:"史資之以爲文也。"又是在文勢語脈下才能呈顯事實之後的意義,兩者並列,似仍以文法爲主。① 教學者讀史之法也有四端:點讀、撮鈔、分求、參校,也以點讀爲首。② 至於評點家玩文辭,一如校讐家正脱誤,均有助研究諸史。③

如與梁啟超(1873—1929)民國十一年(1922)成書的《中國歷史研究法》互勘,更可見出姚永樸《史學研究法》的特色。以論史料爲例,姚永樸指出史料有四:實録、郡志邑乘、雜家傳記、金石,也注意到實物,但又説:"史之爲義有三:一曰理,所資以爲論斷者,此猶麗於虚也;一曰事,則較實矣;一曰物,則尤實矣。物之屬於金者……物之屬於石者……凡古之制度,徵於此乃益可信,且覽其字,又能辨古文籀篆分隸變遷之形與其字,斯故博物君子所當拳拳注意者也。"④而其所論範較狹,金石以外的史料,並未述及,是以金石佐證傳世史料;且仍注意文字的變化。

梁啟超則分史料爲"在文字記録以外者","在文字記録者"。且以文字記録以外者列在先,所論及的範圍,超出姚永樸甚多。⑤稱道《左傳》的文章,主要是説明《左傳》五大戰,"皆一日而畢","語

① 姚永樸:《史學研究法·史翼》,頁166—170。

② 姚永樸:《史學研究法·結論》,頁171。姚永概也篤信點讀,以爲其益有三:可見先輩屬思所在,可見全篇重點,可以得其精要。見《吴摯甫先生平點漢魏百三家集序》,《慎宜軒文集》(民國二十年刻本),卷3,頁13。吴汝綸,字摯甫。

③ 姚永樸:《史學研究法·史翼》,頁170。

④ 姚永樸:《史學研究法·史料》,頁159—160。引文見頁160。

⑤ 梁啟超:《中國歷史研究法》(臺北:臺灣商務印書館,1978年3月版),頁57—68。

其實質,僅得比今閩粵人兩村之械鬥”,所以號稱五大戰事,是因《左傳》文章優美,敘述鋪張。[①] 這並不是説梁啟超不注重文章,梁啟超曾指出史蹟複雜,要使眉目清晰,“視作者頭腦明晰之程如何,與其文章技術運用如何也。”[②]於民國十五年(1926)成書的《中國歷史研究法補編》就指出文章技術的内容,梁啟超分兩大端説明:組織,注意剪裁與排列;文采,注意簡潔與飛動。[③] 但該書更注重人物、事、文物、地方、斷代諸專門史的“研究方法”,與姚永樸書重視史著文章的“寫作方法”,宗旨不同。

四、結論

姚永樸認爲經是以微言大義爲歸,兼採考據、辭章。但是若不從文勢語脈治經,微言大義也難得見。並從文學的角度,貫串義理與訓詁,並消融兩者的分立,再以詞章統攝義理與訓詁。

姚永樸認爲文學家之異於性理家,其所批評的不是理學家的學問,而是學問表出的方式。文學家又異於考據家,經疏流暢的程度、繁瑣的性質,均影響作文,政治家重事功,也與文學家不同,事功需以公文書表出,差異仍在於書牘的呈現。至於姚永樸對小説家的惡評,是從其雅俗對立的觀點而來,如果小説能擺脱文字與意義的俗弊,姚永樸大約會有另外的評價。

姚永樸論四部,經部是以其述寫的形式,而爲四部之首。又指出集部能羽翼六經,其地位無形中也已提高。勸喻學者從《古文辭類纂》、《經史百家雜鈔》入手。據姚鼐《古文辭類纂》十三類古文辭,依仿劉勰《文心雕龍》上篇的體例,上溯每一類的起源。選定篇章,以爲各類文章寫作的規範。最後再通論一般寫作方法,形成姚永樸的文章寫作理論,類似《文心雕龍》下篇的結構。

---

① 梁啟超:《中國歷史研究法》,頁 110。

② 梁啟超:《中國歷史研究法》,頁 159。

③ 梁啟超:《中國歷史研究法補編》(臺北:臺灣商務印書館,1980 年 6 月版),頁 33—39。

姚永樸論史學,最爲特殊者,是以《尚書》爲正史之權輿,其次,是《論語》、《孟子》可視爲傳記類,第三是《國語》、《國策》可爲載記類所自出。這些與其説是重在史學,不如説是重在史著,史著的體例,寫作的方法,成爲姚永樸討論史學的核心。論史學先辨體例,史著有共通的編寫原則;而不同史體,又有不同的寫作要求;史家則各自有其寫作技法。

姚永樸指出史文的重要,其目的是要廣讀者的見聞且新讀者的耳目,史而無文,就無法達到此一目的。釋史則要先掌握文法、文勢語脈,方能知其宗旨,得其大要。教學者讀史之法也有四端,而以點讀爲首。

姚永樸論文論史,均推崇經典,以爲經典是文史之原。"六經之旨"與"六經之詞",應是文史的典範。文章的義理固本之於經,文章的技法也原之於經,這才是宗經,文法與經義融合在一起,難以區分,也不必區分。但是除了辨體而溯及經典之外,其實已尠談經旨,專論經文。發展到最後,變成不論經只論文。建立一套文章寫作理論,越來越重視文章形式技巧,與經典距離日漸擴大。

史家撰述,自不可能獨尊儒術,須兼載百家,這是史著理應如此。但在價值判斷,還是可以儒學或經典爲依歸,姚永樸則有很清楚的分析。姚永樸指出史著的寫作體例,也從經典中變化而來,似與經典較爲貼近。但在論及史文之時,又側重史著的寫作方法,批評諸史的文章得失;讀者讀史時,須從文法着手。整體而論,姚永樸所重視者,還是在史學的文學性格。

經是文史的本原,逐漸變化爲文是經史的本質,經史之學,成爲"經文之學"與"史文之學",更進一步,就是"文學的經學"與"文學的史學"。姚永樸非不講經史,或可名其學爲"以辭章爲核心的經史學"。

(作者單位:臺灣"中央大學"中文系)

阮元《十三經注疏校勘記》引據《史記》訂補

吴昱昊

摘要：阮元《十三經注疏校勘記》，於經書博采衆本，但所用他校諸書如《史記》等僅用通行本。阮校據誤本《史記》，斥經書之非，往往而誤。阮校所出《史記》異文，古本《史記》或正與經合。所言經史相合之處，古本《史記》或恰爲異文。今日《史記》善本、古本特出，於阮校所據《史記》多可補正。故參稽衆書及出土經書古本，以資訂補。

關鍵詞：阮元　《十三經注疏校勘記》《史記》　訂補

阮元主撰《十三經注疏》並《校勘記》，搜羅眾經本子，上自石經，下至明刻，也算完備。但用作他校的古籍僅用了通行本，這是校勘工作的一個缺憾。本文所要討論的是《校勘記》引據《史記》的情況。《校勘記》引據《史記》，有兩種情況，一是經注疏與《史記》存在異文，阮校用來指出異文；二是經注疏與《史記》文字相合，阮校用來作支持的證據。由於所用《史記》版本單一，而且並非善本。在引據史記的這兩種情況下，都存在問題。第一種情況，即阮校指出《史記》存在異文的情況，如本文第二條，傳作"進長"，阮云《史記集解》倒作"長進"，其實天養本、蜀本《史記》此注皆作"進長"，與經傳相合。第二種情況，如本文39條，《論語・鄉黨》作"没階趨進"，阮云《史記・孔子世家》同。但事實上，《史記》根本没有"没階"二字。因此，由於所用《史記》本子的不可靠，使用了不可靠的異文，阮元的校勘結論往往是站不住的。《十三經注疏》刊刻至今，校勘記主要有兩種，一是阮元刻本所附《十三經注疏校勘記》，一是孫詒讓的《十三經注疏校記》。因此，阮元《校勘記》二居其一，更有開路之功,其價值是非常大的。如果阮校有誤,《十三經注疏》的文本的准確性就發生問題,從而動搖了經學的基礎。阮校是對經注疏的補正,那麽,對阮校的補正,即是對經傳注疏的補正,也可以説是經學的一個相當重要的基礎部分。從這樣的考慮出發,就有了本文的寫作。筆者一直從事《史記》的校勘工作,近年用力於水澤利忠《史記會注考證校補》,所見《史記》異文較多。故而針對該《校勘記》中引據《史記》的部分,作些補正的工作。《校勘記》引據《史記》如此,那麽引據其他古籍時也會發生類似的問題,這是我們今後在對阮元《校勘記》的利用與研究時所應當留意的。

1.《尚書注疏校勘記·舜典》

經:二生。(127 頁下欄)

阮校:[二生]按《史記·封禪書》、《漢書·郊祀志》並作"牲"。(133 頁中欄)

案:"三帛二生一死",瀧川資言《史記會注考證》本(以下簡稱瀧本)《封禪書》①、《五帝本紀》②、《漢書·郊祀志上》③皆作"生"。《公羊傳·隱公八年》"三月"何休注④亦作"生"。此外古籍作"生"者極多,不盡舉。此文"生"、"死"對舉,似不當作"牲"。

2.《尚書注疏校勘記·禹貢》

經:厥土赤殖墳,草木漸包。(148 頁上欄)

傳:漸進長。(148 頁上欄)

阮校:[漸進長]"進長"二字《史記集解》倒,按《疏》亦倒。(155

---

① [日]瀧川資言《史記會注考證》卷二十八,太原:北嶽文藝出版社 1999 年 1 月出版,1904 頁。

② 《史記會注考證》卷一,111 頁。

③ [漢]班固 點校本《漢書》卷二十五上,北京:中華書局 2006 年 1 月出版,1191 頁。

④ [清]阮元《十三經注疏·公羊傳》卷三,上海:上海古籍出版社 2007 年 6 月出版,2209 頁中欄。

頁上欄）

案:《史記會注考證校補·夏本紀》“草木漸包”條云:“天養、蜀本長進互倒。”[①]《文選·謝靈運〈酬從弟惠連〉》“野蕨漸紫苞”李善注引孔《傳》[②]、《六臣注文選·左太沖〈蜀都賦〉》“敷蘂葳蕤落英飄飖”张铣注皆作“進長”[③]。與天養本《史記》等合。

3.《尚書注疏校勘記·禹貢》

經:熊羆狐貍織皮。（150 頁中欄）

傳:織金罽。（150 頁中欄）

阮校:[織金罽]古本作“織皮金罽也”。○按《史記集解》“金”作“今”。（154 頁下欄）

案:《通典·食貨四·賦稅上》“熊羆狐貍織皮”注云:“貢四獸之皮織金罽。”[④]所見本作“金”,與《尚書》合。又《荀子·王制》“西海則有皮革文旄焉”注云:“織皮,今之罽也。”[⑤]與《集解》合。《漢書·地理志上》師古注云:“織皮謂罽也。”[⑥]亦與《集解》合。《册府元龜·邦計部·賦稅一》注引作“貢四獸之皮織爲罽”[⑦],當承《通典》,或者即《通典》舊本注,或從《漢書》注改。

4.《尚書注疏校勘記·禹貢》

經:厥貢惟球琳琅玕。（150 頁下欄）

---

① [日]瀧川資言、水澤利忠,《史記會注考證附校補》卷二,上海:上海古籍出版社 1986 年 4 月出版,4724 頁。

② [梁]蕭統,《文選》卷二十五,上海:上海古籍出版社 2005 年 5 月出版,1200 頁。

③ 《六臣注文選》卷四,北京:中華書局 1987 年 8 月出版,第一册 94 頁上。

④ 點校本《通典》卷四,北京:中華書局 2003 年 5 月出版,71 頁。

⑤ 《諸子集成·荀子》卷五,北京:中華書局 2006 年 10 月出版,103 頁。

⑥ 點校本《漢書》卷二十八上,1531 頁。

⑦ 《册府元龜》卷四百八十七,北京:中華書局 1960 年 6 月影印出版,5823—5824 頁。

傳:琅玕,石而似玉。(150 頁下欄)

阮校:[石而似玉]《史記集解》作"石名而似珠者"。(155 頁上欄)

案:瀧本《夏本紀》"石"下無"名"字①。阮校"名"字涉上"石"字衍。

5.《尚書注疏校勘記·禹貢》

經:東爲北江入於海。(152 頁上欄)

傳:自彭蠡江分爲三。(152 頁上欄)

阮校:[分爲三]《史記集解》"三"下有"道"字。(155 頁上欄)

案:《夏本紀校補》云《天養》本無"道"字②。與《書傳》合。《漢書·地理志上》師古注引亦無"道"字③。《尚書禹貢正義》云:"出澤又分爲三,此水遂爲北江而入於海。"④是本無"道"字。

6.《尚書注疏校勘記·禹貢》

經:東迆北會於匯。(152 頁上欄)

傳:鳥鼠共爲雌雄。(152 頁上欄)

阮校:[鳥鼠共爲雌雄]古本、岳本、宋板"雌雄"二字倒,與《史記集解》合。(155 頁中欄)

案:《夏本紀校補》,中統、游、殿本"雄雌"互倒⑤。與《孔傳》合。《太平御覽·地部五·鳥鼠山》引孔《傳》亦作"雌雄"⑥。今本《禹貢》孔《傳》、《水經注·禹貢山水澤地所在》"鳥鼠同穴山在隴西首陽縣西南"注引孔《傳》皆作"雌雄",與中統、游、殿本合。《爾雅

① 《史記會注考證》卷二,163 頁。

② 《史記會注考證附校補》卷二,52.3.5 頁。

③ 點校本《漢書》卷二十八上,1535 頁。

④ 《十三經注疏·尚書》,152 頁上欄。

⑤ 《史記會注考證附校補》卷二,53.1.10 頁。

⑥ 《太平御覽》卷四十,北京:中華書局 1995 年 10 月出版,193 頁上。

翼・釋獸・鼶》引孔《傳》作“雄雌”[1]，與阮元所謂古本、宋板合。《山海經・西山經》“又西二百二十里曰鳥鼠同穴之山”郭注引孔《傳》作“雌雄”，但《爾雅・釋鳥》郭注[2]、《禹貢正義》引郭注皆作“雄雌”[3]，與古本合。

7.《尚書注疏校勘記・禹貢》

經：五百里甸服。(153 頁上欄)

傳：去王城面五百里。(153 頁上欄)

阮校：[去王城面五百里]《集解》“面”作“近”。(155 頁中欄)

案：瀧本《夏本紀集解》作“面”[4]。據《夏本紀校補》，彭、南、北、嵯本作“近”[5]。南化、楓、三、梅本《校記》作“面”，與《書》合。

8.《尚書注疏校勘記・禹貢》

經：五百里綏服。(153 頁上欄)

傳：綏，安也。……安服王者之政教。(153 頁上欄)

阮校：[安服王者之政教] 古本、岳本、宋板俱無“之”字，與《疏》及《史記集解》合。(155 頁中欄)

案：瀧本《夏本紀集解》云：“綏，安也。服王者政教。”[6]“服”上無“安”字。《通典・食貨四・賦稅上》引孔《傳》[7]、《羣書考索後集・賦稅門・田賦類》引孔《傳》皆無(卷五十三)，與《集解》合。《尚書疏》有[8]。《漢書・地理志上》師古注引亦有[9]。

---

① 《欽定四庫全書薈要・爾雅翼》卷二十三，長春：吉林出版社 2005 年 5 月出版，261 頁。

② 《十三經注疏・爾雅》，2650 頁上欄。

③ 《十三經注疏・尚書》，152 頁上欄。

④ 《史記會注考證》卷二，173 頁。

⑤ 《史記會注考證附校補》卷二，53.4.7 頁。

⑥ 《史記會注考證》卷二，174 頁。

⑦ 點校本《通典》卷四，71 頁。

⑧ 《十三經注疏・尚書》，153 頁中欄。

⑨ 點校本《漢書》卷二十八上，1538 頁。

9.《尚書注疏校勘記·湯誓》

經:不敢不正。(160 頁中欄)

傳:不敢不正桀罪誅之。(160 頁中欄)

阮校:[不敢不正桀罪誅之]按《史記集解》引此"桀"下有"之"字,"罪"下有"而"字,文意較明。(167 頁上欄)

案:據《殷本紀校補》①,高山本《集解》無"而"字,與《孔傳》合。

10.《尚書注疏校勘記·湯誓》

經:夏王率遏眾力,率割夏邑。(160 頁中欄)

傳:言桀君臣相率爲勞役之事以絕眾力謂廢農功。(160 頁中欄)

阮校:[言桀君臣相率爲勞役之事以絕眾力謂廢農功]按《史記集解》引此作"桀之君臣相率遏止衆力使不得事農",蓋檃括傳意,非原文也。(167 頁上欄)

案:阮校意《集解》所引非孔《傳》原文。據《殷本紀校補》②,高山本此條《集解》作"馬融曰",不作孔《傳》,疑是。

11.《尚書注疏校勘記·高宗肜日》

經:天既孚命正厥德。(176 頁中欄)

傳:謂有永有不永。(176 頁中欄)

阮校:[謂有永有不永]《史記集解》"謂"下有"其"字。(179 頁上欄)

案:據《殷本紀校補》③,高山本《集解》"謂"下無"其"字,與《孔傳》合。

12.《尚書注疏校勘記·高宗肜日》

經:典祀無豐於昵。(176 頁下欄)

---

① 《史記會注考證附校補》卷三,69.2.12 頁。

② 《史記會注考證附校補》卷三,69.3.4 頁。

③ 《史記會注考證附校補》卷三,72.2.16 頁。

傳:當敬民事民事無非天所嗣常也。(176 頁下欄)

阮校:[當敬民事民事無非天所嗣常也]《史記集解》作"當敬民事無非天時天時所常祀也"。按《史記》注固非今本,亦疑有誤。(179 頁上欄)

案:據《殷本紀校補》[①],"民事無非天所嗣常也",高山本《集解》作"民事無非天時所常嗣也",不重"天時"二字,"祀"作"嗣"。

13.《尚書注疏校勘記·牧誓》

經:虎賁三百人。(182 頁下欄)

傳:若虎賁獸。(182 頁下欄)

阮校:[若虎賁獸]《史記集解》無"獸"字。(186 頁中欄)

案:《周本紀校補》云楓、三本有"獸"字[②],與《孔傳》合。

14.《尚書注疏校勘記·牧誓》

經:王左杖黄鉞。(183 頁上欄)

傳:鉞以黄金飾斧。(183 頁上欄)

阮校:[鉞以黄金飾斧]按《史記集解》亦無"黄"字。(186 頁上欄)

案:瀧本《周本紀集解》有"黄"字[③],與《孔傳》合。

15.《尚書注疏校勘記·牧誓》

經:右秉白旄以麾。(183 頁上欄)

傳:示有事於教。(183 頁上欄)

阮校:[示有事於教]《史記集解》"教"下有"令"字。(186 頁中欄)

案:據《周本紀校補》[④],《嵯》本無"令"字,《高山》本"令"字作

---

① 《史記會注考證附校補》卷三,72.3.3 頁。
② 《史記會注考證附校補》卷四,103.3.4 頁。
③ 《史記會注考證》卷四,253 頁。
④ 《史記會注考證附校補》卷四,103.4.8 頁。

“也”。與《孔傳》合。

16.《尚書注疏校勘記·洪範》

經:臣之有作福作威玉食,其害於爾家。(190 頁下欄)

傳:在位不敦平。(190 頁下欄)

阮校:[在位不敦平]《史記集解》“敦”作“端”,與《疏》異。(194 頁上欄)

案:“端”本字,“敦”借字。“端”,古音元部。“敦”,古音惇部。段玉裁古音分部在十三、十四,鄰韻。朱駿聲《説文通訓定聲·支部》云:“敦假借爲剬。敦假借爲諯。”今按“端”、“剬”同音,“諯”、“端”同韻。故“敦”、“端”得通借。

17.《尚書注疏校勘記·洪範》

經:曰乂時暘若。(192 頁中欄)

傳:君行政治。(192 頁中欄)

疏:曰人君政治則暘以時而順之。(192 頁中欄)

阮校:[君行政治]《史記集解》無“行”字,與《疏》合。(194 頁中欄)

案:《漢書·五行志中之上》師古引應劭注[①]、《初學記·天部下·霽晴第八》引孔安國注皆無“行”字[②]。與《史記》合。

18.《尚書注疏校勘記·洪範》

經:曰狂恒雨若。(192 頁中欄)

傳:君行狂疾。(192 頁中欄)

疏:曰君行狂妄則常雨順之。(192 頁中欄)

阮校:[君行狂疾]《史記集解》“疾”作“妄”,與《疏》合。(194 頁中欄)

---

① 點校本《漢書》卷二十七中之上,1352 頁。

② 徐堅《初學記》卷二,北京:中華書局 1962 年出版,40 頁。

案:《初學記·天部下·雨第一》引孔安國注亦作“妄”[①]。與《史記》合。

19.《尚書注疏校勘記·金縢》

經:周公作金縢。(195 頁下欄)

傳:不欲人開之。(195 頁下欄)

疏:不欲人開也。(196 頁上欄)

阮校:[不欲人開之]按《史記集解》作“不欲人開也”,與《疏》合。(201 頁上欄)

案:《後漢書·劉瑜傳》注作“不欲人開也”[②],與《史記》合。《初學記·寶器部·金第一》注引孔安國傳作“不欲人開之也”[③],與《書傳》合。

20.《尚書注疏校勘記·金縢》

經:史乃册祝曰。(196 頁中欄)

傳:史爲册書祝辭也。(196 頁中欄)

阮校:[史爲册書祝辭也]《史記集解》“辭”作“祠”。(201 頁中欄)

案:據《魯周公世家校補》,景、井、慶、毛、殿本“祠”作“詞”,張文虎《札記》云疑祠乃詞之譌[④]。

21.《尚書注疏校勘記·金縢》

經:我國家禮亦宜之。(197 頁中欄)

傳:周公以成王未寤。(197 頁中欄)

阮校:[周公以成王未寤]按《史記集解》亦作“寤”。(201 頁中

① 《初學記》卷二,23 頁。

② [南朝宋]范曄《後漢書》卷五十七,北京:中華書局 1973 年 8 月出版,1857 頁。

③ 《初學記》卷二十七,646 頁。

④ 《史記會注考證附校補》卷三十三,901.2.4 頁。

欄)

案:瀧本《魯周公世家》"昔周公勤勞王家"《正義》引孔安國云:"周公以成王未寤。"[①]非《集解》。阮誤。

22.《尚書注疏校勘記·君奭》

經:時則右若伊尹,格於皇天。(223頁下欄)

傳:尹摯佐湯。(223頁下欄)

阮校:[尹摯佐湯]"尹",《史記集解》"尹"作"伊"。山井鼎曰:"尹摯,古本作伊尹,後改作伊摯。"○按古本後改者正與《史記集解》合,亦與宋板《疏標目》合。(226頁中欄)

案:《後漢書·鄧皇后紀》"而無咸熙假天之美"注引孔《傳》作"伊尹"[②]。與古本未改合。

23.《尚書注疏校勘記·多方》

經:多方。(227頁下欄)

傳:衆方天下諸侯。(227頁下欄)

阮校:[衆方天下諸侯]《史記集解》"衆"上有"告"字。按《傳》意以衆方釋多方,以天下諸侯釋衆方也。不必加"告"字。(226頁中欄)

案:《周本紀校補》云高山本無"告"字,無"天下諸侯"四字[③]。按無"告"字,與《書》合。"天下諸侯"四字脱。

24.《禮記正義校勘記·樂記》

經:商亂則陂。(1528頁上欄)

注:陂,傾也。(1528頁上欄)

阮校:[商亂則陂]《史記》"陂"作"槌"。徐廣注云:"槌,今禮作

---

① 《史記會注考證》卷三十三,2185頁。

② 《後漢書》卷十上,427頁。

③ 《史記會注考證附校補》卷四,108.1.5頁。

陂也。”(1532 頁中欄)

案:瀧本《樂書》正文作“搥”,不從木[①]。《索隱》注作“槌”,云鄒音都回反。今按“搥”字疑當作“塠”,隊也,落也。字本作“磓”,《廣韻》音都回切,俗作“埠”。從手者,從土之誤。又譌爲從木。傾覆,墜落,一也。故《史記》得作“塠”。

25.《禮記正義校勘記·樂記》

經:律小大之稱。(1535 頁中欄)

阮校:[律小大之稱]《史記》作“類小大”。《索隱》云:“今禮作律。”(1539 頁上欄)

案:《廣雅·釋詁一》:“類,灋也。”王念孫云:“律亦法也。”律,《爾雅·釋詁上》云:“律,法也”。郝懿行《義疏》云通作類。故《史記》得用“類”字。

26.《禮記正義校勘記·樂記》

經:管乎人情矣。(1537 頁中欄)

注:管猶包也。(1537 頁中欄)

阮校:[管乎人情矣]《史記》“管”作“貫”。張氏《正義》云“貫猶通也”。與鄭注異。(1539 頁下欄)

案:“管”、“貫”,古音皆在元部。“管”,朱駿聲《説文通訓定聲·竹部》云假借爲“貫”。“貫”,《慧琳音義》卷四十五“貫邑”注引《考聲》云管也。故字得通用。

27.《禮記正義校勘記·樂記》

經:此之謂大當。(1540 頁中欄)

注:當謂樂不失其所。(1540 頁中欄)

阮校:[當謂樂不失其所]盧文弨云《史記集解》無“樂”字。○案《正義》亦無“樂”字。(1546 頁中欄)

---

① 《史記會注考證》卷二十四,1655 頁。

案:《古今韻會舉要》卷二十三"當"字注引孔注無"樂"字,與《尚書正義》、《史記集解》合。

28.《春秋左傳正義校勘記·隱公元年》

經:三月,公及邾儀父盟于蔑。(1713頁下欄)

注:卞縣南有姑城。(1714頁上欄)

阮校:[卞縣南有姑城]《史記·孔子世家》《正義》引杜注亦作姑蔑城。(1720頁上欄)

案:校語《正義》當作《集解》。

29.《春秋左傳正義校勘記·隱公五年》

經:公矢魚於棠。(1726頁上欄)

注:今高平方與縣北有武唐亭,魯侯觀魚臺。(1726頁上欄)

阮校:[今高平方與縣北有武唐亭魯侯觀魚臺]《史記正義》引杜注"唐"作"棠","魚"作"漁"。(1730頁中欄)

案:校語《正義》當作《集解》。

30.《春秋左傳正義校勘記·隱公十一年》

傳:原。(1737頁上欄)

注:在沁水縣西。(1737頁上欄)

阮校:[在沁水縣西]《史記·晉世家》《正義》作"河内沁水縣西北有原城"。(1739頁上欄)

案:校語《正義》當作《集解》。

31.《春秋左傳正義校勘記·僖公九年》

傳:斯言之玷。(1801頁上欄)

注:言此言之缺。(1801頁上欄)

阮校:[言此言之缺]陳樹華云《史記正義》引作"玷"字。(1804頁中欄)

案:校語《正義》當作《集解》。

32.《春秋左傳正義校勘記・文公三年》

傳:伐沈,沈潰。(1839 頁下欄)

注:汝南平與縣北有沈亭。(1839 頁下欄)

阮校:[汝南平與縣北有沈亭]案《史記・管蔡世家》《正義》引“沈亭”作“邥亭”。(1842 頁上欄)

案:校語《正義》當作《集解》。《管蔡世家校補》云敦煌本作“沈”①。與注合。《廣韻》云“邥”爲古文。

33.《春秋左傳正義校勘記・宣公十五年》

傳:商紂由之,故滅。(1887 頁下欄)

疏:飾是非之端。(1887 頁下欄)

阮校:[飾是非之端]案《殷本紀》作“言足以飾非”。(1891 頁上欄)

案:《殷本紀校補》云英房、治要本作“是非之端”,高山本作“餝是非之端”②。按《校補》所云英房、治要本脱“飾”字,張文虎《札記》云治要作“飾是非之端”。王叔岷《史記斠証・殷本紀》云“餝”字,俗“飾”字③。

34.《論語注疏校勘記・學而》

經:未若貧而樂。(2458 頁下欄)

注:鄭曰樂謂志於道,不以貧爲憂苦。(2458 頁下欄)

阮校:[未若貧而樂]皇本、高麗本“樂”下有“道”字,唐石經“道”字旁添,案唐石經旁添字多不足據。此“道”字獨與古合。考《史記・仲尼弟子列傳》、《文選・幽憤詩》注引此文並有“道”字,又下二節孔注及皇邢兩《疏》亦有“道”字,俱足爲古本有“道”字之證。(2461 頁上欄)

---

① 《史記會注考證附校補》卷三十五,925.3.4 頁。

② 《史記會注考證附校補》卷三,72.4.12 頁。

③ 王叔岷,《史記斠証》卷三,北京:中華書局 2007 年出版,99 頁。

案:據注,鄭本無“道”字。據阮校,唐石經無“道”字。定州漢墓竹簡《論語》“樂”下亦無“道”字①。王叔岷《史記斠証·仲尼弟子列傳》云敦煌皇本“樂”下亦無“道”字②。《漢書·王莽傳上》“孔子曰貧而樂富而好禮”及師古注所引《論語》皆無“道”字③。《後漢書·光武十王列傳》論贊引《論語》亦無“道”字④。《文選·謝宣遠〈於安城答靈運〉》“復禮愧貧樂”李善注⑤、任彦昇《齊竟陵文宣王行狀》“貴而好禮怡寄典墳”李善注⑥引《論語》皆無“道”字。是古本無“道”字。

35.《論語注疏校勘記·公冶長》

經:不知所以裁之。(2475 頁上欄)

阮校:[不知所以裁之]《史記·孔子世家》“不知”上有“吾”字。(2477 頁上欄)

案:《孔子世家校補》云南化、楓、三本無“吾”字⑦,與《論語》合。《古史·孔子列傳》(卷三十一)、《通志·列傳第一·孔子》引《史記》亦無“吾”字(卷八十八)。簡本無“吾”字⑧,與南化、楓、三本《史記》合。

36.《論語注疏校勘記·雍也》

經:則吾必在汶上矣。(2478 頁中欄)

阮校:[則吾必在汶上矣]《釋文》出“則吾必在”,云:“一本無吾字,鄭本無‘則吾’二字。”案《史記·弟子列傳》亦無“則吾”字。

---

① 《定州漢墓竹簡論語》,北京:文物出版社 1997 年出版,10 頁。
② 《史記斠証》卷六十七,2117 頁。
③ 點校本《漢書》卷九十九上,4054 頁。
④ 《後漢書》卷四十二,1442 頁。
⑤ 《文選》卷二十五,1191 頁。
⑥ 《文選》卷六十,2584 頁。
⑦ 《史記會注考證附校補》卷四十七,1170.3.14 頁。
⑧ 《定州漢墓竹簡論語》,24 頁。

(2480 頁中欄)

案:簡本"必"上有"我"字①。《文選·應休璉〈與從弟君苗君胄書〉》"思樂汶上發於寤寐"李善注②引《論語》亦有"則吾"二字。鄭本蓋《張侯論》也,學者疑簡本《論語》乃魯論,此處與鄭本、《史記》不同。

37.《論語注疏校勘記·雍也》

經:命矣夫斯人也而有斯疾也斯人也而有斯疾也。(2478 頁中欄)

阮校:[命矣夫斯人也而有斯疾也斯人也而有斯疾也]《史記·弟子列傳》作"命也夫斯人也而有斯疾命也夫"。(2480 頁中欄)

案:簡本作"命矣夫……而有斯疾也。命也夫,斯人也而有此疾也"。③ 是今本《論語》脱"命也夫"三字。《史記》脱"斯人也而有斯疾也"一句。孔子再言之者,連言"命矣夫,斯人也而有斯疾也"。

38.《論語注疏校勘記·雍也》

經:予所否者。(2478 頁中欄)

阮校:[予所否者]《史記·孔子世家》"否"作"不"。(2480 頁中欄)

案:簡本作"否"④,與今本《論語》合。《吕氏春秋·慎大覽·貴因》"孔子道彌子瑕見釐夫人因也"高誘注引此作"不"⑤。字通。

39.《論語注疏校勘記·鄉黨》

經:没階趨進。(2493 頁下欄)

阮校:[没階趨進]案《史記·孔子世家》作"没階趨進"。(2496

---

① 《定州漢墓竹簡論語》,27 頁。
② 《文選》卷四十二,1919 頁。
③ 《定州漢墓竹簡論語》,28 頁。
④ 《定州漢墓竹簡論語》,29 頁。
⑤ 《諸子集成·吕氏春秋》卷十五,176 頁。

頁下欄)

案:瀧本《史記·孔子世家》無"没階"二字[①]。簡本作"歿階趨"[②]。

40.《論語注疏校勘記·陽貨》

經:涅而不緇。(2525 頁上欄)

阮校:[涅而不緇]案《史記·孔子世家》及《論衡·問孔篇》俱作"不淄"。"淄"與"緇"古字通。(2527 頁中欄)

案:簡本作"緇"[③],與今本《論語》合。

41.《論語注疏校勘記·陽貨》

經:天下之通喪也。(2526 頁上欄)

阮校:[天下之通喪也]《史記·弟子列傳》"喪"作"義"。(2528 頁上欄)

案:簡本作"喪"[④],與今本《論語》合。

42.《論語注疏校勘記·微子》

經:齊人歸女樂。(2529 頁上欄)

疏:陳女樂馬于魯城南高門外。(2529 頁上欄)

阮校:[陳女樂馬于魯城南高門外]《史記·孔子世家》"馬"上有"文"字。(2530 頁中欄)

案:《孔子世家校補》云紹本無,《通志》亦無"文"字[⑤]。今按《通志·列傳第一·孔子》(卷八十八)、《太平御覽·樂部六·女

① 《史記會注考證》卷四十七,2921 頁。
② 《定州漢墓竹簡論語》,46 頁。
③ 《定州漢墓竹簡論語》,83 頁。
④ 《定州漢墓竹簡論語》,85 頁。
⑤ 《史記會注考證附校補》卷四十七,1169.1.8 頁。

樂》[①]皆有"文"字。但《公羊傳》定公十四年疏[②]、《册府元龜·總録部·知幾一》無"文"字[③]。

43.《論語注疏校勘記·微子》

經:齊人歸女樂。(2529 頁上欄)

疏:以群婢故也。(2529 頁上欄)

阮校:[以群婢故也]《史記·孔子世家》無"故"字。(2530 頁中欄)

案:瀧本《史記·孔子世家》有"故"字[④]。《古史·孔子列傳》(卷三十一)、《通志·列傳第一·孔子》(卷八十八)、《册府元龜·總録部·知幾》[⑤]、《孟子·萬章下疏》[⑥]、揚子《法言》宋咸注(卷六)引《史記》皆有"故"字。

44.《論語注疏校勘記·微子》

經:子路行以告夫子憮然。(2529 頁中欄)

阮校:[子路行以告夫子憮然]漢石經無"行"字"夫"字。案《史記·孔子世家》亦無"行"字。因《丈人章》而誤衍也。皇侃《疏》已有"行"字。(2530 頁下欄)

案:簡本與漢石經合[⑦]。

45.《論語注疏校勘記·堯曰》

經:雖有周親,不如仁人。(2535 頁上欄)

注:仁人謂箕子、微子,來則用之。(2535 頁上欄)

疏:而帝紂之庶兄。(2535 頁中欄)

---

① 《太平御覽》卷五百六十八,2569 頁。
② 《十三經注疏·公羊傳》卷二十六,2343 頁上欄。
③ 《册府元龟》卷七百八十九,9369 頁下。
④ 《史記會注考證》卷四十七,2880 頁。
⑤ 《册府元龟》卷七百八十九,9369 頁下。
⑥ 《十三經注疏·孟子》,卷十下,2744 中欄。
⑦ 《定州漢墓竹簡論語》,90 頁。

阮校:[而帝紂之庶兄]今《史記・宋世家》作"而紂之庶兄也"。(2530 頁中欄)

案:《索隱》本卷十一作"帝紂之庶兄"。與《疏》合。

前人云校勘之難,在定是非。因此極崇理校。但其實今天看來,校勘最重要的還是本子,而不是推理。前人往往以高郵王氏校勘爲最精深,推崇其考據之功力。但恐怕未爲至善。校勘,還是重在材料。一分材料説一分話,避免過度推理考據。否則,往往與真理相背。例如,近代諸家如馬敘倫等校勘《老子》,辯論推理甚力,其校勘結論總能自圓其説,但帛書、楚簡一出,多不攻自破。文獻考證亦同此理,當年錢穆考證孫武、孫臏實爲一人,立説似乎牢不可破,但銀雀山漢墓同時出土兩部兵書,於是錢氏所證,摧枯拉朽,蕩然不存。足見考據之不可靠,校勘之難。考據之可靠與否,與校勘的趨向有關。作校勘的目的,畢竟是向古本靠攏,不是向自己的推理靠攏。但在缺乏古本如帛書、竹簡的情況下,加上古書傳抄校刻擅改所産生的層累重疊的構造,實難求得古書原貌。此時,便只好往推理的方向去了。最後,偶然出土一古本,才發現推理考據下出來的所謂校勘精善之本,其實和古本是越行越遠,《老子》就是個很好的例子。這樣看來,其實推理的校勘,也是古書的一厄。因爲,在傳抄翻刻所制造的古書構造之外,校勘家又用推理加了一層構造,使得古書與原貌又遠了一層。這個問題,是應該引起我們重視的。對於這個問題,筆者的思考是:我們今日和未來的校勘學,是否應當從乾嘉的推理走向更爲老實的路子呢?

第二點思考就是本文所討論的問題。歷來諸家校書,於所校之書版本搜羅宏富,但用來他校的材料,卻只有單一的版本,甚至往往不是善本。比如,學者校《史記》,各種《史記》版本一概網羅,但用來作他校的《老子》,卻只是《諸子集成》的王弼本。這個本子遠非善本,問題很大。和帛書、河上本、敦煌本相校,異文蜂出。怎麼能引以爲據呢?因此,可以看到,今後校勘學的路子,就是從對單一他校材料的依賴,轉變爲對一種他校材料多種版本的全面利用和吸收。抽象地説,就是從多(所校之書的各種版本)對一(他校之書的單一版本),到多(所校之書的眾多版本)對多(他校之書的各種版本)。這將會是校勘學的一個很大的進步。這樣的校勘,對學者的要求是很高的,要求對各類古籍的版本異文情況有全盤的掌握。因此,學者必須提高自己綜合能力,全方位發展。慚愧的是,筆者大言不慚,但因學力有限、時間倉促,本文也未能避免使用單一他校材料的弊病,僅能用較好的本子而已。就此提出問題,供諸君參考。

參考文獻:

[1] 阮元《十三經注疏》,上海:上海古籍出版社 1997 年版。

[2] 瀧川資言《史記會注考證》,太原:北嶽文藝出版社 1999 年版。

[3] 瀧川資言、水澤利忠《史記會注考證附校補》,上海:上海古籍出版社 1986 年版。

[4] 司馬貞《史記索隱》,廣雅書局光緒十九年版。

[5] 王叔岷《史記斠証》,北京:中華書局 2007 年版。

[6] 班固《漢書》,北京:中華書局 1962 年版。

[7] 范曄《後漢書》,北京:中華書局 1973 年版。

[8] 《點校本通典》,北京:中華書局 1988 年版。

[9] 鄭樵《通志》,北京:中華書局 1987 年版。

[10] 徐堅《初學記》,北京:中華書局 1962 年版。

[11] 《白孔六帖》,影印文淵閣四庫全書本。

[12] 《太平御覽》,北京:中華書局 1960 年版。

[13] 《册府元龜》,北京:中華書局 1960 年版。

[14] 章如愚《羣書考索》,北京:書目文獻出版社 1992 年版。

[15] 蘇轍《古史》,影印文淵閣四庫全書本。

[16] 《定州漢墓竹簡論語》,北京:文物出版社 1997 年版。

[17] 郝懿行《爾雅義疏》,北京:中國書店 1982 年版。

[18] 《爾雅翼》,合肥:黄山書社 1991 年版。

[19] 朱駿聲《説文通訓定聲》,北京:中華書局 1984 年版。

[20] 《一切經音義三種校本合刊》,上海:上海古籍出版社 2008 年版。

[21] 《古今韻會舉要》,北京:中華書局 2000 年版。

[22] 周祖謨《廣韻校本》,北京:中華書局 2004 年版。

[23] 王念孫《廣雅疏證》,南京:江蘇古籍出版社 1984 年版。

[24] 《諸子集成》,北京:中華書局 2006 年版。

[25] 陳橋驛《水經注校證》,北京:中華書局 2007 年版。

[26] 袁珂《山海經校注》,上海:上海古籍出版社 1980 年版。

[27] 蕭統《文選》,上海:上海古籍出版社 1986 年版。

[28] 《六臣注文選》,北京:中華書局 1987 年版。

(作者單位:南京師範大學文學院)

析疑論道研經典　續火添薪譜新篇
——"2010年中國經學國際學術研討會"綜述

文　獻

經學是中國文化之淵藪,儒家關注人生與社會和諧的精神,歷久彌新。"以人爲本"、"和睦相處"、"和諧發展"與"友好往來",不僅是當代中國社會關注的主題,也是全世界共同奮鬥的目標。儒家經典對這類問題,早有討論,並有極其精彩的見解。近三十年來,國學熱潮不斷,而作爲國學核心的經學,尤其是儒家的經典,也備受關注,經學研究,成果豐碩。討論經學的國際會議,如雨後春筍,先後在中國臺灣、大陸、香港等地召開。

多年前,林慶彰先生就説:"南京師範大學是經學研究的重鎮,應該舉辦一次研討中國經學的國際學術會議。"我想如此稱讚南京師範大學的經學研究,原因有二:一是南師大的經學研究具有優良的傳統,老一輩學者段熙仲、錢玄等先生,畢生致力於經學研究,出版《春秋公羊學講疏》、《禮經十論》、《三禮名物通釋》、《三禮辭典》、《三禮通論》等經學研究著作,享譽學界;二是南師大的經學研究後繼有人,持續發展。如今,南師大有一支較爲整齊的經學研究隊伍,在《詩經》、《三禮》、《三傳》等經典研究上,成績顯著,先後出版《〈春秋〉經傳研究》、《春秋左傳新注》、《大戴禮記匯校集解》、《三禮研究論著提要》、《〈禮記〉成書考》、《漢代〈詩經〉學史論》、《宋代疑經研究》等著作,並出版《古文獻研究集刊》三輯,開闢"經學研究"專欄,刊發經學研究的論文。

正是在這樣的大環境下,我們希望能够更多更好地與國内外經學研究的同行交流,而舉辦一次經學盛會無疑是最好的方式。

懷着同樣的目的,我們與臺灣"中央研究院"文哲所林慶彰先生和他的團隊,才有了這次的合作。經過雙方及有關方面協商,決定由南京師範大學文學院古文獻學系、臺灣"中央研究院"中國文哲研究所於 2010 年 11 月 14 日—16 日在南京師範大學隨園校區聯合舉辦"2010 年中國經學國際學術研討會"(下簡稱"研討會")。

15 日上午,在隨園校區"貽芳報告廳"舉行"研討會"開幕式。開幕式由南京師範大學文學院古文獻學系主任趙生群教授主持,南京師範大學副校長王建教授、臺灣"中央研究院"文哲研究所林慶彰研究員、江蘇省文史研究館館長、南京大學教授周勛初先生、南京師範大學文學院院長朱曉進教授先後致開幕辭,香港大學中文系單周堯教授給"研討會"贈送墨寶"鈎深經學"。全體會議代表合影後,在"貽芳報告廳"舉行"研討會"大會發言。大會發言由新加坡南洋理工大學國立教育學院嚴壽澂教授主持,林慶彰先生、美國郡禮大學東亞語言文學系顧史考教授、日本鹿兒島大學教育學部末永高康教授、單周堯教授、南京師範大學文學院古文獻學系方向東教授先後以《經典權威消解的幾個原因》、《〈酒誥〉〈賓之初筵〉與中國酒禮之濫觴》、《〈孔子三朝記〉初探》、《"五情"之相關問題》、《錢玄先生與禮學》爲題,作專題發言。

15 日下午至 16 日下午,"研討會"在南山專家樓第二、第四、第五會議室進行分組討論,討論分三組,第一组以《周易》、《尚書》、《詩經》爲討論中心,第二組以《周禮》、《儀禮》、《禮記》爲討論中心,第三組以《春秋左氏傳》、《春秋公羊傳》、《春秋穀梁傳》爲討論中心,《論語》、《孝經》、《爾雅》、《孟子》及其他經學總論類之論文,分散在三組之中。三組分别由臺灣"中央研究院"歷史語言研究所陳鴻森研究員、上海社會科學院歷史研究所虞萬里研究員、南開大學歷史學院趙伯雄教授擔任組長。每組分五場,每場由兩位先生主持,四至五位先生發言,發言時間十分鐘;相應平議人平議時間五分鐘,剩餘十五分鐘開放討論,計九十分鐘。三組共計十五場討論,先後有近七十位先生發言。

16 日下午,在南山專家樓三層報告廳舉行閉幕式,閉幕式由臺灣"中央研究院"文哲研究所蔣秋華先生主持,華東師範大學出版社社長朱傑人教授發言,介紹了朱子學與經學之關係;陳鴻森、虞萬里、趙伯雄三位先生先後代表第一、二、三組作總結報告;受趙生群教授委託,王鍔最後作大會總結。

兩天的經學研討,就參加人數而言,超過以往的任何一次經學會議,應邀出席會議的代表有九十多位,分别來自美國、日本、新加坡等國和兩岸四地等四十二家高校和科研機構,有着廣泛的代表性;就提交會議的論文而言,數量大,質量高,會議收到論文共計七十二篇,字數達九十多萬,單篇論文最長者字數接近五萬字,兩萬字左右的論文比比皆是,爲與會代表討論方便,會議編輯《2010年中國經學國際學術研討會論文集》上、下册,收録文章六十五篇,林慶彰等先生七篇文章單篇印行;就與會代表而言,不僅有研究經學的知名學者,也有嶄露頭角的青年才俊,有些年輕學者正在以經學研究爲方向,攻讀碩士、博士學位,他們的參與,爲會議研討增添了新鮮活力,也使我們看到經學研究大有可爲,後繼有人;就會議研討而言,每場討論,氣氛熱烈,收穫豐碩,無論是大會發言,或是小組討論,代表們都很認真,發表高見,相互切磋,探討經學。

"研討會"討論的中國經學議題,十分廣泛,代表們提交的論文,不僅涉及儒家十三部經典,而且對經學史研究中之經學家、經學文獻的撰寫與流傳、經學思想等問題,都進行了深入的討論。具體來説,提交的七十二篇論文,呈現以下八大特點。

一、辨析經文之本義

儒家十三部經典合稱《十三經》的過程,歷時一千多年。從最初《詩》、《書》並稱到"六經",從"六經"到"九經",再到"十二經"、《十三經》,遲至宋代方爲定型。就經學研究而言,大致可分爲對經典本身的研究和經學史研究。對經典本身的研究,是經學研究的基礎;經學史研究,則是經典研究的拓展。經典研究和經學史研究,互爲因果,相輔相成,共同構成了經學研究的核心。儒家經典歷久彌新,除經典本身所具有的仁愛、民本、和諧等人文關懷的思想外,也與經學發展演變歷史上歷代經學家的注釋解説密不可分。回顧經學史,經典由兩部到六部,再到十三部,不斷增加,顯示了經學的開放性;不同時代的經學著作和經學研究特點各異,體現了經學的時代性;在不同時期尤其是在歷史巨變時期,學術界首先掀起研究儒家經典的熱潮,尋找動力,汲取營養,力圖解決現實社會的種種問題,又反映了經學的現實性。正因經學具有開放性、時代性和現實性,儒家經典及經學著作所反映的經學思想,已經深深扎根於中華民族心靈深處,民族精神、華夏靈魂與經學研究息息相關,如何面對經學,也就成爲不同時期人人關注的焦點。

就經典本身研究而言,研讀經學原典,辨析經文本義,永遠是每位經學研究者的第一要務。"研討會"提交的論文,趙生群、趙伯雄、黄懷信、楊新勛等先生的文章,專門探討經典本義。

趙生群先生《〈左傳〉疑義新證(成公上)》是研究《左傳》傳文本義的系列成果之一,如何解釋傳文,歷代學者有不同意見,趙先生參考諸家之説,商榷疑義,提出己見,多發前人所未發。如《左傳》成公二年有"余姑翦滅此而朝食","朝食",林堯叟解釋爲"早食",章太炎先生依據《史記》解釋爲"會食"。趙教授先徵引《史記·夏本紀》、《五帝本紀》、鄭玄《周禮注》、《禮記注》,證明"朝"有"會合"之意,然後指出《史記·淮陰侯列傳》有"今日破趙會食",證明章太炎先生之説,優於林堯叟。其他如解釋"無所逃隱"之"逃",藏也,"逃隱"是同義連文;"勿敢爭"是"弗許爭"、"不許爭"之義。這些解釋,可謂精當。

趙伯雄先生《讀左劄記二則》一文,第一條就《春秋》僖公二十八年"天王狩於河陽"一段傳文如何斷句,趙先生從《左傳》文法、文義兩方面,認爲仲尼之語只限於"以臣召君,不可以訓"八個字;第二條解釋《左傳》襄公三十一年徵引《太誓》"民之所欲,天必從之"中的"民"字,認爲"民"並非"民衆"之義,而是指一般意義的"人"。趙先生的解釋,非常精確。

黄懷信先生《〈周易〉"坤"、"坎"、"巽"三卦卦德獻疑》一文,認爲"《周易》'坤'、'坎'、'巽'三卦之德卦，自《易傳》以下分別被認爲是'順'、'陷'、'入'，實與其他諸卦各取其所代表之事物的最大特徵爲德之例不合，值得懷疑。以例分析，三卦之德分別應爲'厚'、'入'、'順'。此誤當係早期文獻錯互所致。就是説'順'本爲'巽'德，而錯在了'坤'下；'入'本爲'坎'德，又錯在了'巽'下；'坎'下又誤補了'陷'字；而'坤'下之'厚'，則被脱失遺忘了。而這種錯誤，在《彖》、《象》創作時代尚未發生。"有一定啓發意義。

楊新勛先生《〈論語〉詁解五則》一文，對《論語》中"退而省其私"、"糞土之墻不可杇也"等五句經文，作出新的詁解。楊先生認爲"省"是反省，是孔子自省；糞土是掃除之土。"則不復也"，楊先生認爲："'不憤不啓，不悱不發'與'舉一隅不以三隅反，則不復也'正相對照，一正言，一反説：正言，通過循循善誘，受者達到'憤'、'悱'狀態時，施者適時把握時機進行'啓'、'發'，若受者未達到'憤'、'悱'狀態則施者就不要'啓'、'發'；反説，若受者未達到'憤'、'悱'狀態而施者行'舉一隅'之教，受者懵懵不能一貫而'三隅反'，此正孔子'失言'之意，故而'不復'，即不要再重復草率的'一隅'之舉了。可見，鄭玄'則不復重教之'之説屬增'教'字爲訓，而增此'教'字一則大爲擴大了施者'不復'的領域，二則有了貶抑、求備於受者之意。"這些結論，實乃發前人所未發。

吴柱先生《春秋盟誓"歃血"考》一文，通過對歷史材料的提煉，認爲《左傳》隱公七年之"歃如忘"之"歃"，是"飲血"之義，這是符合歷史事實的。文章同時指出，日本學者竹添光鴻《左氏會箋》解釋"歃血"是"塗唇"之義而依據的一條《説文》之"佚文"，是不可信的。文章條理清晰，甚有説服力。

俞志慧、郭萬青先生的文章，雖非專門考察經典本義，但對於理解經典原文，很有幫助。俞志慧先生《〈國語〉分章商兑》一文，對素有"《春秋》外傳"之稱的《國語》分章問題，依據《國語》公序本、明道本和清人徐元誥《國語集解》三者之分章差異，提出己見，對研讀《國語》甚有幫助。

郭萬青先生《〈國語·魯語上〉"海鳥曰爰居"篇、〈禮記·祭法〉

比勘》一文,對《魯語上》和《祭法》兩篇中大致相同的一段文字進行比勘分析,認爲二者差異主要表現在"整篇内容中的前後順序不同、一本比另一本多字句、同内容位置上的用字不同等三種情况,這些差異反映了《魯語上》和《祭法》在體裁、撰著時代以及具體祭祀對象和祭法上的差别"。這種比較,有益於進一步考察《魯語》上和《祭法》的成篇年代。

二、考察經傳成書年代及禮儀制度

儒家經典流傳久遠,尤其是春秋以降至兩漢,孔子及其弟子、後學,在研讀經典時,或整理,或口授,或隸定,或傳承,加之文獻記載不足,關於經典的作者、寫作年代、成書的時代背景以及經典中所記載的名物制度等問題,就成爲經學研究的重要議題。邵炳軍、錢宗武、末永高康、楊天宇、李晶、楊傑等先生的文章,或探討經傳的成書年代,或考釋經典中之名物制度。

考察《詩經》三百零五篇的創作年代,是《詩經》研究的重要課題之一。邵炳軍先生《〈詩·鄘風〉繫年輯證》一文,對《鄘風》十篇的創作年代進行考辨,邵先生認爲:"《柏舟》爲鄘人借宣姜口氣刺衛宣公奪媳之作,《蝃蝀》爲衛人刺宣公奪太子伋婦之作,此二詩皆當作于衛宣公元年(前 718 年)之後;《鶉之奔奔》爲衛公子職怨刺宣公之作,作于衛宣公十八年(前 701 年);《牆有茨》爲衛人刺公子頑通于君母之作,《君子偕老》爲衛人刺衛夫人宣姜之作,此二詩皆當作于衛惠公即位初期,或元年(前 699 年)頃;《桑中》爲衛貴族男子抒寫自己與情人幽期密約、竊色偷情之作,當爲衛懿公九年(前 660 年)狄入衛迫其南渡河之前所作,大致作于衛惠公之世(前 699 年—前 696 年);《載馳》爲許穆夫人歸唁衛侯之作,作于衛文公元年(前 659 年)春許穆夫人由許歸衛至漕之時;《相鼠》爲衛大夫刺宣公、惠公、懿公諸君'無禮'之作,作于衛文公即位初年,或即衛文公元年(前 659 年);《干旄》爲衛大夫美文公臣子多賢好善之作,作于衛文公遷于楚丘時,即衛文公二年(前 658 年);《定之方中》爲衛大夫美文公之作，當爲文公季年所作，或衛文公二十五年（前 635 年）。"這種工作，是《詩經》研究和經學研究的基礎。

關於《周禮》的成書年代，大致有西周説、春秋説、戰國説和秦漢説四種。李晶先生在博士論文《〈周禮〉成書時代與國别問題研究——基於〈周禮〉所見若干制度的考察》[1]中，依據《周禮》所見職官制度和《周禮》的結構體系，認爲"《周禮》的時代範圍是從春秋晚期到戰國晚期"。"《周禮》與戰國時期的齊國關係更爲密切，而與秦、楚無涉"。本次"研討會"，李晶先生又提交《〈周禮〉的時代及國别問題補議——以〈周禮·夏官〉馬政類職官爲例》一文，通過對春秋戰國的"廄"及相關的職官問題之討論，探究了《周禮》所見馬政類職官及制度的資料來源，認爲"就目前所見材料而言，東周時期楚國、秦國馬政官的命名原則基本上都與'廄名'有關，可稱之爲'以廄名官'現象。而且這種現象僅見于楚、秦，不見於中原列國，也不見於《周禮》。鑒於此種史實，可以認爲《周禮》所見馬政職官資料的取材，從地域上説不會源自春秋戰國時期的楚國和秦國，從時間上説亦不可能晚至秦漢。因此，金春峰先生等人所持'《周禮》與秦有關'的論斷，尚可推敲"。文章資料豐富，很有説服力。

日本學者末永高康先生《〈孔子三朝記〉初探》一文，考察了《大戴禮記》中《千乘》等七篇與《三朝記》的關係及其成篇年代。作者認爲："（《千乘》等）七篇一般被看作《孔子三朝記》，但日本學者武内義雄先生認爲這七篇只不過是《三朝記》的一部分，原本《三朝記》包含《大戴禮記·哀公問五義》等篇。筆者通過各種文獻所記載的哀公與孔子的問答分析，推測《三朝記》不包含《千乘》等七篇以外的哀公與孔子的問答。《三朝記》的成立年代，目前不能確定，但無疑是荀子以前的作品；也很難推測《三朝記》的作者是誰，可能是曾子和思孟學派以外的儒家所作的。"學術界對於《大戴禮記》的

---

① 李晶，《〈周禮〉成書時代與國别問題研究——基於〈周禮〉所見若干制度的考察》，趙伯雄教授指導，南開大學博士學位論文，2007 年 4 月，第 164—165 頁。

研究,一直比較薄弱。末永高康先生對《千乘》等七篇成篇年代的分析和它們與《三朝記》關係的探討,有利於對《大戴禮記》現存篇目進行深入研究。

錢宗武先生提交的《〈孔傳〉或成於漢末晉初》一文,通過《尚書》之《孔傳》、《詩經》毛亨《傳》與鄭玄《箋》對於範圍副詞"咸""胥"的訓解,論證了《孔傳》之僞和僞《孔傳》的大致形成時代。錢先生認爲"鄭玄對《古文尚書》範圍副詞'咸'唯一的箋釋,釋'咸'爲'皆'。比較《尚書》孔傳、《詩經》毛亨傳和鄭玄箋,《孔傳》對範圍副詞'咸'字的解釋與鄭玄相似度大,而與毛亨相似度小。倘若《孔傳》真是西漢孔安國所作,則很難解釋這一現象。看來,《孔傳》當非西漢孔安國所作"。"在《毛傳》時代,'胥'是常見的範圍副詞,還無需注釋。到了東漢末年,《鄭箋》有半數'胥'釋爲'相'。《孔傳》把《尚書》經文中的'胥'全釋爲'相'('相與')。範圍副詞'胥'的演變,在《毛傳》、《鄭箋》、《孔傳》的訓解中形成了一個完整的縱向發展鏈。""對今文《尚書》範圍副詞'咸'、'胥'共時和歷時的考察分析,不僅可以幫助我們判斷《孔傳》的作者不是西漢孔安國,還可以幫助我們推測《孔傳》的成書年代可能在漢末晉初。語言學方法可以爲我們考訂文獻真僞和成書年代提供新的解釋和證據。"錢文給考辨古文獻真僞及其成書時代,提供了新途徑。

伏俊璉先生《清華簡〈郘夜〉與西周時期的"飲至"典禮》一文,利用清華簡《郘夜》篇,探討了戡黎凱旋後舉行"飲至"典禮的盛況,時周武王及開國元勳畢公、召公、周公、辛公、史逸、吕尚皆親臨宴會,武王和諸位功臣舉爵酬飲,賦詩言志。伏先生認爲:"燕飲儀式上獻酬賦詩的形式真可謂源遠流長。《郘夜》中'飲至'典禮爲我們展示了商末周初國家慶典生動的場景,莊嚴而不失輕鬆。"

楊華先生《上古中國的四方神崇拜和方位巫術》一文,利用戰國楚簡和《禮記》等經典之記載,探討了先秦時期四方神崇拜和方位巫術等問題。楊先生認爲:"戰國楚簡中有不少祭禱四方神的記録,東、西、南、北四方神靈都在受到楚人的祭禱,其内容可與甲骨卜辭對照,也可與傳世文獻的相關記載相印證。四方神與五天帝、五人帝、五官神相互對應而構成系統，是一個逐漸形成的過程。簡帛材料顯示出戰國時期楚人的四方神觀念已與中原諸國無異，四方神雖已基本歸於地祇，但還保留有天神的痕跡。至於楚國貴族所崇祀的方位，其具體含義何在，還有待進一步研究。”這些結論，對於解讀《禮記》等經典中所記載之神靈崇拜，很有價值。

儒家經典尤其是《三禮》中所記載的名物制度，因時代久遠，資料匱乏，一直是經學和禮學研究的難點。鄭玄在給《三禮》作注時，爲了方便讀者理解，經常以“今……”、“今時……”、“如今……”的方式，用時人皆知的名物稱謂解釋《三禮》名物，開“以今況古”解釋名物之先例。然鄭玄去世至今，又近兩千年，其所比況之名物稱謂，今人閱讀，有些仍難以理解。楊天宇先生《鄭玄注〈儀禮〉以今況古所涉漢代名物考》一文，檢得鄭玄《儀禮注》有關漢代名物材料二十四條，一一考釋，如“通裁”條徵引《喪服》：“浴衣于篋。”鄭《注》：“浴衣，已浴所以衣之衣，以布为之，其制如今通裁。”賈《疏》注釋曰：“知‘浴衣，已浴所衣之衣’者，下經云‘浴用巾，挋用浴衣’，是既浴所著之衣，用之以晞身，明以布爲之。云‘如今通裁’者，以其無殺，即布單衣，漢時名爲通裁，故舉漢法爲況。”楊先生按語曰：“通裁，謂直就布幅縫制成衣，不依人的體形裁剪之，即所謂‘無殺’。通裁不見漢代其他文獻，據鄭注而知漢代有其衣，爲人浴畢所服。”清晰明瞭。所有考釋，皆言之有據。楊文貌似解釋鄭玄《儀禮注》名物，其實直接關乎《儀禮》名物之理解。

曾聖益先生《春秋望禮重探》一文，闡釋“望禮”之義。曾文認爲：“其一、望祀以稟告爲主要用義，祈求其次也。稟告之對象，日月星辰、山川神祇、古聖先賢無所不包，故秦始皇、漢文帝有望祀舜之舉。其二、西漢至東漢中期，望祀之對象未限於山川，亦未以山川爲主，要在於山川舉行祭祀之禮儀耳。云‘望祀於山川’者，非以山川爲望祀之對象也。其三、鄭玄遍注群經，帶有整齊經義，規範禮制儀式之作用與意義，其條理《周禮》而將‘望’定義爲山川之祭祀，影響後世。然歷南北朝、唐宋以致於近代，仍多不取其説者。其四、望又稱四望，其義無别。故知魯三望，並非四望省一，蓋行望祀三次。以此亦知《公羊傳》稱魯國三望爲泰山、河、海,或鄭玄、范寧以東海、泰山、淮水,爲魯之三望,均不愜經旨。”這些解説,是符合歷史實際的。

射禮是周代重要的禮儀,對後代射禮影響極大。考釋射侯形制,是研究周代射禮的重要工作。楊傑先生《“三禮”所見西周射侯形制考釋》一文,以《三禮》記載爲中心,在前賢研究基礎上,對周代射侯形制做了比較系統的梳理,有益於周代射禮的研究。

三、揭示經典思想内涵及其現代價值

儒家經典中所藴含的“民爲貴”、“和爲貴”、“愛人爲大”、“誠實守信”、“忠孝節義”、“惻隱辭讓”、“厚德載物”等人文思想以及後代學者所闡釋的經學思想,不僅是中國傳統文化中之瑰寶,也是中華民族自强不息、奮鬥不止的源泉。顧史考、林素英、徐克謙、韓高年、詹海雲等先生的文章,就是探討經書思想内涵及其現代價值的代表。

顧史考先生《〈酒誥〉、〈賓之初筵〉與中國酒禮之濫觴》一文,探討了儒家經典《尚書》、《詩經》中《酒誥》、《賓之初筵》篇與酒之關係。顧文説:“蓋飲食男女,人之常情,酒爲妙物,生人多好飲之,鬼神又於生後暢飲不絕。與家人好友飲之有團結之用,與祖先共享有通神之福,節而用之,則樂亦在其中,難怪有欲付予先聖以海量之名者。然醉之酗之,則凶多吉少,過去因酒敗事而喪德者多在,不可不借以爲鏡。《詩》以道志,《書》以道事,爲了引導我們的飲酒行爲,使我們受其福而避其亂,《詩》、《書》皆有重要篇章,後世不斷引以爲鑑。《酒誥》以場合用途爲主而導酒事,《賓之初筵》用節酒失度之文來導酒志,此外禮書更以明確的飲食規則來導酒行,如此殊途同歸以達致人們飲酒的和諧妙用,而避免其匪言匪語、屢起醉舞之病。中國後世飲酒文化將有千變萬化之色彩,文人飲酒亦將有其豪放不羈的一面,然無論如何,多多少少仍不得不以《酒誥》、《賓之初筵》等經典的教訓爲衡量,其誠可謂爲中國酒禮之濫觴,華夏酒文化之精髓。"顧史考先生對儒家經典的現代價值之解析,對國人好酒之風,有借鑒作用。

林素英先生《〈大戴禮記·哀公問五義〉思想析論——與〈論語〉政治人才觀相驗證》一文,立足《大戴禮記》,參照《荀子·哀公》、《孔子家語·五儀解》和《論語》之相關記載,分析了《大戴禮記·哀公問五義》篇的思想。林先生説:"無論是《大戴禮記》或者《論語》,都明顯呈現以廣納有爲有守之'士'爲治國之大本,且以多得'君子'爲論才之理想,庶幾可成就務實之政治。至於能得'賢人'(善人、成人)以爲國之大臣,則爲國之幸者,已有可遇不可求之現象;倘若能得'聖人'之才以爲臣,則尤爲幸之至大者。雖然孔子明知於當時之世要得'聖人'之才幾乎不可能,卻仍然爲哀公獻言,不僅旨在期許哀公自立自強,更爲後之主政者建立重要而理想的論才標準,因此不可因當時不可得以致避而不言。《大戴禮記》與《論語》對於政治人才之選拔採取同一標準之現象,説明《大戴禮記》所載,應與《論語》同源於孔門七十弟子,乃至於孔門再傳弟子有關。"這一結論,對時下政府用人制度很有意義。

徐克謙先生《〈孟子〉"天下之言性也"章探微》一文,通過對"故"、"利"二字的重新解讀,對該章的義理和孟子的思想作了新的解讀。徐先生認爲:"故"是故常,"利"是利益,"天下之言性也,則故而已矣。""這是指當時人們普遍的對於人性問題的理解,而不是孟子在表述自己的觀點。孟子的意思是説,現在天下人談論'性',所據僅是'故'而已,也即把所謂人性簡單理解爲現實中人類的已然的、實然的故態,就像把萬物的本性理解爲就是萬物已經呈現出來的樣子而已。但是孟子本人並不認爲人的'性'就是人的'故';他所説的善的人性,並非就是現實中的人已然呈現出來的狀態,或生來如此的故態。因此僅以'故'來説人性,孟子是不贊成的。""'故以利爲本'也是評論當時人的見解,而不是表達孟子自己的觀點。……'以利爲本'就是用心於是否對己有利,以此作爲人性之'本'。這正是以'故'論'性'的必然結果,此即所謂'故以利爲本'。'以利爲本'就必然會走向'鑿智'。""人之所以能夠養成善德在於人有‘心’,人之所以有可能背離道德亦在於人有‘心’。正因爲如此,才需要做盡心知性、存心養性的功夫。存養心性也就是要呵護本心本性,防止本心本性偏離其自然的内在的趨勢而流於機巧之心、習染之性,也就是走向‘以利爲本’和‘鑿智’。”這樣的解説,是符合孟子思想的。

詹海雲先生《儒學氣節觀内涵及其價值意義之探討》一文,從語言學、語法學、詞彙學、語境學探討其“氣節”一詞語義來源的多重性,也從“氣節”在中國文化史、思想史、經學史、文學史、動/植/礦物上看其義涵的變化,討論了“氣節”觀的原義精神、發展過程的利弊及當今時代的“氣節”價值。詹先生認爲“氣節”是中華文化的理想品格内容之一,是儒家經典教育下所培養的士人立身處世之道。他説:“在中國歷史上,‘氣節’是做人的品德,它由秦漢氣魄承當的豪俠英雄之氣節,兩漢經學儒生重名,流芳百世的名節,到宋明清的理學心學之士納‘氣節’於天理仁義之中,比之於聖門之狂狷,離聖人終有一間。而每逢國家民族滅亡或世風衰頹,‘氣節’更被提出,要大家遵守,以維天地正氣,國族生存。中國目前提倡的‘八榮八恥’也是要人尚氣節重節操,所以‘氣節’的道德義是‘其命維新’,永遠有其光輝的價值。……今天唯有‘接著講’氣節,取其精華,去其糟粕,重視營造氣節的積極面,去掉它的消極面。同時,人類世界既已由專制君主進步到全民民主,在上者或有志者更應在各種公、私組織中,或扶植公益團體,從事公益活動,建構以氣節砥礪的氛圍,改善人人的品格,使人人知榮知恥,立己立人,才能接著前賢志士的優良氣節觀,再造新社會、新中國。”

韓高年《〈詩經〉中的人道教誨》一文,利用《詩經》中之詩篇,揭示了《詩經》所蘊含的思想,韓先生認爲,《詩經》包含好修樹德,積極有爲;敬畏免禍,謹慎成功;重情重義,忠誠守信;有禮有節,禮尚往來;孝敬父母,友愛兄弟;交友有道,互幫互勉等思想,具有現代價值。

連文萍教授《詩歌與帝王學——以明代皇族的〈詩經〉教習爲論述中心》一文,探討了《詩經》在明代皇族儒學與文藝教育中的不同施教目的與方式，特别是在朱熹《詩集傳》所謂“淫詩”説的影響下，明代皇族是否研讀《詩經》中所謂的“淫詩”？輔臣對於《詩經》教習的觀點有何異同？《詩經》對於明代皇族從事詩歌的學習與創作具有什麽意義等問題。連先生認爲：“《詩經》爲明代皇帝經筵日講的重要教習内容，多接續在《四書》及《尚書》之後進講，也有列在《禮記》之後講授。顯示《詩經》在《五經》之中，並非帝王學的入門經典，也非皇帝學習治國之道的首選教材，且不同的輔臣對於《詩經》在帝王學中的意義，有不同的認知與看法。《詩經》實際施教時，輔臣編有《詩經》講章，其内容以朱熹《詩集傳》爲藍本，朱熹視爲‘淫詩’的篇章，均編入教材。透過張居正等所編講章的説解内容，可以歸納出這些所謂的‘淫詩’，具有知世變、觀風俗、察人情、資借鑒的教育意義，與張居正在上疏時力主《詩經》‘此書本人情，該物理，近之可以修身齊家，遠之可以治國平天下，於君德治道，裨益不淺’，堪稱符合，因此没有删廢的問題。”這些結論，既梳理了《詩經》與明代帝王之關係，也對《詩經》中所藴含之“治世”思想進行解説，於當今《詩經》研究，不無啟迪。

鍾信昌先生《從宋代帝王教育觀點探〈論語〉的淑世思想——以〈貞觀政要〉爲例》、徐其寧先生《〈春秋繁露〉中的“治國養身”論》、顧遷先生《清儒禮圖撰作方法析論——以〈禮書通故〉禮圖爲中心》、姚曼波先生《“克己復禮”論辯——儒學正本清源之一》等文章，也從不同角度分析了儒家經典和經學文獻的思想。

四、總結經學研究之成績

兩千多年的經學研究史，是歷代經學家辛勤工作的歷史。對歷代經學家的經學研究成績進行總結，既是經學研究之必須，也是傳承中華文化的基礎工作。陳鴻森、虞萬里、漆永祥、嚴壽澂、傅傑等先生之論文，總結了臧庸、王國維等經學家的經學成績。

陳鴻森先生《臧庸著述考》一文，對清代經學家臧庸著作分“已刊行者”、“未刊行者”兩類，考察臧庸四十餘種著作的内容、版本和著述旨趣。陳先生認爲:“臧君宗主漢學,研精故訓,爲乾嘉樸學代表性學者之一。平生考輯古義甚勤,裒集群經佚注二、三十種,掇零拾墜,考訂辨析,詳審不苟。許宗彦謂其好學深造,如皇侃、熊安生,當求之唐以上也。所著《拜經日記》十二卷,爲考論經史之札記,王念孫亟稱其書,用筆圈識其精確不磨者十之六七。又所輯《韓詩遺說》,‘顧千里以爲輯《韓詩》者眾矣,此爲最精’。其爲當時名宿推重如此。余嘗論清代輯《爾雅》漢魏舊注者六、七家,‘要以臧氏《爾雅漢注》鈎幽擿微,甄采别擇,最爲精審’,其後郝懿行著《爾雅義疏》,所采漢魏古注,即本臧書。……今就聞見所及,分别條列。其已刊諸書,各記其版本;並摘録序跋要語,以明譔著旨趣,並論其書得失;其有他家輯本者,則參覈比勘,較其短長。其未刊各書,則載録其目,記其出處,著其存佚;其有稿本、鈔本見存者,記其收藏單位;其稿經眼者,略述其書旨要,並論其得失。”臧庸著作,多涉經學,陳先生之鴻文,不僅總結了臧庸的學術成就,也從一個側面展示了乾嘉時期經學研究的成績。

漆永祥先生《清代學術拾零》一文,擷取讀清代文獻所撰劄記二十條,其中《十三經》皆有傳、《十三經》義疏繁冗生厭、漢儒“以經術飾吏事”非事實、段玉裁“二十一經”説、焦循“經學”一家説等,論及清代學者之經學主張。如“焦循‘經學’一家説”條曰:“清代學者稱其學爲樸學、考據學、考證學、考核學、小學、漢學、名物典制之學等,惟焦循主張舉世惟有‘經學’,自周秦以來皆然,竭力反對以‘考據’名其所學。其曰:‘經學者,以經文爲主,以百家子史、天文術算、陰陽五行、六書七音等爲之輔,彙而通之,析而辨之,求其訓故,核其制度,明其道義,得聖賢立言之指,以正立身經世之法,以已之性靈合諸古聖人之性靈,並貫通於千百家著書立言者之性靈,以精汲精,非天下之至精,孰克以與此!不能得其精,竊其皮毛,敷爲藻麗,則詞章詩賦之學也。’①此顯見焦氏對詞章之學的輕視,其論經

① 清焦循著、劉建臻點校《雕菰集》卷13《與孫淵如觀察論著作考據書》,揚州:廣陵書社2009年版,上册第246頁。

學包羅甚廣，而次第也是由考據而上求義理。焦氏又以當時學經者之著述，分爲五派，其曰：'今學經者衆矣，而著書之派有五：一曰通核，二曰據守，三曰校讎，四曰摭拾，五曰叢綴。'[①]大致而言，通核是指主以全經，貫以百氏，並且揆其文辭義理，下以己意；據守指拘守舊説，一字而不敢議，唯古是從；校讎指校勘之學；摭拾指輯佚之學；叢綴指考訂之學。五者之中，以通核爲尚，但亦各有利弊，五者兼之則相濟，或具其一而外其餘，則患其見之不廣也。"焦循對經學之主張及對當時經學著作之分析，對今日之經學研究，很有啓發。

劉逢禄是清代著名的研究《春秋》學的經學家，然而關於其著述數量，説法不一。吴仰湘先生《劉逢禄〈春秋〉學著述考辨》一文，不僅分析了諸家説法差異的原因，而且對劉逢禄之著述一一考辨，吴先生認爲："歧異的原因表面上是各家簡單采信劉承寬等所作《先府君行述》，根源在於劉氏已刊《春秋》學著述的版本變化，和後人對劉氏《春秋》學著述未成稿、殘缺稿的不同處理。"吴先生"通過對劉氏《春秋》學著述不同刊本的比較，揭示出某些重要變化，并據以確定其已刊《春秋》學著述的數量。再通過搜檢劉氏各種著述，對其未刊《春秋》學書目作了增補，對《胡母生春秋條例》、《春秋通義》、《解詁箋釋》、《答難》和《申何難鄭》等作了探究，提出一些不同的意見，可以豐富對劉氏《春秋》學思想的認識。"該文基本廓清了劉逢禄《春秋》學的著述問題。

虞萬里先生《王國維之魏石經研究》一文，對王國維先生有關魏石經研究的論著進行平議，虞先生認爲："二十世紀二十年代是石經殘石出土最多的歷史時段。王國維因關注《史籀篇》籀文而關心《説文》籀文、古文，轉而研究《魏石經》古文；又因《魏石經》古文，進而全面探求先秦兩漢古文經背景下所反映在各種文獻中的古文。王國維研究《魏石經》分前後兩個階段，第一階段在石經殘石出土之前，第二階段在石經殘石出土之後。第一階段著重於漢魏

① 清焦循著、劉建臻點校《雕菰集》卷8《辨學》，上册第139頁。

石經之經數石數、經本、古拓本、經文、篇題、古文、書法等之考證，由於僅憑《隸續》摹本，未見殘石，未免疏略。後一階段得見殘石，對前一階段之成果、結論有很大的修正與否定。王國維研究石經的思路細密而全面，其對古文《尚書》用馬鄭本之推測已成爲不刊之論，對經數石數和拓本之看法基本符合史實，對石經行款之推考予學者以很大的啓迪。《魏石經考》和《魏石經殘石考》二文是二十世紀初葉用新視角、新方法、新材料研究石經的典範，爲全面研究、復原漢魏石經奠定了基礎。抑不僅此，王國維由於研究石經古文而産生的東土用古文説已爲近數十年出土文字所證實，由此而衍生出來的一組漢代古文考專題論文，爲研究漢代古文經學和古文作出了不可磨滅的貢獻。”虞先生的總結可謂詳盡而客觀。

嚴壽澂先生《〈史微〉要旨表詮》一文，通過詮釋張孟劬《史微》要旨，揭示了張孟劬的經學主張。就經今、古文之别，嚴先生依據《史微》卷五附《今古文答問》總結説：“今古文之别，起於漢代，其大略情形是：孔子‘口説相傳至漢，遭秦焚書，諸經多失其本’，弟子恐久而失真，於是以隸書寫之，著於竹帛，所以稱爲今文。漢武帝時，‘魯恭王壞孔子宅，得《左傳》、《尚書》、《禮記》、《論語》、《孝經》，凡數十篇’，‘而《周官》亦出於山巖石室’，‘此諸書皆蝌蚪文也’，所以稱爲古文。其後不僅文字有異同，説經之義亦漸殊異。於是又用今文、古文之名號以分别其家派：‘治今文經者則稱爲今文家學，治古文經者則稱爲古文家學。’因此，所謂今文、古文，含義有二：一是‘文字不同而義亦異者’，如‘《春秋》之三傳，《詩》之四家，《禮》之《士禮》十七篇、《明堂陰陽》，《易》之田何、費、高，《書》之伏生、孔安國、杜林皆是也’。二是‘文字不同而義不異者’，如‘古文《論語》、《孝經》及今文《周官禮》是也’。‘文字不同而義亦異’，古人不僅稱之爲今文、古文，必用‘古學、今學’加以區别。如范曄曰：‘中興以後，賈逵、李育、范升、陳元之徒爭論古今學。’何休曰：‘治古學貴文章，謂之俗儒者。’‘文字不同而義不異’，古人亦不徑直稱之爲今文、古文，‘而必以古字故書别之’。如劉向稱古《孝經》曰：‘古文字也。’鄭玄注《周禮》曰：‘故書作某者。’由此可知：‘孔氏説經之書雖未嘗無古文，而不害其爲今文家學，舊史説經之書雖未嘗無今文，而不害其爲古文家學。'"嚴文對張氏《史微》中經學觀點之總結，值得經學研究者重視。

傅傑先生《錢鍾書先生説〈論語〉述例》一文，就錢鍾書先生《管錐編》等相關著作中涉及《論語》之文字，揭示了錢鍾書先生對《論語》的看法，解讀十分精彩。《圍城》有"王美玉"之名字，趙辛楣有"這恐怕就是'有美玉於斯'了"。《論語・子罕》："子貢曰：'有美玉於斯，韞匵而藏諸？求善賈而沽諸？'子曰：'沽之哉，沽之哉！我待賈者也。'"傅先生對此評介説："錢著引'有美玉於斯'，既明合前已設下伏筆的'王美玉'的名字，又暗寓了其'沽之哉，沽之哉，我待賈者也'的職業特點，變聖人的自嘲爲婊子的廣告，天衣無縫，點金成鐵，極盡惡劣之能事，亦極其巧妙之能事。在現代小説名作中，借《論語》爲人物命名以寓意的還有巴金《家》中滿口仁義道德、一肚子男盜女娼的孔教會會長馮樂山，孔子有言'仁者樂山'，所謂'樂山'，顯然暗寓馮氏身披'仁者'的畫皮，更彰顯了他金玉其外、敗絮其中的僞善。錢戲謔，巴沉痛，雖異曲，卻同工。"錢鍾書先生對"友直友諒友多聞"、"知者動，仁者靜"、"民可使由之，不可使知之"等名句之高論，傅先生皆有精到的解説。

何銘鴻先生《莊存與〈尚書〉學探析》一文，在前人研究基礎上，通過對莊氏《尚書既見》、《尚書説》的分析，總結了莊氏的解説《尚書》之特色，認爲"昔日學者所言：莊存與乃晚清今文學之導師，似有修正之必要"。

丁亞傑先生《文章書寫：姚永樸經史之學的中心意涵》一文，透過姚永樸《文學研究法》、《史學研究法》，分析了姚氏的經學觀。丁先生説："姚永樸認爲經是以微言大義爲歸，兼採考據、辭章。但是若不從文勢語脈治經，微言大義也難得見。並從文學的角度，貫串義理與訓詁，並消融兩者的分立，再以詞章統攝義理與訓詁。"

劉永祥《納經學人現代學術體系的先行者——謝无量經學思想初探》一文，總結了現代學者謝无量先生的經學研究成績。

五、平議經學文獻之得失

秦漢以來的經學研究,流傳下來數以千萬計的經學著作,對於這些經學著作的研讀,既是經學研究之必須,也是當代經學研究之重任,更是中華民族乃至全人類瞭解歷史、展望未來之途徑。徐有富、張宗友、焦桂美、張濤、馮曉庭、蘇芃、史應勇、陳逢源、董恩林、鄧聲國等先生的文章,對傳世的部分經學文獻,細心研讀,平議得失。

徐有富先生《〈詩集傳〉對〈詩經〉篇章結構的探討》一文,通過對《詩集傳》與鄭箋《毛詩》的比較,發現二者在篇章結構方面有許多差異,然後文章重點探析了《詩集傳》十三篇不同於鄭箋《毛詩》的篇章結構之是非,並總結了朱熹劃分篇什章句所採用之方法。

張宗友先生《鄭玄〈詩譜·小大雅譜〉脱文問題之探討》一文,認爲"師所以然者"一節六十八字仍當屬於孔疏,不是譜文,並對馮浩菲先生《鄭氏詩譜考訂》之觀點提出質疑。

清代乾嘉學者孫星衍的《尚書今古文注疏》是《尚書》研究的代表作,但經學界對其研究尚欠深入。焦桂美先生《讀〈尚書今古文注疏〉條議》一文,抽取孫星衍著作中"曰若稽古"等六條注疏,進行個案分析,焦先生説:"以孫星衍爲例,抽取六條,意欲將孫氏成果置於《尚書》學史中進行探討。通過分析哪些是無根之談,哪些是有據之論,力圖利用已有成果對孫氏注疏的特點、貢獻、不足做出比較客觀的評判。如能將《尚書今古文注疏》中涉及各個層面的聚訟問題逐一分析,孫氏貢獻大約可見;如能將這一方法應用於其他重要的《尚書》注釋學著作的研究,則可由多個個案研究最終彙聚成《尚書》學史研究。此爲本文嘗試之初衷。通過具體分析,可以看出孫氏注疏的部分特點:1. 綜括前説,集其大成;2. 全面發掘,慎取別擇;3. 精研深思,力求創獲。本文力求將經學家的貢獻還原到其身處的歷史條件下,放在經學發展的鏈條中進行具體考察,期望做出比較合乎歷史真實的客观評價。本着這樣的原則,從對以上六條的分析中，我們説《尚書今古文注疏》是當時條件下產出的一部《尚書》詮釋方面的集大成之作，在清代《尚書》注疏方面具有重要的里程碑意義，應當不是溢美之論。”這樣的研究方法是科學的，結論是可靠的。

張濤先生《戴震輯本〈儀禮集釋〉質疑》一文，對戴震輯録之李如圭《儀禮集釋》提出質疑，張先生認爲：“輯本所載《儀禮》經注，皆爲當日《永樂大典》所鈔之經注，而非必李如圭《儀禮集釋》所載之經注；《四庫總目》‘全録鄭注’之説、輯本先注後釋之體式，恐非李書原貌；《總目》所稱據《集釋》一書糾正通行經注數十百字，不可信據；戴東原著力校正《儀禮》經注，不屑爲李氏《集釋》作嫁衣，故所寫校語類多蕪雜枝蔓，於讀者甚不便；除東原輯本之外，《儀禮集釋》尚有别本存世，當取以校讎。”這些結論，不僅揭示了戴震輯本《儀禮集釋》的面貌，更重要的是對我們如何評判從《永樂大典》等類書中輯録之文獻、輯佚學之方法，具有啓發性。

單周堯先生《“五情”之相關問題》一文，從“五情”與“五例”、“一事再見卒名省文”與“一事再見前目後凡”、“五情”之性質——史學抑經學等三方面，對“五情”之相關問題進行解讀，單先生認爲：“《春秋序》言‘例’者，皆爲義例、體例，是‘例’爲體例，有别於‘情’。‘爲例之情有五’，蓋謂孔子修《春秋》之情意有五，易‘五情’爲‘五例’，猶言‘爲例之例有五’，其不辭也甚矣！”“目者，細目也，言逐一序列諸侯也。凡者，凡稱、總稱也，謂但統稱‘諸侯’也。此與‘一事再見卒名省文’實異，不可不辨。……《春秋》之經學特質，可謂昭然若揭矣！”

張素卿《杜預“張本”説述論》一文，對杜預“張本”説進行分析，張先生認爲：“‘張本’之説並非杜預首創，服虔已使用‘起本’來指示傳文之間的脈絡。杜《注》承之，多言‘張本’，間或作‘起本’或‘起’，其實則一。本論文以‘張本’説概括之，並忽略杜氏混用‘爲……傳’與‘爲……張本’兩類注語形式的情形，擱置不論，而專注探討杜氏如何指示事件相關的兩段傳文，點明某傳爲後傳所述之事開啟端緒。如此考察，可以看出杜氏‘張本’之説主要着眼於事件的本末,旨在説明傳文之間的關係。這觸及《左傳》敘事述其本末的特色,多能適切反映傳意,將其脈絡潛通的現象彰顯出來,從而引導讀者掌握事件的發展,‘原始要終,尋其枝葉,究其所窮’。藉由‘張本’的指引,有助於理解‘無經之傳’終究還是用以解經,可以發揮尋繹經義的功能。”單周堯、張素卿二位先生對於杜預“五情”説、“張本”説之分析,不僅有助於理解杜預之《春秋》學成就,對於理解《春秋》、《左傳》也很有幫助。

黄覺弘先生《李瑾佚著〈春秋指掌〉考説》一文,利用他書中保存之佚文,考察了《春秋指掌》的價值。黄先生認爲:“杜諤《春秋會義》、程端學《春秋本義》、汪克寬《春秋胡傳附録纂疏》所引佚文,凡得四十一條,能在今傳《春秋左傳正義》考知對應來源者有三十七條,這三十七條佚文文辭與所據原文基本相同。《春秋指掌》可視爲《春秋左傳正義》的唐代節抄本。這個節抄本對研究現傳《春秋左傳正義》有着重要的參考和文獻價值。《春秋指掌》佚文頗有衍脱訛誤,但亦有足可校正今傳《春秋左傳正義》者。更值得重視的是,有四條佚文在今傳《春秋左傳正義》無對應來源。這四條也應節抄自《春秋左傳正義》,而所據原文今傳本皆闕脱。”文章揭示的内容,對研究《春秋左傳正義》甚有幫助。

馮曉庭先生《蓬左文庫春秋公羊疏鈔本考釋》一文,對日本“蓬左文庫”所藏《公羊疏》鈔本進行考釋,尤其是對《公羊疏》卷册頁碼、行款格式、字體差異、缺筆避諱、鈐蓋印章、朱墨批校、版本價值等之探討,對於學界研究“單疏本”之流傳及其特徵,極具價值。

史應勇先生《經典詮釋學視域下的文獻分析——〈論語〉鄭、王注比勘發微》一文,利用《論語正義》、《論語集釋》等文獻記載的十八條佚文,分析了《論語》鄭玄注、王肅注之差異。史先生認爲:“鄭、王對於《論語》經文之詮釋,同者少而異者多,多條注文看起來相似而實有異。對於禮制名物之解釋,鄭較具體,王則多較籠統,王對於此鄭學之強項,仍有意立異,但從後人的取捨看,在這方面,王肅最終不敵鄭玄,後人堅持‘禮是鄭學’大概不無道理。‘鄭、王之爭’發生後,皇侃首先在重新詮釋《論語》時遇到了取捨鄭、王異解的問題,可以看出,皇氏有調和鄭、王的傾向,但王注對皇侃的影響明顯較大。宋以後學者解經的路向總體上與鄭、王時代有所不同,但在名物禮制的詮釋方面,宋學的代表人物朱子顯然還是多從鄭氏而不從王氏。清代以來的學者則有袒護鄭玄的傾向。"這些結論,對於研究《論語》和經學史,很有意義。

陳逢源先生《官學進程與詮釋脈絡:〈四書大全〉纂修體例芻議》一文,通過探究《四書大全》的體例、纂修過程及其訴求所在,分析了《四書大全》在《四書》學中之地位。陳先生認爲:"《四書大全》標舉皇權,以'皇統'取代'道統',原本學術的堅持轉爲定其一説的要求,四書'官學化'之後,制約更甚,未能分判,四書内涵易生誤解;《四書大全》宣示政教歸屬,代表官方立場,然而按覈纂修人員,卻可一窺宋元學術發展脈絡,朱熹後學散於四方,儒學深植民間;朱熹之後,學脈日分,《四書大全》以門户世系,形塑朱熹、門人、元儒相承之脈絡,展現整合分歧,建構詮釋體系的訴求;《四書大全》以兼具體用之詮釋方向,於紛雜説解當中,彰顯注解原意,追尋定本内容,終於得見朱熹義理之純粹;《四書大全》總結宋元經説,確立《四書章句集注》經典價值,補入此一環節,才能真正了解朱熹之後四書學的發展樣態。"這些結論,較之以往,更爲客觀。

蔣秋華先生《〈陳氏禮記集説補正〉作者考》一文,對《通志堂經解》中收録的《陳氏禮記集説補正》之作者,提出質疑,梳理相關爭論細節。蔣先生最後對《陳氏禮記集説補正》之作者,雖然未下結論,但其清理相關資料,對於解決此一公案,至關重要。

郭鵬飛先生《讀王引之〈經義述聞·爾雅〉札記五則》一文,就《經義述聞·爾雅》可議之處,摘取五則,陳述己見,辨析十分精彩。如"存,察也"條,郭先生認爲,其可議之處有四,其四《大傳》例:"其文曰:'聖人南面而聽天下,所且先者五,民不與焉。一曰治親,二曰報功,三曰舉賢,四曰使能,五曰存愛。五者一得於天下,民無不足,無不贍者。五者,一物紕繆,民莫得其死。聖人南面而治天下,必自人道始矣。'《鄭注》曰:'存,察也。察有仁愛者。'王引之但舉鄭氏'存,察也'之言,'察有仁愛者'則不提,意有未盡。按'察有仁愛者',並非具體措施,與'治親'、'報功'、'舉賢'、'使能'等四項不相合,且與'舉賢'重複。'存愛'者,謂審察所嬖愛的人。"

董恩林先生《清經解類型及價值分析——以《皇清經解》正續編爲例》一文,對《皇清經解》、《皇清經解續編》所收經學文獻進行歸類,分析了不同類型經學文獻的編纂特點和價值。

柳向春先生《桂文燦〈經學博采録〉初探》一文,考察了桂文燦《經學博采録》的内容、價值、版本源流及其異同優劣,對研究晚清經學史很有幫助。

其他如石立善先生《吐魯番出土儒家經籍殘卷考異》一文,對吐魯番殘卷中經學文獻進行考釋;周國林、陳冬冬先生《試論〈公羊春秋經傳通義〉的解經方法》一文,分析了孔廣森《公羊春秋經傳通義》的解經方法;鄧聲國先生《曹元弼〈禮經學〉禮學價值探微》一文,總結了晚清禮學大家曹元弼先生《禮經學》一書之價值;周忠《〈禮記質疑〉體例與内容初探》一文,對郭嵩燾《禮記質疑》之優缺點進行總結;李言《〈千頃堂書目·經部〉校讀劄記》一文,糾正了《千頃堂書目·經部》的部分錯誤。這些文章,皆有可采之處。

六、考校文字之異同

經學文獻在流傳過程中,先後經歷傳鈔和雕版印刷等不同時期,很多經學文獻,曾經多次刊刻印刷、傳鈔。因此,有些文獻版本衆多,源流不一,版本之間,不僅有文字差異,内容也有不同;部分文獻在流傳中,常被他書徵引,或被分散編入類書,在原書失傳後,後人又利用類書進行輯佚,力圖恢復原貌。所以,在經學研究中,利用他書徵引材料,研究經學文獻的文字差異,評介已經失傳的經學著作;或利用經學文獻之不同版本,校勘文字異同,梳理版本源流,評價版本價值,是經學研究中重要的基礎性工作。許建平、方向東、程克雅等先生之文章,就是這方面的代表作。

唐代釋慧琳的《一切經音義》是佛經音義書的集大成之作。學術界對《一切經音義》之研究,側重於音韻和訓詁之價值,而對該書徵引儒家經典的研究，重視不夠。許建平先生《慧琳〈一切經音義〉引〈尚書〉考》一文，以高麗藏再雕本爲底本，以經注合刻本——《監本纂圖重言重意互注點校尚書》與《慧琳音義》所引《尚書》經傳對勘，並逐條作了详细的考辨。如卷八二《西域記序》"启妙覺"條引孔注《尚書》云："启，開也。"經注合刻本《監本纂圖重言重意互注點校尚書》"胤子朱啓明"，孔《傳》："啓，開也。"許先生認爲："慧琳所據本《孔傳》'啓'寫作'启'，則《尚書》經文亦作'启'也。"然後，許先生徵引《説文》、《玉篇》、《尚書釋文》、敦煌文獻殘卷材料證明，得出如下結論："卷 10《勝天王般若經》第一卷'敷啓'條：'又作启。孔注《尚書》以爲古文啓，同。'(57/579 上)卷 75《雜寶藏經》第五卷'启門'條：'孔注《尚書》以爲古文啓字也。'(58/984 上)慧琳所以如此説者，知其所見本《尚書》經傳皆作'啓'也。《説文·口部》：'启，開也。'《攴部》：'啟，教也。'孔傳既以'開'釋'啓'(啓、啟偏旁位置之異)，必以此'啓'即'启'也。"在此基礎上，文章又"从慧琳在撰作《音義》過程中雜採諸書、慧琳改《玄應音義》之隸古定字爲今字、保存不少隸古定《尚書》的隸古字、保存了《尚書》傳本的異文等四个方面对其性质、特点、价值作了探讨。"這些結論，對於《尚書》研究非常重要。

蘇芃先生《〈穀梁傳〉劉兆注發微——以日藏〈玉篇〉殘卷引書爲討論中心》一文，利用日藏《玉篇》殘卷徵引劉兆注之材料，探討了《穀梁傳》劉兆注的價值，尤其是揭示了中古時期寫本即域外古寫本文獻、敦煌文獻中之材料對經學研究的價值。

阮元校刻的《十三經注疏》，是經學研究的代表作，該書自清代嘉慶年間初刻到現在，曾多次翻印。時下在大陸最爲流行的版本，是中華書局根據世界書局本而影印者。此書在多次翻印過程中，不無文字錯訛。方向東先生《從阮刻〈儀禮注疏〉看中華書局影印本和南昌府本的差異》一文，以《儀禮注疏》爲切入口，以臺灣藝文印書館影印嘉慶二十年江西南昌府本《重刊宋本〈儀禮注疏〉附校勘記》爲對象，與一九八〇年十月中華書局影印阮刻《儀禮注疏》對勘，參校一九九八年六月浙江古籍出版社影印本及北大標點本，揭示版本間的變化和文字差異。方先生認爲,幾種版本之間,有南昌府本原誤,影印本已改正者;有南昌府本原不誤,影印本所增誤者;有南昌府本爲後來刻本所改並無道理者;有南昌府本爲後來刻本所改待查考者;有南昌府本及影印本不誤,北大標點本排印誤者;有南昌府本及影印本皆誤,北大標點本徑改正者。最後,方先生總結説:"以上諸例,是筆者對阮刻《儀禮注疏》五十卷一百一十四萬字的校勘結果。其中卷第十五、卷二十二、卷三十二、卷三十三與中華本無差異。就《十三經注疏》而言,屬管中窺豹。從正誤的比例看,我們可以初步作出這樣的推斷,中華本、浙江本影印所據的世界書局本總體上是優於南昌府本的,但還存在不少新增的刻印錯誤,如果加上北大標點本增加的排印錯誤,正誤比例爲 93∶67,由於筆者所據的南昌府本是影印本,93 例中有 39 例屬於缺字,可能是影印過程中形成的,如果除去不計,則比例爲54∶49+18。中華本、浙江本所據的世界書局本與南昌府本的差錯非常接近,這不能不引起我們廣大使用阮刻《十三經注疏》的重視。"這項工作,對於整理《十三經注疏》極有價值。

阮元校刻的《十三經注疏》出版以後,已經形成了一種不同於以前部分經注疏匯刻的宋本和閩本、監本、毛本、《四庫全書》本之《十三經注疏》的新版本系統。如果要對阮元校刻之《十三經注疏》進行整理,應該是以嘉慶二十年刻印本爲底本,而以江西書局、點石齋、世界書局、中華書局等本爲對校本,以他本爲參校本。這樣整理,方能更好更完整地體現阮元校刻本的校勘成績,凸顯具體參與校勘的學者之成就,總結阮校本之得失,客觀評價阮刻本在經學研究史上的地位。

王鍔《再論宋本〈纂圖互注禮記〉的特徵及其影印本》一文,以《中華再造善本》本爲底本,用《四部叢刊》本爲對校本,以八行本《禮記正義》、余仁仲本《禮記鄭注》爲參校本,再參考阮元、吕友仁《禮記正義》的校勘成果,分析了宋本《纂圖互注禮記》的文字風格、用字特徵,對吴憲澂朱批和浮簽内容逐一檢討,總結了吴氏批校的成績,也指出了其批校的缺陷,尤其對《叢刊》本因影印而產生的缺陷和錯誤，進行平議，並對古籍影印工作應該注意的問題，提出了自己的意見。作者認爲："宋本是南宋福建刻本，清人吳氏曾加批點，故又稱建本、批校本，文字風格頗近顔體，大字横細直粗，小字横直粗細一樣，與其他建本相類似；文字喜歡用異體字，大量使用'〇'號，用以分章，區别《注》文和《釋文》；吳氏對宋本的校勘成果，以朱批和浮簽的形式反映，大多真實可信，實爲全面研究宋本之第一人；由於宋本是坊刻，有殘缺，劉履又補抄配齊，文字錯誤尚有不少，經過校勘，我們新發現文字訛誤一百七十一條，補充了吳氏校勘的不足；經過比勘，發現《叢刊》本作爲影印本，删除了宋本大量的文字信息，尤其是題跋、批點、浮簽、藏書章等内容，對補抄部分内容，錯誤拼接，加之校勘不精，産生了一些新的錯誤，是不應該的。《再造》本對宋本浮簽的錯誤位置没有更正，十分遺憾；古籍影印，是一項嚴肅認真的古籍整理和研究工作，在影印古籍時，應該原樣仿真影印，或原樣保留所有的文字信息，因條件所限而不得已時，對删改更動的文字和版式特徵，必須要交待説明，否則，古籍影印工作與古籍再生性保護，衹能是南轅北轍。"對於宋本經學文獻的研究，在重視其優點的同時，應該從學術研究角度，揭示其不足和缺陷。

刁小龍先生《〈春秋公羊音義彙校〉訂補》一文，據宋刻撫州公使庫本《春秋公羊經傳解詁》末所附《公羊音義》和余仁仲本《春秋公羊經傳解詁》中《公羊音義》訂補黄焯《春秋公羊音義彙校》，目的是在指出撫州本所附《公羊音義》的重要價值。刁先生認爲："今日《春秋公羊音義》之文字校讎要在三系版本文字，一、宋刻元補《經典釋文》之《春秋公羊音義》，此爲《釋文》全本之屬，葉鈔、通志堂本並抱經堂本屬焉；二、撫州本《春秋公羊音義》，此經注本與《音義》（另卷附末）合刻本之屬，可視作《釋文》單行本之列；三、余本所附《釋文》，此拆分《釋文》文字至經注文之下，則注疏合刻附音義本之屬。而黄氏《彙校》所據不過一、三兩類而已。是黄氏《釋文彙校》文字仍可據而訂補。今以《公羊音義》論之，撫州本不僅早于余仁仲本，文字亦頗有勝於彼者。撫州本《公羊音義》之價值與意義正在于此。《公羊音義》如此,其他《釋文》經籍文字亦有相似。是以,今所論《釋文》文字更需於此類多多留意,詳攷衆版,多所是正。籍諸餖飣之業,庶可得其文字之真,可還宋刊《釋文》之舊貌。”此文目的在揭示附刻或彙刻在經注本《春秋公羊經傳解詁》後《公羊音義》之價值,然其意義不僅於此,更重要者,啓發從事經學或《經典釋文》研究者,應該重視附刻或彙刻在經注本、注疏本中《釋文》之學術價值。

程克雅先生《王國維〈傳書堂藏善本書志〉三禮類典籍著録考述》一文,通過對《傳書堂藏善本書志》中“三禮類”典籍的分析,考察了王國維《傳書堂藏善本書志》禮類典籍著録與題識所及的版本學、文獻學相關問題,並由其淵源、流傳始末、内容特徵及版本系統等延伸至其不同的重刻傳本,對校比勘,明其統緒;又申説《傳書堂藏善本書志》禮類典籍於現代經籍文獻庋藏和重印覆刻的現況和成就,申論王國維相關敘録的價值與其學術史意義。程先生認爲:“王國維著録密韻樓藏書,在體例上承自張金吾之《愛日精廬藏書志》、瞿鏞之《鐵琴銅劍藏書樓目録》、楊紹和之《楹書隅録》,對照異本、過録前人題識、加以辨正,再記識該書形制,舉證闡述該書的内容特色及版本文獻、學術研究的價值。王國維於北京時曾致書繆荃孫,自述其當時讀書志在由《三禮》注疏始,雖然,密韻樓藏書多元豐富,但王國維後來跟據這些版本題識的考察基礎,續又撰成多篇相關著作,其成果在《三禮》類藏書方面,有顯著的成果見諸以下四方面:一是釐清宋建大字本反映在明嘉靖徐氏所刻《三禮》的判斷;二是考述越刊八行本《禮記正義》在南宋初期翻刻經注疏合刻本的樣貌;三是發掘保存原初較善的經注之本;四是透過古書讀校的義例與法則,析論古書疑義,引例發揮並訂正錯誤,補充過往前人失校之處。這使得藏書題跋之學不但達成了敘録古籍的典籍研究意義,也具有古籍文獻目録學而向學術評論與學術史議題接軌的意義。”這些結論,不僅展示了王國維先生版本目録學的成績,更凸顯了其在經學、禮學和文獻學方面的成就,對當今學術研究,甚有啟迪。

研究經學文獻的版本，是經學文獻研究的基礎；比對不同版本，確定底本和對校本，校勘經學文獻之文字差異，是版本研究之昇華。也就是説，版本是校勘的基礎，校勘是版本的升級。不重視或不懂得版本之校勘，是徒勞無益的抽查；不重視校勘或不進行校勘之版本研究，是流於形式的把玩。就經學文獻研究而言，惟有重視版本和校勘，方能相得益彰，促進經學研究的深入。

七、商榷注疏之句讀

近五十年來，隨着《二十四史》的整理出版，大量經學文獻得以整理點校出版，極大地推進了經學研究的水平，也爲經學研究提供了方便。然而，古籍整理工作，是一項要求極高的學術研究工作，没有專業知識和專門訓練，没有古籍整理的相關知識，具體説，不懂得如何利用古籍目録查找文獻版本，不知道如何考察一種文獻之版本源流，并進一步確定底本和對校本、參校本，不知道如何校勘和怎樣撰寫校勘記，尤其是對整理的古籍内容不熟悉，相關知識儲備不充分，嚴格來説，是不能從事古籍整理的。

對於經學文獻之整理，同樣也不例外。也就是説，如果要從事經學文獻之整理，就必須懂得如何去查找被整理文獻之版本，確定底本、對校本、參校本，然後再進行校勘、標點、分段等工作；同時整理者也應該是十分瞭解整理文獻的内容、傳承等相關知識。如果不具備這些基礎，強行從事，就必然有諸多諸如標點、斷句、校勘等方面問題。另外，由於有些文獻專業性極強，就是專家也不見得就全部懂得，因而，即使專家整理的文獻，也偶爾會有一些瑕疵。對他人整理的經學文獻之問題、瑕疵進行揭示，同樣是經學文獻研究的重要内容，吕友仁、汪少華等先生提交的論文，就是這方面的代表作。

吕友仁先生《北大本〈毛詩正義〉下册標點破句例析》一文，首先對標點古籍之難，徵引古今名家之説，進行解説："標點古書，並不是一件輕而易舉之事。魯迅先生説：'標點古文，往往害得有名的學者出醜。'[①]。黄侃先生在致其學生陸宗達的信中説:'侃所點書,句讀頗有誤處,望隨時改正。'[②]楊樹達先生《古書句讀釋例·敘論》説:'句讀之事,視之若甚淺,而實則頗難。'[③]這些都是深知其中甘苦之言。韓愈是唐代的大學者,但也慨歎:'余嘗苦《儀禮》難讀。'[④]朱熹是宋代大學者,他在作《韓文考異》時竟説:'然不知此句當如何讀。'[⑤]中華書局出版的《資治通鑑》點校本,是由國内第一流學者標點的,但還有很多錯誤,因而才有吕叔湘先生的《通鑑標點瑣議》之作。"然後吕先生摘取北大本《毛詩正義》下册標點破句一百五十二例,一一進行分析,指明破句,兼陳述理由,如第七條:"孔疏:《天官·小宰》'凡祭祀,贊祼將之事'。注云:'又從太宰助王祼,謂贊王酌鬱鬯以獻尸。'吕按:'助王'下當置句號。'祼'字當屬下爲句。"鄭玄注"謂贊王酌鬱鬯以獻尸"一句,是解釋"祼"字之義,故吕先生糾正。再如第四十八條:"鄭箋:人君爲政,無強于得賢人。得賢人則天下教化,於其俗有大德行,則天下順從其政。吕按:當標作:人君爲政,無強于得賢人。得賢人則天下教化於其俗。有大德行,則天下順從其政。'得賢人則天下教化於其俗',是經文'四方其訓之'的演繹。'於其俗有大德行,則天下順從其政',是經文'有覺德行,四國順之'的通俗表述。"吕文大致如此,所言皆有理據。點校古籍,破句是難免的,然而出現的破句太多,或低級錯誤較多,就需要注意了。

汪少華先生《〈考工記〉點校商榷》一文,就中華書局出版的《周禮正義》中之《考工記》部分的標點,提出己見。汪先生説:"中華書

---

① 《魯迅全集》第六卷《且介亭雜文二集·題未定草六》,北京:人民文學出版社,2005 年版,437 頁。

② 《黄侃手批白文十三經·黄焯前言》,上海:上海古籍出版社,1983 年版,5 頁。

③ 楊樹達《古書句讀釋例·敘論》,北京:中華書局,1954 年版,3 頁。

④ 馬通伯《韓昌黎文集校注》第一卷《讀儀禮》,上海:古典文學出版社,1957 年版,22 頁。

⑤ [宋]朱熹《韓文考異》卷二五《河南少尹李公墓誌銘》,文淵閣《四庫全書》本,1073 册,566 頁。

局 1987 年排印王文錦、陳玉霞點校本《周禮正義》用力甚勤,校點甚精,令人欽佩。但是這部 86 卷 200 多萬字的鉅著涉獵廣、難點多,點校者萬得之隙也不免有半失之差。筆者曾就其中《冬官考工記》(74—86 卷,13—14 册)中所見點校失誤撰文商榷[①],近年參與《孫詒讓全集》整理工作,承擔《周禮正義》之《冬官考工記》點校任務,現將其中所見點校失誤條列如下,以就教于方家及讀者。"汪文分敘述語誤爲引文、引文誤爲敘述語、破句、出處、訛字衍文、漏校誤校六類,摘取七十三條,對王文錦先生整理的《周禮正義》中之《考工記》部分提出商榷意見。如第二十八條:"又《既夕記》'弓設,依撻焉',注云:'撻,弣側矢道也。'(14 册 3553 頁)按:鄭玄注:'依,纏弦也。撻,弣側矢道也。皆以韋爲之。''依''撻'均爲名詞,做'設'的賓語。'設依撻焉'當爲一句,不可斷開(10 册 2568 頁標爲一句不誤)。"再如第三十條:"徐養原云:'埴即徐州土赤埴之埴,亦作殖,説詳《弓人》。或亦通作植,《儀禮・鄉飲記》"五職",今文或作植是也。'(13 册 3127 頁)按:'五職'出自《儀禮・鄉射禮》,故《儀禮・鄉飲記》當爲《儀禮・鄉射記》;14 册 3541 頁徐養原云'職字亦不見於《説文》,唯《儀禮・鄉射記》有之',可爲旁證。"汪文大體如是,皆言之有據。王文錦先生是著名的古籍整理和"三禮"研究的專家,曾點校《大戴禮記解詁》、《通典》等文獻,然正如汪先生所説,因《周禮正義》字數多達二百多萬,卷帙繁重,難點多,故難免有錯誤之處。

宋金華《整理本〈儀禮注疏〉標點商榷》一文,以上古版《儀禮注疏》爲主,與北大簡體本、繁體本、臺灣新文豐本對讀,並參考清阮元校刻《十三經注疏》本《儀禮注疏》,就各本中斷句有值得商榷者,摘取三十餘條,陳述己見,如第四條:"云'飯必舉之,貴之也'者,但一身之上體,總有二十一節,前有肩、臂、臑,後有肫、胳,脊在中央,有三脊、正脡、横脊,而取中央正脊,故云'體之正'(上册第 100 頁第 11—12 行)。案:此處不明'三脊'的含義,故誤斷。標點當爲:

① 《〈周禮正義〉點校瑣議》,《吉安師專學報》1993 年第 3 期。

云'飯必舉之,貴之也'者,但一身之上,體總有二十一節,前有肩、臂、臑,後有肫、胳,脊在中央,有三脊,正、脡、橫脊,而取中央正脊,故云'體之正'。簡體版(上册第 70 頁)、繁體版(第 80 頁下欄)'上'後不斷,'後有肫、胳、脊','脊"屬上,均不確。新文豐本(第 123 頁下欄)'體'後不斷,'脊在中央,有三:脊、正脡、橫脊',亦誤。"其他皆此類。

以上三篇文章,不僅有助於《毛詩正義》等整理本的進一步修訂,也給從事古籍整理特别是經學文獻整理者,提供了一些經驗。在進行文獻整理時,遇到疑難問題,如果能夠覈查相關文獻,諸如多引、少引、破句等問題,就會減少很多。韓愈、朱熹、魯迅、黄侃、楊樹達等先生之言論,應該引起從事古籍整理工作者的高度重視。

八、討論經學研究的一些重要問題

經學研究,在不同的歷史時期,由於政治、文化環境的不同,学者对儒家经典解读的角度也会有所不同,時代不同,導致解讀有差異;尤其是自先秦以來,每一時期的經學研究者,都面臨如何解説儒家原典,如何對待前人經學研究成果,應該從經典中汲取什麽營養,吸取什麽經驗教訓,經學研究中一些眾説紛紜的問題,究竟應該如何處理,如何推動經學研究等問題,换句話説,就是如何傳承中華文明。林慶彰、周啓榮、鄧國光、劉立志、武秀成、許結等先生之文章,從不同側面,對經學研究中一些重要問題,予以解説。

林慶彰先生《經典權威消解的幾個原因》一文,從僞作、闕佚、作者問題、記事不實、學術思想變遷等五個方面,分析了儒家經典權威消解的原因。林先生認爲:"從以上的論述可得以下數點結論:其一,僞作經典如果被發現,對經典的權威打擊最大。如僞《古文尚書》孔《傳》被發現作僞以後,元朝的吴澄把真《古文尚書》和僞《古文尚書》分開,後來僞《古文尚書》逐漸被拋棄,注解《尚書》時,多已不注僞《古文尚書》。其二,經典有闕佚不免影響到他的權威性。在十三經中,《尚書》亡佚最多,其次是《儀禮》,《詩經》跟《周禮》也都稍有亡佚。學者認爲經典不可以有殘缺，所以從晉代以來，就有學者夏侯湛作補《周詩》六篇，束晳作《補亡詩》六篇，唐代的白居易作《補逸書》，明朝的蘇伯衡補《尚書》殘缺的部分，作《周書補亡》三篇，這些都是爲了經典的完整性而作。其三，經典的作者大多和聖人有關係。十三經皆有聖人所作或所删的説法，一旦被證明非聖人所作或聖人所删，經書的權威即逐漸消解下去。現在《周易》、《尚書》、《詩經》、《周禮》、《左傳》所以不具權威性，主要是因爲民國初年的學者已證明它們並非聖人所作。其四，古代經書的記載往往雜有傳説和神話，如果有人提出質疑，經書的權威性必定受到損傷。像唐代的劉知幾作《史通》有《疑古》、《惑經》兩篇，專門批評《尚書》、《論語》、《春秋》記載不真的地方。此外，漢代何休批評《周禮》爲六國陰謀之書、宋代的蘇轍批評《周禮》有三點不可信，都對經書的權威性有所傷害。”這些結論，對於經學史研究，具有重要意義。

周啓榮《儒家禮教思潮的興起與清代考證學》一文，從清代考證學的興起與發展的種種解釋、儒學的轉化——禮教思潮的興起與清初經學、清初儒家淨教思潮與禮學研究、康熙時期對於古禮的爭論與宗族祠堂祀典的關係、清初禮教思潮與經學考證發展的關係、三禮館——乾隆初的禮學與經學考證、乾嘉漢學興起的端倪——古音訓詁字學古禮研究等方面，探討了清初經學研究的特點和清代考證學興起的原因，周先生認爲：“禮學在整個清代，由康熙到道光初，不僅是顯學，而且是經學的重點。清代經學集中在對古禮的研究，尤其是周朝的禮制。從康熙開始，禮學研究一方面具有實際的應用目的，對於道德修養，創建宗族祠堂，制定或改革各種禮儀如祭祀、婚禮、喪禮、喪服、葬禮、立後等都有直接的關係。乾隆之後，由於經籍權威的上升與對古禮制是否能夠恢復等問題的爭論，對周朝的廟制、宗法、祭祀、公室、一切名物制度都進行歷史和綜合的研究。乾隆時期的經學與禮學，有幾方面仍然繼續康熙時期的一些特點。朱熹以及宋元儒者的經注在當時考證古禮的著作中仍然佔主導地位。與此同時，學者重新研讀漢、唐的《三禮》

注疏,普遍承認鄭玄對古禮注疏的貢獻。"

鄧國光先生《清代經學的生發探要》一文,從以禮法主導的"經世"精神、前代經學成果的累積、治經方法和門户觀念、私人講學的誘導、民族意識潛在的激宕等五方面,分析了清代經學構成自身特徵的生發學意義。鄧先生認爲:"文字訓詁,是治學的基本工夫;深究任何一門學問,都必須通過語言文字一關,視爲經學入門途徑,是不錯的。但文字只是達意的途徑;單重視文字訓詁,以文字訓詁爲目的,是本末倒置。因此,清代經學家在強調入門途徑之際,還提點義理的重要性。總以上五項清代經學發展的生發因素,都是錯綜影響,互爲相輔。歷史的發展是複雜的,亦有個別事例佚出於常理常情之外,但清代經學既是中國古代學術史上重要一頁,從歷史的角度理解生發的因由也是有必要的。"周啓榮、鄧國光先生的觀點,對清代經學研究,很有啓發性。

武秀成先生《段玉裁"二名不徧諱説"辨正》一文,對段玉裁"二名不徧諱"説進行辨正。武先生認爲:"清代段玉裁與顧千里關於《禮記》'二名不偏諱'的爭論影響極大,而段氏'二名不徧諱説'更爲流行。考其源流,段氏立論缺乏版本依據,也没有任何可信文獻的支撑,又與六朝至唐的'偏諱'訓讀完全相左;而'二名不偏諱'之'偏諱'一詞,與先秦漢魏文獻中'偏'義的使用及構詞相類,六朝至唐文獻徵引皆作'不偏諱',可證《禮記》原文作'偏'字無疑,與'徧'字無涉。'二名不徧諱'不能成立。"武文對歷代學者"二名不偏諱"之討論進行梳理,並提出己見,對研究《禮記》和避諱學很有幫助。

漢代經學和漢賦,可謂漢代學術之雙峰。二者關係如何,以前少有討論。許結、王思豪先生《漢賦用經考》一文,對漢賦徵引《五經》進行梳理探討。許文認爲:"漢賦用'經'葆有承載經義的特殊形態,隱蘊着經學與賦學的雙重意義。作爲宫廷文學侍從,賦家主張儒家的王道仁政,且融入王官學而代行'王言',故其引述經義以倡明王道、歸復'王言'爲旨歸。賦家用《詩》訴求于王政的諷諭精神;引《書》、《易》、《春秋》(三傳)經文事典,多歸於以'史'鑒'今'之用;引述《三禮》着重于王者形態的裝飾,與當時之禮制構建密切聯繫。賦家廣泛採用'五經'辭義，凸顯經賦'互文'價值，漢賦引述經義而體示諷諭所存在之'多'與'一'的矛盾，又決定于其修辭、描述方式。”這些結論，不僅有助於經、賦關係的理解，更可補益經學論著之遺闕，爲經學史研究提供了廣泛的文本視域。吴儀鳳先生《張衡帝京書寫中的經學意涵》一文，通過張衡《二京賦》，探討了漢賦與經學之關係，對漢賦和經學研究均有幫助。

劉立志先生《〈詩〉意畫史料鈎稽》一文，對“《詩》意畫”之相關材料進行鈎稽。劉先生認爲：“與《詩經》相關的圖畫，或截取篇中詞語，或涵蓋全篇詩意，或象器物之形，或顯人物之狀，可以分爲三類。'《詩》意畫'居其一，傳統悠久，作品衆多，從東漢劉褒，兩晋衛協、司馬紹，到唐代程修己、宋代馬和之、元代盛懋、明代謝時臣、清代郎世寧、民國聯祐等，代不乏人，成就斐然。”劉先生文章將《詩經》研究與中國古代繪畫和美術史相結合，不僅拓展了《詩經》研究的範圍，也爲經學研究開闢一新途徑。

車行健先生《陳古諷今與〈毛詩序〉的歷史闡釋》一文，分析了《毛詩序》“陳古諷今”的詮釋方式。車文認爲：“諷諫是漢人應用與詮釋《詩經》的主要手段，而'陳古諷今'則是其具體表現的一種方式，透過指陳古代事蹟的美或惡來達到諷喻當前時政的實踐目的，《毛詩序》對《詩經》篇章的具體詮釋可以説主要就是透過這種方式來展開的。而這種詮釋因爲要大量地依賴或訴諸實際的歷史事實，所以從某個角度來説，這也是一種歷史式的詮釋。《毛詩序》因其對詩篇史實的詮釋之具體翔實，是其在長期的流傳接受過程中能夠脱穎而出的重要關鍵之一，但歷代也不乏學者對其歷史式的詮釋感到懷疑，甚至大加批判，如朱熹就曾直斥《毛詩序》'附會書史'。”文章透過對“陳古諷今”的探索及具體實踐的全面檢討，對此問題進行解答。

就經學史上的這些重要問題進行分析探討，無疑將極大地推動經學和經學史研究。

總之，在兩天的經學研討中，代表們懷着極大的熱情，在發表高見的同時，就自己所關注的經學問題，展開討論。就經學原典和經學史研究而言,研討會討論範圍之廣、研討之深入、氣氛之熱烈、提交論文之多,都超越以往。金秋十月,是收穫的季節。我們相信,在東方最美麗的校園"隨園"舉辦的"2010 年中國經學國際學術研討會",不僅是經學研究者互相切磋的聚會,也是經學研究取得豐碩成果的盛會。

XIAO ZHANG

小张

张笑尘 2010-2011 作品

大象出版社

Haruki Murakami wrote in his novel *Norwegian Wood*,
that" I like you like I am fond of a spring bear".